Lessing
Scheckgesetz

Scheckgesetz

vom 11. März 1908.

Erläutert

von

Dr. iur. et phil. **Hans Lessing**
Bankdirektor.

2. neubearbeitete Auflage
in Gemeinschaft mit

Dr. Reinhold Regensburger und Dr. W. Unverfehrt
Gerichtsassessor. Gerichtsassessor

1926
München, Berlin und Leipzig
J. Schweitzer Verlag (Arthur Sellier)

Druck von Dr. F. P. Datterer & Cie., Freising-München

Vorwort zur zweiten Auflage.

Die erste Auflage dieses Buches war alsbald nach Erlaß des Scheckgesetzes erschienen. In den inzwischen dahingegangenen Friedens- und Kriegsjahren wie aber auch in der Nachkriegszeit hat sich das deutsche Scheckgesetz bewährt. Auf seiner Grundlage hat der Scheckverkehr nach den Unterbrechungen der Kriegsjahre jetzt wieder einen starken Aufschwung genommen. Zahlreiche höchstrichterliche Urteile sind seit 1908 zum Scheckgesetz ergangen, wertvolle Veröffentlichungen haben die Fragen des Scheckrechts vertieft. Infolgedessen bedurfte die zweite Auflage dieser seit einer Reihe von Jahren vergriffenen Ausgabe einer vollkommenen Neubearbeitung. Hierbei haben Herr Dr. Unverfehrt und besonders Herr Dr. Regensburger mitgewirkt, so daß sie in gleicher Weise wie an der wissenschaftlichen Verantwortung auch an einer Anerkennung beteiligt sind, die etwa der Neuausgabe zuteil werden sollte. Herrn Referendar Dr. Alfred Michaelis bin ich für die Korrektur des Druckes und die Anfertigung der Register wie aber auch für manche inhaltliche Verbesserung dankbar.

Gegenüber der ersten Auflage sei hier noch bemerkt, daß im allgemeinen auf die ausländische Gesetzgebung in den Erläuterungen nicht mehr hingewiesen worden ist; dagegen bringt der Anhang eine neue Sammlung der ausländischen Scheckgesetze, deren Zahl schon das Interesse beweist, das international dem Scheckrecht und seiner Regelung entgegengebracht wird.

Berlin, den 1. September 1926.

Dr. Hans Lessing.

I. Inhaltsverzeichnis.

II. Abkürzungen.[1]

AG. = Ausführungsgesetz.

Älteste = Gutachten vom 2. September 1907, erstattet von den Ältesten der Kaufmannschaft in Berlin dem Minister für Handel und Gewerbe zu dem in Nr. 166 des Reichsanzeigers vom 13. Juli 1907 veröffentlichten Entwurf eines Scheckgesetzes.

Apt = Scheckgesetz. Vom 11. März 1908. Textausgabe mit Einleitung, Anmerkungen und Sachregister. Herausgegeben von Professor Dr. Max Apt 1908.

ArchBürgR. = Archiv für bürgerliches Recht. Seit 1923 vereinigt mit ArchZivPrax.

ArchZivPrax. = Archiv für zivilistische Praxis.

BankA. = Bankarchiv, Zeitschrift für Bank- und Börsenwesen.

BayZ. = Zeitschrift für Rechtspflege in Bayern, hrsg. von Jos. Schiedermair.

Begr. = Begründung zum Entwurf eines Scheckgesetzes, Reichstagsvorlage vom 9. Januar 1908, Drucks. Nr. 566.

BGB. = Bürgerliches Gesetzbuch.

BlGenossW. = Blätter für Genossenschaftswesen.

Bouteron = Bouteron, Le Chèque. Paris 1924.

Breit, Pflichten = Breit, Pflichten und Rechte des Bankiers unter dem Scheckgesetz.

Buff, Scheckverkehr = Der gegenwärtige Stand und die Zukunft des Scheckverkehrs in Deutschland von Dr. Siegfried Buff. 1907.

Buff = Das deutsche Scheckgesetz, erläutert von Dr. Siegfried Buff. 1908.

Busch, A. = Archiv für Theorie und Praxis des allgemeinen deutschen Handels- und Wechselrechts, herausgegeben von Busch.

v. Canstein = Der Scheck nach dem österreichischen Gesetze vom 3. April 1906 von Professor Dr. Raban Freiherr von Canstein. 1906.

Centralv. = Denkschrift des Centralverbandes des Deutschen Bank- und Bankiergewerbes vom 12. November 1907.

Cohn = Der vorläufige Entwurf eines Scheckgesetzes von Professor Dr. Georg Cohn in Zürich. in Goldschmidts Zeit-

---

[1]) Die Abkürzungen sind nach den Vorschlägen des deutschen Juristentages, 2. Ausgabe (Berlin 1910), vorgenommen.

schrift für das gesamte Handelsrecht und Konkursrecht, Bd. 61 S. 1 ff.

Conrad, Handb. = Handbuch des deutschen Scheckrechts unter Berücksichtigung der ausländischen Gesetzgebung. Von Dr. jur. Walter Conrad. 1908.

Conrad = Die materiellen Voraussetzungen und die Form des Schecks von Dr. Walter Conrad in Goldschmidts Zeitschrift für das gesamte Handelsrecht, Bd. 57 S. 49 ff.

DepG. = Gesetz betr. Pflichten der Kaufleute bei Aufbewahrung fremder Wertpapiere vom 5. Juli 1896.

DJZ. = Deutsche Juristenzeitung.

Düringer-Hachenburg = Das Handelsgesetz vom 10. Mai 1897, erläutert von Düringer, Hachenburg u. a.

DWirtschZ. = Deutsche Wirtschaftszeitung.

E. 1892 = Entwurf eines Scheckgesetzes in der vom Bundesrat beschlossenen Fassung vom Jahre 1892, abgedruckt in Nr. 736 der Drucksachen des Reichstags von 1892.

Fick = Die Frage der Scheckgesetzgebung auf dem europäischen Kontinent, dargestellt von Dr. Fritz Fick. Zürich 1897.

Fragebogen = Fragebogen betreffend den „vorläufigen Entwurf eines Scheckgesetzes" mit Erläuterungen, herausgegeben vom mitteleuropäischen Wirtschaftsverein in Deutschland, (verfaßt von Geheimrat Prof. Dr. Riesser).

Goldschmidts Z. vgl. ZHR.

GoltdArch. = Archiv für Strafrecht und Strafprozeß. Begr. von Goltdammer.

Gruchots Beitr. = Beiträge zur Erläuterung des Deutschen Rechts. Begr. von Gruchot.

Grünhut I und II = Wechselrecht von C. S. Grünhut, 1897 (in Bindings Handbuch der deutschen Rechtswissenschaft) Bd. 1 und 2.

HansGZ. = Hanseatische Gerichtszeitung.

HansRZ. = Hanseatische Rechtszeitschrift. Begr. (1917) und herausgegeb. von Mittelstein.

HdSt. = Handwörterbuch der Staatswissenschaften, 3. Aufl., herausgegeben von Conrad, Elster, Lexis und Loening.

HGB. = Handelsgesetzbuch.

HoldheimsMSchr. = Monatsschrift für Handelsrecht und Bankwesen. Begr. von Holdheim.

Hoppenstedt 1907 = Der Scheckgesetzentwurf von 1907. Kritik und Abänderungsvorschläge von A. Hoppenstedt, Regierungsrat a. D., Direktor der Bank des Berliner Kassenvereins. 1908.

JW. = Juristische Wochenschrift.

KG. = Kammergericht.

KGBl. = Blätter für Rechtspflege im Bezirke des Kammergerichts.
KGJ. = Jahrbuch für Entscheidungen des Kammergerichts in Sachen der freiwilligen Gerichtsbarkeit. Begr. von Johow und Küntzel, später herausgegeben von Johow und Ring.
KO. = Konkursordnung.
Kuhlenbeck = Kuhlenbeck, Das Scheckgesetz und seine Ergänzungen einschließlich des Entwurfes der Bundesrats-Verordnung über den Postscheckverkehr mit Einleitung und Kommentar. 1908.
Lehmann, Lehrb. = Lehrbuch des Handelsrechts von Dr. Karl Lehmann, o. ö. Professor an der Universität Göttingen. 2. Aufl. Leipzig 1912.
LG. = Landgericht.
Lit. = Literatur.
LZ. = Leipziger Zeitschrift für Deutsches Recht.
Merzbacher = Scheckgesetz. Vom 11. März 1908. Textausgabe mit Einleitung, Anmerkungen und Sachregister erläutert von Justizrat Sigmund Merzbacher. 1908.
OLG. = Oberlandesgericht.
OLGRspr. = Die Rechtsprechung der Oberlandesgerichte. Herausgegeben von Mugdan und Falkmann.
österr. Mot. = Erläuternde Bemerkungen zu dem Entwurf eines Gesetzes über die Scheck, Nr. 241 der Beilagen zu den stenogr. Protokollen des Herrenhauses, XVII. Session 1904. Vgl. auch Dr. Leo Geller, Österreichisches Scheckgesetz. Mit Erläuterungen aus den Materialien. Wien 1906.
Planck = BGB. nebst Einführungsgesetz. Erläutert von Planck. Herausgegeben in Verbindung mit anderen von Strohal. 4. Aufl. Berlin 1913 ff.
RAbgO. = Reichsabgabenordnung vom 13. Dezember 1919.
„Recht" = Das Recht, Rundschau für den Deutschen Juristenstand. Herausgegeben von Soergel.
Rehbein = Allgemeine deutsche Wechselordnung mit Kommentar und Anmerkungen. Herausgegeben von Reichsgerichtsrat Dr. H. Rehbein. 1904, 7. Aufl.
RG. = 1. Reichsgericht; 2. Entscheidungen des Reichsgerichts in Zivilsachen.
RGStr. = Entscheidungen des Reichsgerichts in Strafsachen.
RJA. = Entscheidungen in Angelegenheiten der freiwilligen Gerichtsbarkeit und des Grundbuchrechts. Zusammengestellt im Reichsjustizamt.
Riesser, Bem. = Bemerkungen zum „vorläufigen Entwurf eines deutschen Scheckgesetzes" von Dr. J. Riesser, Geheimem Justizrat und ordentl. Honorar-Professor an der Universität Berlin. 1908.

ROHG. = Entscheidungen des Reichsoberhandelsgerichtes.
SächsA. = Sächsisches Archiv für Bürgerliches Recht und Prozeß.
SächsOLG. = Annalen des OLG. Dresden.
Schiebler = Scheckgesetz vom 11. März 1908, Handausgabe von Dr. Bernhard Schiebler, Dresden. 1908.
SeuffA. = Seufferts Archiv für Entscheidungen der obersten Gerichte.
SeuffBl. = Seufferts Blätter für Rechtsanwendung.
Simonson = Das Deutsche Scheckgesetz vom 11. März 1908. Unter besonderer Berücksichtigung der Entscheidungen des Reichsgerichts 1924.
Staub, HGB. = Staubs Kommentar zum Handelsgesetzbuch, 12. u. 13. Aufl. 1926.
StenBer. = Stenographische Berichte über die Verhandlungen des Reichstags.
Staub-Stranz, WO. = Staubs Kommentar zur Wechselordnung. 11. Aufl. Bearb. von Justizrat Dr. M. Stranz und Martin Stranz. 1926.
Staudinger = Kommentar zum BGB. Herausgegeben in Gemeinschaft mit anderen von Julius von Staudinger. 7./8. Aufl. München 1912/14; 9. Aufl. (bisher erst Bd. I und III) 1925/26.
StGB. = Strafgesetzbuch.
vorl. E. = Vorläufiger Entwurf eines Scheckgesetzes, veröffentlicht im Deutschen Reichsanzeiger vom 13. Juli 1907.
Warneyer = Jahrbuch der Entscheidungen. Herausgegeben von Warneyer.
WO. = Wechselordnung.
WStG. = Wechselsteuergesetz vom 10. August 1923.
WStempG. = (altes) Wechselstempelgesetz vom $\frac{4.\ 8.\ 1909.}{15.\ 7.\ 1909.}$
ZHR. = Zeitschrift für das gesamte Handelsrecht, begründet von Goldschmidt.
ZPO. = Zivilprozeßordnung.

III. Literatur zum Scheckrecht.

Inhalt.

1. Ältere Literatur.

Über die ältere Literatur siehe Cohn in Endemanns Handbuch des Handelsrechts 3 §§ 452—454; Kuhlenbeck, Der Check, 1890 S. 214—217; Fick, Die Frage der Checkgesetzgebung auf dem europäischen Kontinent, 1897, S. IX—XII; Cohn im HdSt., 2. Aufl., 3 S. 38—42. Ein beachtenswertes Verzeichnis der volkswirtschaftlichen und juristischen Scheckliteratur bis auf die neuere Zeit enthält Kirschberg, Der Postscheck, 1906, S. 234—244.

Darüber hinaus siehe z. B. noch Buff, Der gegenwärtige Stand und die Zukunft des Scheckverkehrs in Deutschland, 1907; v. Canstein, Zum Scheckgesetz, BankA. 6 S. 325 f.; Georg Cohn, Der Kampf um ein Scheckgesetz, BankA. 6 S. 177 ff., 186 ff. mit reichhaltiger Literatur; Eltzbacher, Reform des Scheckwesens ohne Scheckgesetz, DJZ. 12 S. 441 ff.; Heilbrunn, Zur Deutschen Scheckgesetzfrage, HoldheimsMSchr. 15 S. 317 ff.; Koch, Scheckgesetz?, BankA. 6 S. 185 ff.; Lotz, Der Fiskus und der Scheckverkehr, BankA. 6 S. 305; Mäder, Reform des Scheckwesens ohne Scheckgesetz, D. Ökonomist 25 Nr. 1273; Richter, Gegen ein Scheckgesetz, DWirtschZtg. 1907 S. 193 ff.; Riesser, Das Bedürfnis nach einem deutschen Scheckgesetz, LZ. 1 S. 81 ff.; Thorwart, Für ein Scheckgesetz, DWirtschZtg. 3 Nr. 8; Simonson, Nochmals der Scheck, BankA. 6 S. 205 ff.

2. Literatur zum vorläufigen Entwurf.

Aus der Literatur zu dem am 13. Juli 1907 veröffentlichten vorläufigen Entwurf eines Scheckgesetzes und zum Scheckgesetzentwurf von 1908 vgl. z. B. Apt, Zum Entwurf eines Scheckgesetzes, DWirtschZtg. 3 S. 785 ff.; Breit, Der Scheck mit alternativer Inhaberklausel, BankA. 7 S. 151 ff. mit Nachwort von Riesser; Breit, Die Präsentationspflicht des Scheckinhabers und dem vorläufigen Entwurf eines Scheckgesetzes, HoldheimsMSchr. 17 S. 1 ff.; ders., Scheckvertrag, Guthaben und Schadenersatz, HoldheimsMSchr. 16 S. 277 ff.; ders. Die wichtigsten Grundsätze des künftigen deutschen Scheckrechtes, SeuffBl. 73 Jahrgang Nr. 2 und 3; ders., Das künftige deutsche Scheckgesetz im SächsArch. 2 Nr. 20, 21, 23/24 und 3 Nr. 3; ders., Der Entwurf des Scheckgesetzes im Verhältnis zum BGB., DJZ. 13 S. 240 f.; Brunner, Der Entwurf eines Scheckgesetzes und das Blankoindossament DJZ., 1908 S. 153 ff.; Buff, Die Behandlung der zertifizierten Schecks im künftigen deutschen Scheckgesetz, BA. 7 S. 9 ff.; v. Canstein, Zum vorl. Entwurf eines deutschen Scheckgesetzes, LZ. 1 S. 609 ff.; Georg Cohn, Der vorläufige Entwurf eines deutschen Scheckgesetzes, ZHR. 61 S. 1 ff.; Conrad, Das direkte Klagerecht des Scheckinhabers gegen den Scheckbezogenen, BankA. 7 S. 42 ff.; Ehrenberg, Schaden infolge einer Scheckfälschung, DJZ. 12 S. 1298 ff.; Hoppenstedt, Der Scheckgesetzentwurf von 1907; Jacoby, Bemerkungen über den vorläufigen Entwurf eines Scheckgesetzes in BayZ. 3 S. 360; Koch, Der Scheckgesetzentwurf von 1908, DWirtschZtg. 4 S. 145 ff.; Loeb, Der Scheckgesetzentwurf; Merzbacher, Der Entwurf eines deutschen Scheckgesetzes, Recht 11 S. 1035 ff.; Riesser im BankA. 6 S. 269 ff. mit zahlreichen Literaturangaben, insbesondere über die Frage nach dem Bedürfnis eines deutschen Scheckgesetzes S. 276 ff., 7 S. 49 ff., 68 ff. (zusammengefaßt unter dem Titel: Bemerkungen zum vorläufigen Entwurf eines deutschen Scheckgesetzes 1908), ferner BankA. 7 S. 129 ff. „zum definitiven Entwurf eines deutschen Scheckgesetzes"; Schär, Der zertifizierte Scheck, DWirtschZtg. 4 S. 150 ff.; Simonson, Ein letztes Wort zum Scheckgesetz, DJZ. 12 S. 997 ff.

Siehe ferner: (Riessers) Fragebogen betreffend den Entwurf eines Scheckgesetzes mit Erläuterungen, herausgegeben vom Mitteleuropäischen Wirtschaftsverein in Deutschland; Gutachten vom 2. September 1907, erstattet von den Ältesten der Kaufmannschaft von Berlin dem Minister für Handel und Gewerbe zu dem in Nr. 166 des RAnz. vom 13. Juli 1907 veröffentlichten vorläufigen Entwurf eines Scheckgesetzes; Denkschrift des Centralverbandes des deutschen Bank- und Bankiergewerbes vom 12. November 1907; vgl. ferner noch den Bericht über die Scheckkonferenz der mitteleuropäischen Wirtschaftsvereine in Deutschland, Österreich-Ungarn, Budapest am 8./9. November 1907, herausgegeben zu Berlin 1908 als Heft V der Veröffentlichungen des Mitteleuropäischen Wirtschaftsvereins in Deutschland.

3. Literatur zum Scheckgesetz.

Zum Scheckgesetz selbst siehe — neben dem in den Erläuterungen vermerkten Schrifttum — z. B. Arnold, Das Scheckgesetz, DJZ. 13 S. 572 ff.; Bernstein, Zum Inkrafttreten des Scheckgesetzes, BankA. 7 S. 197 ff.; ders., Zur Frage der Beschränkung der passiven Scheckfähigkeit, BankA. 7 S. 217 f.; Breit, Das Nachindossament im Scheckrecht, JW. 1908, 259 ff.; ders., Inhaberschecks und Regreßrechte, LZ. 2 S. 257 ff.; ders., Zur

Frage der Beschränkung der passiven Scheckfähigkeit, BankA. 7 S. 216 f.; ders. Zahlstellen und Scheckinkasso, BankA. 7 S. 234 ff.; ders. Pflichten und Rechte des Bankiers unter dem Scheckgesetz; ders., Der Verrechnungsscheck GoldschmidtsZ. 70 S. 97 ff.; ders., Das Bedürfnis nach einem deutschen Scheckgesetz, LZ. 6 S. 81 ff.; ders., Der Quittungsscheck, BankA. 9 S. 107 ff.; ders., Verrechnungsscheck oder Crossing, BankA. 11 S. 201; ders., Neues zum Verrechnungsscheck, BankA. 21 S. 412 ff.; Fürst, Der Scheck im Konkurs des Ausstellers, LZ. 2 S. 407; Helbing, Der Scheckverkehr nach dem neuen Recht; ders., Der Scheckwiderruf, HoldheimsMSchr. 17 Nr. 7; Herzfeld, die Widerruflichkeit des Schecks, LZ. 2 S. 435; Jacusiel, Einige Bemerkungen zum neuen Scheckgesetz, BankA. 7 S. 283; Obst, Scheck, Scheckverkehr, Scheckgesetz; vgl. besonders Conrad, Handbuch des deutschen Scheckrechts unter Berücksichtigung der ausländischen Gesetzgebung. Ferner Conrad, Scheckfälschung BankA. 8 S. 205; Leo, Erfüllung von Zahlungsverpflichtungen und Einhaltung von Zahlungsfristen bei Zahlung durch Giroüberweisung oder Scheck, BankA. 15 S. 420 ff.; Bernstein, Entwendung von Verrechnungsschecks, BA. 15 S. 420 ff.; von Karger, Bereicherungsanspruch der bezogenen Bank aus der Einlösung eines wegen Geisteskrankheit des Ausstellers nichtigen Schecks gegen den Zahlungsempfänger, BankA. 23 S. 25; v. Werthern, Stempelung vordatierter Schecks, BankA. 21 S. 197 ff.; Schauer, Wechsel und Scheck im Friedensvertrag, BankA. 19 S. 173 ff.;

über Abrechnungsstellen im Scheckverkehr siehe z. B. Lessing, BankA. 9 S. 279 ff.; ders. BankA. 16 S. 389 ff.; Schmidt, BankA. 16 S. 374 ff.; 17 S. 79; Riesser BankA. 15 S. 349; Leiffmann, BankA. 15 S. 419 ff.

Simonson, Die Rechtsprechung des Reichsgerichts zum Scheckgesetz, BankA. 22 S. 313 ff.; Bendix, Streitfrage aus dem Scheckrecht in der Rechtsprechung des Reichsgerichts, HansRZ. 5 S. 306 ff.; vgl. ferner Langen, Zum Scheckrecht, Erörterungen über die Rechtslage des Schecks außerhalb des Scheckgesetzes, Breit, Die Grundlagen des internen Scheckrechtes in ZHR. 64 S. 445 ff.; Düringer-Hachenburg HGB. Anh. I zu §§ 363—365; Jacobi, Der Scheck als Wertpapier, ZHR. 63 S. 86 ff.; ders., Das Wesen des Verrechnungsschecks, ZHR. 87, 1; Georg Cohn im HdSt. Bd. 7 S. 213 ff. und ders. in Holtzendorff-Kohlers Enzyklopädie der Rechtswissenschaft Bd. 3 S. 140 ff., an beiden Stellen mit zahlreichen Nachweisen.

4. Ausgaben des Scheckgesetzes.

Gareis, Textausgabe mit Einleitung, erläuternden Anmerkungen und ausführlichem Sachregister. Kuhlenbeck, Textausgabe mit Erläuterungen. Kiermayer, Textausgabe mit Einleitung, Anmerkungen und Sachregister. Apt, Textausgabe mit Einleitung, Anmerkungen und Sachregister. Heim, Scheckgesetz mit Erläuterungen. Henschel, Textausgabe mit erläuternden Anmerkungen und alphabetischem Sachregister. 1909. Merzbacher, Textausgabe mit Einleitung, Anmerkungen und Sachregister. Kuhlenbeck, Das deutsche Scheckgesetz und seine Ergänzungen einschließlich des Entwurfes der Bundesratsverordnung über den Postscheckverkehr mit Einleitung und Kommentar. Schiebler, Handausgabe mit Einleitung, Erläuterungen und Sachregister. Buff, Das deutsche Scheckgesetz vom 11. März 1908. Norden, La Loi allemande du 11 mars 1908 sur le chèque, traduite et commentée par Fr. Norden-Bruxelles. 1908. Breit in den Handelsgesetzen des Erdballs XIII 1085. Simonson, Das Deutsche Scheckgesetz vom 11. März 1908. Unter besonderer Berücksichtigung der Entscheidungen des Reichsgerichts. 1924.

5. Literatur zum Weltscheckrecht.

Deuxième Conférence de la Haye. Pour l'unification du droit en matière de lettre de change, de billet à ordre et de chèque. Actes et documents. La Haye 1912.

Klein, Franz, Die Haager Beschlüsse über das einheitliche Scheckrecht. In der Festgabe zum 60. Geburtstage des Herrn Geheimen Justizrats Professors Dr. Riesser, S. 31 ff. Berlin 1913. Wulff, Albert, Die Resolution der Haager Konferenz (1912) über die Vereinheitlichung des Scheckrechts. Berlin 1925. Meyer, Felix, Das Weltscheckrecht. Band I. Das geltende Scheckrecht in vergleichender Darstellung. Band II. Der Entwurf eines einheitlichen Scheckgesetzes nebst Begründung. Berlin 1912/13. Redlich, Vorschläge zur Vereinheitlichung des Scheckrechts. Berlin 1911. Kohl, Erwin, Scheckgesetze des Auslandes. Halle 1909. Sichermann, Zur Vereinheitlichung des Wechsel- und Scheckrechts. Budapest 1925. Crespo, Eduardo, Législation uniforme de chèques, in der International Law Association, rama argentina. Buenos Aires 1924. Bouteron, Le Chèque. Paris 1924. International Chambre of Commerce. To Facilitate the International Circulation of Cheques. Brochure No. 35. III. Congreß, Brüssel 1925. Paris o. J. (33 Rue Jean-Goujon, Paris). Gesetzgebung und Rechtspraxis des Auslandes, Band II Heft 2, Sonderheft über Wechsel- und Scheckrecht; darin bes.: Rost, Hellmut, Geschichte und gegenwärtiger Stand der Bestrebungen zur internationalen Vereinheitlichung des Wechsel- und Scheckrechts. 2, 26. Nachtragshefte Band II Hefte 5 und 7.

IV. Einleitung.

1. Zur Geschichte des Scheckrechts.

Inhalt:

a) Das Scheckrecht außerhalb Deutschlands.

Wenn man auch scheckähnliche Verhältnisse bereits im Altertum zu erkennen geglaubt hat, so kann man doch von einem Scheck im heutigen Sinne als einer Anweisung auf Zahlung von barem Gelde aus einem Bankguthaben erst seit dem 13. Jahrhundert sprechen. Wenn einige Schriftsteller das Vorkommen von Geldschecks schon im Altertum annehmen, so beruht das im wesentlichen auf Vermutungen; mit Sicherheit bekannt sind uns nur Anweisungen auf Korn aus dem Ägypten der hellenistischen Zeit.

Die frühestens Schecks in modernem Sinne sind die brevia de liberate, später bills de scaccario der englischen Könige auf die Lords des Exchequer, die Verwalter ihrer Schatzkammer, die die Könige ihren Gläubigern gaben. Ebenso gaben die Lords des Exchequer Anweisungen auf ihre Untereinnehmer in Zahlung.

Die ersten Anweisungen Privater auf Banken begegnen uns bei den großen italienischen Banken des 14. und 15. Jahrhunderts. Mit der Entwicklung der Banken steigerte sich langsam der Scheckverkehr. In England kamen im 17. Jahrhundert Anweisungen auf die Goldschmiede (goldsmith's notes) in Aufnahme; hier entwickelte sich im Beginne des 19. Jahrhunderts zuerst ein im wesentlichen dem modernen entsprechender Scheckverkehr. Vgl. zur Geschichte des Schecks Cohn in Holtzendorff-Kohlers Enzyklopädie 3, 190 (mit reichhaltiger Literatur).

b) Die Anfänge des Scheckrechts in Deutschland.[1]

---

[1]) Vgl. z. B. Georg Cohn, „Der Entwurf der Grundzüge für ein deutsches Checkgesetz" in ConradsJ. Bd. 33 S. 471 ff.; ders. in Endemanns Handbuch III § 454 S. 1135 ff.; ders., Art. Scheck im Handwörterbuch der Staatswissenschaften, 3. Aufl. 7. Bd. S. 213 ff.; Conrad in HoldheimsMSchr. 1906 Bd. 15 S. 233 ff.; Riesser, Zur Revision des HGB., 2. Abt. 1889, Beilageheft zum Bd. 35 der ZHR. S. 232 ff.

Die ersten Schecks in Deutschland finden sich in den Hansestädten im 17. Jahrhundert; größere Bedeutung gewann der Scheckverkehr jedoch erst in den siebziger Jahren des 19. Jahrhunderts.

Die ersten positiven Ansätze in Deutschland zugunsten einer Regelung des Scheckwesens im Wege der Spezialgesetzgebung bietet der mit Rundschreiben vom 12. September 1879 den übrigen deutschen Handelskammern durch die braunschweigische Handelskammer vorgelegte Entwurf der Grundzüge für ein deutsches Scheckgesetz nebst Erläuterungen. 50 Handelskammern stimmten zu, 12 nahmen keine bestimmte Stellung ein, 7 Handelskammern erklärten sich gegen den Vorschlag. Die Handelskammer zu Mannheim, die im Prinzip zugestimmt hatte, stellte einen Gegenentwurf des Dr. Landgraf gegenüber, die Handelskammer zu Heidelberg gab ihrem zugestimmten Votum ein durch Georg Cohn erstattetes Gutachten bei. Etwa gleichzeitig faßte auch eine Kommission der Ältesten der Kaufmannschaft von Berlin einen Entwurf zu einem Scheckgesetz ab.

Die Frage beschäftigte alsbald die am 19. November 1879 zu Braunschweig tagende Konferenz von Delegierten deutscher Handelskammern; hierbei wurde der ursprünglich vorgelegte Entwurf abgeändert, der Antrag aber, die gesetzliche Regelung des Scheckwesens für notwendig und dringlich zu erklären, von dem Referenten zurückgezogen.

Am 21. November 1879 befaßte sich auch der bleibende Ausschuß des Deutschen Handelstages mit der Frage der gesetzlichen Regelung des Scheckwesens; der Ausschuß erklärte dieselbe noch nicht für opportun und begründete diese Ansicht mit dem Hinweis darauf, daß die deutsche Scheckpraxis für eine gesetzgeberische Behandlung noch nicht reif sei.

In der Folge forderte das Reichsbankdirektorium die Bankkommissarien und Bezirksausschüsse bei den Reichsbankhauptstellen zur gutachtlichen Äußerung über einen (vermutlich) von Koch ausgearbeiteten und zuerst in der Berliner Börsenzeitung vom 7. Dezember 1882 Nr. 474 abgedruckten Scheckgesetzentwurf auf und erzielte allseitige Zustimmung.

Wenige Tage nach der Publikation des Reichsbankentwurfes und zwar am 15. Dezember 1882 befaßte sich der elfte Deutsche

Handelstag mit der aufgeworfenen Frage. Nach einem Referate von Georg von Siemens wurde der Antrag Hamburg: „Der Deutsche Handelstag sieht zurzeit kein Bedürfnis für den Erlaß eines Scheckgesetzes" mit großer Mehrheit abgelehnt, hingegen der Antrag der Referenten Siemens-Papendieck und Bethke mit großer Mehrheit angenommen. Der Antrag sprach aus: 1. der Cheque ist vorzugsweise Zahlungsmittel, nicht Umlaufsmittel. 2. Die Ausdehnung des Chequeverkehrs empfiehlt sich aus wirtschaftlichen Rücksichten, namentlich im Interesse der Zentralisation unseres Geldwesens. 3. Der Erlaß eines Chequegesetzes würde nützlich wirken, wenn darin festgestellt ist: a) eine legale Definition des Cheque als Sichtanweisung des Ausstellers auf das verfügbare Guthaben desselben bei dem Bezogenen, b) kurze Präsentationsfrist für Platz-Cheques, entsprechend verlängerte für alle übrigen Cheques, auch ausländische, c) Stempelfreiheit, d) Regreß in der Form des Wechselrechts gegen den Aussteller und die eventuellen Giranten. Vgl. Verhandlungen des elften Deutschen Handelstages zu Berlin am 15. und 16. Dezember 1882, StenBer. S. 29.

Eine auch für die Wissenschaft bedeutsame Behandlung fand die Scheckgesetzangelegenheit vor dem siebzehnten deutschen Juristentag. Zu der Frage: „Empfiehlt sich eine gesetzgeberische Regelung des Chequeverkehrs?" lagen Gutachten von Koch und Behrend vor (Gutachten herausgegeben von dem Schriftführeramt der ständigen Deputation, Berlin 1884, Bd. 1 S. 1 ff. und S. 31 ff.). Beide Gutachten gingen zwar davon aus, daß weder die Reichs- noch die Partikulargesetzgebung eine genügende Regelung der Materie enthalte. Aber nur Koch bejahte die gestellte Frage, Behrend hingegen verneinte sie, letzterer mit dem Beifügen, es solle damit nicht in Abrede gestellt werden, daß in einem späteren Zeitpunkt, wie etwa bei der Gesamtrevision des Handelsgesetzbuches Veranlassung zu einer gesetzlichen Regulierung des Scheckwesens vorhanden sein möchte. Bei der Beratung der Frage in der Sitzung vom 11. September 1884 (Verhandlungen Bd. 2 S. 138 ff., 283) wurde u. a. für die Bejahung der Frage auf den Vorgang anderer Staaten und auf den Beschluß des Deutschen Handelstages hingewiesen, für die Verneinung wurde u. a. geltend gemacht, daß der Wert der reichsrechtlichen Bestimmungen (§ 24 WStempG.) nicht zu unterschätzen sei, weil dort die Stempelfreiheit, wegen welcher hauptsächlich die gesetzgeberische Regelung gewünscht werde, garantiert sei und der erwähnte § 24 im wesentlichen die Erfordernisse enthalte, welche für den Check im kaufmännischen Verkehr gefordert würden. Die gestellte Frage wurde bei der Abstimmung mit 20 gegen 19 Stimmen bejaht.

c) Die Entwürfe von 1892.

Im Jahre 1892 wurde dem Bundesrat auf der Grundlage des von der Reichsbankverwaltung 1882 ausgearbeiteten und alsdann nach eingehender Beratung mit Sachverständigen umgearbeiteten Entwurfes ein Scheckgesetzentwurf vorgelegt. Der letztere, veröffentlicht in Nr. 22 des Reichs- und Staatsanzeigers vom 26. Januar 1892, wurde abermals umgearbeitet, insbesondere im Hinblick auf die Kritik von A. Hoppenstedt „Zum Checkgesetz"; am 11. März 1892 gelangte dann der abgeänderte Entwurf eines Checkgesetzes, wie solcher vom Bundesrat beschlossen worden, nebst Begründung an den Reichstag. Drucksachen des Reichstages, 8. Legislatur-Periode I. Session 1890/92 Nr. 736. Die Gesetzesvorlage blieb beim Schlusse der Session unerledigt.

Auch bei der Kodifikation des bürgerlichen Rechts bzw. der Revision des Handelsgesetzbuchs gelangte der Scheck nicht zur Regelung. Die Denkschrift zum Entwurf eines Handelsgesetzbuchs bemerkt, daß der Check unter den allgemeinen Begriff der Anweisung falle. Die Regelung des Checkrechts werde nötigenfalls im Wege eines besonderen Gesetzes ihre Erledigung finden müssen. Der Weiterentwicklung des Checkwesens auf der bisherigen Grundlage ständen weder die Vorschriften des Entwurfs noch diejenigen des BGB. im Wege. Hahn, Die gesamten Materialien zu den Reichsjustizgesetzen Bd. 6 S. 360.

d) Anregungen und Petitionen.

Am 20. Februar 1897 hatte sich der Ausschuß des Deutschen Handelstages mit der Frage der Scheckgesetzgebung beschäftigt; im Jahre 1902 erfuhr diese Frage wiederum eine eingehende Behandlung, diesmal seitens des ersten allgemeinen Deutschen Bankiertages zu Frankfurt a. M. am 19. und 20. September, vgl. Verhandlungen des ersten allg. Deutschen Bankiertages auf Grund der stenogr. Niederschrift S. 66 ff. und S. 104. Trotz des überaus sorgfältigen, die Frage der Scheckgesetzgebung nach allen Seiten beleuchtenden Referates von Thorwart gelangte die vorgeschlagene Resolution: „Der Erlaß eines Scheckgesetzes ist im Interesse von Handel und Verkehr dringend wünschenswert. Soll dasselbe aber den Bedürfnissen der Handelswelt entsprechen, so muß es die Stempelfreiheit der Schecks aufrecht erhalten, die Regreßansprüche auf Grundlage des wechselrechtlichen Regresses klar ordnen und Strafbestimmungen müssen wegfallen oder mindestens so ausgestaltet sein, daß der Zweck der Verkehrserleichterung nicht durch den Verkehr belästigende Kontrollvorschriften vermittelt werde", nicht zur Annahme. Vielmehr einigte man sich einstimmig auf den Vorschlag, dem Beschlusse des Ausschusses des Deutschen Handelstages von 1897 beizutreten, der dahin lautete: „daß die Regelung des Scheckverkehrs eine Aufgabe sei, deren sich die deutsche Gesetzgebung unterziehen müsse, allein der Ausschuß glaube nicht, daß das Eingreifen der Gesetzgebung ein so dringendes Bedürfnis sei, um zurzeit deshalb Anträge an die Reichsregierung zu stellen".

Kurze Zeit später gab eine an den Reichstag gerichtete Petition des Verbandes Kath. Kaufmännischer Vereinigungen Deutschlands vom 30. Dezember 1901 betr. Erlaß eines Scheckgesetzes der Regierung Veranlassung, ihren Standpunkt in dieser Frage darzulegen.

In der Sitzung der Petitionskommission vom 17. Oktober 1902 erklärte der Regierungskommissar u. a., es habe die Benützung der Schecks als Zahlungsmittel auch ohne Sondergesetz mehr und mehr Eingang gefunden und seit nach dem Inkrafttreten des BGB. und des neuen HGB. die Vorschriften über Anweisungen, insbesondere über die Indossierung der auf Kaufleute ausgestellten Anweisungen auf den Scheck, insoweit er sich als Zahlungsmittel darstelle, Anwendung finden, würde ein besonderes Scheckgesetz nur die Aufgabe haben können, für einzelne in der Praxis auftauchende Fragen feste Normen zu geben. Der Verkehr habe sich aber auch ohne solche Normen zu entwickeln vermocht, und es liege kaum ein Grund für die Annahme vor, daß die an sich unzweifelhaft wünschenswerte Verallgemeinerung der Scheckbenützung durch ein Sondergesetz wesentlich gefördert werden würde. Vgl. 131. Bericht der Kommission für Petitionen,

10. Legislaturperiode, II. Session 1900/03, StenBer. RT., Anlagenband 8 S. 6048 Nr. 920. Die Kommission einigte sich auf das Votum, der Reichstag wolle beschließen, die Petition dem Reichskanzler als Material zu überweisen; infolge des Schlusses des Reichstags gelangte sie jedoch nicht zur Beratung und Beschlußfassung im Plenum, sie blieb vielmehr beim Schluß der Session 1900/03 unerledigt. Doch beschloß der Reichstag, in der nächsten Legislaturperiode in der Sitzung vom 6. April 1905 bezüglich der neuerdings vorgelegten Petition des erwähnten Verbandes die Überweisung an den Reichskanzler als Material, entsprechend dem Antrag der Petitionskommission. 7. Anlagebd. der StenBer. über die Verhandlungen des Reichstags. 11. Legislaturperiode, I. Session 1903/05 Nr. 667 S. 3871 f.; ferner StenBer. Bd. 8 S. 5898 A über die 180. Sitzung vom 6. April 1905 11. Legislaturperiode I. Session 1903/05.

Dem Scheckverkehr haben die deutschen Erwerbs- und Wirtschaftsgenossenschaften ihr Interesse wiederholt zugewandt. Im Jahre 1893 wurde auf dem Genossenschaftstage in Stettin den Kreditgenossenschaften die Einbeziehung des Scheckverkehrs in den Bereich ihrer Tätigkeit und im Jahre 1899 die Bildung eines Scheckverbandes behufs gegenseitigen Austausches und Ausgleichung der Schecks empfohlen. Im Jahre 1900 hatte der Genossenschaftstag erklärt, daß die Eröffnung von Scheckkontis auch auf Nichtmitglieder ausgedehnt werden könne. Vgl. die Ausführungen Thorwarts in den Mitteilungen über den 46. Allgemeinen Genossenschaftstag zu Westerland-Sylt vom 4./8. September 1905, herausgegeben von Dr. H. Crüger, S. 78. Schließlich befaßt sich der 46. Allgemeine Genossenschaftstag am 6. September 1905 mit den Grundsätzen für die gesetzliche Regelung des Scheckverkehrs. Die von Thorwart aufgestellten Grundsätze, die einer eingehenden Besprechung unterzogen wurden, gelangten, teilweise modifiziert, in 11 Ziffern zur einstimmigen Annahme. Vgl. Mitteilungen S. 77 ff.; vgl. auch Conrad, BankA. 5 S. 212.

Die Kodifikation des Scheckrechts in Österreich gab der Redaktion der Monatsschrift für Handelsrecht und Bankwesen im Jahre 1905 Veranlassung, durch ein Rundschreiben den hervorragendsten deutschen Bankinstituten die Frage vorzulegen, ob zurzeit in Deutschland der Erlaß eines Scheckgesetzes im Interesse des Handelsverkehrs erforderlich erscheine, oder ob die deutsche Handelswelt noch auf dem ablehnenden Standpunkt verharre, den der Bankiertag von 1902 eingenommen habe.

Gerade von Seite erster Banken wurde hierbei die Ansicht vertreten, daß eine Kodifizierung augenblicklich nicht im Interesse des Verkehrs liege. Aus süddeutschen Kreisen wurde jedoch betont, daß ein Scheckgesetz an sich erstrebenswert sei, um dem Scheckverkehr eine gesicherte gesetzliche Grundlage zu geben und damit seine Entwicklung zu fördern.

Daß aus dem Mangel eines Scheckgesetzes sich bis dahin nennenswerte Mißstände ergeben hätten, wurde nicht festgestellt. Dies ist vielmehr zumeist direkt in Abrede gestellt worden. Vgl. HoldheimsMSchr. 14 S. 297 ff.

e) Die Denkschrift der Ältesten der Kaufmannschaft von Berlin.

Im Jahre 1904 — gelegentlich der Einweihung des Reichsbankgebäudes in Braunschweig — wies Exzellenz Koch, der Präsident des Reichsbankdirektoriums, darauf hin, daß die Reichsregierung nunmehr ihrerseits die Initiative in der Scheckgesetzfrage ergreife, indem sie an die Ausarbeitung des Entwurfes eines Scheckgesetzes für das Deutsche Reich herantrete.

Mit Nachdruck haben demgegenüber die Ältesten der Kaufmannschaft von Berlin in ihrer „Denkschrift, betreffend die Frage eines Reichsscheckgesetzes" vom 29. Oktober 1906 das Bedürfnis nach einem Scheckgesetz verneint. „Solange nicht die zurzeit fehlenden Garantien dafür geboten sind, daß ein Werk zustande kommt, welches lediglich einer vollkommenen rechtlichen Sicherung des Scheckverkehrs zu dienen geeignet ist, ohne dessen Bewegungsfreiheit einzuschränken, so lange müssen wir uns gegen die Schaffung eines solchen Gesetzes aussprechen." Denkschrift S. 32.

Die Ausführungen der Denkschrift sind S. 34 dahin zusammengefaßt: „Für eine gesetzliche Regelung des Scheckwesens liegt weder ein Bedürfnis vor, noch ist sie zurzeit empfehlenswert. Sollte indessen die Schaffung eines Scheckgesetzes beabsichtigt werden, so ist zum wesentlichen Inhalt desselben zu machen: 1. Einführung des Regresses gegen Aussteller und Indossanten. 2. Festsetzung einer kurzen Vorlegungsfrist, deren Versäumung

Rechtsnachteile im Gefolge hat. 3. Widerrufsverbot bis zum Ablauf der Vorlegungsfrist. Von der Einräumung der Scheckfreiheit, dem Erlaß von Strafbestimmungen sowie der Gewährung eines unmittelbaren Klagerechts gegen den Bezogenen wird dagegen Abstand zu nehmen sein. Anderseits erscheint es allerdings wünschenswert, daß bei einer gesetzlichen Regelung des Scheckwesens auch für den roten Scheck (Überweisungsscheck) mit Rücksicht auf seine große praktische Bedeutung eine sichere Rechtsgrundlage geschaffen wird."

Der erwähnte Standpunkt der Denkschrift hat meist Widerspruch und nur vereinzelt Beifall gefunden. Dagegen z. B.: Riesser, DJZ. 12 S. 31 ff., LZ. 1 S. 81 ff.; „Plutus" 3. S. 812 ff.; L. Richard im „Tag" 1906 Nr. 569; Conrad, ebenda Nr. 588, Frankfurt. Ztg. 1906 Nr. 308 usw. usw. Dafür: Richter, DWirtschZtg. 3 S. 193 ff., die Zukunft 1906 Nr. 7; C. Messow, BankbeamtenZtg. 12 S. 4 ff., 19 ff.

f) Der vorläufige Entwurf von 1907.

Die Geldknappheit, die 1907 auf dem internationalen und besonders auf dem deutschen Geldmarkt anhaltend herrschte, bot die wirksamste Unterstützung derjenigen Bestrebungen, die darauf abzielten, den Gebrauch barer Zirkulationsmittel im deutschen Zahlungsverkehr einzuschränken. Diese Verhältnisse des Geldmarktes haben den Wunsch nach einem, dem Verkehrsleben Rechnung tragenden Scheckgesetz, welcher in der Öffentlichkeit niemals verstummt war, in besonderem Maße in den Vordergrund gerückt. Im wirtschaftlichen Interesse erschien es daher geboten, den Erlaß eines Scheckgesetzes nicht länger hinauszuschieben. Auch im Reichstag ist das Bedürfnis dafür anerkannt worden. In der Kommission für die Beratung des Reichshaushaltsetats für 1907 wurde allseitig betont, daß das Zustandekommen eines Scheckgesetzes so wünschenswert und wichtig sei, daß schon im Herbst bei der Übereinstimmung aller Parteien die Vorlegung eines solchen Gesetzes willkommen sei. Demgemäß wurde in der Sitzung des Reichstages vom 10. Mai 1907 (StenBer. S. 1536) folgende Resolution angenommen: „Die verbündeten Regierungen zu ersuchen, möglichst bald eine Gesetzesvorlage zu machen, durch welche eine Regelung des Scheckverkehrs erfolgt." Begr. S. 12.

In der Nummer 166 des Deutschen Reichsanzeigers und Königlich Preußischen Staatsanzeigers vom 13. Juli 1907 wurde der vorläufige Entwurf eines Scheckgesetzes veröffentlicht, um den beteiligten Kreisen Gelegenheit zu einer Stellungnahme zu geben. Der Entwurf ist von Handel und Verkehr, sowie von der gesamten Presse als eine im allgemeinen durchaus entsprechende Grundlage für die gesetzliche Regelung des Scheckverkehrs bezeichnet worden. Er wurde demnächst, an der Hand der hervorgetretenen Wünsche, einer erneuten Prüfung unterzogen, und soweit erforderlich, umgearbeitet.

g) Der Entwurf von 1908.

Am 9. Januar 1908 wurde sodann der Entwurf eines Scheckgesetzes dem Reichstag vorgelegt. RT. 12. Legislaturperiode Sess. 1907/08 Drucks. Nr. 566.

Der Entwurf gelangte in der 85. Sitzung vom 21. Januar 1908 und in der 87. Sitzung vom 23. Januar 1908 zur ersten Beratung und wurde einer Kommission von 14 Mitgliedern überwiesen (StenBer. S. 2608 ff., 2660 ff.). Die Kommission bestand aus den Herren: Dr. Arendt (Mansfeld), Rentner und Schriftsteller, Berlin; Arnold, Amtsgerichtsrat, Greiz; v. Brockhausen, Landrat z. D. und Verbandsdirektor, Stettin; Brühne, Schuhmachermeister, Frankfurt a. M.; Dr. Faßbender, Professor, Dozent an der landwirtschaftlichen Hochschule zu Berlin; Kämpf, Johannes, Stadtältester, Berlin; Dr. Marcour, Chefredakteur, Koblenz; Mommsen, Gerichtsassessor a. D. Bankdirektor, Berlin; Nacken, Josef, Kaufmann, Oberleutnant a. D., beigeordneter Bürgermeister in Eschweiler; Ortel, Kaiserlicher Bankdirektor, Thorn; Freiherr v. Pfetten, Gutsbesitzer, Ramspau b. Regenstauf (Oberpfalz); Raab, Porzellanmaler, Hamburg; v. Saß-Jaworski, Privatier, Wilmersdorf b. Berlin; Wetzel, Professor, Eßlingen a. Neckar.

Die auf Nr. 649 der Drucksachen am 8. Februar 1908 niedergelegten Anträge der 22. Kommission (Berichterstatter Abgeordneter Mommsen) empfahlen mit einer unwesentlichen Abänderung die im übrigen unveränderte Annahme der Gesetzesvorlage. Bei der zweiten Beratung des Entwurfs in der 107. Sitzung vom 21. Februar 1908 (StenBer. S. 3313 ff.) wurde eine

Abänderung des § 2 durch besondere Erwähnung der Sparkassen vorgenommen; außerdem wurde das Inkrafttreten des Gesetzes (1. April 1908) ferner eine Bestimmung hinsichtlich des Gesetzes betreffend die Erleichterung des Wechselprotestes geregelt. (Vgl. Abänderungsanträge zur zweiten Beratung des Entwurfes eines Scheckgesetzes in Nr. 664, 671, 673, 691, 703 der Drucksachen.) Bei der dritten Beratung in der 103. Sitzung vom 25. Februar 1908 (StenBer. S. 3358 ff.) gelangte dann der Gesetzentwurf zur einstimmigen Annahme.

b) Das Scheckgesetz vom 11. März 1908 und die Entwicklung seither.

Das Scheckgesetz wurde am 11. März 1908 vollzogen und ist in dem am 14. März 1908 zu Berlin ausgegebenen RGBl. Nr. 12 S. 71 ff. veröffentlicht.

Es ist gemäß § 30 Abs. 1 am 1. April 1908 in Kraft getreten. Die am 1. Oktober 1908 in Kraft getretenen Bestimmungen über die Erleichteruug des Wechselprotestes sind am gleichen Tage auch für das Scheckrecht anwendbar geworden; näheres siehe Kommentar § 16 II 4 S. 217.

Über die seither erlassenen Novellen zum Scheckrecht vgl. Gesetzesregister XV S. 506.

2. Die volkswirtschaftlichen und privatwirtschaftlichen Vorteile des Scheckverkehrs.

Die Vorteile des Scheckverkehrs sind so vielfach Gegenstand der Behandlung in der Literatur gewesen, daß sich hier ein näheres Eingehen darauf erübrigt. Nur auf die Bemerkungen der Begr. S. 7 sei verwiesen:

„Die Entwicklung, welche Handel und Verkehr in den letzten Jahrzehnten genommen hat, der den ganzen Erdball umspannende intensive Güteraustausch, hat die Nachfrage nach Umlaufsmitteln in allen Ländern stark gesteigert. Die Unmöglichkeit, den Vorrat an Umlaufsmitteln beliebig zu vermehren, verlangt gebieterisch eine möglichste Einschränkung des Bedarfs. Für die Vermittlung von Zahlungen unter Ersparung von baren Mitteln hat der moderne Verkehr zwei Arten ausgebildet: den Überweisungs- oder Abrechnungsverkehr (Giroverkehr) und den

Scheckverkehr. Die Zahlung im Wege des Überweisungsverkehrs, die sich durch einfache buchmäßige Umschreibung von einem Konto auf das andere vollzieht, ist zweifellos die einfachste und bequemste Art der Befriedigung des Zahlungsempfängers. Sie kann aber nur dann Anwendung finden, wenn sowohl der Zahlende als der Zahlungsempfänger ein Bankkonto bei derselben Bank oder bei Banken haben, die untereinander im Überweisungsverkehre verbunden sind. Wo die Verhältnisse die Ausbildung eines reinen Überweisungsverkehres nicht gestatten, was namentlich dann der Fall ist, wenn der Empfänger kein Bankkonto hat, eröffnet sich dem Scheckverkehr ein fast unbegrenztes Feld. In diesem Falle erhält der Zahlungsempfänger eine Anweisung auf das Guthaben des Zahlenden, welche er entweder bei ihm selbst obliegenden Zahlungen benutzen oder bei einem Bankier zur Gutschrift oder behufs Barabhebung des Betrages einreichen kann. Diese Zahlungsanweisungen heißen „Scheck".

Die Benutzung von Schecks hat für die Allgemeinheit wie für den einzelnen wirtschaftliche Vorteile. Den einzelnen überhebt der Giro- und Scheckverkehr der eigenen Kassenführung. Diese ist, zumal für solche, welche viele Zahlungen zu leisten oder zu empfangen haben, ein ebenso mühe- und gefahrvolles wie zeitraubendes Geschäft. Zahlungsmittel in größerer Menge müssen sicher aufbewahrt und bereitgehalten werden. Zuverlässige Bedienstete, welche sich auf das Zählen und Prüfen von Geldsorten verstehen, sind zur Erhebung der fälligen Zahlungen abzuordnen; andere sind mit den zu zahlenden Geldern auszusenden, welche vorher sorgfältig gezählt und verpackt werden müssen. Die eingehenden Gelder sind wiederum genau zu prüfen, zu zählen, zu verwahren. Alledem entgeht man, wenn man die Besorgung dieser Geschäfte Gewerbetreibenden anvertraut, welche sich berufsmäßig damit befassen. Es sind dies Bankiers, Banken sowie andere Geldinstitute, welche Gelddepositen annehmen. Bei ihnen sammeln sich die Einlagen ihrer Kunden und die für letztere eingehenden Gelder; sie ziehen Forderungen der Kunden ein und besorgen ihre Zahlungen. Ihre Entschädigung finden sie in der ihnen gestatteten Benutzung der hinterlegten Gelder, welche sie häufig mäßig verzinsen. Indem der einzelne auf eigene Kassenhaltung verzichtet und sie einem anderen überträgt, der zugleich die Kasse für einen größeren Kundenkreis führt, wird das Zahlungsgeschäft technisch erleichtert und gesichert. Dadurch wird zugleich zum Vorteile der Allgemeinheit die Nutzbarmachung verfügbaren Kapitals gefördert. Während auf der einen Seite die Zahl der Umsätze zunimmt, werden anderseits dem Lande Umlaufmittel erspart. Der Bedarf an barem Geld wie an Banknoten wird vermindert. Zur Vollendung gelangt das ganze System, wenn die ersten Bankhäuser großer Handelsplätze sich zu „Abrechnungsstellen" (Clearinghäusern) vereinigen, in welchen sie bei täglichen Zusammenkünften die bei ihnen einlaufenden Schecks und andere Zahlungspapiere austauschen und verrechnen."[1])

3. Das Postscheckwesen.[2])

Das Postscheckwesen beruht auf dem am 1. Juli 1914 in Kraft getretenen Postscheckgesetz[3]) vom 26. März 1924 (RGBl. 85 ff.) und der Postscheckordnung[3]) vom 22. Mai 1914 (RGBl. 131 ff.). Das Postscheckgesetz ist nach verschiedenen Änderungen durch die Bekanntmachung vom 22. März 1921 (RGBl. S. 247) neu gefaßt worden. Eine weitere Änderung ist durch Gesetz vom 19. Februar 1923 (RGBl. I 151) erfolgt. Die Postscheckordnung ist zuletzt mit Wirkung vom 15. April 1921 am 7. April 1921 neu bekannt gemacht worden (RGBl. 1923 S. 1103). Sowohl Postscheckamt als Postscheckordnung haben inzwischen — besonders durch die Umstellung des Postscheckverkehrs auf Rentenmark (V. vom 23. Nov. 1923 — RGBl. 1132) und die Wiederumstellung auf Reichsmark — weitere Änderungen erfahren.

Der Postscheckverkehr ist nicht lediglich eine Sonderart des bankmäßigen Scheckverkehrs; vielmehr berühren sich auf diesem Gebiete privatrechtliche und öffentlichrechtliche Vorschriften. Soweit jedoch die Bestimmungen des Postscheckgesetzes und der Postscheck-

---

[1]) Vgl. zu diesen Fragen besonders die Ausführungen von Lexis, HdSt. Bd. 7 S. 236 ff. mit Lit.

[2]) Über die gesetzgeberische Entwicklung des Post-Überweisungs- und Scheckverkehrs in Deutschland vgl. den Anhang II der ersten Auflage dieses Buches S. 239 ff.

[3]) Postscheckgesetz und Postscheckordnung sind im Anhang XII S. 331 ff. abgedruckt.

ordnung oder des Postrechts überhaupt nicht entgegenstehen, ist auch der Postscheck im Zweifelsfalle grundsätzlich als Scheck im Sinne des Scheckgesetzes zu behandeln.

Aus der zahlreichen Literatur vgl. z. B. Trimborn, Postscheckgesetz 1914 mit Einleitung und Literaturangaben;. Weiland, Das Postscheckgesetz vom 26. März 1914. 1914, Ders., Die Postscheckordnung vom 22. Mai 1914. 1914.

4. Weltscheckrecht.[1])

Die Bestrebungen zur Vereinheitlichung des Scheckrechtes setzten schon in den 70er Jahren des vorigen Jahrhunderts ein, angeregt durch die parallel laufende Bewegung zur Schaffung eines Weltwechselrechtes. Hervorzuheben ist die Tätigkeit des „Institut de droit International", das sich auf seiner Münchener Tagung von 1883 und auf der Brüsseler Tagung von 1885 nicht nur die Feststellung der Grundsätze für ein einheitliches Wechselgesetz, sondern auch derjenigen für ein Weltscheckgesetz zur Aufgabe machte. Allerdings ergaben sich damals noch so wesentliche Meinungsverschiedenheiten, daß die Erörterung des Problems auf eine spätere Sitzung vertagt wurde. Der internationale Kongreß für Handelsrecht, der 1885 in Brüssel zusammengetreten war, legte zwar einige Grundsätze für Schecks fest, kam aber ebensowenig wie der II. Brüsseler Kongreß 1888 zu einer umfassenden Regelung. Die Bestrebungen ruhten dann längere Zeit und wurden auch im Jahre 1905, als man wieder an die Vereinheitlichung des Wechselrechtes ging, zunächst nicht wieder aufgenommen. Hierbei sprach auch wohl der Umstand mit,

---

[1]) Eine erschöpfende Darstellung aller einschlägigen Fragen gibt das groß angelegte Werk von Felix Meyer: Das Weltscheckrecht, verfaßt im Auftrage der Ältesten der Kaufmannschaft von Berlin, 1913. 1. Band: Die geltenden Scheckrechte in vergleichender Darstellung. 2. Band: Der Entwurf eines einheitlichen Scheckgesetzes nebst Begründung.

Vgl. ferner Bouteron, Le Chèque, Paris 1924; Klein, Die Haager Beschlüsse über das einheitliche Scheckrecht, in der Riesserfestgabe, Berlin 1913, S. 31 ff.; Wulff, Die Resolutionen der Haager Konferenz (1912) über die Vereinheitlichung des Scheckrechts, Berlin 1925. Lit. vgl. oben III 5 S. XVI. Die ausländischen Scheckgesetze sind im Anhang XIII S. 346 ff. abgedruckt.

daß in Deutschland, wo im übrigen die Bewegung den lebhaftesten Widerhall fand, noch kein Scheckgesetz bestand. Erst die Ältesten der Kaufmannschaft von Berlin gaben einen neuen Anstoß durch ihre Denkschrift „Scheckverkehr und Scheckgesetz", die nach der Veröffentlichung des österreichischen Scheckgesetzes 1906 erschien. Diese Denkschrift hatte zur weiteren Folge, daß die niederländische Regierung bei der Vorbereitung der auf Deutschlands und Italiens Antrag nach dem Haag berufenen ersten Wechselrechtskonferenz den zu dieser eingeladenen Regierungen auch die Frage unterbreitete, ob auch die Beratung eines einheitlichen Scheckrechtes in den Aufgabenkreis der Konferenz einbezogen werden sollte. Eine große Reihe von Staaten sprach sich hiergegen aus, und die Konferenz des Jahres 1910 beschäftigte sich deshalb nur mit dem Wechselrecht; allerdings äußerte sie den Wunsch, daß auf der in Aussicht genommenen II. Haager Wechselrechtskonferenz auch die Vereinheitlichung des Scheckrechtes erörtert und die Beratung hierüber von der niederländischen Regierung in gleicher Weise vorbereitet werden solle, wie für das Wechselgesetz. Inzwischen stellte die International Law Association auf ihrer Londoner Tagung 1910 7 Regeln für das demnächstige einheitliche Scheckgesetz auf. Vorher hatte sich eine Konferenz der drei mitteleuropäischen Wirtschaftsvereine (Deutschland, Österreich und Ungarn) am 8. und 9. November 1907 in Budapest mit der Frage befaßt, inwieweit eine Vereinheitlichung der Scheckgesetzgebung wenigstens in den mitteleuropäischen Staaten wünschenswert und durchführbar sei. Am 15./16. April 1912 haben sich die mitteleuropäischen Wirtschaftsvereine in Brüssel wieder mit diesem Gegenstande beschäftigt. Die niederländische Regierung versandte zur Vorbereitung der II. Haager Konferenz einen Fragebogen an die beteiligten Staaten über das Scheckrecht, auf den zahlreiche Antworten eingingen. Vom 15. Juni 1912 bis 23. Juli 1912 fand dann diese II. Haager Konferenz statt. Zur Annahme einer internationalen Vereinbarung über das Scheckrecht ist es auf derselben nicht gekommen, doch wurden 34 Resolutionen über die Vereinheitlichung des Scheckrechtes gefaßt, die in ihrer Gesamtheit einen ausführlichen Scheckgesetzentwurf darstellen.

Durch den Weltkrieg wurden die Bestrebungen, die inzwischen auf verschiedenen Versammlungen von Wirtschaftsvertretungen fortgesetzt worden waren, unterbrochen. Sie sind jetzt, besonders von der Internationalen Handelskammer, wieder aufgenommen worden, während sich für die Vereinheitlichung des Wechselrechtes der Völkerbund eingesetzt hat.

Einzelne Staaten haben sich bei der Regelung ihres Scheckrechtes an die Beschlüsse der Haager Konferenz von 1912 gehalten. Insbesondere gilt dies von der Türkei (Scheckgesetz vom 20. April 1914), von Frankreich (Novellen vom 26. Jan. und 2. Aug. 1917), von Griechenland (Gesetz von 1918), von Belgien (Novellen von 1919), von Finnland (Scheckgesetz vom 11. Juni 1920), von Chile (Scheckgesetz von 1922), von Polen (Scheckgesetz von 1925), Panama (Handelsgesetzbuch vom 22 August 1916) und Guatemala (Gesetz vom 30. Mai 1923); die beiden letzteren haben die Haager Beschlüsse als Gesetz eingeführt. Vgl. Anhang Abschnitt XIII S. 346 ff.

5. Die Rechtsquellen des heutigen deutschen Scheckrechts.

Inhalt:

a) Vor Erlaß des Scheckgesetzes vom 11. März 1908.

Vor dem Scheckgesetz wurde der Scheck in der Reichsgesetzgebung lediglich in § 24 WStempG. und in Art. 17 EGHGB. erwähnt. Was jene Bestimmung des WStempG. anlangt, so ist zwar darauf hingewiesen worden, daß die Vorschrift nicht so unwesentlich ist, wie sie gemeinhin aufgefaßt wird (vgl. Dreyer, Verhandlungen des 17. Deutschen Juristentages 1885 S. 139); die Ansicht jedoch, daß die Definition jener Gesetzesstelle nur von zweifelhaftem Werte sei, und daß die Vorschrift in ihrer Isolierung auf das stempelsteuerliche Gebiet von selbst auf einen weiteren Ausbau hinweise, blieb die herrschende (vgl. z. B. Koch, Über Bedürfnis und Inhalt eines Scheckgesetzes für das Deutsche Reich S. 22; derselbe, Empfiehlt sich eine gesetzgeberische Regelung des Checkverkehrs? Vorträge S. 241).

Nach dem Art. 17 EGHGB. blieben die landesgesetzlichen Vorschriften über Schecks unberührt. Auf Grund dieses Artikels galt schon früher in Elsaß-Lothringen das französische Gesetz vom 14. Juni 1865; die Novelle vom 17. Febr. 1874 jedoch gelangte im Reichslande nicht zur Aufnahme (vgl. Cohn im HdSt. 2. Aufl. Bd. 3 S. 34). Abgesehen hiervon wurde der Scheck auch durch die Partikulargesetzgebung nicht geregelt. Im übrigen behandelten Literatur und Judikatur den Scheck sowohl vor dem 1. Januar 1900 wie insbesondere nach diesem Zeitpunkt nahezu einmütig als Anweisung und unterwarfen ihn von der Geltung des BGB. bzw. HGB. ab den Bestimmungen der §§ 783ff. BGB., 363ff. HGB. Vgl. z. B. die Denkschrift zum Entwurfe eines HGB., 1896, S. 105; Simonson, Scheckrechtliche Betrachtungen, BankA. 4 S. 72 mit Lit.; Klein, DJZ. 1903 S. 37; Denkschrift der Ältesten der Kaufmannschaft von Berlin vom 29. Oktober 1906, S. 2; Hoppenstedt 1907 S. 2; Staub, HGB. Exk. § 363 Anm. 1; Lehmann, Lehrb. S. 701 u. a. m.; ferner z. B. OLG. Hamburg (27. Oktober 1897) in SeuffA. 53 Nr. 99, RG. (4. Oktober 1899) 44 S. 158; OLG. Dresden (10. Januar 1899) in SächsAnn. 21 S. 61; OLG. Dresden (18. Juni 1902) in SächsAnn. 24 S. 426; OLG. Hamburg (4. Oktober 1905) in OLGRspr. 12 S. 47; OLG. Dresden (11. Mai 1906) in OLGRspr. 14 S. 411.

b) Seit dem Erlaß des Scheckgesetzes.

Nach geltendem Rechte ist die erste Quelle des Scheckrechts das Scheckgesetz vom 11. März 1908. Dieses Gesetz beansprucht eine ausschließliche Geltung in dem Sinne, daß ihm gegenüber die durch Art. 17 EGHGB. vorbehaltene Partikulargesetzgebung versagt.

Als subsidiäre Rechtsquelle kommt nicht die Wechselordnung in Frage. Das Scheckgesetz steht durchaus selbständig neben der Wechselordnung. Das Gesetz hat diejenigen Bestimmungen des letzteren Gesetzes, die für den Scheck entsprechende Anwendung finden sollen, entweder genau bezeichnet (vgl. §§ 8, 16, 17 ScheckG.) oder aber es finden sich, in Anlehnung an einschlägige Vorschriften der Wechselordnung diese Vorschriften — zum Teil entsprechend geändert — als solche des Scheckgesetzes. (Vgl. § 6 ScheckG. und Art. 5 WO., § 4 und Art. 6 Abs. 1 WO., § 18 und Art. 49, 82, § 19 und Art. 54, § 20 und Art. 78, 79, § 21 und Art. 83, § 23 und Art. 75, 76, § 26 und Art. 85, § 27 und Art. 73; vgl. ferner § 1 und Art. 4, § 9 und Art. 66, 67, § 15 Abs. 3 und Art. 14 WO.; siehe auch Cohn S. 124f.)

Subsidiäre Anwendung finden die Vorschriften des bürgerlichen Rechts und zwar insbesondere die Vorschriften des BGB., und hier diejenigen über die Anweisung §§ 783 ff.[1]) Das bürgerliche, nicht das Handelsrecht kommt zunächst zur Anwendung, weil der Scheck prinzipiell kein Institut des Handelsrechts ist, aus welchem es sich ähnlich wie der Wechsel als ein eigentümliches Verkehrspapier heraushebt. (Vgl. Koch, Empfiehlt sich eine gesetzgeberische Regelung des Checkverkehrs S. 23 und 30 und unter § 3). Die Vorschriften über die Anweisung greifen Platz. Zwar faßt das Gesetz den Scheck nicht als Anweisung im zivilistischen Sinne auf, er bleibt vielmehr nach wie vor ein eigentümliches Rechtsgebilde (vgl. Simonson, BankA. 4 S. 72; Koch, DWirtschZtg. 1908 S. 147). Allein seiner Natur nach steht er doch der Anweisung des bürgerlichen Rechtes nahe, dessen Vorschriften im Zweifel — insoweit sie nicht den Vorschriften des Scheckgesetzes widersprechen oder die rechtliche Natur des Schecks entgegensteht — Anwendung finden. Vgl. z. B. Riesser Bem. 59 und besonders BankA. 7 S. 135. Begr. z. B. S. 11, 13, 29 usw.; Merzbacher S. 2; Kuhlenbeck S. 11; Buff S. 22.

Für die Anwendung der Vorschriften der §§ 363—365 HGB. ist gegenüber der diesbezüglichen Regelung des Scheckgesetzes kein Raum mehr.

Inwieweit Gewohnheitsrecht und Verkehrssitte zur Anwendung gelangen, bestimmt sich nach allgemeinen Rechtsgrundsätzen. Vgl. Staub, HGB., allg. Einleitung Bd. 1 S. 8 ff. und die Ausführungen von Klein, Eine neue Phase des deutschen Scheckrechtes, DJZ. 1903 S. 39 ff.; Hoffmann, BankA. 4 S. 135.

Das Verhältnis zum Wechselsteuerrecht berührt nur das steuerrechtliche Gebiet. Diese Beziehungen sind im § 29 ScheckG. geordnet.

c) Änderungen des Scheckrechts seit 1908.

Seit dem Erlaß des Scheckgesetzes ist das Scheckrecht in seinen Grundlagen nicht mehr geändert worden. Dagegen haben zahlreiche Gesetze aus andereren Gebieten das Scheckrecht beeinflußt; sie sind aufgezählt im Gesetzesregister unter XV S. 508.

---

[1]) Vgl. unten VII S. 300.

6. Die Wechselsteuer.

Das Wechselstempelsteuergesetz vom 10. Juni 1869 wurde durch die Gesetze vom 4. Juni 1879 (RGBl. S. 151) und vom 30. Mai 1908 (RGBl. S. 324) geändert. Auf dies Gesetz ist in dem heute noch geltenden Text des § 29 des Scheckgesetzes Bezug genommen. Der Scheck wurde im § 24 des Wechselstempelsteuergesetzes behandelt. Das Wechselstempelsteuergesetz ist später ersetzt worden durch das Wechselstempelgesetz vom 4. März 1909 (RGBl. S. 310), neue Fassung vom 15. Juli 1909 (RGBl. S. 825); hierzu hat der Bundesrat Ausführungsbestimmungen unter dem 26. Juli 1909 erlassen (ZBl. 402). Die Stempelfreiheit der Schecks war im § 27 Abs. 3 angeordnet.

Das Reichsstempelgesetz vom 15. Juli 1909 (RGBl. S. 833) bestimmte in seiner Tarifnummer 10 und §§ 70 bis 77 aus fiskalischen Gesichtspunkten eine Scheckſteuer von 10 Pfennigen pro Scheck für alle Schecks außer den Postschecks und den der Wechselstempelsteuer unterliegenden Schecks. Diese Steuer ist anläßlich der Finanzgesetzgebung des Jahres 1913 beseitigt worden; vgl. § 3 des Gesetzes über Änderungen im Finanzwesen vom 3. Juli 1913 (RGBl. S. 521): „Die Besteuerung von Schecks und ihnen gleichgestellten Quittungen hört mit dem Ablauf des 31. Dezember 1916 auf." Durch Art. I des Gesetzes über einen Warenumsatzstempel vom 26. Juni 1916 (RGBl. S. 639) ist der Scheckstempel schon mit Wirkung vom 1. Oktober 1916 ab aufgehoben worden.

Das Wechselstempelgesetz von 1909 ist ersetzt worden durch das Wechselsteuergesetz vom 10. August 1923 (RGBl. I S. 778), das in seinem § 4 Abs. 1c die Steuerfreiheit der Schecks erklärt. Nicht der § 29 des Scheckgesetzes, sondern diese Bestimmung ist die heute maßgebende Vorschrift; vgl. unten § 29 I 3 S. 291. Vorschriften über die Besteuerung von Schecks enthalten ferner die §§ 4 Abs. 2, 7 Abs. 2; diese Vorschriften sind unten unter § 29 S. 289 erläutert. Ein Abdruck des Gesetzes findet sich im Anhang XI S. 323.

7. Der Geltungsbereich des deutschen Scheckgesetzes. Die Kollisionsnormen (sogen. Internationales Recht).

Inhalt.

a) Der Geltungsbereich des deutschen Scheckgesetzes.[1])

Das deutsche Scheckgesetz galt in dem Augenblick, in dem es in Kraft trat, am 1. April 1908 (vgl. § 30) im ganzen Gebiet des damaligen Deutschen Reichs einschließlich Helgolands und — gemäß § 19 des Gesetzes über die Konsulargerichtsbarkeit und §§ 3, 40 des Schutzgebietsgesetzes — in den Schutzgebieten und Kiautschau.

Die seit 1918 eingetretenen Ereignisse haben den Geltungsbereich des Gesetzes erheblich eingeschränkt. Das deutsche Scheckrecht gilt heute noch zunächst im Gebiet des jetzigen Deutschen Reichs, mit der Ausnahme, daß das Wechselsteuergesetz vom 10. August 1923 für Helgoland nicht gilt.

Ferner gilt das deutsche Scheckgesetz in der Freien Stadt Danzig. Art. 116 Abs. 2 der Danziger Verfassung bestimmt:

„Alle beim Inkrafttreten dieser Verfassung im Gebiete der Freien Stadt Danzig geltenden Gesetze und Verordnungen bleiben in Kraft, soweit sie nicht durch Verfassung oder durch Gesetz aufgehoben werden."

Hieraus ergibt sich anderseits, daß die seit 1919 ergangene deutsche Gesetzgebung in Danzig nicht oder nur dann gilt, wenn sie ausdrücklich dort eingeführt worden ist. So hat z. B. das deutsche Gesetz über die Wechsel- und Scheckzinsen vom 3. Juli 1925 in Danzig keine Geltung; diese Frage ist dort vielmehr durch ein eigenes Gesetz vom 19. Mai 1925 (in Kraft seit dem 28. Mai 1925) geregelt, das abweichend vom deutschen Gesetz (vgl. unten § 17 Anm. 1 S. 232) den jeweiligen Diskontsatz der Bank von Danzig zum Scheckzinssatz erklärt.

---

[1]) Eingehend hierüber Regensburger, Der Geltungsbereich des deutschen Scheckgesetzes. Gesetzgebung und Rechtspraxis des Auslands 2, 121. Vgl. Friese, Auswirkungen der staatlichen Veränderungen des Weltkrieges auf den Rechtszustand Europas in JW. 1926 S. 440.

Geltung besitzt das deutsche Scheckgesetz schließlich noch im Memelgebiet. In der Memelgebiets-Verordnung vom 15. Februar 1920 (Amtsblatt des Memelgebietes Seite 1) ist bestimmt:

„Sämtliche Gesetze und Verordnungen bleiben in Kraft, soweit sie nicht ausdrücklich abgeschafft werden oder der neuen staatsrechtlichen Lage des Gebietes widersprechen."

Nach Art. 2 der Konvention über das Memelgebiet, die zwischen Litauen und den Großmächten geschlossen wurde, bildet das Memelgebiet „unter der Souveränität Litauens eine Einheit, die in Gesetzgebung, Rechtsprechung, Verwaltung und Finanzen innerhalb der Schranken des in Anhang I aufgestellten Statuts Autonomie genießt".

Nach Abs. 9 des Art. 5 des erwähnten Statuts steht dem Memelgebiet u. a. die Bürgerliche Gesetzgebung, die Handels- und Gewerbegesetzgebung zu. Eine Aufhebung des deutschen Scheckgesetzes ist bisher nicht erfolgt.

In Malmedy und Eupen ist die Einführung des gesamten belgischen Rechts geplant. Z. Zt. ist jedoch noch die deutsche Gesetzgebung über bürgerliches Recht und Handelsrecht — also auch Scheckrecht — in Kraft.

In den an Polen abgetretenen Gebietsteilen von Posen, Westpreußen und Oberschlesien findet gemäß Art. 59 Abs. 2 der polnischen Verordnung über das Scheckrecht vom 14. November 1924 (vgl. Abschn. XIII 58 S. 440) das polnische Scheckrecht ausschließlich Anwendung.

b) Die Kollisionsnormen (sogen. Internationales Scheckrecht).[1]

Die Kollisionsnormen sind im eigentlichen Kommentar bei den Erläuterungen zum Scheckgesetz berücksichtigt; hier mag nur darauf verwiesen werden, daß von speziellen Kollisionsnormen die Frage der passiven Scheckfähigkeit eines Ausländers bei § 25 S. 268, die Frage der wesentlichen Erfordernisse eines im Ausland ausgestellten Schecks und der Form der einzelnen auf den Scheck gesetzten Erklärungen bei § 26 S. 270, die Frage der Präsentationsfrist eines im Ausland ausgestellten, im Ausland zahlbaren Schecks bei § 11

[1]) Felix Meyer, Einige Fragen des internationalen Scheckrechts, in der Festgabe zum 60. Geburtstage des Herrn Geheimen Justizrats Professor Dr. Riesser, Berlin 1913, S. 146.

S. 150 erörtert sind; vgl. auch RG. in JW. 1926, 382 und die Anmerkung von Bernstein hierzu.

Von allgemeinen Kollisionsnormen ist das Prinzip der dem Scheck günstigsten Auslegung unter § 26 behandelt; zu berücksichtigen ist zu diesem Punkt auch Art. 11 EG. BGB; vgl. Urteil des RG. vom 11. Juni 1925 — JW. 1925, 1656. Der Grundsatz der Rückverweisung ist evtl. dem Art. 27 EG. BGB., jedoch nur bei analoger Auslegung, der der Retorsion dem Art. 31 EG. BGB. zu entnehmen.

8. Rechtsnatur des Schecks und Scheckthorie.

a) Rechtsnatur des Schecks.

Der Scheck ist, wie erwähnt, ein eigenartiges Rechtsgebilde; seiner Natur nach eine Anweisung, ist er doch an sich keine Anweisung gemäß §§ 783 ff. BGB.

Der Unterschied des Schecks von der Anweisung des bürgerlichen Rechts bezieht sich z. B. auf die Zahlbarkeit bei Sicht, den Ausschluß der Annahme, die Unwiderruflichkeit, das Erfordernis eines Guthabens, den Regreß; auch das Erfordernis der Zahlung einer bestimmten Geldsumme begründet einen wesentlichen Unterschied zwischen Scheck und Anweisung des bürgerlichen Rechts, welch letztere nicht auf eine Geldleistung beschränkt ist. Wirtschaftlich beruht der Unterschied darin, daß zwar beide Zahlungen vermitteln, daß aber der Scheck statt der Barzahlung dient, Barzahlung unmittelbar vertreten kann (vgl. unten § 21). Anweisung und Scheck sind umlaufsfähig, der Scheck aber ist, um seine volkswirtschaftliche Mission zu erfüllen, direkt zum Umlaufe bestimmt. Anweisung und Scheck sind auf Kredit basiert: „Die Anweisung, durch die sich nur die Person des Zahlenden, äußerstens noch der Zahlungsort ändert, kann sich mit dem gewöhnlichen rechtsgeschäftlichen Vertrauen (Kredit) begnügen. Der Scheck, der im Augenblick der erwarteten Barzahlung diese versagt und in die Hand dritter, vorläufig unbekannter Personen übergehen soll, die zu den Kontrahenten des Grundgeschäftes in gar keiner Beziehung stehen, bedarf naturgemäß einer vom Grundgeschäfte losgelösten, stärkeren und weiteren, für alle Fälle unbedingt sicheren Kreditbasis." S. Langen S. 10ff. Klein a. a. O.

Der Unterschied des Schecks vom Wechsel zeigt sich z. B. in der unbedingten Zahlbarkeit bei Sicht, in der Versagung der Annahme, in der freien Übertragungsmöglichkeit für Inhaberschecks, in dem Erfordernis des Guthabens usw. Das letztere Moment bedingt zugleich den wirtschaftlich wichtigsten Unterschied der beiden Rechtsinstitute. Der Scheck ist, anders wie der Wechsel, kein reines Kreditpapier, er soll dem Gläubiger nicht einen neuen Schuldner statt des ursprünglichen Schuldners (Scheckausstellers) geben, sein einziger Zweck ist es, zu veranlassen, daß für den Schuldner ein anderer aus den Mitteln des Schuldners die effektive Zahlung leiste; er bezielt lediglich Vertretungen im Zahlungsakte, nicht aber im Schuldverhältnisse. Vgl. österr. Mot. zu § 2; Kuhlenbeck S. 11 ff.; Hoffmann, BankA. 4 S. 131.

Der Unterschied des Schecks von der Banknote zeigt sich ohne weiteres in der Form. Der Scheck erscheint in der Form einer Anweisung, die Banknote in der eines Schuldscheines. Der Scheck kann auf den Inhaber lauten, die Banknote ist stets auf den Inhaber gestellt. Der Scheck kann in beliebigen Teilbeträgen ausgestellt sein, die Banknote lautet stets auf bestimmte runde Beträge.

Die Banknote ist zu langer Umlaufszeit bestimmt; der Scheck strebt nach baldiger Realisierung; die Banknote ist ein privilegierter Wertträger von gleichbleibender Sicherheit — die Kreditbewertung ist daher allein durch die Vertrauenswürdigkeit der emittierenden Bank bedingt —, der Scheck aber ist immer nur eine Anweisung auf ein veränderliches Guthaben des Ausstellers beim Bezogenen: hier entscheidet also die Bonität des Ausstellers. So Conrad, Handb. S. 18f.; Hoffmann, BankA. 4 S. 131. Vgl. zu diesen Fragen bes. Langen, Zum Scheckrecht S. 10ff.

b) Scheckttheorie.

Es ist davon auszugehen, daß die Scheckttheorie nur ein Sonderfall der Wertpapiertheorie im allgemeinen ist. Von den verschiedenen in der Literatur behandelten Wertpapiertheorien läßt sich widerspruchslos nur die Vertragstheorie auf den Scheck anwenden. Hiernach ist die Erzeugung des Schecks nur eine vorbereitende Handlung, die dem Scheck noch keine rechtliche Wirksamkeit verleiht; kommt der Scheck nach seiner Herstellung, aber vor der Begebung dem Hersteller abhanden, so erlangen Dritte keine vertraglichen Rechte aus ihm und an ihm. Das (subjektive) Scheckrecht gelangt zur Entstehung erst mit der Begebung dem Begebungsvertrag. Dies ist ein Realkontrakt, der mit der Tatsache der Begebung wirksam wird. Sein Inhalt ist: der Aussteller will a) dem ersten Nehmer, b) beim Inhaberscheck jedem ferneren Nehmer (pactum cum incertis personis), beim Orderscheck jedem durch eine zusammenhängende, bis auf ihn herabreichende Kette von Indossamenten Legitimierten, beim Rektascheck dem benannten Zahlungsempfänger nach Maßgabe des Inhalts des Schecks verpflichtet sein; sein Vertragsantrag soll so lange wirksam sein, wie der Scheck im Umlauf ist.

Der Begebungsvertrag setzt somit Geschäftsfähigkeit beim Aussteller und ersten Nehmer im Augenblick der Begebung, bei jedem weiteren Nehmer im Augenblick des Erwerbs voraus. Gelangt der hergestellte Inhaberscheck (im Gegensatz zum Rekta- und zum Orderscheck) ohne den Willen des Herstellers in den Verkehr, so wird der Hersteller gemäß § 794 BGB. aus ihm verpflichtet; in diesem Falle handelt es sich nicht um eine vertragliche, sondern um eine gesetzliche Haftung, die als (deutschrechtliche) Veranlassungshaftung zu beurteilen ist (v. Schwerin, Recht der Wertpapiere 20 ff.) Die Vertragstheorie wird am zwangslosesten dem gesetzlichen Tatbestand gerecht. Die Kreationstheorie, wie sie z. B. Cohn (S. 188), annimmt, entspricht nicht dem Gesetz und führt auch zu Unbilligkeiten; wird sie konsequent angewandt, so müßte z. B. der Aussteller auch eines Rekta- oder Orderschecks bei Verlust aus dem Scheck haften, eine Folgerung, zu der das Gesetz aber keinen Anlaß bietet. Abzulehnen sind auch die sogen. Redlichkeits- und die Eigentumserwerbs-Theorie, die als Unterarten der Kreationstheorie aufzufassen sind; abgesehen davon, daß sie verkehrsfeindlich sind, lassen sie auch den Fall des § 794 BGB. unerklärt.

Der für das deutsche Recht allseitig bekämpften Rechtstheorie, daß der Scheck dem Scheckinhaber das Guthaben des Ausstellers übertrage und daher als Zession erscheine, ist durch die Versagung des direkten Klagerechts des Inhabers gegen den Bezogenen ohne weiteres der Boden abgegraben. Über die Zessionstheorie vgl. v. Canstein, Scheck, Wechsel und deren Deckung 1890 S. 174, ferner in ZHR. 60 S. 164 ff.; ferner LZ. 1 S. 609 und in dem Werke: Der Scheck nach dem österr. Gesetz vom 3. April 1906 insbesondere S. 148 ff., 163 ff., 179. Dagegen neuestens z. B. Pavliček, Das direkte Klagerecht des Scheckinhabers gegen den Bezogenen, ZHR. 61 S. 128 ff. Weitere Lit. bei Conrad, Handb. S. 125 Note 116.

V. Wortlaut des Gesetzes.

Scheckgesetz.

Vom 11. März 1908. (RGBl. 1908 S. 71 ff.)

§ 1.

Der Scheck muß enthalten:

1. die in den Text aufzunehmende Bezeichnung als Scheck oder, wenn der Scheck in einer fremden Sprache ausgestellt ist, einen jener Bezeichnung entsprechenden Ausdruck in der fremden Sprache;
2. die an den Bezogenen gerichtete Anweisung des Ausstellers, aus seinem Guthaben eine bestimmte Geldsumme zu zahlen;
3. die Unterschrift des Ausstellers;
4. die Angabe des Ortes und des Tages der Ausstellung.

§ 2.

Als Bezogene sollen nur bezeichnet werden:

1. diejenigen Anstalten des öffentlichen Rechts, diejenigen unter staatlicher Aufsicht stehenden Anstalten sowie diejenigen in das Genossenschaftsregister eingetragenen Genossenschaften, welche sich nach den für ihren Geschäftsbetrieb maßgebenden Bestimmungen mit der Annahme von Geld und der Leistung von Zahlungen für fremde Rechnung befassen, ferner die unter amtlicher Aufsicht stehenden Sparkassen, wenn sie die nach Landesrecht für sie geltenden Aufsichtsbestimmungen erfüllen;
2. die in das Handelsregister eingetragenen Firmen, welche gewerbsmäßig Bankiergeschäfte betreiben.

§ 3.

Als Guthaben ist der Geldbetrag anzusehen, bis zu welchem der Bezogene nach dem zwischen ihm und dem Aussteller bestehenden Rechtsverhältnisse Schecks einzulösen verpflichtet ist.

§ 4.

Als Zahlungsempfänger kann entweder eine bestimmte Person oder Firma oder der Inhaber des Schecks angegeben werden. Der Aussteller kann sich selbst als Zahlungsempfänger bezeichnen.

Sind dem Namen oder der Firma des Zahlungsempfängers die Worte „oder Überbringer" oder ein gleichbedeutender Zusatz beigefügt oder enthält der Scheck keine Angabe darüber, an wen zu zahlen ist, so gilt er als auf den Inhaber ausgestellt.

§ 5.

Der bei dem Namen oder der Firma des Bezogenen angegebene Ort gilt als Zahlungsort. Die Angabe eines anderen Zahlungsortes gilt als nicht geschrieben. Ist bei dem Namen oder der Firma des Bezogenen ein Ort nicht angegeben, so gilt der Ausstellungsort als Zahlungsort.

§ 6.

Ist die zu zahlende Geldsumme in Buchstaben und in Ziffern ausgedrückt, so gilt bei Abweichungen die in Buchstaben ausgedrückte Summe. Ist die Summe mehrmals mit Buchstaben oder mehrmals mit Ziffern geschrieben, so gilt bei Abweichungen die geringere Summe.

§ 7.

Der Scheck ist bei Sicht zahlbar. Die Angabe einer anderen Zahlungszeit macht den Scheck nichtig.

§ 8.

Der auf einen bestimmten Zahlungsempfänger gestellte Scheck kann durch Indossament übertragen werden, wenn nicht der Aussteller die Übertragung durch die Worte „nicht an Order" oder durch einen gleichbedeutenden Zusatz untersagt hat.

In betreff der Form des Indossaments, in betreff der Legitimation des Besitzers eines indossierten Schecks und der Prüfung der Legitimation sowie in betreff der Verpflichtung des Besitzers zur Herausgabe finden die Vorschriften der Artikel 11 bis 13, 36, 74 der Wechselordnung entsprechende Anwendung. Ein auf eine Abschrift des Schecks gesetztes Indossament ist jedoch unwirksam. Das gleiche gilt von einem Indossamente des Bezogenen. Ein Indossament an den Bezogenen gilt als Quittung.

§ 9.

Schecks, die auf einen bestimmten Zahlungsempfänger gestellt und im Auslande zahlbar sind, können in mehreren

Ausfertigungen ausgestellt werden. Jede Ausfertigung muß im Texte mit der Bezeichnung „Erste, zweite, dritte usw. Ausfertigung" oder mit einer gleichbedeutenden Bezeichnung versehen werden; ist dies nicht geschehen, so gilt jede Ausfertigung als ein für sich bestehender Scheck.

Ist von mehreren Ausfertigungen eine bezahlt, so verlieren dadurch die anderen ihre Kraft. Jedoch bleiben aus den übrigen Ausfertigungen der Indossant, welcher mehrere Ausfertigungen an verschiedene Personen indossiert hat, und alle späteren Indossanten, deren Unterschriften sich auf den bei der Zahlung nicht zurückgegebenen Ausfertigungen befinden, auf Grund ihres Indossaments verpflichtet.

§ 10.

Der Scheck kann nicht angenommen werden. Ein auf den Scheck gesetzter Annahmevermerk gilt als nicht geschrieben.

§ 11.

Der im Inland ausgestellte und zahlbare Scheck ist binnen 10 Tagen nach der Ausstellung dem Bezogenen am Zahlungsorte zur Zahlung vorzulegen.

Für Schecks, die im Ausland ausgestellt, im Inlande zahlbar sind, bestimmt der Bundesrat die Vorlegungsfrist. Das Gleiche gilt für Schecks, die im Inland ausgestellt, im Auslande zahlbar sind, sofern das ausländische Recht keine Vorschrift über die Zeit der Vorlegung enthält.

Fällt der letzte Tag der Frist auf einen Sonntag oder einen am Zahlungsorte staatlich anerkannten allgemeinen Feiertag, so tritt an die Stelle des Sonntags oder des Feiertags der nächstfolgende Werktag.

§ 12.

Die Einlieferung eines Schecks in eine Abrechnungsstelle, bei welcher der Bezogene vertreten ist, gilt als Vorlegung zur Zahlung am Zahlungsorte, sofern die Einlieferung den für den Geschäftsverkehr der Abrechnungsstelle maßgebenden Bestimmungen entspricht.

Der Bundesrat bestimmt, welche Stellen als Abrechnungsstellen im Sinne dieses Gesetzes zu gelten haben.

§ 13.

Der Bezogene, der den Scheckbetrag bezahlt, kann die Aushändigung des quittierten Schecks verlangen.

Der Ablauf der Vorlegungsfrist ist auf das Recht des Bezogenen zur Zahlung ohne Einfluß.

Ein Widerruf des Schecks ist erst nach dem Ablaufe der Vorlegungsfrist wirksam.

§ 14.

Der Aussteller sowie jeder Inhaber eines Schecks kann durch den quer über die Vorderseite gesetzten Vermerk: „Nur zur Verrechnung" verbieten, daß der Scheck bar bezahlt werde. Der Bezogene darf in diesem Falle den Scheck nur durch Verrechnung einlösen. Die Verrechnung gilt als Zahlung im Sinne dieses Gesetzes.

Das Verbot kann nicht zurückgenommen werden. Die Übertretung des Verbots macht den Bezogenen für den dadurch entstehenden Schaden verantwortlich.

§ 15.

Der Aussteller und die Indossanten haften dem Inhaber für die Einlösung des Schecks.

Auch bei dem auf den Inhaber gestellten Scheck haftet jeder, der seinen Namen oder seine Firma auf die Rückseite des Schecks geschrieben hat, dem Inhaber für die Einlösung. Auf den Bezogenen findet diese Vorschrift keine Anwendung.

Hat ein Indossant dem Indossamente die Bemerkung „ohne Gewährleistung" oder einen gleichbedeutenden Vorbehalt hinzugefügt, so ist er von der Verbindlichkeit aus seinem Indossamente befreit.

§ 16.

Zur Ausübung des Regreßrechts muß nachgewiesen werden, daß der Scheck rechtzeitig zur Zahlung vorgelegt und nicht eingelöst oder daß die Vorlegung vergeblich versucht worden ist. Der Nachweis kann nur geführt werden:

1. durch eine auf den Scheck gesetzte, von dem Bezogenen unterschriebene und den Tag der Vorlegung enthaltende Erklärung;
2. durch eine Bescheinigung der Abrechnungsstelle, daß der Scheck vor dem Ablaufe der Vorlegungsfrist eingeliefert und nicht eingelöst worden ist;
3. durch einen Protest.

Auf die Vorlegung des Schecks und den Protest finden die Vorschriften der Artikel 87, 88, 90, 91 der Wechselordnung entsprechende Anwendung.

Enthält der Scheck die Aufforderung keinen Protest zu erheben, so finden die Vorschriften des Artikel 42 der Wechselordnung entsprechende Anwendung.

§ 17.

Wegen der Benachrichtigung der Vormänner und ihres Einlösungsrechts sowie wegen des Umfanges der Regreßforderung und der Befugnis zur Ausstreichung von Indossamenten finden die Vorschriften der Artikel 45 bis 48, 50[1]) bis 52 und des Artikel 55 der Wechselordnung mit der Maßgabe entsprechende Anwendung, daß der Inhaber des vergeblich zur Zahlung vorgelegten Schecks verpflichtet ist, seinen unmittelbaren Vormann innerhalb zweier Tage nach der Ausstellung der im § 16 Abs. 1 bezeichneten Erklärung, Bescheinigung oder Protesturkunde, spätestens aber innerhalb zweier Tage nach dem Ablaufe der Vorlegungsfrist, von der Nichtzahlung des Schecks zu benachrichtigen.

§ 18.

Der Inhaber des Schecks kann sich wegen seiner ganzen Regreßforderung an alle Verpflichtete oder auch nur an einige oder einen halten, ohne dadurch seinen Anspruch gegen die nicht in Anspruch genommenen Verpflichteten zu verlieren. Es steht in seiner Wahl, welchen Verpflichteten er zuerst in Anspruch nehmen will.

Dem Inhaber des Schecks kann der Schuldner nur solche Einwendungen entgegensetzen, welche die Gültigkeit seiner Erklärung in dem Scheck betreffen oder sich aus dem Inhalte des Schecks ergeben oder ihm unmittelbar gegen den Inhaber zustehen.

§ 19.

Der Regreßpflichtige ist nur gegen Auslieferung des Schecks, der zum Nachweise der rechtzeitigen Vorlegung und der Nichteinlösung oder des vergeblichen Versuches der Vorlegung dienenden Urkunden und einer quittierten Rechnung Zahlung zu leisten verbunden.

§ 20.

Die Regreßansprüche gegen den Aussteller und die übrigen Vormänner verjähren, wenn der Scheck in Europa mit Aus-

[1]) Vergl. jedoch jetzt Gesetz über Wechsel- und Scheckzinsen vom 3. Juli 1925 und die hierzu ergangenen Bekanntmachungen über die Wechsel- und Scheckzinsen. Unten § 17 IV Anm. 1 S. 232 f.

nahme von Island und den Faröern zahlbar ist, in drei Monaten, andernfalls in sechs Monaten.

Die Verjährung beginnt gegen den Inhaber des Schecks mit dem Ablaufe der Vorlegungsfrist, gegen jeden Indossanten, wenn er, bevor eine Klage gegen ihn erhoben worden ist, gezahlt hat, mit der Zahlung, in allen übrigen Fällen mit der Erhebung der Klage.

§ 21.

Der Aussteller, dessen Regreßverbindlichkeit durch Unterlassung rechtzeitiger Vorlegung oder durch Verjährung erloschen ist, bleibt dem Inhaber des Schecks so weit verpflichtet, als er sich mit dessen Schaden bereichern würde.

§ 22.

In den Fällen des § 14 Abs. 2 und § 21 verjährt der Anspruch in einem Jahre seit der Ausstellung des Schecks.

§ 23.

Aus einem Scheck, auf dem die Unterschrift des Ausstellers oder eines Indossanten gefälscht ist, bleiben diejenigen, deren Unterschriften echt sind, verpflichtet.

§ 24.

Auf die Anfechtung einer auf einen Scheck geleisteten Zahlung finden die Vorschriften des § 34 der Konkursordnung entsprechende Anwendung.

§ 25.

Im Auslande zahlbare Schecks dürfen auch auf solche Bezogene lauten, auf die nach dem ausländischen Rechte ein Scheck gezogen werden darf.

§ 26.

Die wesentlichen Erfordernisse eines im Ausland ausgestellten Schecks sowie jeder im Ausland auf einen Scheck gesetzten Erklärung werden nach den Gesetzen des Ortes beurteilt, an welchem die Ausstellung oder die Erklärung erfolgt ist.

Entspricht jedoch der im Ausland ausgestellte Scheck oder die im Ausland auf einen Scheck gesetzte Erklärung den Anforderungen des inländischen Gesetzes, so kann daraus, daß nach ausländischem Gesetz ein Mangel vorliegt, kein Einwand gegen die Rechtsverbindlichkeit der später im Inland auf den Scheck gesetzten Erklärungen entnommen werden. Auch ist die im Ausland erfolgte Ausstellung eines im Inlande zahlbaren Schecks sowie die auf einen solchen Scheck im Auslande gesetzte Erklärung wirksam, wenn sie auch nur den Anforderungen des inländischen Gesetzes entspricht.

§ 27.

Abhanden gekommene oder vernichtete Schecks unterliegen der Kraftloserklärung im Wege des Aufgebotsverfahrens. Die Aufgebotsfrist muß mindestens zwei Monate betragen.

Nach Einleitung des Aufgebotsverfahrens kann der Berechtigte, falls der Scheck rechtzeitig zur Zahlung vorgelegt, von dem Bezogenen aber nicht eingelöst worden war, von dem Aussteller Zahlung fordern, wenn er bis zur Kraftloserklärung Sicherheit leistet.

§ 28.

Bürgerliche Rechtsstreitigkeiten, in welchen durch die Klage ein Anspruch auf Grund dieses Gesetzes geltend gemacht wird, gehören, sofern in erster Instanz die Landgerichte zuständig sind, vor die Kammern für Handelssachen.

In bürgerlichen Rechtsstreitigkeiten, in welchen durch Klage oder Widerklage ein Anspruch auf Grund dieses Gesetzes geltend gemacht ist, wird die Verhandlung und Entscheidung letzter Instanz im Sinne des § 8 des Einführungsgesetzes zum Gerichtsverfassungsgesetze dem Reichsgerichte zugewiesen.

Auf die Geltendmachung von Regreßansprüchen aus einem Scheck finden die den Wechselprozeß betreffenden Vorschriften der §§ 602 bis 605 der Zivilprozeßordnung entsprechende Anwendung. Die Rechtsstreitigkeiten, in welchen ein solcher Anspruch geltend gemacht wird, gelten als Feriensachen.

§ 29.

Im Sinne des § 24 des Gesetzes, betreffend die Wechselstempelsteuer vom 10. Juni 1869 (Bundes-Gesetzbl. S. 193 ff.) [1]) sind als Schecks, für welche die Befreiung von der Wechselstempelabgabe bestimmt ist, diejenigen Urkunden anzusehen, die den Anforderungen der §§ 1, 2, 7, 25, 26 des gegenwärtigen Gesetzes entsprechen.

[1]) Vgl jetzt Wechselsteuergesetz v. 10. August 1923 (RGBl. I. S. 778) unten XI S. 323 ff.

Die Vorschrift des Abs. 1 findet keine Anwendung auf Schecks, welche vor dem auf ihnen angegebenen Ausstellungstag in Umlauf gesetzt sind. Für die Entrichtung der Abgabe haftet als Gesamtschuldner jeder, der am Umlaufe des Schecks im Sinne des § 5 des Gesetzes, betreffend die Wechselstempelsteuer[1]), im Inlande vor dem Ausstellungstage teilgenommen hat.

§ 30.

Dieses Gesetz tritt am 1. April 1908 in Kraft. Die Vorschriften finden auf früher ausgestellte Schecks keine Anwendung.

Mit dem Inkrafttreten des Gesetzes, betreffend die Erleichterung des Wechselprotestes, werden die im § 16 des gegenwärtigen Gesetzes angeführten Vorschriften durch die neuen Artikel 87 bis 88a, 89a, 90 bis 91a, 92 Abs. 2 der Wechselordnung sowie durch die §§ 3, 4 des erstgenannten Gesetzes ersetzt.

---

[1]) Vgl. jetzt Wechselsteuergesetz v. 10. August 1923 (RGBl. I S. 778) unten XI S. 323.

VI. Kommentar

Scheckgesetz.

Vom 11. März 1908.

(RGBl. S. 71 ff.)

Wir Wilhelm, von Gottes Gnaden Deutscher Kaiser, König von Preußen usw. verordnen im Namen des Reichs, nach erfolgter Zustimmung des Bundesrats und des Reichstags, was folgt:

Wesentliche Erfordernisse.[1]

§ 1.

Der Scheck muß enthalten:

1. die in den Text aufzunehmende Bezeichnung als Scheck oder, wenn der Scheck in einer fremden Sprache ausgestellt ist, einen jener Bezeichnung entsprechenden Ausdruck in der fremden Sprache;
2. die an den Bezogenen gerichtete Anweisung des Ausstellers, aus seinem Guthaben eine bestimmte Geldsumme zu zahlen;
3. die Unterschrift des Ausstellers;
4. die Angabe des Ortes und des Tages der Ausstellung.

E. 1892: § 1; vorl. E. § 1; österr. Gesetz § 2.

Inhalt.

---

[1]) Die den einzelnen Paragraphen beigegebenen Schlagworte sind meist der Begr. entnommen; dem Gesetzestexte gehören sie nicht an.

I. Vorbemerkung: Bedeutung der wesentlichen Erfordernisse.

Das Gesetz hat angesichts der Schwierigkeit, eine unzweideutige, das Wesen des Schecks sicher und vollinhaltlich wiedergebende Begriffsbestimmung aufzustellen (vgl. z. B. Fick S. 34 ff.), von einer solchen Abstand genommen. Nach dem Vorgang der Wechselordnung sind vielmehr diejenigen Erfordernisse vorgeschrieben, welche notwendig sind, damit einer Urkunde die Eigenschaft als Scheck zukomme. Dies Vorgehen des Gesetzes hat auch allgemeine Billigung gefunden. Begr. S. 15; vgl. Cohn S. 13; Älteste S. 5. Der § 1 des Gesetzes gibt in vier Ziffern diejenigen Erfordernisse eines Schecks wieder, die vorhanden sein müssen, damit ein Scheck im formalen Sinne vorliege. Es handelt sich also im § 1 nicht um die materiellen Voraussetzungen der Gültigkeit eines Schecks, sondern um Formerfordernisse. Wohl zu beachten ist, daß zwar nach Erfüllung der Erfordernisse des § 1 ein gültiger Scheck vorliegt; ein stempelfreier Scheck (§ 29) aber ist erst dann vorhanden, wenn weiterhin den Anforderungen der §§ 2, 7, 25 und 26 des Gesetzes entsprochen ist.

Daß es sich im § 1 um notwendige Erfordernisse handelt, besagt der Ausdruck des Gesetzes: „Der Scheck muß enthalten". Vgl. Simonson S. 27. Die technische Bedeutung des Wortes „müssen" weist darauf hin, daß im Falle der Nichtbeachtung der im § 1 gegebenen Vorschriften der Scheck ungültig ist. Der Scheck ist wie der Wechsel ein Formalakt. Vgl. RG. 105 S. 143. Wegen Konversion vgl. Anm. VII 2 S. 35.

Wird nachträglich eines der wesentlichen Formerfordernisse aufgehoben, z. B. durchstrichen oder abgeschnitten, so wird der Scheck dadurch nichtig. Es macht keinen Unterschied, ob das durchstrichene wesentliche Erfordernis lesbar geblieben ist oder nicht, ob es gedanklich wiederherstellbar ist oder nicht. Ebenso (für den Wechsel) RG. in GruchBeitr. 24, 1108 und Blums Ann. 4, 316. Im Gegensatz zu der später vom RG. in seinen Urteilen vom 16. Februar 1924 (JW. 1924, 1153), 12. August 1925 (RG. 111,

280 = JW. 1925, 2603) und 10. November 1925 (RG. 112, 86) (sämtlich für den Wechsel) ausgesprochenen Ansicht muß an dieser Auffassung, nicht zuletzt aus den von **Bernstein** in den Anmerkungen zu diesen Urteilen (JW. 1924, 1153 und 1925, 2603) vorgetragenen gewichtigen Gründen, jedenfalls für den Scheck, festgehalten werden.

Die im § 1 aufgestellten wesentlichen Erfordernisse gelten lediglich für die im **Inlande** — gleichviel in welcher Sprache — ausgestellten Schecks. Die wesentlichen Erfordernisse eines im Auslande ausgestellten Schecks werden gemäß § 26 nach den Gesetzen des Ortes beurteilt, an welchem die Ausstellung erfolgt ist.

II. Die Scheckklausel (Zahl 1).

Die in den Text aufzunehmende Bezeichnung als Scheck entspricht dem Vorgang der Wechselordnung (Art. 4 Ziff. 1). Diese Regelung war schon deshalb zweckmäßig, weil es dem Willen des Ausstellers entsprechen kann und auch zulässig bleiben muß, einer Urkunde sonst gleichen Wortlauts durch Weglassung der Bezeichnung als Scheck die Wirksamkeit einer nach allgemeinem bürgerlichen Recht zu beurteilenden Anweisung beizulegen.

1. Die Scheckklausel ist in den Text aufzunehmen.

Die Bezeichnung als Scheck ist **in den Text** aufzunehmen. Für das Wechselrecht ist im Hinblick auf die Bestimmung des Art. 4 Zahl 1, wonach die Bezeichnung als Wechsel in den Wechsel selbst aufzunehmen ist, die Frage behandelt worden, ob es für den Wechsel überhaupt eines Kontextes, d. h. einer zusammenhängenden, der regelmäßigen Wechselform entsprechenden Erklärung bedürfe. Die diesbezügliche Kontroverse (vgl. **Rehbein** WO. Art. 4 Note 1; **Staub-Stranz**, WO. Art. 4 Anm. 53) entfällt für den Scheck; er bedarf, schon im Hinblick auf § 1 Zahl 1 eines bestimmten, zusammenhängenden Textes. Der Text des Schecks braucht nicht geschrieben zu sein, es genügt Maschinenschrift, Druck und Schrift usw. (Anm. IV 2 S. 26). **Formularzwang** besteht an sich nicht. Doch kann der Scheckvertrag die Verwendung von Formularen vorschrieben. Die übliche Formel für die Bezeichnung als Scheck lautet: „gegen diesen Scheck" doch kommen auch Redewendungen vor wie: „gegen Aushändigung dieses Schecks" usw. Wesentlich ist nur, daß die Bezeichnung im Texte steht. Außerhalb des Textes, z. B. als Überschrift, darf die Bezeichnung nicht stehen. Würde es für zulässig erklärt, daß die Bezeichnung als Scheck außerhalb des Textes, etwa in Form einer Überschrift oder durch Ausdruck mittels Stempels angebracht würde, so wäre Fälschungen nicht genügend vorgebeugt. Begr. S. 16.

2. Bezeichnung als Scheck.

Die **Bezeichnung als Scheck** ist erforderlich. Was **Grünhut**, WR. 1 S. 336 für den Wechsel bemerkt, gilt ähnlich auch hier: das Gesetz will keine freie Wahl hinsichtlich des anzuwendenden Ausdruckes gewähren, sondern es läßt strengen Formalismus walten, so daß ein synonymer oder sachlich äquivalenter Ausdruck nicht genügen würde. Das ganze Erfordernis ist illusorisch und ohne praktischen Wert, wenn das Wort nicht schon durch seinen Klang geeignet ist, die Eigenschaft des Papieres als Scheck jedermann in Erinnerung zu rufen. Immerhin werden auch Wortzusammensetzungen nicht für unzulässig erachtet werden können, wenn nur der Nachdruck auf dem Worte Scheck, einem unentbehrlichen Requisit des Schecks, liegt: z. B. Scheckurkunde. Der Ausdruck Scheckanweisung ist m. E. hier nicht zulässig, da Scheck und Anweisung verschiedene Begriffe sind. A. M. Schiebler S. 2; Meyer, Weltscheckrecht I S. 127; wie hier Merzbacher S. 3. Über den Ausdruck: Prima-Scheck, Sekunda-Scheck s. § 9. Dagegen ist die Frage der Schreibweise — Scheck oder Check oder Cheque — durchaus unerheblich, dies um so mehr, als die etymologische Herkunft des Wortes Scheck unsicher ist.[1]) Zulässig ist daher auch die Schreibweise Check (vgl. RG. JW. 1926, 382) und Cheque. Unrichtig Heim S. 8; zutreffend Merzbacher S. 3; Henschel S. 3; Breit in SeuffBlfRA. 73 S. 82; ders. in SächsArch. 2 S. 489; ders. in HoldheimsMSchr. 17 S. 34 und ders., Pflichten S. 14 f.; ferner Kuhlenbeck S. 35;

---

[1]) Über die Ableitung des Wortes Scheck vgl. Georg Cohn, Das Wort „Scheck" in der Festgabe für Riesser, Berlin 1913 S. 367.

Der Begriff selbst ist in Deutschland seit etwa 1860 eingebürgert; vgl. Kluge, Etymologisches WB. der deutschen Sprache, 8. Aufl. Straßburg 1915, Art. Scheck.

Zur Schreibweise des Wortes Scheck siehe Koch in seinem, dem 17. Deutschen Juristentag erstatteten Gutachten über die Frage: Empfiehlt sich eine gesetzgeberische Regelung des Chequeverkehrs? bemerkt Note 1: „Bei der streitigen etymologischen Herkunft ziehe ich die in Deutschland gebräuchlichere Schreibart Check vor, welche von den Gesetzen in der Schweiz und Italien rezipiert ist, und außer in England und Nordamerika auch in Frankreich und Belgien vorkommt." — Diese Schreibweise Check ist im Art. 17 EG. z. HGB. und im alten WStempG. festgehalten. Die Schreibweise „Scheck" erscheint erstmals offiziell in der Anlage 15 a des Entwurfes, betreffend die Feststellung des Reichshaushaltsetats für das Rechnungsjahr 1900 (Postscheck) bzw. § 6 des Gesetzes betreffend die Feststellung des Reichshaushaltsetats für das Rechnungsjahr 1900 vom 30. März 1900 (RGBl. 1900 S. 139). Damit war einer Anregung des Allgemeinen Deutschen Sprachvereins entsprochen worden. Vgl. Zeitschrift des Allgemeinen Deutschen Sprachvereins 14 Nr. 2 Sp. 38 und Nr. 12 Sp. 260.

Schiebler S. 2; Simonson S. 30 Vgl. auch RG. JW. 1926, 382.

Der in Deutschland ausgestellte Scheck kann auch in einer fremden Sprache ausgestellt sein. Ist der Scheck in einer fremden Sprache ausgestellt, so muß er einen der Bezeichnung „Scheck" entsprechenden Ausdruck in der fremden Sprache enthalten. Diese Bestimmung, die im § 1 des vorl. Entw. noch nicht enthalten war, ist von Hoppenstedt 1907 S. 9 gefordert worden. In Betracht kommen hier: französisch „chèque", englisch „check" oder „cheque", italienisch „assegno bancario" oder „check", spanisch „mandato de pago" od. „cheque", portugiesisch „chèque" oder „livrança", holländisch „chèque", schwedisch, dänisch, norwegisch „Check", ungarisch csekk. Es finden sich auch Esperanto-Schecks; so z. B. Formulare des Schweizerischen Bankvereins Genf: "čeko„. Vgl. Plutus vom 11. Juli 1908. Ist der Scheck einmal in der fremden Sprache ausgestellt, so wäre das deutsche Wort Scheck nicht mehr genügend, auch nicht etwa in einem in französischer Sprache ausgefüllten Scheck die italienische Bezeichnung „assegno bancario", vgl. Simonson S. 31. Über im Ausland ausgestellte Schecks siehe § 26.

III. Zahlungsklausel und Guthabenklausel (Zahl 2).

1. Die Anweisung des Ausstellers.

Der Scheck muß die an den Bezogenen gerichtete Anweisung des Ausstellers enthalten, eine bestimmte Geldsumme zu zahlen. Der Entwurf von 1892 verlangte die an eine Person oder Firma (den Bezogenen) gerichtete „Aufforderung" des Ausstellers, aus seinem Guthaben eine bestimmte Geldsumme zu zahlen. Die Begründung zum Entwurf 1892 bemerkt hierzu (S. 14 f.), das Wort „Aufforderung" sei nicht in dem Sinne formelles Erfordernis, daß nicht auch ein gleichbedeutender Ausdruck oder die Fassung „Zahlen Sie" zulässig wäre. Der Ausdruck Anweisung sei in dem Entwurf nur deshalb vermieden, um der Auslegung vorzubeugen, als ob die Rechtsregeln der Anweisung auf den Scheck Anwendung zu finden hätten. Insbesondere von Wendt, Das allgemeine Anweisungsrecht 1895 S. 10 f., ist dem gegenüber betont worden, daß jene Auslegung, der die Begründung vorbeugen wolle, eine völlig notwendige und gebotene sei und durchaus von der Wissenschaft verteidigt werden müsse. Dann habe es auch einen Sinn, den Inhalt des Schecks nicht als Anweisung zu bezeichnen; denn dies sei nun einmal das technische Redewort für solche Aufforderungen und auch durchaus dem Laien geläufig. Der vorläufige Entwurf von 1907 hielt noch an dem Ausdruck Aufforderung fest, das Gesetz selbst aber verwendet das Wort Anweisung, ohne daß jedoch hieraus für die Rechtsnatur des Schecks als Anweisung ein Argument entnommen werden könnte; vgl. auch RG. 92 S. 51 = JW. 19 S. 512. Dieser Ausdruck entspricht auch dem Wechselstempelsteuergesetz und ist im Sinne irgendeiner Zahlungsaufforderung verwendet. Das Wort Anweisung braucht, da es kein formales Erfordernis des Schecks ist, im Texte nicht vorzukommen, vielmehr sind üblich und genügend Redewendungen wie: „Zahlen Sie", „Wollen Sie zahlen", „Belieben zu zahlen"; ausreichend ist auch z. B. die folgende Fassung: „Unnaer Bank Aktiengesellschaft in Unna zahle gegen diesen Scheck usw."; vgl. auch Meyer, Weltscheckrecht I S. 46.

a) Gegenleistung oder Bedingung unzulässig.

Die Zahlungsaufforderung darf nicht von einer Gegenleistung des Zahlungsempfängers abhängig gemacht oder an Bedingungen geknüpft werden. Die Bedenken der Ältesten S. 7, daß nach dem gegenwärtigen Rechtszustand wie nach dem Gesetz niemand gehindert sei, Bedingungen in die Urkunde aufzunehmen, sind nicht begründet. Es entspricht dem Wesen des Schecks als einer auf Sicht zahlbaren Anweisung, daß die Zahlungsaufforderung nicht von einer Gegenleistung des Zahlungsempfängers abhängig gemacht oder an eine Bedingung gebunden wird. Es bedurfte daher keines besonderen Verbotes in dieser Richtung, wie etwa im österreichischen Gesetz § 2 Ziff. 5. Begr. S. 16. Vgl. auch Schiebler S. 7; Kuhlenbeck S. 35. Das erwähnte, im österr. Gesetz § 2 Zahl 5 ausgesprochene und auch für das deutsche Recht — ohne ausdrückliche Erwähnung — geltende Verbot trifft nicht den Auftrag, die Zahlung z. B. gegen Ausfolgung einer Quittung des Scheckinhabers oder gegen Einziehung der Schuldurkunde über die durch die Zahlung getilgte Forderung zu bewerkstelligen; es sind das nicht Gegenleistungen für die Zahlung, sondern Leistungen nach perfekter Zahlung, die erst durch den Zahlungsakt selbst notwendig werden, es sind keine Bedingungen der Zahlung, sondern deren Folgen. Österr. Mot. S. 18 f. Vgl. auch Staub, HGB. § 363 Anm. 24.

b) Der Quittungsscheck.

Der sogenannte Quittungsscheck — z. B. in folgender formularmäßiger Form: „Von der Pfälzischen Bank in Worms sind heute auf Konto-Korrent-Konto an Herrn .... RM. .... bezahlt, worüber hiermit quittiert wird. Worms ......" — der heute kaum noch vorkommt, ist jedenfalls als Scheck nicht zu betrachten, da ihm die an einen Bezogenen zu richtende Anweisung fehlt. Er untersteht lediglich den Vorschriften des BGB. über die Quittung (§§ 368 ff., bes. § 370). Vgl. Riesser in LZ. 1. 88 mit Lit. in Anm. 19.

2. Die Anweisung ist an den Bezogenen zu richten.

Die Anweisung ist an den Bezogenen zu richten. Das Erfordernis der Bankiereigenschaft des Bezogenen ist in § 2 erörtert.

Hier handelt es sich lediglich um das formelle und notwendige Erfordernis der Angabe eines Bezogenen überhaupt.

a) Stelle der Erwähnung des Bezogenen.

Üblich ist die Angabe des Bezogenen im Texte des Schecks unter räumlicher Hervorhebung, aber auch in Form der Adresse links unterhalb des Textes, endlich auch als Überschrift. Nicht selten wird der Bezogene sowohl im Texte, wie als Adresse erwähnt. Der Scheck muß seine wesentlichen Erfordernisse auf seiner Textseite tragen; auch die Angabe des Bezogenen muß hier angebracht sein.

b) Nur ein Bezogener.

Es dürfen nicht mehrere Personen als Bezogene genannt sein, weder kumulativ, nach alternativ, noch subsidiär. v. Canstein S. 93; Simonson S. 32 (mit abweichender Begründung); Merzbacher S. 4. Die Bemerkung Merzbachers, daß der Scheckvertrag auch nur mit einem Bezogenen geschlossen zu werden pflege, beweist hier nichts. Die Frage nach der Zulässigkeit mehrerer Bezogener ist praktisch insbesondere bei Zirkular-Schecks, die sich an eine Mehrheit von Bezogenen, meist sogar an einen nur durch Verzeichnisse außerhalb der Urkunde bestimmbaren Kreis von Personen wenden. Diese Schecks sind in Deutschland bisher nicht üblich (vgl. dagegen Italien im Anhang XIII 29 B S. 390). Die Zulässigkeit der Angabe mehrerer Personen widerspricht aber der Natur des Schecks, da er als Ersatz der Barzahlung dienen soll, und zwar deshalb, weil der Aussteller seine Kassenhaltung einem anderen, dem Bezogenen, übertragen hat. Anders als der Wechsel (RG. 46 S. 132), bezweckt der Scheck lediglich Vertretung im Zahlungsakte, nicht im Schuldverhältnisse. Ebenso RG. 112, 137 = JW. 26, 568 = BankA. 1926, 170 aus anderen Gründen. Geller, Österr. ScheckG. S. 16. Hierbei erscheint die Mitwirkung einer Mehrheit von Personen ausgeschlossen. Über Zahlstellen s. u. § 5 III 2 S. 102, § 27 V 1 b S. 283.

c) Bezeichnung des Bezogenen.

Während nach dem Entwurf von 1892 und dem vorläufigen Entwurf die Zahlungsaufforderung an eine Person oder Firma (den Bezogenen) zu richten war, enthält sich das Gesetz einer Bestimmung darüber, in welcher Weise die Bezeichnung des Bezogenen zu erfolgen hat. Die Änderung entspricht offenbar dem Bedenken, die Worte: „an eine Person oder Firma" an dieser Stelle könnten es leicht übersehen lassen, daß die Fähigkeit, durch Schecks bezogen zu werden, natürlichen Personen als solchen schlechterdings nicht, und juristischen Personen nur unter den besonderen Voraussetzungen des § 2 zustehen soll; Centralv. S. 2. Für die Art der Bezeichnung des Bezogenen ist daher aus dieser Änderung nichts zu entnehmen, dies um so weniger, als auch der § 5 „Namen oder Firma" des Bezogenen erwähnt. In Übereinstimmung mit den entsprechenden Vorschriften der Wechselordnung ist für den Scheck davon auszugehen, daß dem Formerfordernis der Angabe des Bezogenen genügt ist, wenn eine Bezeichnung vorliegt, welche überhaupt der bürgerliche oder Handelsname einer handlungsfähigen Person sein kann. Simonson S. 32; Staub-Stranz, WO. Art. 4 Anm. 11, 32, 42. Vgl. auch RG. JW. 1908 S. 307. Ob die passive Scheckfähigkeit nach § 2 gegeben ist, ist bei der Prüfung der Formerfordernisse des § 1 ohne Belang.

Der Bezogene muß zwar bestimmt bezeichnet sein, es genügt aber, wenn die Bezeichnung verständlich ist. Ein Scheck auf die Deutsche Bank in Leipzig (die Firma lautet: Leipziger Filiale der Deutschen Bank) wäre daher ohne Zweifel als gültig anzusehen. Vgl. hierzu OLG. Dresden vom 9. Januar 1908, BankA. 7 S. 251; RG. in JW. 1909 S. 167. Wegen des Überdruckes der Bezeichnung des Bezogenen auf einem Scheck durch einen Gummistempel vgl. RG. JW. 1926, 568.

3. Anweisung zur Zahlung einer bestimmten Geldsumme.

a) Anweisung zur Zahlung.

Eine Zahlung steht in Frage. Die im Verkehr mit der Reichsbank als „roter Scheck" bezeichnete Giroanweisung ist ein Umschreibeauftrag, nach welchem das Giro-Institut einen gewissen Betrag von dem Konto eines Girokunden auf dasjenige eines anderen übertragen soll. Dieser Umschreibeauftrag kann seiner Natur nach nicht weitergegeben werden; er muß dem Giro-Institut entweder von dem Aussteller oder von dem Empfänger ohne Dazwischentreten anderer Inhaber übermittelt werden. Die Giro-Anweisung ist also kein eigentlicher Scheck, sie ist nach wesentlich anderen Rechtsgrundsätzen als der Anweisungs-Scheck zu beurteilen. Begr. S. 13. In diesem Sinne bemerkt auch Koch, DWirtschZtg. 1908 S. 150, die Giro-Überweisung sei trotz ähnlicher Bezeichnung ein ganz anders geartetes Papier, ohne innerliche Verwandtschaft mit dem, wenn auch auf demselben Guthaben beruhenden „Weißen Scheck".

Aus der reichhaltigen Literatur vgl. z. B. Koch, HdSt. 4 „Giroverkehr"; Fick S. 168; Conrad S. 52; Brodmann, Zur Lehre vom Girovertrag, ZHR. S. 48; Loewenfeld, Der Giroverkehr 1906; Mez, Ein Beitrag zur rechtlichen Betrachtung des

Giroverkehrs, ArchBürgR. 30 S. 47 ff.; Lehmann, Lehrb. S. 708 ff. mit Lit. in Note 1; besonders die RGE. 56 S. 410; 54 S. 329 u. a.

b) Bestimmte Geldsumme.

Das Gesetz verlangt als formales Erfordernis die Angabe einer bestimmten Geldsumme. Keine Schecks im Sinne des Scheckgesetzes sind daher Effekten- und Waren-Schecks. Sogenannte Effektenschecks dienen der Regelung der Effektenabwicklung im Bank- und Börsenverkehr; so hat zur Erleichterung des Verkehres in den an der Berliner Börse hauptsächlich gehandelten Effekten die Bank des Berliner Kassenvereins ein Giro-Effekten-Depot eingerichtet. Hierbei werden die eingelieferten Effekten nicht speziell für jeden Einlieferer gesondert aufbewahrt, sondern dem gleichmäßigen gesamten Bestand dieser Effekten hinzugefügt. Vgl. Riesser, Bankdepotgesetz 2. Aufl. S. 28 Note 1. Zur Aushändigung von Wertpapieren in natura sind hierbei weiße Schecks bestimmt. Die Bank des Berliner Kassenvereins ist nach ihren Bestimmungen zwar berechtigt, aber nicht verpflichtet, die Legitimation des Überbringers zu prüfen. Vgl. hierzu die Geschäftsordnung für das Giro-Effekten-Depot der Bank der Berliner Kassenvereins § 14, abgedruckt in Schneider-Dahlheim, Usancen der Berliner Fondsbörse, 1925, S. 39 ff. Wirtschaftlich stehen diese Effekten-Schecks, wie Conrad S. 56 zutreffend bemerkt, den Traditionspapieren nahe. In diesem Sinne führten auch die österr. Mot. S. 15 aus: „für den Geldscheck ist legislativ das Vorbild des Wechsels naheliegend, die Effenktenschecks würden sich eher nach den Lagerscheinen, Depositenscheinen u. dgl. zu richten haben". Vgl. auch Lehmann, Lehrb. S. 729 Note 5; Cohn S. 17 mit Lit. in Note 17, Begr. S. 13.

Bestimmt muß die Geldsumme sein. Diesem Erfordernis wäre nicht genügt, wenn der Bezogene angewiesen würde, z. B. „bis zu Mk. 500.—" zu zahlen. Schiebler S. 4. Ein etwa im Scheck enthaltenes Zinsversprechen oder ein ähnliches Versprechen (z. B. Provision) macht den Scheck ungültig, da diese Angabe gegen das Erfordernis der Angabe einer bestimmten Geldsumme verstoßen würde. Eine dem Art. 7 Satz 3 WO. entsprechende Vorschrift war für den Scheck deshalb nicht notwendig. Vgl. Breit, SeuffBl. 73 S. 84; ders., SächsAnn. 2 S. 492.

c) Bezeichnung der Geldsumme.

Was die Bezeichnung der Geldsumme anlangt, so ist es unerheblich, an welcher Stelle der Vorderseite des Schecks die Geldsumme angegeben ist. Es genügt, daß sie angegeben ist, und zwar so, daß dem Erfordernis der zweifelsfreien Deutlichkeit genügt ist. Im Text kann die Geldsumme fehlen, wenn sie etwa auch nur z. B. in der rechten Ecke des Schecks in Zahlen vorkommt. Staub-Stranz, WO. Art. 4 Anm. 8, Rehbein, WO. Art. 5

S. 33 Note 1; ferner Conrad S. 104, aber auch Conrad, Handb. S. 64; v. Canstein S. 90. Die Angabe in Buchstaben oder in Buchstaben und Ziffern ist nicht vorgeschrieben. Für Abweichungen zwischen Ziffern und Buchstaben s. u. § 6 S. 105 f. Über Kontrollzahlen als Mittel gegen Fälschungen s. u. § 23 III 3a S. 258. III 3b S. 259, 261.

d) Münzart.

Wie beim Wechsel, so gehört auch beim Scheck zur Angabe der zu zahlenden Geldsumme die Bezeichnung einer Münzart. Die Angabe einer bloßen Zahl wäre auch hier ungültig. Eine Beschränkung der Schecksumme z. B. auf inländische Währung ist nicht aufgestellt. Auch quantitative Beschränkungen existieren nicht. Fick §§ 31 ff.; Cohn S. 17 mit Note 19. Zulässig ist es, die Geldsumme z. B. in deutscher Währung anzugeben, zugleich aber den Wert in fremden Währungen zu bestimmen, zu denen die Einlösung des Schecks durch die Zahlstellen erfolgt.

Lautet der Scheck auf deutsche Währung, so wird er in den meisten praktisch vorkommenden Fällen auf Reichsmark und Reichspfennige lauten.[1]) Doch kann es keinem Zweifel unterliegen, daß der Scheck noch auf Rentenmark und Rentenpfennige[2]) sowie auf

---

[1]) Münzgesetz vom 30. Aug. 1924, RGBl. II 254:

§ 1. Im Deutschen Reich gilt die Goldwährung. Ihre Rechnungseinheit bildet die Reichsmark, welche in 100 Reichspfennige eingeteilt wird.

[2]) Für Schecks in Rentenmark gilt:

§ 52 Abs. 1 der vorl. Durchführungsbestimmungen zur V. über die Errichtung der Deutschen Rentenbank vom 14. November 1923 (RGBl. S. 1092):

Wechsel und Schecks können auch in der Weise ausgestellt werden, daß die zu zahlende Geldsumme in Rentenmark ausgedrückt wird.

Hierzu jetzt Durchführungsbestimmungen zum Gesetz über die Liquidierung des Umlaufs an Rentenbankscheinen vom 31. Januar 1925 (RGBl. II S. 29):

§ 22. (1) Lautet eine Schuld auf Rentenmark, so kann die Zahlung auch dann in gesetzlichen Zahlungsmitteln erfolgen, wenn Zahlung in Rentenmark ausdrücklich bedungen ist. Bei der Zahlung ist eine Rentenmark einer Reichsmark gleichzusetzen.

(2) Die Bestimmungen des § 51 Abs. 2 der vorl. Durchführungsbestimmungen zur Rentenbank-Verordnung bleiben unberührt.

§ 23. (1) Die Bestimmung des § 22 findet auf Wechsel und Schecks, die auf Rentenmark lauten, auch dann Anwendung, wenn der Aussteller durch den Gebrauch des Wortes „effektiv“

Goldmark und Goldpfennige lauten kann. Die Verordnung über Goldmark- und Goldmarknoten-Wechsel und -Schecks v. 6. Februar 1924 — RGBl. I S. 50 [1]) — und die Verordnung zur Durch-

oder eines ähnlichen Zusatzes die Zahlung in Rentenmark ausdrücklich bestimmt hat.

§ 51 Abs. 2 der vorl. Durchführungsbestimmungen:

(²) Im übrigen finden auf Schulden, die auf Rentenmark lauten, die Vorschriften über Geldschulden entsprechende Anwendung. Dies gilt insbesondere von den Vorschriften über Verzugszinsen und die Übermittlungspflicht des Schuldners.

[1]) Verordnung über Goldmark- und Goldmarknoten-Wechsel und -Schecks. Vom 6. Februar 1924 (Reichsgesetzbl. I S. 50).

Auf Grund des Ermächtigungsgesetzes vom 8. Dezember 1923 (Reichsgesetzbl. I S. 1179) verordnet die Reichsregierung nach Anhörung der Ausschüsse des Reichstags und des Reichsrats:

I. Goldmark-Wechsel und -Schecks.

§ 1. Wechsel und Schecks können in der Weise ausgestellt werden, daß die zu zahlende Geldsumme in Goldmark ausgedrückt wird (Goldmark-Wechsel und -Schecks). Als Goldmark gilt der Wert von $^{10}/_{42}$ des nordamerikanischen Dollars. Die Reichsregierung ist ermächtigt, eine andere Einheit festzusetzen.

§ 2. Zahlungen aus Goldmark-Wechseln und -Schecks haben in Reichswährung zu erfolgen. Der Aussteller kann durch einen entsprechenden Zusatz Zahlung in Rentenmark bestimmen. Für die Umrechnung in Reichswährung oder Rentenmark ist die Zeit der Zahlung maßgebend.

§ 3. Lautet das Akzept eines Goldmark-Wechsels anders als auf Goldmark, so wird der Wechsel einem solchen gleichgeachtet, dessen Annahme gänzlich verweigert worden ist; der Akzeptant haftet nach dem Inhalt seines Akzeptes wechselmäßig.

II. Goldmarknoten-Wechsel und -Schecks.

§ 4. Wechsel und Schecks können auch in der Weise ausgestellt werden, daß die zu zahlende Geldsumme in Goldmarknoten der Reichsbank oder in Goldmarknoten einer Privatnotenbank ausgedrückt wird.

Auf Wechsel, die auf Goldmarknoten der Reichsbank oder auf Goldmarknoten einer Privatnotenbank lauten, findet die Vorschrift des Artikel 37 der Wechselordnung entsprechende Anwendung.

§ 5. Die Vorschrift des § 3 findet auf Goldmarknoten-Wechsel entsprechende Anwendung.

führung dieser Verordnung vom 17. April 1924 — RGBl. I S. 414[1]) — sind weder durch das Münzgesetz noch durch die zweite Verordnung zur Durchführung des Münzgesetzes vom 12. Dezember 1924 — Reichsanzeiger Nr. 293 vom 12. Dezember — aufgehoben worden. Auch schon vor Erlaß der Verordnung vom 6. Februar 1924 konnten Schecks auf Goldmark im Sinne von $^{10}/_{42}$ nordamerik. $ ausgestellt werden; sie genügten der Bestimmung des § 1 Zahl 2; § 1 Satz 1, 3 der VO. haben nur einen bestehenden

---

III. Schlußbestimmungen.

§ 6. Die Reichsregierung wird ermächtigt, mit Zustimmung des Reichsrats die zur Durchführung dieses Gesetzes erforderlichen Rechtsverordnungen und allgemeinen Verwaltungsvorschriften zu erlassen. Sie kann insbesondere Umrechnungsgrundsätze aufstellen, einen Mindestbetrag in Goldmark-Wechsel und -Schecks festsetzen und anordnen, daß über Guthaben aus Konten, die in der im § 1 bezeichneten Rechnungseinheit geführt werden (Goldkonten), durch Übertragung auf ein anderes Goldkonto nur in bestimmten Mindestbeträgen verfügt werden darf.

Berlin, den 6. Februar 1924.

Der Reichskanzler
Marx
Der Reichsminister der Justiz
Emminger.

[1]) Verordnung zur Durchführung der Verordnung über Goldmark- und Goldmarknoten-Wechsel und -Schecks. Vom 17. April 1924 (RGBl. I S. 414).

Auf Grund des § 6 der Verordnung über Goldmark- und Goldmarknoten-Wechsel und -Schecks vom 6. Februar 1924 (Reichsgesetzbl. I S. 50) verordnet die Reichsregierung mit Zustimmung des Reichsrats:

§ 1. Alle auf Zahlungen gerichteten Ansprüche aus Wechseln oder Schecks im Sinne der Wechselordnung und des Scheckgesetzes sind, wenn es sich um einen Goldmark-Wechsel oder -Scheck handelt, Goldmarkansprüche.

§ 2. Die Umrechnung der Zahlungen in Reichswährung erfolgt nach dem Mittelkurse, der auf Grund der amtlichen Berliner Notierung des dem Tage der Zahlung vorhergehenden Börsentags für Auszahlung New York errechnet wird, oder, falls der Mittelkurs des dem Präsentationstage vorhergehenden Börsentags ein höherer war, nach diesem Kurse.

Berlin, den 17. April 1924.

Der Reichsminister der Justiz
In Vertretung: Dr. Joël.

Rechtszustand anerkannt. RG. vom 12. August 1925, RGZ. 111, 288 = JW. 1925, 2603. Ein Scheck aus der Zeit nach dem 20. November 1923, der auf „Mark" lautet, ist als auf Goldmark lautend auszulegen. RG. 112, 85 = BankA. 25, 151 (für den Wechsel).

e) Aufwertung von Schecks.

Die Aufwertung eines auf Papiermark lautenden Schecks über seinen Nominalbetrag ist unzulässig. Die Aufwertung beruht — soweit nicht eine ausdrückliche Gesetzesbestimmung in Betracht kommt — lediglich auf Billigkeit; Billigkeitserwägungen aber müssen bei einer abstrakten Verpflichtung, wie sie der Scheck ist, ausscheiden, die Scheckstrenge verbietet sie; vgl. § 62 Aufwertungsges.; Mügel, Aufwertung[2] 169, Schlegelberger-Harmening[4] 235; Quassowski, Aufwertungsgesetz[2] 293; Staub-Stranz Art. 50 Anm. 9; Rau, GenBl. 24, 401 Bernstein, JW. 25, 466; Citron. GenBl. 25, 8. OLG. Dresden JW. 1926 S. 198; RG. 110, 40 = JW. 1925, 1380. Auch im Falle des Regresses ist eine Aufwertung ausgeschlossen. Die Artt. 50, 51 WO., die im § 17 ausdrücklich für anwendbar erklärt werden — vgl. § 17 IV S. 232. Simonson § 17 Anm. 5 — begrenzen die Regreßansprüche eines Scheckinhabers oder -indossanten eindeutig auf die dort angegebenen festen Sätze unter Ausschluß der Zubilligung eines weiteren Verzugsschadens — vgl. Staub-Stranz Art. 50 Anm. 8; RG. 110 S. 40, das diese Grundsätze für das Wechselrecht aufstellt.

Unabhängig hiervon ist die Frage der Aufwertung des dem Scheck zugrunde liegenden Kausalgeschäfts zu beantworten. Hier kann eine Aufwertung je nach der Natur dieses Geschäfts unter Umständen zugelassen werden.

4. Die Guthabenklausel.

Nach § 1 Zahl 2 muß der Scheck die Anweisung des Ausstellers an den Bezogenen enthalten, die bestimmte Geldsumme aus seinem Guthaben zu zahlen. Dies Erfordernis hat jedoch lediglich formale Bedeutung; was materiell als Guthaben anzusehen ist, bestimmt der Scheckvertrag; vergl. Anhang zu § 3 S. 55 ff. Zur Erfüllung der Vorschrift des § 1 genügt, daß überhaupt die Guthabenklausel im Text des Schecks enthalten ist. Das tatsächliche Vorhandensein eines die Schecksumme deckenden Guthabens zur Zeit der Begebung des Schecks ist also keineswegs Voraussetzung der Gültigkeit des Schecks.

Fehlt die Klausel im Text des Schecks, so ist der Scheck ungültig. Fehlt das Guthaben tatsächlich, so ist der Scheck keineswegs ungültig; er wird auch nicht einmal dadurch wechselstempelpflichtig. § 29 im Zusammenhang mit § 4 des Wechselsteuergesetzes vom 10. August 1923 verlangt nur, daß der von der

Wechselsteuer zu befreiende Scheck den Anforderungen des § 1, nicht denen des § 3 entspreche, also daß die Guthabenklausel im Text enthalten sei, nicht, daß ein Guthaben vorhanden sei. Abweichend 1. Aufl. dieses Werkes. Näheres vgl. § 29 II 1 S. 292.

Gemeint ist hier, gleichviel wie gemäß § 3 das Guthaben gebildet ist, **das Guthaben des Ausstellers bei dem Bezogenen.** An diesen richtet sich auch die Zahlungsanweisung des Ausstellers. Es fragt sich demnach, ob es zulässig ist, wenn ein Scheck in folgender Form ausgestellt ist: „Die Genossenschaftsbank, e. G. m. b. H. in M. zahle aus meinem Guthaben bei dem Bankverein B. e. G. m. b. H. gegen diesen Scheck Mark . . . . . . usw." Diese Fassung dürfte nach obigem im Widerspruch stehen mit dem Erfordernis der Zahlung aus dem Guthaben des Ausstellers, d. i. dem Guthaben bei dem Bezogenen. Diese Auffassung rechtfertigt sich auch aus der Erwägung, daß die Zulassung solcher Schecks ein bequemes Mittel der Umgehung des Domizilierungsverbotes des § 5 bieten würde. Wenn auch die Domizilierung nicht mit Ungültigkeit bedroht ist, so trifft diese Rechtsfolge jedoch die hier genannten Schecks aus dem formalen Grunde der nicht dem Gesetze entsprechenden Aufnahme der Guthabenklausel; diese Schecks sind daher als Schecks ungültig.

IV. Die Unterschrift des Ausstellers (Zahl 3).

Der Scheck muß die Unterschrift des Ausstellers enthalten, ein Erfordernis, das sich an Art. 4 Zahl 5 WO. anlehnt und „der Natur der Sache" (Altest. S. 8) entspricht. Fick S. 1933 ff.; Conrad S. 105; Cohn S. 14. Im § 1 handelt es sich lediglich um das **formale** Erfordernis, daß der Scheck eine Ausstellerunterschrift trägt; für die Gültigkeit des Schecks genügt es, wenn eine Bezeichnung des Ausstellers — als Unterschrift — vorliegt, und zwar so, daß sie der bürgerliche oder Handelsname einer aktiv scheckfähigen Person sein kann; vgl. Staub-Stranz Art. 4 Note 33; Rehbein Art. 4 Anm. 30. **Materielle** Vorschriften über den Aussteller gibt das Scheckgesetz dagegen nicht; dies bleibt nach den Vorschriften des bürgerlichen Rechts zu beurteilen. Doch mag an dieser Stelle einiges bemerkt werden.

1. Aktive Scheckfähigkeit.

Die im Scheckrecht übliche Terminologie weicht von der des Wechselrechts ab, da man im Wechselrecht unter passiver Wechselfähigkeit die Fähigkeit, sich durch eigene Handlung aus dem Wechsel zu verpflichten, versteht, unter aktiver Wechselfähigkeit hingegen die Fähigkeit, durch eigene Handlungen, z. B. Nehmen des indossierten Wechsels, Rechte aus dem Wechsel zu erwerben. Art. 1 WO. Vgl. z. B. Lehmann, Lehrb. S. 614.

Die Ausstellung eines Schecks ist ein **einseitiges** Rechtsgeschäft. Ein wirksames Rechtsgeschäft kann aber nur vornehmen, wer geschäftsfähig ist.

a) Geschäftsunfähige.

Die aktive Scheckfähigkeit besitzen nicht geschäftsunfähige Personen, das sind gemäß § 104 BGB. solche, die nicht das 7. Lebensjahr vollendet haben, die sich in einem die freie Willensbestimmung ausschließenden Zustande krankhafter Störung der Geistestätigkeit befinden, sofern nicht der Zustand seiner Natur nach ein vorübergehender ist, die wegen Geisteskrankheit entmündigt sind. Die Geschäftsunfähigen sind weder vertragsfähig, noch fähig, über ein ihnen zustehendes Guthaben wirksam zu verfügen. Wirksame Rechtsgeschäfte für Geschäftsunfähige kann nur der gesetzliche Vertreter vornehmen, § 105 BGB.

b) Beschränkt Geschäftsfähige.

Ein Minderjähriger, der das 7. Lebensjahr vollendet hat, der wegen Geistesschwäche, wegen Verschwendung oder wegen Trunksucht Entmündigte, oder wer unter vorläufiger Vormundschaft steht, ist in der Geschäftsfähigkeit beschränkt. §§ 106, 114, 1906 BGB. Eine in der Geschäftsfähigkeit beschränkte Person bedarf zu einer Willenserklärung, durch die sie nicht lediglich einen rechtlichen Vorteil erlangt, der Einwilligung ihres gesetzlichen Vertreters. § 107 BGB. Fraglich kann sein, ob der beschränkt Geschäftsfähige einen Scheck ausstellen kann, wenn er von dem gesetzlichen Vertreter mit Genehmigung des Vormundschaftsgerichtes zum selbständigen Betriebe eines Erwerbsgeschäftes ermächtigt ist. Er ist in diesem Falle zwar für solche Rechtsgeschäfte unbeschränkt geschäftsfähig, welche der Geschäftsbetrieb mit sich bringt. Ausgenommen bleiben aber Rechtsgeschäfte, zu denen der Vertreter die Genehmigung des Vormundschaftsgerichtes bedarf. § 112 BGB. Nun bedarf der Vormund gemäß § 1822 Zahl 9 der Genehmigung des Vormundschaftsgerichts zur Ausstellung einer Schuldverschreibung auf den Inhaber oder zur Eingehung einer Verbindlichkeit aus einem Wechsel oder einem anderen Papier, das durch Indossament übertragen werden kann. Vgl. auch § 1643 Abs. 1 BGB., ferner § 1825 BGB. wonach das Vormundschaftsgericht dem Vormunde zu Rechtsgeschäften der im § 1822 Nr. 9 erwähnten Art eine allgemeine Ermächtigung erteilen kann.

Von Breit, DJZ. 13 Sp. 240 f. „Der Entwurf des Scheckgesetzes im Verhältnis zum BGB." und im BA. 7 S. 154, ferner von Kuhlenbeck S. 77 f., Buff S. 26 wird darauf hingewiesen, daß wohl der Vormund zur Ausstellung oder zur Indossierung eines Orderschecks der vormundschaftsgerichtlichen Genehmigung bedürfe, da die Ausstellung eines Orderschecks zu den im § 1822 Nr. 9 BGB. bezeichneten Geschäften gehöre, daß aber zur Ausstellung eines Inhaberschecks und zur Eingehung der Skripturverpflichtung nach § 15 Abs. 2 des Scheckgesetzes diese Genehmigung nicht notwendig sei. Diese Unterscheidung wird m. E., wenn sie auch vielleicht dem Wortlaut der Gesetzesstelle entspricht, dem Sinne und dem Zweck der Vorschrift des § 1822 Nr. 9 nicht gerecht. Die hier getroffene Regelung beruht offenbar auf dem Gedanken, daß der Minderjährige vor den Gefahren geschützt werden müsse, die sich aus der Beschränkung der Einwendungen gem. Art. 82 WO. und § 364 Abs. 2 HGB. ergeben. Diese gleiche Erwägung trifft gemäß § 18 Abs. 2 für den Scheck, gleichviel, ob Order- oder Inhaberscheck, zu. Der Scheck ist daher der Vorschrift des § 1822 Nr. 9 zu unterstellen. Vgl. auch Breit, LZ. 2 S. 267. Die im § 1822 Nr. 9 gegebenen Vorschriften können für den Scheckverkehr unter Umständen eine nicht unerhebliche Erschwerung bedeuten.

Ist dem beschränkt Geschäftsfähigen ein Guthaben zur freien Verfügung von dem gesetzlichen Vertreter oder mit dessen Zustimmung von einem Dritten überlassen, hat also z. B. ein Vormund zugunsten eines minderjährigen Studenten bei einer Bank eine Summe hinterlegt, damit dieser selbst in Teilbeträgen die Summe für seinen Unterhalt verwende, so fragt es sich, ob etwa in diesem Falle in Anwendung des § 110 BGB. der Minderjährige über sein Guthaben durch Schecks verfügen kann. Der § 110 BGB. lautet: „Ein von dem Minderjährigen ohne Zustimmung des gesetzlichen Vertreters geschlossener Vertrag gilt als von Anfang an wirksam, wenn der Minderjährige die vertragsmäßige Leistung mit Mitteln bewirkt, die ihm zu diesem Zweck oder zu freier Verfügung von dem Vertreter oder mit dessen Zustimmung von einem dritten überlassen worden sind." Die Anwendung des § 110 BGB. ist im Wechselrecht bestritten. Dafür: Staub-Stranz Art. 1 Anm. 10, dagegen Rehbein Art. 1 Anm. 3b. M. E. kann der § 110 entsprechend auch für den Scheck zur Anwendung kommen, so daß der von dem Minderjährigen ausgestellte Scheck als von Anfang an wirksam gilt, wenn er unter Verwendung des erwähnten Guthabens zur Einlösung gelangt. Auch durch nachträgliche Genehmigung des gesetzlichen Vertreters wie durch nachträgliche Genehmigung des Minderjährigen selbst kann eine Scheckausstellung gültig werden. § 108 BGB.

c) Ehefrauen:

Bezüglich des Scheckverkehrs mit Ehefrauen vergleiche die zusammenfassende Darstellung von Sonntag: „Der Geschäftsverkehr des Bankiers mit Ehefrauen" im BankA. 2 S. 136. Hier sei nur bemerkt, daß die Eheschließung die Beendigung der elterlichen Gewalt nicht zur Folge hat, die minderjährige Frau bleibt in der Geschäftsfähigkeit beschränkt. Vgl. § 1633 BGB. Zu beachten sind aber die Rechte des Mannes am Vermögen der Ehefrau: vgl. z. B. §§ 1373ff. BGB.

d) Bürgerliche Gesellschaft. Nicht rechtsfähiger Verein.

Der bürgerlichen Gesellschaft im Sinne der §§ 705ff. BGB. und dem nicht rechtsfähigen Verein (§ 54 BGB.)

wird die aktive Scheckfähigkeit **nicht** zuzugestehen sein, da ihnen die juristische Persönlichkeit fehlt. RG. JW. 1908 S. 545. Wenn auch nicht rechtsfähige Vereine in einzelnen Beziehungen (vgl. §§ 50, 735 ZPO., § 213 KO.) wie rechtsfähige Vereine behandelt werden, so beruht diese Gleichstellung mit juristischen Personen auf ganz anderen Erwägungen und bezieht sich nicht auf die Fragen der rechtsgeschäftlichen Verpflichtungsfähigkeit. Hieraus folgt aber noch nicht, daß die namens eines noch nicht rechtsfähigen Vereins von ihren berufenen Vertretern erfolgte Scheckzeichnung überhaupt keine Scheckverpflichtung bewirkt. Die Scheckverpflichtung als solche kommt hierdurch zur Entstehung, aber nur gegen die einzelnen Mitglieder des Vereins oder der Gesellschaft nach Maßgabe der Vorschriften über den nicht rechtsfähigen Verein oder die Gesellschaft (§§ 54, 427, 714 BGB.).

Dies hindert jedoch nicht, daß für einen nicht rechtsfähigen Verein oder eine Gesellschaft ein Scheckkonto eingerichtet wird. Verfügungsberechtigt sind aber nur die Personen, die nach dem Gesellschaftsvertrag oder den Satzungen befugt sind, den Verein oder die Gesellschaft rechtsverbindlich zu vertreten. Vgl. auch § 1 V Allgemeine Dienstanweisung für Post und Telegraphie, Abschn. V, 7 Postscheckverkehr.

Der mit der Führung der Geschäfte der Gesellschaft vertraute Gesellschafter oder alle Gesellschafter (§§ 709, 710 BGB.) bzw. der Vorstand eines Vereins können demnach durch Scheck über das bei einer Bank vorhandene Guthaben (Gesellschaftsvermögen § 718 BGB.) verfügen. Über die Haftung aus der Scheckausstellung vgl. §§ 54, 713 BGB. Für die offene Handelsgesellschaft vgl. § 124 HGB. Daß juristische Personen aktiv scheckfähig sind (Aktiengesellschaften usw.), bedarf keiner Erwähnung.

e) Ausländer.

Für **Ausländer** vgl. Art. 7 EG. z. BGB.; danach wird im Regelfalle die Geschäftsfähigkeit einer Person nach den Gesetzen des Staates beurteilt, dem die Person angehört.

2. Schriftform des Schecks. Der Blankoscheck.

Das Gesetz verlangt die **Unterschrift** des Ausstellers, und setzt darnach als selbstverständlich voraus, daß der Scheck nur in schriftlicher Form bestehen kann. Es mögen zwar außer der im BGB. geordneten schriftlichen Anweisung auch mündliche Anweisungen für zulässig zu erachten sein (**Planck**, BGB. 3. Aufl. Bd. 2 S. 865 mit Lit.); für den Scheck ist jedoch die Schriftform unentbehrlich. Das Scheckgesetz verlangt demnach, zwar nicht expressis verbis, aber doch durch das Erfordernis der Ausstellerunterschrift, für den Scheck die schriftliche Form, so daß § 126 Abs. 1 BGB. Platz greift. Hier wird bestimmt: „Ist durch Gesetz schriftliche Form vorgeschrieben, so muß die Urkunde von dem Aussteller eigenhändig durch Namensunterschrift oder mittels gerichtlich oder notariell beglaubigten Handzeichens unterzeichnet werden." Die eigenhändige Unterschrift des Schecks durch den Aussteller wird verlangt, nicht also auch, daß der Aussteller den Text des Schecks selbst schreibt. Der Text selbst kann in beliebiger Weise hergestellt sein, durch Druck, Stempel, Schreibmaschine oder wie sonst immer, und zwar bezieht sich dies auf den ganzen Text des Schecks einschließlich der Datierung und der Schecksumme, aber abgesehen von der Unterschrift des Ausstellers. Üblich ist fast allgemein die Verwendung von Formularen, daß die Banken Verfügungen mittels Schecks nur durch Ausschreibung der von ihnen gelieferten Formulare zulassen. Diese Beschränkung der Scheckausstellung auf Formulare, die von dem Bezogenen ausgegeben sind, bleibt dem Scheckvertrag überlassen. Über die Frage der Formularmäßigkeit vgl. Fick S. 177 ff.; Conrad S. 92—96; Cohn S. 41 mit Lit. in Note 66 und 67; Meyer, Weltscheckrecht I S. 128. Im Verkehr der Banken untereinander, insbesondere mit ausländischen Banken wird an der sonst üblichen Formular-Verwendung nicht durchweg festgehalten. Den aus der Nichtverwendung von Formularen entspringenden Gefahren sucht man durch die Avisierung der Schecks zu begegnen. Über Avisierung vgl. unten § 11. Das Erfordernis der Unterschrift setzt nicht voraus, daß die Unterzeichnung der Vollziehung des Textes zeitlich nachfolgt. RG. 57 S. 69. Das Erfordernis der Schriftform kann auch dadurch erfüllt werden, daß der Raum über einer bloßen Namensunterschrift oder die leeren Stellen des über einer Namensunterschrift stehenden Textes, der von den Beteiligten getroffenen Vereinbarung entsprechend, ausgefüllt werden. RG. 62 S. 234 mit Lit. Aber fertig wird der Scheck erst mit einer solchen Ausfüllung; erst mit dieser ist die Schriftform gewahrt. Anders Staudinger, BGB. 9. Aufl. Bd. 1 S. 527 mit Lit. Vgl. Staub, HGB. § 350 Anm. 44.

Für den Blankowechsel: Staub-Stranz Art. 7 Anm. 7 ff. Der Blankowechsel (und ähnlich der Blankoscheck) ist eine hinsichtlich sämtlicher oder nur einer Reihe von Wechselerfordernissen in blanco d. h. unausgefüllt gelassene Urkunde, die mit der Bestimmung dem Verkehr übergeben wird, daß sie zu einem vollständigen Wechsel ausgefüllt werde. RG. 32 S. 71.

3. Stelle der Unterschrift.

Im einzelnen kommt noch in Betracht: die Unterschrift des Ausstellers kann nicht an beliebiger Stelle des Schecks stehen. Vielmehr muß der Schecktext durch die Unterschrift räumlich abgeschlossen werden, der Namenszug des Ausstellers muß also nach seiner räumlichen Stellung auf der Urkunde den Text der Urkunde decken. RG. 52 S. 280; 57 S. 67. Die Unterschrift hat daher am Ende des Schecks zu stehen, sie darf insbesondere nicht auf der Rückseite stehen. ROHG. 19 S. 89; Staub-Stranz Art. 4 Anm. 28. Nicht ist es erforderlich, daß zur Zeit der Unterschrift sich der durch sie zu deckende Text bereits auf der Urkunde befindet. Simonson S. 34.

4. Eigenhändige Unterschrift. Vertreter.

Eigenhändige Unterschrift wird verlangt. Die Unterschrift verlangt eine Tätigkeit des Ausstellers, die sich als Schreiben desselben darstellt. Darunter ist nicht die Herstellung auf mechanischem Wege, insbesondere durch Firmenstempel, Druck usw. zu verstehen. Auch die Unterschrift mittels Schreibmaschine genügt nicht. Es wird eine unmittelbar aus der Hand des Ausstellers fließende Zeichnung verlangt. Sie muß sich von anderen durch die Individualität unterscheiden. Das Material der Schrift, Tinte, Bleistift usw. ist dabei gleichgültig. Vgl. auch Staudinger, BGB. Bd. 1 § 126 Note IV 2a. Auch die faksimilierte Unterschrift genügt nicht, selbst dann nicht, wenn der Stempel die Schriftzüge deutlich wiedergibt. RG., JW. 1900 S. 469, vgl. § 793 Abs. 2 BGB., §§ 181 und 426 Ziff. 9 HGB. Die Unterschrift braucht weder leserlich zu sein noch mit deutschen oder lateinischen Schriftzeichen geschrieben zu sein; eine Unterschrift mit zyrillischen oder hebräischen Schriftzeichen genügt; vgl. Staub-Stranz, WO. Art. 94 Anm. 4. Eine mit den Zeichen einer gebräuchlichen Kurzschrift gefertigte Unterschrift genügt ebenfalls; anderer Meinung Simonson S. 34 unter Bezugnahme auf Staub-Stranz, WO. Art. 94 Anm. 4, weil stenografische Zeichen nicht die allgemein gebräuchlichen Zeichen einer Schriftsprache seien; dies Argument trifft jedenfalls heute nach der ZPO. vom 13. Februar 1924 nicht mehr zu; vgl. deren § 163a. Ebenso für den Wechsel Bernstein, WO. Art. 94 § 2d, doch ohne Begründung. Ein sogenanntes Handzeichen muß gerichtlich oder notariell auf dem Scheck beglaubigt sein (§ 126 BGB.). Simonson S. 34.

Dem Erfordernis der Eigenhändigkeit der Unterschrift ist nicht genügt, wenn der Aussteller sich zur Herstellung der Unterschrift der Hilfe eines anderen, dessen mechanischer Dienstleistung (Schreibhilfe) bedient hat. RG. 58 S. 387 f. Unterzeichnung durch einen Vertreter ist zulässig. § 167 Abs. 2 BGB. Der zur Ausstellung eines Schecks Bevollmächtigte erfüllt die gesetzlich gebotene schriftliche Form dadurch, daß er den Scheck mit dem Namen des Machtgebers unterzeichnet; er muß nicht seinen Namen unter Beifügung des Vollmachtsverhältnisses zeichnen. RG. 50 S. 54; 74 S. 69 ff. (VZS.); Staub-Stranz, WO. Art. 95 Anm. 1 ff. Der Vertreter kann auch nur mit seinem eigenen Namen unterschreiben, sofern nur irgendwie aus dem übrigen Inhalt der Urkunde erkennbar ist, daß er im Namen des anderen handelt. Es genügt auch die Namensunterschrift des Vertreters unter dem

Stempelausdruck der Sachfirma. Die von dem Prokuristen oder dem Handlungsbevollmächtigten mit der Firma gezeichnete Urkunde ist von der Firma schriftlich ausgestellt. Dies gilt auch dann, wenn dabei die Ordnungsvorschriften der §§ 51, 57 HGB. nicht beobachtet sind. Staudinger a. a. O.; Düringer-Hachenburg Bd. 2 Anh. I zu §§ 363, 365 HGB. Anm. 5 S. 593. Telegraphische Übermittlung eines Schecks ist unmöglich, selbst wenn das Original vom Aussteller eigenhändig unterschrieben ist. Es ergibt sich dies ohne weiteres aus § 127 BGB.

Ein durch Bildtelegraphie übermittelter Scheck ist ebensowenig ein Scheck im Sinne dieses Gesetzes wie die Photographie eines Schecks.

5. Bezeichnung des Ausstellers.

Während der vorläufige Entwurf in § 1 Ziff. 4 „die Unterschrift des Ausstellers mit seinem Namen oder seiner Firma" verlangte, fordert Ziff. 3 des Gesetzes schlechthin „die Unterschrift des Ausstellers". Eine sachliche Änderung ist damit nicht geschaffen, es ist gleichwohl anzunehmen, daß die Unterschrift den Namen oder die Firma des Ausstellers enthalten muß. Die Namensunterschrift geschieht durch Zeichnung mit dem Familiennamen mit oder ohne Vornamen. Kaufleute können sowohl mit ihrer Firma, als auch mit ihrem — eventuell davon abweichenden — bürgerlichen Namen zeichnen. § 17 HGB. Die Ausstellerunterschrift ist gültig, wenn bei einer aus Sach- und Namensbezeichnung zusammengesetzten Firma die Sachbezeichnung durch Stempelausdruck hergestellt und nur die Namenszeichnung geschrieben ist. RG. 47 S. 165. Für die Firmenzeichnung durch den Gesellschafter bei der offenen Handelsgesellschaft kommt es gemäß § 124 HGB. mit § 164 BGB. nur darauf an, daß der Gesellschafter tatsächlich und erkennbar für die Gesellschaft gezeichnet hat. Es genügt daher die Zeichnung des persönlichen Namens mit dem Zusatz: „in Firma" usw. oder „als Mitinhaber der Firma ...." usw. OLGRspr. 4 S. 165; Staub, HGB. § 108 Anm. 4. Leserlichkeit der Unterschrift ist nicht erforderlich. (Bestr.) Wohl aus diesem Grunde enthalten die Reichsbank-Scheckbücher die weißen Schecks als Zahl 5, bzw. bei roten Schecks als Zahl 6 den Satz: „die Beidrückung des Firma-Stempels ist erwünscht". Im § 1 Zahl 3 wird nur formal die Unterschrift des Ausstellers erfordert, so daß es, wie erwähnt, genügt, wenn der Scheck eine Unterschrift trägt, die der bürgerliche oder Handelsname einer aktiv scheckfähigen Person sein kann. Staub-Stranz, WO. Art. 4 Anm. 11, 32; Rehbein, WO. Art. 4 Anm. 30. Die Unterschrift „Robert Illmannsche Erben" (RG., JW. 1908 S. 307) ist daher gültig, da dies die Bezeichnung einer Firma sein kann. Ob jedoch aus einer so gebildeten Bezeichnung eine Haftung entsteht, hängt von der Frage ab, ob der Aussteller damit wirklich mit seiner

Firma unterschrieben hat. Ungenügend wäre eine Bezeichnung wie „Müllersche Verlassenschaft", auch dann, wenn der Testamentsvollstrecker ein Bankkonto unter diesem Namen hatte errichten lassen. Im übrigen vergl. auch RG. 77, 191 (für den Wechsel).

Auch die Unterzeichnung mit einem Pseudonym ist als zulässige Namensunterschrift anzusehen; vgl. Bernstein in DJZ. 1911 S. 748 ff.; s. auch Schellhaas in DJZ. 12, 742. Über nicht rechtsfähige Vereine s. § 54 BGB. Über Handzeichen siehe Staudinger 9. Aufl. Bd. 1 S. 531.

Ein Bankkonto ist nicht selten für mehrere einzelne Personen gemeinschaftlich eröffnet. Insoweit in diesem Falle nicht durch Vollmachtserteilung Vorsorge getroffen ist, oder durch eine besondere Bestimmung bei Eingehung der Verbindung, daß über das Guthaben durch jeden einzelnen von den mehreren Personen oder durch die Rechtsnachfolger eines jeden verfügt werden kann, können nur die mehreren Personen zusammen über das Guthaben — und so auch mittels Scheck — verfügen. Vgl. § 432 BGB. Auch für den Wechsel ist die Zulassung mehrerer Aussteller unbedenklich. Rehbein, WO. Art. 4 Note 23; Staub-Stranz, WO. Art. 4 Anm. 31.

Hat jemand ein Bankkonto auf den Namen eines dritten errichtet, sich aber die Verfügung darüber vorbehalten, so hat er seinen eigenen Namen zu zeichnen, wenn er mittels Schecks über das Guthaben dieses Kontos verfügt. Vgl. auch JW. 1907 S. 73.

Die Aufnahme des Art. 94 WO. über mangelhafte Unterschriften:

> „Wechselerklärungen, welche statt des Namens mit Kreuzen oder anderen Zeichen vollzogen sind, haben nur dann, wenn diese Zeichen gerichtlich oder notariell beglaubigt werden, Wechselkraft"

erübrigte sich durch den bereits oben IV 2 S. 25 f. erwähnten § 126 BGB. Auch die Aufnahme des Art. 95 war nicht notwendig im Hinblick auf § 179 BGB. Vgl. aber Cohn S. 15; Henschel S. 6.

V. Ort und Tag der Ausstellung (Zahl 4).

Die Angabe des Ortes der Ausstellung ist ebenso wie die des Ausstellungstages für die Bestimmung der Vorlegungsfrist wesentlich (§ 11). Das Erfordernis entspricht auch der Vorschrift des Art. 4 Nr. 6 WO. Schecks, welche kein Datum tragen, können keine Schecks im Sinne dieses Gesetzes sein, da bei ihnen jeder Anhaltspunkt für die Berechnung der Vorlegungsfrist fehlt. Begr. S. 16. Der vorläufige Entwurf verlangte in seiner Zahl 5 des § 1 „die Angabe des Ortes, des Monatstages und des Jahres der Ausstellung" in wörtlicher Übereinstimmung mit der erwähnten Bestimmung der WO. Das Gesetz selbst hat sich jedoch dem auch sonst in den neueren Reichsgesetzen üblichen

Wortlaut angeschlossen. Vgl. z. B. § 2231 BGB. Daß das Orts- und Zeitdatum der Ausstellung nicht eigenhändig vom Aussteller zu schreiben ist, wurde bereits oben erwähnt. Die räumliche Stellung des Orts- und Zeitdatums im Scheck ist unerheblich. Es erscheint nicht erforderlich, daß es von der Unterschrift des Ausstellers vollständig gedeckt wird, vielmehr ist es genügend, wenn aus dem räumlichen Zusammenhang der Scheckerklärung überhaupt seine Bedeutung als Datum des unterschriebenen Schecks ersichtlich ist. Vgl. auch RG. 52 S. 282. Das Datum muß jedoch auf der Vorderseite des Schecks stehen.

1. Ortsangabe.

Die Ortsangabe braucht nur eine Angabe zu sein, die einen möglichen Ort enthält. Das Erfordernis ist nur formell aufzufassen. Ob der Ausstellungsvermerk wirklich an diesem Orte geschrieben ist, ist gleichgültig. Staub-Stranz Art. 4 Anm. 35. Anzugeben ist bei Städten der geographische Name der Stadt, die Angabe der Straße allein genügt selbst dann nicht, wenn aus dem übrigen Inhalt des Schecks der Ort zu erkennen oder festzustellen wäre. Als im Verkehr üblich genügt jedoch die Bezeichnung Berlin W für einen nicht zur Stadt Berlin gehörigen Vorort (OLGRspr. 12 S. 380) und die Abkürzung „Bln." für Berlin (RG. JW. 1907 S. 143; OLGRspr. a. a. O.); genügend ist auch Frankfurt, trotzdem der Ort mehrfach vorkommt. Die Angabe eines einen bestimmten Namen tragenden Hauses wird unter Umständen genügen, wenn jeder Zweifel ausgeschlossen ist, welche Örtlichkeit gemeint ist. Vgl. Planck, BGB. § 2231 Note II 4 mit Lit.; Staub-Stranz Art. 4 Anm. 35, 36, 37.

Daß der Ort der Ausstellung des Scheckes mit amtlicher Genauigkeit zu bezeichnen sei, daß insbesondere der angegebene Ort eine amtlich anerkannte Gemeinde oder Ortschaft mit bestimmt festgelegten Grenzen sein müsse, wird vom Gesetz nicht erfordert. RG. 74, 184; Staub-Stranz Art. 4 Anm. 37.

Es genügt, wenn der Scheck auf der Vorderseite, unmittelbar neben der Unterschrift des Ausstellers, den Firmenstempel der Ausstellerin zeigt, der die Ortsbezeichnung aufweist. Damit ist der Ausstellungsort zweifelsfrei gekennzeichnet. Hans. OLG. vom 8. Oktober 1924 in HansRZ. 7 S. 904. Vgl. auch RG. JW. 1910 S. 237 Nr. 19.

Die Einlösung eines wegen Nichtangabe des Ausstellungsortes ungültigen Schecks durch die bezogene Bank kann der Aussteller der Bank gegenüber nicht beanstanden, da der ungültige Scheck Wirksamkeit als Zahlungsauftrag behält. KG. BankA. 16 S. 33; KGBl. 1916 S. 790.

2. Zeitangabe.

Was die Zeit des Datums anlangt, so ist auch dieses Erfordernis nur formell aufzufassen, so daß es genügt, wenn das Datum nur eine mögliche Zeitangabe enthält. Ob der Ausstellungsvermerk wirklich an diesem Tage betätigt worden ist, erscheint ohne Belang. OLG. 19 S. 414. Staub-Stranz Art. 4 Anm. 38 mit Judikatur. Ein unmögliches Datum, z. B. der 29. Februar eines Nichtschaltjahres, steht dem Fehlen der Zeitangabe gleich. Nicht gefordert ist, daß der Tag der Ausstellung in einer dem deutschen Kalender entsprechenden Weise, also durch Tag, Monat und Jahr bezeichnet wird; die Bezeichnung kann vielmehr auch in jeder andern Weise erfolgen, z. B. „Neujahr 1908". Vgl. Staub-Stranz Art. 4 Anm. 39. Immerhin wird man im Interesse der Verkehrssicherheit in der Auslegung dieses Erfordernisses nicht allzuweit gehen dürfen. Keinesfalls darf man für den Scheck den für das Zeitdatum des § 2231 BGB. aufgestellten Satz uneingeschränkt verwenden, wonach die Angabe eines bestimmten Tages genügen soll, wenn auch zum Verständnis der Angabe andere Erkenntnisquellen herangezogen werden müssen. Vgl. RJA. Bd. 4 S. 143. In der Praxis begegnet man nicht selten Schecks, die etwa wie folgt datiert sind: Berlin, den $\frac{\text{19. Mai}}{\text{1. Juni}}$ 1908 oder noch kürzer, Berlin den 19/1. Juni 1908. Insoweit sich nicht aus den Umständen des Einzelfalles etwas Gegenteiliges ergibt, kann hier ohne weiteres angenommen werden, daß hierbei der Tag nach dem Julianischen Kalender ergänzend beigefügt ist, und der Scheck ermangelt damit keinesfalls der nötigen Bestimmtheit. Der Kalenderstil des Ausstellungsortes wird entscheiden. Es gilt dies schlechthin nicht nur für solche Orte, an denen nach dem alten Kalender datiert wird. Vgl. Kuhlenbeck S. 40. Vgl. v. Canstein S. 95 und Art. 34 WO. Im übrigen machen mehrere verschiedene Daten auf einem Scheck oder ein in sich widerspruchsvolles Datum den Scheck ungültig.

3. Vordatierte Schecks.

Vordatierte Schecks sind solche, welche vor dem auf ihnen angegebenen Ausstellungsdatum in den Verkehr gebracht sind. Sie sind gültig.

a) Gültigkeit vordatierter Schecks.

Die Angabe des Tages der Ausstellung ist wie im Art. 6 Nr. 6 WO. wesentliches Erfordernis. Es ist rechtlich bedeutungslos, ob der Wechsel an einem anderen als dem an ihm angegebenen Tage ausgestellt ist, da die Datierung nicht Feststellung einer Tatsache, sondern Willenserklärung mit der Bedeutung ist, der Wechsel solle so beurteilt werden, als sei er an dem angegebenen Datum ausgestellt. ROHG. 12, 318; RG. 32, 117; KG. im BankA. 9,93 = KGBl. 20, 118. Im Gegensatz zum Wechsel, soll der Scheck kein Kreditpapier, sondern ein bare Zahlungen möglichst überflüssig machendes Zahlungsmittel sein, das in kurzer Zeit zu Befriedigung führen soll und seinen allgemeinen wirtschaftlichen Zweck um so besser erfüllt, je mehr bare Zahlungen durch ihn während seiner kurzen Umlaufszeit ersetzt werden. Es besteht daher ein starkes wirtschaftliches Interesse daran, zu verhüten, daß der Scheck über die im Gesetz (für Inlandsscheck) auf zehn Tage beschränkte Umlaufszeit (§ 11) im Verkehr bleibt. Um diesen Zweck der kurzen Vorlegungsfrist zu sichern, bestimmt das Gesetz im § 7, daß der Scheck bei Sicht zahlbar ist und durch Angabe einer anderen Zahlungszeit nichtig wird (Begr. S. 22). Dessen ungeachtet hat der Gesetzgeber die schon von ihm als Mißbrauch angesehene Vordatierung des Schecks, wodurch dessen Umlaufsfrist unbegrenzt verlängert werden kann, nicht für unzulässig erachtet, sondern nur diesem Mißbrauch dadurch einen Riegel vorgeschoben, daß er den vordatierten Scheck der Steuerpflicht unterwarf (§ 29; Begr. S. 35). Wenn man den vordatierten Scheck als einen nach dem Scheckgesetz zu beurteilenden Scheck zuließ, so war dafür die Erwägung entscheidend, daß andernfalls die Verkehrssicherheit erheblich dadurch leiden würde, daß der einen Scheck gutgläubig nach Eintritt des angegebenen Ausstellungstages Nehmende nicht erkennen könne, daß er einen unrichtig datierten Scheck erhalten habe, womit er seines Regreßrechts verlustig gehen würde. RG. 96, 90 = JW. 1919, 725 = BankA. 19, 65. A. M. Kemritz LZ. 1912 S. 451, der übersieht, daß das Erfordernis der Zeitangabe im § 1 Zahl 4 lediglich formale Bedeutung besitzt, auch durch § 29 Abs. 2 widerlegt wird.

b) Rechtslage zwischen wirklichem und angeblichem Ausstellungstag; Widerruf in dieser Zeit.

Während der Zeit von der wirklichen Ausstellung bis zu dem im Scheck angegebenen Ausstellungstage kann allerdings der vordatierte Scheck nicht die sämtlichen im Scheckgesetz an einen Scheck geknüpften Rechtsfolgen auslösen. Dies ergibt sich aus der Erwägung, daß der Scheck nichtig ist, wenn er auf eine andere Zahlungszeit als nach Sicht gestellt ist, der Zahlung aber die Vorlegung vorausgehen muß, die wieder begrifflich nicht vor der Ausstellung, d. h. dem als Ausstellungstag angegebenen Tage erfolgen kann. Denn bis dahin kann kein Inhaber vom Bezogenen Zahlung nicht verlangen und mangels Zahlung den Aussteller oder einen Vormann nicht im Regreßwege in Anspruch nehmen (Warneyer Rspr. 19, 414). Weiter kann der Scheck nicht mit der im § 12 angegebenen Wirkung in einer Abrechnungsstelle eingeliefert werden; für die Bereicherungsklage des § 21 ist kein Raum; wie denn auch das Gesetz im § 29 hinsichtlich der Wechselsteuerpflicht einen Unterschied macht zwischen vorzeitig in Umlauf gesetzten

Scheck und solchen, deren Ausstellungstag mit dem auf der Urkunde angegebenen übereinstimmt.

Im übrigen fällt aber der vordatierte Scheck auch für die Zeit vor dem Eintritt des in ihm angegebenen Ausstellungstages unter das Scheckgesetz. Denn der Aussteller hat durch seine, wenn auch vorzeitige Begebung dem Empfänger und dessen Rechtsnachfolger zu erkennen gegeben, daß er sich nach Scheckrecht verpflichten wolle mit der einzigen Maßgabe, daß er die Anweisung zur Zahlung mit aufschiebender Wirkung, nämlich erst von dem angegebenen Ausstellungstag an, erteilt.

Ferner ist ein Widerruf des Schecks nicht allein innerhalb der zehntägigen Frist nach der Ausstellung, sondern auch innerhalb der Zeit von der wirklichen Ausstellung bis zum nominellen Ausstellungstage unwirksam — allerdings nur unter den im § 13 näher bezeichneten Voraussetzungen. RG. 96, 190 = JW. 1919, 725 = BankA. 19, 65; KG. und OLG. Hamburg, OLGRspr. 19, 424; 24, 214; DJZ. 1912, 89. Simonson S. 39. Vgl. § 13 II 2 b S. 172.

c) Die Umlaufszeit eines vordatierten Schecks.

Sie beginnt erst mit dem angegebenen Ausstellungstage, da als Ausstellungstag der auf dem Scheck angegebene Tag anzusehen ist. Von diesem Zeitpunkt an hört der Scheck auf, ein vordatierter zu sein. Aus der Lit. vgl. Fick S. 204, Conrad S. 112; Buff, Scheckverkehr S. 70ff.; Cohn S. 20; Riesser Bem. S. 34 und im BankA. 7 S. 136; Obst, Das Vordatieren des Schecks, in BankA. 3 S. 202; Cohn in ZVerglR. Bd. I 476; Meyer, Weltscheckrecht I S. 122; v. Werthern, Die Stempelung vordatierter Schecks, in BankA. 21, 197; Mittelstein, Vordatierung eines Schecks, in DJZ. 1912, 89; Meyer, Bl. GenW. 19, 419.

d) Praktische Bedeutung.

In der Praxis wird der Scheck häufig vordatiert, um eine Zahlungsfrist in dem negativen Sinne zu bestimmen, daß die Bank vorher den Scheck nicht einlösen dürfe. A. M. Hoffmann, BankA. 6 S. 135. Der Hauptgrund der Vordatierung liegt allerdings darin, daß mangels anderweitiger Abrede manche Bezogene die auf sie gezogenen Schecks dem Aussteller Valuta Tag der Ausstellung belasten, gleichviel an welchem Tage der Scheck wirklich an der Kasse zur Zahlung eingereicht wurde. Durch die Vordatierung wird daher versucht, dem durch jene Valutierung entstehenden Zinsverlust nach Möglichkeit zu begegnen. Weiter kann sie ihren Grund auch in der Tatsache haben, daß der Aussteller am Tage der Begebung des Schecks noch nicht ein entsprechendes Guthaben bei dem Bezogenen besitzt. Wegen der

Möglichkeit einer strafrechtlichen Beurteilung vgl. Anhang zu § 3 I 5 bβ S. 66.

4. Zurückdatierte Schecks.

Zurückdatierte Schecks sind solche Schecks, die erst nach ihrem angeblichen Ausstellungstage in Verkehr gesetzt werden; sie bieten keine Besonderheiten. Die Rückdatierung zieht insbesondere keine Folgen steuerrechtlichen Natur nach sich, da kein öffentliches Interesse, der Verkürzung der Vorlegungsfrist entgegenzutreten, obwaltet. Schiebler S. 6; Buff S. 31. Die Zurückdatierung von Schecks soll vorkommen, damit sie an ihrem Bestimmungsort schon präjudiziert anlangen. Vgl. Cohn S. 20 Anm. 23; Hoffmann, BankA. 4 S. 135 bemerkt, daß eine Rückdatierung nicht zu beanstanden sei, wenn sie dazu bestimmt ist, eine bereits fällig gewordene Verbindlichkeit an die Bank nachträglich noch mit Wirkung für den Fälligkeitstag zu tilgen.

VI. Weitere Angaben nicht erforderlich.

Kein wesentliches Erfordernis des Schecks sind: die Angabe der Zahlungszeit (da der Scheck gesetzliches Sichtpapier ist, § 7), des Zahlungsorts (§ 5), der Zahlungsempfänger (vgl. § 4 III 1c S. 92), die Valuta- und die Avisklausel sowie die Bankiereigenschaft des Bezogenen. Darüber, daß die Erfüllung der wesentlichen Erfordernisse des § 1 allein nicht genügt, um die Befreiung von der Wechselsteuer zu begründen, daß vielmehr ein Scheck, um stempelfrei zu sein, den Anforderungen der §§ 1 und 2, 7, eventuell 25 und 26 genügen muß, siehe § 29.

VII. Auslegung des Schecks.

1. Allgemeines.

Für die Auslegung eines Schecks nach der Richtung, ob und inwieweit seine wesentlichen Erfordernisse vorhanden sind, wie überhaupt für die Auslegung einer im Scheck enthaltenen Erklärung sind die Grundsätze von Treu und Glauben mit Rücksicht auf die Verkehrssitte (vgl. BGB. §§ 157 und 242) anzuwenden. „Bei der Auslegung einer Wechselerklärung ist es“ wie das OLG. Dresden vom 9. Januar 1908 (BankA. 7 S. 252) bemerkt, „nicht zulässig, in so freier Weise zu verfahren, wie bei anderen Rechtsgeschäften. Dies folgt aus dem Formalcharakter des Wechsels. Aber anderseits ist es auch bei dem Wechsel nicht statthaft, sich unbedingt an den buchstäblichen Sinn des Ausdruckes zu halten. (Staudinger 9. Aufl. § 133 Anm. 6 S. 552; Dernburg, Das Bürgerl. Recht 3. Aufl. Bd. 2 § 251, S. 286 f.)“. Das letztere gilt in noch höherem Maße bei dem Scheck, der trotz mancher Annäherung in Einzelheiten doch kein Formalpapier ist wie der Wechsel. „Es liegt ihm eine reelle, eben wieder durch die Scheckbegebung selbst anerkannte Zahlungspflicht zugrunde, er soll dem Nehmer eine fällige, ihm bereits gebührende Zahlung verschaffen." Österr. Begr. zu § 4. — Anders als beim Wechsel (Staub-Stranz Art. 4 Anm. 69) ist daher wohl auch der § 133 BGB.: „Bei der Auslegung einer Willenserklärung ist der wirkliche Wille zu erforschen und nicht an dem buchstäblichen Sinne des Ausdruckes zu haften" in Anwendung zu bringen, wenn auch der im Scheck niedergelegte Inhalt den scharf umgrenzten Rahmen bildet, innerhalb dessen sich die Auslegung zu bewegen hat. Ein Hinübergreifen auf außerhalb der Scheckerklärung liegende Tatsachen wird nur ganz ausnahmsweise bei der Auslegung statthaben dürfen. Es wird dies zulässig sein, z. B. wenn fraglich ist, ob bei dem Datum 1./14. Januar 1908 der gregorianische Kalender und der gleiche Tag nach dem julianischen Kalender bezeichnet werden sollte, und ähnliches. Vgl. auch unten § 5 II S. 100 und RG. 60 S. 428, aber auch RG. 66 S. 9: Auch die Wechselurkunde ist der Auslegung zugänglich, die Hilfsmittel der Auslegung müssen aber durch die Urkunde selbst dargeboten werden. Umstände, die außerhalb der Urkunde liegen z. B. mündliche Erklärungen der Beteiligten, können hierbei nicht in Betracht kommen.

2. Konversion.

Fraglich kann sein, ob ein formwidriger Scheck, der z. B. eines wesentlichen Erfordernisses ermangelt, nur als Scheck ungültig ist, ob demnach dieser Urkunde nur die Wirkungen des Scheckgesetzes (Regreßrecht, Steuerfreiheit usw.) versagt sind, während sie in anderer Hinsicht, z. B. als Anweisung Rechtswirkungen äußern kann. Das Gesetz enthält in dieser Beziehung keine Bestimmung und hat eine Klausel ähnlich der des § 2 Abs. 2 österr. Gesetzes, nicht aufgenommen. Es steht jedoch nichts im Wege, unter Anwendung des § 140 BGB. eine Urkunde, die sich zwar als Scheck gibt, der aber ein wesentliches Erfordernis des § 1 fehlt, als Anweisung des bürgerlichen Rechts (§§ 783 ff. BGB.) aufrecht zu erhalten. Grundsätzlich ist aber davon auszugehen, daß nach § 140 BGB. eine Konversion nur möglich ist, wenn anzunehmen ist, daß die Geltung dieses anderen Rechtsgeschäftes bei Kenntnis der Nichtigkeit des Schecks gewollt sein würde. Es ist dabei nicht erforderlich, daß bereits bei Vornahme des Rechtsgeschäfts der tatsächliche Wille darauf gerichtet war, dem Scheck nötigenfalls auch die Wirkung eines andern Rechtsgeschäfts beizulegen. Es genügt, daß die Partei dieses vermutlich gewollt haben würde, falls sie die Nichtigkeit des beabsichtigten Rechtsgeschäfts gekannt hätte. — Hierbei ist zu beachten, daß der Scheck in einem solchen Falle den sämtlichen durch § 783 BGB. vorgeschriebenen Erfordernissen genügen muß.

Da Zahlungsanweisungen auf den Inhaber nach § 783 BGB. unzulässig sind, so können Schecks, die auf den Inhaber gestellt sind, oder die Worte „oder Überbringer" neben dem Namen oder der Firma des Zahlungsempfängers enthalten (§ 4 Abs. 2) auch im Wege der Konversion nicht als eine rechtsgültige Anweisung aufrecht erhalten werden. Der Zusatz „oder Überbringer" in dem Scheck kann nicht als unbeachtlich oder ungeschrieben angesehen werden, denn gerade durch diesen Zusatz wird der Charakter des Papiers geändert, indem es aus einem Namens- oder Rektapapier in ein Inhaberpapier umgewandelt wird. Wohl aber ist es möglich, einen solchen ungültigen Scheck als Zahlungsauftrag zu behandeln. Denn jedem Scheck liegt ein Zahlungsauftrag des Ausstellers an die bezogene Stelle zugrunde. Dieser Auftrag im Sinne der §§ 662 ff. BGB. bedarf zu seiner Rechtsverbindlichkeit keiner bestimmten Form. Seine Wirksamkeit wird auch nicht schon dadurch hinfällig, daß andere mit ihm verbundene rechtsgeschäftliche Willenserklärungen der Vertragsteile wegen Formmangels oder aus einem andern Grunde nichtig sind. Infolge der Annahme des von dem Aussteller erteilten Zahlungsauftrages ist der Bezogene verpflichtet, den angewiesenen Betrag aus dem Guthaben des Ausstellers zu zahlen bzw. zu verrechnen und somit auch berechtigt, in Ausführung dieses Auftrages das Konto des Ausstellers mit der entsprechenden Summe zu belasten. Der Aussteller ist in einem solchen Falle auf den Bereicherungsanspruch gegen den Scheckempfänger angewiesen. KG. KGBl. 1916, 79 = OLG. 1922, 245 = BankA. 16, 33.

Formell ungültige Schecks, die nicht auf den Inhaber gestellt sind, sind dagegen als Anweisungen im Sinne der §§ 783 ff. BGB. aufrecht zu erhalten. Vgl. Staub-Stranz, WO. Art. 4 Anm. 70; Meyer, Weltscheckrecht I, 130; Bernstein, Ansprüche aus formungültigen Wechseln, JW. 1926, 494 ff.; Langen S. 74; Fick S. 274 ff., Begr. S. 17; Rießer Bem. S. 41; Cohn S. 31; Henschel. Wegen der Konversion ausländischer Schecks vgl. § 26 Abs. 2 S. 270 ff.

§ 2.

Passive Scheckfähigkeit.

Als Bezogene sollen nur bezeichnet werden:

1. diejenigen Anstalten des öffentlichen Rechtes, diejenigen unter staatlicher Aufsicht stehenden Anstalten sowie diejenigen in das Genossenschaftsregister eingetragenen Genossenschaften, welche sich nach den für ihren Geschäftsbetrieb maßgebenden Bestimmungen mit der Annahme von Geld und der Leistung von Zah-

lungen für fremde Rechnung befassen, ferner die unter amtlicher Aufsicht stehenden Sparkassen, wenn sie die nach Landesrecht für sie geltenden Aufsichtsbestimmungen erfüllen;

2. die in das Handelsregister eingetragenen Firmen, welche gewerbsmäßig Bankiergeschäfte betreiben.

E. 1892: — ; vorl. E. § 2; österr. Gesetz § 1.

Inhalt.

Der § 2 befaßt sich mit der passiven Scheckfähigkeit, d. h. er entscheidet die Frage, wer scheckfähig Bezogener im Sinne des Gesetzes sein kann.

I. Vorbemerkung.

1. Zweck der Vorschrift.

Dem deutschen Scheckverkehr vor dem Scheckgesetz bot der § 24 Abs. 2 Ziff. 1 des WStempG. in dieser Richtung die rechtliche Grundlage, da nach dieser Gesetzesstelle als Bezogene des stempelfreien Schecks nur das die Zahlungen des Ausstellers besorgende Bankhaus oder Geldinstitut zugelassen waren. Dieser Bestimmung konnte zwar in ihrer Beschränkung auf das steuerrechtliche Gebiet eine allgemeine, darüber hinausgehende Geltung an sich nicht zukommen, gewohnheitsrechtlich aber ist der Verkehr dazu übergegangen, den auf Bankiers als Bezogene beschränkten steuerfreien Scheck als den Scheck überhaupt zu betrachten. Vgl. Staub, HGB. Erl. § 363 Anm. 1; Goldmann, HGB. § 363, 4 S. 2; Cosack, Lehrb. des Handelsr. § 58; Hoppenstedt 1907 S. 10; vgl. aber auch Lehmann, Lehrb. S. 792.

In der Literatur, insbesondere de lege ferenda, ist die Frage der passiven Scheckfähigkeit zu einer viel behandelten Kontroverse geworden. Vgl. die zahlreichen Nachweisungen bei Cohn S. 23; Simonson, BankA. 4 S. 84 Note 21ff.; ferner Simonson,

DJZ. 12 S. 998; Riesser Bem. 27. Zum vorl. Entwurf besonders Breit in JW. 1907 S. 731 ff. „Zur Frage der passiven Scheckfähigkeit"; ders. in SeuffBl. 73 S. 83; ders. im SächsArchR. 2 S. 489; ders. BankA. 7 S. 216 und HoldheimsMSchr. 17 S. 36. Vgl. dagegen noch Riesser, BankA. 7 S. 136.

Der Entwurf von 1892 setzte keine Beschränkung rücksichtlich des Bezogenen fest. Die Begr. zu diesem Entw. (S. 14) führt aus, daß, abgesehen davon, daß die Begriffe „Bankhaus, Geldinstitut", auf welche der § 24 Abs. 2 Nr. 1 WStempG. vom 10. Juni 1869 verweist, bei uns nicht so fest umgrenzt seien, wie in England der Begriff des „banker", auch kein Grund vorliege, zu verhindern, daß Sparkassen und Vorschußvereine, wie in Österreich, oder Notare, wie in Frankreich, den Scheckverkehr als Bezogene unterhalten. „Auch die Gesetze Frankreichs, Belgiens, der Schweiz, haben in diesem Punkte völlige Freiheit gelassen. Die Solidität des Scheckverkehrs, welcher eine Beschränkung der passiven Scheckfähigkeit dienen soll, wird durch das im Entwurf vorgesehene Erfordernis eines ausreichenden Guthabens des Ausstellers bei dem Bezogenen (§ 20 Abs. 2) besser und wirksamer gewährleistet."

Der vorl. Entw. nahm den entgegengesetzten Standpunkt ein. Die Begründung zum Entw. von 1908 geht davon aus, daß überwiegende Gründe eine Beschränkung der allgemeinen passiven Scheckfähigkeit ratsam erscheinen lassen, wie sie in England, in den Vereinigten Staaten von Amerika und in Österreich bestehe. Es heißt dort S. 17 f.: „Der von dem Scheckverkehr zu erwartende wirtschaftliche Nutzen kann in vollem Maße nur dann eintreten, wenn als Bezogene lediglich solche Personen und Firmen in Betracht kommen, die berufsmäßig für fremde Rechnung Geld übernehmen und Zahlungen leisten. Erst dadurch, daß der Scheckverkehr in ihnen seinen Mittelpunkt findet, wird eine Konzentration der Kassenführung in die Wege geleitet, welche die zerstreuten kleinen Kassenbestände sammelt und in ihrer Vereinigung für das wirtschaftliche Leben nutzbar macht. Gleichzeitig aber wird im weitesten Umfang eine Ersparnis an Umlaufsmitteln angebahnt, sofern das Zusammentreffen der Zahlungsaufträge an den vorbezeichneten Stellen ihre Erledigung ohne Barzahlung im Wege der Buchung mit Hilfe des Giroverkehrs und der Abrechnungsstellen ermöglicht. Die allgemeine Scheckfreiheit würde dieser Konzentration entgegenwirken. Überdies würde sie einer mißbräuchlichen Verwendung des Schecks zu Zwecken, zu denen der Wechsel bestimmt ist, Raum lassen und wohl auch dahin führen, daß Schecks nicht selten auf zahlungsunfähige Bezogene ausgestellt werden. Die Reinheit und die Sicherheit des Scheckverkehrs müßten darunter leiden. Die Beschränkung der passiven Scheckfähigkeit auf Banken und Anstalten mit Bankcharakter schiebt dem Umlauf sogenannter wilder Schecks einen Riegel vor. Die Banken werden in ihrem eigenen

Interesse darauf bedacht sein, nur vertrauenswürdigen Personen Scheckkonten zu eröffnen, und so dafür Sorge tragen, daß bei Schecks, die auf ihren Formularen ausgestellt werden, das Vertrauen des Nehmers in dem Aussteller nicht getäuscht wird. Die Beschränkung der Scheckfreiheit steht endlich im Einklange mit § 24 Abs. 2 Nr. 1 des WStempG., indem dort nur diejenigen Schecks von der Stempelabgabe befreit sind, welche auf das Guthaben des Ausstellers bei dem seine Zahlungen besorgenden Bankhaus oder Geldinstitut lauten. Der Entwurf hat demgemäß die passive Scheckfähigkeit auf bestimmte Klassen von Personen beschränkt. Aus der Fassung des § 2 ergibt sich aber, daß Schecks, die auf andere als die im § 2 genannten Personen gezogen werden, nicht ungültig sind. Schecks der in Frage stehenden Art sind vielmehr in vollem Umfange gültig, nur ermangeln sie der Steuerfreiheit (§ 29). Dieser Nachteil wird genügen, um der Ausstellung von Schecks, die auf andere als die im § 2 bezeichneten Personen gezogen sind, entgegen zu wirken."

2. Bedeutung der Vorschrift.

Hinsichtlich der Frage, ob die im § 2 des Gesetzes getroffene Regelung als Beschränkung der passiven Scheckfähigkeit zu erachten ist oder nicht, besteht Streit. M. E. ist der Standpunkt des Gesetzes als das Prinzip der beschränkten passiven Scheckfähigkeit zu bezeichnen. Es ist zu beachten, daß der § 2 bestimmt: „Als Bezogene **sollen** nur bezeichnet werden . . . . ." und daß das Gesetz mit diesem Ausdruck im Einklange mit der Terminologie der Reichsgesetzgebung, wie insbesondere des BGB., die rechtliche Notwendigkeit dieses Geschehens ausdrückt. Das Gesetz statuiert für den Scheckverkehr als rechtlich notwendig, daß als Bezogene nur eine dem Kreis des § 2 angehörige Person bezeichnet wird. Das gesetzliche Gebot bzw. Verbot ist aber lediglich eine lex imperfecta. Die Nichtbeachtung der gesetzlichen Vorschrift steht nicht unter einem Rechtsnachteil — die Stempelpflicht, in die ein Scheck abseits des § 2 verfällt, ist ein wirtschaftlicher, kein Rechts-Nachteil. Die Scheckfähigkeit ist nach Vorstehendem durch die Vorschrift des § 2 rechtlich — nicht nur faktisch — auf bestimmte Personen beschränkt, womit das Gesetz grundsätzlich von dem Prinzip der beschränkten passiven Scheckfähigkeit ausgeht. Daß ein Verstoß gegen den § 2 nicht die Rechtsfolge der Unwirksamkeit für den Scheck nach sich zieht, kann an dieser Charakterisierung des Standpunktes des Gesetzes, die übrigens auch schon für das bisherige Recht zugetroffen hat, nichts ändern. Vgl. zu dieser Frage **Planck**, BGB. 1 S. 28; **Endemann**, BGB. 1 § 12 Note 9; ferner ähnlich wie hier **Bernstein**, BankA. 7 S. 197, 217; **Merzbacher** S. 2; **Simonson** S. 41; **Apt** S. 61; **Kuhlenbeck** S. 41; **Riesser**, BankA. 7 S. 136; **Koch**, DWirtschZtg. 4

S. 147; zweifelhaft Henschel S. 10; Buff S. 32 f. Abweichend Breit in HoldheimsMSchr. 17 S. 36 und besonders im BankA. 7 S. 217; ferner Simonson, BankA. 7 S. 270. Zu weit geht jedoch Bernstein, wenn er in der Vorschrift des § 2 eine Schutzvorschrift im Sinne des § 823 Abs. 2 BGB. erblickt. So auch Breit a. a. O. und Simonson a. a. O. Zu beachten bleiben die Vorschriften des Gesetzes über Depot- und Depositengeschäfte vom 26. Juni 1925 (RGBl. I S. 89), insbesondere § 4.[1]) Die Befugnis zum Betriebe von Depositengeschäften bedeutet zur Zeit praktisch die passive Scheckfähigkeit; die Entziehung des Depositenrechts (vgl. z. B. PreußVO. v. 24. März 1926 zur Durchführung des Gesetzes über Depot- und Depositengeschäfte bei öffentlich-rechtlichen Kreditanstalten — GS. S. 1926 Nr. 14) — unten XIV 2 S. 499 — hebt in der Wirkung die passive Scheckfähigkeit auf.

---

[1]) Gesetz über Depot- u. Depositengeschäfte.
Vom 26. Juni 1925 (RGBl. I S. 89). (Auch unten XIV 1 S. 494).

§ 4. Depot- und Depositengeschäfte dürfen geschäftsmäßig nur von Depositenbanken betrieben werden.

Depositenbanken im Sinne dieses Gesetzes sind:

1. Bankunternehmungen, soweit sie beim Inkrafttreten dieses Gesetzes Depot- und Depositengeschäfte geschäftsmäßig zu betreiben berechtigt waren und betrieben haben, sowie deren Zweigniederlassungen (§ 10 des Gesetzes gegen die Kapitalflucht in der Fassung der Bekanntmachung vom 26. Januar 1923 — Reichsgesetzbl. I S. 91 —, der Verordnung des Reichspräsidenten auf Grund des Artikel 48 der Reichsverfassung über die Aufrechterhaltung von Vorschriften des Kapitalfluchtgesetzes und des Weinsteuergesetzes vom 29. Dezember 1924 — Reichsgesetzbl. I S. 967 — und des Gesetzes über die Aufrechterhaltung von Vorschriften des Kapitalfluchtgesetzes v. 16. April 1925 — Reichsgesetzbl. I S. 43 —);
2. als Einzelfirma, offene Handelsgesellschaft oder Kommanditgesellschaft betriebene Bankunternehmungen, zu deren Inhabern oder persönlich haftenden Gesellschaftern ausschließlich Personen gehören, von denen jeder insgesamt mindestens fünf Jahre als Inhaber, Mitinhaber, Vorstandsmitglied oder kaufmännischer Angestellter tätig gewesen ist
   a) vor dem 16. Januar 1920, dem Tage des Inkrafttretens der zweiten Verordnung über Maßnahmen gegen die Kapitalflucht vom 14. Januar 1920 (Reichsgesetzbl. S. 50) in Bankunternehmungen, die während der Dauer der Tätigkeit der Person im Inland einen auf die Anschaffung und Darleihung von Geld gerichteten Gewerbebetrieb unterhalten haben, oder

3. Im Ausland zahlbare Schecks.

Zu bemerken bleibt noch, daß sich der § 2 lediglich auf Inlandschecks bezieht. Im Auslande zahlbare Schecks dürfen auch auf solche Bezogene lauten, auf die nach dem ausländischen Recht ein Scheck gezogen werden darf. § 25 Scheckgesetz.

---

b) nach dem 15. Januar 1920 in Bankunternehmungen, die während der Dauer der Tätigkeit der Person nach den jeweils geltenden Vorschriften der Kapitalfluchtgesetzgebung oder den Vorschriften dieses Gesetzes Depot- und Depositengeschäfte geschäftsmäßig betreiben durften und betrieben haben.

Den in Nr. 2 bezeichneten Personen kann die oberste Landesbehörde im Einvernehmen mit dem Reichswirtschaftsminister Personen gleichstellen, die durch langjährige kaufmännische Tätigkeit die für die Leitung einer Depositenbank erforderlichen Kenntnisse und Fähigkeiten sich angeeignet haben und die erforderliche Zuverlässigkeit besitzen. Die Gleichstellung darf nur erfolgen, wenn der Betrieb des Unternehmens als Depositenbank volkswirtschaftlich gerechtfertigt erscheint und wenn die Versagung eine unbillige Härte sein würde;

3. Aktiengesellschaften, Kommanditgesellschaften auf Aktien und Gesellschaften mit beschränkter Haftung oder deren Zweigniederlassungen, die von der obersten Landesbehörde nach Benehmen mit der Reichsbank und im Einvernehmen mit dem Reichswirtschaftsminister zum geschäftsmäßigen Betriebe von Depot- und Depositengeschäften zugelassen werden;

4. eingetragene Genossenschaften, die einem Revisionsverbande gemäß §§ 54 ff. des Gesetzes betreffend die Erwerbs- und Wirtschaftsgenossenschaften in der Fassung vom 20. Mai 1898 (Reichsgesetzbl. S. 810), angeschlossen sind, wenn der Geschäftsbetrieb über den Kreis ihrer Mitglieder nicht hinausgeht;

5. öffentliche Sparkassen, Unternehmungen von Gemeinden und Gemeindeverbänden, Unternehmungen öffentlich-rechtlicher Verbände oder von Kreditanstalten öffentlich-rechtlicher Verbände und öffentlichen Kassen, welche die oberste Landesbehörde oder die von ihr bestimmte Stelle zum geschäftsmäßigen Betriebe von Depot- und Depositengeschäften zuläßt.[1])

---

[1]) Über die Zulassung kommunaler Banken (auch Sparkassen usw.) zum Betrieb von Depot- und Depositengeschäften vergl. die Ausführungsanweisung des Preußischen Ministeriums des Innern vom 23. April 1926 IV b 26 III unten XIV 3 S. 500.

II. Privilegierte Anstalten und eingetragene Genossenschaften (Zahl 1, 1. Teil).

Nach Zahl 1 des § 2 sollen als Bezogene nur bezeichnet werden:
1. Anstalten des öffentlichen Rechts,
2. unter staatlicher Aufsicht stehende Anstalten, ferner
3. in das Genossenschaftsregister eingetragene Genossenschaften.
Für die drei Kategorien wird aber hierbei vorausgesetzt, daß sie sich nach den für ihren Geschäftsbetrieb maßgebenden Bestimmungen mit der Annahme von Geld und der Leistung von Zahlungen für fremde Rechnung befassen.

Weiterhin sind noch in Zahl 1 Sparkassen erwähnt.

Aus § 2 des ScheckG. ist nicht zu entnehmen, daß die bezeichneten Anstalten die Eigenschaften juristischer Personen haben müßten. RG. 12. Dezember 1911 im Recht 1912 Nr. 4 S. 691.

1. Anstalten des öffentlichen Rechts.

Die Frage, welche Anstalten als solche des öffentlichen Rechtes zu betrachten sind, ist nach Reichsrecht oder nach Landesrecht zu beantworten. Über den Begriff vgl. z. B. Staudinger BGB. 9. Aufl. Bd. I S. 163 f., aber auch Staub, HGB. §§ 33 Einl., 36 Einl. Hierher gehört vor allem nach Reichsrecht die Reichsbank, welche auch nach dem Bankgesetz vom 30. August 1924 — RGBl. II S. 235 — eine Anstalt des öffentlichen Rechts, eine Einrichtung des Reiches geblieben ist (vgl. Koch-Schacht, Münz- und Bankgesetzgebung S. 59 f.).

Nach Landesrecht kommen als Anstalten des öffentlichen Rechts vor allem die Bankanstalten der Länder selbst in Betracht, so die Preuß. Staatsbank (Seehandlung), die, seit der VO. vom 27. Oktober 1810 eine reine Staatsanstalt, von 1845 an Bankgeschäfte betreibt (vgl. Art. Seehandlung HdSt. 3. Aufl. Bd. VI S. 659, jetzt auch Beschluß des Preuß. Staatsministeriums über die Verfassung der Preußischen Staatsbank (Seehandlung) vom 11. März 1926. PreußGesS. 1926, 123). Hierher zählen weiter die vormalige königl. Bank in Nürnberg jetzt Bayerische Staatsbank in München (vgl. VO. des Gesamtministeriums des Freistaats Bayern über die Bayer. Staatsbank vom 24. März 1920), die Sächsische Staatsbank (Staatsbankgesetz vom 25. Juni 1921, Sächs. Gesetzblatt 14. Stück vom Jahre 1921 S. 194 f.), die Thüringische Staatsbank in Weimar (Staatsbankgesetz vom 20. Dezember 1922, Gesetzessammlung für Thüringen vom Jahre 1923 Nr. 3), die Staatliche Kreditanstalt Oldenburg (Gesetz für den Freistaat Oldenburg vom 19. April 1920), die Braunschweigische Staatsbank (Leihhausanstalt), Braunschweig (Staatsbankgesetz vom 20. Dezember 1919, Gesetz- und Verordnungssammlung vom Jahre 1920 Nr. 1), die Lippische Staatsbank und Lippische Landesspar- und Leihkasse (Staatliche Kreditanstalten), Detmold, (Gesetz vom 24. November 1925, Gesetzsammlung vom 4. Dezember 1925). Eine Anstalt des Preußischen Staates ist auch die Preußische Zentral-Genossenschaftskasse nach dem Gesetz über die Errichtung der Preuß. Zentral-Genossenschaftskasse vom 31. Juli 1895 in der Fassung der Bekanntmachung vom 8. März 1924 (Preuß. Gesetzsammlung 1924 S. 175).

Anstalten des öffentlichen Rechtes sind ferner die von den Körperschaften des öffentlichen Rechtes gegründeten und geleiteten Banken und Kreditanstalten. Hierbei kann es sich um Einrichtungen einer Provinz handeln, wie bei den Provinzialhilfskassen oder Landesbanken (z. B. Landesbank der Rheinprovinz als Bank des Provinzialverbandes der Rheinprovinz) oder um Bankanstalten, die z. B. von mehreren auf Grund des Preußischen Zweckverbandgesetzes (19. Juli 1911) zusammengeschlossenen Kommunen betrieben werden. Hierher gehören die Girozentralen als Bankanstalten von kommunalen Giroverbänden. Unter den obigen Titel fallen ferner Kreditanstalten der Landschaften (z. B. Kur- u. Neumärkische Ritterschaftliche Darlehnskasse zu Berlin), weiterhin von Kreisen und Städten eingerichtete und betriebene Geld- und Kreditinstitute (Kreisbanken, Stadtbanken usw.). Als weiteres Beispiel ist die Deutsche Rentenbank-Kreditanstalt (Landwirtschaftliche Zentralbank) zu erwähnen, die nach dem Gesetze vom 18. Juli 1925 (RGBl. I S. 145) eine juristische Person des öffentlichen Rechtes ist. An sich würde auch die Reichspost hierher gehören; doch hat dies nur theoretische Bedeutung, da die Scheckgeschäfte der Reichspost heute durch das Postscheckgesetz vom 26. März 1914 und die auf seiner Grundlage beruhende Postscheckordnung vom 7. April 1921 geregelt sind (vgl. Anhang XII S. 331 ff.

2. Unter staatlicher Aufsicht stehende Anstalten.

Hierhin gehören zunächst die Privatnotenbanken (Bayerische Notenbank, Sächsische Bank zu Dresden, Württembergische Notenbank, Badische Bank), bei denen neben dem Aufsichtsrecht des Reiches ein Aufsichtsrecht der Landesregierung besteht. Vgl. §§ 20, 21 des Privatnotenbankgesetzes vom 30. August 1924 (RGBl. II S. 246). Der staatlichen Aufsicht unterliegen Hypothekenbanken nach §§ 3, 4 des Hypothekenbankgesetzes vom 13. Juli 1899 bzw. 14. Juli 1923.

Als eine unter staatlicher Aufsicht stehende Anstalt ist auch die Deutsche Rentenbank zu betrachten, die zwar dem Privatrechte zugewiesen ist (Rentenbankverordnung vom 15. Oktober 1923 § 1 Satz 3), aber doch in Ansehung ihrer Gestaltung und Geschäftsführung unter vielfachen Befugnissen des Reiches steht (vgl. z. B. §§ 3, 21 der Rentenbankverordnung, § 7 der vorl. Durchführungsbestimmungen vom 14. November 1923 betr. Reichskommissar und § 17 des Gesetzes über die Liquidierung des Umlaufs von Rentenmarkscheinen vom 30. August 1924 (RGBl. II S. 252).

Dem Privatrecht zugewiesen ist zwar auch die Deutsche Golddiskontbank. Die Geschäftsführung erfolgt aber durch die Reichsbank (Ges. vom 19. März 1924 RGBl. II S. 71 §§ 1, 10, ferner § 53 des Bankgesetzes vom 30. August 1924), sie steht hierdurch mittelbar unter staatlicher Aufsicht.

3. Eingetragene Genossenschaften.

Die in das Genossenschaftsregister eingetragenen Genossenschaften — vgl. Ges. betr. die Erwerbs- und Wirtschaftsgenossenschaften vom 1. Mai 1889 in der Fassung der Bek. vom 20. Mai 1898, geändert durch Ges. vom 1. Juli 1922 (RGBl. S. 567), 12. Mai 1923 (RGBl. I S. 288) und 4. Februar 1925 (RGBl. I S. 9) — meist Vorschuß- und Kreditvereine genannt, besitzen nach dem Scheckgesetz passive Scheckfähigkeit, schlechthin ohne Rücksicht darauf, ob ihr Geschäftsbetrieb sich auf den Kreis ihrer Mitglieder beschränkt oder darüber hinausgeht, oder ob z. B. die Genossenschaft einem Revisionsverband angehört. Zu beachten bleibt aber § 4 des Ges. über Depot- und Depositengeschäfte vom 26. Juni 1925 (RGBl. I S. 89)[1]). Danach dürfen Depot- und Depositengeschäfte geschäftsmäßig betrieben werden lediglich von Depositenbanken. Als Depositenbanken sind dabei auch eingetragene Genossenschaften zugelassen. Dabei muß geschieden werden zwischen eingetragenen Genossenschaften, die vor Inkrafttreten des Gesetzes (1. Juli 1925) solche Geschäfte gewerbsmäßig zu treiben, berechtigt waren und betrieben haben, vgl. § 4 Zahl 1 des Ges., sowie solchen Genossenschaften, die nach dem Inkrafttreten des Gesetzes über Depot- und Depositengeschäfte gegründet worden sind, vgl. § 4 Zahl 4 des Gesetzes. Letztere werden als Depositenbanken nur zugelassen, sofern sie einem Revisionsverband gemäß § 54 des Gesetzes, betreffend die Erwerbs- und Wirtschaftsgenossenschaften in der Fassung vom 20. Mai 1898 angeschlossen sind und mit ihrem Geschäftsbetrieb über den Kreis der Mitglieder nicht hinausgehen.

Ein Hinausgehen des Geschäftsbetriebs über den Kreis der Mitglieder ist immer dann anzunehmen, wenn auch Nichtmitglieder an dem satzungsmäßigen Zweck statutenmäßig oder auch nur tatsächlich teilnehmen. Der Abschluß von sogenannten Hilfsgeschäften mit Nichtmitgliedern stellt kein Hinausgehen des Geschäftsbetriebs über den Kreis der Mitglieder dar. Bei Genossenschaften, die vor Inkrafttreten des Depot- und Depositengesetzes solche Geschäfte zu treiben berechtigt waren und betrieben haben, ist nun wieder zu unterscheiden zwischen solchen Genossenschaften, die vor dem 16. Januar 1920 bereits bestanden haben

[1]) Vgl. oben S. 40 Anm. 1 und unten XIV S. 494 ff.

und solchen, die nach dieser Zeit gegründet worden sind, § 10 des Gesetzes gegen die Kapitalflucht v. 14. Jan. 1920 (RGBl. S. 50) in der Fassung der Bek. v. 26. Jan. 1923 (RGBl. S. 91). Erstere können Depot- und Depositengeschäfte betreiben, auch wenn sie keinem Revisionsverband angehören und wenn sie auch mit dem Geschäftsbetrieb über den Kreis der Mitglieder hinausgehen; letztere dürfte solche Geschäfte nur betreiben, wenn sie einem Revisionsverband im Sinne des Genossenschaftsgesetzes angehören und sich auf den Kreis der Mitglieder beschränken.

In allen Fällen bleibt zu beachten, daß zu diesen Geschäften zugelassen sind alle Arten von Genossenschaften, nicht nur die reinen Kreditgenossenschaften, sondern gleichfalls Konsum-Vereine, Warengenossenschaften, Baugenossenschaften, die vielfach das Depositengeschäft vor allem als Spargeschäft neben ihren sonstigen Aufgaben pflegen.

Hierher gehören auch Zentralen der Genossenschaften, die als Genossenschaften, nicht als AG. oder GmbH. gegründet und eingetragen sind.

4. Gemeinsame Voraussetzung.

Wie die Begründung S. 19 bemerkt, ist Voraussetzung für die Zuerkennung der passiven Scheckfähigkeit für die privilegierten Anstalten, ebenso wie für die Genossenschaften, daß sie sich nach den für ihren Geschäftsbetrieb maßgebenden Bestimmungen mit der Annahme von Geld und der Leistung von Zahlungen für fremde Rechnung befassen. „Anstalten, bei denen diese Voraussetzung nicht zutrifft, kommt die passive Scheckfähigkeit ebenso wenig zu, wie Genossenschaften, die nicht in das Genossenschaftsregister eingetragen sind. Durch die Fassung ‚nach den für ihren Geschäftsverkehr maßgebenden Bestimmungen' soll zum Ausdrucke gebracht werden, daß nicht nur diejenigen Anstalten und Genossenschaften passiv scheckfähig sein sollen, in deren Statuten oder Satzungen ausdrücklich bestimmt ist, daß sie sich mit der Annahme von Geld und mit der Leistung von Zahlungen für fremde Rechnung befassen, auch ist nicht erforderlich, daß sich die Genossenschaften ausdrücklich als ‚Kreditgenossenschaft', ‚Darlehenskasse' oder ‚Vorschußverein' u. dgl. bezeichnen; es genügt, daß die in Rede stehenden Anstalten und Genossenschaften, nach den für ihren Geschäftsbetrieb maßgebenden Bestimmungen, sich überhaupt mit der Annahme von Geld und der Leistung von Zahlungen für fremde Rechnung befassen dürfen und befassen. Hiernach bedürfen Kreditanstalten, welche von der passiven Scheckfähigkeit Gebrauch machen wollen, nicht immer erst der stets mit Umständlichkeiten verknüpften Änderung ihrer Statuten und Satzungen. Inwieweit die Anstalten des öffentlichen Rechtes und die unter staatlicher Aufsicht stehenden

Anstalten von der ihnen durch das Gesetz vorbehaltenen Fähigkeit, als Bezogene benannt zu werden, Gebrauch zu machen in der Lage sind, richtet sich nach den jeweiligen für sie maßgebenden landesrechtlichen Bestimmungen." Zu beachten bleibt auch hier das Gesetz über Depot- und Depositengeschäfte vom 26. Juni 1925 (RGBl. I S. 89).[1])

5. Bankeigenschaft.

Die in Zahl 1 bezeichneten Anstalten des öffentlichen Rechtes und die unter staatlicher Aufsicht stehenden Anstalten können zugleich unter Zahl 2 des § 2 fallen. Zu beachten ist dabei, daß nach § 36 des HGB. ein Unternehmen des Reiches, eines Bundesstaates oder eines inländischen Kommunalverbandes nicht in das Handelsregister eingetragen zu werden braucht. Für die Reichsbank vgl. insbesondere § 1 Abs. 1 des Bankgesetzes vom 30. August 1924; für die Postverwaltung des Reiches siehe § 452 Abs. 2 HGB.

III. Unter amtlicher Aufsicht stehende Sparkassen (Zahl 1, 2. Teil).

1. Im allgemeinen.

Weder im vorl. Entw. noch im Entwurf von 1908 waren Sparkassen ausdrücklich erwähnt; eine Anzahl deutscher Sparkassen und der deutsche Sparkassenverband hatten Zweifel darüber ausgesprochen, ob sie bei der vorgeschlagenen Fassung des Gesetzes in vollem Umfange zu ihrem Rechte gekommen seien und gebeten, in den § 2, der die passive Scheckfähigkeit regelt, die Sparkassen ausdrücklich aufzunehmen. Arnold, DJZ. 1908 Sp. 574. Hierauf beruht der in der zweiten Lesung eingefügte, auf Sparkassen bezügliche Passus der Zahl 1. Bei den Verhandlungen haben sich Differenzen hinsichtlich der Fassung des Rechts der Aufsichtsbehörde ergeben. Vgl. Abänderungsantrag Nr. 671, 673, RT. XII. Bd. Sess. 1907/08 Drucks. Nr. 691. Es ist im Gesetze für die Sparkassen abgesehen von dem Erfordernis in Zahl 1, dahingehend, daß solche Anstalten sich mit der Annahme von Geld und der Leistung von Zahlungen für fremde Rechnung befassen müssen, die Gleichstellung mit den in das Handelsregister eingetragenen Firmen nach Zahl 2 erfolgt aber unter zweierlei Bedingungen. Die erste Bedingung ist, daß diese Sparkassen unter amtlicher Aufsicht stehen. Die zweite Bedingung ist die, daß die nach dem Landesrecht für die Sparkassen geltenden Aufsichtsbestimmungen erfüllt werden. Die Beaufsichtigung dieser öffentlichen Institute, wie der Kommunalsparkassen und anderer, ist Landessache. Bei den Verhandlungen im Reichstage wurde die Rechtslage dahin zusammengefaßt, daß

[1]) Vgl. oben S. 40 Anm. 1 und unten XIV S. 494 ff.

die Sparkassen das Recht der passiven Scheckfähigkeit besitzen, und daß daneben das der Behörde über den Geschäftsbetrieb der Sparkassen zustehende Aufsichtsrecht sich auch auf die Scheckgeschäfte der Sparkassen erstreckt. Daraus folgt, daß die Aufsichtsbehörden berechtigt sind, Vorschriften darüber zu erlassen, in welcher Weise die Sparkassen das Recht des Scheckbetriebes ausüben dürfen. An diese Vorschriften müssen sich dann die Sparkassen halten; die Aufsichtsbehörden sind berechtigt, die Einhaltung dieser Vorschriften zu überwachen. Das Recht der Sparkassen auf passive Scheckfähigkeit ist also gesetzlich gesichert. Nur über die Ausübung dieses Rechtes haben die Landesregierungen das Aufsichtsrecht. Der Aufsichtsbehörde und dem Landesrecht bleibt aber die Befugnis, solchen Sparkassen, die etwa die nötige Sicherheit nicht bieten sollten, die Scheckfähigkeit im Einzelfalle zu versagen, vgl. StenBer. 107. Sitzung vom 21. Februar 1908 S. 3314 C, 3315 A, 3318 B. Vgl. auch Art. 99 EG. z. BGB.

In Verfolg der den Ländern nach diesen Bestimmungen zustehenden Befugnis, Vorschriften über die Form und den Umfang des einzuführenden Scheckverkehres zu erlassen, hatte der preußische Minister des Innern durch VO. vom 20. April 1909[1]) bestimmt, daß Sparkassen mit Genehmigung des Oberpräsidenten, sofern nach ihrer Entwicklung und den örtlichen Verhältnissen ein Bedürfnis dazu vorhanden ist, neben dem Spareinlagenbetrieb, den Depositen- und Kontokorrent-Verkehr, unter Benutzung von Schecks und Giroüberweisungen einführen können. — Hiernach hat sich die Prüfung des Oberpräsidenten im wesentlichen nur darauf zu erstrecken, ob die betreffende Sparkasse nach ihren Einrichtungen der Einführung dieses Geschäftszweiges gewachsen ist. — Weiter ist in der vorstehend benannten Verordnung bestimmt, daß der Gesamtbetrag der in Depositen- und Kontokorrentverkehr geführten Guthaben 10% des Gesamtbetrages der Einlagen auf Sparkassenbüchern nicht übersteigen darf. Von den eingehenden Beträgen müssen ferner mindestens 75% in liquiden Werten angelegt werden; als solche gelten nicht Hypotheken oder die Verpfändung von Hypotheken. Die Kreditgewährung ist nur auf Grund derselben Sicherheit zulässig wie die Ausleihung der Spareinlagen, doch kann die Beleihung von Wertpapieren, welche bei der Reichsbank in Klasse I beleihbar sind, sowie der Ankauf und die Beleihung von reichsbankfähigen Wechseln gestattet werden. Auch bleibt die Festsetzung der Verzinsung des Guthabens dem Sparkassenkuratorium mit der Maßgabe überlassen, daß für Guthaben in Depositen-, Kontokorrent-, Scheck- und Giroverkehr höhere Zinsen als für

[1]) Siehe jetzt auch über die Zulassung von Sparkassen zum Depot- und Depositengeschäft die Ausführungsanweisung des Preußischen Ministers des Innern zum Reichsgesetz über Depot- und Depositengeschäfte vom 23. April 1926 — unten XIV 3 S. 500.

Spareinlagen nicht gewährt werden dürfen. Vgl. aber jetzt den Preuß. Ministerialerlaß vom 15. April 1921 (BankA. 20, 226), der eine Erweiterung des Geschäftsbereiches der Sparkassen einführt, und den gemeinsamen Erlaß der Preußischen Minister des Innern und der Finanzen vom 15. Dez. 1921 (BankA. 21, 173).

2. Öffentliche und nichtöffentliche Sparkassen. Kommunale Sparkassen.

Unter „Sparkasse" ist mit dem Sprachgebrauch ein Erwerbsgeschäft zu verstehen, in welchem darlehenweise gegen Aushändigung von Legitimationspapieren und gegen Verzinsung eingezahlte Beträge angenommen werden. Der Begriff ist nicht auf Betriebe öffentlicher Sparkassen beschränkt, sondern bezeichnet ganz allgemein die erwähnte Gattung von Erwerbsgeschäften. RG. 91, 210.

Sparkassen können unter amtlicher Aufsicht stehen, ohne darum öffentliche Sparkassen zu sein vgl. Staudinger BGB. § 22 Z. 7. Öffentliche Sparkassen sind z. B. in Preußen solche Sparkassen, die für Rechnung einer Körperschaft des öffentlichen Rechtes betrieben werden, oder für die eine solche Körperschaft die Haftung übernommen hat.

Die Sparkasse, die Bankgeschäfte betreibt, hat die im Bankgewerbe nach Herkommen und Handelsbrauch üblichen Verpflichtungen zu erfüllen. Diese Pflichten sind nicht davon abhängig, welche Art von Geschäften das Unternehmen in der Hauptsache betreibt, und unter welcher Bezeichnung es sich im Handelsverkehr darstellt, sondern vielmehr davon, was von demjenigen zu verlangen ist, der im Einzelfalle gewerbsmäßig ein Bankgeschäft abschließt.

Über die auf Grund des preuß. Regl. vom 12. Dezember 1838 (Gesetzsammlung 1839 S. 5) errichteten Sparkassen der Stadtgemeinden vgl. RG. JW. 1908 S. 413. Die auf Grund dieses Reglements errichteten Sparkassen der Stadtgemeinde haben keine eigene Rechtspersönlichkeit. Sie sind Anstalten der Gemeinden, ihr Vermögen bildet nur einen besonderen von anderen Kassen der Stadtverwaltung unvermischt zu erhaltenden Fonds des Gemeindevermögens. Vgl. ferner RG. 64, 401; 68, 277; (s. auch die Kommentare zu § 1807 Abs. 1 Zahl 5 BGB.) Nach bayrischem Rechte sind öffentliche Sparkassen solche Sparkassen, die von juristischen Personen des öffentlichen Rechts, z. B. von Gemeinden, Distrikten, Stiftungen errichtet sind. Vgl. Henle-Schneider, Bayer. AG. z. BGB. Art. 109.

Die passive Scheckfähigkeit kommt nicht zu denjenigen Privatsparkassen, die weder Anstalten des öffentlichen Rechtes sind, noch überhaupt unter staatlicher Aufsicht stehen.

Sie fehlte früher z. B. der 1825 gegründeten Sparkasse in Bremen, einer durch staatliche Verleihung mit eigener Rechtspersönlichkeit ausgestatteten Anstalt. Erst 1923 wurde beschlossen, die Sparkasse in Bremen unter die Aufsicht des Senats zu stellen, um hierdurch die Möglichkeit zu haben, den Scheckverkehr einzuführen. Da die Sparkasse ihre Geschäfte vorher nicht gewerbsmäßig betrieb, war sie auch nicht in der Lage, sich in das Handelsregister eintragen zu lassen und die passive Scheckfähigkeit auf Grund der Zahl 2 des § 2 zu erlangen.

Besonders zu beachten ist in diesem Zusammenhang der § 4 Zahl 5 des Gesetzes über Depot- und Depositengeschäfte vom 26. Juni 1925 (RGBl. I S. 89)[1]), aber auch § 4 Zahl 1 für solche unter amtlicher Aufsicht stehenden Sparkassen, die zwar nicht unter Zahl 5 fallen, aber vor dem 1. Juli 1925 Depositengeschäfte betrieben haben.

IV. Firmen, welche gewerbsmäßig Bankiergeschäfte betreiben (Zahl 2).

Als Bezogene sollen weiterhin nur bezeichnet werden die in das Handelsregister eingetragenen Firmen, welche gewerbsmäßig Bankiergeschäfte betreiben.

1. Firmen.

Die Firma ist der Handelsname des Kaufmannes; „die Firma eines Kaufmannes ist der Name, unter dem er im Handel seine Geschäfte betreibt und die Unterschrift abgibt". § 17 HGB.

Nur Firmen sollen als Bezogene bezeichnet werden; die Firma eines Kaufmannes repräsentiert aber keinerlei Rechtssubjekt neben und außer ihm (ROHG. 3, 411), sie ist nichts anderes als sein Handelsname. Staub, HGB. § 17 Anm. 2. Hieraus geht hervor, daß als Bezogene nur Kaufleute, und zwar nur mit ihrer Firma bezeichnet werden sollen. Der Aussteller soll also den Bezogenen nicht etwa mit seinem von der Firma abweichenden bürgerlichen Namen bezeichnen; tut er dies dennoch, so ist der Scheck wie ein solcher zu behandeln, der auf einen, dem Kreis des § 2 nicht angehörigen Bezogenen gestellt ist. Strengen Formalismus wird man hier jedoch auch beim Einzelkaufmann keinesfalls walten lassen dürfen, so daß Abweichungen von der Firma unschädlich sind, wenn nur überhaupt aus dem Scheck hervorgeht, daß der Bezogene in seiner besonderen Eigenschaft als Inhaber einer in das Handelsregister eingetragenen Firma, welche gewerbsmäßig Bankiergeschäfte betreibt, bezeichnet wird. Für genügend ist es z. B. zu erachten, wenn der Bezogene als „Bankgeschäft Hermann Schmitt" angegeben wird, während die Firma „H. Schmitt" lautet

[1]) Vgl. oben S. 40 Anm. 1 und unten XIV 1 S. 494 ff.

und umgekehrt. Hat ein Einzelkaufmann mehrere Firmen für mehrere gesondert betriebene Geschäfte, unter denen nur eines ein Bankgeschäft ist, so steht ihm nur hinsichtlich der Firma dieses Geschäftes und mit dieser Firma passive Scheckfähigkeit zu.

Die Firma muß in das Handelsregister eingetragen sein. Bedenken hiergegen vgl. Cohn in ZHR. 61 S. 29. Betreibt der Kaufmann ein Handelsgewerbe gemäß § 1 Abs. 2 HGB., so entsteht die Firma mit dem Zeitpunkt, in welchem der Kaufmann den Betrieb seines Handelsgewerbes beginnt, sei es, daß er das Handelsgewerbe unter seinem bürgerlichen Namen betreibt, in welchem Falle sich die Firma mit dem bürgerlichen Namen deckt, oder, daß er es unter einer von seinem bürgerlichen Namen verschiedenen Firma führt. Wer nach § 2 HGB. oder § 3 Abs. 2 HGB. Kaufmann wird, darf sich einer Firma erst nach Eintragung bedienen. Goldmann, HGB. § 17 (S. 67); Staub, HGB. § 17 Anm. 14. Gemäß § 29 HGB. ist jeder Kaufmann verpflichtet, seine Firma bei dem Gerichte, in dessen Bezirk sich die Niederlassung befindet, zur Eintragung in das Handelsregister anzumelden. Für die offene Handelsgesellschaft s. § 105 HGB., für die Aktiengesellschaft und Kommanditgesellschaft auf Aktien §§ 20, 178 ff., 320 ff. HGB., vgl. ferner § 4 des Gesetzes betr. die Gesellschaften mit beschränkter Haftung vom 20. April 1892 in der Fassung der Bekanntmachung vom 20. Mai 1898.

Als Firma der Zweigniederlassung ist diejenige der Hauptniederlassung anzunehmen. Wenn aber am Orte der Zweigniederlassung bereits eine der Firma der Hauptniederlassung gleiche eingetragene Firma besteht, so muß ein Zusatz zum Zwecke der Unterscheidung von der bereits eingetragenen Firma beigefügt werden. § 30 Abs. 3 HGB. Die Zweigniederlassung ist dann unter der so gebildeten Firma als Scheckbezogene zu bezeichnen. Die am gleichen Orte wie das Hauptgeschäft gelegenen Depositenkassen sind keine Zweigniederlassungen im Sinne des Gesetzes; die auf sie gezogenen Schecks tragen die Firma der Hauptniederlassung, von der sie jeweils eine besondere, örtlich verschiedene Kasse bilden. Unselbständige Depositenkassen, Agenturen usw., die sich nicht am Orte der Hauptniederlassung oder einer Zweigniederlassung befinden, tragen die Firma der Hauptniederlassung bzw. der Zweigniederlassung, von der sie abhängen, da sie — als Bestandteile des Haupt- bzw. Zweiggeschäfts — am Orte ihrer Niederlassung nicht in das Handelsregister eingetragen werden.

2. Gewerbsmäßiger Betrieb von Bankiergeschäften.

Erforderlich ist der gewerbsmäßige Betrieb von Bankiergeschäften.

a) Gewerbsmäßigkeit.

Zur Gewerbsmäßigkeit gehört, daß die Absicht nicht auf einzelne Geschäfte, sondern einheitlich auf einen ganzen Komplex von Geschäften in fortgesetzter, gleichartiger Tätigkeit gerichtet ist (RG. JW. 1899 S. 282 Note 16) und daß ferner die Absicht dahin geht, aus dieser Tätigkeit eine dauernde Einnahmequelle zu machen. (RG. 38 S. 20; Staub, HGB. § 1 Anm. 6.)

b) Reiner Bankiergeschäftsbetrieb.

Die Bankiergeschäfte sind im § 1 Zahl 4 des HGB. erwähnt: „Kaufmann im Sinne dieses Gesetzbuches ist, wer ein Handelsgewerbe betreibt. Als Handelsgewerbe gilt jeder Gewerbebetrieb, der eine der nachstehend bezeichneten Arten von Geschäften zum Gegenstand hat: . . . . . . 4. Die Bankier- und Geldwechselgeschäfte." Eine Begriffsbestimmung ist im Gesetze nicht gegeben, bei dem Wechsel der tatsächlichen Verhältnisse auch nicht zu empfehlen und in erschöpfender Weise kaum denkbar. Vgl. Riesser, Bankdepotgesetz S. 11 Note 1. Es kommt auf den eigentümlichen Geschäftsbetrieb an, der in der Vermittlung von Geld und Kredit durch besondere Geschäfte besteht. ROHG. 24, 34. „Bankiergeschäft ist ein kaufmännisches Unternehmen, das auf der Grundlage bankgeschäftskundiger Leitung und angemessener finanzieller Mittel eine ständige gewerbsmäßige Verbindung mit dem Kapitalmarkt (dem Geld- und Effektenmarkt) zu bankmäßiger Kreditgewährung, An- und Verkauf von Wertpapieren aufweist." Urteil der Strafkammer des LG. Halle vom 29. Nov. 1910, Bank-A. 10 S. 279. Nach Staub, HGB. § 1 Anm. 65 ff. kommt in Betracht, daß die dem Bankiergewerbe charakteristischen Geschäfte diejenigen Geschäfte sind, welche die Bedürfnisse des Verkehrs nach Beschaffung und Veräußerung von Geld- und Wertpapieren befriedigen. Der typische Fall in letzterer Hinsicht ist die kommissionsweise Ausführung von Aufträgen zur Anschaffung und Veräußerung von Wertpapieren. Als Geschäfte, welche dem Bedürfnis des Verkehrs nach Beschaffung und Veräußerung von Geld dienen, gehören hierher das Geldwechselgeschäft, das Diskontierungsgeschäft, das Darlehen in seinen mannigfachen Formen (Blanko-, Akzept-, Konto-Korrent-Kredit), der Inkassoverkehr, vor allem auch das sog. Depositengeschäft. Hervorzuheben ist, daß der Scheckverkehr nur ein Hilfsgeschäft, „eine Modalität der Bankgeschäftstätigkeit", darstellt. (Staub a. a. O. Anm. 68.) Isoliert würde er nicht den Inhalt eines Bankgeschäftes bilden. Abzulehnen ist der Satz von Wendt, Das allgemeine Anweisungsrecht S. 10: daß jeder, der gewerbsmäßig Schecks auf sich ziehen läßt, dadurch zum Bankier wird, indem er dann Bankiergeschäfte betreibt. Über die Zulassung zum Depot- und Depositengeschäft vgl. Ges. über Depot- und Depositengeschäfte vom 26. Juni 1925 — RGBl. I S. 89, vgl. oben S. 40 Anm. 1 und unten XIV S. 494 ff.

Aus der neueren Literatur vgl. für die Frage nach der Bankiereigenschaft des Bezogenen: BankA. 1 S. 51; Riesser, Gutachten über den Begriff des „Bankiers"; ferner BankA. Bd. 1 S. 83—85; Bd. 2 S. 93 und 176 f. Vgl. ferner BankA. Bd. 2 S. 124 ff.; Riesser, Zum Begriff des Bankiers- und Bankgeschäftes. Vgl. auch Bd. 6 S. 289: Das Recht auf die Bezeichnung „Bank" und Bd. 7 S. 171; auch Düringer-Hachenburg 1 S. 32 ff. Vgl. über die im Gesetze getroffene Regelung besonders Cohn S. 27 Note 38 ff.; Riesser Bem. S. 31 ff.; Meyer, Weltscheckrecht I 89; Finger BankA. 10 S. 279.

c) Gemischter Betrieb.

„Unter die Nr. 2 des § 2 fallen" wie die Begr. S. 19 hervorhebt, auch solche in das Handelsregister eingetragenen Firmen, deren Gewerbebetrieb sich nicht auf Bankiergeschäfte beschränkt, sondern auch andere Geschäfte umfaßt. Eine Beschränkung der Vorschriften der Nr. 2 auf solche Firmen, deren Hauptgewerbe das Bankiergeschäft ist, würde sich in der Praxis kaum durchführen lassen". Neben anderen Meinungsäußerungen hatte insbesondere die Denkschrift des Zentralverbandes S. 5 in Ziff. 2 unter ausführlicher Begründung die Einschiebung der Worte „Im Hauptberufe" hinter „gewerbsmäßig" für wünschenswert gehalten.

Nach der nun im Gesetz getroffenen Regelung sind z. B. Warenhäuser mit Depositenabteilungen passiv scheckfähig (Buff S. 36) oder z. B. auch diejenigen überseeischen Export- und Importhäuser, die in der Hauptsache zwar den Warenhandel betreiben, daneben aber auch für die überseeischen Kunden Zahlungen besorgen; ferner z. B. Spediteure, sofern sie — wie dies manchmal der Fall ist — neben ihrem Hauptgewerbe bzw. in Verbindung mit diesem Bankiergeschäfte betreiben; vgl. aber oben S. 40 Anm. 1.

V. Ausländisches Recht.

Über die Stellung der ausländischen Gesetzgebung zur Frage der passiven Scheckfähigkeit s. u. bei § 25 S. 267 ff.

§ 3.

Guthaben.

Als Guthaben ist der Geldbetrag anzusehen, bis zu welchem der Bezogene nach dem zwischen ihm und dem Aussteller bestehenden Rechtsverhältnisse Schecks einzulösen verpflichtet ist.

E. 1892: § 20, Abs. 2; vorl. E.: § 21, Abs. 2, österr. vgl. § 14.

Inhalt

I. Vorbemerkung.

Wesentliches Erfordernis der Gültigkeit des Schecks ist nach § 1 Nr. 2 die an den Bezogenen gerichtete Anweisung des Ausstellers, aus seinem Guthaben eine bestimmte Geldsumme zu zahlen. Der § 3 bezeichnet als Guthaben denjenigen Geldbetrag, bis zu welchem der Bezogene nach dem zwischen ihm und dem Aussteller bestehenden Rechtsverhältnisse Schecks einzulösen verpflichtet ist. Es ist wohl zu beachten, daß diese Definition ein Doppeltes in sich begreift: sie stellt ab einerseits auf ein bei dem Bezogenen vorhandenes allgemeines Guthaben, anderseits auf ein zwischen dem Aussteller und dem Bezogenen bestehendes Rechtsverhältnis, inhalts dessen der Bezogene dem Aussteller das Recht, über ein bei ihm vorhandenes Guthaben in beliebigen Teilbeträgen mittels Zahlungsanweisung durch Dritte zu verfügen, eingeräumt oder sich verpflichtet hat, innerhalb der Grenzen des Guthabens diese Zahlungsanweisungen ohne weiteres einzulösen. Vgl. RGSt. 18 S. 154. Dies Rechtsverhältnis — im Regelfalle ein zwischen dem Aussteller und dem Bezogenen bestehender Vertrag (Scheckvertrag) über diesen vgl. Anhang zu § 3 S. 55 ff. — grenzt einen Teil des vorhandenen allgemeinen Guthabens ab, über den der Aussteller dann in einer besonderen Form, nämlich mittels Schecks verfügen darf. Vgl. österr. Mot. zu § 2. Das Scheckguthaben entsteht daher durch das Zusammenwirken von Guthaben im allgemeinen und Scheckvertrag. Guthaben und Scheckvertrag bilden die Grundlage des Scheckverkehrs im einzelnen; sie machen den Scheck zum Zahlungsmittel, heben ihn über den Begriff des bloßen Kreditpapieres hinaus. RGSt. (11. Oktober 1888) in RGSt. 18 S. 154; RG. (6. Januar 1890) in GoltdArch. 38 S. 82. Nach dieser Auffassung ist also im Regelfall kein Scheckkonto ohne Guthaben und kein Scheckguthaben im Sinne des § 3 ohne Guthaben und Scheckvertrag möglich.

Irgendeine normative Bedeutung besitzt der § 3 nicht, wie sich daraus ergibt, daß die Bezugnahme auf das Guthaben im Kontext des Schecks (§ 1 Nr. 2) nur formelles Erfordernis ist; vgl. § 1 Anm. III 4 S. 21. Alle auf das Guthaben bezüglichen inhaltlichen Bestimmungen, insbesondere auch die wichtige Frage der Überziehung, beruhen also nicht auf § 3, überhaupt auf keiner Bestimmung des Scheckgesetzes, sondern auf dem im Scheckgesetze nicht geregelten Scheckvertrag, sie können also nur bei diesem — vgl. Anhang zu § 3 S. 55 ff. — erörtert werden.

II. Guthaben.

Die Frage, was als Deckung für die Ausstellung von Schecks angesehen werden kann, ist in der Literatur vielfach behandelt worden. Die deutsche Praxis hat seit langem den historischen Ausgangspunkt der Scheckdeckung, die Deponierung von Bargeld bei dem Bankier, verlassen, und auch die früher vielfach übliche Buchungsmethode für Schecks auf Grund eingeräumten Kredites (Belastung auf Conto ordinario, Erkennung auf einem speziell eingerichteten Scheckkonto, das stets einen Aktivsaldo aufweist) ist schon bisher ganz überwiegend aufgegeben. Der Verkehr ist über diese engen Schranken hinausgegangen. Schon in der Rechtsprechung zum § 24 des alten WStempG. ist anerkannt, daß das Guthaben im Sinne dieses Paragraphen auch in Wertpapieren, Depositen und selbst in einem von dem Bankier dem Scheckaussteller eröffneten Kredit bestehen kann; auch ein Scheck, gezogen auf Grund eines von einem Dritten ausgestellten Akkreditivs, wurde als auf Guthaben gezogen und damit als stempelfrei erachtet. Vgl. RGSt. 18 S. 158; ferner die bei Loeck, WStempG. § 24 zitierten preuß. FME. vom 29. Januar 1901, III 1176 und dann vom 11. Juli 1893, III 8637. Siehe im übrigen zu dieser Frage Fick, §§ 58—61 und eingehend Conrad S. 77 ff. und Conrad, Handbuch S. 69 f.; BankA. 8 S. 302. HansGerZ. 1908 Hauptblatt S. 203.

Auch nach dem Scheckgesetz ist es nicht notwendig, daß ein bestimmter Barbetrag von dem Aussteller bei dem Bezogenen niedergelegt ist. Das Guthaben bei letzterem kann, wie die Begr. S. 19 bemerkt, ebensowohl durch Einzahlungen Dritter (z. B. RG. 71 S. 119; Simonson S. 46), durch diskontierte Wechsel, Lombardierung von Wertpapieren usw. entstanden sein. Auch ein Darlehen des Bezogenen an den Aussteller, dessen Betrag mittels Schecks ratenweise abgehoben wird, die Gewährung eines ungedeckten Kredites oder die Akkreditierung des Ausstellers bei dem Bezogenen durch einen Dritten kann zugrunde liegen. Vgl. RG. vom 4. Mai 1909 im BankA. 8, 301. Wie sich juristisch das hiernach zwischen dem Kunden und dem Bezogenen bestehende Rechtsverhältnis darstellt, ist ohne Belang. Die Hinterlegung von Geld bei dem Bankier auf Depositen- oder Scheckkonto wird in der Regel, da der Bankier das empfangene Kapital seinerseits nutzbringend verwendet und deshalb dem Einleger angemessene Zinsen vergütet, als Darlehen (§§ 607 ff. BGB.) zu betrachten sein, es kann aber auch, sofern eine angemessene Zinsvergütung nicht gewährt wird, und es dem Hinterleger in erster Linie auf die Verwahrung der hinterlegten Beträge ankommt, ein unregelmäßiger Verwahrungsbetrag vorliegen. § 700 BGB. Ohne Einfluß ist es auch, in welcher Form ein Darlehen dem Aussteller zur Verfügung gestellt wird. Hierher gehört z. B. der Kreditvertrag (vgl. z. B. Staub, HGB. § 349 Anm. 63; Endemann, BGB. 1 § 106 Anm. 9); der Baugeldervertrag (RG. 37 S. 337; 38 S. 308; Staudinger, BGB. § 607 Erl. 2; vgl.

auch Planck, BGB. 3. Aufl. Bd. 2 S. 543 Note 5 vor § 607); ein Schenkungsvertrag usw.

Auf Grund dieses nur zwischen dem Aussteller und dem Bezogenen bestehenden Rechtsverhältnisses ist der Aussteller auch dann noch berechtigt, einen Scheck zu sperren, wenn der Bezogene schon die von dem Scheckempfänger an ihn gerichtete Anfrage dahin beantwortet hat, daß der Scheck „in Ordnung gehe". Eine Haftung des Bezogenen ist aus dieser Auskunft nicht herzuleiten, da die Beantwortung der Anfrage nur die Bejahung der Frage bedeutet, daß der Aussteller in Höhe des Schecks ein Guthaben bei dem Bezogenen hat. RG. vom 12. Januar 1926 — II 422/25.

Anhang zu § 3.

Der Scheckvertrag. Zahlungswirkung des Schecks. Die Klage aus dem Grundgeschäft.

Inhalt.

I. Der Scheckvertrag.

Das Vorhandensein eines Bankguthabens berechtigt den Kunden an sich nicht, dies Guthaben vermittelst einzelner Zahlungsanweisungen (Schecks) abzuheben, wie überhaupt dem Bezogenen einer Anweisung die Pflicht zur Honorierung nicht schon deshalb obliegt, weil er Schuldner des Ausstellers ist. Vgl. § 787 Abs. 2

BGB. SeuffA. 69 S. 394. Die Rechtslage ändert sich, wenn der Bezogene dem Aussteller gegenüber zur Einlösung der von diesem gezogenen Schecks verpflichtet ist. Wenn auch das Gesetz nur von einem zwischen Aussteller und Bezogenen bestehenden „Rechtsverhältnis" spricht, so ist doch im Regelfalle ein zwischen beiden geschlossener Vertrag für die auf den Scheckverkehr sich beziehenden Rechte und Pflichten maßgebend. Der Vertrag, durch den der Bezogene die erwähnte Verpflichtung eingeht, heißt Scheckvertrag. Über die Beziehungen von Girovertrag und Scheckvertrag vgl. z. B. Loewenfeld, Der Giroverkehr, 1906 S. 15 ff.; Brodmann in ZHR. 48 S. 144 (Die Bank übernimmt durch den Girovertrag die Verpflichtung, auch Schecks des Kunden zu honorieren); ferner Mez, ArchBürgR. 30 S. 42.

1. Ein Scheckvertrag ist nicht erforderlich.

Die in der Literatur vielfach behandelte Streitfrage über die Notwendigkeit des Scheckvertrages, die sich an die Behauptung von Cohn, „Kein Scheck ohne Scheckvertrag" (ZVerglR. Bd. 1 S. 452 ff., 3 S. 75 usw. usw.) anschloß, hat für das geltende Recht nicht mehr dieselbe Bedeutung wie bisher. Der § 1 des Gesetzes, der die wesentlichen Erfordernisse des Schecks aufzählt, bestimmt nicht, daß auch der Scheckvertrag ein wesentliches Erfordernis des Schecks sei. Auch sonst enthält das Gesetz nirgends eine darauf hinzielende Vorschrift. Im Gegenteil ist die Fassung des vorl. E., die im § 21 von einer „getroffenen Vereinbarung" sprach, in die Worte „bestehendes Rechtsverhältnis" umgeändert worden, um auch die Fälle einzubeziehen, in denen der Aussteller mit dem Bezogenen keine Vereinbarung getroffen hat, sondern z. B. durch einen dritten bei ihm akkreditiert ist. Vgl. Centralv. S. 23. Aber auch ohne „bestehendes Rechtsverhältnis" kann ein Scheck vorkommen. Auch ein solcher Scheck, der nur den sonstigen Vorschriften des Gesetzes entspricht, der aber ohne vorherige Abmachungen mit dem Bezogenen ausgestellt worden ist, muß als ein rechtsgültiger Scheck angesehen werden. Zur Gültigkeit des Schecks ist der Scheckvertrag nicht notwendig. Auch ohne Scheckvertrag bestehen z. B. gegen den Aussteller und die sonstigen Scheckverpflichteten die Regreßansprüche aus dem protestierten oder sonst gemäß § 16 behandelten Scheck. Auch der Umstand, daß der Scheck ohne Guthaben gezogen ist, kann seine Gültigkeit nicht beeinflussen. Zur Frage der Notwendigkeit des Scheckvertrages vgl. Cohn S. 31 f. mit ausführlicher Lit.-Ausgabe in Note 43; v. Canstein, ZHR. 60 S. 166; Conrad S. 69 ff.; ferner Breit, Scheckvertrag, Guthaben und Schadensersatz in HoldheimsMSchr. 16 S. 277 ff. Wie hier Breit a. a. O.; ders., Pflichten S. 1 ff.; Conrad, Lehrb. S. 110; Simonson S. 45, 47; wohl auch Schiebler S. 12 f.; unrichtig Buff S. 37, der behauptet, das Gesetz erkenne die Notwendigkeit eines Scheckvertrages an, worüber der Wortlaut des § 3 keinen Zweifel lasse.

2. Rechtsnatur des Scheckvertrages. Der Scheckvertrag ist nicht Bankgeschäft.

Bestritten ist, ob der Vertrag ein selbständiger Vertrag ist oder nicht. Fick S. 308 f. z. B. nimmt an, daß der Scheckvertrag nur eine Nebenabrede irgendeines anderen Vertrages, ein nicht so ohne weiteres lösbarer Bestandteil eines anderen Rechtsgeschäftes (depositum regulare oder irregulare, Darlehen, Schenkung usw.) sei. Aber auch unter den Schriftstellern, die den Scheckvertrag als selbständigen Vertrag auffassen, gehen die Ansichten weit auseinander. Nach Kapp, ZHR. 30 S. 156 ff. ist er ein „Kassenverwaltungsgeschäft", eine Unterart des Depositengeschäftes; Kapp übersieht aber dabei, daß seine Konstruktion versagt, sobald die causa des Vertrages nicht in einem Depositum wurzelt. Cohn z. B. in ZVerglR. 3 S. 81 und Endemanns Handb. 3 S. 1148, erblickt im Scheckvertrag einen eigentümlichen Vollmachtsvertrag und zwar soll Vollmachtgeber der Bezogene sein, welcher den Kunden ermächtigt, Scheine nach Maßgabe besonderer Instruktionen auszugeben, welche ihn (den Bankier) zur Einlösung verpflichten. Hiergegen macht Simonson, BankA. 4 S. 72 mit Birnbaum geltend, diese Lehre stelle das ganze Verhältnis auf den Kopf, indem sie den Bezogenen an Stelle des Ausstellers in den Mittelpunkt dränge und ihn durch den Aussteller eine Erklärung abgeben lasse, an die keiner von beiden denke. Dagegen neben Birnbaum, ZHR. 30 S. 8 auch v. Canstein in HoldheimsMSchr. 1892 S. 63 und ZHR. 60 S. 205 ff.; Hanausek, Der Scheck im Giroverkehr der österr.-ungar. Bank S. 23; Pavlíček, ZHR. 61 S. 134 f. — Kuhlenbeck, Der Check S. 104, nennt den Scheckvertrag ein an den Inhaber gerichtetes Inkassomandat. Von Hellwig, Die Verträge auf Leistung an dritte S. 101, wurde, wie für das frühere Recht (vgl. die Lit.-Angabe bei v. Canstein, ZHR. 60 S. 204) so nun auch auf Grund des bürgerlichen Gesetzbuches der Scheckvertrag als Vertrag auf Leistung an dritte dargestellt (§ 328 BGB.), wobei es von vorneherein weder schlechthin zu bejahen noch schlechthin zu verneinen sei, daß der Assignatar ein Recht auf Honorierung der Anweisung habe; „die Berechtigung des dritten kann gegeben sein oder fehlen". Die Theorie des Vertrages zugunsten dritter ist besonders verfochten worden von Moltmann, ZVerglR. 17 S. 299; ders. in BankA. 4 S. 25; Eltzbacher, DJZ. 1907 S. 444 f.; vgl. auch Hoffmann, BankA. 4 S. 134; sie wurde aber abgelehnt z. B. von Kuhlenbeck, Der Check S. 121 ff.; von Cosack, Lehrb. des Handelsrechtes 5. Aufl. S. 320; v. Ziegler, BankA. 6 S. 220; vgl. auch Düringer-Hachenburg 2 S. 592 und Riesser, DJZ. 1907 S. 623 und neuerdings

v. Canstein S. 64; Kuhlenbeck S. 17. Endlich ist der Scheckvertrag als Auftrag im Sinne der §§ 662 ff. BGB. behandelt worden, so von Hoffmann, BankA. 4 S. 131 f. und weiterhin als Geschäftsbesorgungsvertrag im Sinne des § 6775 BGB., so von Staub, HGB. 8. Aufl. Exk. zu § 363 Anm. 2; Fürst, LZ. 2 S. 410; Herzfeld, LZ. 2 S. 438 unter Hinweis auf Brodmann, ZHR. 48 S. 133 ff.; ferner von Conrad, Handb. S. 111.

Um die u. E. richtige Lösung zu finden, wird man vor allem klarzustellen haben, was man unter Scheckvertrag versteht. Der Ausdruck Scheckvertrag wird zunächst als Sammelbezeichnung für alle ursprünglichen oder späteren Vereinbarungen zwischen Aussteller und Bezogenem verwendet, die sich auf die Einlösung von Schecks beziehen (vgl. österr. Mot. zu § 14); er wird aber weiterhin in dem engeren Sinne angewandt, daß er nur die Bereitwilligkeit des Bezogenen, Schecks einzulösen, betrifft. In diesem letzteren Sinne als Scheckvertrag im engeren, eigentlichen Sinne erfaßt, ist der Scheckvertrag ein abstrakter Vertrag, der eine Zahlungsmodalität zum Gegenstand hat. Wie der Scheck selbst ein eigentümliches, selbständiges Rechtsgebilde ist, so ist auch der Scheckvertrag ein eigenartiger Vertrag des modernen Rechts, ein contractus sui generis. Vgl. auch Schweizerisches Bundesgericht vom 23. Sept. 1898 in HoldheimsMSchr. 8 S. 23; Merzbacher S. 14; Breit HoldheimsMSchr. 16 S. 278; auch Conrad S. 75 und Meyer, Weltscheckrecht I 61 und die dort angegebene Literatur.

Die Rechtsprechung hat zu dieser Frage noch keine feste Stellung genommen; vgl. RG. 99 S. 78, das die Beantwortung der Frage, ob der Scheckvertrag als eigenartiger Vertrag des modernen Rechts oder als ein Geschäftsbesorgungsvertrag im Sinne des § 675 BGB. anzusehen ist, offenläßt.

Über die Frage der Ableitung einer selbständigen Verpflichtungserklärung aus der Bestätigung oder Annahme von Schecks außerhalb des Scheckrechts siehe § 10 I, II S. 138, 141.

Zu den gegenseitigen Verträgen (§§ 320 ff. BGB.) wird der Scheckvertrag nicht zu rechnen sein, da es für den Begriff der Gegenseitigkeit an einer von dem Aussteller übernommenen Leistung fehlt. Auch bei dem Kreditscheck fehlt es hieran; nur das Grundgeschäft, die causa, nicht aber der Scheckvertrag selbst ist ein gegenseitiger Vertrag. Vgl. Simonson, GruchotsBeitr. 50 S. 51.

Ist der Scheckvertrag ein Bankgeschäft? Die Frage wird von Kuhlenbeck S. 18 bejaht, m. E. aber mit Unrecht. Kuhlenbeck geht davon aus, daß es dem Wesen des Scheckverkehres entspreche, daß der Scheckvertrag in der Regel mit dem Bankier abgeschlossen wird. Er verweist auf die englische Legaldefinition des Schecks, auf § 24 des WStempG. und § 2 des

Scheckgesetzes. Diese Hinweise begründen aber nicht die von Kuhlenbeck aufgestellte Behauptung. Festzustellen ist zunächst, daß das Institut des Schecks kein spezifisch handelsrechtliches ist, und sein soll; „der Scheck ist", wie Koch, Gutachten S. 23 und 30 bemerkt, „kein Institut des Handelsrechtes, sondern des allgemeinen Obligationenrechtes, aus welchem es sich ähnlich wie der Wechsel als ein eigentümliches Verkehrspapier heraushebt." Als eine Unterart der kaufmännischen Anweisungen wird man ihn nicht ohne weiteres auffassen dürfen.

Der Scheckverkehr selbst bildet isoliert nicht den Inhalt eines Bankgeschäftes, er kommt nur als Hilfsgeschäft oder vielmehr als Modalität der Bankgeschäftstätigkeit in Betracht. Siehe oben § 2 IV 2b S. 51 und Staub, HGB. § 1 Anm. 68; Düringer-Hachenburg 1 S. 34 („Die Zahlungs- und Anweisungsgeschäfte bilden meist eine Ausführung der Grundgeschäfte des Bankgewerbes. Als selbständiger Inhalt desselben sind sie nicht denkbar"); ferner Goldmann, HGB. 1 S. 17 („Der beim Bankgeschäfte häufig vorkommende Giroverkehr, ebenso der Scheckverkehr ..... stellen nicht selbständige, den Inhalt des Handelsgewerbes erfüllende Bankiergeschäfte, sondern nur Ausführungsgeschäfte des letzteren dar, und man kann nicht einmal sagen, daß sie dem Bankgewerbe eigentümlich seien, da sie, wenn auch zweifellos seltener, auch in anderen Handelsgewerben vorkommen). Ist aber der Scheck kein Institut des Handelsrechtes, und ist auch der Scheckverkehr nur ein Hilfsgeschäft der Bankgeschäftstätigkeit, so kann auch der Scheckvertrag nicht Bankgeschäft sein.

3. Parteien des Scheckvertrages.

Die Parteien des Scheckvertrages sind einerseits eine aktiv scheckfähige Person, anderseits als Bezogene natürliche oder juristische Personen, die dem Kreis des § 2 angehören, die passive Scheckfähigkeit besitzen. Ein Scheckvertrag mit einer natürlichen oder juristischen Person außerhalb des Kreises des § 2 würde zwar gegen die Sollvorschrift des § 2 verstoßen, Nichtigkeit des Vertrages aber wäre nicht anzunehmen; der Scheck würde nur gemäß § 24 der Wechselsteuer unterliegen.

4. Form. Abschluß. Auslegung.

Der Scheckvertrag ist formfrei. Der Abschluß des Scheckvertrags vollzieht sich entweder ausdrücklich oder stillschweigend. Vielfach werden dem Kunden, der mit dem Bankier den Scheckverkehr eingeht, die von dem Bankier aufgestellten Bedingungen für den Scheckverkehr bekannt gegeben und der Kunde hat durch seine Unterschrift die Kenntnisnahme dieser Bedingungen zu bestätigen; vorher wird ihm ein Scheckbuch nicht ausgehändigt. Ein Beispiel solcher Bedingungen, wie es z. B. Großbanken verwenden, folge hier:

Bedingungen für den Scheckverkehr.

1. Scheckbücher werden bei Beginn des Scheckverkehrs gegen besondere Empfangsbescheinigung ausgehändigt. Weiterhin erfolgt die Aushändigung gegen Empfangsbescheinigung auf dem in jedem Scheckbuch eingehefteten Vordruck. Der Empfänger eines Scheckbuches hat dies bei Empfang auf Vollständigkeit zu prüfen.
2. Die Scheckbücher sind mit besonderer Sorgfalt aufzubewahren. Das Abhandenkommen von Scheckvordrucken oder des Vordruckes der Empfangsbescheinigung ist der kontoführenden Stelle unverzüglich schriftlich mitzuteilen. Unbrauchbar gewordene Vordrucke sind der kontoführenden Stelle zurückzuliefern oder ihr mit genauer Nummernangabe zu bezeichnen. Nicht benutzte Vordrucke sind der kontoführenden Stelle auf deren Verlangen jederzeit, bei der Beendigung der Geschäftsverbindung auch unaufgefordert, unverzüglich am Kassenschalter zurückzugeben oder „eingeschrieben" zurückzusenden.
3. Die Scheckvordrucke sind deutlich und sorgfältig auszufüllen. Der Scheckbetrag ist in Ziffern und Buchstaben so einzurücken, daß nichts hinzugeschrieben werden kann. Zur Verhütung von Verfälschungen des Scheckbetrages sind von der Zahlenreihe (am rechten Rande der Scheckvordrucke) alle den Scheckbetrag übersteigenden Zahlen durchzustreichen oder abzuschneiden. Die Bank ist befugt, aber nicht verpflichtet, Schecks, deren Zahlenreihe nicht nach dieser Vorschrift behandelt ist, zurückzuweisen.
4. Die Bank ist befugt, aber nicht verpflichtet, die Berechtigung des Einreichers des Schecks oder der Empfangsbescheinigung zu prüfen.
5. Als Einlösung durch Verrechnung sieht die Bank auch eine Überweisung auf Reichsbank-Giro-, Postscheck- oder Bankkonto an.
6. Alle Folgen und Nachteile des Abhandenkommens, der mißbräuchlichen Verwendung, der Fälschung und Verfälschung von Schecks, Scheckvordrucken und des Vordruckes der Empfangsbescheinigung trägt der Kontoinhaber. Die Bank haftet nur für nachgewiesenes Verschulden und nur in dem Maße, als es im Verhältnis zu anderen Ursachen an der Entstehung des Schadens mitgewirkt hat.

Ein schriftlicher Vertrag liegt auch in diesem Falle nicht vor. Vgl. § 126 Abs. 2 BGB.; Loewenfeld, Der Giroverkehr S. 19. Die allgemeinen Bestimmungen eines Gewerbetreibenden gelten aber nicht schon dann als Bestandteil der von diesem mit seinem Kunden geschlossenen einzelnen Verträge, wenn dem Kunden bekannt war, daß sein Gegenkontrahent in der Regel auf Grund von ihm aufgestellter allgemeiner Geschäftsbedingungen abzuschließen pflege: erforderlich ist vielmehr, daß entweder beim Vertragsschluß ausdrücklich auf sie Bezug genommen wurde, oder daß dieselben vorher dem Kunden, sei es besonders mitgeteilt, sei es auf andere Weise bekannt gegeben worden sind. RG. (20. April 1907) 66 S. 39 und BankA. 7 S. 142. Das gleiche gilt auch für die Bestimmungen des Bankiers über den Scheckverkehr.

Der Scheckvertrag kann auch durch konkludente Handlungen zustande kommen: Aushändigung des Scheckbuches gegen Quittung oder selbst ohne diese genügt. Vgl. z. B. Keyßner, Geld-, Bank-, Börsenwesen S. 52; KG. GoldtArch. 38 S. 82; Breit, Pflichten und Rechte des Bankiers unter dem Scheckgesetz S. 10; zweifelnd Simonson S. 47. Die widerspruchslose Entgegennahme des Scheckbuches seitens der Kunden bildet schon die Unterwerfung unter die im Scheckbuch enthaltenen Vorbehalte, sofern die Vorbehalte des Scheckbuches, die eine einschneidende Änderung allgemeiner Rechtsgrundsätze über die Haftung des Bankiers enthalten, deutlich und bestimmt sind. RG. 92, 50 = DJZ. 18, 578. Ein Kaufmann, der mit einer Bank in Scheck- oder Giroverkehr tritt, unterwirft sich damit stillschweigend den für diesen Geschäftszweig bei der Bank bestehenden Geschäftsbedingungen, wenn ihm das Bestehen solcher Bedingungen bekannt ist. Daß er von ihrem Inhalt Kenntnis genommen hat, ist nicht erforderlich; OLG. Hamburg in HansGZ. 29 S. 61 ff. = BankA. 9 S. 203. Nach Conrad, Handb. S. 111 soll der Scheckvertrag bereits dann als geschlossen gelten, wenn der Bezogene einen auf Eröffnung eines Scheckkontos gehenden Antrag nicht unverzüglich ablehnt. (§ 663 BGB., sowie § 362 HGB.).

Der Scheckvertrag ist so auszulegen, wie Treu und Glauben mit Rücksicht auf die Verkehrssitte es erfordern. § 157 BGB. Eine Vereinbarung, die der Bank das Recht geben würde, auf Kosten des Kontoinhabers ihre vertragsmäßigen Pflichten einfach zu vernachlässigen, verstößt gegen die guten Sitten (JW. 1914 S. 204 Nr. 23). Eine Bestimmung, die eine einschneidende Änderung allgemeiner Rechtsgrundsätze (wie der grundsätzlichen Haftung des Bezogenen) enthält, muß so deutlich und bestimmt gefaßt sein, daß für den Kontoinhaber kein Zweifel an ihrer Bedeutung bestehen kann; RG. 92 S. 50; JW. 1921 S. 395. Simonson 48.

5. Inhalt des Scheckvertrages.

Der Scheckaussteller hat gegenüber dem Bezogenen, der Bezogene gegenüber dem Scheckaussteller Pflichten aus dem Scheckvertrage. Bei Erfüllung dieser Pflichten hat jeder, sofern nichts anderes ausdrücklich bestimmt ist, Vorsatz und Fahrlässigkeit zu vertreten (§ 276 BGB.). Fahrlässig handelt, wer die im Verkehr erforderliche Sorgfalt außer Acht läßt. Der Bezogene hat, sofern er, wie es die Regel ist, Kaufmannseigenschaft besitzt (§ 2) nach Maßgabe des § 347 HGB. für die Sorgfalt eines ordentlichen Kaufmannes einzustehen, ebenso wie der Aussteller unter der gleichen Voraussetzung. §§ 343 und 344 Abs. 1 HGB. vgl. RG. 54 S. 332. Der § 344 Abs. 2 HGB. kommt nicht zur Anwendung, da ein Scheck kein Schuldschein im Sinne dieser Vorschrift ist, wenngleich der Begriff des Schuldscheines hier im weitesten Sinne zu nehmen ist.

a) Pflichten des Kontoinhabers.

α) Bildung und Unterhaltung des Scheckguthabens.

Die Pflichten des Scheckausstellers aus dem Scheckvertrage betreffen vor allem die Bildung und Unterhaltung des Scheckguthabens. Für die Bildung des Scheckguthabens ist insbesondere die gesetzliche Regelung des § 165 RAbgO. zu beachten[1]). Der Scheckvertrag grenzt (vgl. § 3 I S. 53) möglicherweise innerhalb des allgemeinen Guthabenbegriffes den für die Scheckausstellung zur Verfügung stehenden Teil des Guthabens ab; der Scheckvertrag trifft im Regelfalle über die Höhe dieses Scheckguthabens, seine Verzinsung, die Art der Ergänzung, die Dauer der Haftung, die Haftung des Scheckguthabens auch für sonstige Ansprüche des Bezogenen gegenüber

---

[1]) RAbgO. § 165. (1) Niemand darf auf einen falschen oder erdichteten Namen für sich oder einen anderen ein Konto errichten oder Buchungen vornehmen lassen, Wertsachen (Wertpapiere, Geld oder Kostbarkeiten) offen oder verschlossen hinterlegen oder verpfänden oder sich ein Schließfach geben lassen. Das Verbot gilt auch für den eigenen Geschäftsbetrieb. Das Finanzamt kann in einzelnen Fällen Ausnahmen gestatten.

(2) Wird die Errichtung eines Kontos, die Annahme von Wertsachen zur Hinterlegung oder Verpfändung oder die Überlassung eines Schließfachs beantragt, so hat sich die Bank, die Sparkasse, der Kaufmann oder wer sonst dem Antrag entsprechen will, über die Person des Verfügungsberechtigten zu vergewissern. Vor- und Zuname und Wohnung des Verfügungsberechtigten sind einzutragen, bei Frauen auch der Mädchenname. Anträgen, die für Sammlungen oder dergleichen gestellt werden, ist nur zu entsprechen, wenn bestimmte natürliche oder juristische Personen als verfügungsberechtigt bezeichnet werden. Der Reichsminister der Finanzen kann Schuldbuchverwaltungen von der in diesem Absatz auferlegten Verpflichtung befreien, wenn nach den Vorschriften der Schuldbuchordnung Verfügungen des Schuldbuchgläubigers von der Prüfung seiner Persönlichkeit abhängig sind.

(3) .....

dem Aussteller usw. Vorsorge. Über die Überziehung des Scheckguthabens vgl. hier Anm. b S. 65ff.

β) Pflicht zur Aufbewahrung der Scheckvordrucke.

Der Kontoinhaber hat die Scheckformulare sorgfältig aufzubewahren und sie mit der erforderlichen Sorgfalt gegen die Möglichkeit des Verlustes, des Diebstahls und der Benutzung durch Unbefugte zu schützen. Kommt er dieser Pflicht nicht nach, so haftet er für den dadurch entstehenden Schaden. Bewahrt der Kunde das Scheckbuch in einem Zimmer auf, das in seiner Abwesenheit von Bediensteten benutzt wird, so genügt er dieser Verpflichtung nur dann, wenn er das Scheckbuch einschließt und zur Sicherung ein Kunstschloß verwendet (vgl. auch § 23 III 3 b S. 261). In den Scheckverträgen pflegt die Pflicht des Kontoinhabers vereinbart zu sein, in solchem Falle die Bank unverzüglich zu benachrichtigen. Unterläßt der Kontoinhaber diese Benachrichtigung, so haftet er für den aus dieser Unterlassung erwachsenen Schaden. Nach Beendigung des Schecvertrages hat er die nicht verwendeten Formulare zurückzugeben, vgl. unten Anm. 6 g S. 78.

γ) Modalitäten der Scheckausstellung.

Weiterhin bestimmt der Scheckvertrag im Regelfalle die Modalitäten der Scheckausstellung (Form des Schecks, Blankettverwendung, Höchstbetrag der Schecksumme usw.), vgl. österr. Mot. S. 13. Hat die bezogene Bank dem Aussteller Scheckformulare geliefert, so ist im Zweifel anzunehmen, daß der Aussteller sich der Formulare zur Ausstellung seines Schecks bedienen muß. (Vgl. auch Zahl 8 der Bestimmungen über den Giroverkehr mit der Reichsbank). Die Aushändigung der Scheckformulare an den Kunden geschieht u. E. im Regelfalle nicht mit dem Willen der Eigentumsübertragung, a. M. Kuhlenbeck S. 19; vielmehr bleiben die einzelnen Formulare im Eigentum der Bank, der Scheckkunde wird nur mittelbarer Besitzer (Verwahrungsvertrag). Das Eigentum an dem einzelnen Formulare ändert sich erst mit mit der Begebung des Schecks. Vgl. hieher §§ 929ff. und § 185 BGB. Es kann daher die Bank bei Auflösung des Scheckvertrages die nicht benützten Formulare vindizieren, eine Folgerung, die im Interesse der Sicherheit des Scheckverkehrs unumgänglich notwendig ist. Der dem Scheckformulare gewöhnlich an der linken Seite beigegebene Kontrollabschnitt (Stamm, Souche, Talon) dient dem Interesse des Ausstellers. Er ist nach Abtrennung des Scheckformulars für den ausgestellten Scheck bedeutungslos; das Eigentum an diesem, von dem Formulare getrennten Bestandteil geht mit der Trennung auf den Kunden über. Vgl. § 956 BGB. Vielfach ist im Scheckvertrage bestimmt, daß der Kunde der Bank unbrauchbar gewordene (fehlerhaft ausgestellte usw.) Scheckformulare einzuliefern hat. Schon die bloße Aushändigung des Scheckbuches an den Kunden enthält die stillschweigende Erklärung der Bank, daß sie nur Formularschecks einlösen werde. Breit, Pflichten S. 10.

Eine schuldhafte Verletzung des Scheckvertrages ist darin zu erblicken, daß der Aussteller es entgegen den vereinbarten Bedingungen unterlassen hat, von der auf der rechten Seite des Schecks angebrachten Zahlenreihe die den Betrag des Schecks übersteigenden Zahlen abzutrennen. Die Klausel, daß die aus der Zuwiderhandlung gegen diese Bedingungen entstehenden Nachteile dem Scheckkunden zur Last fallen, entbindet die Bank nicht von ihrer sich aus dem Scheckvertrage ergebenden Verpflichtung, die Empfangsbefugnis des Vorzeigers des Schecks mit Sorgfalt zu prüfen und dabei auch die Interessen des Ausstellers wahrzunehmen. Wenn die Bank sich ebenfalls, nicht nur in einem einzelnen Falle, sondern durchweg an diese Vereinbarung nicht gekehrt und dadurch den Glauben erweckt hat, daß auf die Beobachtung dieser Vorschrift kein Wert zu legen sei, so fällt ihr mitwirkendes Verschulden zur Last. RG. 100, 55.

d) Weitere Sorgfaltspflichten des Kontoinhabers.

Der Kontoinhaber hat die auf die Kontogegenbücher bezüglichen Vereinbarungen zu beachten. Im Giroverkehr mit der Reichsbank, oftmals auch bei Privatbanken erhält der Kunde von der Bank ein sog. Kontogegenbuch. Bei der Reichsbank sind die Kontogegenbücher bei baren Einzahlungen möglichst jedesmal vorzulegen. Die Eintragungen der Kreditposten erfolgen durch die Beamten der Reichsbank. Die Führung der Debetseite kann dem Kontoinhaber selbst übertragen werden. Die Kontogegenbücher sind möglichst oft abgeschlossen einzureichen. Vgl. Ziff. 11 der Girobestimmungen der Reichsbank. Das Kontogegenbuch geht im Zweifel mit der Übergabe in das Eigentum des Kunden, dessen Interessen es dient, über. Über die Verpflichtung der Bank zur Einsicht des Gegenbuches vgl. RG. 56 S. 410. Vgl. über das Kontogegenbuch besonders Kuhlenbeck S. 19 ff.

Auch die Pflicht zur Beobachtung der vorgeschriebenen Sicherheitsmaßregeln, z. B. Abtrennung der entsprechenden Zahlenreihe an der rechten Seite des Scheckformulares, oder Herstellung des sog. „Scheckschlüssels" zur Gewährungsleistung der Echtheit des Schecks ergibt sich aus dem Scheckvertrag.

Eine Modifikation der Präsentationsfrist, die Pflicht zur Avisierung von Schecks und ähnliches kann Gegenstand des Scheckvertrages sein.

Die Versendung eines Schecks im einfachen Brief ist nicht als die erforderliche Vorsichtsmaßregel zur Verhütung von Scheckverfälschungen anzusehen, die dem Inhaber vertraglich obliegt. KG. BankA. 20 S. 34 = OLGRspr. 1921 S. 134, siehe auch § 23 III 3 b S. 262.

Ein Bankier kann wegen des ihm durch Einlösung eines nachträglich verfälschten Schecks entstandenen Schadens den Aussteller nicht schon lediglich deshalb in Anspruch nehmen, weil dieser, ohne ihm Mitteilung zu machen, den Scheck einer ihm nicht näher bekannten Person ausgehändigt habe.

Solche Anforderungen werden im Wechselverkehr nicht gestellt und können auch im Scheckverkehr nicht gestellt werden. Denn wenn jedesmal die Vertrauenswürdigkeit des Empfängers eingehend geprüft und bei jedem Verdacht dem Bezogenen Anzeige erstattet werden müßte, würde der Verkehrswert des Schecks wesentlich beeinträchtigt werden. RG. JW. 19 S. 36 = LZ. 19 S. 800 = 92 S. 90 = DJZ. 18 S. 578.

b) Insbesondere die Überziehung des Scheckguthabens.

Über die Ausstellung ungedeckter Schecks führt die Begr. S. 20 aus: „Verschiedentlich hat man es unternommen, das Interesse des Inhabers an der Einlösung des Schecks in der Weise sicher zu stellen, daß man an die Ausstellung ungedeckter Schecks oder an Handlungen, durch welche einem Scheck nach seiner Ausstellung die Deckung entzogen wird, strafrechtliche oder zivilrechtliche Folgen knüpfte. Der Entwurf von 1892 hatte für bestimmte Fälle Geldstrafen vorgesehen; seine Vorschläge sind aber auf den lebhaften Widerstand der beteiligten Kreise gestoßen und haben, wie schon früher erwähnt, dazu beigetragen, daß der Wunsch nach einer gesetzlichen Regelung des Scheckwesens in diesen Kreisen zurücktrat. In der Tat kann es bei den allgemeinen Vorschriften des Strafgesetzbuches über den Betrug sein Bewenden behalten. Wegen fahrlässiger Überziehung des Guthabens Strafen anzudrohen, empfiehlt sich schon deshalb nicht, weil man dadurch gerade von dem Gebrauche des Schecks nur abschrecken würde“.

α) In welchem Zeitpunkt muß das Guthaben vorhanden sein?

Die Frage, wann das Scheckguthaben vorhanden sein muß, ob bereits bei Begebung des Schecks oder zur Zeit der Präsentation, ist im Gesetze nicht geregelt. Der E. 1892 (§ 20) und der vorl. E. (§ 21) gingen von der Ansicht aus, daß die Deckung bereits bei Ausstellung des Schecks vorhanden sein müsse. Das Gesetz hat darin der Wissenschaft und Rechtsprechung freie Hand gelassen; dies um so mehr, als die in jenen Entwürfen vorgeschlagene Regelung beachtenswerten Widerspruch erfahren hatte. Vgl. z. B. Zentralv. S. 22. Conrad weist, Handb. S. 71 darauf hin, daß nach streng logischer Deutung des Schecktextes das Guthaben schon zur Zeit der Ausstellung vorhanden sein müsse. Denn die Guthabenklausel enthalte die Behauptung, daß ein ausreichendes Guthaben vorhanden sei, nicht, daß ein Guthaben später, zur Zeit der Präsentation, bereitgestellt werde. Da aber die Unwahrheit der Guthabenklausel die Rechtsgültigkeit des Papieres nicht beeinträchtige, und anderseits der Aussteller, der einen Scheck ohne Deckung ausstellt, aber vor der Präsentation die Deckung beschafft, nicht strafbar werde, so sei der Zeitpunkt der Deckungsbestellung rechtlich unerheblich. Conrad, Handb. a. a. O.

Dieser Auffassung ist nicht ohne weiteres beizutreten. Rechtsprechung (zuletzt RG. vom 20. Okt. 1925 — BankA. 25 S. 172) und Wissenschaft sind heute übereinstimmend der Ansicht, daß die Guthabenklausel des § 1 Nr. 2 nur formelle Bedeutung hat, daß weder sie noch der § 3 das Vorhandensein eines Scheckguthabens erfordern (vgl. § 3 I S. 53), daß lediglich der Scheckvertrag das Vorhandensein eines Scheckguthabens erfordern kann. Je nach seinem speziellen Inhalt kann der Scheckvertrag auf der Grundlage eines Depositenvertrages, eines Darlehensvertrages, eines Kreditvertrages usw. beruhen (ohne selbst ein solcher zu sein; vgl. oben Anm. I 2 S. 57); es wird daher auf den Inhalt eines jeden einzelnen Scheckvertrages ankommen; eine einheitliche Beurteilung ist unmöglich.

Enthält der Scheckvertrag, wie es oft vorkommt, keine Bestimmung über diesen Fall, so ist die Frage unter Umständen strafrechtlich, zivilrechtlich und steuerrechtlich verschieden zu beurteilen.

β) Die strafrechtlichen Folgen.

In strafrechtlicher Hinsicht wird nur die Beurteilung als Betrug in Frage kommen. Die Hingabe eines Schecks als vollwertigen Zahlungsmittels, obwohl der Hingebende weiß oder wissen muß, daß der Scheck bei der Vorlegung nicht gedeckt sein wird, ist als Betrug im Sinne des § 263 StGB. aufzufassen. Hierbei darf nicht außer Acht gelassen werden, daß die Deckung des Schecks je nach dem Inhalt des besonderen Scheckvertrages auch ein von dem Bezogenen gewährter Kredit sein kann.

Nicht so einfach ist der Fall zu beurteilen, wenn zwar Deckung, aber nicht vollständige Deckung vorhanden ist. Zur Beurteilung dieses Falles wird man sich vor Augen halten müssen, daß es Praxis aller Banken ist, einem Kunden eine kleine Überziehung seines Kontos meist stillschweigend zu gestatten, die sich natürlich in den Grenzen eines angemessenen Verhältnisses zu seinem Kredit halten muß. Rechtlich ist dieser Fall als ein stillschweigend abgeschlossener Kreditvertrag oder als stillschweigende Erweiterung eines schon bestehenden aufzufassen. Eine Überziehung des Kontos, die sich in den so vorgezeichneten Grenzen hält, ist also keinesfalls Betrug, während eine erhebliche Überschreitung dieser Grenzen, zu der sich der Kontoinhaber nach der Gesamtheit der zwischen ihm und dem Bezogenen bestehenden Geschäftsbeziehungen nicht befugt halten durfte, ein Tatbestandsmerkmal des Betruges darstellen kann.

Fehlt die Deckung im Zeitpunkt der Hingabe des Schecks, so kann die Hingabe keineswegs generell als Betrug gekennzeichnet werden, wie es z. B. das Bayerische Oberste Landesgericht in seinem Urteil vom 3. Febr. 1925 = JW. 1925 S. 1515 tut. Der Fall ist vielmehr individuell zu prüfen. So wird z. B. keinesfalls Betrug vorliegen, wenn der Hingebende begründetermaßen damit rechnen durfte, daß der Scheck im frühesten möglichen Augenblick der Vorlegung gedeckt sein werde, diese Erwägung müßte natürlich auf sorgfältiger Prüfung der Verhältnisse beruhen und dürfte nicht fahrlässig sein. Übergibt z. B. A in Berlin dem B in Berlin einen Scheck auf C in München am 18. Febr., obwohl an diesem Tage der Scheck keine Deckung hat, ist ihm jedoch von seiten seines durchaus soliden, zuverlässigen und zahlungsfähigen Schuldners D die Mitteilung gemacht worden, daß am 19. Febr. ein bestimmter Betrag seinem Konto bei C gutgebracht werden werde, so ist die Hingabe des Schecks schon am 18. Febr. nicht Betrug; denn unter Berücksichtigung des gewöhnlichen Postlaufs konnte A nicht damit rechnen, daß der Scheck vor dem 19. Febr. in München vorgelegt werden kann. Es liegt sogar dann kein Betrug vor, wenn wider alles Erwarten D am 18. Febr. zahlungsunfähig geworden ist und am 19. Febr. tatsächlich Deckung fehlt, da dem A in diesem Falle die strafbare Absicht fehlte. Vgl. auch die wertvollen Ausführungen von M a n n h e i m in der Anmerkung zu dem Urteil des Bayerischen Obersten Landesgerichts vom 3. Febr. 1925 — JW. 1925 S. 1515 — das denjenigen, der einen am Tage der Hingabe ungedeckten Scheck hingab, schlechthin bestrafte.

Rechnete derjenige, der den Scheck hingab, jedoch in keiner Weise mit einer genügenden Deckung, oder verließ er sich nur fahrlässigerweise auf den möglichen Eingang von hinreichenden Beträgen, so wird im allgemeinen ein Tatbestandsmerkmal des Betruges vorliegen.

γ) Die zivilrechtlichen Folgen.

Die Begründung führt S. 20 aus:

„Aber auch der Einführung besonderer zivilrechtlicher Schadensersatzansprüche bedarf es nicht. In der Regel wird der Regreßanspruch, der auf den Betrag der Schecksumme nebst 6% Zinsen, auf die durch den Rücklauf des Schecks entstandenen Kosten und auf 1/3% Provision geht, genügen, um den Inhaber schadlos zu halten. Was aber die Fälle betrifft, in denen durch die Nichteinlösung des Schecks ausnahmsweise ein größerer Schaden entstanden ist, so kommt in Betracht, daß dem ersten Schecknehmer gegenüber der Aussteller schon aus dem Begebungsvertrage für das Vorhandensein eines zureichenden Guthabens im vollen Umfange verantwortlich ist; anderseits sind auch die späteren Inhaber durch die allgemeinen Grundsätze des Bürgerlichen Gesetzbuchs über unerlaubte Handlungen genügend geschützt (§ 823 Abs. 2, § 826 BGB. in Verbindung mit § 263 des StGB.)."

Der Versuch des Kontoinhabers, der den Stand seines Scheckguthabens kennt oder kennen muß, durch einen ungedeckten oder nicht vollständig gedeckten Scheck — über diese Begriffe vgl. das oben S. 65, 66 zu α, β Ausgeführte — zu zahlen, wird unter Umständen als positive Vertragsverletzung aufzufassen sein. Vom Indossanten, der in der Regel den Betrag des Scheckguthabens nicht kennen wird, wird dies im allgemeinen nicht behauptet werden können. Vgl. RG. vom 9. Juli 1924, BankA. 24 S. 62, und hierzu Simonson, Zahlungsversuch durch ungedeckten Scheck als positive Vertragsverletzung in der JurRundsch. 25 S. 155. Auch hier ist grundsätzlich zu betrachten, daß man nicht alle Fälle über einen Leisten schlagen kann, sondern daß gemäß dem oben S. 65, 66 α, β Ausgeführten jeder Fall individuell geprüft werden muß.

Über die Frage, ob der Bezogene zur Einlösung eines überzogenen Schecks berechtigt ist, vgl. unten c α S. 70.

δ) Die steuerrechtlichen Folgen.

Die Frage, ob ein Scheck bei Überziehung des Guthabens der Wechselsteuer unterliegt, ist in § 29 II 1 S. 292 eingehend behandelt.

ε) Rückforderungsrecht der Bank.

Die Frage, ob die Bank, die den Scheck trotz fehlenden Guthabens einlöste — aber nur irrtümlich — weil sie übersehen hatte, daß das Guthaben des Scheckausstellers bei ihr völlig erschöpft war, von dem Empfänger der Schecksumme Rückerstattung des Geleisteten verlangen könne, ist zu verneinen. Man wird der Bank nur dann einen solchen Anspruch gegen den Empfänger der Schecksumme zusprechen können, wenn dieser auf Kosten der Bank ohne rechtlichen Grund bereichert ist. Alsdann würde er gemäß §§ 812ff. BGB. zur Herausgabe der Bereicherung verpflichtet sein. Tilgt jemand, weil er einem anderen hierzu verpflichtet zu sein glaubt, eine Schuld desselben an seinen Gläubiger, so gilt nicht der Gläubiger und Empfänger des gezahlten Betrages, sondern derjenige, dessen Schuld durch die Zahlung getilgt worden ist, als ohne rechtlichen Grund bereichert (RG. 60, 24ff.). Hieraus folgt, daß nur der Scheckaussteller als bereichert im Sinne der §§ 812ff. BGB. anzusehen ist, weil dessen Schuld durch Zahlung der Schecksumme getilgt worden ist. Mithin kann auch die Bank keinen Rückforderungsanspruch gegen den Empfänger geltend machen.

Da für die formelle Gültigkeit eines Schecks nicht Voraussetzung ist, daß zur Zeit der Ausstellung ein entsprechendes Guthaben besteht, so kann ein Rückforderungsanspruch nicht auf die Nichtigkeit des Schecks infolge formeller Ungültigkeit gestützt werden. Erfolgt die Zahlung der Schecksumme, obwohl der Mangel eines entsprechenden Guthabens der Bank bekannt ist, aber im

Vertrauen auf die Kreditwürdigkeit des Ausstellers, so gibt die Bank hiermit dem Sinne nach die Erklärung ab, daß sie ein Guthaben als vorhanden ansieht, bzw. daß sie dem Aussteller einen Kredit in Höhe der Schecksumme gewährt. Diese dem Zahlungsempfänger gegenüber abgegebene Willenserklärung unterliegt der Anfechtung wegen Irrtums (§ 119 BGB.). Denn der Irrtum war ein rechtlich unerheblicher, ein sog. „Irrtum im Motiv" zur Abgabe der Willenserklärung. Er bezog sich auf die der Willenserklärung vorausgehende Überlegung, nicht aber auf die Abgabe der Willenserklärung selbst. Würde ein Irrtum über die Kreditwürdigkeit des Ausstellers regelmäßig den Zahlungsempfänger in Mitleidenschaft ziehen, so würde die Folge eintreten, daß jede auf Grund eines ungedeckten Schecks geleistete Zahlung dem Empfänger gegenüber bei sich nachträglich ergebender Kreditunwürdigkeit des Ausstellers wegen Irrtums anfechtbar wäre, ein Ergebnis, das zu den schwersten Erschütterungen des Scheckverkehrs führen würde. Da der rechtliche Bestand der abgegebenen Willenserklärung unanfechtbar ist, so ist auch für die Anwendbarkeit der Vorschriften der §§ 812 ff. BGB. auf das Verhältnis zwischen Bank und Empfänger kein Raum. Wohl aber ist der Aussteller auf Kosten der Bank ungerechtfertigt bereichert. Vgl. auch OLG. Naumburg SeuffA. 69, 193; ferner Strucksberg in LZ. 1912, 441, welcher der Bank bei Einlösung eines Schecks bei fehlendem Guthaben einen Bereicherungsanspruch gegen den Empfänger gibt; ferner Vogt in LZ. 1912, 449, der diesen Anspruch verneint.

c) Pflichten des Bezogenen.

α) Einlösungspflicht. Dishonorierung.

Der Bezogene ist verpflichtet, den gehörig beschaffenen (vgl. Staub, Exk. zu § 363 Anm. 4 f.) Scheck einzulösen, soweit Deckung vorhanden ist. Erhält der Bezogene aber keine Deckung, so begründet nicht einmal die ausdrückliche auf die Rückseite des Schecks gesetzte Erklärung des Bezogenen, den Scheck innerhalb einer bestimmten Frist einzulösen, für den Fall der Nichteinlösung eine Schadensersatzpflicht des Bezogenen. RG. v. 25. März 1926 in der Vossischen Zeitung v. 8. Mai 1926. Die gelegentliche Einlösung eines Schecks trotz Überschreitung der Deckung entspricht auch bei entgegengesetzten Scheckbedingungen der kaufmännischen Kulanz. RG. JW. 1914, 204 = LZ. 8, 385 = Recht 1914 Nr. 422 = BankA. 13, 133.

Nicht verpflichtet zur Einlösung ist der Bezogene, wenn er einen Leistungsverweigerungsgrund (Dishonorierungsgrund) hat. Grund zur Dishonorierung kann ein formeller Mangel der Scheckziehung sein: wenn der Scheck nicht die im § 1 vorgeschriebenen wesentlichen Eigenschaften besitzt; es kann aber auch ein formeller Mangel der Präsentation vorliegen, z. B. Präsentation zur Unzeit, Präsentation nicht am richtigen Orte. Conrad, Handb. S. 194. Jedoch kann die Einlösung eines in Ermangelung der Angaben des Ausstellungsortes ungültigen Schecks durch die bezogene Bank von dem Aussteller gegenüber der Bank nicht beanstandet werden, da der ungültige Scheck als Zahlungsauftrag Wirksamkeit behält. RG. BankA. 16, 33. Der Aussteller hat in solchem Falle auf einen Bereicherungsanspruch gegen den Scheckempfänger angewiesen, s. auch KGJ. 16 A 33. Materielle Dishonorierungsgründe sind neben dem bereits erwähnten Widerrufe z. B. mangelndes oder ungenügendes Guthaben, Mangel der Legitimation des Inhabers eines indossierten Schecks bei der Präsentation, ferner Vorlegung eines falschen oder verfälschten Schecks. (über den Konkurs vgl. unten 6 a).

In der Rechtsprechung ist die Frage behandelt worden, ob der Bezogene berechtigt sei, einen ungedeckten Scheck einzulösen. Die Stelle des Scheckvertrages lautete: „Das Ausschreiben des Schecks ohne entsprechendes Guthaben ist unzulässig." Schon aus dem Wortlaut dieses Satzes geht hervor, daß mit dieser Bestimmung nur ein Verbot für den Kontoinhaber zugunsten des Bezogenen ausgesprochen werden sollte; im übrigen wäre dies auch ohne diese Stelle aus der allgemeinen Natur des Scheckvertrages zu folgern gewesen. Das Reichsgericht hat mit Recht — Urteil vom 20. Oktober 1925, BankA. 25 S. 171 — ebenso wie die beiden vorhergehenden Instanzen dem Bezogenen bestätigt, daß er zur Einlösung eines ungedeckten Schecks berechtigt war und in der Lage ist, den Kontoinhaber mit dem Fehlbetrag zu belasten.

Kein Dishonierungsgrund ist der Tod oder der Eintritt der Geschäftsunfähigkeit des Ausstellers. Während der vorl. E. noch die ausdrückliche Bestimmung enthielt (§ 11 Abs. 2), daß der Tod des Ausstellers oder der Eintritt der Geschäftsunfähigkeit desselben auf das Recht und die Pflicht des Bezogenen zur Zahlung ohne Einfluß ist, enthält das Gesetz in dieser Richtung keine Vorschrift. Die Begr. S. 29 bemerkt: „Inwieweit der Tod oder der Eintritt der Geschäftsunfähigkeit eines der Beteiligten auf die Einlösung des Schecks von Einfluß sind, bestimmt sich nach den Regeln des bürgerlichen Rechts (§ 791 BGB.). Es liegt kein Anlaß vor, für den Scheckverkehr eine andere Regelung vorzuschreiben." Es greift demnach der § 791 BGB. Platz, welcher lautet: „Die Anweisung erlischt nicht durch den Tod oder den Eintritt der Geschäftsunfähigkeit eines der Beteiligten." Demnach erlischt auch durch den Tod des Bezogenen oder durch den Eintritt seiner Geschäftsunfähigkeit die Wirksamkeit des Schecks nicht, und die Erben des Bezogenen bleiben dem Aussteller zur Einlösung der bis zur Kündigung bzw. bis zum Erlöschen des Scheckvertrages auf den Bezogenen ausgestellten Schecks nach Maßgabe des bestehenden Scheckvertrags verpflichtet. Conrad, Handb. S. 196; Cohn S. 83 f. mit Lit. Auch ist die Aushändigung des Scheckbetrages nach dem Tode des Empfängers an dem legitimierten Vertreter des Rechtsnachfolgers zulässig. OLG. Kiel JW. 1919 S. 121 — SeuffA. 73 S. 293. Vgl. auch Conrad, Handb. S. 196; Cohn S. 83 f. mit Lit. — Über das Abheben von Guthaben nach dem Tode des Kunden überhaupt, vgl. BankA. 5 S. 131 ff., 203 ff.

β) Sorgfaltspflichten des Bezogenen.

Liefert die Bank dem Kontoinhaber die Scheckformulare, so hat sie darauf zu achten, daß die Vordrucke richtig und zweckmäßig abgefaßt sind. Für den Schaden, der dem Kontoinhaber aus der unrichtigen Fassung entsteht, hat sie in diesem Falle einzustehen.

Darüber, inwieweit der Bezogene dem Kontoinhaber gegenüber zur Prüfung der Legitimation verpflichtet ist, vgl. § 4 III 2 e S. 97 und § 8 III 2 b S. 116. Über die Pflicht der Bank, einen Widerruf zu beachten, vgl. § 13 Anm. II 2 b S. 170 ff. Gerät ein Scheck in Verlust, und kann der Bezogene infolge einer Fahrlässigkeit des Ausstellers bei der Anzeige den Scheck nicht rechtzeitig sperren, so kann er, wenn der Scheck honoriert wird, den Aussteller belasten. LOLG. München im BankA. 21, 314 = LZ. 16, 35. Über die Folgen der Einlösung falscher oder gefälschter Schecks vgl. § 23 III S. 253 ff.

d) Kontokorrent.

Im Regelfalle ist mit dem Scheckvertrag ein Kontokorrentvertrag verbunden, § 355 HGB. Häufig sind für einen Kunden mehrere Konten bei einer und derselben Bank eingerichtet, die dann, m. E. auch ohne ausdrückliche Bestimmung in den Geschäftsbedingungen, immer als Teile des einheitlichen Kontokorrents betrachtet werden müssen. (A. M. Simonson, Gruchots Beitr. 50 S. 49). Für den Scheckverkehr ist besonders wichtig das sog. Scheckkonto. Der Scheckverkehr wird nämlich bei den Banken entweder über das allgemeine Konto eines Kunden abgewickelt, also über die sog. laufende Rechnung, oder es werden besondere Scheckkonten eingerichtet. Die Scheckrechnungen werden im allgemeinen provisionsfrei geführt, und die Banken und Bankiers finden für ihre Mühewaltung lediglich dadurch eine Entschädigung, daß von dem Kontoinhaber ein dem Umsatz und der Arbeitsleistung entsprechendes Guthaben in den Händen der Banken oder Bankiers belassen wird, derart, daß ihnen durch die für Scheckkonten festgesetzten geringeren Zinsvergütungen ein gewisser Vorteil aus der Verwertung des Geldes erwächst.

Irrtümlich ist es, anzunehmen, daß Abhebungen von dem Scheckkonto nur durch Schecks erfolgen könnten (vgl. Mez, Arch.-BürgR. 30 S. 47 ff. Note 111), da in der Praxis das sog. Scheckkonto fast alle provisionsfreien Transaktionen neben dem Scheck- und Inkassoverkehr aufnimmt. Über das Guthaben auf Scheckkonto kann also regelmäßig verfügt werden, abgesehen von Schecks, durch Abhebungen in bar, durch Giroüberweisungen, oder Überträge auf ein anderes Konto, auch z. B. durch Domizilierung von Wechseln, Akzepten, Anweisungen. Auch alle übrigen bankmäßigen Transaktionen, z. B. An- und Verkauf von Effekten und Devisen können auf Scheckkonto unter Berechnung der für diese Geschäfte zu vereinbarenden Provision verbucht werden.

e) Aufrechnung.

Fraglich kann sein, ob und inwieweit die bezogene Bank dem Scheckkunden gegenüber, der zum Zwecke der Scheckziehung bei der Bank ein Guthaben erlangt hat, mit Gegenforderungen aufrechnen darf, die aus anderen Geschäften als dem Scheckvertrag herrühren. Insoweit durch die Geschäftsbedingungen und Statuten darüber bestimmt ist, hat es hierbei sein Bewenden. Vgl. z. B. Zahl 5 der Bestimmungen über den Giroverkehr mit der Reichsbank: „Das Guthaben haftet der Reichsbank für ihre Forderungen aus allen Geschäftszweigen. Sie darf dagegen auch solche Forderungen aufrechnen, welche noch nicht fällig sind." Genügend sind auch die bei den großen Banken üblichen Vereinbarungen wie: „Sämtliche Konten der Geschäftsfreunde, auch etwaige Conti separati u. dgl. sind als Teile des einheitlichen Kontokorrents im Sinne der §§ 355 ff. HGB. anzusehen." Simonson, GruchotsBeitr. 50 S. 48. Vgl. über die ursprüngliche Bedeutung dieser Bestimmung in den Geschäftsbedingungen der Banken: Sontag, BankA. 3 S. 182. Auch für den Fall, daß eine derartige ausdrückliche Vereinbarung nicht getroffen ist, ist. u. E. die Aufrechnung des Scheckguthabens gegen Schulden des Kontoinhabers aus anderen Geschäftszweigen zuzulassen. Wo nicht besondere Umstände dieser Auslegung entgegenstehen, ist in der Einrichtung verschiedener Konten für einen Kunden nur eine buchführungstechnische Erleichterung des Geschäftsverkehrs mit dem Kunden zu erblicken, die die Einheitlichkeit der Geschäftsverbindung, die materielle Einheit des Kontokorrents nicht aufhebt. In den Fällen, in denen das durch den Scheckvertrag begründete Verhältnis so völlig für sich bestehen soll, daß der Kunde auch dann auf Einlösung seiner Schecks rechnen kann, wenn er auf anderen Kontis Schuldner ist, erscheint eine besondere Vertragsfestlegung in dieser Hinsicht notwendig. Die Vermutung spricht also u. E. unbedingt für die Einheit des Kontokorrents und die Aufrechnungsmöglichkeit. Vgl. aber die entgegenstehenden Ausführungen von Simonson a. a. O.; auch Staub, HGB. Erl. § 363 Anm. 12. Unter Hinweis auf die Prot. der 2. Kommission zum BGB. (2 S. 399) erachtet Hoffmann BankA. 4 S. 132 die Frage der Aufrechenbarkeit als eine offene, die aus der Würdigung des einzelnen Falles zu beantworten sei.

Vgl. auch Reichel in LZ. 1913 S. 97: Aufrechnungsbefugnis des Scheckbezogenen; ferner über die Frage, ob ein Schuldner, der dem die Gegenforderung bestreitenden Gläubiger einen Scheck gibt, aufrechnen kann, OLG. Hamburg in LZ. 20 S. 775.

Über die Frage, ob die Bank einen von dem Kontoinhaber ihr „zur Gutschrift" übergebenen Scheck für sich beanspruchen kann, vergl. Urteil einer KfH. des LG. I Berlin — Vossische Zeitung Nr. 158 vom 2. April 1924. Nach diesem Urteil erwirbt die Bank an diesem Scheck kein Eigentum; es handelt sich nur um einen Auftrag zur Einziehung, der jederzeit vom Kontoinhaber widerrufen werden kann.

6. Ende des Scheckvertrages.

a) Kündigung.

Die Dauer des Scheckvertrages hängt grundsätzlich von der zwischen den Parteien getroffenen Vereinbarung ab. Ist nichts über eine **Kündigung** bestimmt, so wird nach der Natur des Scheckvertrages als Vereinbarung einer Zahlungsmodalität beiderseits jederzeitige Kündigung zuzulassen sein, mit der Maßgabe, daß die Kündigung nicht gerade zur Unzeit ergehen darf, da sie sonst wider Treu und Glauben verstoßen würde. Praktisch wird hier im Regelfall nur die Kündigung seitens des Bezogenen bedeutsam werden, da ja der Aussteller über sein Guthaben schlechthin auch in anderer Weise als durch Schecks verfügen kann. In der Rückgabe des Scheckbuchs kann unter Umständen Kündigung des Scheckvertrags durch den Aussteller erblickt werden. Ist der Scheckvertrag auf eine bestimmte Zeit eingegangen, so wird nach allgemeinen Rechtsgrundsätzen eine vorzeitige Kündigung für zulässig zu erachten sein, wenn ein wichtiger Grund vorliegt. Hier kommt insbesondere in Betracht, z. B. Überziehen des Scheckguthabens seitens des Ausstellers — vgl. Zahl 9 der Bestimmungen über den Giroverkehr mit der Reichsbank — oder Vordatieren von Schecks oder häufiges Ausstellen von Schecks über ganz unbedeutende Beträge. Aus diesen Beispielen erhellt die Selbständigkeit des Scheckvertrages. Es kommt nicht selten vor, daß in solchen Fällen z. B. der geschlossene Kreditvertrag unberührt bleibt, daß aber dem Kunden die Zahlungsmodalität des Schecks genommen wird. Hat nun der Kunde ein Interesse daran, gerade durch Schecks zu regulieren, — er hat es regelmäßig im Hinblick auf die Portoersparnis, den Zinsgewinn usw. — so bedarf es zur Klage des Ausstellers auf Einlösung der gezogenen Schecks nur der Darlegung des geschlossenen Scheckvertrages, sofern das Vorhandensein des Guthabens nicht bestritten ist. Ferner ist, aus der Erwägung heraus, daß der Scheckvertrag ein Vertrauensverhältnis ist, der Bank ein fristloses Kündigungsrecht für den Fall des Konkurses des Kontoinhabers zuzubilligen; vgl. unten b.

b) Konkurs des Kontoinhabers.

Der Konkurs des Kontoinhabers beendet an sich den Scheckvertrag nicht. § 23 KO. widerspricht dem nicht; denn der Scheckvertrag ist ein Vertrag eigener Art (vgl. oben I 2 S. 57), auf den die Vorschriften über den Auftrag keineswegs ohne weiteres anwendbar sind.

Der Konkursverwalter tritt gemäß §§ 6 Abs. 2, 17 KO. an Stelle des Gemeinschuldners in den Scheckvertrag ein; er ist befugt, ohne Abschluß eines neuen Scheckvertrages über das zur Masse gehörige Scheckguthaben mittels Schecks zu verfügen.

Der Bank wird man jedoch für den Fall des Konkurses ihres Scheckkunden ein Recht zu fristloser Kündigung des Scheckvertrages zubilligen müssen; denn zum Fortbestehen des Vertrages gehört nach Treu und Glauben persönliche und finanzielle Vertrauenswürdigkeit (clausula rebus sic stantibus). Dies gilt erst recht, wenn Unterlage des Scheckvertrages ein offener Kredit ist (§ 610 BGB.).

Die Frage, ob die Bank durch Einlösung des Schecks nach Eröffnung des Konkurses befreit wird, ist nach § 8 KO. zu beurteilen: insoweit die Leistung in die Masse gelangt ist, ist die Bank befreit, nicht jedoch, soweit sie der Scheckinhaber erlangt hat; ist die Einlösung vor der öffentlichen Bekanntmachung der Eröffnung erfolgt, so ist die Bank befreit, wenn ihr nicht bewiesen wird, daß sie die Eröffnung des Konkurses kannte; denn einer Leistung an den Gemeinschuldner ist die Leistung an denjenigen gleichzustellen, den er als Leistungsempfänger bezeichnet; ist die Einlösung nach der öffentlichen Bekanntmachung erfolgt, so wird die Bank nur dann befreit, wenn sie beweist, daß ihr zur Zeit der Leistung die Eröffnung des Verfahrens nicht bekannt war.

Die Begr. S. 29 führt aus, daß kein Grund vorhanden sei, für den Fall des Konkurses eines der Beteiligten eine von den Bestimmungen des bürgerlichen Rechts und wohl auch des Konkursrechts abweichende Regelung vorzuschreiben. „Im Interesse der sonstigen Konkursgläubiger kann insbesondere im Falle des Konkurses des Scheckausstellers ein besonderes Aus- oder Absonderungsrecht des Scheckinhabers in bezug auf das zur Konkursmasse abzuführende Guthaben des Ausstellers nicht anerkannt werden. Der Bezogene darf, sobald er von der Eröffnung des Konkurses über das Vermögen des Ausstellers Kenntnis erhalten hat, den Scheck nicht mehr einlösen, wenn er sich nicht nochmaliger Inanspruchnahme aussetzen will. Hat dagegen der Bezogene einen Scheck, den der Gemeinschuldner vor der Eröffnung des Konkurses ausgestellt hatte, nach der Konkurseröffnung ohne Kenntnis von derselben eingelöst, so wird er dadurch von seiner Verbindlichkeit auf Rückgabe der Deckung in Gemäßheit des § 8 der Konkursordnung befreit; denn eine auf Anweisung des Gemeinschuldners, also mit seiner Einwilligung, an den Scheckinhaber erfolgte Leistung steht im Sinne des bezeichneten § 8 der Leistung an den Gemeinschuldner gleich."

Bezüglich des Einlösungsrechtes des Bezogenen ist u. E. mit diesen Ausführungen der Begr. davon auszugehen, daß der Scheck trotz der Konkurseröffnung rechtswirksam weiterbesteht. Nicht zur Anwendung gelangt der § 23 KO., welcher lautet: „Ein von dem Gemeinschuldner erteilter Auftrag erlischt durch die Eröffnung des Verfahrens, es sei denn, daß der Auftrag sich nicht auf das zur Konkursmasse gehörige Vermögen bezieht. Erlischt der Auftrag, so finden die Vorschriften des § 672 Satz 2 und des § 674 des Bürgerlichen Gesetzbuchs entsprechende Anwendung."

Das gleiche gilt, wenn sich jemand durch einen Dienstvertrag oder einen Werkvertrag verpflichtet hat, ein ihm von dem Gemeinschuldner übertragenes Geschäft für diesen zu besorgen." So auch die herrschende Meinung hinsichtlich der Anweisung, vgl. Jaeger, KO. § 23 Anm. 17 ff.; Simonson, GruchotsBeitr. S. 44; für den Scheck Kuhlenbeck S. 74; Meyer I 274; Breit in ZHR. 64, 503; unrichtig Fürst a. a. O. S. 411, der sowohl § 23 wie § 8 KO., je nachdem die eine oder andere Bestimmung für den Zahlenden günstiger ist, anwenden will. Es gelten vielmehr die Vorschriften des § 8 KO.: „Eine Leistung, welche auf eine zur Konkursmasse zu erfüllende Verbindlichkeit nach der Eröffnung des Verfahrens an den Gemeinschuldner erfolgt ist, befreit den Erfüllenden den Konkursgläubigern gegenüber nur insoweit, als das Geleistete in die Konkursmasse gekommen ist.

War die Leistung vor der öffentlichen Bekanntmachung der Eröffnung erfolgt, so ist der Erfüllende befreit, wenn nicht bewiesen wird, daß ihm zur Zeit der Leistung die Eröffnung des Verfahrens bekannt war.

War die Leistung nach der öffentlichen Bekanntmachung erfolgt, so wird der Erfüllende befreit, wenn er beweist daß ihm zur Zeit der Leistung die Eröffnung des Verfahrens nicht bekannt war." Entscheidend ist demnach die Kenntnis von der Konkurseröffnung, nicht schon die Kenntnis des Eröffnungsantrages. Das Kennenmüssen steht dem Kennen nicht gleich. Jaeger, KO. 3.—4. Aufl. § 8 Anm. 14. Vgl. auch § 118 KO. (offener Arrest). Der Konkursverwalter kann den Scheck nach dem Ablauf der Vorlegungsfrist widerrufen. Ein Widerruf vor diesem Zeitpunkt ist als Widerruf auch nicht deshalb wirksam, weil über das Vermögen des Ausstellers der Konkurs eröffnet wurde. Entscheidend ist vielmehr die Kenntnis des Konkurses gemäß § 8 KO. Zu dieser Frage vgl. auch Herzfeld a. a. O. und für die bestr. Frage des Anweisungsrechtes, ob der Widerruf des Konkursverwalters dem Anweisungsempfänger einen Schadensersatzanspruch gewährt und ob dieser Schadensersatzanspruch einen Masseanspruch oder eine gewöhnliche Konkursforderung bildet: Planck, BGB. § 791 Note 2. — Der Scheckvertrag, der nicht, wie Fürst a. a. O. annimmt, dem § 675 BGB. untersteht, erlischt nicht mit der Konkurseröffnung. Dem Konkursverwalter ist u. E. das Recht zuzusprechen, über das zur Konkursmasse gezogene Scheckguthaben des Ausstellers weiterhin auf Grund des zwischen dem Gemeinschuldner und dem Bezogenen geschlossenen Scheckvertrages mittels Scheck zu verfügen. Ein Eintritt in den Scheckvertrag im Sinne des § 17 KO. liegt darin nicht, da der Scheckvertrag nicht zu den gegenseitigen Verträgen des BGB. gezählt werden kann. Die erwähnte Befugnis des Verwalters dürfte aber aus § 6 KO. zu begründen sein. Diese Gesetzesstelle lautet: „Mit der Eröffnung des Verfahrens verliert der Gemeinschuldner die Befugnis, sein zur Konkursmasse gehöriges Vermögen zu verwalten und über dasselbe zu verfügen. Das Verwaltungs- und Verfügungsrecht wird durch einen Konkursverwalter ausgeübt."

Aus der Literatur: Fick S. 408 ff.; Staub, HGB. Exk. § 363 Anm. 13; Buff, Scheckverkehr S. 81 f.; Riesser, BankA. 6 S. 279; ders., Bem. S. 47; ders., BankA. 7 S. 51; besonders aber die eingehende Untersuchung von Simonson, „Der Scheck im Konkurs des Ausstellers" in GruchotsBeitr. 50 S. 43 ff. mit erschöpfender Literaturangabe; vgl. ferner Simonson im BankA. 4 S. 86 f.; ders., DJZ. 12 S. 1000; ferner Breit, SeuffBl. 1908 S. 128 f.; Cohn S. 87 ff. mit Lit. in Note 142; Älteste S. 23 f.; ausführlich Centralv. S. 15 f.; Fürst, Der Scheck im Konkurs des Ausstellers in LZ. 2 S. 407 ff.; Herzfeld, LZ. 2 S. 435 f., 493 f.; Breit, Pflichten S. 27 f.; Conrad, Handb. S. 196 f.; Buff S. 70; Schiebler S. 38; Henschel S. 35 f.; Merzbacher S. 45; Apt S. 86; Kuhlenbeck S. 73 f.; vgl. auch die Bemerkung von Simonson, BankA. 7 S. 270; Jaeger, KO. § 6 Anm. 27, § 8 Anm. 4; Breit, ZHR. 64 S. 503; Schreiber, ZHR. 66 S. 349; Düringer-Hachenburg, Anhang 2 zu §§ 363—365 HGB., Anm. 14; Cohn, ZHR. 66 S. 353; Hirsch, Anweisung und Scheck im Konkurse des Ausstellers L. 1909 (Diss.).

Gerät der Inhaber des Schecks in Konkurs, so fällt der Scheck ohne weiteres zur Konkursmasse. § 1 KO. Über die Anfechtung einer auf einen Scheck geleisteten Zahlung vgl. § 24.

c) Geschäftsaufsicht über das Vermögen des Kontoinhabers.

Im Gegensatz zu der Wirkung der Konkurseröffnung ist die der Verhängung der Geschäftsaufsicht nicht unmittelbar („dinglich"). Die Verfügungen des von der Geschäftsaufsicht Betroffenen, insbes. die Ausstellung und Hingabe eines Schecks, behält ihre Wirkung; selbst wenn sie nach öffentlicher Bekanntmachung und entgegen dem ausdrücklichen Willen der Aufsichtsperson geschehen sein sollte. Ihr bleibt nichts Anderes übrig, als die Nichtigkeit im Klagewege durchzusetzen, wenn die Voraussetzungen der §§ 138 oder 826 BGB. vorliegen, oder anzufechten, wenn die Voraussetzungen des Anfechtungsgesetzes vorliegen; als ultima ratio bleibt ihr der Antrag auf Konkurseröffnung.

Im übrigen wird diese Frage insofern kaum praktische Bedeutung erlangen, als die Aufsichtsperson im allgemeinen als eine ihrer ersten Handlungen der Bank des Schuldners Mitteilung machen und das Scheckkonto für Schecks des Schuldners, die dieser ohne ihre Genehmigung ausgestellt haben sollte, sperren wird (§ 2 der Verordnung über die Geschäftsaufsicht zur Abwendung des Konkurses vom 14. Dezember 1916 in der Fassung der Verordnungen vom 8. Februar und 14. Juni 1924 — RGBl. 1916 S. 1363; 1924 S. 51, 154, 641).

Für das Fortbestehen des Scheckvertrages, insbes. das Kündigungsrecht der Bank, gilt das gleiche wie im Falle des Konkurses; vgl. oben 6 b S. 74 ff.

d) Tod und Geschäftsunfähigkeit des Kontoinhabers.

Durch den Tod des Kontoinhabers erlischt der Scheckvertrag nicht — soweit nicht etwa durch ihn das Kausalgeschäft beendet wurde. Der legitimierte Erbe kann das Scheckguthaben des Erblassers auf Grund des von dem Erblasser geschlossenen Scheckvertrages und nach Maßgabe dieses Vertrages durch Schecks abheben. Es kommt hier der für die Anweisung geltende § 791 BGB. zur Anwendung, nach dem die Anweisung nicht durch den Tod eines Beteiligten erlischt; OLG. Kiel in SeuffA. 73 S. 293 = OLGRspr. 38 S. 109.

Die nachträglich eintretende Geschäftsunfähigkeit des Kontoinhabers hat auf den einmal abgeschlossenen Scheckvertrag ipso iure keine Wirkung.

e) Konkurs des Bezogenen.

Der Konkurs des Bezogenen gibt dem Kontoinhaber gleichfalls das Recht, den Scheckvertrag zu kündigen, vgl. oben 6 b S. 74 ff.

Der Inhaber eines Schecks ist, da ihm ein direkter Anspruch gegenüber dem Bezogenen versagt ist, nicht Konkursgläubiger. Die Nichteinlösung innerhalb der Präsentationsfrist löst nur die Regreßrechte gegen Aussteller und Vormänner aus. Der Aussteller hingegen kann auf Grund des zwischen ihm und dem Bezogenen bestehenden Rechtsverhältnisses als Konkursgläubiger in Betracht kommen.

Im übrigen vgl. unten § 24 S. 264 ff.

f) Geschäftsaufsicht über das Vermögen des Bezogenen.

Für das Fortbestehen des Scheckvertrages, insbesondere das Kündigungsrecht des Scheckkunden gilt Entsprechendes wie für den Fall des Konkurses; vgl. oben 6 b S. 74 ff.

Für die Frage der Einlösung des Schecks gelten die allgemeinen Bestimmungen (so ist z. B. Protest möglich), jedoch mit der Maßgabe, daß Arreste und Zwangsvollstreckungen in das Vermögen des Bezogenen nicht stattfinden (§ 6 GeschAufsVO.) und daß die Prozeßkosten einer Klage dem vom Geschäftsaufsichtsverfahren betroffenen Kläger zur Last fallen, wenn der beklagte Schuldner den Anspruch sofort anerkennt (§ 12 GeschAufsVO.).

g) Verbleib der Scheckvordrucke.

Daß der Bank das Eigentum an den Scheckvordrucken gewöhnlich zustehen wird, ist bereits oben 5 a β S. 63 ausgeführt; sie sind daher, soweit nicht verbraucht, nach Beendigung des Scheckvertrages der Bank zurückgeben; die Bank kann sie mit der Eigentumsklage beanspruchen. Über das Eigentum an den vorgelegten Vordrucken vgl. § 13 I 3 b S. 165.

Dagegen wird das Eigentum am Kontogegenbuch — vgl. Anm. III 5 a δ S. 64 — und am Stamm (den an der linken Seite der Schecks befindlichen Kontrollabschnitten) — Anm. III 5 a γ S. 63 — gewöhnlich dem Kontoinhaber zustehen, der sie nach Beendigung des Scheckvertrages behalten kann.

II. Zahlungswirkung des Schecks.

1. Grundsatz.

Ein Scheck kann zahlungshalber oder an Zahlungs Statt gegeben sein. Immer bleibt richtig, daß er — vgl. besonders § 24 des alten WStempG. — eine, statt der Barzahlung dienende, auf Sicht zahlbare Anweisung auf das Guthaben des Ausstellers bei dem seine Zahlungen besorgenden Bankhause oder Geldinstitute darstellt. In diesem Sinne haben schon das ROHG. 19 S. 72, ferner RGSt. 18 S. 154 darauf hingewiesen, daß der Ausdruck „statt der Barzahlung dienend" nicht gleichbedeutend ist mit dem Begriff: „an Zahlungs Statt bestimmt", daß vielmehr die Frage, ob der Scheck solvendi causa oder als datio in solutum oder wie sonst gegeben und genommen wurde, beim ersten, wie bei jedem späteren Nehmer von dem besonderen zwischen Aussteller und Nehmer bzw. zwischen Indossanten und Indossatar bestehenden bzw. durch die Schecknahme begründeten Rechtsverhältnis bedingt wird. „Daß der Scheck statt Barzahlung dient, beruht nicht auf dieser wechselnden Beziehung zwischen Inhaber und Nehmer, sondern vielmehr auf der Voraussetzung des wirklich vorhandenen Guthabens und eines hierauf gestützten, zwischen Aussteller und Bezogenen vorausgegangenen Scheckvertrages, mittels dessen ein Bankier dem anderen das Recht, über sein bei ihm vorhandenes Guthaben in beliebigen Teilbeträgen mittels Zahlungsanweisungen durch Dritte zu verfügen, eingeräumt, bzw. sich verpflichtet hat, innerhalb der Grenzen des Guthabens diese Zahlungsanweisungen ohne weiteres einzulösen." Der Ausdruck: statt Barzahlung dienend, ist daher ein vorwiegend wirtschaftlicher, kein rechtlicher. Vgl. auch RGStr. 18 S. 154.

Der Scheck wird im Regelfalle zahlungshalber gegeben. Reichswirtschaftsgericht in JW. 1922 S. 409. OLG. Braunschweig in OLGRspr. 1917 S. 7; OLG. Hamburg in HansGZ. 1924 S. 693. Unrichtig RG. im BankA. 9 S. 20. Der für die Anweisung des bürgerlichen Rechts geltende Satz: „Anweisung ist keine Zahlung" (vgl. § 788 BGB. und § 364 Abs. 2 BGB.) gilt in gleicher Weise auch hier; vgl. z. B. Fick S. 429 ff.; Hoffmann, BankA. 4 S. 134; Simonson, GruchotsBeitr. 50 S. 58; Cohn S. 103 mit Lit. in Note 175; Lehmann, Lehrb. S. 714; Leo, BankA. 15 S. 420; Klausing, Die Zahlung durch Wechsel und Scheck, Marburg 1919; anders aber z. B. v. Canstein, Check, Wechsel und deren Deckung S. 28; v. Canstein, BankA. 4 S. 102 und dagegen Simonson, BankA. 4 S. 123. Fürs österr. Recht vgl v. Canstein 70 und 178. Für das geltende Recht z. B. Kuhlenbeck S. 62; Buff S. 108; Conrad, Handb. S. 128 u. a.

Vgl. über die Frage, inwiefern die Hingabe eines Schecks eine Geldzahlung vertreten kann RG. 41, S. 150 ff. und RGSt. 36 S. 186 (Einzahlung auf das Stammkapital einer G. m. b. H.; siehe aber Staubs Kommentar zum Gesetz betr. d. Ges. mit beschr. Haftung § 7 Anm. 16; Leo, Erfüllung von Zahlungsverpflichtungen und Erhaltung von Zahlungsfristen durch Giroüberweisung oder Scheck, BankA. 15, 420. Über Zusendung eines Schecks per Post (Gefahrtragung) vgl. RG. in JW. 1908 S. 546 f.

Die Hingabe des Schecks zahlungshalber ist zunächst Zahlungsversuch. Vgl. auch RG. 55 S. 51. Der Zahlungsempfänger braucht von seinem Schuldner den Scheck nicht anzunehmen (RG. 112, 61). Nimmt er ihn aber an, so übernimmt er nach der Anschauung der Verkehrssitte in Rücksicht auf Treu und Glauben auch die Verpflichtung, die Zahlung auf diesem Wege zu erheben. So für die Anweisung: Düringer-Hachenburg 2 S. 554. Vgl. RG. JW. 1901 S. 867, Breit, „Die Präsentationspflicht des Scheckinhabers nach dem Entwurfe eines Scheckgesetzes" in Holdheims MSchr. 17 S. 1 und Langen S. 28. Unterläßt der Scheckinhaber die baldige Vorlegung eines auf eine Bank in Amerika gezogenen zahlungshalber gegebenen Schecks, so hat er den Schaden zu tragen, der dem Scheckgeber dadurch entsteht, daß dieser infolge der Nichteinlösung des Schecks von seiner Verpflichtung aus dem Kaufalgeschäft nicht befreit worden ist. OLG. Hamburg in HansRZ. 1924 S. 693.

Im Regelfalle gilt die Zahlung erst dann als erfolgt, wenn der Empfänger durch den Scheck die Zahlung des Geldes erlangt. Maßgebend ist nicht der Tag der Zahlungsanweisung, sondern der Tag der Gutschrift. RG. VII 197/20; vgl. auch RG. 78 S. 137 = JW. 1912 S. 345; ferner RG. JW. 1913 S. 607. So hat auch das Reichsgericht mit Recht in dem Falle, daß ein Verrechnungsscheck zwar innerhalb der Frist für die Entrichtung der

Rechtsmittelgebühren bei der Justizkasse eingelaufen, die Gutschrift aber erst nach Ablauf der Frist erfolgt war, die Zulässigkeit des Rechtsmittels wegen verspäteter Zahlung der Kosten verneint; HansRZ. 1925 S. 45. Das Gleiche gilt für die Beurteilung der Frage, ob innerhalb einer vertraglich vereinbarten Frist erfüllt worden ist.

Besteht aber zwischen den Parteien Einverständnis darüber, daß die Zahlung durch Postscheck geleistet werden soll, so liegt hierin auch gleichzeitig die Erklärung, daß der Gläubiger die Zahlung über sein Postscheckkonto der Einsendung des Barbetrages für gleichwertig erachten und ihr dieselbe Rechtswirkung wie dieser beimessen wolle. Fällt daher der Erfüllungsort der Schuld mit dem Wohnsitz des Schuldners zusammen, so wird dieser durch die dort erfolgende Einzahlung des geschuldeten Betrages auf das Postscheckkonto des hiermit einverstandenen Gläubigers seiner Verpflichtung ebenso gerecht, wie durch die Aufgabe einer entsprechenden Sendung bei einer dortigen Postanstalt. RG. JW. 20 S. 1031. Hat der Schuldner also, der an seinem Wohnsitz zu leisten hat, vor Fristablauf den fälligen Betrag bei der Post für den Gläubiger eingezahlt, so hat er die Frist gewahrt. Dasselbe gilt auch, wenn der Schuldner vor Fristablauf einen Scheck über den Betrag an den Gläubiger abgesandt hat, auch wenn dieser ihn erst nach Fristablauf erhält und einlösen kann. RG. 78 S. 137.

Ebenso wie beim Giroüberweisungs- läßt sich auch beim Scheckverkehr nicht allgemein der Grundsatz aufstellen, daß jeder Gläubiger sich einen Scheck statt Zahlung gefallen zu lassen braucht. Vgl. KG. in OLGRspr. 13 S. 370. Auch nach Treu und Glauben ist der Gläubiger nicht ohne weiteres verpflichtet, einen Scheck anzunehmen, da der Scheck nicht genügend sicher sein kann oder wenigstens dem Gläubiger nicht genügt, weil ihm die Bank oder der Aussteller nicht genügend sicher erscheint.

Wenn es jedoch im Geschäftsverkehr zweier Parteien üblich ist, daß der Scheck nicht zurückgegeben werden darf, so besteht auch die Verpflichtung zur Annahme von Schecks. Das Zahlungsgeschäft ist Erfüllungsgeschäft. Mit der Angabe seines Postscheck- oder Bankkontos auf den dem Schuldner übersandten Rechnungen und Briefen bringt der Gläubiger sein Einverständnis zum Ausdruck, daß seine Forderung statt in der vom Gesetz vorgeschriebenen Weise — durch Barzahlung — in obiger Weise beglichen werde Vgl. auch OLG. Hamburg; HansGZ. 1913 S. 48 = BankA. 12 S. 250. — Anderseits hat der Gläubiger, welchem ein Scheck zur Zahlung übersandt wird, die Verpflichtung, unverzüglich zu erklären, daß er die Annahme des Schecks zurückweise, m. a. W. daß er das Angebot des Schuldners, seiner Zahlungsverpflichtung auf diese Weise nachzukommen, ablehne. (Unentschieden RG. 78, 140.)

Sonst gilt der Scheck als angenommen und der Gläubiger nach Treu und Glauben mit Rücksicht auf die Verkehrssitte als verpflichtet, die Zahlung auf diesem Wege zu erheben. Insbesondere haftet der Schecknehmer, wenn er den Scheck nicht rechtzeitig vorlegt. KG. in OLGRspr. 1917, 7.

Als Erfüllungsort für die Leistung des Käufers gilt bis zum Beweise des Gegenteils der Wohnort des Verkäufers, wenn dort sogleich beim Abschlusse des Kaufvertrages die erforderlichen Leistungen beider Teile bewirkt worden sind, auch wenn der Käufer zahlungshalber an einem anderen Orte einzulösende, später nicht eingelöste Schecks hingibt. RG. JW. 22, 484.

Der zur Sicherung einer Vertragserfüllung hingegebene Scheck dient auch zur Sicherung des aus dem Vertrage wegen Nichterfüllung gemäß § 326 BGB. entstandenen Schadensersatzanspruches. Der Schuldner muß also in einem derartigen Falle zur Entkräftung des Anspruchs aus dem Scheck beweisen, daß er den Schadensersatzanspruch erfüllt habe. (Vgl. für den Fall des Rücktritts vom Vertrage bei dem zur Sicherung der Vertragserfüllung hingegebenen Wechsel RG. 75 S. 201.) RG. JW. 21, 1523 = BankA. 21, 316; siehe auch die Bemerkungen zu § 18 II 5 S. 240.

Wenn somit auch vom Standpunkt des geltenden Rechts aus eine unmittelbare Zahlungswirkung des Schecks nicht vorhanden ist (zuletzt noch RG. 112, 61), so erscheint es doch im Interesse der Hebung der Bedeutung des Scheckverkehrs rechtspolitisch wünschenswert, die Hingabe eines Schecks unter der auflösenden Bedingung der unmittelbar folgenden Bezahlung oder Gutschrift als Erfüllung einer auf Geld lautenden Leistungsverpflichtung anzuerkennen. Bei Verknüpfung mit dieser Bedingung scheint eine Gefahr für den Scheckempfänger nicht vorhanden zu sein. Gesetzestechnisch würde der Ort für diese gesetzgeberische Maßnahme übrigens nicht das Scheckgesetz, sondern der erste Titel des dritten Abschnittes der Schuldverhältnisse des BGB. sein. Vgl. auch v. Breska, Wechseleinlösung durch Scheck und bargeldloser Verkehr im BankA. 24, 135, der eine an die französische Novelle vom 28. August 1924 (unten XIII 24 S. 382) anknüpfende Regelung vorschlägt; zustimmend Breit in Jur. Rundschau 1, 822.

2. Ausnahmsweise volle Zahlungswirkung.

Ausnahmsweise ist die Scheckhingabe der Barzahlung gleichgestellt und zwar in folgenden Fällen:

a) Einzahlung auf Aktien usw.

Auf Grund des § 3 des Ermächtigungsgesetzes vom 4. August 1914 hat der Bundesrat die Bekanntmachung zur Erleichterung der Einzahlung auf Aktien usw. vom 24. Mai 1917 — RGBl. S. 431 — erlassen:

§ 1. Bei der Errichtung einer Aktiengesellschaft sowie bei der Erhöhung des Grundkapitals kann die Einzahlung des auf die Aktien eingeforderten Betrags (§ 195 Abs. 3, § 284 Abs. 3 des Handelsgesetzbuchs) auch durch einen von der Reichsbank bestätigten Scheck oder durch Gutschrift auf ein Konto bei der Reichsbank oder auf ein Postscheckkonto erfolgen; in einem solchen Falle ist statt der Erklärung über die bare Einzahlung die Erklärung abzugeben, daß der Betrag in der bezeichneten Weise durch Scheck oder Gutschrift eingezahlt ist.

Statt der Erklärung, daß der eingeforderte Betrag im Besitze des Vorstandes ist, genügt die Erklärung, daß er in einem von der Reichsbank bestätigten Scheck oder in einer Gutschrift auf einem Konto bei der Reichsbank oder auf einem Postscheckkonto zur freien Verfügung des Vorstandes steht, die Verfügung insbesondere nicht durch Gegenforderungen beeinträchtigt ist.

§ 2. Die Vorschriften des § 1 finden entsprechende Anwendung auf Kommanditgesellschaften auf Aktien (§ 320 Abs. 3, § 323 Abs. 2 des Handelsgesetzbuchs) sowie auf Versicherungsvereine auf Gegenseitigkeit (§ 22 Abs. 2, § 31 Abs. 1 Nr. 4 des Gesetzes über die privaten Versicherungsunternehmungen vom 12. Mai 1901 — Reichsgesetzbl. S. 139 —).

§ 3. Die Verordnung tritt am 1. Juni 1917 in Kraft. Der Reichskanzler bestimmt, wann sie außer Kraft tritt.

Es handelt sich hier um die Fälle der Errichtung einer Aktiengesellschaft (§ 195 Abs. 3 HGB.), der Erhöhung ihres Grundkapitals (§ 284 Abs. 3 HGB.), der Errichtung einer Kommanditgesellschaft auf Aktien (§ 323 Abs. 2 HGB.), der Erhöhung ihres Grundkapitals (§§ 320 Abs. 3, 284 Abs. 3 HGB.) und der Bildung des Gründungsfonds eines Versicherungsvereins auf Gegenseitigkeit (§§ 22 Abs. 2, 31 Abs. 1 Nr. 4 VAG.). Über die Bestätigung von Reichsbankschecks vgl. unten § 10 I S. 139 Anm. 1.

b) Patentgebühren.

Gleichfalls auf Grund des § 3 des Ermächtigungsgesetzes hat der Bundesrat die Bekanntmachung, betreffend die Zahlung patentamtlicher Gebühren vom 8. März 1917 (RGBl. S. 222) erlassen, in der er das Patentamt zum Erlaß von Bestimmungen über der Barzahlung gleichzusetzende Zahlungsformen ermächtigt. Das Patantamt hat auf Grund dieser Ermächtigung die Bestimmungen, betreffend die Zahlung patentamtlicher Gebühren vom 12. März 1917 (Reichsanzeiger Nr. 61 vom 12. März 1917) und vom 29. Oktober 1923 erlassen.

Bekanntmachung, betr. die Zahlung patentamtlicher Gebühren.

Vom 8. März 1917.

(RGBl. vom 10. März 1917 S. 222.)

Der Bundesrat hat auf Grund des § 3 des Gesetzes, betreffend die Ermächtigung des Bundesrats zu wirtschaftlichen Maßnahmen usw., vom 4. August 1914 (RGBl. S. 327) folgende Verordnung erlassen:

§ 1. Das Patentamt kann Bestimmungen darüber erlassen, welche Zahlungsformen bei der Zahlung der an das Patentamt zu entrichtenden Gebühren der Barzahlung gleichgestellt werden.

§ 2. Über die Rechtzeitigkeit der Zahlung einer Gebühr, die nach § 8 Abs. 2, 3 des Patentgesetzes vom 7. April 1891 (RGBl. S. 79) oder nach § 8 Abs. 1 des Gesetzes, betreffend den Schutz von Gebrauchsmustern, vom 1. Juni 1891 (RGBl. S. 290) zu entrichten ist, entscheidet ausschließlich das Patentamt.

§ 3. Diese Verordnung tritt mit dem Tage der Verkündigung in Kraft. Der Reichskanzler bestimmt den Zeitpunkt des Außerkrafttretens.

Der Stellvertreter des Reichskanzlers.

Bestimmungen, betr. die Zahlung patentamtlicher Gebühren.

Vom 12. März 1917.

(Reichsanz. vom 12. März 1917 Nr. 61.)

Auf Grund der Verordnung des Bundesrats, betreffend die Zahlung patentamtlicher Gebühren, vom 8. März 1917 (RGBl. S. 222) wird folgendes bestimmt:

Bei Zahlung einer an das Kaiserliche Patentamt zu entrichtenden Gebühr werden folgende Zahlungsformen der Barzahlung gleichgestellt:

1. Der Eingang eines Postschecks bei demjenigen Postscheckamt, bei welchem der Einzahler sein Konto hat, oder beim Patentamt zur Bewirkung der Gutschrift auf das Postscheckkonto des Patentamts.
2. der Eingang eines Bankschecks, Wechsels oder einer sonstigen Anweisung beim Patentamt, sofern die Einlösung innerhalb 10 Tage nach Eingang erfolgt,
3. der Eingang des Auftrags zur Gutschrift auf das Reichsbankgirokonto der Kasse des Patentamts bei der Reichshauptbank oder einer Reichsbankanstalt.

Kaiserliches Patentamt.

Verfügung des Reichspatentamts Nr. 561 Z B II vom 29. Oktober 1923.

Die in den Bestimmungen betreffend die Zahlung patentamtlicher Gebühren vom 12. März 1917 unter Ziffer 2 vorgesehene 10 Tage-Frist für die Einlösung von Bankschecken, Wechseln oder sonstigen Anweisungen wird allgemein, auch für Postschecks, auf einen Monat verlängert.

Von den vier Gruppen von Ausnahmen ist diese die wichtigste; während in den drei andern Fällen entweder kein eigentlicher Rechtsnachteil eintritt oder höchstens ein Gebührenzuschlag verwirkt wird, droht hier Rechtsverlust. Im § 8 Abs. 3 PatG. handelt es sich um die Jahresgebühren für ein Patent; wird die Gebühr nicht innerhalb von 12 Wochen nach Fälligkeit entrichtet, erlischt das Patent. Im § 8 Abs. 1 GebrMustG. handelt es sich um die Gebühr für die Verlängerung der Schutzfrist für ein Gebrauchsmuster.

c) Steuerzahlung.

§ 102 Abs. 2 RAbgO. lautet:

Der Reichsminister der Finanzen bestimmt, unter welchen Bedingungen durch Scheck gezahlt werden kann.

Auf dieser Bestimmung beruhen die Erlasse des Reichsministers der Finanzen vom 10. November 1923 (III A 32432/II p 30436 und vom 10. Juni 1925, III A 12139/II 10492 im Amtsblatt der Reichsfinanzverwaltung vom 23. Juni 1925 Nr. 24) in denen u. a. bestimmt ist, daß der Scheck am Ort der betr. Steuerkasse zahlbar sein muß, daß als Zahlungstag derjenige Tag anzusehen sei, an dem der Scheck bei der Kasse eingehe; werde ein Scheck mangels Deckung zurückgegeben, so gelte die Zahlung als nicht geleistet.

d) Entrichtung von Postgebühren.

Schließlich gehört hierher der Fall der Entrichtung von Postgebühren durch Schecks, der in der Verfügung des Reichspostamts vom 3. Jan. 1917 (Amtsblatt des Reichspostamts 1917 S. 13) geregelt ist.

III. Die Klage aus dem Grundgeschäft.

1. Allgemeines.

Bei dem zahlungshalber gegebenen Scheck bleibt das zugrundeliegende Rechtsverhältnis durch die Entgegennahme des Schecks zunächst unberührt, das Rechtsverhältnis aus dem Scheck und das zugrundeliegende materielle Rechtsverhältnis bestehen nebeneinander fort. Hat der Scheckinhaber den Scheck ordnungsgemäß innerhalb der Einlösungsfrist präsentiert und Zahlung nicht erhalten, so kann er, wenn die sonstigen Voraussetzungen dazu gegeben sind, einerseits den Regreß aus dem Scheck geltend machen, er hat aber daneben die Wahl, ob er statt dessen — unter Anbietung des Schecks — gegen seinen Vormann die Klage aus dem der Scheckbegebung zugrundeliegenden Rechtsverhältnis (z. B. einem Kauf) richten will. Die Klagmöglichkeit (aus dem Kausalverhältnis) besteht immer dem unmittelbaren Vormann gegenüber, gleichviel, ob derselbe Aussteller oder als Indossant oder Namensskribent aus dem Scheck ersichtlich ist, und gleichviel, ob überhaupt gegen ihn, weil sein Name auf dem Scheck nicht erscheint, der regreßmäßige Anspruch ausgeschlossen ist, OLG. Hamburg in HansRZ. 1924 S. 693. Vgl. Conrad, Handb. S. 24, und zu der Frage, ob der Inhaber eines Schecks anstatt oder in Ermangelung des wechselmäßigen Regreßrechtes auf die ursprüngliche Forderung aus dem „Mutterverhältnis" zurückgreifen darf, Cohn S. 102 mit Lit. in Note 174; Älteste S. 30; besonders „Bericht über die Scheckkonferenz der mitteleuropäischen Wirtschaftsvereine, Budapest vom 8.—9. November" 1907 S. 102.

Inwieweit die Hingabe eines Schecks als „Eingehung einer Verbindlichkeit" im Sinne des § 817 Satz 2 BGB. anzusehen ist, vgl. RG. in OLG. 1919 S. 183.

Die Vertragsklage bleibt auch demjenigen Scheckinhaber, dessen Regreßanspruch durch Präjudizierung oder Verjährung nicht entstanden bzw. erloschen ist. Auch ohne ausdrückliche Erwähnung im Scheckgesetz gilt jedoch für den Vertragsanspruch, daß sich der Inhaber des Schecks den Verlust in Anrechnung bringen lassen muß, den der Aussteller infolge der unterbliebenen oder verspäteten Präsentation bei dem Bezogenen erlitten hat, vorausgesetzt immer, daß die Präjudizierung bzw. Verjährung auf ein schuldhaftes Verhalten des Scheckinhabers zurückzuführen ist. Vgl. z. B. Gierke in Holtzendorff-Kohler Enzykl. 1 S. 989; Simonson, DJZ. 1907 S. 1000; Älteste S. 30; Cohn S. 105; Henschel S. 61; Buff S. 109; Breit a. a. O. S. 3 und ausführl. OLG. Dresden vom 18. Juni 1902 in SächsOLG. 24 S. 426; vgl. auch OLG. Braunschweig vom 20. April 1906, BankA. 5 S. 288. Die Ausübung der Vertragsklage ist von der Rückgabe des Schecks abhängig. Planck S. 788 Note 2; Jacobi, Wertpapiere S. 294 Note 2.

Von Conrad, Handb. S. 274 wird mit Recht darauf hingewiesen, daß im Rückgriff auf das der Scheckgebung zugrundeliegende Rechtsgeschäft der Gläubiger nur diese Forderung aus diesem Geschäfte geltend machen kann, die sich in der Regel mit dem Scheckbetrage decken wird, sofern nicht der Schuldner durch einen Kausalvertrag zur fortlaufenden Verzinsung der Schuld verpflichtet war. Mit Unrecht nimmt jedoch u. E. Conrad a. a. O. an, daß der Ersatz solcher Kosten, die dem Gläubiger aus dem Scheckgeschäft erwachsen sind, wie Protestkosten, Porti u. dgl. im Rückgriff auf das Kausalgeschäft nicht gefordert werden können. Zu den hier behandelten Fragen vgl. noch Staub-Stranz, WO. Art. 83 Anm. 25 ff. und unten § 21 S. 246.

2. Scheckverkauf.

Beim Verkauf eines Schecks ist zu unterscheiden zwischen demjenigen Falle, in dem Aussteller und Verkäufer verschiedene Personen, und dem, in dem sie identisch sind. Ist der Verkäufer des Schecks vom Aussteller verschieden, so haftet der Verkäufer (außer nach Scheckrecht, soweit dies in Betracht kommt) auch aus dem

Kaufvertrage nach den Regeln des bürgerlichen, evtl. Handelsrechts über den Kaufvertrag; hierbei ist insbesondere § 437 BGB. zu beachten: der Verkäufer haftet nur für Verität, nicht für Bonität, ferner dafür, daß der Scheck nicht aufgeboten ist. Sind Verkäufer und Aussteller dagegen identisch, so kann von einem Scheckvertrag streng genommen gar nicht gesprochen werden: Gegenstand eines Kaufvertrages kann nur ein bestehendes Recht sein, nicht ein Recht, das der Vertrag erst zum Entstehen bringt. In diesem Falle haftet also der Aussteller nur scheckrechtlich; vgl. Bernstein in der Anm. zu RG. JW. 1926, 361 = RG. 112, 46. Vgl. auch unten § 21 I S. 247, III 1 S. 248.

Zahlungsempfänger.

§ 4.

(1) Als Zahlungsempfänger kann entweder eine bestimmte Person oder Firma oder der Inhaber des Schecks angegeben werden. Der Aussteller kann sich selbst als Zahlungsempfänger bezeichnen.

(2) Sind dem Namen oder der Firma des Zahlungsempfängers die Worte „oder Überbringer“ oder ein gleichbedeutender Zusatz beigefügt oder enthält der Scheck keine Angabe darüber, an wen zu zahlen ist, so gilt er als auf den Inhaber gestellt.

E. 1892: § 1 Zahl 3 und § 4; vorl. E. § 1 Zahl 3 und § 5; österr. § 3.

Inhalt.

I. Vorbemerkung. Arten der Bezeichnung des Zahlungsempfängers.

Nach dem Entwurf von 1892 war die Bezeichnung des Zahlungsempfängers ein wesentliches Erfordernis: „Daß der Zahlungsempfänger bezeichnet werden muß, entspricht der Natur der Sache und der Analogie der Wechselordnung Art. 4 Nr. 3“ Begr. 1892 S. 15. Der vorläufige E. hatte sich dieser Regelung angeschlossen. Für die Beseitigung des Erfordernisses der Remittenten-Angabe haben sich jedoch eine Reihe von Schriftstellern ausgesprochen, z. B. Fick S. 226; Conrad S. 76ff.; Cohn S. 17ff.; Älteste S. 8; ferner Centralv. S. 2, hier unter Hinweis darauf, daß die bestehende Praxis die Bezeichnung des Zahlungsempfängers nicht als wesentliches Erfordernis des Schecks betrachte, sondern einen Scheck, in welchem die Bezeichnung fehlt, als Inhaberscheck behandle. Das Gesetz hat den Standpunkt der beiden Entwürfe verlassen, um die Scheckausstellung nicht unnötig zu erschweren und um zu verhindern, daß ungültige Schecks in Umlauf kommen. Art. 4 Nr. 3 WO. schreibt zwar für den Wechsel die Bezeichnung des Zahlungsempfängers ausdrücklich vor, um den Wechsel als Orderpapier zu kennzeichnen und zugleich zum Ausdruck zu bringen, daß Wechsel auf den Inhaber ungültig sind. Diese Erwägung trifft aber auf den Scheck, der auch Inhaberpapier sein kann, nicht zu. Begr. S. 20. Das Gesetz kennt folgende Arten von Schecks:

1. Orderscheck.

Da als Zahlungsempfänger eine bestimmte Person oder Firma bezeichnet werden kann (§ 4 Abs. 1 Satz 1), der auf einen bestimmten Zahlungsempfänger gestellte Scheck aber durch Indossament übertragen werden kann (§ 8), so ist der Scheck ein geborenes (gesetzliches) Orderpapier.

2. Rektascheck.

Der Aussteller hat gemäß § 8 bei dem auf einen bestimmten Zahlungsempfänger gestellten Scheck die Möglichkeit, die Übertragung durch die Worte: „Nicht an Order" oder einen gleichbedeutenden Zusatz zu untersagen. Rektaschecks sind in Deutschland wenig im Gebrauch, zumal sie auch vom Abrechnungsverkehr ausgeschlossen sind.

3. Inhaberscheck.

mit der reinen Inhaberklausel;

mit der alternativen Inhaberklausel (an X. oder Überbringer, bzw. an X . oder Inhaber);

ohne Bezeichnung des Zahlungsempfängers.

Schließlich kommen tatsächlich noch vor:

4. Schecks mit Order und Überbringerklausel nebeneinander. Hierüber vgl. unten IV S. 98.

Daß weder dem Zahlungsempfänger als solchem noch dem Inhaber des Schecks ein Forderungsrecht gegen den Bezogenen zusteht, ergibt sich aus der rechtlichen Natur des Schecks.

Die meisten der im Verkehr gebräuchlichen Schecks lauten, wie die Begr. S. 20 mit Recht bemerkt, auf den Inhaber. Immerhin ist es in dieser Form nicht zutreffend, wenn Breit, BankA. 7 S. 151 ausführt, für die Praxis sei der Scheck mit alternativer Inhaberklausel „der Scheck". Der Orderscheck spielt im Fernverkehr eine nicht zu unterschätzende Rolle, vor allem im Verkehr mit dem Auslande ist er weit häufiger als der Inhaberscheck. Mit Recht weist Buff S. 40 darauf hin, daß besonders neuerdings von einer Reihe von Banken Orderschecks ebenfalls gerne verwendet werden. Gegen Breits Ausführungen vgl. Riesser, BankA. 7 S. 155; zu dieser Frage vgl. ferner v. Ziegler, BankA. 6 S. 220. Siehe im übrigen Breit, LZ. 2 S. 258 Note 1 und ders. in JW. 1908 S. 263.

II. Orderscheck.

1. Order an eine bestimmte Person oder Firma.

Als Zahlungsempfänger kann gemäß § 4 Abs. 1 Satz 1 eine bestimmte Person oder Firma angegeben werden. Gemäß § 8 des Gesetzes ist der auf einen bestimmten Namen lautende Scheck auch ohne Orderklausel indossierbar: er ist von Gesetzes wegen auf Order gestellt, wie z. B. der Wechsel und die Namensaktie (vgl. HGB. §§ 179, 183, 222; geborene Orderpapiere) im Gegensatz zur kaufmännischen Anweisung und den sonstigen Urkunden des § 363 HGB. (gekorene Orderpapiere). Wie für die Angabe des Bezogenen und des Ausstellers, so ist auch für die Bezeichnung des Zahlungsempfängers — und damit zugleich zur Entscheidung der Frage, ob ein Orderscheck oder aber ein Inhaberscheck vorliegt — erforderlich und genügend, wenn eine Bezeichnung vorliegt, welche der bürgerliche oder der Handelsname einer natürlichen oder juristischen Person sein kann. Daß auch eine offene Handelsgesellschaft als Zahlungsempfängerin erscheinen kann, ist gemäß § 124 HGB. zweifellos. Können auch eine Gesellschaft des bürgerlichen Rechts oder ein nicht rechtsfähiger Verein als Zahlungsempfänger angegeben werden? Diese Frage ist praktisch u. E. nicht zu bejahen; denn beide sind weder eine Firma noch eine Person. A. M. Buff S. 40 und die erste Auflage dieses Werkes S. 56. Dagegen sind der hier vertretenen Ansicht für den nicht rechtsfähigen Verein Staub-Stranz, WO. Art. 4 Anm. 11c. Simonson S. 52. Wenn Simonson dagegen die Gesellschaft des bürgerlichen Rechts als zulässige Zahlungsempfängerin betrachtet, da ihre Personenzahl ja kaum jemals sehr groß sein könne, und in der Regel die Geschäftsführung einem oder mehreren Gesellschaftern übertragen sein werde, so scheint uns das eine unzulässige Vermengung tatsächlicher mit juristischen Erfordernissen; es wird nichts im Wege stehen, wenn die einzelnen Gesellschafter oder Geschäftsführer — kumulativ oder disjunktiv — als Zahlungsempfänger genannt werden; die Gesellschaft selbst dagegen entspricht dem Erfordernis des Gesetzes nicht, da sie weder Person noch Firma ist. Staub-Stranz hält den Wechsel dann für gültig, wenn die Kollektivbezeichnung als

Name oder als Firma einer firmenberechtigten Partei möglich sei; die bürgerliche Gesellschaft aber werde aus dem Wechsel nicht berechtigt. Dies ist zwar insoweit richtig, als auch hier das Erfordernis der Bezeichnung des Zahlungsempfängers lediglich ein formelles Erfordernis ist, das nicht notwendig auf die materielle Berechtigung zum Zahlungsempfang schließen läßt, verdeckt aber den wirklichen Tatbestand; eine Firma kann im Scheck angegeben werden, nicht aber der Name einer bürgerlichen Gesellschaft.

Wenn der Scheck nicht deutlich erkennen läßt, ob er Order- oder Inhaberscheck ist, so ist er ungültig. OLG. Dresden SächsArch. 22 S. 28.

Ist ein Zahlungsempfänger im Scheck angegeben, so ist in dieser Hinsicht eine klare und bestimmte Angabe zu fordern, ohne die der Scheckverkehr ebensowenig wie der Wechselverkehr bestehen kann. Mit vieldeutigen Wendungen wird diesem Erfordernis nicht genügt. So für den Wechsel RG. 66 S. 9. Unrichtig ist, wenn Buff S. 40 meint, ein Scheck bleibt, wenn der Remittent unklar oder ungenau angegeben ist, — in Betracht kommen hier nur Rekta- oder Orderschecks — trotzdem gültig, da ja bei dem Scheck die Bezeichnung des Remittenten im Gegensatz zum Wechsel kein wesentliches Erfordernis, von dem die Gültigkeit oder die Ungültigkeit dieses Verkehrsinstrumentes abhängt, bilde. Buff hält hierbei nicht auseinander, daß die Angabe eines Zahlungsempfängers nicht notwendig ist: dann gilt der Scheck als auf den Inhaber gestellt. § 4 Abs. 2. Ist aber einmal ein Zahlungsempfänger bezeichnet, und ist damit nach dem Willen des Ausstellers ein Rekta- oder Orderscheck geschaffen, so fehlt mangels positiver Bestimmung jede Möglichkeit, die unklare oder ungenaue Angabe des Remittenten schlechthin als nicht geschrieben zu betrachten und etwa anzunehmen, daß damit der Rekta- oder Orderscheck sich in einen Inhaberscheck verwandelt. Ist daher die Remittentenbezeichnung auch durch entsprechende Auslegung nicht klarzustellen, so ist der Scheck als solcher ungültig.

Eine Mehrheit von Zahlungsempfängern ist möglich, sowohl in kumulativer (H. und J.) als auch in disjunktiver Beziehung (H. oder J.). Nicht zu billigen ist es, wenn Kuhlenbeck S. 48 ausführt, in ersterem Falle dürfe der Bezogene entweder jedem der Remittenten nur seine Quote oder, „was ratsamer ist", nur die ganze Summe an alle Zahlungsempfänger gemeinschaftlich leisten (§ 432 BGB.). U. E. ist die Zahlungsleistung aus dem Scheck immer nur als eine unteilbare Leistung zu behandeln, so daß der Bezogene nur an die mehreren Zahlungsempfänger gemeinschaftlich leisten kann (§ 432 BGB.); so für den Wechsel. RG. in LZ. 1914 S. 407. Vgl. Staub-Stranz Art. 4 Anm. 12. Mit Recht weist Meyer, Weltscheckrecht I

S. 92 noch darauf hin, daß in diesem Fall der Bezogene die Summe nur gegen Aushändigung des Schecks zu entrichten brauche, anderseits aber erst nach Zahlung des ganzen Betrages einen Anspruch auf Übergabe des Papieres habe. Die Quittung ist in diesem Falle von allen Remittenten zu unterzeichnen; auch die Indossierung hat gemeinschaftlich zu erfolgen. Bei mehreren disjunktiv bezeichneten Zahlungsempfängern steht jedem die Befugnis des Leistungsempfanges, der Quittungserteilung, der Indossierung, zu.

2. Schecks an eigene Order.

Der Aussteller kann sich selbst als Zahlungsempfänger bezeichnen: Scheck an eigene Order, gemäß § 4 Abs. 1 Satz 2. Diese Vorschrift verschafft dem Aussteller die Möglichkeit, über sein Guthaben zu seinen Gunsten mittels Scheck zu verfügen. Hiermit vermeidet er gleichzeitig die einem Inhaberscheck drohenden Gefahren, da in diesem Falle der Bezogene zur Prüfung der Legitimation des Vorlegenden verpflichtet ist. Begr. S. 21. Die Vorschrift entspricht dem Art. 6 Abs. 1 WO. Die übliche Formel lautet: „an mich (uns) selbst", „an die Order von mir (uns) selbst" u. ähnl. Der Scheck ist in diesem Falle wie jeder andere auf einen bestimmten Zahlungsempfänger gestellte Scheck, durch Indossament übertragbar (§ 8).

3. Trassiert-eigene Schecks.

Das Gesetz trifft über die Zulassung trassiert-eigener Schecks, d. h. solcher Schecks, in denen der Aussteller sich selbst als Bezogenen bezeichnet, keine Bestimmung. Von der Begründung wird die Bedürfnisfrage in dieser Hinsicht — m. E. mit Unrecht — verneint. Begr. S. 21. Aus der Praxis heraus wurde zum vorl. E. darauf aufmerksam gemacht, daß solche Schecks vielfach von den an verschiedenen Orten befindlichen Niederlassungen eines und desselben Bankinstituts aufeinander gezogen werden. Es bestehe kein Grund, Papieren dieser Art, die auch ihrerseits zur Ersparung barer Zirkulationsmittel zu dienen bestimmt sind, die Anerkennung als Schecks im Sinne des Gesetzes zu versagen, abgesehen von dem mehr theoretischen Bedenken, daß hier nur ein Guthaben im buchtechnischen, nicht auch im juristischen Sinne vorliegt. Durch Subsumierung dieser Urkunden unter das Scheckgesetz würde die Lage des Inhabers zweifellos verbessert, und zwar auch insofern als der zur Zeit zweifelhafte rechtliche Charakter dieser Urkunden, welche weder unter den Begriff der Anweisung nach § 783 BGB. fallen, noch ihrem Wortlaut nach als gewöhnliche Schuldverschreibungen angesehen werden können, hierdurch eine Klärung erfahre. Demgemäß wurde ein Zusatz für empfehlenswert erachtet, wonach der Aussteller sich selbst als Bezogenen bezeichnen dürfe, sofern die Voraussetzungen des § 2 gegeben sind, und ein vom Ausstellungsort verschiedener Zahlungsort angegeben ist. Centralv. S. 7. Die Frage nach der Wirksamkeit trassiert-eigener Schecks ist auch für jene häufigen Fälle wichtig, in denen z. B. ein Bankier die Zahlung seiner Privatbedürfnisse von seiner Wohnung aus oder auf der Reise usw. durch Schecks, die an der Kasse seines Geschäfts zahlbar sind, besorgt. Vgl. Fick S. 217. Da nun aber das Gesetz im § 1 Zahl 2 bzw. Zahl 3 die Angabe des Bezogenen und des Ausstellers vorschreibt, so ist mangels ausdrücklicher Zulassung der trassiert-eigenen Schecks, d. h. mangels Zulassung von Identität des Ausstellers und des Bezogenen jenen Schecks die Rechtsgrundlage entzogen. Ein trassiert-eigener Scheck ist unwirksam. Ebenso RG. 111, 273; a. M. Simonson S. 160 f., allerdings mit rechtlichen Bedenken wegen der Einheitlichkeit des Rechtssubjekts. Es ist aber zu beachten, daß die Namensgleichheit des Ausstellers und des Bezogenen allein zur Annahme des von dem Scheckgesetz abgelehnten trassiert-eigenen Schecks nicht genügt, vielmehr genügt die bloße Namensgleichheit nur dann, wenn noch andere Momente aus dem Scheck selbst die Identität unterstützen. Entscheidend ist, ob nach dem Inhalte des Schecks Personeneinheit vorliegt. Vgl. zu dieser für das Wechselrecht bestrittenen Frage u. a. Staub-Stranz Art. 6 Anm. 2; Grünhut 1 § 56, bes. bei Anm. 9. Es kann daher ein Bankier mit seinem bürgerlichen Namen auf seine Firma am gleichen Platze ziehen, z. B. der Bankier Hans Schmitt auf „Bankgeschäft Hans Schmitt" u. ähnl. Insofern die Firma einer Zweigniederlassung von der Firma der Hauptniederlassung verschieden ist, (Zulässigkeit wird bejaht, z. B. Düringer-Hachenburg 1 S. 132; Goldmann, HGB. 1 S. 148; Opet, ZHR. 46 S. 98 ff.; verneint aber von Staub, HGB. § 30 Anm. 9), sind auch solche Schecks formell gültig. Über die Rechtsnatur der im Verkehr der Großbanken mit ausgebreitetem Filialnetze üblichen, in Form von Schecks auf Zweigniederlassungen gezogenen Ausschreibungen vgl. Schiebler S. 17: sie sind als interne Zahlungsaufträge von einer Kasse des Ausstellers an eine andere zu betrachten, denen an sich eine rechtliche Bedeutung nicht zukommt, die aber, wenn in den Verkehr gebracht, sich dem Zahlungsempfänger gegenüber als Zahlungsversprechen (Schuldverschreibung) darstellen. Handelt es sich hierbei um Inhaberschecks, so würden diese gemäß § 795 BGB. als Schuldverschreibungen auf den Inhaber der staatlichen Genehmigung bedürfen. Es ist deshalb Praxis der Großbanken, solche Schecks nie auf den Inhaber, sondern stets an Order auszustellen. Vgl. auch Aschaffenburg in DJZ. 1908 S. 1392; Breit in Holdheims MSchr. 18 S. 193; Langen S. 78; Düringer-Hachenburg Bd. 2 S. 594 Anm. 8; Meyer, Weltscheckrecht I S. 74 und die dort genannten. Siehe auch unten § 29 II 1 S. 293.

III. Inhaberscheck.

1. Arten des Inhaberschecks.

a) Der echte Inhaberscheck.

Gemäß § 4 Abs. 1 Satz 1 kann als Zahlungsempfänger der Inhaber des Schecks angegeben werden. Der Scheck ist alsdann ein echtes Inhaberpapier.

b) Der Scheck mit alternativer Inhaberklausel.

Gemäß Abs. 2 des § 4 gilt der Scheck auch dann auf den Inhaber gestellt, wenn dem Namen oder der Firma des Zahlungsempfängers die Worte „oder Überbringer" oder ein gleichbedeutender Zusatz beigefügt sind. Damit bringt das Gesetz zweifelsfrei zum Ausdruck, daß ein wirkliches Inhaberpapier vorliegt, und daß es sich nicht bloß um eine Legitimationserleichterung (§ 808 BGB.) handelt. Diese Klarstellung ist umso bedeutungsvoller, als bisher in der Literatur die rechtliche Natur des Schecks mit alternativer Inhaberklausel bestritten war. Vgl. vor dem Scheckgesetz z. B. Jacobi, Die Wertpapiere im bürgerlichen Recht des Deutschen Reichs S. 295: „Der Scheck mit Überbringerklausel ist nicht Inhaberpapier, sondern Namenspapier mit alternativer Inhaberklausel," Note 2 daselbst: „Auch wenn sie die Inhaberklausel tragen, sind es keine Inhaberpapiere, da sie ein Recht vor der nicht üblichen Annahme nicht verbriefen." § 808 BGB. findet Anwendung, nicht § 795. Ebenso Dernburg, BR. 2 § 239; Staudinger, BGB. 7./8. Aufl. § 808 Note VI S. 1630; Planck, BGB. 3. Aufl. § 808 Note 5. Vgl. z. B. anderseits Hoffmann, BankA. 4 S. 133; Gierke, Deutsches Privatrecht 2 S. 159; v. Schwerin, Recht der Wertpapiere 118. Der alternative Inhaberscheck auf Namen und auf Überbringer ist aus England übernommen (X. or bearer) und im Verkehr der Reichsbank und der Abrechnungsstellen (vgl. das Abkommen wegen der Berliner Abrechnungsstelle vom 14. Februar 1883 zu B und Nr. 5 der Girobedingungen der Reichsbank) vorzugsweise üblich geworden. Begr. S. 21. Zu alledem besonders Breit, Der Scheck mit alternativer Inhaberklausel, BankA. 7 S. 151 ff.

c) Der Scheck ohne Angabe eines Zahlungsempfängers.

Weiterhin ist es möglich und zulässig, einen Scheck ohne Angabe eines Zahlungsempfängers auszustellen. Enthält nun der Scheck keine Angabe darüber, an wen zu zahlen ist, so gilt er gemäß § 4 Abs. 2 als auf den Inhaber gestellt; der Scheck ist also auch in diesem Falle ein echtes Inhaberpapier.

2. Rechtsverhältnisse des Inhaberschecks.

Weder im BGB. noch im HGB. sind allgemeine Rechtsgrundsätze über Inhaberpapiere aufgestellt; nur die

Schuldverschreibungen auf den Inhaber (§§ 793 ff. BGB.) und die sog. Legitimationspapiere (§§ 807 ff.) sind geregelt. Hinsichtlich Erwerb und Verlust des Eigentums sind auch für diese Papiere die Vorschriften des Sachenrechts maßgebend. Planck, BGB. 2 S. 881.

a) Entstehung des Rechts.

Das Recht aus dem Inhaberscheck entsteht gemäß der hier (vgl. Einleitung, IV 8 b S. XXXIX) vertretenen Vertragstheorie nicht mit der Ausstellung, sondern erst mit der Begebung des Schecks. Kommt der Scheck nach seiner Ausstellung, aber vor seiner Begebung dem Aussteller abhanden, so erlangen Dritte keine vertraglichen Rechte aus ihm und an ihm. Eine etwaige Verpflichtung des Ausstellers gemäß § 794 BGB. ist eine gesetzliche Veranlassungshaftung. Der Begebungsvertrag setzt Geschäftsfähigkeit beim Aussteller im Augenblick der Begebung voraus (a. M. die erste Auflage dieses Buches S. 59; der gleichen Meinung v. Schwerin, Recht der Wertpapiere 20 ff.). Die Erteilung der staatlichen Genehmigung (§ 795 BGB.) ist nicht erforderlich; vgl. BGB. RGR. Anm. 1; Staudinger 7./8. Aufl. S. 1599.

b) Übertragung.

Die Übertragung des Inhaberschecks vollzieht sich nach den Grundsätzen des bürgerlichen Rechts über den Erwerb des Eigentums an einer beweglichen Sache. Eine schriftliche Übertragungserklärung ist nicht erforderlich. Zur Übertragung des Eigentums am Inhaberscheck ist genügend, daß der Scheck von dem Eigentümer dem Erwerber übergeben wird, wenn beide darüber einig sind, daß das Eigentum übergehen soll. Ist der Erwerber bereits im Besitze des Schecks, so genügt die Einigung über den Übergang des Eigentums. § 929 BGB. vgl. §§ 930, 931 BGB. Die fehlende Einigung kann auch durch rechtskräftiges Gerichtsurteil, die fehlende Übergabe durch Wegnahme seitens des Gerichtsvollziehers ersetzt werden. §§ 894, 897 ZPO.; Staub, HGB. 2 S. 1332 f. Die Vorschriften des BGB. über den Eigentumserwerb durch einen gutgläubigen Erwerber finden auch dann Anwendung, wenn der Scheck gestohlen oder verloren gegangen war. § 935 Abs. 2 BGB.

Die Übertragbarkeit kann für Inhaberschecks, wie die Begr. S. 23 ausführt, ihrem Wesen entsprechend, nicht ausgeschlossen werden; ebenso Staub-Stranz WO. Art. 9, Anm. 14. Auch kann bei ihnen — sowohl bei den reinen, als bei den alternativen Inhaberschecks — ein Indossament im eigentlichen Sinne als ein die Rechte aus dem Papier übertragender Akt nicht in Betracht kommen. Dadurch, daß ein oder mehrere Zwischenmänner ihre Unterschrift auf die Rückseite eines Inhaberschecks setzen, wird zwar nach § 15 Abs. 2 eine

Haftung für die Einlösung des Schecks in demselben Umfange wie beim Indossament eines Orderschecks begründet, die Eigenschaft des Inhaberschecks als eines auch weiterhin durch bloße Aushändigung übertragbaren und an jeden Inhaber zahlbaren Papieres wird aber dadurch nicht berührt. Vgl. auch unten § 8. Über die bisherige Streitfrage nach der Indossierbarkeit des Inhaberschecks siehe z. B. Cohn S. 49; Buff, Scheckverkehr S. 92 f.; Fick S. 258 ff.; Breit, Pflichten S. 21 f.

Ein Inhaberscheck ist nicht etwa deshalb mangelhaft, weil ihm das Indossament des Verkäufers auf der Rückseite fehlt oder sein Name mit Bleistift geschrieben ist. Ein Handelsgebrauch, daß der Verkäufer seine Unterschrift abgeben mußte, besteht im Bankverkehr nicht; aber eine stillschweigende Übereinkunft dahingehend ist möglich. Wenn auch im Bankverkehr ein mit Bleistiftindossament übertragener Scheck nicht als ordnungsmäßige Erfüllung des Kaufs eines Schecks angesehen wird, so bezieht sich dieses nicht auf Inhaberschecks, da bei diesen das Verlangen der Girierung weder auf das Gesetz noch auf Handelsübung gestützt werden kann. Der Verkäufer eines Inhaberschecks haftet an sich gemäß § 437 BGB. nur für den rechtlichen Bestand der Forderung, nicht aber für die Einlösung. Dieses ergibt sich aus der Gegenüberstellung von Orderscheck und Inhaberscheck in Abs. 1 und 2 des § 15 ScheckG. Nach Abs. 1 haften die Indossanten dem Inhaber für die Einlösung. Ein die Worte „oder Überbringer" tragender Scheck gilt nach § 4 Abs. 2 als Inhaberscheck, für demgemäß § 8 Abs. 1 die Übertragbarkeit durch Indossament nicht gilt. Wenn auch nach § 15 Abs. 2 derjenige, der seinen Namen auf die Rückseite des Schecks gesetzt hat, damit dem Inhaber gegenüber in Haftung für die Einlösung übernimmt, so steht doch dieses der eigentlichen Indossierung nicht gleich. Denn wenn es auch die Garantiepflicht des eigentlichen Indossaments enthält, so fehlt ihm doch dessen Übertragungs- und Legitimationskraft, weshalb man es auch hinkendes oder Schein- oder Quasi-Indossament genannt hat. Das Gesetz bietet daher keine Handhabe, um einem Inhaberscheck, weil ihm das Indossament oder die Namensschrift des Verkäufers auf der Rückseite fehlt, als mangelhaft zu bezeichnen, und das gleiche muß gelten, wenn der Name auf der Rückseite nur mit Bleistift geschrieben ist. RG. JW. 1923 S. 604 = BankA. 22 S. 274.

Das Recht aus dem Inhaberscheck ist nicht lediglich an die Tatsache der Innehabung des Papiers geknüpft, steht vielmehr grundsätzlich nur dem Eigentümer des Papiers zu. Daneben besteht nach Inhalt der Urkunde die Legitimation des Inhabers, die Rechte aus der Urkunde geltend zu machen (RG. 63, 403 ff.). Ob z. B. der Inhaber eines Postscheckkontos durch Aushändigung eines Kassenschecks das Eigentum an dem Papier und damit die Forderung aus dem Papier auf den Empfänger überträgt, richtet sich nach dem zugrunde liegenden Rechtsgeschäft. Ist dies ein dem

Empfänger erteilter Auftrag, die Schecksumme für den Kontoinhaber zu erheben und zu verwenden, so geht auf den Empfänger (Beauftragten) nur der Besitz, nicht auch das Eigentum des Schecks über. Der Besitz des Inhaberschecks begründet zwar nach § 1006 BGB. die Vermutung, daß der Besitzer auch der Eigentümer sei, diese Vermutung wird jedoch durch den Nachweis eines bloßen Treuhänderverhältnisses der gekennzeichneten Art widerlegt. Die Einkassierung der Schecksumme durch den Scheckinhaber bringt unter allen Umständen das Recht aus dem Scheck zur Erlöschung; ihre Rechtswirkungen in Ansehung des Eigentumserwerbes an dem gezahlten Betrage sind aber verschieden, je nachdem der Scheckinhaber bei ihr als offener oder als stiller Vertreter des Kontoinhabers oder unter Bruch der diesem gegenüber übernommenen Vertragspflichten als selbst aus der Urkunde Berechtigter auftritt.

Handelt der Beauftragte bei der Einziehung der Summe dem Schuldner gegenüber als Vertreter des Geschäftsherrn (offene Vertretung oder Inkassovollmacht), so wird der Vertreter nach dem erklärten eigenen Willen, wie auch dem des Zahlungsleistenden, Eigentümer des gezahlten Geldes (§§ 116, 129 BGB.).

Fordert der Beauftragte das Geld im eigenen Namen als der äußerlich Forderungsberechtigte ein und erhält er dieses, ohne daß ausdrücklich oder nach den Umständen des Falles das Vertretungsverhältnis in die Erscheinung tritt (verstecktes oder stilles Inkassomandat), so wird er nach der Absicht der Parteien — der dinglichen Einigung — Eigentümer des gezahlten Betrages (§ 164 Abs. 2 BGB.; vgl. auch RG. DJZ. 12 S. 660); vgl. unten § 13 I 3c S. 165.

Aber auch in dem Falle, daß Vertreter und Vertretener den Erwerb des Vertretenen wollen, geht Besitz und Eigentum des Geldes im Augenblick der geleisteten Zahlung mittels constitutum possessorium von dem Vertreter auf den Vertretenen über. RG. JW. 1920 S. 561.

Da beim Inhaberscheck ein eigentliches Indossament nicht möglich ist, s. oben, so spielt die Frage, ob es beim Scheck ein Prokuraindossament gibt, keine Rolle. Aber auch der Inhaberscheck kann einem Dritten zur Einziehung gegeben werden, wobei es nicht darauf ankommt, ob dazu dem Dritten das Eigentum an dem Scheck übertragen wird oder nicht. RG. 102 S. 328 = Recht 21 Nr. 2890. Vgl. auch § 8 III 4 S. 122.

c) Pfandrecht.

Der Inhaberscheck kann auch Gegenstand eines **Pfandrechtes** sein. Das Pfandrecht an dem Inhaberscheck wird erworben wie das Pfandrecht an einer beweglichen Sache, § 1293 BGB. („Für das Pfandrecht an einem Inhaberpapier gelten die Vorschriften über das Pfandrecht an beweglichen Sachen", also die §§ 1204 ff. BGB.). Es greift ferner Platz der § 1294 BGB., demzufolge der Pfandgläubiger den Scheck auch dann, wenn seine, des Pfandgläubigers Forderung, noch nicht fällig ist, einziehen kann, und vor Ablauf der Präsentationsfrist zur Wahrung der Frist wohl auch einziehen muß. Über die Rechtsfolgen bezüglich des damit eingehobenen Geldes vgl. Staudinger, BGB. § 1294 Note 3a. Bezüglich des Pfanderwerbs vom Nichteigentümer vgl. § 1207 BGB.: Guter Glaube schützt wie bei beweglichen Sachen. Zu beachten ist, daß die Anforderungen, die im Geschäftsleben an die Gutgläubigkeit gerade bei Geschäften mit Inhaberpapieren zu stellen sind, keinesfalls überspannt werden dürfen. Vgl. RG. 66 S. 27 ff. Veräußert oder verpfändet ein Kaufmann im Betriebe seines Handelsgewerbes einen ihm nicht gehörigen Inhaberscheck, so schützt auch der sich auf das Verfügungsrecht beziehende gute Glaube des Erwerbers. § 366 HGB. Der § 367 Abs. 1 HGB. „Wird ein Inhaberpapier, das dem Eigentümer gestohlen worden, verloren gegangen oder sonst abhanden gekommen ist, an einen Kaufmann, der Bankier- oder Geldwechslergeschäfte betreibt, veräußert oder verpfändet, so gilt dessen guter Glaube als ausgeschlossen, wenn zur Zeit der Veräußerung oder Verpfändung der Verlust des Papieres von einer öffentlichen Behörde oder von dem aus der Urkunde Verpflichteten im deutschen Reichsanzeiger bekannt gemacht und seit dem Ablauf des Jahres, in welchem die Veröffentlichung erfolgt ist, nicht mehr als ein Jahr verstrichen war", findet keine Anwendung, da der Inhaberscheck ein auf Sicht zahlbares, unverzinsliches Inhaberpapier ist und hiefür der Abs. 3 des § 367 bestimmt: „Auf Zins-, Renten- und Gewinnanteilscheine, die nicht später als in dem nächsten, auf die Veräußerung oder Verpfändung folgenden Einlösungstermin fällig werden, sowie auf Banknoten und andere auf Sicht zahlbare unverzinsliche Inhaberpapiere finden diese Vorschriften keine Anwendung."

d) Pfändung.

Über die Pfändung von Inhaberschecks s. §§ 808, 821 ZPO. Unrichtig ist es u. E., wenn Merzbacher S. 19 einerseits § 808, anderseits die §§ 828, 835 ZPO. anwenden will, da letztere Paragraphen dem Gebiete der Zwangsvollstreckung in Forderungen und andere Vermögensrechte angehören, erstere Bestimmung aber dem Gebiet der Zwangsvollstreckung in körperliche Gegenstände zugehört. U. E. ist im Prinzip der § 821 ZPO. (Verkauf aus freier Hand bzw. Versteigerung) anzuwenden. Die hieraus resultierenden praktischen Unzuträglichkeiten können durch das Vollstreckungsgericht (das gemäß § 825 ZPO. die Verwertung des gepfändeten Inhaberschecks in anderer Weise, also wohl vor allem durch Einziehung durch den Gerichtsvollzieher und Ablieferung des an die Stelle des Schecks tretenden Geldes an den Gläubiger [§ 815 ZPO.] bestimmen kann) gemildert werden. Vgl. den von Simonson, BankA. 6 S. 206 behandelten Fall (der im übrigen wohl nach den Grundsätzen der §§ 328 ff., Versprechen der Leistung an einen Dritten, zu entscheiden gewesen wäre). Siehe hierzu RG. 64, 108 ff.

e) Pflicht des Bezogenen zur Legitimationsprüfung.

Einer besonderen Erörterung bedarf noch die Frage, ob bzw. in welchem Umfange der Bezogene ein Recht und eine Pflicht zur Prüfung der Legitimation des Präsentanten eines Inhaberschecks hat. Prinzipiell gilt der aus § 793 BGB. abzuleitende Satz, daß die bloße Inhaberschaft des Schecks die Legitimation zur Geltendmachung des Schecks gibt. Der Inhaber wird lediglich durch die Tatsache der Innehabung als Eigentümer des Schecks legitimiert; vgl. auch RG. JW. 1920 S. 561. Zu seinen Gunsten gilt die allgemeine Rechtsvermutung des § 1006 BGB.: „Zugunsten des Besitzers einer beweglichen Sache wird vermutet, daß er Eigentümer der Sache sei." Es ist daher im Regelfalle zutreffend, wenn Breit, Pflichten S. 22 bemerkt, daß bei dem Inhaberscheck, mag er nur die Überbringerklausel tragen, oder mag er ausdrücklich auf den Inhaber lauten, oder mag er schließlich einen Zahlungsempfänger überhaupt nicht nennen, der Inhaber des Papieres als solcher zur Einkassierung des Schecks als berechtigt gilt. „Die Bank ist sonach im Regelfalle nicht nur nicht verpflichtet, sondern sie ist nicht einmal berechtigt, die Auszahlung von dem Nachweis irgendwelcher Legitimation abhängig zu machen." Würde durch die Verweigerung der Auszahlung ein Schaden entstehen, so käme eine Haftpflicht des Ausstellers und diesem gegenüber wiederum eine solche der bezogenen Bank in Frage. Vgl. auch Breit, BankA. 7 S. 153 und Kuhlenbeck S. 48.

Die Regel, daß der Bezogene die Legitimation des Scheckinhabers nicht nachprüfen darf, erleidet aber eine Ausnahme. Wenn der Bezogene weiß, daß der Inhaber keine Verfügungsbefugnis hat und außerdem für diese Kenntnis den Nachweis erbringen kann, muß er die Leistung verweigern. Vgl. auch OLG. München LZ. 10 S. 35 = BankA. 21 S. 314. Auch wenn die Bank vertragsmäßig an jeden Scheckinhaber zahlen darf, ohne für Mißbrauch des Scheckbuches zu haften, so ist sie damit nicht von ihrer Haftung für Fahrlässigkeit ihrer Kassenbeamten frei. RG. JW. 1914, 204 = Recht 1914 Nr. 422. Ein Verschulden der Bank ist auch nicht schon aus dem Grunde zu bejahen, weil sie einen Scheck, der im Verhältnis zum Guthaben des Kunden nur in geringerem Maße überzogen war, eingelöst hat. Nur wenn ein Scheck trotz erheblicher Überziehungen, die Bedenken erregen müssen, ob es mit dem Scheck seine Richtigkeit hat, eingelöst wird, handelt der Bankier schuldhaft, wenn er die Berechtigung des Inhabers nicht prüft; RG. 92, 50. Auch Kuhlenbeck ist der Ansicht, daß eine

Zahlung an einen als unrechtmäßigen Inhaber erkannten Präsentanten schuldhaft (§§ 826, 823 Abs. 2 BGB.) sein würde (S. 28). Der Bezogene darf auch dann nicht an den Präsentanten des Inhaberschecks leisten, wenn Treu und Glauben mit Rücksicht auf die Verkehrssitte die Beanstandung der Legitimation gebieten, wenn die Leistung — trotz des ausdrücklichen Rechtes, das die Innehabung verleiht — mit dem Begriff von guten Sitten nicht verträglich ist. Staub a. a. O. Vgl. auch Kuhlenbeck S. 28, der dem Bezogenen unter Umständen auch die Haftung auch für bloße Fahrlässigkeit bei der Leistung an den Präsentanten des Inhaberschecks auferlegt. —

Inhaberschecks werden häufig durch geschäftsunfähige oder beschränkt geschäftsfähige Personen präsentiert. Darf der Bezogene an diese mit Wirkung gegen den Aussteller leisten? Die Frage ist u. E. mit Gierke, DJZ. 1905 S. 92; Staub a. a. O. gegen Oertmann, DJZ. 1904 S. 1127 zu bejahen. Praktische Bedenken werden in diesem Falle entstehen, wenn der Scheck noch nicht mit Quittungsvermerk versehen (§ 370 BGB.), die Quittung vielmehr von dem Präsentanten noch zu leisten ist. Die Quittungsleistung ist aber ein Rechtsgeschäft, zu dem der Geschäftsunfähige nicht, der in der Geschäftsfähigkeit Beschränkte aber nur unter gewissen Voraussetzungen mit rechtlicher Wirksamkeit zugelassen ist.

Zu betonen ist noch, daß für die Frage der Legitimation die Namensskripturen auf der Rückseite des Inhaberschecks (§ 15) nicht in Betracht kommen. Selbst in der Form von Vollindossamenten auftretende Namensskripturen sind auf das prinzipielle Recht der Leistung an jeden Präsentanten des Inhaberschecks einflußlos. Solche Vermerke sind der Legitimation des Inhabers weder hinderlich noch förderlich; ihre scheckrechtliche Wirksamkeit bestimmt sich ausschließlich nach § 15. KG. OLGRspr. 37, 18. Vgl. auch Breit, Pflichten S. 22.

IV. Schecks mit Order- und Inhaberklausel nebeneinander.

Nicht selten enthalten Scheckformulare sowohl die Orderklausel als auch gleichzeitig die Überbringerklausel, z. B. in folgender Form:

„Allgemeine Elsässische Bankgesellschaft. $\frac{\text{Ich}}{\text{Wir}}$ ersuche.. Sie gegen diesen Scheck aus $\frac{\text{meinem}}{\text{unserem}}$ Guthaben an die Order de..... oder Überbringer M..... zu zahlen," oder in folgender Form: „D. Meyer in Braunschweig. Zahlen Sie aus $\frac{\text{meinem}}{\text{unserem}}$ Guthaben an..... oder $\frac{\text{Order}}{\text{Überbringer}}$ M....." Wird in diesem Formular entweder die Order- oder die Überbringerklausel entfernt (durchstrichen), so ist nichts besonderes zu bemerken. Auch dann liegt keine Besonderheit vor, wenn die beiden Klauseln durchstrichen werden, da alsdann, wenn ein Name genannt ist, ein Orderscheck, und wenn kein Name genannt ist, ein Inhaberscheck gegeben ist. Bleiben aber beide Klauseln mit oder ohne Angabe eines Zahlungsempfängers bestehen, so fragt es sich, ob hierdurch die Ungültigkeit des Schecks herbeigeführt wird. Da der Inhaberscheck anderen Rechtsregeln folgt als der Orderscheck, so ist für beide Klauseln nebeneinander kein Raum, der Scheck ist in sich widerspruchsvoll und entbehrt infolgedessen der Gültigkeit als Scheck. OLG. Dresden. SächsArch. 22, 28.

Zahlungsort.

§ 5.

Der bei dem Namen oder der Firma des Bezogenen angegebene Ort gilt als Zahlungsort. Die Angabe eines anderen Zahlungsortes gilt als nicht geschrieben. Ist bei dem Namen oder der Firma des Bezogenen ein Ort nicht angegeben, so gilt der Ausstellungsort als Zahlungsort.

E. 1892 § 2; vorl. E. § 3; österr. § 4.

Inhalt.

I. Vorbemerkung.

Für den gezogenen Wechsel ist regelmäßig die Angabe des Zahlungsortes erforderlich; nur dann kann die ausdrückliche Angabe des Zahlungsortes unterbleiben, wenn bei dem Namen oder der Firma des Bezogenen ein Ort angegeben ist. Kraft Gesetzes gilt dann dieser Ort als Zahlungsort und zugleich als Wohnort des Bezogenen. Nennt der gezogene Wechsel keinen Zahlungsort, und ist auch bei dem Bezogenen ein Ort nicht genannt, so ist der Wechsel mangels eines wesentlichen Erfordernisses ungültig. Vgl. Art. 4 Zahl 8 WO. Beim Scheck ist die getroffene Regelung anders. Hier zählt weder die ausdrückliche Angabe des Zahlungsortes noch auch die Angabe eines Ortes bei dem Namen oder der Firma des Bezogenen zu den wesentlichen Erfordernissen. Es bedarf jedoch auch beim Scheck, für die Vorlegungspflicht gemäß § 11, die am Zahlungsorte zu erfüllen ist, für die Bestimmung der Zuständigkeit der Abrechnungsstelle (§ 12) und für die Vornahme derjenigen Akte, welche zur Erhaltung des Regreßrechtes notwendig sind (§ 16), einer Klarstellung des Zahlungsortes. Das Gesetz bestimmt daher, daß der bei dem Namen oder der Firma des Bezogenen angegebene Ort als Zahlungsort gilt. Ist ein solcher Ort nicht angegeben, so gilt der Ausstellungsort, der gemäß § 1 Zahl 4 zu den wesentlichen Erfordernissen des Schecks zählt, als Zahlungsort.

II. Der bei dem Namen oder der Firma des Bezogenen angegebene Ort gilt als Zahlungsort (Satz 1).

Der bei dem Namen oder der Firma des Bezogenen angegebene Ort gilt als Zahlungsort: welcher Ort als solcher anzugeben ist, bleibt aber der Abrede zwischen Aussteller und Bezogenem vorbehalten. Wo der Scheck zu bezahlen ist, das ist ein Moment abseits des Geschäfts, das durch die Zahlung erledigt werden soll. Österr. Mot. zu § 4; Begr. S. 21. Der angegebene Ort muß ein existierender, geographischer Ort sein. Bei der Entscheidung der Frage, welcher Ort als Zahlungsort angegeben werden sollte, ist, sofern eine Unklarheit sich ergibt, keinesfalls die Buchstaben-Interpretation anzuwenden, sondern es ist der Wille der Beteiligten aus der Urkunde und denjenigen Umständen, welche ihnen mutmaßlich bekannt sind, oder von ihnen ohne Schwierigkeit in Erfahrung gebracht werden können, zu erforschen. Vgl. RG. 60, 428 (irreführend wiedergegeben bei Merzbacher S. 20). Als Zahlungsort kann der bei dem Bezogenen angegebene Ort nur dann gelten, wenn der Ort auf der Vorderseite des Schecks in räumlich zusammenhängender Verbindung mit dem Namen oder der Firma des Bezogenen steht. Zwischen diesem Namen und dem angegebenen Orte darf also nichts geschrieben sein, was den Zusammenhang aufheben würde. Bei einem Scheck, der z. B. lautet: „Die Deutsche Bank wolle zahlen gegen diesen Scheck in München M. 1000.— . . . ." würde, wie Buff S. 42 mit Recht bemerkt, München nicht als Zahlungsort, sondern als Domizilvermerk anzusehen sein. Der Bezogene kann an demselben Orte mehrere Geschäftsstellen (Depositenkassen, Wechselstuben, Agenturen usw.) unterhalten. Die gegenüber dem Bezogenen vorzunehmenden Rechtshandlungen sind alsdann bei der auf dem Scheck angegebenen Geschäftsstelle zu bewirken. Ist eine bestimmte Kassenabteilung vorgeschrieben, z. B. „Die Deutsche Bank in Berlin, Behrenstraße 9—13 (Schalter Nr. 8 M—Z), wolle zahlen . . . . ." so ist auch diese Angabe zu berücksichtigen.

III. Die Angabe eines andern Zahlungsortes gilt als nicht geschrieben. (Satz 2).

Der E. von 1892 erklärte domizilierte Schecks für ungültig. Auch nach dem vorl. E. entbehrte ein mit einem anderen Zahlungsorte als dem Adreßorte versehener Scheck der Gültigkeit. Hierbei ging man davon aus, daß es der Natur des Scheckverkehrs widerspreche, wenn der Bezogene an einem Orte zahlen soll, wo er weder eine Kasse halte, noch eine geschäftliche Niederlassung besitze. Das Gesetz selbst hat jedoch einen mit einem Domizilvermerk versehenen Scheck nicht mit der Rechtsfolge der Ungültigkeit belegt, nachdem die Bestimmung des E. von 1892 und des vorl. E. von 1907 in der Literatur Widerspruch erfahren hatte. Vgl. Cohn S. 37; Älteste S. 12; siehe auch den Bericht über die Scheckkonferenz der Mitteleurop. Wirtschaftsvereine zu Budapest 1907 S. 31 ff. Der domizilierte Scheck ist nach dem Satze 2 des § 5 unzulässig, die Beisetzung eines Domizilvermerks macht aber den Scheck nicht ungültig, der Vermerk gilt lediglich als nicht geschrieben, und es ist alsdann zu prüfen, ob der Satz 1 des § 5 für die Bestimmung des Zahlungsortes maßgibt.

1. Geschäftsstellen am gleichen Ort.

Abzulehnen ist es, wenn Schiebler S. 18 ausführt, als Domizil im Sinne des Gesetzes sei es auch aufzufassen, wenn als Zahlungsort eine andere, am gleichen Orte befindliche Geschäftsstelle als die bei dem Namen oder der Firma des Bezogenen angegebene bezeichnet sei. Wenn ein Scheck auf die Dresdner Bank Berlin lautet, mit dem Vermerk: „Zahlbar bei der Depositenstraße Französische Straße" so liegt, wie entgegen Schiebler a. a. O. anzunehmen ist, kein anderer Zahlungsort, sondern nur eine andere Kasse, eine andere Geschäftsstelle eines und desselben Zahlungsortes vor. Als Geschäftsstelle der Bank ist sie lediglich eine nur örtlich getrennte Verkehrseinrichtung einer einheitlichen Rechtspersönlichkeit; RG. 111, 268. Bei der Möglichkeit raschester Verständigung zwischen der Depositenkasse einerseits und der das Konto führenden Zentrale anderseits liegt auch kein zwingender praktischer Grund vor, im Sinne Schieblers zu entscheiden. Erwähnenswert ist, daß bei den Großbanken sich Wechselstuben (Depositenkassen) oftmals in einem und demselben Gebäude mit der Hauptniederlassung zusammen befinden, wie dies auch bei dem vom Schiebler gewählten Beispiel der Dresdner Bank, Depositenkasse Französische Straße, der Fall ist. Schwieriger ist die Frage zu beantworten, ob ein anderer Zahlungsort im Sinne des § 5 vorliegt, wenn etwa der auf die Darmstädter Bank, Frankfurt am Main gezogene Scheck bei der Depositenkasse Offenbach zahlbar gestellt wäre. Vgl. über ähnliche Fragen für das Wechselrecht Staub-Stranz Art. 4 Anm. 47 ff. besonders aber Art. 91a der WO. in der vom 1. Oktober 1908 an geltenden Fassung, unten S. 208—217. Vgl. ferner hierzu Breit, Pflichten S. 58. U. E. ist auch in dem angegebenen Falle keine Zweigniederlassung, sondern nur eine Geschäftsstelle des Hauptgeschäftes eines und desselben Ortes gegeben — dies auch nach der Verkehrsauffassung —, so daß am Zahlungsorte Frankfurt am Main im Sinne des § 5 des Scheckgesetzes im obigen Beispiele nichts geändert ist. Eine andere Frage ist natürlich, ob und inwieweit die bezogene Bank verpflichtet ist, dem durch den Aussteller beigesetzten Vermerk Folge zu leisten. Hier ist das Rechtsverhältnis zwischen Aussteller und Bezogenem maßgebend.

2. Zahlstellen an anderen Orten.

Die Scheckformulare fast aller größeren Banken und bedeutenderen Bankiers tragen auf ihrer Rückseite ein Verzeichnis ihrer Zweigniederlassungen, ihrer auswärtigen Geschäftsfreunde usw. mit dem Hinweise darauf, daß die kostenfreie Einlösung des auf die Bank oder den Bankier gezogenen Schecks auch durch diese Stellen, die sog. Zahlstellen, besorgt wird. Der Nachdruck liegt hierbei darauf, daß die Einlösung durch die Zahlstelle kostenfrei vermittelt wird, während sonstige Banken und Bankiers für die Besorgung der Einziehung eine Vergütung beanspruchen. Auch wenn eine Bank den Betrag eines auf sie gezogenen Schecks auf Verlangen des Inhabers mit der Post nach außerhalb übersendet, ist sie berechtigt, hierfür eine angemessene Provision von der Schecksumme in Abzug zu bringen (OLG. Hamburg OLGRspr. 1912 S. 215 = BankA. 11 S. 41). Gegenüber der direkten Einsendung des Schecks an die bezogene Bank durch den Inhaber bietet die Einreichung bei der Zahlstelle dem Einreicher den Vorteil der Portoersparnis für die Einsendung des Schecks an die bezogene Bank und der Porto- und Kostenersparnis für die Übersendung des Scheckbetrages durch die bezogene Bank. Der volkswirtschaftliche Vorteil der Zahlstellen beruht darin, daß durch diese Einrichtung der Zahlstellen, die meist untereinander und mit dem Hauptgeschäft in laufender Rechnung stehen, eine gegenseitige Verrechnung stattfindet, so daß die Bewegung von Bargeld dadurch vermieden wird. Nicht immer sind die Zahlstellen auf der Rückseite des Schecks selbst vermerkt. Es kommt vielmehr auch vor, daß die Zahlstellen einer Bank durch besondere Verzeichnisse bekannt gegeben werden. Für die rechtliche Würdigung der Bedeutung dieser Einrichtung kommt in Betracht, daß eine Veränderung des Zahlungsortes durch das Verzeichnis der Einlösungsstellen nicht bewirkt wird. Die wenigen diesbezüglichen Worte der Begr. S. 22 sind, wie dies Riesser, BankA. 7 S. 137; Buff S. 43 erwähnen, durchaus unklar. Ein Domizilvermerk liegt darin nicht; die Zahlstellen sind keine Zahlungsmandatare des Bezogenen, sie sind auch keine zur Dienstleistung Verpflichtete, die im Sinne des § 675 eine Geschäftsbesorgung übernommen haben — wie z. B. Zeichnungsstellen, die im Auftrage der Ausgeberin von Aktien usw. die Zeichnungen entgegenzunehmen und demnächst die darauf entfallenden Aktien usw. an die Zeichner auszuhändigen haben, vgl. RG. JW. 1908 S. 480 —; sie sind nicht von dem Bezogenen ausgewählt, um die Zahlung statt seiner und auf seine Gefahr am Orte der Zahlung zu bewirken; vielmehr sind sie im Interesse des Scheckinhabers hinzugefügt, und in seiner (des Scheckinhabers) Wahl steht es, ob er die Zahlung bei der bezogenen Bank oder am Orte einer der Zahlstellen erheben (einkassieren lassen) will. So mit Recht Rieſſer, BankA. 7 S. 138, der hier zutreffend fortfährt: „Die Zahlstellen sind, mögen sie Filialen der bezogenen Bank oder von ihr unabhängige Stellen sein, weder Domizile, noch mit der Zahlung an Stelle des Bezogenen von diesem beauftragte Stellen, also nicht Zahlungsmandatare des Bezogenen, sondern es sind nach der Verkehrsauffassung lediglich Inkasso-Mandatare des Scheckinhabers, also des Kunden; sie werden von letzterem, dem allein die Wahl zusteht, beauftragt, die Zahlung provisionsfrei auf seine Gefahr bei dem Bezogenen an dessen Zahlungsort (an dem bei dessen Firma angegebenen Ort) zu erheben (einzukassieren) und ihm auszuliefern." So auch OLG. Dresden im BankA. 21 S. 425. In eben diesem Sinne bemerkt auch Breit, Pflichten S. 57ff. mit Recht, daß dem Katalog der Zahlstellen scheckrechtlich überhaupt keine Bedeutung zukomme. Die Präsentation des Schecks bei einer Zahlstelle ist nicht die in §§ 11, 12 vorgesehene Vorlegung zur Zahlung, da die Vorlegung am Zahlungsorte erfolgen muß, eine Bestimmung, die auch durch Vereinbarung der Parteien nicht abgeändert werden kann.

Der Scheck darf nicht von der Zahlstelle gemäß § 16 Abs. 1 Zahl 1 und 2 behandelt, bei der Zahlstelle darf auch nicht der Protest aufgenommen werden, vielmehr muß der Scheck, und zwar vor Ablauf der Vorlegungsfrist, bei dem Bezogenen an dem nach Satz 1 oder 3 des § 5 ermittelten Zahlungsorte präsentiert und dann mit dem Vermerk aus § 16 versehen bzw. protestiert werden. Die Einreichung bei der Zahlstelle wahrt die Präsentationsfrist nicht. Mit Recht weist Langen, S. 107, darauf hin, daß auch Art. 91 Satz 2 WO., der im Gegensatz zum bisherigen Rechte durch beiderseitiges Einverständnis sogar die — allerdings auf Nachbarorte beschränkte — Verlegung des Protestortes gestattet, zu keinem anderen Ergebnisse führt. An sich könnte zwar in der Ausgabe von Scheckformularen, welche Zahlstellen benennen, eine Erklärung des Bezogenen liegen, er sei mit der Protestierung an dem (benachbarten) Orte einverstanden, so daß, wenn der Scheckinhaber durch Protesterhebung an jenem Orte hierauf eingehen würde, damit das gegenseitige Einverständnis im Sinne des Art. 91 a WO. gegeben wäre; jedoch scheitert diese Annahme an der Verkehrsauffassung, die Zahlstellen die Bedeutung von Inkassomandataren des Scheckinhabers beilegt.

Ein Widerruf des Schecks nach Ablauf der Vorlegungsfrist kann nicht der Zahlstelle gegenüber, sondern nur dem Bezogenen gegenüber stattfinden. Durch Zahlung an die Zahlstelle bzw. Verrechnung mit dieser wird die bezogene Bank frei, der Inhaber kann sich seinerseits nur an die Zahlstelle, aus dem Inkassomandat, halten. Vgl. Riesser a. a. O. S. 138; Breit a. a. O.; ders. im BankA. 7 S. 234; Buff S. 43f.; Schiebler S. 18; Henschel S. 22; Merzbacher S. 20; Centralv. S. 7; Langen S. 107ff.; Meyer I S. 116ff. Wohl zu unterscheiden vom Zahlungsort ist der Erfüllungsort des zwischen den Parteien bestehenden Schuldverhältnisses. Grundsätzlich hat der Zahlungsort keinen Einfluß auf den Erfüllungsort. Insbesondere gilt als Erfüllungsort für die Leistung des Käufers bis zum Beweise des Gegenteils der Wohnort des Verkäufers, wenn dort sogleich beim Abschlusse des Kaufvertrages die erforderlichen Leistungen beider Teile bewirkt sind, auch wenn der Käufer zahlungshalber an einem andern Ort einzulösende, später nicht eingelöste Schecks hingibt (RG. in JW. 1922, 484).

IV. Fehlen der Angabe des Zahlungsortes (Satz 3).

Der Satz 3 des § 5 stellt die Vermutung auf, daß der Ausstellungsort als Zahlungsort gilt, wenn bei dem Namen oder der Firma des Bezogenen ein Ort nicht angegeben ist. Diese Regelung hat vielfach Widerspruch gefunden. Aus der Lit. vgl. z. B. Fick S. 220; Conrad S. 119; ferner Buff, Scheckverkehr S. 72; Riesser Bem. S. 43; Älteste S. 12; Cohn S. 36; Simonson, DJZ. 12 Sp. 998 u. a. Die Vorschrift gibt bezüglich ihrer Auslegung Zweifeln Raum. Von Merzbacher S. 21 wird bemerkt, die vom Gesetz aufgestellte Vermutung könne im Wege der Erforschung des Willens des Ausstellers sowie aus anderen in dem Scheck enthaltenen Anhaltspunkten widerlegt werden. „Wenn z. B. von Cottbus“, heißt es dort, „ein Scheck auf S. Bleichröder gezogen und versehentlich Berlin als Zahlungsort nicht angegeben ist, so wird man bei vernünftiger Auslegung des Willens des Ausstellers zu der Annahme gelangen, daß der Scheck in Berlin zu zahlen sei, zumal, da die Vorlegungsfrist des § 11 Abs. 1 sowohl für Platz- als für Entfernungsschecks die gleiche ist“. So sehr vielleicht gerade bei Fällen wie dem von Merzbacher erwähnten diese Auslegung dem Verkehrsinteresse entgegen kommt, so scheitert doch u. E. die Auffassung Merzbachers an dem Wortlaut und dem Willen des Gesetzes. Die Bestimmung des § 5 Satz 3 ist eine durch Gegenbeweis nicht widerlegbare Rechtsvermutung, das Gesetz legt hier von sich aus den

Parteiwillen aus, und will eine Auslegung von anderer Seite ausschließen. Das Gesetz bestimmt, daß Zahlungsort eines Schecks, der keinen Ort bei dem Namen oder der Firma des Bezogenen angibt, der Ausstellungsort ist. So auch mit Recht Jacusiel, BankA. 7, 283.

Abweichungen in der Angabe der Geldsummen.

§ 6.

Ist die zu zahlende Geldsumme in Buchstaben und in Ziffern ausgedrückt, so gilt bei Abweichungen die in Buchstaben ausgedrückte Summe. Ist die Summe mehrmals mit Buchstaben oder mehrmals mit Ziffern geschrieben, so gilt bei Abweichungen die geringere Summe.

E. 1892 § 3; vorl. E. § 4; österr. § 20 Ziff. 2.

Inhalt.

I. Die Auslegungsregel.

Im § 6 des Gesetzes ist diejenige Auslegungsregel wiedergegeben, die der Art. 5 der WO. für den gleichen Fall trifft. Die bestimmte Angabe der zu leistenden Geldsumme zählt gemäß § 1 Zahl 2 zu den wesentlichen Erfordernissen des Schecks. Das Gesetz enthält sich aber einer Vorschrift darüber, in welcher Weise die Summenangabe zu erfolgen hat, ob in Buchstaben oder etwa in doppelter Angabe, d. h. in Buchstaben und in Ziffern; an sich genügt es, wenn der Betrag in Zahlen oder in Buchstaben angegeben ist (RG. 92, 52). Um den bei doppelter Angabe möglicherweise entstehenden Zweifeln zu begegnen, gilt die zwingende Auslegungsregel, daß bei Angabe der Geldsumme in Buchstaben und in Ziffern bei Abweichungen die Buchstabensumme den Vorzug hat, eine Auslegung, die auch für den Fall gilt, daß die Angabe in Buchstaben die höhere Summe enthält. Ist aber die Summe mehrmals mit Buchstaben oder mehrmals mit Ziffern geschrieben, so hat bei Abweichungen die geringere Summe den Vorzug. Die Auslegungsregel des § 6 greift nicht nur dann Platz, wenn die mehrfache Angabe im Kontext des Schecks enthalten ist, sie hat vielmehr auch dann Anwendung zu finden, wenn die Geldsumme einmal im Kontext, das andere Mal außerhalb desselben erscheint. Vgl. auch oben § 1 III 3c S. 17f.

Wie für den Wechsel, so ist auch für den Scheck anzunehmen, daß sich die Vorschrift lediglich auf die Verschiedenheit in der Höhe der Geldsumme — dieselbe Münzart vorausgesetzt — bezieht, und daß bei abweichender Angabe in bezug auf die Münzart ein ungültiger Scheck vorliegt (§ 1 Zahl 2). Ist die Zahlung in mehreren Währungen nur freigestellt, so liegt eine Abweichung in der Münzart nicht vor. Vgl. Staub-Stranz, WO. Art. 5 Anm. 6; Schiebler S. 19; Buff S. 45.

Zu den sich aus dem Scheckvertrage ergebenden Verpflichtungen des Kontoinhabers (s. darüber Anhang zu § 3 I 5 a γ S. 63 f. gehört auch die Ausfüllung der in den Scheckvordrucken offengelassenen Stellen, so daß eine Fälschung dadurch unmöglich gemacht, oder doch wenigstens nicht erleichtert wird. Die sachgemäße Ausfüllung der offengelassenen Stellen erscheint zur Verhütung späterer mißbräuchlicher Ausfüllung so wesentlich, daß die Reichsbank sie in ihre Scheckbedingungen aufgenommen hat (vgl. darüber auch § 23 III 3 b S. 259). Da bei Unstimmigkeit zwischen Ziffern und Buchstaben die in Buchstaben ausgedrückte Summe gilt, diese also die entscheidende ist, so ist in dem Verhalten des Scheckausstellers, der in dem einem seiner Angestellten zur weiteren Behandlung überlassenen von ihm unterschriebenen Scheck den Betrag nur in Zahlen angegeben, dagegen den für die Ausfüllung der Summe in Buchstaben bestimmten Raum unausgefüllt gelassen hat, eine weitgehende Fahrlässigkeit zu erblicken, die einer mißbräuchlichen Benutzung des Schecks seitens des Angestellten Tür und Tor öffnet. RG. 92 S. 50; ferner 2. Nov. 1918, V 174/18.

Keine Bedeutung für die Auslegung bei Verschiedenheit der Summenangabe besitzen die den meisten Scheckformularen an der rechten Seiten angefügten Zahlenreihen. Für die weißen Schecks der Reichsbank ist z. B. bestimmt: „Von der Zahlenreihe (rechts) sind diejenigen Zahlen vor der Ausgabe des Schecks abzutrennen, welche dessen Betrag übersteigen." Diese Vorschrift ist nur eine Sicherheitsmaßregel, die für die Haftpflicht bei Fälschungen der Schecksumme entsprechend von Bedeutung wird; vgl. Anhang zu § 3 I 5 a γ S. 64. § 23 III 2 S. 255; III 3 b S. 259. Ebenso sind für die Auslegung der Summenangabe bedeutungslos diejenigen Angaben, die dem Bestreben entsprechen, Erleichterungen bei der Abfertigung der an der Kasse einer Bank vorkommenden Schecks herbeizuführen. Als Beispiel sei auf die Formulare der Kommerz- und Diskontobank Hamburg verwiesen, woselbst erwähnt ist: „Zur Erleichterung des Verkehrs ist es wünschenswert, daß Sie hierunter die Geldsorten spezifizieren, in welchen Sie umstehenden Betrag zu erheben wünschen."

II. Ausländisches Recht.

Aus der ausländischen Gesetzgebung ist bemerkenswert, daß viele Gesetze, so z. B. der Art. 830 Zahl 2 des Schweizerischen

Obligationsrechts, „die mit Worten auszusetzende Angabe der Geldsumme" als wesentliches Erfordernis verlangen. Das österreichische Gesetz nimmt in seinem § 20 Zahl 2 auf Art. 5 WO. Bezug.

Zahlungszeit. **§ 7.**

Der Scheck ist bei Sicht zahlbar. Die Angabe einer anderen Zahlungszeit macht den Scheck nichtig.

E. 1892 § 5; vorl. E. § 6; österr. § 5.

Inhalt.

I. Vorbemerkung.

Für den stempelfreien Scheck war bereits vor dem Scheckgesetz gemäß § 24 des alten WStempG. die Zahlbarkeit auf Sicht Bedingung; die Worte des § 24 . . . . . . „die statt der Barzahlung dienenden, auf Sicht zahlbaren" Platzanweisungen und Schecks . . . beziehen sich nicht nur auf Platzanweisungen, sondern auch auf Schecks. RGSt. 18, 154. In der Literatur ist de lege ferenda in ganz überwiegendem Maße die ausschließliche Zulassung von Sichtschecks verlangt worden, ohne daß die Aufnahme der Sichtklausel in den Wortlaut des Schecks für notwendig erachtet worden wäre. Vgl. die ausführl. Lit.-Angaben bei Conrad S. 134; Cohn S. 39 ff. Das OLG. Hamburg hat bereits in einer Entscheidung vom 21. Okt. 1892 (SeuffA. 48 Nr. 196) darauf hingewiesen, daß es nicht üblich sei, die Zahlbarkeit eines Schecks an eine Frist zu binden, da ja bei einem Scheck vorausgesetzt werde, daß der Bezogene den Scheckbetrag für den Aussteller zur sofortigen Auszahlung bereit habe. Von diesem Gesichtspunkte geht auch das Gesetz aus. Die Begr. S. 22 bemerkt, für die Anweisungen bestehe keine Beschränkung der Zahlungszeit. „Die Zahlbarkeit bei Sicht gehört dagegen zum Wesen des Schecks; sie ist notwendig, wenn der Scheck nicht seinem wirtschaftlichen Zweck, als Zahlungsmittel zu dienen, entfremdet und zu einem dem Wechsel ähnlichen Kreditpapier gemacht werden soll. Die kurze Vorlegungsfrist würde ihren Zweck verfehlen, wenn sie durch die Bestimmung einer Zahlungsfrist umgangen werden könnte." In eben diesem Sinne führen die österr. Mot. zu § 5 aus, die unbedingte Zahlbarkeit bei Sicht bilde ein weiteres unterscheidendes Merkmal zwischen Scheck und Wechsel. Sie sei formell und praktisch nachdrücklichst zu betonen, um dem Scheck seinen Charakter als Zahlungsmittel und damit seinen spezifischen Wert für den Verkehr zu erhalten.

II. Zahlbarkeit bei Sicht (Satz 1). Vordatierte Schecks.

Der Scheck ist bei Sicht zahlbar; der Scheck ist also gesetzliches Sichtpapier und mithin auch dann bei Sicht zahlbar, wenn jede Angabe über die Zahlungszeit in der Urkunde fehlt. Cohn a. a. O. M. a. W. die Sichtklausel ist kein notwendiges Formerfordernis. Es ist stets bei Sicht zu zahlen; einer besonderen Angabe darüber in dem Scheck selbst bedarf es nicht. Begr. S. 22. Anderseits schadet es natürlich nicht, wenn die Sichtklausel „bei Sicht", „nach Sicht", „auf Vorzeigung" u. ähnl. in den Scheck aufgenommen ist.

Was die vordatierten Schecks anbelangt, so wurde bereits zu § 1 darauf hingewiesen, daß auch der vordatierte Scheck im Sinne des § 7 Satz 1 bei Sicht zahlbar ist, daß er aber doch nicht zahlbar ist vor seinem Ausstellungstage (§ 1 V 3b S. 32. Simonson S. 56). Zahlbarkeit vor dem in der Urkunde angegebenen Ausstellungstage würde dem Wesen des Schecks widersprechen, und Widersprüche dieser Art müssen schon wegen der Unabsehbarkeit ihrer Konsequenzen vermieden werden. Centralv. S. 8 Der Bezogene braucht daher einen vordatierten Scheck, der ihm vor dem auf dem Scheck angegebenen Ausstellungstage zur Zahlung präsentiert wird, nicht einzulösen. Würde er ihn einlösen, so wäre er als Beteiligter am Umlaufe des Schecks vor dem Ausstellungstage für die Wechselstempelsteuer mit haftbar (§ 29 Abs. 2). Gegen die Einlösung eines ordnungsgemäß mit dem Wechselstempel versehenen vordatierten Schecks vor dem Ausstellungstage bestehen immerhin noch insofern Bedenken, als damit der Bezogene dem Willen des Ausstellers, daß der Scheck nicht vor einer bestimmten Zeit eingelöst wird, zuwiderhandelt. Der Aussteller eines vordatierten Schecks will im Zweifel den Willen, daß auf diesen Scheck seitens des Bezogenen gezahlt werde, erst unter dem Tage geäußert wissen, von dem der Scheck datiert ist. Der Bezogene eines vordatierten Schecks darf deshalb den Scheck vor dem auf ihm vermerkten Ausstellungstage nur dann einlösen, wenn er annehmen darf, daß der Aussteller die Einlösung vor dem Ausstellungstage billigen werde; siehe auch KG. BankA. 9 S. 93 = KGBl. 20 S. 118. In der Praxis weisen demgemäß die bezogenen Banken, aber auch die Inkassostellen, die an ihrer Kasse präsentierten, vordatierten Schecks zurück, oder aber sie nehmen sie bis zum Ausstellungstag in Depot. Vgl. auch § 29 IV 1a S. 295.

Verspricht der Verkäufer eines von einer ausländischen Bank ausgestellten auf ihre Filiale gezogenen

Schecks für sofortige Einlösung bei Vorlage einzustehen, so ist diese Erklärung in dem Falle, daß der Käufer infolge bestehender Devisenverordnung den Betrag nicht bar ausgezahlt erhält, in der Weise zu verstehen, daß der Verkäufer für eine sofortige Einlösung des Schecks mit unbeschränkter Verwendungsmöglichkeit des Geldes einzustehen hat. Das Bestehen einer derartigen Börsenusance, die das Erfordernis der § 7 nicht berührt, ist möglich. RG. BankA. 22 S. 242.

III. Angabe einer anderen Zahlungszeit (Satz 2).

Der E. von 1892 bestimmte im § 5 und der vorl. E. im § 6, daß der Scheck bei Sicht zahlbar sei, und daß die Angabe einer anderen Zahlungszeit den Scheck als solchen ungültig mache; das Gesetz hingegen verfügt, daß die Angabe einer anderen Zahlungszeit den Scheck nichtig macht. Ein Scheck, auf dem eine bestimmte Zahlungszeit angegeben ist, ist daher als Scheck nichtig. Er ermangelt jedenfalls der gesetzlichen Regreßwirkungen nach §§ 15 ff. dieses Gesetzes und unterliegt nach § 4 Abs. 1c WSteuerG. mit § 29 des ScheckG. der Wechselsteuer. Immerhin kann auch ein mit bestimmter Zahlungsfrist versehener und daher nichtiger Scheck noch gemäß § 140 BGB. Rechtswirkungen äußern: „Entspricht ein nichtiges Rechtsgeschäft den Erfordernissen eines anderen Rechtsgeschäftes, so gilt das letztere, wenn anzunehmen ist, daß dessen Geltung bei Kenntnis der Nichtigkeit gewollt sein würde." In Betracht kommen in diesem Falle besonders die Vorschriften über die Anweisung nach §§ 783 ff. BGB. oder, wenn der nichtige Scheck auf einen Kaufmann ausgestellt ist, die Vorschriften der §§ 363 ff. HGB. Vgl. Kuhlenbeck S. 51, aber auch oben S. 16. Das Gesetz hat den Weg, die Angabe der Zahlungszeit als nicht geschrieben zu betrachten, nicht eingeschlagen, weil dem Willen des bei der Begebung einer solchen Urkunde Beteiligten dadurch ein unwillkommener Zwang angetan wird. „Der Aussteller, der den Nehmer ausdrücklich erst in der Zukunft befriedigen will, darf nicht so behandelt werden, als hätte er eine sofort fällige Zahlungsanweisung erteilt." Begr. S. 23. Über die im Satz 2 getroffene Regelung vgl. z. B. im Sinne des Gesetzes: Loeb, Der Scheckgesetzentwurf S. 13; Älteste S. 14. Vgl. dagegen Buff, Scheckverkehr S. 72; Buff S. 46; Riesser, BankA. 7 S. 138 f.; Cohn S. 40 f.; Conrad S. 135; österr. Mot. S. 75. Zu erwähnen ist noch Zahl 4 der Abt. B des Abkommens des Scheckvereins vom 14. Februar 1883: „Schecks, welche die Bestimmung einer Zahlungsfrist enthalten, dürfen nicht bezahlt werden."

Indossament.

§ 8.

(¹) Der auf einen bestimmten Zahlungsempfänger gestellte Scheck kann durch Indossament übertragen werden, wenn nicht der Ausstellung die Übertragung durch die Worte „nicht an Order" oder durch einen gleichbedeutenden Zusatz untersagt hat.

(²) In betreff der Form des Indossaments, in betreff der Legitimation des Besitzers eines indossierten Schecks und der Prüfung der Legitimation sowie in betreff der Verpflichtung des Besitzers zur Herausgabe finden die Vorschriften der Artikel 11 bis 13, 36, 74 der Wechselordnung entsprechende Anwendung. Ein auf eine Abschrift des Schecks gesetzter Indossament ist jedoch unwirksam. Das Gleiche gilt von einem Indossamente des Bezogenen. Ein Indossament an den Bezogenen gilt als Quittung.

E. 1892 § 6; vorl. E. § 7; österr. §§ 6, 7.

Inhalt.

I. Indossierbarkeit.

1. Indossierbare Schecks.

Das Scheckgesetz fügt durch den § 8 denjenigen Papieren, die geborene Orderpapiere (Orderpapiere kraft Gesetzes) sind, (Wechsel Art. 9 und 98 WO., Namensaktie § 222 HGB.; Interimsschein § 224 HGB., Reichsbankanteile § 5 des Statuts der Reichsbank vom 21. Mai 1875) den Scheck hinzu: der auf einen bestimmten Zahlungsempfänger gestellte Scheck kann, wenn seine Indossierbarkeit nicht ausdrücklich ausgeschlossen ist, durch Indossament übertragen werden. Hierdurch unterscheidet sich der Order- und Rektascheck von den sog. handelsrechtlichen Orderpapieren (§ 363 HGB.), die nur dann Orderpapiere sind, wenn sie die Orderklausel enthalten (gekorene Orderpapiere).

a) Orderscheck.

Indossierbar ist selbstverständlich zunächst der Orderscheck.

b) Rektascheck.

Indossierbar ist ferner der Rektascheck. Er ist von Gesetzes wegen Orderpapier, soweit nicht der Aussteller die Indossierbarkeit durch die negative Orderklausel (vergl. unten I 2b S. 111) ausgeschlossen hat. Er ist, wie bereits oben § 4 I S. 87 bemerkt, in Deutschland wenig im Gebrauch. Seine Zulassung ist aber vielfach gewünscht worden. Vgl. z. B. Simonson, DJZ. 12 S. 999; Fick S. 234 ff. „Allerdings führt die Rektaklausel durch die Legitimationsprüfung zu einer gewissen Erschwerung im Scheckverkehr, und mag der Tendenz, den Scheck in seinen Wirkungen tunlichst der Barzahlung zu nähern, nicht gerade entsprechen. Aber der Wunsch des Ausstellers, dem Remittenten gegen Verlust und Diebstahl Sicherheit zu verschaffen, hat doch auch seine Berechtigung." Cohn S. 43.

2. Nichtindossierbare Schecks.

Nichtindossierbar sind Inhaberschecks und Schecks mit negativer Orderklausel.

a) Inhaberscheck.

Daß beim Inhaberscheck ein Indossament im technischen Sinne nicht möglich ist, sei hier nochmals bemerkt; vgl. oben § 4 III 2b S. 93. Dies gilt sowohl für den echten Inhaberscheck wie für den Scheck mit alternativer Inhaberklausel. Über die Namensskriptur beim Inhaberscheck vgl. unten § 15 II 2 S. 185.

b) Negative Orderklausel.

§ 8 Abs. 1 gewährt dem Aussteller des Schecks die Befugnis, die Übertragung des Schecks mittels Indossaments durch die Worte „nicht an Order" oder durch einen gleichbedeutenden Zusatz (negative Orderklausel) zu untersagen.

Als gleichbedeutender Zusatz wie die Klausel „nicht an Order" gelten im Verkehr die Worte: „ohne Giro", „ohne Indossament", „nur an Herrn X. X." usw. Die Streichung der Worte „an Order" genügt, schon im Hinblick auf § 4 des Gesetzes, natürlich nicht. Die negative Orderklausel muß auf die Vorderseite des Schecks geschrieben werden, ein auf die Rückseite des Schecks geschriebenes Verbot hat keine Wirkung. Ob die Klausel, um wirksam zu sein, im Kontext stehen muß, erscheint zweifelhaft. Die Frage wird jedoch, im Einklang mit der überwiegenden Meinung hinsichtlich des Wechsels, auch für den Scheck zu bejahen sein. Staub-Stranz Art. 9 Anm. 7 mit Lit.; Rehbein Art. 9—17 Zahl 3. A. M. wie hier: für den Scheck Henschel S. 125: Es genügt, wenn sich die Klausel erkennbar auf der Vorderseite des Schecks befindet. Richtig Merzbacher S. 24. Ein außerhalb des Schecks erteiltes Verbot der Indossierung kann nur aus dem Vertragsverhältnisse Schadenersatzansprüche zwischen den unmittelbaren Kontrahenten begründen und hat keine scheckrechtliche Wirkung. Die Zulässigkeit des Rektaschecks an den Aussteller selbst („nur an mich selbst") erscheint zweifellos. Kuhlenbeck S. 47.

Ein vom Indossanten ausgehendes Indossierungsverbot (Rekta-Indossament) kennt das Scheckgesetz im Gegensatz zur WO. Art. 15 und zu § 7 des österr. Scheckgesetzes nicht. Ein Indossant (anders der Aussteller) kann dem auf einen bestimmten Zahlungsempfänger gestellten und damit kraft Gesetzes indossierbaren Scheck seinen ursprünglichen Charakter als Orderpapier nicht nehmen. Hat sich einmal der Aussteller durch die Begebung des auf einen bestimmten Zahlungsempfänger gestellten Scheck dahin verpflichtet, daß er für die Leistung an den Verpflichteten oder dessen Order einsteht, so vermag dieser Verpflichtungswille nicht durch einen nachträglichen Erwerber des Schecks beeinträchtigt oder eingeschränkt zu werden. Ein Rekta-Indossament dürfte daher keine scheckrechtliche Wirkung äußern. Vgl. Buff S. 55; wenn Schiebler S. 27 erklärt: der Rekta-Indossant sei von der Regreßhaftung gegenüber den späteren Indossataren frei, es sei kein Grund ersichtlich, warum dies nicht auch für den Scheck gelten solle, so übersieht er, daß der Art. 15 WO., den er anwendet, doch eine so singuläre Bestimmung darstellt, daß sie ohne ausdrückliche Zulassung im Scheckgesetz (wie dies das österr. Gesetz in seinem § 7 getan), keine Anwendung finden kann. Das Scheckgesetz zählt die Art. der WO., die auf den Scheck Anwendung zu finden haben, im einzelnen auf, so daß der Art. 15 durch diese als erschöpfend anzusehende Aufzählung ausscheidet Cohn S. 125; s. oben Einl., IV 5 b S. XXXII.

c) Wirkung eines trotz negativer Orderklausel geschriebenen Indossaments.

Das Gesetz enthält sich einer Bestimmung hinsichtlich der Wirkung des trotz der negativen Orderklausel auf einen Scheck gesetzten Indossaments. Im Art. 9 der WO. ist für den gleichen Fall verfügt, daß das Indossament eines Rektawechsels keine wechselrechtliche Wirkung habe. Entsprechendes wird auch für den Scheck anzunehmen sein. Das trotz der negativen Orderklausel auf den Scheck gesetzte Indossament hat keine scheckrechtliche Wirkung, es verschafft insbesondere nicht dem Indossatar den direkten Regreß gegen den Aussteller und die Vorindossanten, es ist ihm aber auch eine zivilrechtliche Wirkung im Hinblick auf § 792 Abs. 2 BGB. abzusprechen. Vgl. Simonson S. 57; Staub-Stranz § 9 Anm. 7; Fick S. 236; Wendt, Anweisungsrecht S. 140; Cohn S. 44. Unzutreffend ist es, wenn Breit, SächsArch. 3 S. 54 bemerkt, es liege kein Grund vor, ein im Widerspruch mit der Rektaklausel vollzogenes Indossament nicht grundsätzlich als Verlautbarung der Übertragung des Scheckanspruches aufrecht zu erhalten (ebenso Buff S. 50; Schiebler S. 22; Henschel S. 25). Hierbei ist § 792 Abs. 2 übersehen, wonach der Anweisende die Übertragung der Anweisung ausschließen kann. Richtig Merzbacher S. 24: Beim Rektascheck erzeugt das Indossament nicht bloß keine scheckrechtliche Wirkung, sondern die Übertragung ist nach § 792 Abs. 2 BGB. ausgeschlossen, insoweit der Scheck sich als Anweisung darstellt. Der Bezogene hat diese Bestimmung des Ausstellers zu beachten, widrigenfalls er sich diesem gegenüber schadenersatzpflichtig macht.

II. Form des Indossaments.

1. Ort des Indossaments.

Hierüber bestimmt der gemäß § 8 Abs. 2 entsprechend anzuwendende Art. 11 WO.:

> „Das Indossament muß auf den Wechsel, eine Kopie desselben oder ein mit dem Wechsel oder der Kopie verbundenes Blatt (Allonge) geschrieben werden."

Dagegen bestimmt § 8 Abs. 2 Satz 2, daß ein auf eine Abschrift des Schecks gesetztes Indossament unwirksam ist. Die Begr. S. 23 bemerkt, daß zur Ausstellung von Kopien, auf welche Originalindossamente gesetzt werden können, beim Scheck kein Bedürfnis vorliege. Es sei daher gerechtfertigt, die Vorschrift des Art. 11 WO. insoweit auszuschließen und Indossamenten, die auf eine Abschrift des Schecks gesetzt sind, die scheckrechtliche Wirksamkeit zu versagen. Auch nach dem österr. Scheckgesetz können Scheckkopien nicht indossiert werden, auch hier muß das Indossament auf dem Originalscheck stehen. Die erläuternden Bemerkungen führen aus, diese Abweichung scheine begründet, weil eine Akzeptierung des Schecks nicht stattfindet, womit die eigentliche Ursache der Zulassung von Indossamenten auf Abschriften entfalle, und weil gerade die Unterschrift des Ausstellers unter den Kontrollmaßregeln, durch die sich der Bezogene vor Schaden aus der Einlösung falscher Schecks zu sichern suche, die hervorragendste Bedeutung habe. Vgl. österr. Ges. § 6; im übrigen vgl. unten § 9 S. 130 ff.

2. Blankoindossament.

Hierüber bestimmen die gemäß § 8 Abs. 2 entsprechend anzuwendenden Art. 12, 13 WO. folgendes:

Art. 12 WO.:

„Ein Indossament ist gültig, wenn der Indossant auch nur seinen Namen oder seine Firma auf die Rückseite des Wechsels oder der Kopie, oder auf die Allonge schreibt (Blanko-Indossament).“

Während es für das gewöhnliche Indossament ohne Bedeutung ist, ob es auf der Rückseite oder der Vorderseite des Schecks steht, muß das Blankoindossament auf die Rückseite des Schecks geschrieben werden. Es genügt, wenn der Indossant seinen Namen oder seine Firma auf der Rückseite des Schecks zeichnet. Die Zeichnung kann auch auf der Rückseite einer Allonge geschehen. Merzbacher S. 25 irrt in der Annahme, daß angesichts der kurzen Vorlegungsfrist die Allonge selten vorkommen wird; sie ist im Gegenteil überaus häufig, weil durch den Aufdruck der Zahlstellen auf der Rückseite des Schecks der für die Indossierung zur Verfügung stehende Raum meist sehr beschränkt ist. Bezüglich der Kopie gilt das oben II 1 Bemerkte. Über die Form des Blankoindossaments vgl. im einzelnen Staub-Stranz Art. 12 Anm. 2: Ein Blankoindossament liegt immer vor, wenn der Indossatar nicht genannt wird. Welche Form sonst gebraucht wird, ist gleichgültig, es muß nur der Indossierungswille deutlich erklärt sein.

Art. 13 WO.:

„Jeder Inhaber eines Wechsels ist befugt, die auf demselben befindlichen Blanko-Indossamente auszufüllen; er kann den Wechsel aber auch ohne diese Ausfüllung weiter indossieren.“

Der Blankoindossatar kann ein selbständiges Indossament auf den Scheck setzen (Voll- oder Blankoindossament) oder aber das Blankoindossament mit dem Namen einer anderen Person ausfüllen mit der Wirkung, daß dieses Indossament nunmehr ein vollgültiges Indossament ist. Im übrigen darf er nicht beliebige Zusätze machen. Der Blankoindossatar kann aber auch den Scheck so, wie er ihn erhält, durch bloße Übergabe, ohne Indossament durch sog. Blankotradition auf andere übertragen. Zur Wirksamkeit der Übertragung ist aber sowohl beim Indossament als auch bei der Blanko-Übergabe ein gültiger Begebungsvertrag notwendig. Das Vorhandensein eines solchen wird aber vermutet Staub, HGB. § 365 Anm. 6 mit Lit. Vgl. hieher auch Staub-Stranz, WO. Art. 13 Anm. 4: „So kann der Wechsel auf Grund des Blankogiros von Hand zu Hand gehen, auch in das Eigentum des Blankoindossanten selbst wieder gelangen, der hiernach auf

Grund seines eigenen Blankogiros legitimiert ist. Der Wechsel nähert sich solchergestalt durch das Blankoindossament dem Inhaberpapier, ist aber ein solches nicht." „Das Wechselrecht steht dem Blankoindossatar so zu, wie es sich abstrakt aus dem Wechsel ergibt, und weder Einreden aus der Person des Indossanten noch aus der Person des Blankotradenten können dem Blankoerwerber entgegengehalten werden."

Darüber, daß der Blanko-Indossatar auch die Forderung aus dem Scheck abtreten kann, ferner, daß überall ein Blankogiro in gehöriger Reihenfolge vorausgesetzt ist vgl. Staub-Stranz Art. 13 Anm. 5.

Über die Wirkung des Blankoindossaments an den Bezogenen vgl. unten III 5 b β S. 126 f.

III. Wirkung des Indossaments.

Die Wirkung des Indossaments ist im Scheckgesetz nicht ausdrücklich erwähnt; es gilt jedoch auch hier der dem Institut des Indossaments eigentümliche Satz, daß das Indossament eine zweifache Funktion hat: die der Rechtsübertragung und die der Legitimation. Über die Garantiefunktion vgl. § 15 S. 182 ff.

1. Rechtsübertragung.

Durch das Indossament gehen gemäß Art. 10 WO., § 364 Abs. 1 HGB. alle Rechte aus dem indossierten Papier auf den Indossatar über. Auch für den Scheck ist es richtig, daß zur Niederschrift des Indossaments auf dem Scheck, um das Rechtsgeschäft der Übertragung zu vollenden, die Aushändigung des Schecks an den Indossatar, die Besitzübertragung, und die Annahme durch den Erwerber, also der Begebungsvertrag, hinzukommen muß. Durch das Indossament gehen die Rechte aus dem indossierten Scheck über, d. h. der Indossatar erwirbt nicht etwa nur die Rechte des Indossanten als solche, wie bei der Abtretung des BGB. (§ 398), sondern er erwirbt die Ansprüche aus dem Scheck, wie sie sich abstrakt aus dem Scheck selbst ergeben. Alle Rechte aus dem Scheck gehen über, d. h. die Rechte, die der Scheck selbst erzeugt. Ein in dieser Hinsicht beschränktes oder bedingtes Indossament ist unzulässig. Vgl. im einzelnen die Ausführungen von Staub-Stranz, WO. Art. 10 Anm. 1 ff.; Düringer-Hachenburg 2 S. 596; Staub, HGB. § 364 Anm. 2. Der Indossatar eines Orderschecks kann, der Natur des Indossaments entsprechend, den Scheck seinerseits weiterindossieren. Vgl. Art. 10 WO. Daß der Scheck auch auf den Aussteller oder einen früheren Indossanten zurückindossiert werden kann, erscheint mit Breit, SächsArch. 3 S. 54 auch ohne ausdrückliche Bestimmung als zweifellos. Ebenso

Schiebler S. 26; vgl. aber Cohn S. 44. Das trotz negativer Orderklausel auf den Scheck gesetzte Indossament überträgt keine Rechte; vgl. oben I 2 c S. 112.

2. Legitimation.

a) Im Allgemeinen.

Über die Legitimation des Besitzers eines indossierten Schecks und die Prüfung der Legitimation bestimmt Art. 36 WO., der gemäß § 8 Abs. 2 entsprechende Anwendung findet:

„Der Inhaber eines indossierten Wechsels wird durch eine zusammenhängende, bis auf ihn hinuntergehende Reihe von Indossamenten als Eigentümer des Schecks legitimiert. Das erste Indossament muß demnach mit dem Namen des Remittenten, jedes folgende Indossament mit dem Namen desjenigen unterzeichneten sein, welchen das unmittelbar vorhergehende Indossament als Indossatar benennt. Wenn auf ein Blanko-Indossament ein weiteres Indossament folgt, so wird angenommen, daß der Aussteller des letzteren den Wechsel durch das Blanko-Indossament erworben hat. Ausgestrichene Indossamente werden bei Prüfung der Legitimation als nicht geschrieben angesehen. Die Echtheit der Indossamente zu prüfen, ist der Zahlende nicht verpflichtet."

Zu beachten bleibt, daß der Bezogene, der den Scheck bezahlt, die Aushändigung des quittierten Schecks verlangen kann. § 13. Vgl. § 370 BGB.: „Der Überbringer einer Quittung gilt als ermächtigt, die Leistung zu empfangen, sofern nicht die dem Leistenden bekannten Umstände der Annahme einer solchen Ermächtigung entgegenstehen." Ob diese auf Grund des § 370 BGB. geschaffene Legitimation den Quittungsüberbringer zur Geldempfangnahme stets legitimiert, auch wenn ihm die scheckrechtliche Legitimation fehlt, erscheint trotz Staub, HGB. 12./13. Aufl. Anh. zu § 58 Anm. 41 ff, Staub-Stranz, WO. Art. 36 Anm. 28 nicht unzweifelhaft. Vgl. Neubecker, Rechtsvergleichende Bemerkungen zur Stellung des Quittungsträgers, in der Brunnerfestschrift (München u. Leipzig 1914) S. 281 ff.

b) Prüfungspflicht.

Der Bezogene muß die formale Legitimation des Besitzers eines indossierten Schecks prüfen. Der Inhaber des Schecks ist als dessen Eigentümer legitimiert, wenn nach dem Anblick der Scheckurkunde die Reihe der Indossamente ununterbrochen vom Zahlungsempfänger bis auf ihn hinunter führt. Für diese Legitimation kommt es lediglich auf den äußeren Zusammenhang der als Indossamente sich darstellenden Erklärungen an.

Der Einwand, daß es eine als Indossatar bezeichnete Person gar nicht gegeben habe, ist demnach unzulässig. RG. 55, 48. Das Gesetz fordert mit dieser Vorschrift nicht eine Reihe von echten Indossamenten. Der falsche Schriftakt steht, was die wirksame Übertragung aus dem Scheck anlangt, dem richtigen Schriftakt gleich. Auch der erste gutgläubige Nehmer erwirbt auf Grund des falschen Indossaments das Recht aus dem Scheck. OLG. Dresden. JW. 18 S. 777 = SeuffA. 73 S. 121. Zur Herstellung des äußerlichen Zusammenhanges der Indossamente ist es erforderlich, daß jeder Indossant durch das Indossament eines Vorindossatars, der erste Indossatar durch das Indossament des ebenfalls in dem Scheck bezeichneten Berechtigten legitimiert ist. Ist die Legitimationskette äußerlich durchbrochen, sind z. B. Indossamente, welche für deren Zusammenhang der Reihenfolge erforderlich wären, durchstrichen, so ist keiner, der nach der Unterbrechung als Indossatar erscheint, zur weiteren Indossierung oder zur Geltendmachung der Rechte aus dem Papier befugt. Vgl. Düringer-Hachenburg, HGB. 2 S. 451, wo auch auf die ähnliche Vorschrift des § 1151 BGB. hinsichtlich der Legitimation des Besitzers des Hypothekenbriefes hingewiesen wird. Die Legitimationskette kann aber auch äußerlich durchbrochen sein, wenn ein zivilrechtlicher Begebungsakt inmitten liegt. In diesem Falle gilt die Reihe nicht als durchbrochen, das Indossament des Rechtsnachfolgers ist gültig. In welcher Weise die Lücke von dem Inhaber des Schecks ergänzt werden muß, s. Staub-Stranz Art. 36 Anm. 14.

Bezüglich des Blankoindossaments gilt die Vermutung, daß der Aussteller des darauf folgenden Indossaments den Scheck durch das Blankoindossament erworben habe; das nachfolgende Indossament kann aber natürlich wiederum ein Blankoindossament sein, unbeschadet der eben erwähnten Vermutung des Art. 36. Ausgestrichene Indossamente werden bei Prüfung der Legitimation als nicht geschrieben angesehen.

Erscheint hiernach eine Person als nach dem äußerlichen Zusammenhang der als Indossamente sich darstellenden Erklärungen legitimiert, so hat der Bezogene noch zu prüfen, ob der Präsentant des Schecks mit der formell legitimierten Person identisch ist. Es genügt nicht, daß irgend jemand den Scheck präsentiert, dessen letztes Indossament auf Friedrich Schulze lautet, sondern es muß wirklich ein Herr Friedrich Schulze sein, der den Scheck präsentiert. Auch guter Glaube schützt den Bezogenen nicht (bestr.). Für die Identität spricht die Vermutung. Ist aber das letzte Indossament ein Blankoindossament, so ist jeder Präsentant legitimiert und von einer Prüfung der Identität kann nicht die Rede sein. Staub-Stranz Art. 36 Anm. 17; vgl. auch Breit, Pflichten S. 20 f.

Die Echtheit der Indossamente zu prüfen, ist der Bezogene nicht verpflichtet. Auch in eine Prüfung der materiellen Legitimation des Scheckinhabers braucht der Bezogene nicht einzutreten. Ob derjenige, welcher das Indossament gezeichnet hat, z. B. der Vertreter einer Aktiengesellschaft, zu dieser Zeichnung befugt war, oder ob er nur kollektiv mit einem weiteren Vorstandsmitgliede zeichnen durfte, ist u. E. eine Frage der materiellen Legitimation, auf deren Prüfung sich der Bezogene nicht einlassen muß (abw. Düringer-Hachenburg 2 S. 589), ebenso wie z. B. nicht zu prüfen ist, ob die Person, die das Indossament für eine Aktiengesellschaft getätigt hat, wirklich ihr Vorstand ist, oder ob der präsentierende Wechselgläubiger nicht vielleicht unter Vormundschaft steht. Staub-Stranz Art. 36 Anm. 19. Vorausgesetzt ist allerdings, daß der Bezogene bona fide zahlt. Zahlt er mala fide an den materiell nicht Berechtigten, so ist einschlägig, was vom RG. für den Wechsel ausgeführt wird: „Der an den formell legitimierten Inhaber des Wechsels zahlende Wechselschuldner wird, auch wenn der Inhaber des Wechsels dessen wahrer Eigentümer nicht ist, durch die Zahlung von seiner Schuld nur dann nicht befreit, sofern er bei der Zahlung wußte, oder infolge grober Fahrlässigkeit nicht wußte, daß jener der Eigentümer des Wechsels nicht war. Dieser Rechtssatz geht parallel dem Grundsatz des Art. 74 WO. Wie der formal legitimierte Inhaber des Wechsels, der den Wechsel gutgläubig ohne grobe Fahrlässigkeit erworben hat, als Wechseleigentümer anerkannt und geschützt ist, so wird der Wechselschuldner, der gutgläubig ohne grobe Fahrlässigkeit an den formell legitimierten Wechselinhaber gegen Aushändigung des (quittierten) Wechsels gezahlt hat, gegen nochmalige Inanspruchnahme aus dem Wechsel geschützt.“ RG. 55 S. 49.

Fraglich ist, wie weit die Legitimationsprüfung von Inhabern von Orderschecks, die kein Indossament oder Vollgiro tragen (bei Inhaberschecks s. S. 111), vorzunehmen ist. Es muß die Vorlegung hinreichender Ausweispapiere verlangt werden, dazu gehören nicht Briefe, Mietsverträge, Invalidenquittungskarten und Militärpapiere. Namentlich die letztgenannten Papiere sind so oft entwendet und gefälscht, daß ihnen überhaupt keine Beweiskraft zugesprochen werden kann. In jedem Falle wird sich wohl die Vorlegung amtlicher Ausweispapiere, die eine Photografie oder eine genaue Personalbeschreibung, sowie die Unterschrift des Inhabers enthalten (Reisepaß, amtlicher Personalausweis, Postausweiskarte) kaum erreichen lassen. Empfehlenswert ist es auch, den Vorzeiger des Schecks anzuhalten, mehrere Legitimationspapiere, die auf seinen Namen lauten, vorzuzeigen (z. B. Invalidenkarte und Paß), da es erfahrungsgemäß schon schwieriger ist, sich zwei gefälschte Papiere auf denselben Namen zu beschaffen. Auch würde man in einem solchen Falle ihn um Angabe seiner Adresse ersuchen und ihm den Scheckbetrag durch die Post mittels Postanweisung oder Postscheck zusenden.

c) Ausgestrichene Indossamente.

Ausgestrichene Indossamente werden bei der Prüfung der Legitimation als nicht geschrieben angesehen (Art. 36 WO. Satz 4). Für den Fall, daß nicht mit Sicherheit erkennbar ist, ob ein Indossament vor oder nach Protesterhebung ausgestrichen worden ist, stellt das RG. die Vermutung auf, daß eine die Reihenfolge der Indossamente unterbrechende Durchstreichung erst nach Protesterhebung erfolgt sei, da im Interesse des Verkehrs davon ausgegangen werden müsse, daß der Protestbeamte die Legitimation gewissenhaft geprüft habe (RG. 104, 269). In der Mehrzahl der Fälle wird man dieser Argumentation beipflichten können.

d) Prüfungsrecht.

Der Bezogene hat unter Umständen zwar keine Prüfungspflicht, aber ein **Prüfungsrecht**. Das letztere erstreckt sich auch auf die Echtheit der Indossamente. In dieser Hinsicht hat das RG. 53 S. 207 aus den Art. 36, 74, 76 und 82 WO. für den Wechsel u. a. folgenden, auch für den Scheck entsprechend anwendbaren Satz als in Wissenschaft und Rechtsprechung feststehend ausgesprochen: „Die formelle Legitimation begründet nur eine Vermutung für den rechtmäßigen, d. h. gutgläubigen Erwerb des Wechsels. Der Schuldner kann diese Vermutung entkräftigen. Zwar nicht durch den bloßen Nachweis, daß sich unter den vorangegangenen Wechselskripturen falsche oder verfälschte befänden, wohl aber durch den Nachweis, daß der formell legitimierte Inhaber den Wechsel in bösem Glauben oder in grober Fahrlässigkeit von einem zu dessen Begebung nicht Berechtigten erworben habe." Weiter ist dort ausgeführt: „Ist die Bekämpfung der materiellen Legitimation des Vorzeigers der Urkunde der Regel nach nur ein Recht des Schuldners, so kann sie unter Umständen auch zu einer Pflicht werden. Insbesondere besteht eine solche Pflicht nach dem allgemeinen Grundsatze von Treu und Glauben im Verkehr gegenüber dem wahren Eigentümer des Wechsels. Dies ist aber nur dann der Fall, wenn der Schuldner weiß oder wissen muß, daß der Vorzeiger den Wechsel bösgläubig oder grob fahrlässig erworben hat. Leistet der Wechselschuldner auch bei Vorliegen dieser Voraussetzungen gleichwohl Zahlung an den Präsentanten, so kann er selbst nicht als gutgläubig erachtet werden und läuft Gefahr, dem vindizierenden Eigentümer nochmals Zahlung leisten zu müssen."

Der Scheckinhaber genügt seiner **Beweispflicht** durch die Vorweisung von Indossamenten, die formell in Ordnung sind. Der Angriff gegen die materielle Legitimation ist Sache des Einwandes. Gegenüber dem formell legitimierten Scheckinhaber ist daher der Beklagte beweispflichtig, daß der Kläger nicht materiell legitimiert ist, mit anderen Worten ohne gehörigen Begebungsakt in den Besitz des Schecks gelangt ist. RG. LZ. 1912 S. 413; RG. LZ. 1908 S. 58 und JW. 1909 S. 667; vgl. auch Staub-Stranz WO. Art. 36 Anm. 23.

3. Gutgläubiger Erwerb des Schecks.

Über die Rechtsstellung des gutgläubigen Erwerbers eines Schecks, dessen Vormann materiell nicht legitimiert war, bestimmt der Art. 74 WO., der gemäß § 8 Abs. 2 entsprechende Anwendung findet:

> „Der nach den Bestimmungen des Art. 36 legitimierte Besitzer eines Wechsels kann nur dann zur Herausgabe desselben angehalten werden, wenn der Wechsel in bösem Glauben erworben hat oder ihm bei der Erwerbung des Wechsels eine grobe Fahrlässigkeit zur Last fällt."

Die Voraussetzung des Schutzes des Besitzers eines Orderschecks bilden die formale Legitimation entsprechend Art. 36 WO. und guter Glaube im Sinne des zitierten Art. 74 WO. Die Bestimmung des Art. 74 WO. ist nicht auf die in Art. 3 WO. behandelten „abhanden gekommenen" Wechsel beschränkt; sie gibt dem Aussteller auch eine Einrede gegen den Regreßanspruch des Scheckinhabers. Denn wenn auch der Art. 74 WO. der Gruppe IX WO. des 2. Abschnitts eingereiht ist, welche die Unterschrift „Abhanden gekommene Wechsel" trägt — unter abhanden gekommen ist der Besitzverlust zu verstehen, der nicht auf eigener Entschließung des Besitzers beruht —, so enthält doch dieser Artikel von dem Erfordernis des Abhandenkommens im Gegensatz zu Art. 73 nichts. Er stellt vielmehr ganz allgemein den Grundsatz auf, daß der nach Art. 36 WO. formell legitimierte Wechselinhaber den Wechsel herausgeben muß, wenn er beim Erwerb im bösen Glauben war oder grob fahrlässig handelte. Hiermit ist zugleich zum Ausdruck gebracht, daß der Besitz des Wechsels in Verbindung mit der formellen Legitimation des Wechselinhabers das Wechseleigentum verschafft, sofern nicht böser Glaube oder grobe Fahrlässigkeit beim Erwerbe des Wechsels entgegensteht. Dieser Rechtsgrundsatz hat im Wechselrecht unbeschränkte Geltung, seine Anwendung kann nicht mit der Begründung abgelehnt werden, daß es sich nicht um einen abhanden gekommenen, sondern infolge eines Willensmangels freiwillig begebenen Wechsel handele. Vgl. auch RG. 53 S. 210; 55 S. 49; 57 S. 391; 74 S. 185; RG. LZ. 1917 Sp. 206. Steht aber dem Aussteller ein Anspruch auf Herausgabe des Schecks zu, so hat er auch eine Einrede gegenüber dem auf die Formallegitimation gegründeten Regreßanspruch des

Scheckinhabers. RG. 103 S. 87 = JW. 22 S. 290 = BankA. 21 S. 123; Simonson S. 60.

Bei zivilrechtlichem Erwerb sind für die Pflicht zur Herausgabe die §§ 932 ff. BGB., 366 f. HGB. einschlägig. Bestritten ist, ob der Art. 74 bei jedem gutgläubigen Erwerber Platz greift, so daß der gute Glaube alle Mängel, also auch den Mangel der Geschäftsfähigkeit des Veräußerers heilt, oder aber, ob sich die Vorschrift des Art. 74 mit den Grundsätzen deckt, welche in §§ 932 ff. BGB. und § 366 HGB. aufgestellt sind. Nach diesen Bestimmungen des BGB. wird der gutgläubige Erwerber nur dann geschützt, wenn der gute Glaube darin besteht, daß der Erwerber den Veräußerer für den Eigentümer gehalten hat. Der § 366 HGB. erweitert diesen Schutz insofern, als der gute Glaube bei dem Erwerb von einem Kaufmann im Betriebe seines Handelsgewerbes selbst dann schützt, wenn der gute Glaube sich auch nur auf das Verfügungsrecht des Veräußerers bezogen hat. Nach Staub-Stranz, WO. Art. 74 Anm. 3; Staub, HGB. § 365 Anm. 9 (vgl. auch RG. 55 S. 49) greift der Art. 74 bei jedem gutgläubigen Erwerber Platz, der gute Glaube mag sich auf das Vorhandensein des in Wahrheit nicht vorhandenen Eigentums des Veräußerers beziehen oder auf die fehlende Verfügungs- oder Vertretungsbefugnis, oder auf die in Wahrheit nicht vorhandene Volljährigkeit oder auf die Echtheit des in Wahrheit gefälschten Indossaments und zwar dies ohne Rücksicht darauf, ob die Veräußerung durch einen Kaufmann in seinem Handelsgewerbe erfolgte oder nicht. „Der gute Glaube heilt alle Mängel des materiellen Begebungsvertrages." Vgl. dagegen Düringer-Hachenburg, HGB. 2 S. 589 f.

Jeder gutgläubige Nehmer des Schecks, der erste sowie der folgende, insbesondere auch der letzte Indossatar wird durch diese Vorschrift geschützt. Da das Gesetz in Art. 36 WO. nicht eine Reihe von echten Indossamenten fordert (s. S. 117), erwirbt auch der erste gutgläubige Nehmer auf Grund des falschen Indossaments das Recht auf den Scheck. Er braucht nach dessen Diskontierung den Betrag nicht herauszugeben. OLG. Dresden JW. 18 S. 777 = SeuffA. 73 S. 121.

Auch auf den Mangel des Begebungsvertrages, daß ein beschränkt Geschäftsfähiger ohne Einwilligung seines Vormundes den Begebungsvertrag geschlossen hat, ist eine Berufung dem gutgläubigen Scheckinhaber gegenüber nicht möglich. Hat somit eine Bank einen Inhaberscheck gutgläubig in Zahlung genommen, so erwirbt sie Eigentum an demselben. Auch in dem Falle, daß ihr Vormann wegen Verschwendung entmündigt war und den Scheck vom Aussteller durch eine unerlaubte Handlung erlangt hatte. Der Aussteller macht sich deshalb seinerseits einer unerlaubten Handlung schuldig, wenn er sich unter dem Vorwande, eine unzureichende Unterschrift ergänzen zu wollen, den Scheck von der Bank wieder aushändigen läßt und ihn ihr alsdann nach Durchstreichen seiner Unterschrift zurückgibt. An Stelle des in Wegfall getretenen Regreßanspruchs erwächst der Bank gegen den Aussteller auf Grund seines Verhaltens ein Schadensersatzanspruch gemäß § 823 BGB. RG. BankA. 10 S. 304.

Böser Glaube liegt dann z. B. vor, wenn der Erwerber die Geschäftsunfähigkeit des Veräußerers kennt oder ohne grobe Fahrlässigkeit kennen muß oder wenn er weiß oder ohne grobe Fahrlässigkeit wissen muß, daß der Veräußerer weder Eigentum am Scheck besitzt, noch über den Scheck zu verfügen berechtigt oder dazu nicht fähig ist. RG. 53 S. 207; 57 S. 391. Staub-Stranz Art. 74 Anm. 5.

Gesetzliche Merkmale der groben Fahrlässigkeit fehlen. Sie liegt vor bei einer besonders schweren Verletzung der im Verkehr erforderlichen Sorgfalt. Grob fahrlässig handelt z. B., wie das RG. 58 S. 162 ausführt, nicht bloß der Erwerber, der verdächtige Umstände kennt und dennoch weitere Nachforschungen unterläßt, obwohl diese ohne weiteres geboten wären, sondern auch der Erwerber, der unter besonders schwerer Verletzung der im Verkehr gebotenen Sorgfalt es unterläßt, sich die Kenntnis solcher Umstände zu verschaffen. Für das Vorhandensein der groben Fahrlässigkeit bei dem Erwerb des Schecks sind die Umstände des einzelnen Falles maßgebend. RG. 33 S. 143; Merzbacher S. 30. So liegt z. B. keine grobe Fahrlässigkeit vor, wenn die gefälschte Unterschrift der echten Namenszeichnung so gut nachgeahmt ist, daß sie bei den Anforderungen, die im Verkehr billigerweise gestellt werden könne, keinerlei Bedenken zu erregen brauchten. OLG. Dresden. JW. 18 S. 777 = SeuffA. 76 S. 121. Dagegen ist grobe Fahrlässigkeit dann anzunehmen, wenn für einen Order-Verrechnungsscheck ein Barinhaberscheck über einen erheblichen Betrag in Zahlung gegeben ist, obwohl die besonderen Umstände eingehende Prüfung der Legitimation des Inhabers verlangten. OLG. Hamburg. HansGZ. 21 H. 122. Ebenso hält das RG. vorliegendenfalls das Ansuchen, einen über einen erheblichen Geldbetrag lautenden Verrechnungsscheck gegen Barzahlung zu diskontieren, als einen Umstand, der in Verbindung mit anderen Tatumständen Zweifel an der Verfügungsberechtigung des bisherigen Scheckinhabers begründen kann und alsdann der angegangenen Bank zu Erkundigungen und Rückfragen Veranlassung geben muß. RG. 103 S. 87 = BankA. 21 S. 123 = JW. 22 S. 290.

4. Prokura- und Inkassoindossament.

Was das Prokura-Indossament anbelangt, so ist der Art. 17 der WO., der den Begriff und die Wirkung dieses Indossaments darstellt, anders als im österr. Rechte (§ 20 Zahl 3), durch Nichterwähnung ausgeschlossen, trotzdem die Ausdehnung der diesbezüglichen wechselrechtlichen Bestimmungen für den Scheck mehrfach befürwortet wurde. Cohn S. 45 mit Lit. in Note 72. Auch das HGB. kennt ein Prokuraindossament als besonderes Institut im Sinne des Art. 17 WO. nicht. Vgl. § 365 Abs. 1 HGB. Der Prokuravermerk bei einem Indossament in der Form des Prokuraindossaments („zur Einkassierung“, „in procura“, „zum Inkasso“, „für meine Rechnung“; nicht aber „Wert in Rechnung“, „Wert in mir selbst“) ist aber keineswegs bedeutungslos. Es ist vielmehr zu beachten, daß das Prokuraindossament hier wie bei den kaufmännischen Orderpapieren als das gilt, als was es gewollt ist, nämlich als Vollmacht. RG. 41 S. 118; Staub, HGB. § 365 Anm. 15; Dernburg, BR. II, 2 § 264, 2. So auch Lehmann, Lehrb. S. 693 Note 7 mit Lit. Eigentümer des Schecks bleibt der Prokuraindossant, und es muß sich der Prokuraindossatar alle Einreden aus der Person des Indossanten entgegenhalten lassen. So Staub a. a. O., unter Hinweis auf ROHG. 6 S. 44; RG. 20 S. 114; 27 S. 129; 32 S. 129; 51 S. 156; Rehbein, WO. Art. 9—17 Zahl 27. Da beim Inhaberscheck ein eigentliches Indossament nicht in Frage kommt, bedarf es auch keiner Prüfung, ob das Prokuraindossament für das Scheckrecht anzuerkennen ist. Jedenfalls ist es auch im Rahmen des Scheckgesetzes zulässig, daß der Scheckinhaber den Scheck einem anderen zu dem Zwecke überträgt, die nach § 15 bestehenden Rechte für seine, des Übertragenden, Rechnung, im eigenen Namen geltend zu machen. Ob in solchem Falle das Eigentum an dem Scheck bei dem Auftraggeber bleibt oder der Einziehende es erwirbt, was unbeschadet der in der Reichsgerichtsentscheidung JW. 1908, 479 ausgesprochenen Grundsätze (ohne Abtretungsvertrag mit den Berechtigten besteht der Anspruch in der Person des Beauftragten nicht) für die Legitimation beim Inhaberscheck nicht gerade erforderlich ist, kann auf sich beruhen. Auch im letzteren Falle bleibt er Inkassomandatar, weil er den Scheck nur zur Einziehung hat.

Nicht aber kann die Übertragung zur Einziehung lediglich daraus entnommen werden, daß der Inhaberscheck von dem Kunden an seine Bank „Zur Gutschrift“ übersandt worden ist. Es kann nicht zugegeben werden, daß die Übersendung eines Schecks „zur Gutschrift“ vom Bankkunden an seine Bank in der Regel nichts anderes bedeutet, als daß die Bank die Einlösung des Schecks besorgen soll. Aus den Worten „zur Gutschrift“ ist eine solche Auffassung nicht herzuleiten. Denn zur Gutschrift kann ein Scheck der Bank auch so gegeben werden, daß diese Eigentümerin des Schecks wird, um sich aus der Schecksumme für eigene Forderungen bezahlt zu machen. Einen Anhaltspunkt für diese Annahme können die zwischen dem Kunden und der Bank bestehenden Geschäftsverbindungen geben, aus denen sich möglicherweise ergeben kann, daß bei Hingabe von Wechseln und Schecks an die Bank für gewöhnlich das Forderungsrecht auf die Bank übertragen zu werden pflegt. Weiter könnten aber auch Gepflogenheiten des Handelsverkehrs für die Beurteilung dieser Frage in Betracht kommen, RG. 102 S. 328; vgl. hierzu auch Bendix HansRZ. 5. Jahrg. 1922 S. 306. Die Bemerkung Schieblers S. 27: für den Scheck dürfte das Prokuraindossament durch Nichterwähnung ausgeschlossen sein, ist in dieser Form irreführend. Wie hier Buff S. 55; Henschel § 8 Bem. 3a; Breit, SächsArch. 3 S. 58. Über das Vollindossament zu Inkassozwecken s. Rehbein WO. Art. 9—17 Zahl 29.

5. Besondere Fälle.

a) Indossament des Bezogenen.

Ein Indossament des Bezogenen ist unwirksam. Während nach WO. Art. 10 Satz 2 auch ein Indossament des Bezogenen zulässig ist, wird ihm hier die Wirksamkeit versagt. Ein Indossament des Bezogenen würde eine abstrakte Schuldverpflichtung gegenüber jedem späteren Inhaber ohne Rücksicht auf das Vorhandensein eines Guthabens begründen, also dieselbe Bedeutung haben wie ein Annahmevermerk. Es ist daher ebenso wie letzterer, unwirksam. Begr. S. 24. Praktisch wird diese Vorschrift nur bei Schecks mit einem Blankoindossament sein, da ein Indossament an den Bezogenen als Quittung gilt. Unwirksam ist auch das Indossament, das eine Filiale — auch eine auswärtige — des Bezogenen auf den Scheck setzt, denn die Filiale hat keine vom Bezogenen vorhandene Rechtspersönlichkeit. RG. BankA. 24, 443.

Für Inhaberschecks schaltet aus ähnlichen Erwägungen wie hier der § 15 Abs. 2 Satz 2 die Haftung des Bezogenen als Namenskribenten aus. Vgl. unten § 15 II 2b S. 186; Fick S. 256f.; Buff, Scheckverkehr S. 91; Hoppenstedt 1907 S. 14; österr. Mot. zu § 6; ferner Cohn S. 46f., woselbst noch bemerkt wird, daß diese Beschränkung die Gültigkeit der von vornherein auf den Namen resp. an die Order des Bezogenen gezogenen Schecks nicht aufhebt. In der österr. Praxis sollen solche Schecks häufig begegnen.

b) Indossament an den Bezogenen.

Ein Indossament an den Bezogenen gilt als Quittung.

α) Quittungswirkung des Indossaments an den Bezogenen. Der E. 1892 hatte für ein Indossament an den Bezogenen die Ungültigkeit vorgesehen. Die Begründung zu diesem E.

1892 ging dabei (S. 16) von der Erwägung aus, daß ein solches Indossament, wenn der Bezogene ein ausreichendes Guthaben in Händen habe, den Scheck also einzulösen verpflichtet sei, keinen rechtlichen oder wirtschaftlichen Zweck habe, der nicht auch ohne Indossament auf einfacherem Wege zu befriedigen wäre. Habe der Bezogene aber kein ausreichendes Guthaben des Ausstellers in Händen, so liege eine Verdunklung des Sachverhaltes vor, wenn er, statt die Einlösung zu verweigern, den Scheck durch Indossament auf sich als Eigentümer übertragen lasse und der Zahlung der Schecksumme formell die Bedeutung der Valutazahlung für das indossierte Papier beilege. „Der Inhaber des Schecks, welcher von dem Bezogenen die Zahlung der Schecksumme begehrt, ist in Wahrheit Präsentant. Er vertauscht diese Rolle mit der eines den Scheck weiterbegebenden Indossanten, damit die Frage der Einlösung oder Nichteinlösung des Schecks einstweilen unentschieden bleiben kann. Geht nachträglich von dem Aussteller Deckung ein, so wird der Bezogene den Scheck als eingelöst behandeln. Bleibt die Deckung aus, so hat er, nachdem er die Einlösung des Schecks sich selbst gegenüber verweigert hat als letzter Indossatar den scheckmäßigen Regreß gegen den Aussteller und die sonstigen Vormänner, auch gegen seinen Indossanten. Die Zulassung dieser Manipulation würde also nur dazu dienen, dem Bezogenen die Zahlung der Schecksumme auf nicht rechtzeitig gedeckte Schecks ohne Risiko zu ermögliichen und eine Umgehung der Vorschriften dieses Entwurfes über das Erfordernis eines Guthabens zu erleichtern. Es empfiehlt sich daher, ein Indossament an den Bezogenen für ungültig zu erklären." Denselben Standpunkt nahm der vorl. E. § 7 ein. Diese in Aussicht genommene Regelung wurde von vielen Seiten bekämpft. Beachtenswerte Argumente, die auch de lege lata wichtig sind, enthält insbesondere das Gutachten der Ältesten S. 16, welche die nunmehr auch in das deutsche Gesetz aufgenommenen Vorschriften des österr. Gesetzes befürworteten. Es heißt dort: „Jenes Bedenken des E. 1892 würde dann entfallen, wenn das Gesetz sich der durchaus praktischen österreichischen Bestimmung (§ 6 Abs. 4) anschließen würde, wonach das Indossament an den Bezogenen als Quittung gilt. Dem Recht des Bezogenen auf Quittungserteilung würde durch eine solche Regelung genügt werden, für den Scheckinhaber aber würde sich die Verlustgefahr vermindern. Insbesondere aber wird dadurch ein Vorteil erreicht, der unsern Vorschlag zu einem der wichtigsten der von uns gestellten Abänderungsanträge macht. Bereits heute ist es in Bankkreisen ein fast allgemeiner Brauch, daß Distanzschecks — versehen mit dem Stempelaufdruck „nur zur Verrechnung" — an den Bezogenen zum Inkasso giriert werden („Wert zum Inkasso"); zugleich wird der Bezogene durch einfachen Brief angewiesen, dem Absender den Gegenwert auf Reichsbank-Girokonto zu überweisen. Der Scheckinhaber erreicht dadurch, daß er dem Bezogenen keinen Kredit zu gewähren braucht, sondern daß letzterer lediglich die Stellung eines Mandatars erlangt, der die Überweisung nach den Anweisungen des Auftraggebers vorzunehmen hat. Fällt der Bezogene vor der Überweisung in Konkurs, so kann der bisherige Scheckinhaber den Scheck aussondern; bricht nach der Überweisung der Konkurs aus, so kann er den Scheckbetrag aussondern. Würde dagegen das Indossament, wie es der Entwurf vorsieht, für ungültig erklärt, so würde auch das Inkassomandat nichtig sein. Der Scheckinhaber würde lediglich die Stellung eines Konkursgläubigers haben. Der Entwurf würde ihn also zwingen, Distanzschecks nur durch einen beauftragten Dritten persönlich Zug um Zug gegen Zahlung aushändigen zu lassen. Welche Verkehrserschwerung darin läge, ist ohne weiteres ersichtlich." Vgl. Centralv. S. 9; Buff, Scheckverkehr S. 91; Fick S. 255 ff.; Hoppenstedt 1907 S. 14; Cohn S. 46.

Dem Gewichte der obigen Bedenken hat sich auch der Gesetzgeber nicht entzogen. Wie die Begr. S. 24 bemerkt, empfiehlt es sich nicht, das Indossament an den Bezogenen schlechthin für ungültig zu erklären. „Es ist in Handelskreisen durchaus gebräuchlich, sich bei der Versendung von Orderschecks zur Einlösung des Indossamentes zu bedienen. Der Bezogene erhält durch das Indossament den Nachweis der Einlösung gegenüber dem Aussteller, den ihm sonst die Quittung verschaffen muß. § 13 Abs. 1. Dieser Handelssitte wird aber ausreichend Rechnung getragen, wenn das Gesetz entsprechend dem österr. § 6 Abs. 4 ein Indossament an den Bezogenen als Quittung gelten läßt."

Das Indossament an den Bezogenen gilt als Quittung. Das Wort „gilt" hat in der Sprache unserer Gesetze bald die Bedeutung der unwiderlegbaren Fiktion, bald steht auch der Gegenbeweis offen. Nach dem Zweck jener Bestimmung erscheint jedoch ein Gegenbeweis etwa dahin, der Parteiwille sei auf Begründung eines voll wirksamen Indossamentes gegangen, als ausgeschlossen; vgl. Henschel S. 27; Rießer Bem. 45 S. 65 Anm. 47; Brunner, DJZ. 14 S. 153 Anm. 3. Die Vorschrift ist Fiktion, nicht Präsumtion. Zu der Frage, wann ein Indossament an den Bezogenen vorliegt, vgl. Langen S. 86.

β) Insbesondere das Blankoindossament.

Als Quittung im Sinne dieser Vorschrift gilt nicht nur das Vollindossament an den Bezogenen, sondern auch das Blankoindossament, d. h. das Indossament, das den Namen oder die Firma des Bezogenen nicht nennt; denn auch dies Indossament ist ein gültiges Indossament. Vgl. Art. 12 WO. und oben II 2 S. 114. Von Brunner, „Der Entwurf eines Scheckgesetzes und das Blankoindossament" DJZ. 14 S. 153 ff. ist darauf aufmerksam gemacht worden, daß dem Scheckinhaber, der den Orderscheck nur mit seinem Namen oder seiner Firma auf der Rückseite des Schecks, also mit Blankoindossament versehen, dem Bezogenen zur Einlösung vorlegt, gewisse Gefahren drohen, wenn der Scheck mit dem Blankoindossamente vom Bezogenen eingelöst werde und nach der Einlösung aufs neue in Umlauf kommt. Es bestehe dann die Möglichkeit, daß der Blankoindossant und seine Vormänner auf scheckrechtlichem Wege in Anspruch genommen werden; der Quittungscharakter des Blankoindossamentes könnte nur dem Bezogenen und einem schlechtgläubigen Erwerber mit Erfolg entgegengehalten werden. Dagegen würde der Einwand, daß das Indossament als Quittung diente, jedem Scheckinhaber gegenüber versagen, dem der Blankoindossant nicht beweisen kann, daß er bei Erwerb des Schecks um die Sachlage wußte. Die Bedenken Brunners sind m. E. nicht damit zu widerlegen, daß behauptet wird, der Scheck büße nach einmal erfolgter Einlösung d. h. Zahlung und Aushändigung, seinen Charakter als Scheck ein. So Breit in LZ. 2 S. 270, der weiter fragt: „Liegt der Fall nicht ebenso, als wenn es an einem Scheckbegebungsvertrage fehlt? Wer den Mangel einer Wechselbegebung als exceptio in rem behandelt, muß die mangelnde Scheckbegebung in gleicher Weise behandeln, und alsdann ist es nur konsequent, wenn er den Einwand der erfolgten Einlösung des Schecks gleichfalls als exceptio in rem auffaßt." Dagegen ist zu erwidern, daß auch der einmal begebene Wechsel durch Zahlung und Aushändigung seinen Charakter als Wechsel nicht verliert, daß vielmehr der Einwand der Zahlung nur eine exceptio in personam darstellt, die nur gegenüber einem beschränkten Kreis von Beteiligten durchgreift. Über den Einwand der Zahlung bei dem Wechsel vgl. Staub-Stranz Art. 82 Anm. 51 ff. Nicht anders ist es beim Scheck: Die Urkunde bleibt auch nach der Einlösung durch den Bezogenen ein Scheck, und die Zahlung stellt auch hier nur einen Einwand in personam dar. In der Praxis wird man den Gefahren des Blankoindossamentes dadurch entgehen, daß das letzte Blankoindossament mit dem Namen oder der Firma des Bezogenen ausgefüllt wird, was vom Gesetze auch beabsichtigt ist. Vgl. Buff S. 54; Schiebler S. 26. Vgl. auch Zipperling in LZ. 3 S. 50, der meint, daß ein Blankoindossament nicht Indossament an den Bezogenen sei. Einen gewissen Schutz gegen die nochmalige Inverkehrsetzung von bezahlten Schecks bietet die Gepflogenheit der Banken, den eingelösten Scheck mit dem Vermerk „bezahlt" zu versehen.

IV. Das Nachindossament.

Das Nachindossament ist im Scheckgesetz nicht erwähnt, ein Standpunkt, der z. B. von Cohn S. 45, Riesser

Bem. S. 59 getadelt, von anderer Seite jedoch, so von Breit, „Das Nachindossament im Scheckrecht" JW. 1908 S. 259 ff. gebilligt worden ist. Breit bemerkt, daß aus der Natur des Schecks die Entscheidung ohne Schwierigkeit hergeleitet werden könne. Auch das österr. Scheckgesetz enthält über das Nachindossament keine Bestimmung; die österr. Mot. zu § 7 führen aus: „Die besonderen Bestimmungen der WO. über Nachindossamente wurden nicht herübergenommen, da die Anwendung der Vorschriften des Entwurfes zu ganz angemessenen Resultaten führt. Die Zirkulation zu verlängern, ist nicht beabsichtigt, daher muß alles fallen gelassen werden, was derlei nachträgliche Giri unterstützen könnte. Der Verkehr wird sie am meisten fliehen, wenn sie dem Indossatar keinen Rückhalt für den Fall der Nichteinlösung des Schecks gewähren. Das ergibt sich aber schon aus § 16 des Entwurfes. Sowohl das Indossament nach verstrichener Präsentationsfrist wie das eines protestierten Schecks wird demnach Übertragungswirkung äußern, aber der Rechtsschutz des Erwerbers beschränkt sich auf seine Vertragsklage gegen den Aussteller oder unmittelbaren Vormann."

Was die deutsche Rechtslage anbelangt, so können die Vorschriften des Art. 16 WO. über das Nachindossament für den Scheck nicht zur Anwendung kommen; vgl. RG. 13 ZS. vom 11. Juni 1925, JW. 1925, 1656. Ist der Scheck dem Bezogenen zur Zahlung vorgelegt, aber nicht eingelöst worden, so hat der Inhaber, wenn er seine Regreßrechte wahrnehmen will, sich den Nachweis der Präsentation gemäß § 16 zu verschaffen. Tut er dies nicht, sondern indossiert er innerhalb der Vorlegungsfrist den Scheck weiter, so verzichtet er damit m. E. auf die Rechtsfolgen der früheren Präsentation, und der Indossatar hat innerhalb der Vorlegungsfrist den Scheck abermals zu präsentieren und den Nachweis der Präsentation und der Nichtzahlung gemäß § 16 einzuholen. Es liegt in diesem Falle ein vollgültiges Indossament vor. Auf die frühere Präsentation kann sich der Indossatar nicht berufen. Hat aber der Inhaber den Scheck innerhalb der Präsentationsfrist vorgelegt und die Vorlegung und die Nichteinlösung durch den Nachweis gemäß § 16 festgehalten, so ist damit die Laufbahn des Schecks beendet. Wenn nunmehr der Scheck übertragen wird, so kommt ein Indossament im technischen Sinne nicht mehr in Frage, vielmehr bewirkt die Übertragung des präsentierten, aber mit dem Nachweise der Nichtzahlung ausgestatteten Schecks nur den Übergang der Rechte des Inhabers; sie begründet aber für den Indossatar keine selbständigen Rechte aus dem Scheck, insbesondere nicht eigene Rechte gegen die sonstigen Vormänner — abgesehen von seinem Indossanten — und den Aussteller. Zu beachten bleibt, daß an sich weder das Attest des § 16 Abs. 1 Zahl 1 noch die Bescheinigung der Abrechnungsstelle unmittelbar nach der Vorlegung erteilt werden müssen, daß sie vielmehr auch noch nachträglich beigebracht werden können. Zu der Behandlung des Nachindossaments beim Scheck vgl. die bedeutsamen Untersuchungen von Breit in JW. 1908, 259 ff. Die Würdigung der Breitschen Ausführungen ginge über den Rahmen dieser Ausgabe hinaus.

V. Andere Formen der Übertragung.

Der auf einen bestimmten Zahlungsempfänger gestellte Scheck kann durch Indossament übertragen werden; diese Übertragungsform ist aber nicht die einzig zulässige. Vielmehr erscheint auch hier die Übertragung des Schecks nach den Grundsätzen der Übertragung einer Anweisung möglich: Die Übertragung vollzieht sich in diesem Falle durch Vertrag zwischen Zahlungsempfänger und dem Erwerber. Die Übertragungserklärung bedarf der schriftlichen Form. Zur Übertragung ist die Aushändigung der Anweisung an den Erwerber erforderlich. § 792 BGB. Merzbacher S. 23. Gegenüber den Vorschriften bezüglich der Übertragung einer Anweisung dürfte es nicht zulässig sein, die formlose Abtretung des auf einen bestimmten Zahlungsempfänger gestellten Schecks (vgl. für den Wechsel Staub-Stranz Art. 9 Anm. 9) zuzulassen; ebenso Simonson S. 58. Auch bisher ist hier für den Scheck, abgesehen von der Übertragungsform des Indossaments, schriftliche Form erfordert worden. Vgl. Staub, HGB. Exk. zu § 363 Anm. 7. Die Bemerkung Buffs S. 49 unter Hinweis auf Staub-Stranz Art. 9 Anm. 8ff. und von Canstein S. 126, daß der Orderscheck auch z. B. durch Zession übertragen werden könne, ist demnach u. E. nicht zweifelsfrei.

Von der Übertragung des Schecks zu unterscheiden ist die Zession von Ansprüchen aus dem Scheck, z. B. der Rechte des Zahlungsempfängers gegen den Aussteller. Diese Rechte allerdings sind auch durch formlose Zession gemäß § 398 BGB. in Verbindung mit § 15 des Scheckgesetzes übertragbar.

Von der Übertragung des Schecks nach § 792 BGB. bzw. der Rechte aus dem Scheck gemäß § 398 BGB. in Verbindung mit § 15 des Scheckgesetzes ist weiterhin scharf zu unterscheiden die Abtretung der dem Scheck zugrunde liegenden zivilrechtlichen Ansprüche. Vgl. OLG. Hamburg OLGRspr. 12 S. 47. Der Erwerber kann die Anweisung seinerseits weiter übertragen.

Bezüglich des Überganges der Rechte durch Erbgang usw. vgl. Staub-Stranz Art. 9 Anm. 10ff.

VI. Verpfändung. Pfändung.

Bezüglich der Verpfändung eines Orderschecks siehe § 1292 BGB.: „Zur Verpfändung eines Wechsels oder eines anderen Papiers, das durch Indossament übertragen werden kann, genügt die Einigung des Gläubigers und des Pfandgläubigers und die Übergabe des indossierten Papieres." Der Orderscheck kann aber auch nach den allgemeinen Vorschriften über Verpfändung von Rechten verpfändet werden, wie ja Orderpapiere auch nach den allgemeinen Vorschriften über Übertragung von Rechten übertragen werden können. Staub, HGB. § 368 Anm. 18 (bestr.). Vgl. §§ 1274, 1205, 1206 BGB. Erforderlich ist ein formloser Vertrag dahin, daß das Pfandrecht auf den Gläubiger übergehen soll, ferner die Übergabe des Orderschecks. Über den Schutz des gutgläubigen Pfanderwerbs bei Orderpapieren siehe Staub HGB. § 368 Anm. 26, 27, über das Recht der Befriedigung aus dem Pfande bei Orderpapieren siehe Staub a. a. O. Anm. 73—75. Schecks sind auch geeignete Gegenstände des kaufmännischen Zurückbehaltungsrechts. § 369 HGB.

Bezüglich der Pfändung und Verwertung von Orderschecks siehe §§ 808 Abs. 1 und 3, 831, 835 ZPO.

Mehrere Ausfertigungen. § 9.

(1) Schecks, die auf einen bestimmten Zahlungsempfänger gestellt und im Auslande zahlbar sind, können in mehreren Ausfertigungen ausgestellt werden. Jede Ausfertigung muß im Texte mit der Bezeichnung „Erste, zweite, dritte usw. Ausfertigung" oder mit einer gleichbedeutenden Bezeichnung versehen werden; ist dies nicht geschehen, so gilt jede Ausfertigung als ein für sich bestehender Scheck.

(2) Ist von mehreren Ausfertigungen eine bezahlt, so verlieren dadurch die anderen ihre Kraft. Jedoch bleiben aus den übrigen Ausfertigungen der Indossant, welcher mehrere Ausfertigungen an verschiedene Personen indossiert hat, und alle späteren Indossanten, deren Unterschriften sich auf den bei der Zahlung nicht zurückgegebenen Ausfertigungen befinden, auf Grund ihres Indossaments verpflichtet.

E. 1892 —; vorl. E. —; österr. —.

Inhalt.

I. Scheckkopien.

Für den Wechsel sind durch die Art. 70 bis 72 WO. Kopien ausdrücklich zugelassen. Der Inhaber eines Wechsels kann sich natürlich beliebig viele Abschriften seiner Urkunde fertigen, ohne daß diesen Abschriften an und für sich rechtliche Bedeutung zukommen könnte. Bedeutung erlangen sie erst, wenn sie abgeschlossen werden mit dem Vermerk: „Bis hierher Abschrift" oder einer ähnlichen Bemerkung, und wenn alsdann ein Original-Indossament auf die Abschrift gesetzt wird. Es hat dann ein Indossament rechtliche Bedeutung, obwohl es nur auf eine Kopie gesetzt ist. Zu beachten ist aber, daß in der rechtlichen Bedeutung dieses Indossaments die rechtliche Bedeutung der Wechselkopie liegt, daß sie aber im übrigen bedeutungslos ist. Staub-Stranz Art. 70 Anm. 2. Da nun das Scheckgesetz im § 8 Abs. 2 Satz 2 ein auf eine Abschrift des Schecks gesetztes Indossament für unwirksam erklärt, so ergibt sich hieraus, daß rechtlich bedeutsame, d. h. indossable Scheckkopien nicht vorkommen können. Von erheblicher Tragweite ist die Ablehnung der Zulassung von Scheckabschriften jedoch nicht. Riesser 7 S. 139. Unbenommen bleibt es natürlich den am Umlauf des Schecks Beteiligten, sich zu besonderen Zwecken Abschriften von Schecks zu fertigen, z. B. zum Zwecke der Quittierung von Teilzahlungen. Älteste S. 15. Nur dürfen solche Abschriften, wie Kuhlenbeck S. 57 mit Recht erwähnt, nicht die Originalhandschrift des Ausstellers, wenigstens nicht in seiner Unterschrift, zeigen, da andernfalls auch ihre Bezeichnung als bloße Abschrift den Aussteller nicht von seiner Haftung aus der Abschrift befreit; denn eine solche völlig selbstgeschriebene (bzw. unterschriebene) Abschrift würde alle Formerfordernisse des § 1 enthalten, die durch den bloßen Vermerk „Abschrift" nicht ungültig werden. v. Canstein S. 73 weist darauf hin, daß die Abschrift eines Schecks unter Umständen, insbesondere beim Inhaberscheck dazu dienen könne, dem Nehmer eines Inhaberschecks den Beweis über die Identität des erhaltenen Schecks zu verschaffen. Dieser Beweis könne nämlich dadurch leicht geführt werden, daß der Scheckgeber auf einer Abschrift des Schecks bestätige, daß er den Originalscheck seinem zu benennenden Gläubiger zahlungshalber für die näher zu bezeichnende Forderung gegeben habe. Vgl. im übrigen zur Frage der Scheckkopien Fick S. 156 ff.; Langen S. 115; Cohn S. 47 mit Lit.

II. Scheckduplikate.

Weder der E. 1892 noch auch der vorl. E. hatten die Zulassung von Scheckduplikaten geregelt, d. h. vom Aussteller ausgestellten Urkunden, die mit dem ersten Exemplar des Schecks gleichlauten, nur daß sie im Kontexte das Duplikatszeichen (Sekunda, Tertia usw.) enthalten. Für den Wechsel vgl.

Staub-Stranz, WO. Art. 66ff. insbesondere Art. 66 Anm. 2. Das österr. Gesetz läßt Duplikate nicht zu. v. Canstein S. 31 u. 120. Für die Zulässigkeit nach deutschem Rechte ist beachtenswert, daß namentlich im überseeischen Verkehr das Bedürfnis nach Duplikaten und Triplikaten für den Scheck nicht minder als für den Wechsel besteht. „Im Verkehr mit bestimmten Ländern sind sie durchaus gebräulich. Sie werden ausgefertigt, um bei Übersendung auf große Entfernungen die einzelnen Exemplare mit verschiedenen Transportmitteln an ihren Bestimmungsort gelangen zu lassen und dadurch die Gefahr des Verlorengehens zu verringern. In solchen Fällen würde das Duplikat meist wertlos erscheinen, wenn seine Indossierung verboten wäre. Ein solches Verbot würde eine große Erschwerung für den Verkehr bedeuten, und es würde zugleich den deutschen Scheck weniger sicher und also weniger beliebt machen als den im Ausland auf einen deutschen Platz gezogenen." Älteste S. 15; vgl. Centralv. S. 9; Riesser Bem. S. 65; Cohn S. 48; Begr. S. 24. Vgl. Fick S. 158.

In jüngster Zeit sind wiederholt Zweifel an dem Wert der mit dieser Vorschrift getroffenen Einrichtung geäußert worden. Es ist nicht zu verkennen, daß in den Formvorschriften, wonach jede Ausfertigung im Texte mit: „erste, zweite, dritte usw. Ausfertigung" versehen werden muß, große Gefahren liegen. Die zweiten Ausfertigungen werden nicht selten zu betrügerischen Zwecken benutzt und zur Zahlung vorgelegt unter Vorspiegelung von Tatsachen, die auf ihre Richtigkeit hin zu prüfen im Augenblick nicht möglich ist oder unterlassen wird. Es mag auch zugegeben werden, daß diese Duplikate an sich eine große Arbeitslast auf der ausstellenden, eine lästige Kontrolltätigkeit auf der empfangenen Seite hervorrufen können. Dem gegenüber ist aber zu betonen, daß die Vorteile die angegebenen Nachteile bei weitem übersteigen. Auch bei den heutigen Verhältnissen ist die Gefahr des Verlustes von Schecks noch immer sehr groß — man denke an die zahlreichen Diebstähle —, auch dauert es in den günstigsten Fällen geraume Zeit, ehe der Verlust zur Kenntnis des Ausstellers gelangt; in den Fällen, in denen das pünktliche Eintreffen des Schecks nicht genau kontrolliert wird, vergehen sogar Monate, bevor die Nachricht von dem Verlust bei dem Aussteller eingeht. Da ein neuer Scheck nicht eher ausgestellt werden kann, als bis der alte Scheck widerrufen ist, die bezogene Bank von dem Widerruf Vormerkung genommen und der Scheckkäufer dem Aussteller die nötige Garantie für den Fall geleistet hat, daß dieser im Regreßwege oder wegen Bereicherung in Anspruch genommen wird, so gelangt der neue Scheck erst nach langer Zeit in die Hände des Empfängers. Die glatte Abwickelung des überseeischen Zahlungsverkehrs wird hierdurch völlig in

Frage gestellt. Wenn dagegen ein Duplikat ausgestellt ist, so fallen alle diese Schwierigkeiten fort.

1. Zulässigkeit.

Das Gesetz gestattet demgemäß mehrere Ausfertigungen für den Scheck. Befugt zur Ausstellung mehrerer Ausfertigungen ist nur der Aussteller, vgl. unten 2. Zulässig ist aber die Ausstellung mehrerer Ausfertigungen eines Schecks nur für solche Schecks, die auf einen bestimmten Zahlungsempfänger gestellt sind, und nur für solche, welche im Auslande zahlbar sind.

a) Schecks, die auf einen bestimmten Zahlungsempfänger gestellt sind.

Die Ausstellung von Schecks in mehreren Ausfertigungen ist zugelassen für solche Schecks, die auf einen bestimmten Zahlungsempfänger gestellt sind, also für Orderschecks und Rektaschecks; vgl. § 4.

Die Vorschriften des § 9 sollen nicht für Inhaberschecks einschl. derjenigen mit alternativer Inhaberklausel gelten. Die Begr. S. 25 bemerkt: „Nach dem § 9 verlieren, wenn eine Ausfertigung bezahlt ist, die übrigen ihre Kraft; eine Ausnahme tritt nur insofern ein, als aus den übrigen der Indossant, welcher mehrere Ausfertigungen an verschiedene Personen indossiert hat, und alle späteren Indossanten, deren Unterschriften sich auf den bei der Zahlung nicht zurückgegebenen Ausfertigungen befinden, auf Grund ihres Indossaments verpflichtet bleiben. Diese Bestimmungen können auf Inhaberschecks keine Anwendung finden. Wird ein Inhaberscheck in mehreren Ausfertigungen ausgestellt, und gelangen diese in verschiedene Hände, so muß, da aus den Urkunden nicht ersichtlich ist, welcher frühere Inhaber sie an verschiedene Personen weiterbegeben hat, der Aussteller aus jeder Ausfertigung, wie aus einem selbständigen Scheck, verhaftet bleiben."

Der Bezogene kann alle Ausfertigungen von Inhaberschecks wie selbständige Schecks einlösen und braucht sich um die Bezeichnung als erste, zweite usw. Ausfertigung nicht zu kümmern. Er hat nicht etwa die sämtlichen Ausfertigungen als nichtig anzusehen, da ja jeder Inhaber einer Ausfertigung gegen den Aussteller ein Recht auf scheckmäßige Befriedigung hat, und diese Verpflichtung des Ausstellers kann der Bezogene erfüllen Vgl. Jacusiel im BankA. 7, 284.

b) Schecks, die im Auslande zahlbar sind.

Für die Zulassung mehrerer Ausfertigungen ist verlangt, daß die Rekta- oder Orderschecks im Auslande zahlbar sind. Für die in Deutschland auf das Inland gezogenen Schecks ist ein Bedürfnis nach Duplikaten, trotz gegenteiliger Hinweise (Cohn S. 48) nicht anerkannt. Für mehrere Ausfertigungen kommen also nur solche Schecks in Frage, welche im Inland ausgestellt und auf das Ausland gezogen sind. Inwieweit die Schutzgebiete als Ausland anzusehen waren, bestimmte sich nach den sonst geltenden Grundsätzen (vgl. auch §§ 3, 40 des Schutzgebietsgesetzes — RGBl. 1900 S. 813 — und §§ 19, 26 des Gesetzes über die Konsulargerichtsbarkeit vom 7. April 1900 — RGBl. 1900 S. 213). Da die Vorschrift des § 9 mit Rücksicht auf die räumliche Entfernung des Reichsgebietes vom Auslande getroffen wurde, so ergab sich von selbst, daß auch die Schutzgebiete in ihrem Verhältnisse zum Reich als Ausland galten. Begr. S. 24. Vgl. auch Kuhlenbeck S. 58, ferner Josef, Recht 1908 S. 563ff. Liegt ein Duplikat eines im Ausland ausgestellten Schecks vor, und sind nach dem ausländischen Recht Duplikate nicht zulässig, so greift § 26 Abs. 2 ScheckG. Platz. Das in diesem Falle günstigere deutsche Recht gelangt zur Anwendung. Dieses Recht läßt aber nur bei im Auslande zahlbaren Scheck Duplikate zu; Ausland aber ist hier vom Standpunkt des Ausstellers zu nehmen. Für den im Ausland ausgestellten Scheck ist daher Deutschland Ausland. Das Duplikat ist daher in diesem Falle zulässig. So mit Recht Jacusiel, BankA. 7 S. 284.

Abwegig ist m. E. die Ansicht von Langen S. 116, daß auch bei Inhaber- oder im Inlande zahlbaren Orderschecks sich die wichtigsten Wirkungen der Duplikate durch Aufnahme der kassatorischen Klausel in die einzelnen Ausfertigungen erzielen lassen, um aus ihrem Inhalt ersichtlich zu machen, daß mehrere Exemplare des Schecks ausgestellt wurden, welche sämtlich die Bedeutung verlieren sollen, sobald eines derselben eingelöst ist. Eine derartige Bestimmung würde den Scheck nichtig machen, da der Bestand des Schecks von einer Bedingung abhängig gemacht wird.

2. Form der Ausfertigung.

Was die Form der mehreren Ausfertigungen anbelangt, so ist, wie für den Wechsel, so auch für den Scheck vorgeschrieben, daß die weiteren Ausfertigungen, die ja mit der ersten Ausfertigung des Schecks gleichlauten, im Kontexte die Bezeichnung erste, zweite, dritte usw. Ausfertigung oder eine gleichbedeutende Bezeichnung enthalten müssen. Als solche gleichbedeutende Bezeichnungen erscheinen Ausdrücke wie: Prima, Sekunda, Tertia; entsprechende Zahlen wie I, II, III, oder Ia, Ib, Ic werden eventuell genügen. Merzbacher S. 34; Buff S. 57. Zu beachten ist aber, daß diese Bezeichnung im Kontexte des Schecks enthalten sein muß, als Überschrift oder auf der Rückseite des Schecks genügt sie nicht. Ist die Vorschrift hinsichtlich der Bezeichnung der mehreren Ausfertigung nicht beobachtet, so gilt jede Ausfertigung als ein für sich bestehender Scheck. Der Einwand, daß nur eine zweite oder dritte Ausfertigung geschaffen werden wollte, begründet nur eine Einrede in personam, stellt aber keinen Einwand dar, der die Gültigkeit der Erklärung in dem Scheck betrifft, oder sich aus dem Inhalt des Schecks ergibt. Staub-Stranz Art. 66 Anm. 5; vgl. § 18 Abs. 2 ScheckG.

Die Ausstellung der zweiten, dritten Ausfertigung hat vom Aussteller des Schecks auszugehen. Für den Wechsel ist dies im Art. 66 WO. erwähnt, für den Scheck wird dies auch ohne ausdrückliche Erwähnung Geltung haben. Ist die erste Ausfertigung verloren gegangen, ohne daß sie die Bezeichnung als erste Ausfertigung trägt, so ist auch die Ausstellung einer zweiten, dritten usw. Ausfertigung nicht mehr möglich. Vgl. aber RG. 49, 132 ff.

3. Pflicht zur Ausstellung mehrerer Ausfertigungen.

Im Gegensatz zu Art. 66 der WO., woselbst die Verpflichtung des Ausstellers eines gezogenen Wechsels normiert ist, dem Remittenten auf Verlangen mehrere gleichlautende Exemplare des Wechsels zu überliefern, trifft der § 9 keine Bestimmung darüber, ob die gleiche Pflicht auch den Aussteller eines Schecks gegenüber dem Zahlungsempfänger oder einem Indossatar trifft. Merzbacher S. 33 hebt hervor, daß es sich bei der Vorschrift des § 9 um ein Verkehrsbedürfnis handle, man werde daher dem Käufer sowie dem Versender des Schecks — im letzteren Falle wohl durch Vermittlung des Käufers — das Recht zuzugestehen haben, von dem Aussteller so viele Ausfertigungen zu verlangen, als das Verkehrsbedürfnis erfordere. Hierbei ist wohl an den praktisch wichtigsten Fall gedacht, daß jemand von seiner Bank, die eine Verbindung mit einer auswärtigen Bank unterhält, sich einen Scheck ausschreiben und diesen sogleich auf den Namen des auswärtigen Zahlungsempfängers oder aber zunächst auf seinen Namen stellen läßt, um die mehrfachen Ausfertigungen an den auswärtigen Kunden selbst zu indossieren. Vgl. Buff S. 57. In diesen und ähnlichen Fällen wird es der Abrede der Parteien vorbehalten bleiben, ob und inwieweit eine Verpflichtung des Ausstellers zur Ausstellung von Duplikaten besteht. Eine generelle Verpflichtung des Ausstellers anzunehmen, unterliegt Bedenken, da keinesfalls anzunehmen ist, daß die Vorschrift des Art. 66 WO. auch auch ohne ausdrückliche Erwähnung Platz greift; der Art. 66 WO. ist aber mit gutem Grunde nicht angeführt, da beim Wechsel die Versendung zum Akzept in überwiegendem Maße den Anlaß zur Herstellung mehrfacher Ausfertigungen bildet, ein Anlaß, der beim Scheck ohne weiteres entfällt. Zustimmend Langen S. 121. A. M. Simonson S. 65.

4. Rechtliche Wirkung.

Der Scheck zählt nach vorstehendem, ebenso wie der Wechsel, zu den Papieren, bei denen Duplikate ausgestellt werden können. Jedes einzelne Exemplar der mehreren Ausfertigungen repräsentiert dann das Recht für sich. Jacobi, Wertpapiere S. 112. Die erste, zweite, dritte Ausfertigung enthält immer nur eine und dieselbe Anweisung, eine und dieselbe Verpflichtung des Ausstellers und der Indossanten. Dem Wesen dieser Ausfertigungen entsprechend, verlieren, wenn von mehreren Ausfertigungen eine bezahlt ist, dadurch die anderen ihre Kraft. Abs. 2 Satz 1. Die Einlösung der einen Ausfertigung des Schecks entkräftet die anderen Ausfertigungen nicht nur als Schecks, sie tilgt sie vielmehr überhaupt hinsichtlich ihres rechtlichen Bestandes. Diese Vorschrift bezieht sich jedoch nur, wie bei Staub-Stranz Art. 67 Anm. 1 ausgeführt ist, auf die Tilgung durch den Hauptschuldner oder für ihn. Wird ein Exemplar von einem Regreßschuldner eingelöst, so erlischt nicht die Kraft der anderen Exemplare überhaupt, sondern nur insoweit, als sie die Verpflichtung des Einlösenden und seiner Nachmänner betreffen. Kuhlenbeck S. 59 weist noch darauf hin, daß der Bezogene, der nur einmal zahlen darf, gegenüber dem Aussteller mehrerer Ausfertigungen die im Verkehr erforderliche Sorgfalt zu beobachten hat. Er erwähnt, daß ihm im übrigen ein Anspruch auf Herausgabe der kraftlos gewordenen Ausfertigungen nicht zusteht, sondern nur dem Aussteller bzw. den Indossanten gegen ihre Nachmänner aus dem Begebungsvertrage.

Eine Ausnahme des Satzes, daß die mehreren Ausfertigungen ihre Kraft verlieren, wenn eine davon bezahlt ist, statuiert der Satz 2 des Abs. 2: Hat nämlich ein Indossant mehrere Ausfertigungen an verschiedene Personen indossiert, so bleiben aus den übrigen Ausfertigungen der Indossant und alle späteren Indossanten, deren Unterschriften sich auf den bei der Zahlung nicht zurückgegebenen Ausfertigungen befinden, auf Grund ihres Indossaments verpflichtet. Die einzelnen Nachmänner des Indossanten haften aus ihrem Indossamente natürlich nur einmal, da sich ja ihre Unterschrift immer nur auf einer Ausfertigung befindet. Auch die Vormänner des Indossanten haften nur einmal, da auch sie nur eine einzige Verpflichtung übernommen haben. Gegen sie braucht infolgedessen nur ein Exemplar des Schecks vorgelegt und bezüglich dieses Exemplares die Nachweise des § 16 verschafft zu werden, im übrigen müssen, um die Haftung der mehreren Indossanten in Anspruch zu nehmen, die mehreren Ausfertigungen besonders vorgelegt und behandelt werden. Hat ein Indossant mehrere Ausfertigungen an verschiedene Personen weiter indossiert, so können diese späteren Indossanten sich nicht darauf berufen, daß eine andere Ausfertigung honoriert worden sei. Denn diese andere Ausfertigung ist für sie, da der Vormann den Zusammenhang der Ausfertigungen gelöst hat, ein anderer Scheck. Grünhut 2 § 116; Buff S. 58. Über die Haftung für den Fall, daß mehrere Ausfertigungen durch eine Blankotradition in mehrere Hände gelangt sind, vgl. Staub-Stranz Art. 67 Anm. 6.

§ 10.

Annahme. Bestätigung.

Der Scheck kann nicht angenommen werden. Ein auf den Scheck gesetzter Annahmevermerk gilt als nicht geschrieben.

E. 1892 § 7; vorl. E. § 8; österr. § 8.

Inhalt.

I. Annahme.

Bereits im bisherigen Scheckverkehr Deutschlands war der akzeptierte Scheck nicht praktisch, dies um so weniger, als der § 24 des alten WStempG. den mit einem Akzept versehenen Scheck der Stempelpflicht unterwarf. Es hatten sich, wie auch das OLG. Hamburg, SeuffA. 48 Nr. 196 betont, im Scheckverkehr gewisse Eigentümlichkeiten herausgebildet, vermöge deren eine Annahme des Schecks tatsächlich nicht vorzukommen pflegte. Vgl. auch OLG. Dresden, SächsOLG. 24 S. 426; Fick S. 337. Immerhin war, wenigstens für den Order- und Rektascheck, nach den Normen des Instituts der Anweisung, insbesondere gemäß § 784 BGB., eine Annahme des Schecks rechtlich möglich; für den Inhaberscheck jedoch und zwar auch für den Scheck mit alternativer Inhaberklausel wäre die Zulassung des Akzeptes jedenfalls im Hinblick auf § 795 BGB. („im Inlande ausgestellte Schuldverschreibungen auf den Inhaber, in denen die Zahlung einer bestimmten Geldsumme versprochen wird, dürfen nur mit staatlicher Genehmigung in den Verkehr gebracht werden") nicht unbedenklich gewesen. In der Literatur ist de lege ferenda die Frage nach der Notwendigkeit des Akzeptverbotes bestritten. Gegen das Verbot des Akzeptes haben sich z. B. erklärt: Fick S. 335 ff.; Buff, Scheckverkehr S. 96; Cohn S. 51 mit Lit.; für das Verbot sind eingetreten z. B. Riesser, LZ. 1 S. 90 Bem. 38; Klein, Koch, Hammerschlag, DJZ. 10 S. 674 u. a. Die Begr. S. 25 geht davon aus, daß ein Akzept, wonach der Bezogene zu einem selbständigen Schuldner wird, während er nach dem Charakter des Schecks lediglich Zahlungsorgan sein soll, mit der Natur des Schecks nicht verträglich ist. „Dadurch, daß bis zur Vorlage des Schecks unbestimmt bleibt, ob er eingelöst wird oder nicht, wird erreicht, daß der Scheck seinem Endziele, der Einlösungsstelle, so rasch als möglich zutreibt, und es wird hintangehalten, daß er unnötig lange, gleich dem Papiergelde, herumwandert. In der Literatur ist der Vorschlag gemacht worden, ein ausnahmsweise vorkommendes Akzept, wie in England und Frankreich wirksam sein zu lassen, dann aber den Scheck als einen Sichtwechsel mit kurzer Zahlungsfrist zu behandeln und mit dem Wechselstempel zu belegen. Im Interesse der Reinhaltung und der Gediegenheit des Scheckverkehrs scheint es jedoch angemessen, ein Akzept überhaupt nicht zuzulassen. Beim Inhaberscheck würde die Annahme auch bewirken, daß er zu einer auf den Inhaber lautenden Schuldverschreibung würde, welche gemäß § 795 BGB. der staatlichen Genehmigung bedürfte. Der Standpunkt des Entwurfs entspricht der im deutschen Scheckverkehr schon tatsächlich herrschenden Auffassung, welche unter anderem darin zum Ausdrucke gekommen ist, daß die mit der Reichsbank zu Abrechnungsstellen vereinigten Bankhäuser und Scheckinstitute das Akzept des Schecks für ihren Verkehr ausgeschlossen haben. (Nr. 5 der Berliner Vereinbarung vom 14. Februar 1883.)" Vgl. auch die österr. Mot. zu § 8.

Zweifelsfrei bringt, der oben dargelegten Auffassung entsprechend, das Gesetz zum Ausdruck, daß der Scheck nicht angenommen werden kann. Auch durch das von der auswärtigen Filiale der bezogenen Bank auf den Inhaberscheck gesetzte Indossament wird für die Filiale keine scheckmäßige Haftung dem Inhaber gegenüber begründet, wie hierdurch auch dem Aussteller gegenüber bei Nichteinlösung ein scheckmäßiger Regreßanspruch nicht begründet wird. RG. 111, 266. Ein entgegen dem Verbote auf den Scheck gesetzter Annahmevermerk berührt jedoch den Scheck in seinem rechtlichen Bestande nicht; ein solcher Vermerk hat nicht bloß keine scheckrechtliche, sondern überhaupt keinerlei rechtliche Bedeutung; er gilt als nicht geschrieben. Der Annahmevermerk kann mithin auch nicht die Bedeutung einer selbständigen Verpflichtungserklärung haben und dadurch rechtliche Wirksamkeit gewinnen. Nur durch eine neben dem Scheck hergehende Erklärung des Bezogenen kann eine bürgerlich-rechtliche Vertragspflicht gegenüber einer bestimmten Person übernommen werden. Auch kann eine Haftung aus unerlaubter Handlung in Frage kommen, wenn der Bezogene über den Bestand des Guthabens eine wissentlich falsche Auskunft gegeben hat. RG. 105, 361; OLG. Hamburg (BZS.) v. 5. Juni 1925 in HansRZ. 1925, 562; vgl. RG. JW. 1914, 683. Unrichtig ist die Entscheidung des OLG. Hamburg (11. Dez. 1923), HansGZ. 1924, 143, nach der ein auf einen Inhaberscheck gesetzter Annahmevermerk folgenden Inhalts: „Wir verpflichten uns, diesen Scheck innerhalb 14 Tagen während unserer Geschäftsstunden einzulösen....", als Schuldversprechen nach § 780 BGB. in Verbindung mit einem von der bezogenen Bank mit dem Aussteller zugunsten des Überbringers geschlossenen Vertrag angesehen wird. Da nach dem klaren Wortlaut des Gesetzes ein Annahmevermerk als nicht geschrieben gilt, kommt diesem weder eine scheckrechtliche noch zivilrechtliche Wirkung zu. Es ist daher auch nicht möglich, im Wege der Konstruktion eine Rechtswirkung herbeizuführen, die der Gesetzgeber ausdrücklich ablehnt. Wohl aber finden die Vorschriften über unerlaubte Handlungen Anwendung. § 823 Abs. 1 BGB. scheidet freilich aus, weil das Vermögen nicht zu den dort geschützten Rechtsgütern gehört. Als Schutzgesetz im Sinne des § 823 Abs. 2 kann § 10 ebenfalls nicht angesprochen werden. Dagegen ist ein Schuldverhältnis nach § 826 BGB. zur Entstehung gelangt. Gerade weil die bezogene Bank als Bankinstitut die Bestimmung des § 10 kannte, so muß für den Fall, daß sie eine rein zivilrechtliche Haftung nicht begründen wollte, angenommen werden, daß sie von vornherein mit der Möglichkeit rechnete, sie brauche, wenn der Aussteller die z. Z. ihrer Willenserklärung noch ungedeckten Schecks nicht decken werde, diese Schecks nicht einzulösen. Wenn sie ihre Erklärung gleichwohl abgab, so hat sie diesen möglichen Erfolg von vornherein mit in ihren Willen aufgenommen und ihn auch für den Fall seines Eintritts gewollt. Vgl. Breit in JurRundschau 1, 817.

Da dem Annahmevermerk überhaupt keine rechtliche Bedeutung zukommt, so ist auch ein dem Gebote des § 10 zuwider mit einem Akzept versehenen Scheck der Stempelabgabe nicht unterworfen, es sei denn, daß die Erklärung in einem anderen Lande auf das Papier gesetzt ist, wo solche Vermerke gültig sind; vgl. § 29 II 1 S. 293; IV 1 b S. 295.

Eine Ausnahme von dem Grundsatz, daß Schecks nicht angenommen werden dürfen, macht die Bekanntmachung über die Bestätigung von Schecks durch die Reichsbank vom 31. August 1916 (RGBl. S. 985)[1], die vor allem die

---

[1] Art. 1. Versieht die Reichsbank einen auf sie gezogenen Scheck mit einem Bestätigungsvermerke, so wird sie hierdurch dem Inhaber zur Einlösung verpflichtet; für die Einlösung haftet sie auch dem Aussteller und den Indossanten.

Die Verpflichtung aus der Bestätigung erlischt, wenn der Scheck nicht innerhalb der Vorlegungsfrist (§ 11 des Scheckgesetzes vom 11. Mai 1908, RGBl. S. 71) zur Zahlung vorgelegt wird. Hinsichtlich des Nachweises der Vorlegung finden die Vorschriften § 16 des Scheckgesetzes Anwendung.

Der Anspruch aus der Bestätigung verjährt in zwei Jahren vom Ablauf der Vorlegungsfrist an.

bargeldlose Zahlung im Grundstücks- und Hypothekenverkehr fördern sollte; die Bekanntmachung (des Reichskanzlers) beruht auf § 3 des Gesetzes über die Ermächtigung des Bundesrats zu wirtschaftlichen Maßnahmen usw. vom 3. Aug. 1914 — RGBl. S. 327. Dadurch, daß die Reichsmark einen Bestätigungsvermerk auf den Scheck gesetzt hat, wird sie dem Inhaber desselben zur Einlösung verpflichtet und haftet für diese Einlösung auch dem Aussteller und dem Indossanten. Diese Verpflichtung aus der Bestätigung erlischt, wenn der Scheck nicht innerhalb der Vorlegungsfrist von 10 Tagen zur Zahlung vorgelegt wird. Der Anspruch aus der Bestätigung verjährt in 2 Jahren vom Ablauf der Vorlegungsfrist an. Der Empfänger eines solchen Schecks darf ihn wie ein gesetzliches Zahlungsmittel bewerten und gleich einem solchen in Zahlung nehmen. Der Scheck wird aber nur bei der ausstellenden Reichsbankanstalt bar eingelöst, bei allen anderen dagegen nur gutgeschrieben. Hervorzuheben ist noch daß die Reichsbank allen Geldinstituten das Recht gegeben hat, solche Schecks auch an ihre Kundschaft weiter zu geben. Die Einrichtung als solche lehnt sich an den Giroverkehr der Reichsbank an und soll dem mit der Unterhaltung von Giroguthaben bei der Reichsbank verbundenen Zweck, Zahlung ohne Bewegung baren Geldes auszuführen in vollkommenerer Weise, als es bisher möglich war, Rechnung tragen.

Die „Bestätigung" der Reichsbank ist rechtlich nicht Bestätigung im Sinne der Wissenschaft (unten S. 141), sondern eine echte Annahme, da sie eine Verpflichtung der Reichsbank zur Einlösung gegenüber dem Scheckbeteiligten begründet. Ebenso Breit in JurRundschau 1, 823. A. M. Simonson S. 67, der eine Einlösungspflicht nur gegenüber dem Inhaber kennt; gegen ihn spricht der Wortlaut des Art. 1 Abs. 1, 2. Halbsatzes der Bekanntmachung vom 31. Aug. 1916. Dagegen jetzt zustimmend Simonson, Die Stellung der Bezogenen im Scheckrecht, im Berliner Börsencourier vom 16. Juni 1926.

Für einen bestätigten Scheck, auf dem eine Unterschrift gefälscht ist, gelten die Vorschriften des § 23, für die gerichtliche Geltendmachung von Ansprüchen auf Grund der Bestätigung die Vorschriften des § 28 des Scheckgesetzes entsprechend.

Die Reichsbank ist nur nach vorheriger Deckung befugt, Schecks mit einem Bestätigungsvermerke zu versehen.

Art. 2. Die Bestätigung begründet nicht die Verpflichtung zur Entrichtung des Wechselstempels oder einer landesgesetzlichen Abgabe.

Art. 3. Diese Verordnung tritt mit dem Tage der Verkündung in Kraft.

Der Reichskanzler bestimmt den Zeitpunkt des Außerkrafttretens.

Es hat nicht an Bestrebungen gefehlt, dieses Privileg der Reichsbank zu einem Recht aller Banken und überhaupt aller passiv scheckfähigen Personen auszugestalten; vgl. auch Eingabe des Vorstandes des Zentralverbandes der Bankiers vom 9. September 1916 an den Bundesrat, BankA. 15, 456. Von einer gesetzgeberischen Regelung in diesem Sinne ist jedoch bisher Abstand genommen. Aus der Lit. vgl.: Waller, BankA. 16 S. 136; derselbe in Bl. f. Genoss. W. 1917 S. 173; Michaelis LZ. 17 S. 569; Schmidt BayNotZ. 16 S. 413; Wetzlar in BlfGenossW. 16 S. 466; Stein ebenda 20 S. 48; und zuletzt die u. E. überzeugenden Ausführungen von Breit, Das Scheckakzept und Doktrinarismus und Treu und Glauben in der Rechtsprechung, JurRundschau 1, 817 ff.

Durch die Bundesratsbekanntmachung zur Erleichterung der Einzahlung auf Aktien usw. v. 24. Mai 1917 (RGBl. S. 431) — vgl. Anhang zu § 3 II 2a S. 81 f. — sind die von der Reichsbank bestätigten Schecks insofern barem Gelde gleich gesetzt worden, als statt der in den §§ 195, 3; 284, 2 HGB. erforderten Einzahlung von barem Gelde die Einzahlung auch durch einen von der Reichsbank bestätigten Scheck erfolgen und die entsprechenden Erklärungen von Vorstand und Aufsichtsrat der Aktiengesellschaft hierüber lauten dürfen.

II. Bestätigung.

Zulässig bleiben dagegen unbeschadet des § 10, Erklärungen des Bezogenen über das Vorhandensein eines Guthabens des Ausstellers, denen im Regelfalle nur die Bedeutung einer Auskunft, einer Gefälligkeit, zukommt. Auch die dem Aussteller auf Verlangen erteilte Bescheinigung, daß ihm tatsächlich zur Zeit der Bescheinigung ein der Schecksumme entsprechendes Guthaben bei dem Bezogenen zusteht, dürfte, gleichviel, ob ein derartiger Vermerk auf dem Scheck oder außerhalb desselben erscheint, zulässig sein, wenn nur nicht aus der Erklärung erhellt, daß etwa eine skripturmäßige Haftung gleich dem Akzept in Höhe der Schecksumme dem Aussteller bzw. dem Inhaber gegenüber begründet werden wollte. Vgl. auch Centralv. S. 11; Breit, SächsArch. 2 S. 548; ferner Merzbacher S. 37. Kuhlenbeck S. 61 ist mit v. Canstein S. 218 der Ansicht, daß die bewußte oder auch nur schuldhafte Verletzung der Wahrheit bei einer Bestätigung wenigstens unter der Sanktion der allgemeinen zivilrechtlichen Schadensersatzklage stehe. §§ 826, 823 Abs. 2 BGB.; auch könne demjenigen gegenüber, dem eine solche Bestätigung seitens der Bank erteilt werde, in derselben auch eine Garantieübernahme gefunden werden, die für ihn, nicht aber für seinen Nachfolger im Besitze des Schecks, einen nach allgemeinen Grundsätzen des bürgerlichen Rechts klagbaren Anspruch erzeuge. Freilich sei es dann auch nach unserem bürgerlichen Rechte gleichgültig, ob die Bestätigung auf dem Scheck oder auf einem anderen Stück Papier, oder mündlich oder auch nur durch konkludente Handlungen erfolgte. Vgl. zu dieser Frage noch besonders Riesser Bem. 38; Cohn S. 57; Langen S. 43; Meyer, Weltscheckrecht I S. 204 ff. Das RG. sieht in der auf Anfrage des Inhabers nach Vorlegung des Schecks abgegebenen Erklärung des Bezogenen: „Scheck bezahlt" eine Garantiezusage für die Einlösung, mit der der Bezogene die vertragsmäßige Gewähr für die rechtzeitige Auszahlung des Scheckbetrages übernehme. RG. 11. März 1926 im BankA. 25, 335.

Eine andere Frage ist, wann der Scheck bei der Vorlegung zur Einlösung von der Bank als angenommen anzusehen ist. Wenn der Bezogene dem Zahlungsempfänger gegenüber durch die Empfangnahme des Schecks und die Zusage der Bereitstellung der zu zahlenden Geldsumme nur Erklärungen abgegeben hat, welche nicht aus dem Rahmen der vom Bezogenen gegenüber dem Aussteller eingegangenen Verpflichtungen herausgetreten sind, so ist der Scheck nicht als eingelöst anzusehen und ein Zahlungsanspruch des Scheckinhabers gegen den Bezogenen nicht gegeben. RG., Recht 1912 Nr. 1717 = DJZ. 1912, 754. Die Auskunft einer Bank: „Der Scheck geht in Ordnung" enthält keine unbedingte Zahlungsverpflichtung der bezogenen Bank. Die Anfrage, ob der Scheck in Ordnung geht, wird sich immer nur darauf beziehen, ob der Aussteller in Höhe des Schecks ein Bankguthaben bei der bezogenen Bank hat. RG. II 12. 1. 26 im BankA. 1925, 284 ff.

III. Aval.

Das österr. Gesetz bestimmt im § 15 Abs. 2: „Wie Aussteller und Indossanten haftet auch, wer den Scheck oder ein auf denselben gesetztes Indossament als Bürge (per aval) mitunterzeichnet hat." Das deutsche Scheckgesetz hat ein Bedürfnis für die Übernahme des nach Art. 81 WO. zulässigen Avals (Bürgschaftsleistung) in den Scheckverkehr nicht als vorliegend anerkannt. Auch ohne die ausdrückliche Ausschließung des Avals — die von mehreren Seiten, z. B. Centralv. S. 25; Mitteilungen der Handelskammer zu Berlin 1907 Nr. 8 gewünscht wurde — ist anzunehmen, daß bei dem Fehlen einer entsprechenden Vorschrift ein Avalvermerk keine scheckrechtliche Wirkung äußern kann. Begr. S. 26; Cohn S. 125. Immerhin wird auch ein derartiger Vermerk, nach allgemeinen Grundsätzen des bürgerlichen Rechts, vor allem als Bürgschaft, von Bedeutung sein können. Vgl. Schiebler S. 31; ferner Conrad, Handb. S. 150 f.; Meyer, Weltscheckrecht I S. 341.

Vorlegungsfrist.

§ 11.

(1) Der im Inland ausgestellte und zahlbare Scheck ist binnen zehn Tagen nach der Ausstellung dem Bezogenen am Zahlungsorte zur Zahlung vorzulegen.

(²) Für Schecks, die im Ausland ausgestellt, im Inlande zahlbar sind, bestimmt der Bundesrat die Vorlegungsfrist. Das gleiche gilt für Schecks, die im Inland ausgestellt, im Ausland zahlbar sind, sofern das ausländische Recht keine Vorschrift über die Zeit der Vorlegung enthält.

(³) Fällt der letzte Tag der Frist auf einen Sonntag oder einen am Zahlungsorte staatlich anerkannten allgemeinen Feiertag, so tritt an die Stelle des Sonntags oder des Feiertags der nächstfolgende Werktag.

E. 1892 § 8; vorl. E. § 9; österr. § 9.

Inhalt.

I. Vorbemerkung: Zweck der Vorschrift.

Das Reichsgericht hat in seinem Urteil vom 11. Oktober 1888 (RGSt. 18 S. 154) darauf hingewiesen, daß die zeitlich unbegrenzte Einlösbarkeit von Schecks und die hierdurch gesteigerte Zirkulationsfähigkeit dem Wesen des Schecks widerspreche: „Das Interesse von Aussteller und Bezogenem nicht minder wie die Klarstellung der Regreßverhältnisse zwischen Aussteller und Nehmer, bzw. zwischen den Indossanten widerstreben einer ausgedehnten Dauer derartig unbestimmter Zahlungsmodalitäten und drängen mit Notwendigkeit auf baldige Einlösung des Schecks bzw. beschränkte Präsentation zur Zahlung bei dem Bezogenen hin." Während sich dies Urteil außerstande sah, das gesetzgeberische Unterlassen nachzuholen und nunmehr seinerseits ergänzend zu bestimmen, über welche Fristen und Transaktionen hinaus ein Scheck aufhöre, Scheck zu sein, bzw. Stempelfreiheit zu genießen, ist in einem Urteil des OLG. Köln vom 21. Februar 1883 (Busch, Arch. 45 S. 365) erwähnt, daß mit Rücksicht auf die Gesetzgebung anderer Staaten, insbesondere Frankreichs und Englands, sowie auf die Bemühungen in Deutschland in dieser Hinsicht, namentlich den vorgelegten Entwürfen eines Scheckgesetzes entnommen werden könne, daß in Deutschland bei der Präsentation kaufmännischer Anweisungen für die Einlösung eine kurze Frist im Handelsverkehr gebräuchlich sei, welche jedenfalls 8 Tage nach der Ausstellung nicht übersteige. Mit der Frage der Präsentationsfrist hat sich auch das OLG. Dresden in einem Urteil vom 18. Juni 1902 (SächsOLG. 24 S. 426) befaßt und sich dahin ausgesprochen, daß jedenfalls eine vierwöchige Laufzeit als unverhältnismäßig lange zu betrachten sei. Vgl. z. B. auch Staub, Exk. zu § 363 Anm. 16, ferner Gutachten der Leipziger Handelskammer vom 2. Mai 1902 in HoldheimsMSchr. 11 S. 264 und OLG. Braunschweig vom 20. April 1906 BankA. 5 S. 288. In der Literatur ist zunächst die Frage bestritten, ob Platzschecks und Fernschecks verschieden zu behandeln und weiterhin, welche Fristen im einzelnen für solche Schecks zu normieren seien. Über die Lit. vgl. z. B. Cohn S. 57 Anm. 97, insbesondere auch Anm. 97b. Das Gesetz sieht für die Vorlegung zur Zahlung (Präsentation) im Gegensatz zum bisherigen Recht, das eine bestimmte Frist für die Einlösung der Anweisungen nicht kannte, eine bestimmte Frist vor. Die Begründung S. 26 bemerkt: „Durch den Scheck verfügt der Aussteller über ein ihm zustehendes Guthaben, für dessen Vorhandensein er durch die Ausstellung eine Gewähr übernimmt. Dieselbe Gewähr übernehmen die Indossanten. Mit der strengen Regreßverbindlichkeit ist es nicht vereinbar, wenn dem Scheck eine nicht begrenzte Umlaufszeit gelassen würde. Die Rücksicht auf einen ordnungsmäßigen Verkehr verlangt vielmehr, daß die Umlaufszeit begrenzt und die Vorlegungsfrist nicht länger ausgedehnt wird, als zu einer zweckentsprechenden Verwertung des Schecks erforderlich ist. Da der Scheck einerseits auf baldige Befriedigung drängt, erscheint eine möglichst kurz bemessene Vorlegungsfrist angezeigt; da er aber anderseits zur Aufgabe hat, Bargeld zu sparen, was nur durch die Befriedigung möglichst vieler Zahlungen ohne Anwendung von Bargeld erzielt wird, so darf die Vorlegungsfrist nicht allzu kurz sein. Diesem, auf eine längere Lauffrist abzielenden Gesichtspunkte, läuft die Absicht der schleunigen Einlösungen entgegen. So bleibt, da beiden Tendenzen gleiche Berechtigung nicht versagt werden kann, dem Gesetzgeber die Aufgabe, die richtige Mitte zu finden."

II. Berechnung der Frist.

1. Beginn der Frist.

Die Frist läuft von dem auf dem Scheck angegebenen Ausstellungstage ab. Auch bei vordatierten Schecks, d. h. Schecks, die vor dem auf ihnen angegebenen Ausstellungstage in den Verkehr gebracht werden, bleibt der auf dem Scheck angegebene Ausstellungstag für die Fristberechnung maßgebend. Vgl. Mittelstein in DJZ. 17 S. 89.

Da für die in Gesetzen enthaltenen Fristbestimmungen die Auslegungsvorschriften der §§ 187 ff. BGB. maßgebend sind, so ist hier für die Berechnung der zehntägigen Frist zu beachten, daß der Ausstellungstag **nicht** mitgerechnet wird. § 187 Abs. 1: „Ist für den Anfang einer Frist ein Ereignis oder ein in den Lauf eines Tages fallender Zeitpunkt maßgebend, so wird bei der Berechnung der Frist der Tag nicht mitgerechnet, in welchen das Ereignis oder der Zeitpunkt fällt."

2. Ablauf der Frist.

Fällt der letzte Tag der Frist auf einen Sonntag oder auf einen am Zahlungsorte staatlich anerkannten allgemeinen Feiertag, so wird die Frist insofern verlängert, als an die Stelle des Sonntags oder des Feiertags der nächstfolgende Werktag tritt. Vgl. auch § 193 BGB.

Ein zu Beginn oder innerhalb der Frist liegender Sonn- oder Feiertag ändert an der Berechnung nichts. Die Frist endigt mit dem Ablaufe des zehnten, auf den Ausstellungstag folgenden Tages, den Ausstellungstag jedoch, wie erwähnt, nicht mitgerechnet. Nur ein Sonntag oder ein am Zahlungsorte staatlich anerkannter allgemeiner Feiertag kann die Verlängerung der Frist bewirken. Die **staatliche Anerkennung der allgemeinen Feiertage** steht den einzelnen Ländern zu. Vgl. Art. 139 RVerf. In allen Ländern anerkannte Feiertage sind nur der Neujahrstag, der Ostermontag, der Pfingstmontag, Christi Himmelfahrt und der 25. und 26. Dezember. Im übrigen besteht Verschiedenheit. Für Preußen kommen außer den erwähnten Feiertagen noch in Betracht der Karfreitag, der Buß- und Bettag, in der Preußischen Rheinprovinz auch Allerheiligen. Für das rechtsrheinische Bayern kommen noch in Betracht: in überwiegend katholischen Orten Fronleichnam, Lichtmeß, Mariä Verkündigung, Mariä Himmelfahrt, Mariä Geburt, Mariä Empfängnis, hl. Josef, Johannes der Täufer, Peter und Paul, Allerheiligen, das Diözesanpatrozinium, in überwiegend protestantischen Orten der Karfreitag, in der bayerischen Pfalz in überwiegend katholischen Orten Fronleichnam, Allerheiligen und Mariä Himmelfahrt, in überwiegend protestantischen Orten der Karfreitag. Vgl. **Staudinger**, BGB. 9. Aufl. § 193 Note 6, S. 760. Politische Feiertage, z. B. der Verfassungstag, sind keine Feiertage im Sinne des Abs. 3.

Wegen des Einflusses des Krieges auf den Fristablauf vgl. unten § 16 IV, insbesondere zu 1 b S. 224.

3. Änderung der Frist.

Das Gesetz bestimmt nichts darüber, ob die Vorlegungsfrist mit scheckrechtlicher Wirkung **verlängert** werden kann. Mit **Breit**, JW. 1908 S. 261, ist anzunehmen, daß sowohl Wortlaut des Gesetzes, wie der Zweck der kurzen Präsentationsfrist gegen die Statthaftigkeit einer Verlängerung sprechen. Auch die **Abkürzung** der Präsentationsfrist durch den Aussteller würde die gesetzliche Frist nur zu modifizieren vermögen, nur der unmittelbare Nehmer, der Remittent, müßte sie auf Grund des Begebungsvertrages gegen sich gelten lassen. Breit a. a. O.; so auch Schiebler S. 34, der bemerkt, daß die Angabe einer anderen Vorlegungsfrist bei der zwingenden Natur der gesetzlichen Vorschrift keine Wirkung habe. Werde eine längere Vorlegungsfrist als die gesetzliche angegeben, so sei der Scheck gleichwohl innerhalb der gesetzlichen Frist vorzulegen, und bei einer kürzeren Frist könne ungeachtet deren Ablaufs die Vorlegung bis zum Ablauf der gesetzlichen Frist bewirkt werden. A. M. Simonson S. 69 aus rechtspolitischen Gründen.

III. Die Vorlegung.

1. Pflicht zur Vorlegung.

Das Gesetz schreibt vor, daß der Scheck binnen einer zehntägigen Frist dem Bezogenen zur Bezahlung vorzulegen ist. Aus dieser Vorschrift entspringt aber keineswegs etwa eine scheckrechtliche Pflicht des Inhabers, den Scheck überhaupt vorzulegen. Anderer Ansicht, jedoch ohne ausreichende Begründung, Niemeyer im BankA. 24 S. 76. Es ist dies nicht anders als bei der Anweisung des bürgerlichen Rechts, aus deren Entgegennahme sich eine Verpflichtung zur Vorlegung ebenfalls nicht ergibt. Der Entwurf des BGB. (§ 610) hatte die Auslegungsregel aufgestellt, daß der Anweisungsempfänger wie ein Beauftragter verpflichtet sein solle, die Angewiesenen zur Leistung aufzufordern. Dieser Satz wurde aber in der zweiten Kommission bei der zweiten Lesung gestrichen, damit der abstrakte Charakter der Anweisung nicht verdunkelt werde. Planck, BGB. § 789 Note 2. Die Unterlassung oder Verspätung der Vorlegung seitens des Scheckinhabers hat daher für ihn zunächst nur die Folge des Regreßverlustes. Im inneren Verhältnis, d. h. im Verhältnis zwischen dem Inhaber des Schecks und seinem Vormann, besteht jedoch bei dem zu Erfüllungszwecken gegebenen Scheck dem Vormann gegenüber eine Pflicht, die Erlangung der Zahlung aus dem Scheck zu versuchen. Der Scheck ist zahlungshalber, nicht an Zahlungs Statt gegeben. Die Folgen einer Versäumung dieser Pflicht treffen den Scheckinhaber in der Form einer Einrede, die ihm der aus dem unterliegenden Rechtsverhältnis belangte Vormann entgegensetzen kann. Vgl. OLG. Hamburg in HansRZ. 1924 S. 693 und die Erläuterungen zu § 21, ferner z. B. Breit, Die Präsentationspflicht des Scheckinhabers nach dem vorl. Entw. eines Scheckgesetzes in HoldheimsMSchr. 18 S. 1 ff.; Fick S. 350; Cohn S. 66. Eine Verpflichtung zur Vorlegung kann sich aus dem der Begebung des Schecks zugrunde liegenden Rechtsverhältnis ergeben, so insbesondere aus dem Inkassomandat. Ob in einem solchen Fall ein Auftrag, Dienstvertrag auf Geschäftsbesorgung oder ein Werkvertrag (§§ 662, 675, 631 BGB.) vorliegt, ist Frage des einzelnen Falles. Vgl. Staub-Stranz Art. 17 Anm. 4 ff. über den Inhalt des Inkassovertrages Breit, Pflichten S. 59 ff. Insbesondere haftet der Schecknehmer nach dem Inhalt des Inkassomandats dem Scheckgeber für allen Schaden, der durch schuldhaftes Verhalten bei der Einziehung des Schecks entsteht, so wenn bei pünktlicher Einziehung des Schecks das entsprechende Bankguthaben hätte gerettet werden können, das infolge späterer Zahlungseinstellung verloren gegangen ist. RG. OLGRspr. 35, S. 7. Ein zur Bezahlung einer Kaufschuld indossierter und übergebener Scheck bringt durch eine Verzögerung der Vorlegung und die dadurch gegebenenfalls entstehende schuldhafte Verletzung der Einziehungspflicht die Kaufforderung nicht zum Erlöschen. Wird also infolge der verspäteten Präsentation der Scheck nicht eingelöst, so muß sich der Inkassomandatar so behandeln lassen, als sei gezahlt und kann nicht auf die Kaufforderung zurückgehen. HansOLG. HansGZ. 1925 S. 154. Der als vorläufige Zahlung eines Kaufpreises zur Sicherheit hingegebener Scheck darf zur alsbaldigen Tilgung der Kaufschuld eingelöst werden, muß aber dann zum Kurse des Zahlungstages auf den Kaufpreis angerechnet werden. OLG. Hamburg JW. 1925 S. 141. Der Bankier anderseits hat sich bei der Einziehung des Schecks streng an den erhaltenen Auftrag zu halten. Lautet dieser auf Auszahlung an den Auftraggeber oder dessen Bevollmächtigten, so darf der Bankier den Betrag nicht dem Bevollmächtigten auf dessen Konto gutschreiben. Sonst haftet er dem Auftraggeber, wenn der gutgeschriebene Betrag von dem Bevollmächtigten nicht zu erlangen ist. RG. vom 15. Juni 1915. Auch kann die Bank den ihr „zur Gutschrift" übergebenen Scheck nicht für sich beanspruchen, da sie kein Eigentum an dem Scheck erwirbt. Urt. des LG. I K. f. H., Berlin, Vossische Zeitung Nr. 158, v. 2. April 1924. Hat ferner der Scheckinhaber den Scheck zur Vorlegung einer Bank überreicht, die ihrerseits ihn infolge Streiks nicht rechtzeitig vorlegte, so greift der Einwand, daß die rechtzeitige Vorlegung „infolge der Stillegung eines Bankbetriebes" gemäß § 3 der Verordnung v. 19. April 1919 (RGBl. S. 397) (s. S. 226) „verhindert" ist, nicht durch, wenn der Scheckinhaber bei Überreichung des Schecks Kenntnis vom Streik hatte und ihm noch andere Vorlegungswege zur Verfügung standen. RG. JW. 1921, 896 = Recht 21, Nr. 2256 = BankA. 20 S. 272. Die Vorschrift des § 16 ist auf den Regreß des Scheckinhabers gegen den Aussteller anwendbar. OLG. Hamburg. HansGZ. 22 S. 66 = OLGRspr. 22 S. 246. Über eine vertragsmäßige Bestimmung betreffend das Scheckinkasso vgl. den folgenden, den Geschäftsbedingungen einer Berliner Großbank entnommenen Passus:

„Schecks müssen der Bank so rechtzeitig zugehen, daß ihre Einziehung im regelmäßigen Geschäftsgange ohne Zuhilfenahme von besonderen Eilmitteln besorgt werden kann. In der Regel dürfte hierfür genügen, daß Schecks auf Berlin am zweiten, Schecks auf andere Plätze am vierten Werktage vor Ablauf der Vorlegungsfrist bei der Bank eingehen. Bei Schecks auf Nebenplätze wird jede Verbindlichkeit für Innehaltung der Vorlegungsfrist abgelehnt. Die Bank ist berechtigt, bei Einziehung von Schecks außerhalb des hiesigen Platzes sich der Mitwirkung anderer Firmen oder der Post auf Gefahr der Auftraggeber zu bedienen. Alle der Bank — gleichviel mit welcher Bestimmung — eingesandten Schecks übernimmt sie nur zur Einziehung in Gemäßheit der vorstehenden Bestimmungen; eine vorbehaltlich des Eingangs erteilte Gutschrift ändert hieran nichts."

Nach § 789 BGB. hat der Anweisungsempfänger die Verpflichtung zur Benachrichtigung des Anweisenden, wenn der Angewiesene die Leistung verweigert. Das gleiche gilt, wenn der Anweisungsempfänger die Anweisung nicht geltend machen kann oder will. Diese Benachrichtigungspflicht ist nicht identisch mit der erwähnten Vorlegungspflicht. Düringer-Hachenburg 2 S. 555. Für das Recht des Schecks hat diese Spezialvorschrift des Anweisungsrechtes (§ 789 BGB.) mangels ausdrücklicher Erwähnung keine Geltung. Cohn S. 66.

Wenn der Scheck bei einer anderen Stelle als der das Konto des Ausstellers führenden Niederlassung zum Inkasso eingereicht wird, so erfolgt gewöhnlich die Gutschrift vorbehaltlich des Eingangs. Hierin liegt noch keine Vorlegung des Schecks; die Ordnungsmäßigkeit kann erst nach Eingang bei der kontoführenden Stelle festgestellt werden. Die Zahlstelle, welche die rechtzeitige Einreichung bei der bezogenen Bankniederlassung unterläßt oder es versäumt, dem Inhaber von der Nichteinlösung rechtzeitig Nachricht zu geben, macht sich hierdurch dem Inhaber gegenüber schadensersatzpflichtig. Einer Handelssitte, wonach die vorbehaltlich des Eingangs erteilte Gutschrift innerhalb bestimmter Frist zu einer definitiven wird, besteht nicht. Es ist deshalb von Fall zu Fall zu entscheiden, ob die Ausübung des Vorbehalts und der Berücksichtigung der gesamten Sachlage als derart verspätet anzusehen ist, daß der Einreicher des Schecks denselben nach Treu und Glauben nicht gegen sich gelten zu lassen braucht.

Die Vorlegungsbescheinigung des § 16 braucht zu ihrer Wirksamkeit nicht innerhalb der Vorlegungsfrist ausgestellt zu werden. Eine ausdrückliche Vorschrift in diesem Sinne ist im Gesetz — im Gegensatz zum österr. Scheckgesetz § 16 Abs. 4 — nicht enthalten. Die Begründung des Entwurfs spricht dagegen ausdrücklich aus, daß die Vorlegungsbescheinigung auch noch nachträglich beigebracht werden könne. RG. Bd. 100 S. 138 = JW. 1921 S. 29; siehe auch unten § 16 II 2 c ε S. 196.

2. Wem, wo und wann ist vorzulegen?

Der Scheck ist dem Bezogenen zur Zahlung vorzulegen, und zwar dem Bezogenen selbst, nicht etwa einem auf dem Scheck als Zahlstelle bezeichneten Bankhaus oder Geldinstitut.

Der Scheck muß dem Bezogenen am Zahlungsort vorgelegt werden. Es genügt also nicht die Vorlegung bei einer Zweigniederlassung, auch kann bei dem Orte einer Zahlstelle der Scheck dem Bezogenen nicht zur Zahlung präsentiert werden. Breit, Pflichten S. 58; Riesser, BankA. 7 S. 137; Breit, BankA. 7 S. 234; Meyer, Weltscheckrecht I S. 230. Da auf die Vorlegung des Schecks gemäß § 16 Abs. 2 der Art. 91 der WO. entsprechende Anwendung findet, so ist anzunehmen, daß die Vorlegung bei dem Bezogenen in seinem Geschäftslokale oder in Ermangelung eines solchen in seiner Wohnung vorgenommen werden muß. An einem anderen Orte, z. B. an der Börse, kann dies nur mit beiderseitigem Einverständnis geschehen. Als Geschäftslokal ist diejenige Räumlichkeit anzusehen, in welcher der Bezogene seinen Berufsgeschäften obliegt. Der Bezogene kann jedoch verschiedene Geschäftslokale besitzen; dann erscheint für die Vorlegung zunächst dasjenige Lokal als maßgebend, welches auf dem Scheck als Einlösungsstelle bezeichnet ist. In diesem Sinne sind insbesondere an demselben Orte befindliche Depositenkassen zu beurteilen.

Ist der Bezogene in Konkurs geraten, so behält das frühere Geschäftslokal seinen Charakter als solches bis zu dem Zeitpunkt, in welchem es von dem Kridar aufgegeben wird. — Stirbt der Bezogene oder wird er geschäftsunfähig, so bleibt das letzte Geschäftslokal maßgebend. Meyer, Weltscheckrecht I S. 233.

Zu beachten ist ferner, daß nach Art. 91 a WO. und § 30 die Präsentation zur Zahlung nicht nur an dem im Scheck angegebenen Zahlungsorte, sondern auch an einem Nachbarorte statthaft ist, wenn sie dort in den für die Vorlegung bestimmten Räumlichkeiten des Bezogenen erfolgt. Durch die Zweite Verordnung über benachbarte Orte im Wechsel- und Scheckverkehre vom 23. Aug. 1924 (unten S. 209 ff.) sind diejenigen Plätze bestimmt, welche im Sinne des Gesetzes als benachbart gelten. Dadurch sind diese aber nicht etwa rechtlich mit dem Zahlungsort für eine einzige Ortschaft erklärt worden. Die Vorlegung kann also wirksam auch am Zahlungsort geschehen, selbst wenn sich dort die Geschäftsniederlassung oder Wohnung des Bezogenen nicht befindet. Meyer, Weltscheckrecht I S. 232.

Was die Zeit der Vorlegung anlangt, so soll, nach den Ausführungen von Hoppenstedt 1907 S. 39, im Regelfalle der § 358 HGB. Platz greifen: „Bei Handelsgeschäften kann die Leistung nur während der gewöhnlichen Geschäftszeit bewirkt und gefordert werden," und in den Fällen, in welchen der Bezogene kein Kaufmann ist, die allgemeine Bestimmung des § 242 BGB.: „Der Schuldner ist verpflichtet, die Leistung so zu bewirken, wie Treu und Glauben mit Rücksicht auf die Verkehrssitte es erfordern." Vgl. ferner Kuhlenbeck S. 50; Schiebler S. 34: Die Vorlegung muß bis spätestens zum Schluß der gewöhnlichen Geschäftszeit des letzten Tages der Frist bewirkt werden. Siehe aber § 16 II 2 a β S. 192.

IV. Vorlegungsfristen für die einzelnen Gruppen von Schecks.

Der im Inland ausgestellte und zahlbare Scheck ist binnen zehn Tagen nach der Ausstellung dem Bezogenen vorzulegen (unten 1).

Die Vorlegungsfrist für Schecks, die im Ausland ausgestellt, im Inlande zahlbar sind, bestimmt der Bundesrat, jetzt der Reichsrat (unten 2 S. 151 f.; Bek. des Bundesrats vom 19. März 1908 — RGBl. S. 85).

Die Vorlegungsfrist für Schecks, die im Inlande ausgestellt, im Auslande zahlbar sind, richtet sich nach den Vorschriften des ausländischen Rechts. Enthält dies keine Vorschrift über die Vorlegungsfrist, so bestimmt diese Fristen der Bundesrat; jetzt der Reichsrat (unten 3 S. 153; Bek. des Bundesrats v. 19. März 1908 — RGBl. S. 85 — Abs. 2).

Über die Vorlegungsfristen für Schecks, die im Auslande ausgestellt, im Auslande zahlbar sind, enthält das Scheckgesetz keine Vorschrift; soweit solche Schecks der Beurteilung durch deutsche Gerichte unterliegen und deutsches materielles und Kollisionsrecht Anwendung findet, wird man annehmen können, daß für die Beurteilung der Vorlegungsfrist das Recht desjenigen Landes zur Anwendung gelangt, in dem der Scheck vorzulegen ist; ob bei einem Fehlen solcher Vorschriften die Fristen der Bundesratsbekanntmachung zur Anwendung gelangen, erscheint fraglich.

1. Im Inland ausgestellte und zahlbare Schecks (Absatz 1).

Der Absatz 1 bestimmt, daß der im Inland ausgestellte und zahlbare Scheck binnen 10 Tagen nach der Ausstellung dem Bezogenen am Zahlungsorte zur Zahlung vorzulegen ist. Der Absatz 1 bezieht sich also nur auf den reinen Inlandsscheck, d. h. auf den Scheck, dessen Ausstellungsort im Inland liegt, und dessen gemäß § 5 zu bestimmender Zahlungsort ebenfalls im Inland sich befindet. Zum Inland im Sinne dieser Bestimmungen gehören nicht die Deutschen Schutzgebiete; vgl. oben S. 134 und unten S. 152.

Bei den Inlandsschecks wird zwischen Platzschecks und Distanzschecks **nicht** unterschieden. „Es kommt", wie die Begr. S. 27 bemerkt, „häufig vor, und ist eine völlig einwandfreie Form des

Scheckverkehrs, daß auch Platzschecks zur Zahlung an anderen Orten verwendet werden. Beispielsweise schickt ein Berliner Kaufmann einen auf seinen Berliner Bankier gezogenen Scheck behufs Zahlung einer Warenschuld an einen Fabrikanten in Solingen, welcher ihn an seinen Bankier in Köln zur Einkassierung und Gutschrift weitersendet. Im Hinblick hierauf erscheint es angemessen, die Vorlegungsfrist für alle im Inland ausgestellten und auch hier zahlbaren Schecks gleichmäßig festzusetzen, und so zu bemessen, daß sie für alle Fälle zureicht." Um den geäußerten Wünschen Rechnung zu tragen, hat der Gesetzgeber für im Inland ausgestellte und zahlbare Schecks eine Frist von 10 Tagen festgesetzt. „In diesem Zeitraum kann der Scheck seiner Aufgabe als ein zur Ersparung von Barzahlungen dienendes Zahlungsmittel gerecht werden und auch seinen Weg bis in eine ihn zur Gutschrift benutzende Hand finden, ohne anderseits mit dem Wechsel in Wettbewerb zu treten. Vorlegungsfristen von mehreren Wochen oder gar Monaten, wie sie vereinzelt gewünscht werden, sind mit der Natur des Schecks unvereinbar." Begr. S. 27.

2. Im Ausland ausgestellte, im Inlande zahlbare Schecks (Absatz 2, Satz 1).

Die Vorlegungsfrist für Schecks, die im Ausland ausgestellt, im Inlande zahlbar sind, bestimmt der Bundesrat. § 8 des Entwurfs von 1892, ähnlich auch der § 9 des vorl. Entwurfs, enthielt folgende Vorschrift:

„Liegt der Ausstellungsort außerhalb des Reichsgebietes, so ist der Scheck spätestens am siebenten Tage nach Ablauf desjenigen Zeitraumes, welcher erforderlich ist, um ihn vom Ausstellungsorte mit den gewöhnlichen Transportmitteln nach dem Zahlungsorte zu senden, am letzteren Orte zur Zahlung vorzulegen. Das gleiche gilt für den im Reichsgebiete ausgestellten, außerhalb des Reichsgebietes zahlbaren Scheck, sofern das ausländische Recht keine Vorlegungsfrist vorschreibt." Den hiergegen geltend gemachten Bedenken (vgl. besonders Centralv. S. 13; Älteste S. 19; Cohn S. 62ff.) trägt das Gesetz Rechnung. „Auch für die Vorlegung von Schecks, die im Auslande ausgestellt und im Inland zahlbar sind, empfiehlt sich eine von vorneherein festbegrenzte Frist. Unter den im Entwurf von 1892 vorgesehenen, von der Zeitdauer des Transportes abhängigen Fristen muß die Sicherheit des Scheckverkehrs leiden. Anderseits ist es schwierig, eine für alle Verhältnisse zureichende Frist von vorneherein und für längere Zeiten richtig vorzuschreiben. Eine Frist, welche für Belgien, England, Frankreich, Österreich ausreichend wäre, würde für Amerika, Indien, Australien zu kurz sein, eine für letztere ausreichende Frist wiederum für erstere zu lang. Um den verschiedenartigen Bedürfnissen gerecht zu werden, und den veränderten Verhältnissen jeweils Rechnung tragen zu können, ist in Aussicht genommen, die Festsetzung der Vorlegungsfristen für im Ausland ausgestellte, im Inlande zahlbare Schecks dem Bundesrate zu überlassen. Für die im Inland ausgestellten, im Ausland zahlbaren Schecks muß in erster Linie die durch das ausländische Recht vorgeschriebene Vorlegungsfrist maßgebend bleiben. Nur soweit das ausländische Recht Vorschriften über eine Vorlegungsfrist überhaupt nicht kennt, soll auch hier der Bundesrat die Vorlegungsfrist bestimmen. Bei Bemessung der Fristen wird zweckmäßig davon auszugehen sein, daß sie auch für die Vorlegung von mehrfachen Ausfertigungen ausreichen müssen, die mit verschiedenen Gelegenheiten in angemessener Zeitfolge versendet werden." Begr. S. 27.

Auf Grund des § 11 Abs. 2 ist folgende Bekanntmachung erlassen:

Bekanntmachung, betreffend die Vorlegungsfristen für Auslandschecks.

Vom 19. März 1908 — RGBl. S. 85.

Auf Grund des § 11 Abs. 2 des Scheckgesetzes vom 11. März 1908 (Reichs-Gesetzbl. S. 71) hat der Bundesrat beschlossen:

Im Ausland ausgestellte, im Inland zahlbare Schecks sind binnen der nachstehend bezeichneten Fristen nach der Ausstellung dem Bezogenen am Zahlungsorte zur Zahlung vorzulegen:

im europäischen Auslande — mit Ausnahme von Island und den Faröern — ausgestellte Schecks binnen drei Wochen,

in den Küstenländern von Asien und Afrika längs des Mittelländischen und Schwarzen Meeres oder in den dazu gehörigen Inseln dieser Meere ausgestellte Schecks binnen einem Monat,

in den Vereinigten Staaten von Amerika, in Canada, Neu-Fundland, Mexico, den Azoren, Madeira, den Canarischen und Cap Verdischen Inseln ausgestellte Schecks binnen zwei Monaten,

sonst im Auslande, mit Einschluß der deutschen Schutzgebiete ausgestellte Schecks binnen drei Monaten.

Die Fristen gelten auch für Schecks, die im Inland ausgestellt, im Auslande zahlbar sind, sofern das ausländische Recht keine Vorschrift über die Zeit der Vorlegung enthält.

Berlin, den 19. März 1908.

Der Reichskanzler. In Vertretung: von Bethmann Hollweg.

Ferner war auf Anregung der Berliner Handelskammer durch Kaiserliche Verordnung vom 10. April 1911 für die Schutzgebiete bestimmt worden, daß für Schecks, die in einem deutschen Schutzgebiete zahlbar waren, die Vorlegungsfrist 3 Monate betragen und das gleiche für Schecks gelten sollte, die in einem Schutzgebiet ausgestellt und im Gebiete eines ausländischen Staates zahlbar waren, sofern das ausländische Recht keine Vorschrift über die Zeit der Vorlegung enthielt.

Über die wesentlichen Erfordernisse eines im Auslande ausgestellten Schecks vgl. § 26 S. 270.

3. Im Inland ausgestellte, im Auslande zahlbare Schecks (Absatz 2, Satz 2).

Die Vorlegungsfrist für Schecks, die im Inlande ausgestellt, im Auslande zahlbar sind, richtet sich nach den Vorschriften des ausländischen Rechts. Enthält dies keine Vorschrift über die Vorlegungsfrist, so bestimmt diese Fristen der Bundesrat. Dies hat der Bundesrat in seiner oben IV 2 S. 152 abgedruckten Bekanntmachung vom 19. März 1908 getan, in der er bestimmt, daß die für im Ausland ausgestellte, im Inlande zahlbaren Schecks geltenden Vorlegungsfristen auch für im Inland ausgestellte, im Auslande zahlbare Schecks gelten (Abs. 2 dieser Bekanntmachung). Der Deutlichkeit halber ist zugefügt — obwohl es schon im Gesetz steht — daß das ausländische Recht vorgeht.

Zweifel ergeben sich, wenn der Scheck in Länder englisch-amerikanischen Rechts zahlbar ist. Dies Recht verlangt die Vorlegung des Schecks „within a reasonable time", wobei auf die Natur der Umstände, die Gebräuche des Handels und der Bankiers und die Umstände des einzelnen Falls, besonders ob Platz- oder Distanzscheck, Rücksicht zu nehmen ist.

Ist a reasonable time eine Frist im Sinne des § 11 Abs. 2 oder nicht? Sieht man ihn für eine Frist an, so muß er zur Anwendung gelangen, sieht man ihn für keine Frist an, so bemißt sich die Vorlegungsfrist gemäß Abs. 2 der Bundesratsbekanntmachung nach den dort im Abs. 1 genannten Fristen.

Eine bestimmte Frist ist a reasonable time nicht, wohl aber eine bestimmbare. Und dies dürfte genügen, wie es z. B. nach deutscher Rechtsprechung auch genügt, daß der Klageanspruch bestimmbar ist, obwohl das Gesetz eine „bestimmte Angabe des Gegenstandes" und „einen bestimmten Antrag" erfordert (§ 253 ZPO.). Das Gegenargument, daß die §§ 187 bis 193 BGB., die gemäß § 186 BGB. auch für das Scheckrecht gelten, nur bestimmte Fristen kennen, scheint insofern nicht stichhaltig, als im Zivilrecht aus dem Schweigen des Gesetzes nicht ein Schluß auf die Nichtexistenz eines Rechtsinstitutes gezogen werden kann. Das Urteil des AG. Hamburg vom 25. April 1925 — JW. 1924 S. 1382 — das auf diese Schecks die Bundesratsvorschriften unmittelbar anwenden will, verkennt den Sinn des Fristbegriffs, wenn es ihn auf bestimmte Fristen beschränkt und ist daher unrichtig. Das Urteil des HansOLG. vom 4. April 1924 — HansGZ. 1924

S. 693 — übersieht den eindeutigen Charakter der ganzen Vorschrift überhaupt, wenn es die Vorlegungspflicht statt auf die durch § 11 Abs. 2 Satz 2 ausdrücklich für anwendbar erklärte Vorschrift des (englisch-)amerikanischen Rechts lediglich auf Treu und Glauben stützt. Zustimmend LG. Köln in seinem Urteil vom 30. Juni 1924 — JW. 1924 S. 1552 — und bes. Bernsteins Anmerkung hierzu, und Niemeyer im BankA. 24 S. 76, implicite auch KG. in JW. 1925 S. 1656. Vgl. auch Lion in HansRZ. 8, 153 ff.

Wegen der Verlängerung der Fristen infolge der Stillegung eines Bankbetriebes vgl. § 3 der Verordnung zum Schutze gegen die Folgen der Stillegung von Bankbetrieben vom 19. April 1919 (RGBl. S. 397) unten § 16 IV 3 S. 226.

Abrechnungsstellen.

§ 12.

(1) Die Einlieferung des Schecks in eine Abrechnungsstelle, bei welcher der Bezogene vertreten ist, gilt als Vorlegung zur Zahlung am Zahlungsorte, sofern die Einlieferung den für den Geschäftsverkehr der Abrechnungsstelle maßgebenden Bestimmungen entspricht.

(2) Der Bundesrat bestimmt, welche Stellen als Abrechnungsstellen im Sinne dieses Gesetzes zu gelten haben.

E. 1892 § 9; vorl. E. § 10; österr. § 10.

Inhalt.

I. Vorbemerkung. Zweck der Vorschrift.

Das Zahlungssystem des Scheck- und Giroverkehrs gipfelt, wie die Begr. S. 28 bemerkt, in den Abrechnungsstellen (Clearinghäusern); es kommt erst zur vollen Geltung, wenn die überwiegende Zahl derjenigen Schecks, welche nicht bei dem Bezogenen selbst durch einfache Gutschrift oder Zahlung zur Einlösung kommen, in den Abrechnungsstellen zur Ausgleichung gelangen. Die Abrechnungsstellen sind, wie auch die österr. Motive zu § 10 erwähnen, ein unerläßliches Komplement des Scheck- und Giroverkehrs und sein natürlicher Abschluß.

In Deutschland geht die Gründung von Abrechnungsstellen auf das Abkommen vom 14. Februar 1883 betreffend die Abrechnungsstelle zu Berlin zurück. Diese Bestimmungen (abgedruckt im Anhang IX S. 313) sind für die später gegründeten Abrechnungsstellen vorbildlich gewesen; sie beruhen sämtlich auf Verträgen mit der Reichsbank. Die sog. Abrechnungsstelle in Berlin (Scheckverein) ist ein nicht rechtsfähiger Verein mit zurzeit 29 Mitgliedern einschließlich der Reichsbank. Die Abrechnungsstelle ist im Reichsbankgebäude eingerichtet, die Leitung und Aufsicht derselben ist unter Mitwirkung der beteiligten Bankhäuser dem Reichsbankdirektorium unterstellt. Der Verein wird vertreten durch die Versammlung sämtlicher Mitglieder (Plenarversammlung), ferner durch den Ausschuß, der aus 6 Mitgliedern einschließlich des den Vorsitz führenden Vertreters der Reichsbank und eines Vertreters der Preuß. Staatsbank (Seehandlung) besteht.

Bereits das erwähnte Abkommen vom 14. Februar 1883 bestimmte in Zahl 4, daß die Einlieferung eines Schecks in die Abrechnungsstelle als gehörige Präsentation zur Zahlung, und die Ausgleichung im Abrechnungsverfahren als Zahlung im Sinne des bürgerlichen Rechts gelte. Es erwies sich nun auch unter der Herrschaft des Scheckgesetzes bei der Kürze der Vorlegungsfrist zur Vermeidung der Präjudizierung als unumgänglich notwendig, der häufig erst am letzten Tage der Frist zu ermöglichenden Einlieferung an die Abrechnungsstelle die Wirkung der Vorlegung zur Zahlung am Zahlungsorte beizulegen, da im Falle der Nichteinlösung meist nicht mehr genügend Zeit zu anderweitiger fristgemäßer Vorlegung übrig bleibt. Aus diesem Grunde ist die gesetzliche Festlegung der oben erwähnten Zahl 4 der Berliner Vereinbarung erfolgt, dies schon deshalb, damit sie allgemeine Geltung erlange; vgl. Begr. 28.

Außerdem besteht seit dem 1. Juni 1910 in Berlin eine Scheckaustauschstelle (vgl. Anhang X S. 319). Sie ist für außerhalb Berlins zahlbare Schecks geschaffen, auf denen ein Mitglied der Scheckaustauschstelle oder ein anderes mit ihm in Geschäftsverbindung stehendes, durch das erstere vertretene Bankhaus als Zahlungsstelle zur kostenfreien Einziehung des Schecks angegeben ist. Nur Mitglieder der Berliner Abrechnungsstellen können dieser Austauschstelle angehören. Indessen fällt diese Einrichtung nicht unter § 12, weil der Bundesrat oder Reichsrat sie nicht als Abrechnungsstelle anerkannt hat. Vgl. Meyer, Weltscheckrecht 2, S. 168; Simonson S. 74; BankA. 9 S. 270 und Lessing BankA. 9 S. 279. Die Einreichung bei dieser Stelle gilt daher nicht als ordnungsmäßige Vorlegung.

Über die Bestrebungen und Vorschläge zur Einführung von Provinzialabrechnungs- und Reichsscheckverrechnungsstellen s. Riesser BankA. 15, S. 349; Seiffmann, BankA. 15, S. 419; Schmidt BankA. 16, S. 374; Lessing BankA. 16 S. 389; Schmidt BankA. S. 79.

II. Die Abrechnung (Absatz 1).

1. Die Einlieferung in eine Abrechnungsstelle.

Die Einlieferung eines Schecks in eine Abrechnungsstelle gilt unter den im § 12 erwähnten Voraussetzungen als Vorlegung zur Zahlung. Von Hoppenstedt 1907 S. 17 ist darauf hingewiesen worden, daß der Scheck auch nach den Bestimmungen der Abrechnungsstellen bei der Reichsbank keineswegs in eine Abrechnungsstelle eingeliefert werde, vielmehr übergebe jeder Vertreter den Vertretern der zahlungspflichtigen Häuser die betreffenden Papiere unmittelbar und direkt, d. h. es werde die Abrechnung unmittelbar zwischen den Beteiligten vorgenommen, und lediglich die schließliche Ausgleichung erfolge durch Zu- und Abschreibungen auf den betreffenden Girokonten bei der Reichsbank. Dieser Hinweis erscheint als zutreffend; unter dem vom Gesetz gewählten Ausdruck der Einlieferung eines Schecks in eine Abrechnungsstelle ist daher die unmittelbare Ablieferung des betr. Papieres in der Abrechnungsstelle nach Maßgabe der Geschäftsordnung zu verstehen.

2. Die für den Geschäftsverkehr mit der Abrechnungsstelle maßgebenden Bestimmungen.

Die Einlieferung hat, wie dies auch im Gesetz zum Ausdruck gelangt ist, den für den Geschäftsverkehr der Abrechnungsstelle maßgebenden Bestimmungen zu entsprechen. Diese Bestimmungen sind damit Bestandteil des Scheckrechts und revisionsfähig geworden. Die Geschäftsordnung für die Abrechnungsstelle zu Berlin in der vom 1. April 1908 ab geltenden Fassung ist im Anhang IX 2 S. 316 abgedruckt.

3. Beteiligung des Bezogenen am Abrechnungsverkehr.

Voraussetzung der Anwendung des § 12 ist ferner, daß der Bezogene bei der Abrechnungsstelle vertreten ist. Der Bezogene ist im Sinne des § 12 bei den einzelnen Abrechnungsstellen nur hinsichtlich seiner am Orte der Abrechnungsstelle befindlichen Abteilung oder Zweigniederlassung vertreten. Wenn auch z. B. die Dresdner Bank als solche das Abkommen vom 14. Februar 1883 geschlossen hat, so ist sie doch nur hinsichtlich ihrer Abteilung Berlin Mitglied des „Scheckvereins“ bzw. der Berliner Abrechnungsstelle, da auch der Zweck der Vereinigung gewesen ist, durch die Errichtung einer Abrechnungsstelle und durch andere geeignete Mittel, die Entwicklung des Scheckverkehrs „in Berlin“ tunlichst zu fördern. Bei andern Abrechnungsstellen sind die vertretenen Filialen selbständige Mitglieder. Es muß sich ferner stets um einen Scheck handeln, der an einem Orte zahlbar ist, für den die Abrechnungsstelle nach den für sie geltenden Bestimmungen zuständig ist. Vgl. auch Begr. S. 28.

4. **Rechtliche Natur des Abrechnungsgeschäftes.**

Was die **rechtliche Natur des Abrechnungsgeschäftes** anbelangt, so ist nach der überwiegenden Meinung zwischen dem Abrechnungsvorvertrag (Skontrierungsvertrag, pactum de scontrando) und der Abrechnung selbst zu unterscheiden. Der Abrechnungsvorvertrag wird zwischen den einzelnen an der Abrechnung beteiligten Firmen geschlossen. Kraft dieses Vertrages sind regelmäßig die Beteiligten berechtigt, evtl. verpflichtet, ihre wechselseitigen Schulden in der Weise zu tilgen, daß jeder von ihnen seinem Schuldner den geschuldeten Betrag durch entsprechende Mitteilung an die Abrechnungsstelle erläßt, welch letztere ihrerseits verpflichtet ist, die Aufrechnung unter den mehreren Forderungen rechnungsmäßig vorzunehmen. Der nicht aufgerechnete Rest der Schuld eines Beteiligten wird von diesem im Wege der Giroumschreibung geleistet. Jeder der Beteiligten verzichtet sonach auf den Einzug der ihm zustehenden Forderungen gegen den Vorteil, in Höhe derselben von seinen Schulden befreit zu werden. „Skontration ist die Tilgung wechselseitiger Schulden durch Erlaß", vgl. **Düringer-Hachenburg** 3 S. 47f. Vgl. besonders **Lehmann**, Lehrb. § 186 Z. 2 mit ausführlicher Literaturausgabe auf S. 818 Note 1. Vgl. ferner **Kuhlenbeck** S. 68ff.

III. Abrechnungsstellen (Absatz 2).

Auf Grund des § 12 Abs. 2 sind zurzeit folgende Reichsbankhauptstellen, Reichsbankstellen und Reichsbanknebenstellen Abrechnungsstellen im Sinne des Scheckgesetzes:

Reichsbankhauptstelle, Reichsbankstelle oder Reichsbanknebenstelle zu:	seit	Reichsbankhauptstelle, Reichsbankstelle oder Reichsbanknebenstelle zu:	seit
Aachen	1923	Crefeld	1924
Augsburg	1914	Darmstadt	1924
Barmen	1918	Dortmund	1905
Berlin	1883	Dresden	1883
Bielefeld	1924	Duisburg	1924
Bochum	1924	Düsseldorf	1909
Braunschweig	1907	Elberfeld	1893
Bremen	1884	Erfurt	1919
Breslau	1884	Essen	1909
Cassel	1918	Flensburg	1924
Chemnitz	1902	Frankfurt a. M.	1883

Reichsbankhauptstelle, Reichsbankstelle oder Reichsbanknebenstelle zu:	seit	Reichsbankhauptstelle, Reichsbankstelle oder Reichsbanknebenstelle zu:	seit
Freiburg i. Br.	1926	Mainz	1920
Gelsenkirchen	1922	Mannheim	1908
Gera	1925	Mühlheim (Ruhr)	1923
Görlitz	1924	München	1906
Gotha	1926	M.-Gladbach	1923
Hagen i. Westfalen	1923	Münster	1920
Halle an der Saale	1911	Nürnberg	1908
Hamburg	1883	Osnabrück	1924
Hannover	1908	Pforzheim	1922
Heidelberg	1925	Plauen im Voigtland	1920
Heilbronn	1926	Remscheid	1919
Karlsruhe in Baden	1909	Rostock	1926
Kiel	1919	Stettin	1920
Köln	1883	Stuttgart	1883
Königsberg in Pr.	1914	Ulm	1923
Leipzig	1883	Wesermünde	1925
Lübeck	1925	Wiesbaden	1913
Ludwigshafen	1926	Würzburg	1921
Magdeburg	1912	Zwickau	1919

Hierzu kommen noch die Bank des Berliner Kassenvereins und die Preußische Zentral-Genossenschaftskasse zu Berlin.

Welche Stellen als Abrechnungsstellen zu gelten haben, bestimmte früher gemäß § 12 Abs. 2 der Bundesrat, heute gemäß Art. 179 RVerf. der Reichsrat. A. M. Bernstein, JW. 23, 72, der der Ansicht ist, daß der Reichswirtschaftsminister zuständig sei. Dieser Auffassung tritt mit überzeugenden Gründen Kaufmann, JW. 23, 824 entgegen. Vgl. auch Fischer JW. 25, 2587, der ebenfalls die Reichsregierung (Reichsminister der Justiz) für zuständig erachtet.

§ 13.

Zahlung durch den Bezogenen. Widerruf.

(1) Der Bezogene, der den Scheckbetrag bezahlt, kann die Aushändigung des quittierten Schecks verlangen.

(2) Der Ablauf der Vorlegungsfrist ist auf das Recht des Bezogenen zur Zahlung ohne Einfluß.

(3) Ein Widerruf des Schecks ist erst nach dem Ablaufe der Vorlegungsfrist wirksam.

E. 1892 § 10; vorl. E. § 11; österr. §§ 11, 9 Abs. 7, 13 vgl. auch § 12.

Inhalt.

I. Das Recht des Bezogenen zur Zahlung.

1. Verhältnis zwischen dem Bezogenen und dem Aussteller.

Die Zahlung des Schecks durch den Bezogenen ist u. a. im Verhältnis zwischen dem Aussteller und dem Bezogenen bedeutsam. Der Bezogene ist nach Maßgabe des Scheckvertrages (vgl. Anhang zu § 3 I 5 c α S. 69) dem Aussteller gegenüber verpflichtet, die von dem Aussteller ausgestellten Schecks aus seinem Guthaben zu honorieren. RG. 92 S. 50. Die Nichterfüllung dieser Verpflichtung macht schadenersatzpflichtig. Der Bankier, der trotz bestehenden Scheckverkehrs den Scheck, den sein Kunde zum Zwecke der Zahlung abgab, nicht einlöst, hat für die aus der Nichterfüllung seinem Kunden etwa erwachsenden Nachteile einzustehen. Düringer-Hachenburg 2 S. 558. Der Bezogene ist ermächtigt, für Rechnung des Ausstellers zu leisten, § 783 BGB. Das Verhältnis zwischen ihm und dem Aussteller ist in dieser Hinsicht so anzusehen, als wenn er den Scheckbetrag an den Aussteller selbst gezahlt hätte. Die Ansprüche des Bezogenen gegen den Aussteller bestimmen sich im übrigen nach dem besonderen zwischen ihnen bestehenden Rechtsverhältnis. Vgl. Anhang zu § 3 S. 55 ff., ferner Planck, BGB. Note 3 b zu § 783.

Der Bezogene hat die ihm vorgelegten Schecks in der Reihenfolge einzulösen, wie sie ihm zur Zahlung oder Verrechnung präsentiert werden. Die Nummern der Scheckformulare braucht er hierbei nicht zu prüfen, da es selbstverständlich möglich ist, daß eine spätere Nummer der Bank präsentiert wird, während die früheren noch im Umlauf sind. OLG. Karlsruhe (8. März 1904), DJZ. 1905 S. 464. Reicht das vorhandene Guthaben zur Einlösung mehrerer, gleichzeitig präsentierter Schecks nicht aus, so muß der Bezogene nicht den Weg gleichmäßiger Befriedigung oder Deposition wählen (Cohn S. 81 mit Lit. in Note S. 134); er braucht vielmehr dann überhaupt keinen der Schecks einlösen (Loeb S. 22); er kann aber auch nach freiem Belieben den einen oder den anderen Scheck honorieren, da er ja immer nur dem Aussteller gegenüber verpflichtet ist. Er braucht insbesondere nicht den früher ausgestellten vor dem später ausgestellten zu berücksichtigen. Breit, Pflichten S. 31. Vgl. zu dieser Frage auch Centralv. S. 14f.; Riesser Bem. S. 21.

2. Verhältnis zwischen dem Bezogenen und dem Scheckinhaber.

Was im übrigen das Verhältnis zwischen dem Scheckinhaber und dem Bezogenen anbelangt, so sind Rechtsfolgen für diese an die Tatsache einer Scheckausstellung nicht geknüpft. Scheckinhaber und Bezogener stehen sich auch auf Grund des Schecks fremd gegenüber. Für beide entstehen aus der Scheckausstellung nur Ermächtigungen dem Aussteller gegenüber. Einen Anspruch gegen den anderen hat weder der Zahlungsempfänger (Scheckinhaber) noch der Bezogene. Düringer-Hachenburg 2 S. 558; Planck, BGB. § 783. Das Verhältnis zwischen dem Bezogenen und dem legitimierten Scheckinhaber ist, wie schon das OLG. Hamburg in seinem Urteil vom 21. Oktober 1892 (SeuffA. 48 Nr. 196) ausgesprochen hat, rein formaler Natur. Nach geltendem Rechte haftet der Bezogene dem Inhaber nicht für die Einlösung des vertragsmäßig gezogenen Schecks. Das Scheckgesetz hat das direkte Klagerecht des Inhabers gegen den Bezogenen nicht anerkannt. RG. JW. 1914 S. 683 = Recht 1914 Nr. 1758; RG. 99 S. 77. Anders das französische Recht; hier erscheint der Remittent des Schecks der Bank gegenüber als Zessionar der Rechte des Ausstellers (Tribunal de commerce de la Seine 19. März 1920, Gazette du Palais 1920 II S. 151). Vgl. zu dieser vielbehandelten Kontroverse Cohn S. 77ff. mit zahlreichen Literaturnachweisen; ferner Älteste S. 21f.; Centralv. S. 13ff.; Conrad, Das direkte Klagerecht des Scheckinhabers gegen den Scheckbezogenen, im BankA. 7 S. 42ff.; v. Canstein, Die Klage des Scheckinhabers gegen den Bezogenen, ZHR. 60 S. 164ff.; Pavliček, Das direkte Klagerecht des Scheckinhabers gegen den Bezogenen, ZHR. 61 S. 127ff. mit Lit. in Note 1. Vgl. auch Koch, DWirtschZtg. 4 S. 148f. Die Begründung S. 13f. führt zu der bedeutungsvollen Frage folgendes aus: „Der deutsche Entwurf von 1892 hatte im § 10 dem Scheckinhaber ein unmittelbares, allerdings beschränktes Klagerecht gegen den Bezogenen auf Zahlung aus dem vorhandenen Guthaben ausdrücklich zuerkannt. Der Bezogene sollte dem Inhaber insoweit haften, als er zur Zeit der Vorlegung des Schecks dem Aussteller gegenüber zur Ausstellung verpflichtet war. Der Entwurf ging davon aus, daß es wünschenswert und zweckmäßig sei, dem Scheckinhaber alle Rechte zur Verfügung zu stellen, die dazu beitragen, dem Willen des Ausstellers, der auf möglichste Befriedigung aus dem Scheck abzielt, Geltung zu verschaffen. Demgegenüber kommt indessen folgendes in Betracht:

Der Anspruch des Scheckinhabers gründet sich auf das dem Scheckinhaber völlig unbekannte, unter Umständen erst durch langwierige Prozesse zu erkundende Rechtsverhältnis zwischen dem Aussteller und dem Bezogenen. Während für den Scheckverkehr gerade einfachste und durchaus klare Rechtsgrundsätze geschaffen werden sollten, wird der Scheckinhaber mit seinem unmittelbaren Anspruche gegen den Bezogenen auf einen Weg gewiesen, der zu vielfachen Streitigkeiten führt und daher geeignet ist, einerseits bei dem Bezogenen die Neigung zur Einräumung von Scheckkonten an weitere Kreise abzuschwächen, anderseits bei dem großen Publikum den Scheck in Mißkredit zu bringen. Die Haftung gegenüber jedem Inhaber setzt den Bezogenen der Gefahr aus, Prozesse gegen ihm völlig unbekannte und geschäftsfremde Dritte führen zu müssen. In der Praxis ist es insbesondere bei starkem Scheckverkehr für den Bezogenen unmöglich, die Verantwortung dafür zu übernehmen, daß nicht vor der Feststellung über das Vorhandensein der Deckung für einen mit der Post eingegangenen sogenannten Korrespondenzscheck ein zweiter aus demselben Guthaben zu befriedigender Scheck an der Tageskasse vorgelegt und trotz seiner späteren Einlieferung früher eingelöst wird. In dieser Unsicherheit liegt wiederum die Quelle vielfacher Streitigkeiten. Die Sicherheit, die man durch Gewährung des Klagerechts zu erreichen denkt, ist eine trügerische schon aus dem Grunde, weil der Inhaber für die Verfolgung seines Rechtes lediglich von der Unterstützung des Ausstellers und von dessen gutem Willen abhängig ist. Dem Scheckinhaber stehen in dem Sprungregresse gegen den Aussteller und die sonstigen Vormänner, den er im Wechselprozeßverfahren durchführen kann (§ 28 Abs. 2) viel wirksamere und rascher zum Ziele führende Rechtsmittel zur Verfügung als ihm durch das Klagerecht gegen den Bezogenen jemals gewährt werden können. Dazu kommt, daß der Bezogene schon im Interesse seines geschäftlichen Ansehens darauf halten muß, rechtzeitig vorgelegte Schecks auch einzulösen. Der zahlungsfähige Bezogene hat daher keinen Anlaß, die Einlösung eines Schecks abzulehnen, solange und soweit er durch den mit dem Aussteller abgeschlossenen Scheckvertrag zur Einlösung verpflichtet ist. Gegen einen zahlungsunfähigen Bezogenen, oder wenn der Bezogene auf Grund des Scheckvertrages zur Einlösung nicht verpflichtet ist, schützt das Klagerecht den Scheckinhaber nicht. So trägt das Klagerecht zur Förderung des Scheckverkehrs nicht bei, wohl aber ist zu befürchten, daß es ihn diskreditiert. Gerade im Interesse der Einführung des Schecks in die breiten Schichten unserer, an den Scheckverkehr bisher ohnehin nicht gewöhnten Bevölkerung liegt es, nur solche Vorschriften gutzuheißen, von denen eine Förderung des Verkehrs zu erwarten ist. Die Vertreter unserer Banken haben sich deshalb mit Entschiedenheit gegen das selbständige

Klagerecht des Scheckinhabers ausgesprochen. Für die Beurteilung der Verpflichtung des Bezogenen gegenüber dem Aussteller zur Einlösung eines Schecks bleibt der zwischen ihm und dem Aussteller bestehende „Scheckvertrag" maßgebend. Sein Inhalt und die aus ihm folgenden Rechte und Pflichten regeln sich nach den allgemeinen Grundsätzen des bürgerlichen Rechtes."

Aus der Versagung des unmittelbaren Klagerechts des Scheckinhabers gegen den Bezogenen folgt, daß der Scheckempfänger auf Grund des Schecks gegenüber einer Forderung des Bezogenen nicht aufrechnen kann. RG. JW. 1914 S. 83 = Recht 1914 Nr. 1758. Vgl. auch RG. 92 S. 50 = JW. 19 S. 51; ferner RG. 99 S. 7777, ferner RG. 27. März 1912 — I 187/11.

3. Die Zahlung.

a) Das Recht des Bezogenen auf Aushändigung des quittierten Schecks (Absatz 1).

Die Vorschrift des Abs. 1, derzufolge der Bezogene, der den Scheckbetrag zahlt, die Aushändigung des quittierten Schecks verlangen kann, schließt sich dem § 364 Abs. 3 HGB. an: „Der Schuldner ist nur gegen Aushändigung der quittierten Urkunde zur Leistung verpflichtet", sowie dem Art. 39 Abs. 1 der WO.: „Der Wechselschuldner ist nur gegen Aushändigung des quittierten Wechsels zu zahlen verpflichtet". Übrigens hat schon nach allgemeinen Grundsätzen der Gläubiger gegen Empfang der Leistung auf Verlangen ein schriftliches Empfangsbekenntnis (Quittung) zu erteilen. § 368 BGB. Für die Anweisung des bürgerlichen Rechts ist noch besonders vorgeschrieben, daß der Angewiesene nur gegen Aushändigung der Anweisung zur Leistung verpflichtet ist. § 785 BGB. Der Inhaber des Schecks muß demnach in der Lage sein, wenn er Zahlung von dem Bezogenen begehrt, den Scheck diesem auszuhändigen. Ist der Scheck vernichtet oder abhanden gekommen, so muß die Kraftloserklärung erfolgen. Siehe § 27 ScheckG. unten S. 274. Über die Zahlung des Schecks durch einen Regreßschuldner vgl. unten § 17 III S. 231.

Die Quittung ist bezüglich des Order- oder Rektaschecks von dem legitimierten Inhaber des Schecks, bezüglich des Inhaberschecks von dem Inhaber zu leisten; hier greift § 370 BGB. Platz, wonach der Überbringer einer Quittung als berechtigt gilt, die Leistung zu empfangen, sofern nicht die dem Leistenden bekannten Umstände der Annahme einer solchen Ermächtigung entgegenstehen.

Der honorierende Bezogene kann die Aushändigung des quittierten Schecks verlangen, er muß es aber nicht. Zur ordnungsmäßigen Präsentation ist die Vorlegung des quittierten Schecks nicht erforderlich; nur wenn der Bezogene die Zahlung davon abhängig macht, daß der Scheck ihm quittiert ausgehändigt wird, ist die Quittung auf den Scheck zu setzen. Staub-Stranz Art. 39 Anm. 2 WO. (bestr.). Die Aushändigung des quittierten Schecks hat, wenn der Bezogene von seinem Rechte aus § 13 Abs. 1 ScheckG. Gebrauch macht, Zug um Zug gegen Empfang der Zahlung zu erfolgen. Hat der Bezogene bezahlt, ohne daß ihm der Scheck oder der quittierte Scheck ausgehändigt worden wäre, so kann er die nachträgliche Aushändigung des Schecks oder nachträgliche Ausstellung einer Quittung auf dem Scheck verlangen. Vgl. Staub-Stranz Art. 39 Anm. 2; RG. 28 S. 435; Planck, BGB. § 368 Anm. 2; Staudinger, BGB. § 368 Anm. 4c; Langen S. 109. Der Quittungsvermerk wird nicht immer erst dann auf den Scheck gesetzt, wenn dieser zur Präsentation bei dem Bezogenen gelangt, vielmehr wird oftmals der Vermerk schon dann auf dem Scheck angebracht, wenn ihn der Inhaber seinem Bankier oder einer Zahlstelle zum Zwecke des Inkassos übergibt. Ist in einem solchen Falle die Quittung in Erwartung der Erfüllung (Vorausquittung) ausgestellt, so kann der Inhaber (der die Quittung geleistet hat) den Scheck mit der condictio causa data causa non secuta (§ 812 Abs. 1 Satz 2 BGB.) zurückfordern, also auch, wenn der Schuldner sich im Prozesse darauf beruft, den Gegenbeweis antreten, er habe die Quittung in Erwartung der Zahlung ausgestellt, und diese sei ausgeblieben. Staudinger, BGB. § 368 Anm. 3. Über den Quittungsscheck s. oben § 1 III 1b S. 14. Was die Beschaffenheit der Quittung anbelangt, so bedarf sie gemäß § 368 mit § 126 BGB. der Schriftform in dem Sinne, daß die Quittung ordnungsgemäß unterschrieben sein muß, und daß auch hier Stempel usw. nicht genügt. Mit einer nicht auf dem Scheck selbst befindlichen Quittung braucht sich der Bezogene nicht zu begnügen. Simonson S. 75.

Auf Verlangen des Bezogenen hat die Quittung auch Ort und Zeit der Leistung anzugeben, wie dies auch für die Quittung des bürgerlichen Rechts gilt. Planck § 368 Note 1; vgl. aber Conrad, Handb. S. 170. Im Regelfalle allerdings bedient sich der Scheckverkehr wie der Wechselverkehr nur einer kurzen Quittungsform, ohne Angabe von Ort und Zeit.

Die Quittungspflicht erstreckt sich in gleicher Weise auf Inhaberschecks und Rekta- bzw. Orderschecks; für erstere entgegen der Regelung des § 11 des österr. Gesetzes, deren Einführung auch für das deutsche Gesetz gewünscht worden war. Vgl. z. B. Älteste S. 22; auch RT. StenB. 87. Sitzung, 23. Januar 1908 S. 2667 C und D; siehe aber Cohn S. 67f. mit Lit.; sie erstreckt sich ferner auf die mit dem Vermerk „nur zur Verrechnung" versehenen Schecks (§ 14). Die Verrechnung ist zwar keine Barzahlung, aber doch eine Zahlung, eine Einlösung im Sinne des Gesetzes. Zu erinnern ist daran, daß gemäß § 8 Abs. 2 Satz 3 beim Orderscheck ein Indossament an den Bezogenen als Quittung gilt. Dies gilt in gleicher Weise für das Vollindossament wie für das Blankoindossament. Gegenüber der Fiktion des § 8 ist die Anwendung des wechselrechtlichen Satzes, daß die Aushändigung des Wechsels mit Blankogiro die Quittung nicht ersetzt (Staub-Stranz Art. 39 Anm. 2) ausgeschlossen. Die gegenteilige Ansicht von Breit, Pflichten S. 29 übersieht, daß der § 8 eine spezielle scheckrechtliche Regelung darstellt, wie sie dem Wechselrechte unbekannt ist. Ist aber kraft Gesetzes dem Indossament (Vollgiro oder Blankoindossament) an den Bezogenen die Rechtsfolge der Quittung beigelegt, so kann nicht eine zweite Quittung, eine Quittung der Quittung, verlangt werden. Wohl ebenso wie hier Henschel § 13 Anm. 1; Schiebler § 13 Note I 1a; Buff S. 67. Vgl. aber Merzbacher § 13 Note 3d, auch Centralv. S. 15, woselbst die Fassung vorgeschlagen war, daß der Bezogene nur gegen Aushändigung des „quittierten oder an ihn girierten" Schecks Zahlung zu leisten habe. Bei dem Orderscheck ist die Ausfüllung eines Blankoindossaments durch einen Blankoindossatar mit dem Vermerk „Betrag empfangen" u. Ä. ebensowenig zulässig wie bei dem mit einer Namensskriptur versehenen Inhaberscheck die diesbezügliche Ausfüllung der Namensskriptur. Die Quittungsleistung ist ein Rechtsgeschäft, das von der Indossierung und von der Leistung der Namensskriptur durchaus verschieden ist. Bei Teilzahlung kann der Bezogene Teilquittung auf dem Scheck verlangen. Düringer-Hachenburg 2 S. 598; Staub, HGB. § 364 Anm. 18. Vgl. auch Conrad, Handb. S. 170; vgl. ferner österr. § 11 Abs. 2: „Zur Annahme von Teilzahlungen ist der Inhaber des Schecks nicht verpflichtet. Hat er eine Teilzahlung angenommen, so ist diese auf dem Scheck abzuschreiben und dem Bezogenen die Quittung zu erteilen." Eine Quittung über etwaige Teilzahlung kann auch auf einer Abschrift des Schecks geleistet werden. Kuhlenbeck S. 57, s. oben § 9 I S. 131. Zur Frage der Quittierung von Order- und Inhaberschecks vgl. noch die Geschäftsordnung der Abrechnungsstelle zu Berlin, Abs. II, unten IX 2 S. 316.

Das Vorstehende gilt, wie erwähnt, nicht nur für den Fall der baren Zahlung, sondern der Einlösung überhaupt. Zahlung im Sinne des § 13 ist demnach auch die Aufrechnung. Ohne Zustimmung des Inhabers kann jedoch der Bezogene nicht mit einer Forderung gegen diesen aufrechnen, da der Inhaber aus dem Scheck nicht Gläubiger des Bezogenen, dieser nicht sein Schuldner ist (vgl. oben I 2 S. 160). § 367 BGB.; Schiebler S. 37; RG. 27. März 1914 in JW. 1914 S. 683.

Keine Einlösung des Schecks ist die Anweisung des Scheckbezogenen an eine andere Bank, die Valuta dem Inhaber zur Verfügung zu stellen. Diese Anweisung kann vom Bezogenen auch nach Aushändigung an den Inhaber widerrufen werden. RG. III 1912 BankA. 12, 114.

b) Erwerb des Eigentums am Scheck.

Der Bezogene erwirbt das Eigentum an dem quittierten, ausgehändigten Scheck. Die Abstempelung des Schecks als „bezahlt" oder die Unbrauchbarmachung mittels Durchlochung ist üblich, ferner die Aufbewahrung unter den sog. Kassabelegen. Eine gesetzliche Pflicht zur Aufbewahrung besteht jedoch nicht. Vgl. Staub, HGB. § 38 Anm. 7; ferner zu der ganzen Frage Breit, Pflichten S. 31; über die Verpflichtung einer Bank, dafür zu sorgen, daß derjenige, welcher an der Kasse dem Kassenboten einen Scheck zwecks Zahlung übergeben hat, das Geld auf denselben erhält, vgl. RG., Bolze 19 S. 103.

Über die Frage, ob die Bank an dem von dem Kunden „zur Gutschrift" übergebenen Scheck das Eigentum an diesem erwirbt, vgl. Urteil einer KfH. des LG. I Berlin (Vossische Ztg. Nr. 158 vom 2. April 1924).

Über das Eigentum an nicht verwendeten Scheckvordrucken vgl. oben Anhang zu § 3 I 6 g S. 78.

c) Erwerb des Eigentums am gezahlten Gelde.

Wer wird Eigentümer des auf einen Scheck ausgezahlten Geldes, wenn dem Präsentanten der Scheck von einem Dritten zwecks Einziehung übergeben war? Die Frage ist nach allgemeinen Grundsätzen zu beurteilen. Der Dritte wird in solchem Falle nur dann Eigentümer des Geldes, wenn der Präsentant sich als dessen Vertreter bei der Empfangnahme ausdrücklich zu erkennen gibt, oder wenn aus den Umständen zu folgern ist, daß er in dessen Namen auftritt. Vgl. § 164 BGB. und RGStr. in DJZ. 1907 S. 660 und insbes. RG. JW. 1920 S. 561; vgl. auch § 4 III 2 b S. 95.

d) Benachrichtigung des Ausstellers.

Die Einlösung der Schecks pflegt im allgemeinen dem Aussteller besonders berichtet zu werden. Nicht richtig Düringer-Hachenburg 2 S. 558.

In den meisten Fällen geschieht die Benachrichtigung auf dem Postwege. Hat aber ein Bankkunde im Interesse der Portoersparnis oder aus anderen Gründen die Bank ein für allemal angewiesen, von der Übersendung von Buchungsbestätigungen im Postwege abzusehen, so muß er den Schaden tragen, der infolge dieser Handhabung durch unrechtmäßige Verfügungen eines Fälschers zu Lasten seines Kontos entsteht. RG. BankA. 15, 236 = KGBl. 1916, 18.

e) Gutschrift.

Die Einstellung des Scheckbetrages in die laufende Rechnung des Ausstellers hat im Regelfalle Valuta per Einlösungstag zu erfolgen, so daß die Zinsen für den gezahlten Betrag erst von diesem Tage an, bzw. bis zu diesem Tage berechnet werden. In diesem Sinne pflegt auch die Berechnung der Zinsen im Scheckvertrag vereinbart zu werden. Nicht selten erfolgt jedoch die Berechnung (Valutierung) vom Tage der Ausstellung des Schecks ab, oder aber auch vom Tage der Absendung, auch vom Tage des Zuganges des Avises. Diese frühere Berechnung wird für den letzteren Fall damit gerechtfertigt, daß die bezogene Bank von der Benachrichtigung ab das Geld für die Bezahlung des Schecks bereit halten muß; für den ersteren Fall wird darauf verwiesen, daß der Aussteller durch die Ausstellung und Begebung des Schecks eine Verfügung über den Betrag seines Guthabens getroffen habe; dieser Teil seines Guthabens sei von diesem Tage ab seiner Macht entzogen und es würde daher eine nicht gerechtfertigte Bereicherung des Ausstellers darstellen, wenn trotzdem die Zinsen zu seinen Gunsten weiterberechnet würden. Nach der Gepflogenheit der großen Berliner Banken werden avisierte Schecks Wert: Tag des Eintreffens der Avise der Scheckrechnung belastet, während nicht avisierte Schecks Wert: Tag der Einlösung der Scheckrechnung zur Last geschrieben werden. Diese Übung ist eingeführt worden, um nicht etwa — wie dies früher der Fall war — zur Ausschreibung vordatierter oder undatierter Schecks zwecks Zinsenersparnis Anreiz zu geben.

Es mag noch betont werden, daß eine Bank, wenn sie die Valuta eines auf sie gezogenen Schecks auf Verlangen des Inhabers per Post nach außerhalb übersendet, berechtigt ist, hierfür eine angemessene Provision von der Schecksumme in Abzug zu bringen. OLG. Hamburg BankA. 11 S. 41 = OLGRspr. 1912 S. 215.

Nach englischer Art gekreuzte Schecks — nicht Verrechnungsschecks, sondern lediglich mit zwei parallelen Linien oder den Worten „and Co" oder dem Namen eines „banker" — werden nach allgemeiner Übung in Deutschland bar eingelöst.

Erhält eine Bank den Auftrag, einen auf ausländische Währung lautenden Scheck einzuziehen und den Gegenwert dem Auftraggeber gutzuschreiben, so ist sie nicht berechtigt, den erhaltenen Betrag in Reichsmark umzuwandeln, da der Gegenwert des Schecks nur die gegen Hingabe der Scheckurkunde zu zahlenden ausländischen Zahlungsmittel bildet. Es ist daher die Valuta in der vom Scheckschuldner gezahlten Währung dem Konto des Auftraggebers gutzuschreiben. Bei einem reinen Inkassoscheck auf auswärtige Plätze, die eine Bank von ihrem Kunden erhält, ist es nicht üblich, dem Kunden sofort eine Gutschrift zu erteilen; sie erfolgt vielmehr erst nach Eingang des Gegenwerts. Von dem reinen Inkassoscheck sind die Inkassoschecks in fremder Währung auf auswärtige Plätze zu unterscheiden, bei denen der Kunde Auftrag zur Sicherung des Kurses gibt. Die Kurssicherung erfolgt durch die Bank in der Form des Verkaufs von Devisen. Geht später der Gegenwert des Schecks nicht ein, so muß die Bank die verkaufte Devise anderweit beschaffen (eindecken) und der Kunde die etwa entstandene Kursdifferenz tragen. Bezüglich der Aufgabe, mit der dem Kunden die Sicherung des Kurses mitgeteilt wird, hat sich ein allgemeiner Handelsbrauch nicht feststellen lassen. Während einige Großbanken dem Kunden lediglich mitteilen, daß sie ihm den Kurs von x % für die Valuta gesichert haben, geben andere eine provisorische Gutschrift, die sich erst nach Eingang des Gegenwerts in eine endgültige verwandelt. Der Einziehungsauftrag mit Kurssicherung ist in seiner Wirkung den Verkauf von Schecks auf auswärtige Plätze gleichzustellen. In beiden Fällen hat der Kunde für den Eingang der Valuta der Bank einzustehen.

Wurden Schecks auf Wien verkauft, so bedeutete das handelsüblich „Auslands-Wien". Der Verkäufer solcher Schecks haftete dafür, daß ihr Kronenbetrag ausgeführt werden darf. OLG. Hamburg HansRZ. 5, 422; die Entscheidung ist jetzt nur noch für Prag und Bulgarien praktisch.

f) Teilzahlung.

Der Art. 38 WO. verpflichtet den Inhaber des Wechsels zur Annahme einer ihm angebotenen Teilzahlung. Anders das österr. Scheckgesetz, das im § 11 Abs. 2 erklärt, der Inhaber eines Schecks sei zur Annahme von Teilzahlungen nicht verpflichtet. Immerhin ist die Berechtigung, eine Teilzahlung anzunehmen, im österr. Gesetz ausdrücklich anerkannt. Die österr. Mot. zu § 11 führen aus: „Der Unterschied zwischen Kredit- und Zahlungspapier tritt auch in der Frage der Teilzahlungen hervor. Beim Wechsel ist der Inhaber zur Annahme von Teilzahlungen verpflichtet; dem Scheckinhaber kann eine solche Verpflichtung nicht auferlegt werden, da er prompte Zahlung verlangen darf und ein mittels Scheck abzuwickelndes Kassageschäft nicht durch den Scheck in ein Kreditgeschäft verwandelt werden darf. Die Besorgnis, statt Geld sich mitunter mit einer Forderung begnügen zu müssen, würde manchen vom Nehmen des Schecks zurückschrecken. Der Entwurf glaubt daher der Entwicklung des Schecks zu dienen, indem er den Inhaber des Schecks von der Nötigung befreit, gegen seinen Willen Teilzahlungen anzunehmen." In der Literatur gingen de lege ferenda die Ansichten darüber auseinander. Vgl. die Nachweise bei Cohn S. 69. Das Gesetz hat die Frage nicht entschieden. „Nach § 266 des Bürgerlichen Gesetzbuches ist der Schuldner zu Teilleistungen nicht berechtigt. Danach liegt es im

Belieben des Gläubigers, ob er solche annehmen will oder nicht. Dieser allgemeine Grundsatz des bürgerlichen Rechtes findet auch für den Scheck Anwendung. Den Scheckinhaber zur Annahme von Teilzahlungen zu verpflichten, wie dies für den Wechselinhaber nach Art. 38 der Wechselordnung vorgeschrieben ist, liegt ein Anlaß nicht vor. Die Verpflichtung des Wechselinhabers zur Annahme von Teilleistungen ist mit der Natur des Schecks, der auf rasche und volle Befriedigung abzielt und bis zu seinem vollen Betrage durch ein Guthaben gedeckt sein soll, nicht vereinbar. Nimmt der Scheckinhaber Teilzahlungen an, so sind hierfür die allgemeinen Vorschriften des bürgerlichen Rechtes maßgebend." Begr. S. 28. Dieser Ansicht ist beizutreten. Vgl. zu dieser Frage auch Breit, Pflichten S. 30; Langen S. 56; Staub-Stranz WO. Art. 38 Anm. 4a; Meyer, Weltscheckrecht I S. 258. Nimmt der Inhaber eine Teilzahlung an, so hat er die Zahlung auf dem Scheck, den er behält, zu vermerken, und auf Verlangen besondere Quittung zu erteilen. Simonson S. 76. Reicht das Guthaben zur Einlösung des ganzen Schecks nicht aus, so ist der Bezogene nicht verpflichtet, eine Teilzahlung zu leisten, selbst wenn der Inhaber diese verlangt; a. M. Merzbacher § 13, 3c.

4. Ablauf der Vorlegungsfrist (Absatz 2).

Nach Abs. 2 ist der Ablauf der Vorlegungsfrist auf das Recht des Bezogenen zur Zahlung ohne Einfluß. Der Bezogene bleibt also auch nach dem Ablauf der Vorlegungsfrist zur Einlösung des Schecks berechtigt; dies entspricht, wie die Begr. S. 28 bemerkt, der Absicht des Ausstellers, der den Schecknehmer aus dem bei dem Bezogenen vorhandenen Guthaben befriedigt wissen will. Eine Modifikation dieses Rechtes des Bezogenen kann sich aus dem zwischen dem Bezogenen und dem Aussteller bestehenden Scheckvertrage ergeben; zulässig ist insbesondere die Vereinbarung, daß der Bezogene den nach Ablauf der Vorlegungsfrist präsentierten, d. i. den präjudizierten Scheck nicht mehr einlösen darf. Vgl. Merzbacher S. 44; Conrad, Handb. S. 169. Wo eine solche Vereinbarung nicht vorliegt, ist immer zu beachten, daß das Verhältnis zwischen dem Aussteller und dem Bezogenen unter der Herrschaft der Grundsätze von Treu und Glauben steht. Das formelle Recht des Bezogenen aus § 13 hat demnach dort seine Grenzen, wo die Einlösung gegen Treu und Glauben verstoßen würde. Der Bezogene braucht nicht gerade nach dem mutmaßlichen Willen des Ausstellers zu forschen; ist dieser Wille ihm aber bekannt, so darf er ihm, ungeachtet der Vorschriften des § 13 Abs. 2, nicht zuwiderhandeln. Eine besondere Prüfungspflicht würde nach den obigen Grundsätzen dem Bezogenen obliegen, wenn etwa ein Scheck unverhältnismäßig lange nach Ablauf der Vorlegungsfrist zur Präsentation gelangte.

II. Pflicht des Bezogenen zur Nichtzahlung.

1. Mangelnde Benachrichtigung.

Der Bezogene ist nach dem Scheckvertrage oftmals nicht berechtigt, ohne spätestens gleichzeitige Benachrichtigung (Avis) Schecks zu honorieren. Schecks über kleinere Beträge pflegen allerdings auch ohne Avis bezahlt zu werden. Im allgemeinen ist die bezogene Bank nicht berechtigt, Schecks, für die bei Vorkommen kein Guthaben vorhanden ist, einige Tage liegen zu lassen in der Erwartung, daß sich doch noch ein Guthaben für den Kunden ansammele. Für jede Honorierung größerer Beträge ist jedoch die vorherige Ankündigung des Kunden üblich. Die Behauptung, daß von den Großbanken in der Regel über die Ausstellung von Schecks dann eine Anzeige verlangt werde, wenn diese von der Firma des Kunden nicht selbst präsentiert werden, sondern von dritten, denen sie weitergegeben worden sind (Buchwald, Technik des Bankbetriebes 8. Aufl. S. 114) ist in dieser Ausdehnung nicht zutreffend. Durchaus üblich ist das Avis im internationalen Verkehr der Banken. Führt die vertragswidrige Leistung ohne Avis zu einem Schaden des Ausstellers, so würde er sich dieserhalb an den Bezogenen halten können.

Auf das Verhältnis zwischen Scheckinhaber und Bezogenen ist die Vereinbarung, daß der Bezogene nicht berechtigt sein soll, Schecks ohne Benachrichtigung zu honorieren, ohne Einfluß. So kann der Vorzeiger eines Schecks von seinem Rechte Gebrauch machen, im Falle der Nichtzahlung Protest zu erheben und Regreßansprüche gegen den Aussteller geltend zu machen, ohne daß dieser sich darauf berufen könnte, daß der Scheck noch nicht avisiert sei.

2. Widerruf (Absatz 3).

a) Ursprung der Vorschrift.

Nach dem Entwurf von 1892 § 10 Abs. 3 hatte ein Widerruf des Schecks seitens des Ausstellers keine rechtliche Wirksamkeit; die Begr. S. 23 zu diesem Entwurf ging davon aus, daß ein Widerruf des Schecks, selbst nach Ablauf der Präsentationsfrist mit dem Wesen der Scheckbegebung in grundsätzlichem Widerspruche stehe. Diese vorgeschlagene Regelung fand vielfach Anfechtung. Vgl. z. B. Hoppenstedt, Zum Scheckgesetz S. 17f.; ders., Ein zweites Wort zum Scheckgesetz S. 22ff.; Fick S. 403ff.; Riesser z. B. LZ. 1 S. 89; Buff, Scheckverkehr S. 75ff.; ferner Simonson, Scheckrechtliche Betrachtungen im BankA. 4 S. 85 mit ausführlicher Literaturangabe, besonders zu Note 32; Cohn S. 84ff. mit Lit. in Note 139. Schon der vorl. E. von 1907 hatte den Standpunkt des E. von 1892 verlassen, indem er im Absatz 3 seines § 11 bestimmte: „Ein Widerruf des Schecks seitens des Ausstellers ist dem Bezogenen gegenüber nur nach Ablauf der Vorlegungsfrist wirksam. Der Bezogene, dem gegenüber ein Scheck wirksam widerrufen wurde, darf denselben nicht einlösen." In Übereinstimmung mit der Kritik (vgl. Hoppenstedt 1907 S. 20) wurde der zweite Satz als selbstverständlich gestrichen, und im übrigen die vorgeschlagene Regelung im § 13 Abs. 3 zum Gesetz erhoben. Die Begr. S. 29 führt hierzu aus: „Nach § 790 des Bürgerlichen Gesetzbuches kann der Anweisende die Anweisung dem Angewiesenen gegenüber widerrufen, solange nicht der Angewiesene sie dem Anweisungsempfänger gegenüber angenommen hat. Dies gilt selbst dann, wenn der Anweisende durch den Widerruf einer von ihm gegenüber dem Anweisungsempfänger zu erfüllenden Verpflichtung zuwiderhandelt. Da beim Scheck eine Annahme nicht üblich ist, so sind Schecks gegenwärtig jederzeit widerruflich. Dieser Zustand entspricht nicht den Bedürfnissen des Scheckverkehrs. Der Entwurf erklärt demgemäß den Widerruf für unwirksam, aber er beschränkt die Unwirksamkeit — abweichend von dem Entwurfe von 1892, aber im Einklange mit den Vorschriften des österreichischen Scheckgesetzes (§ 13) — auf die Vorlegungsfrist. Nach ihrem Ablauf ist der Widerruf wirksam. Eine solche Begrenzung entspricht den Interessen des Ausstellers und der Indossanten, da sie den Inhaber zur Vorlegung innerhalb der Frist anhält. Würde die Unwiderruflichkeit ohne Einschränkung fortbestehen, so bliebe dem Inhaber auch nach Versäumung der Frist die Aussicht, von dem Bezogenen Zahlung zu erhalten; wird sie beschränkt, so muß er mit der Möglichkeit des Widerrufes rechnen. Dadurch wird einer übermäßigen Ausdehnung der Umlaufsdauer des Schecks entgegengewirkt und eine Beschleunigung der Abwicklung des Zahlungsgeschäftes erzielt. Endlich gibt die Zulassung des Widerrufes nach Ablauf der Vorlegungsfrist dem Aussteller für den Fall des Verlustes des Schecks unter Umständen die Möglichkeit, die langwierige und kostspielige Kraftloserklärung zu vermeiden. Nach der Fassung des Entwurfs kann der Widerruf während der Vorlegungsfrist an sich zwar erklärt werden, seine Rechtswirksamkeit beginnt indessen erst, wenn der Scheck nicht innerhalb der Frist vorgelegt worden ist."

Die Bedeutung des Verbotes des Widerrufs hat sich gegenüber dem E. von 1892 und dem vorl. E. insoweit verschoben, als dort das an sich notwendige Korrelat dieses Verbotes, das unmittelbare Klagerecht des Scheckinhabers gegen den Bezogenen, vorgesehen war.

b) Bedeutung der Vorschrift.

Zu unterscheiden ist

einerseits zwischen dem Widerruf vor und nach Ablauf der Vorlegungsfrist,

anderseits zwischen dem einseitigen und dem vertraglichen Widerruf.

Daß der Widerruf nach Ablauf der Vorlegungsfrist — auch der einseitige — schlechthin wirksam ist, ergibt sich aus dem Gesetz (§ 13 Abs. 3).

Was den Widerruf vor Ablauf der Vorlegungsfrist betrifft, so ist dem Wortlaut und Sinn des Gesetzes zu entnehmen, daß wenigstens der einseitige, vom Aussteller ausgehende Widerruf während der Vorlegungsfrist ohne jede Wirkung ist; nach Ablauf der Frist muß er beachtet werden.

Ob dem vertraglichen Widerruf vor Ablauf der Vorlegungsfrist irgend eine Wirksamkeit zukommt, hängt davon ab, ob in der Vorschrift des § 13 Abs. 3 zwingendes Recht zu sehen ist. Das Reichsgericht verneint dies (Urteil vom 8. Mai 1920 — RG. 99, 75) mit guten Gründen. Nachdem das Klagerecht des Scheckinhabers gegen den Bezogenen, das die Entwürfe vorgesehen hatten, weggefallen sei, sei die Vorschrift eine lex imperfecta, der eine wirksame Sanktion fehle. Wenn aber der Bestimmung für das Verhältnis zwischen Scheckinhaber und Bezogenem Rechtsfolgen nicht zukämen, so könne sie auch für das Verhältnis zwischen Scheckaussteller und Bezogenem zwingendes Recht nicht enthalten.

Hiernach ist eine Vereinbarung zwischen Aussteller und Bezogenem über den Widerruf zulässig, und zwar auch vor Ablauf der Vorlegungsfrist. Verletzt der Bezogene diese Vereinbarung und honoriert er den innerhalb der Vorlegungsfrist präsentierten Scheck, so macht er sich schadensersatzpflichtig auf Grund des Zusatzvertrages zum Scheckvertrag. Freilich wird oft mitwirkendes Verschulden des Ausstellers (§ 254 BGB.) in Frage kommen. Vgl. zu dieser Frage B r e i t in HansRZ. 1920, 691; H o r w i t z in HansRZ. 1921, 129; B e n d i x in HansRZ. 1922, 306; W u l f f, Die Resolutionen der Haager Konferenz (1912) über die Vereinheitlichung des Scheckrechts, Berlin 1925, S. 55 Anm. 1.

Auf Grund der oben erwähnten Reichsgerichtsentscheidung (99, 75) ist es in Bankkreisen üblich geworden, beim Eingehen eines Widerrufs vom Aussteller diesem mitzuteilen, daß eine Verpflichtung zur Zahlungsverweigerung innerhalb der Vorlegungsfrist nicht übernommen werde. Kommt dann der Scheck nach dem Widerruf innerhalb der Vorlegungsfrist vor, so kann die Einlösung verweigert werden.

Nach Ablauf der Vorlegungsfrist ist der vor Ablauf der Vorlegungsfrist erfolgte einseitige Widerruf in jedem Falle zu beachten.

Üblich ist schließlich auch die Vereinbarung im Scheckvertrage, daß die Rücknahme des Auftrags, den Scheck nicht einzulösen, nur beachtet wird, wenn der Aussteller sie schriftlich bestätigt. Hierbei ist zu berücksichtigen, daß in den Fällen, wo ein Nichtberechtigter der

Bank gegenüber die Schecksperre widerruft, die Bank für alle Folgen haftbar ist, wenn ein gültiger Widerruf des Schecks vorgelegen hatte.

Der einseitige Widerruf kann an sich schriftlich oder mündlich geäußert werden. Ist er brieflich erklärt, so genügt es regelmäßig, wenn das Schreiben in die Geschäftsräume oder in die Wohnung des Bezogenen gelangt ist. Ein telephonischer Widerruf ist wie ein mündlicher zu behandeln (§ 147 Abs. 1 BGB.). Da die Erklärung dem Bezogenen gegenüber abgegeben werden muß, reicht es nicht aus, wenn sie an dessen Zahlstelle erfolgt ist. Meyer, Weltscheckrecht I S. 265.

Da der Widerruf nur das Verhältnis zwischen Aussteller und Bezogenen berührt, so begründet er keinen Einwand des Ausstellers gegen den Empfänger. RG. 96 S. 190 = Recht 19 Nr. 1712. Der Widerruf vor Ablauf der Vorlegungsfrist schließt die Pflicht zur Prüfung der Legitimation des Inhabers nicht aus. Unterläßt der Bezogene aber die Sperre eines verlorenen Schecks infolge Fahrlässigkeit des Ausstellers, so kann er wegen der erfolgten Honorierung den Aussteller belasten. OLG. München LZ. 22 S. 35 = Recht 22 Nr. 625 = BankA. 21 S. 314.

Bei einem vordatierten Scheck ist der Widerruf nicht allein innerhalb der Vorlegungsfrist, sondern auch innerhalb der Zeit von der wirklichen Ausstellung bis zu dem im Scheck angegebenen Ausstellungstag unwirksam, jedoch sind auch hier die in der Entscheidung vom 8. Mai 1920, Bd. 99 S. 75ff. wiedergegebenen Voraussetzungen und Wirkungen zu beachten. Vgl. auch RG. 96 S. 190 = Recht 1919 Nr. 1711; OLG. Celle LZ. 19 S. 726; OLG. Hamburg HansGZ. 32 H. 162 = BankA. 11 S. 361 = OLGRspr. 24 S. 214; vgl. auch § 1 V 3 b S. 33.

Aus der Lit. vergleiche zu dieser Frage Lade BlGenossW. 1912. S. 414; Langen S. 59; Winterwerb, BankA. 3 S. 259.

Ganz anders ist die Rechtslage im Verhältnis zwischen dem Aussteller und dem Scheckinhaber. Wird die Einlösung auf Grund des Widerrufes abgelehnt, so hat der Inhaber — neben dem Regreß — noch die zivilrechtliche Schadensersatzklage („mindestens" die zivilrechtliche Schadensersatzklage, Koch, DWirtschZtg. 4 S. 149). Im Verhältnis dieser beiden zeigt sich in vollem Umfange die Rechtsnatur des § 13 Abs. 3 als eines Schutzgesetzes. Die §§ 823 Abs. 2, 826 greifen Platz. Zustimmend Meyer, Weltscheckrecht 1 S. 266. Vgl. auch RG. 64 S. 108ff. und hierzu Jacobi in BayZ. 1907 S. 360 mit einer Bemerkung „gegen den hier hervortretenden unberechtigten Großbankegoismus", die offenbar auf einer Verkennung der Grundlage jener Entscheidung beruht.

In allen diesen Fällen ist es jedoch als Pflicht jeder bezogenen Stelle anzusehen, daß Schecks, die bei Vorkommen nicht bezahlt werden, sofort an den Einreicher zurückgegeben werden.

Verrechnungsscheck.[1]

§ 14.

(1) Der Aussteller sowie jeder Inhaber eines Schecks kann durch den quer über die Vorderseite gesetzten Vermerk: „Nur zur Verrechnung“ verbieten, daß der Scheck bar bezahlt werde. Der Bezogene darf in diesem Falle den Scheck nur durch Verrechnung einlösen. Die Verrechnung gilt als Zahlung im Sinne dieses Gesetzes.

(2) Das Verbot kann nicht zurückgenommen werden. Die Übertretung des Verbots macht den Bezogenen für den dadurch entstehenden Schaden verantwortlich.

E. 1892 § 11; vorl. E. § 12; österr. § 22.

Inhalt.

I. Vorbemerkung. Zweck der Vorschrift.

Schon in dem Abkommen des Scheckvereins vom 14. Februar 1883 war unter B Zahl 3 ausgesprochen: „Es ist gestattet, durch den quer durch den Text geschriebenen oder gedruckten Zusatz „nur zur Verrechnung“ vorzuschreiben, daß der Scheck nicht bar bezahlt, sondern nur zur Verrechnung bei dem Bezogenen oder einem anderen Mitgliede der Abrechnungsstelle verwendet werden darf. Der Bezogene ist für die Beachtung dieser Vorschrift, welche nicht widerrufen werden kann, verantwortlich.“ Auch die Bestimmungen über den Giroverkehr mit der Reichsbank enthalten, und zwar in Ziff. 5 eine ähnliche Bestimmung: „Soll der Scheck nur zur Verrechnung mit der Reichsbank oder einem Kontoinhaber benutzt werden, so muß er gekreuzt, d. h. auf der Vorderseite mit dem quer über den Text geschriebenen oder gedruckten Vermerk versehen werden: ‚Nur zur Verrechnung‘. In diesem Falle darf die Reichsbank den Betrag nicht bar auszahlen.“ Dieser Praxis des deutschen Scheckverkehrs entspricht die im § 14 getroffene Regelung. Die Einrichtung ist deshalb sehr beliebt, weil durch sie die Gefahr, daß der Scheck von einem Unbefugten eingezogen wird, erheblich verringert wird. Das In-

[1]) Jacobi, Das Wesen des Verrechnungsschecks, ZHR. 87, 1.

stitut der Verrechnungsschecks fand bisher keine über alle Zweifel erhabene Grundlage in unserem Rechtssystem, und bedurfte daher einer gesetzlichen Anerkennung. Begr. S. 30. Vgl. auch RG. JW. 1908 S. 547.

II. Entstehung des Verrechnungsschecks.

1. Befugnis zur Herstellung.

Das Verbot der Barzahlung durch den Verrechnungsvermerk kann von jedem Inhaber des Schecks, wie auch von dem Aussteller ausgehen, also nicht nur vom Inhaber des Schecks, wie der vorl. E. im § 12 vorsah. Cohn S. 71; Centralv. S. 18. Der Vermerk ist bei jedem Scheck, gleichviel ob Inhaber-, Order- oder Rektascheck, zulässig. Der Bezogene kann natürlich den Vermerk nicht auf den Scheck setzen. Wenn Buff S. 71 hierfür auf die Postkartenschecks der Bayerischen Filiale der Deutschen Bank verweist, auf welche der Verrechnungsvermerk bereits vor der Aushändigung an den Aussteller aufgedruckt ist, so übersieht er, daß die Bank damit lediglich Scheckformulare geschaffen hat, und daß durch die Ausstellung des Schecks auch bei diesen Postkartenschecks der Vermerk als vom Aussteller ausgehend zu erachten ist.

2. Form des Verrechnungsvermerks.

Der Verrechnungsvermerk ist der quer über die Vorderseite des Schecks gesetzte Vermerk: „Nur zur Verrechnung".

a) Wortlaut des Vermerks.

Bestritten ist, ob die Redewendung „nur zur Verrechnung" mit äußerster Formstrenge vorgeschrieben ist, so daß ein gleichlautender Ausdruck (wie: „lediglich zur Verrechnung" oder: „ausschließlich zur Verrechnung") unzulässig ist, mit der Folge, daß der Bezogene an der Einlösung durch Barzahlung nicht verhindert ist, oder aber, ob der Ausdruck „nur zur Verrechnung" nur ein Beispiel der verschiedenen möglichen Verrechnungsvermerke ist. Heim Anm. 2 zu § 14; Henschel Anm. 4 zu § 14; Schiebler S. 40; Buff S. 72 halten auch eine geringe Abweichung von der Klausel: „Nur zur Verrechnung" für unzulässig. Auch Cohn S. 71 nimmt an, daß die Vorschrift mit äußerster Formstrenge zu behandeln ist. Zweifelnd Merzbacher § 14 Anm. 2. U. E. ist in dem Ausdruck „nur zur Verrechnung" nur ein Beispiel der verschiedenen möglichen Verrechnungsvermerke zu erblicken — so auch Breit, Pflichten S. 34 —, mit der Einschränkung jedoch, daß die Zulassung anderer möglicher Vermerke auf das äußerste eingeengt ist. Das Klangwort „Verrechnung" ist nicht entbehrlich, dagegen genügen z. B. die Worte: „zur Verrechnung". Der Ausdruck „Nicht durch Barzahlung" dürfte nicht zulässig sein. Vgl. auch Breit in ZHR. 70

S. 97; Jwand in DJZ. 18 S. 349. A. M. Meyer, Weltscheckrecht 1 S. 152; Apt S. 63; Fehle S. 66.

Ist der inländische Scheck in einer fremden Sprache ausgestellt, so ist ein der Bezeichnung „nur zur Verrechnung" entsprechender Ausdruck in der fremden Sprache zulässig und notwendig. Bestimmte Redewendungen in den fremden Sprachen haben sich in dieser Richtung noch nicht herausgebildet. Darüber, daß das englische „crossing" dem Ausdruck „nur zur Verrechnung" nicht entspricht, siehe unten IV S. 181. Diese Schecks werden nach allgemeiner Bankübung in Deutschland bar eingelöst.

b) Stelle des Vermerks.

Der Vermerk muß quer über die Vorderseite des Schecks laufen. Die Vorschrift des § 14 ist zwingendes Recht. Eine anderweite Verkehrsübung ist unbeachtlich. KG. JW. 1917 S. 113 = BankA. 16 S. 143 = KGBl. 17 S. 15; vgl. auch KG. DJZ. 1913 S. 349 und RG. 100 S. 31. Die Überschrift „Verrechnungsscheck" oder „nur zur Verrechnung" oder ein wagerecht laufender Vermerk dieses Inhalts, auch ein an der oberen Ecke des Schecks angebrachter Vermerk, der den Text nicht berührt (RG. 100 S. 31), genügen daher nicht und der Bezogene ist berechtigt, diesen Vermerk unberücksichtigt zu lassen. Wohl zu beachten ist, daß der Vermerk „nur zur Verrechnung" nicht quer über den Text laufen muß, es genügt vielmehr, daß er senkrecht oder wohl auch schräg zum Texte, wenn auch außerhalb desselben steht. Der Vermerk kann gedruckt — auch in kleiner und gedrängter Schrift — geschrieben oder in sonstiger Weise angebracht sein.

Zu erwähnen ist noch, daß es nichts Auffallendes ist, wenn bei einem Verrechnungsscheck, der als Remittentin die Firma X. oder den Überbringer bezeichnet, die Rückseite des Schecks nicht die Namensunterschrift dieser Firma, sondern die Unterschrift Y. trägt. Es ist im Bankverkehr durchaus üblich, sich mit der Blankoindossierung des Inhabers zu begnügen. Auch daß der Scheck nicht wenigstens den Stempelaufdruck der Firma X. trägt, bildet keine Veranlassung zu Bedenken. Denn wenn auch eine solche Abstempelung von den Firmen auf die bei ihnen durchlaufenden Schecks vielfach vorgenommen wird, so besteht doch hierzu keine verpflichtende gesetzliche Vorschrift. OLG. Dresden BankA. 21 S. 425.

3. Unwiderruflichkeit.

Das Verbot der Barzahlung des Schecks kann nicht zurückgenommen werden. Ein Durchstreichen des Vermerkes ist von dem Bezogenen nicht zu beachten. Auch nach Ablauf der Vorlegungsfrist darf der mit dem Verrechnungsvermerk versehene Scheck nicht bar bezahlt werden. Zu beachten bleibt aber, daß Verrechnungsschecks, wie sonstige Schecks nach Ablauf der

Vorlegungsfrist widerrufen werden können. § 13 Abs. 3. „Mittels des Widerrufes läßt sich, wie ein anderer Fehler, so auch die irrtümliche Anbringung der Verrechnungsklausel sanieren. Außerhalb der Grenze zulässigen Widerrufes ist eine einseitige Modifikation des Schecktextes überhaupt nicht zulässig und deshalb kann auch die Verrechnungsklausel nicht zurückgenommen werden." Österr. Mot. zu § 22.

III. Wirkung des Verrechnungsvermerks.

1. Verbot der Barzahlung durch den Bezogenen.

Durch den Vermerk „nur zur Verrechnung" verbieten Aussteller bzw. Inhaber, daß der Scheck vom Bezogenen bar bezahlt werde. Der Verrechnungsscheck darf vielmehr nur verwendet werden z. B. zur Verrechnung mit dem Bezogenen oder einem Girokunden desselben oder einem Mitgliede der am Zahlungsorte bestehenden Abrechnungsstelle. Diese einzelnen Verrechnungsmöglichkeiten waren im § 12 des vorl. E. aufgezählt, es wurde jedoch mit Recht darauf hingewiesen, daß damit die schon jetzt im Verkehr als Verrechnung im Sinne jenes Vermerkes geltenden Vorgänge nicht erschöpft seien, indem z. B. die im Auftrage des Scheckinhabers vom Bezogenen vorgenommene Gutschrift auf dem laufenden Konto eines dritten nicht erwähnt werde. Da auch befürchtet wurde, daß eine Aufzählung Neubildungen auf diesem entwicklungsfähigen Gebiet Schwierigkeiten bereiten könnte, so wurde die nunmehr zum Gesetz erhobene Fassung des § 14 Abs. 1 Satz 2 an Stelle des Satzes 2 des § 12 des vorl. E. vorgeschlagen. Centralv. S. 18; Cohn S. 72; Hoppenstedt, Zum Scheckgesetz S. 19; ders., Zweites Wort S. 36. Nicht identisch mit Verrechnung ist Aufrechnung, wenn sich natürlich auch das scheckrechtliche Aufrechnungsrecht aus dem Begriffe des Verrechnungsschecks ergibt. So mit Recht Cohn S. 76. Siehe aber Breit, Pflichten S. 37; vgl. hiergegen Kießel in HoldheimsMSchr. 23 S. 162, der zeigt, daß es noch andere Verrechnungsarten gibt. Verrechnung ist jedoch auch schon die Gutschrift, nicht etwa erst eine periodische Saldoziehung. Cohn S. 73; vgl. auch Loeb S. 22. In diesem Punkte bemerkt auch Centralv. S. 18: „Welche Operation als Verrechnung anzusehen wäre, und wann in jedem Falle die Verrechnung als vollzogen zu gelten hätte, würde nach der in diesem Punkte wohl völlig feststehenden Verkehrsauffassung zu entscheiden sein. Eines besonderen Hinweises darauf, daß die Verrechnung keine Aufrechnung im Sinne des bürgerlichen Rechts darzustellen braucht, sondern — abgesehen von der durch die besondere Geschäftsordnung geregelten Gesamtabrechnung bei den Abrechnungsstellen — schon mit der bloßen Gutschrift des Scheckbetrages vollzogen ist, scheint es uns hiernach nicht zu bedürfen." Als Einlösung durch Verrechnung ist auch die Überweisung eines

Scheckbetrages auf das Reichsbankgirokonto eines anderen als des Scheckinhabers oder auf mehrere Reichsbankgirokonten anzusehen.

2. Sicherungswirkung.

Nur gegen den Bezogenen richtet sich das Verbot, den Verrechnungsscheck bar auszuzahlen. RG. vom 10. Aug. 21. JW. 1921 S. 1365.

Die rechtliche Möglichkeit, einen Verrechnungsscheck durch Weitergabe an einen Dritten zu verwerten und dabei bares Geld zu erlangen, läßt sich nicht bestreiten, ebensowenig, daß auf dem Wege bis zum Bezogenen auch ein Verrechnungsscheck gegen bare Erstattung seines Wertes begeben werden kann. RG. JW. 21 S. 1365 = BankA. 21 S. 89; vgl. auch OLG. Jena, BankA. 21 S. 89. Gegen mißbräuchliche Verwendung von Schecks bietet daher der Verrechnungsscheck insoweit keinen Schutz, als er nicht für Zwischenerwerber und Remittenten, sondern nur für den Bezogenen das Verbot barer Zahlung enthält. OLG. Hamm BankA. 21 S. 88 = SeuffA. 77 S. 126. Das Ansuchen eines Unbekannten, einen über einen erheblichen Geldbetrag lautenden Verrechnungsscheck gegen Barzahlung zu diskontieren, ist als ein Umstand zu bewerten, der in Verbindung mit anderen Tatumständen Zweifel an der Verfügungsberechtigung des bisherigen Scheckinhabers begründen kann und alsdann der angegangenen Bank zu Erkundigungen und Rückfragen Veranlassung geben muß. RG. JW. 22 S. 290 = RG. 103, 87 = DJZ. 22 S. 192 = BankA. 21 S. 123. Über die Frage der Haftung des Bezogenen aus der Einlösung eines Verrechnungsschecks, an dem zur Zeit der Vorlegung der Verrechnungsvermerk im Wege der Fälschung entfernt worden war, vgl. RG. 10. Juli 1920 BankA. 20 S. 87.

Aus vorstehender Rechtsauffassung ergibt sich, daß die Sicherheit, welche der Verrechnungsvermerk bildet, nur eine sehr begrenzte ist. Es ist deshalb bei der Verwendung derartiger Schecks sowie bei sonstigen Manipulationen die Sorgfalt nicht außer Acht zu lassen, mit der jeder Wertgegenstand und jedes Wertpapier betraut werden muß, mag auch der Verrechnungsscheck bei seinem Umlauf gegen die Gefahr der Veruntreuung in einem etwas weitgehenderen Maße geschützt sein als bares Geld oder ein bar einzulösender Scheck. Vgl. hierzu eingehend Simonson S. 82 ff., 85 ff. Über die Frage der Barzahlung beim Verrechnungsscheck aus der Lit.: Breit, der Streit um den Verrechnungsscheck in JW. 23 S. 262 ff., — billigt die Urteile des RG. JW. 1921 S. 1365 und RG. 103 S. 87 = JR. 1922 S. 290; Citron Bl. f. GenossW. 1922 S. 294, ferner Schultze DJ. 1922 S. 293

und v. Zelewski Verechnungsscheck und Barzahlung in „Der Deutsche Ökonomist" 39. Jahrgang Nr. 2031 S. 587; Breit, Neues zum Verrechnungsscheck in BankA. 21 S. 412 erläutert das Urteil des OLG. Dresden BankA. 21 S. 425 und befürwortet die Einführung der Bankierklausel statt der Überbringerklausel, ders. der Verrechnungsscheck, in GoldschmidtsZ. 70, 97 meint, daß Kautelen zugunsten des Ausstellers bei unbeschränkter Zirkulation nicht durch Modifikation des Zahlungsaktes, sondern nur durch Beschränkung in der Person des Einlösungsberechtigten geschaffen werden können und befürwortet die Einführung des englischen „crossing"; Richter in BankA. 9 S. 39 entgegnet Breit, daß Gutschrift nicht Verrechnung gleichzustellen ist, vgl. hierzu Breit BankA. 9 S. 201 und Friedrich BankA. 11 S. 125. Richter in BankA. 10 S. 227 weist auf die Schwierigkeiten hin, die entstehen, wenn der Bezogene wegen seiner Sicherheit angezweifelt wird. Vgl. ferner Adler in DJZ. 11 S. 806, hiergegen Meißner, ebenda 13 S. 1382. Richter: Verrechnungsscheck oder Crossing, in BankA. 11 S. 39. Breit dass. Thema BankA. 11 S. 201. Cohn, Die französische Scheckgesetznovelle vom 30. Dez. 1911 über den chèque barré in BankA. 11 S. 268. Bernstein, Entwendung von Verrechnungsschecks in BankA. 16 S. 284. Oertmann, Bareinlösung von Verrechnungsschecks, in VerkehrsR. 1 S. 219. Dove, Der Streit um den Verrechnungsscheck, JW. 22 S. 367. Adler, Gefahren beim Gebrauch von Postkartenschecks, BankA. 10 S. 47; Sachs, Postkartenscheck BankA. 10 S. 127.

3. Zahlungswirkung.

Die Verrechnung gilt als Zahlung im Sinne des Scheckgesetzes. Trotz des Verbotes der Barzahlung, bzw. des Gebotes der Verrechnung enthält der Scheck, wenn er sich auch dem sog. roten Scheck der Reichsbank nähert, keinen bloßen Umschreibungsauftrag. Nur die Besonderheit herrscht, daß die Verrechnung als Zahlung im Sinne des Gesetzes gilt. Wirtschaftlich allerdings ist es richtig, daß der mit dem Verrechnungsvermerk versehene Scheck „Träger einer Überweisung" ist. Vgl. Kämpf, RT. StenB. 87. Sitzung vom 23. Jan. 1908 2665 B. Die Verrechnung ist Einlösung des Schecks. Die Einlieferung in eine Abrechnungsstelle, aber auch schon die Vorlegung zwecks einer früheren Verrechnung gilt als Vorlegung zur Zahlung. Vgl. Kuhlenbeck S. 75. Die Stellung des Bezogenen bei der Verrechnung ist in bezug auf Legitimationsprüfung, Beachtung eines Widerrufes usw. nicht anders als bei der Einlösung durch Barzahlung. Auch § 16 gilt hier ebenso wie beim Barscheck.

Wann die Gutschrift des Scheckbetrages vollzogen ist, ist nicht unzweifelhaft. Der Vollzug der Gutschrift wird erst dann anzunehmen sein, wenn der Gläubiger von der Bank benachrichtigt ist. Vorher kann der Schuldner möglicherweise widerrufen. Düringer-Hachenburg 3 S. 47. Vgl. aber auch Lehmann, Lehrbuch S. 785, wonach die Girozahlung, d. h. die Zahlung durch Umschreibung von einem Konto auf das andere „nach feststehender alter Gewohnheit mit der Umschreibung als erfolgt gilt". Vgl. zu dieser Frage auch v. Canstein ZHR. 60 S. 168.

Auch die Pflicht zur Quittungsleistung besteht beim Verrechnungsscheck nicht anders als bei dem nicht mit dem Verrechnungsvermerk versehenen Schecks; vgl. oben § 13 I 3 a S. 163 f. Die Bemerkung Cohns S. 68, daß bei Verrechnungsschecks die Quittierung technisch unmöglich sei, erscheint nicht zutreffend. Wie die Mot. zum österr. § 11 angeben, hat sich in Österreich im Geschäftsverkehr bereits die Übung entwickelt, daß auch zur Verrechnung eingereichte Schecks den Abquittierungsvermerk des Inhabers tragen müssen. Auch für die in den Abrechnungsstellen verrechneten Schecks bleibt z. B. nach der Geschäftsordnung für Berlin in der vom 1. April 1908 ab geltenden Fassung der einlösenden Firma vorbehalten, nachträglich noch eine ordnungsmäßige, handschriftlich vollzogene Quittung vom Einreicher zu verlangen. Wie hier Buff S. 67.

Wird der Scheck nach Ablauf der Vorlegungsfrist vorgelegt und hat der Aussteller seither den Scheck widerrufen, oder ist er in Konkurs gefallen, so darf die Gutschrift nicht mehr erfolgen. Vgl. Breit, Pflichten S. 37.

4. Protest.

Nach §§ 16 Abs. 2, 30 Abs. 2 finden auf den Protest die Vorschriften des Art. 88 WO. entsprechende Anwendung. Danach ist in den Protest aufzunehmen: „die Angabe, daß die Person, gegen welche protestiert wird, ohne Erfolg zur Vornahme der wechselrechtlichen Leistung aufgefordert worden ist." Es ist somit zulässig, daß der Protestbeamte den Bezogenen zur Vornahme der sich aus dem Verrechnungsscheck ergebenden scheckrechtlichen Leistung, nämlich der Verrechnung, auffordert und alsdann die Vergeblichkeit der Aufforderung feststellt. Da aber gemäß § 14 Abs. 1 Satz 3 die Verrechnung als Zahlung gilt und nur die Barzahlung des Verrechnungsschecks verboten ist, so kann die Aufforderung zur Zahlung, wenn nicht ausdrücklich Barzahlung gefordert und abgelehnt worden ist, als Aufforderung zur Vornahme der Verrechnung, und die Protestierung mangels Zahlung als solche mangels Vornahme der Verrechnung verstanden werden. RG. 104 S. 37 = Recht 22 Nr. 993 = DJZ. 1922 S. 447 = LZ. 1922 S. 199.

Durch Postauftrag kann ein Verrechnungsscheck nicht eingezogen werden. Jedoch darf der Protest dahin gefaßt werden, daß eine Aufforderung zur Zahlung erfolgt, Zahlung aber nicht geleistet sei; RG. 104 S. 37 ff. Erhebt der einziehende Postbeamte in Unkenntnis der Rechtslage gegen die Bank, die die Barzahlung verweigert, Protest, so hat der Auftraggeber die Kosten zu tragen. Vgl. BankA. 9 S. 205. Berliner Lokalanzeiger, Beilage zu Nr. 409 vom 28. Sept. 1924.

5. Regreß.

Der Regreß aus einem nicht eingelösten Verrechnungsscheck kann gegen den Aussteller auf Zahlung gerichtet werden. Wenn der Scheck auch den Vermerk „nur zur Verrechnung" trägt, so geht der Regreßanspruch des Inhabers gegen den Aussteller auf Zahlung der Schecksumme. Denn die Verrechnung gilt als Zahlung. Der Umfang der Regreßforderung bestimmt sich gemäß § 17 nach Art. 50 WO. Hiernach sind aber die Regreßansprüche des Wechselinhabers in erster Reihe auf die nichtbezahlte Wechselsumme gerichtet. Da aber für die Regelung des Regreßanspruches kein Unterschied zwischen dem Zahlungsscheck und dem Verrechnungsscheck gemacht ist, so kann der Regreß eines nicht eingelösten Verrechnungsschecks gegen den Aussteller ohne weiteres auf Zahlung gerichtet werden. RG. 95, 241 = JW. 19, 451 = LZ. 19, 958 = BankA. 18, 274; ebenso KG. OLGRspr. 38, 18, ferner OLG. Dresden JW. 19, 461 = SächsOLG. 40, 84; ebenso OLG. Hamburg HansGZ. 1911 Hauptbl. Nr. 27 S. 162 = BankA. 10, 318. AM. OLG. Dresden JW. 19, 51 = BankA. 18, 145; ferner OLG. Dresden 19, 164. Aus der Lit. vgl. Jacusiel, Protest und Regreß bei Verrechnungsscheck. BankA. 9, 346.

6. Übertretung des Verbots der Barzahlung.

Der Bezogene muß den Verrechnungsvermerk beobachten. Die Übertretung des Verbots macht ihn für den dadurch entstehenden Schaden verantwortlich. § 14 enthält ein Schutzgesetz im Sinne des § 823 Abs. 2 BGB. RG. Recht 22 Nr. 596 = SeuffA. 77 S. 128. Die Schadensersatzpflicht besteht nicht nur gegenüber dem Vertragsgegner im Scheckvertrag, sondern gegenüber jedem, der durch die verbotswidrige Bareinlösung einen Schaden erleidet; der Bezogene haftet also gegebenenfalls auch dem Scheckinhaber gegenüber unmittelbar, wenn er es an der im Verkehr gebotenen Sorgfalt bei Prüfung des ihm vorgelegten Schecks hat fehlen lassen, und dies die Ursache dafür geworden ist, daß die von unbefugter Hand erfolgte Beseitigung eines Verrechnungsvermerks nicht beachtet und infolgedessen der Scheckbetrag einem Unbefugten bar ausbezahlt wurde; RG. 100 S. 31 = Recht

20 Nr. 3259; ebenso OLG. Dresden in LZ. 20 S. 119; vgl. auch Bendix in HansGZ. 5 S. 308 (1922). Die Haftung verjährt in einem Jahre seit der Ausstellung des Schecks (§ 22). Im übrigen geht auch die Einlösung durch Barzahlung zu Lasten des Kontos des Ausstellers; denn der Scheck ist, wie Breit, Pflichten S. 38 mit Recht bemerkt, trotz der ordnungswidrigen Einlösung immerhin doch eingelöst. Über die Schwierigkeiten, welche daraus entstehen können, daß ein Scheck mit dem Vermerke „nur zur Verrechnung" versehen ist, wenn der Inhaber bei dem Bezogenen kein Konto unterhält, vgl. die Ausführungen bei Cohn S. 73 mit Lit.; Buff S. 72; vgl. auch Breit a. a. O. S. 35 f. Vgl. insbesondere auch die Darstellung: „Schwierigkeiten im Scheckverkehr" in der Frankfurter Zeitung Nr. 100 vom 9. April 1908 und Nr. 110 vom 19. April 1908.

Erwähnenswert bleibt noch, daß der Verkehr sich in neuerer Zeit nicht nur mit dem einfachen Vermerk „nur zur Verrechnung" begnügt, daß es vielmehr bei der Versendung von Schecks üblich geworden ist, den Vermerk zu spezialisieren, etwa in der Form: „Nur zur Verrechnung mit der Bank für Handel und Industrie". Gegen die Zulassung einer solchen Beschränkung in der Verrechnung bestehen keinerlei Bedenken. Die Nichtbeachtung auch dieses speziellen Vermerks führt unter Umständen zur Schadensersatzpflicht; vgl. auch Meyer, Weltscheckrecht 1 S. 153.

Die Reichsbank löst Verrechnungsschecks, die außer dem Vermerk „nur zur Verrechnung" noch weitere Zusätze enthalten, nicht ein.

IV. Ausländisches Recht. Crossing.

Was das ausländische Recht anlangt, so ist zu bemerken, daß in England die crossed cheques ähnlichen Zwecken dienen wie die deutschen Verrechnungsschecks; sie unterscheiden sich aber von dem deutschen Verrechnungsscheck dadurch, daß sie bar ausgezahlt werden können, und nur den Kreis der zum Zahlungsempfang Berechtigten, den dortigen Verhältnissen entsprechend, auf bankers im allgemeinen (wenn crossed generally) oder einen bestimmten banker (crossed specially) beschränken. Begr. S. 30. In Deutschland werden sie nach allgemeiner Übung bar eingelöst. Der Scheck ist „crossed generally", wenn der Text mit zwei parallelen Querstrichen mit oder ohne die Worte „and Co." versehen ist, und er ist „crossed specially", wenn zwischen die Striche der Name eines banker geschrieben wird; letzterenfalls kann er nur durch diesen banker einkassiert werden. Der mit den Worten „not negotiable" gekreuzte Scheck verschafft dem Empfänger kein besseres Recht, als es der Vorbesitzer besaß; die aus der Wechselnatur des englischen Schecks folgende Regreßpflicht des Ausstellers und der Indossanten wird also dadurch ausgeschlossen. Jaffé, Das englische Bankwesen S. 117; Hoffmann, BankA. 4 S. 133; Fick S. 236 ff.; Cohn in Endemanns Handb. 3 S. 1162; Cohn S. 74 Note 118 mit Lit. Das österr. Gesetz § 22 bestimmt, daß der mit dem Vermerk „nur zur Verrechnung" versehene Scheck nur zur Verrechnung mit dem Bezogenen oder einem Girokunden desselben (Kontoinhaber) oder mit einem Mitgliede der am Zahlungsorte bestehenden Abrechnungsstelle benutzt werden darf. Ist der Bezogene nicht selbst Mitglied der Abrechnungsstelle, so kann er bei Präsentation den Scheck durch einen hierauf zu setzenden Vermerk bei einem Mitgliede der Abrechnungsstelle zahlbar stellen. Das Crossing ist auch im spanischen und japanischen und vielen anderen Gesetzen anerkannt. Älteste S. 26. Siehe noch Conrad, Handb. S. 176 ff.; Meyer, Weltscheckrecht 1 S. 151.

Regreß.

§ 15.

(1) Der Aussteller und die Indossanten haften dem Inhaber für die Einlösung des Schecks.

(2) Auch bei dem auf den Inhaber gestellten Scheck haftet jeder, der seinen Namen oder seine Firma auf die Rückseite des Schecks geschrieben hat, dem Inhaber für die Einlösung. Auf den Bezogenen findet diese Vorschrift keine Anwendung.

(3) Hat ein Indossant dem Indossamente die Bemerkung „ohne Gewährleistung" oder einen gleichbedeutenden Vorbehalt hinzugefügt, so ist er von der Verbindlichkeit aus seinem Indossamente befreit.

E. 1892 § 13; vorl. E. § 14; österr. § 15.

Inhalt.

I. Vorbemerkung. Entstehung der Vorschrift.

Die Frage, ob die Grundsätze des Wechselrechts hinsichtlich des Regresses mangels Zahlung auf den Scheck Anwendung finden können, ist in der bisherigen Literatur vielfach behandelt und ganz überwiegend in verneinendem Sinne entschieden worden. „Das bürgerliche Recht, nach welchem der Rückgriff gegenwärtig zu bestimmen ist," so führt z. B. Behrend in seinem dem 17. Deutschen Juristentag 1884 erstatteten Gutachten S. 43 aus, „gewährt m. E. nirgends in Deutschland den abstrakten und ebensowenig den springenden Regreß, sondern macht eine Aufdeckung des zugrunde liegenden materiellen Rechtsverhältnisses und ein Zurückgehen von Hand zu Hand erforderlich." Auch die Rechtslage nach 1900 hatte hieran nichts geändert. Weder bei der Anweisung des bürgerlichen Rechts noch bei der kaufmännischen Anweisung ist ein Regreß mangels Honorierung anerkannt, vielmehr richten sich die Ansprüche des Empfängers und des späteren Inhabers jeweils nach dem zwischen ihm und dem unmittelbaren Vormann bzw. zwischen Anweisungsempfänger und Anweisendem bestehenden internen Rechtsverhältnis. Insbesondere ist es auch für den Scheck in der Literatur im wesentlichen unbestritten geblieben, daß ein Regreßanspruch des Inhabers gegen den Aussteller aus dem Scheck nicht stattfindet. Düringer-Hachenburg 2 S. 553; Plan, BGB. S. 788; Staub, Exk. S. 363 Anm. 9. Auch die Rechtsprechung hat sich wiederholt mit der Frage des Scheckregresses beschäftigt. Während ein hamburgisches obergerichtliches Urteil (HansGZ. 1877 S. 338) von einer gewohnheitsrechtlichen Anschauung ausging, welche einen dem wechselrechtlichen Regreß gleichen Rückgriff des Scheckinhabers gegen den Scheckaussteller statuiere (eine Ansicht, die z. B. noch in der Frankfurter Zeitung Nr. 26 vom 27. Januar 1906 2. Morgenblatt geteilt wird), hat das OLG. Hamburg mit Urteil vom 14. Juli 1891 unter Bekämpfung dieser Ansicht die Regreßpflicht des Ausstellers eines Schecks verneint. Vgl. SeuffA. 47 S. 215; ferner OLG. Hamburg vom 27. Oktober 1897 in SeuffA. 53 S. 99; ebenso mit erschöpfender Begründung das Reichsgericht in seinem Urteil vom 4. Oktober 1899, RG. 44 S. 37 und OLG. Dresden vom 10. Januar 1899, SächsOLG. 21 S. 61 ff.; vgl. endlich OLG. Dresden vom 18. Juni 1902, SächsOLG. 24 S. 426 und OLG. Hamburg vom 4. Oktober 1905 in OLGRspr. 12 S. 47.

Das Fehlen des Regresses aus dem Scheck ist wiederholt als der augenfälligste Mangel des bisherigen Rechtszustandes bezeichnet worden. Dem hilft das Gesetz ab, indem der § 15 eine skripturmäßige Regreßpflicht des Ausstellers und der Indossanten einführt. Es ermöglicht damit dem Scheckinhaber — unbeschadet seines Rechtes der Aufdeckung des zugrunde liegenden materiellen Verhältnisses — den Rückgriff aus der Urkunde selbst. RG. JW. 1921 S. 896 = BankA. 20 S. 272. Diese abstrakte Haftung von Aussteller und Indossanten wird als eine der wertvollsten Errungenschaften des Scheckgesetzes betrachtet. „Die in der Scheckbegebung gelegene Zusage des Schuldners wird jedem berechtigten

Scheckinhaber gegenüber rechtsverbindlich. Der Gläubiger erhält neben seiner ursprünglichen Forderung gegen seinen unmittelbaren Vormann zur wahlweisen Geltendmachung noch einen zweiten Anspruch gegen Aussteller und Indossanten; dieser gründet sich nur auf die Tatsache der Scheckausstellung, bzw. Indossierung, und die Verteidigung gegen denselben ist dem Schuldner nur nach den Vorschriften der WO. möglich". Älteste S. 2. Vgl. Centralv. S. 19. Vgl. auch die österr. Mot. zu § 15. Die Vorschriften des Gesetzes über die Haftung des Ausstellers und der Indossanten sind im wesentlichen dem Wechselrechte nachgebildet. Vgl. Art. 8 und 14 WO., ferner Art. 41—55 WO., abgesehen von 43, 44 und 53 WO.

Der Inhalt des Regreßanspruchs geht auf Barzahlung, auch beim Verrechnungsscheck; vgl. § 14 III 5 S. 180. Über Haftung beim Scheckverkauf vgl. oben Anhang zu § 3 III 2 S. 85 f.

II. Haftung für die Einlösung des Schecks.

1. Haftung für Orderschecks und Haftung des Ausstellers (Absatz 1).

Der § 15 Abs. 1 spricht für Orderschecks die Haftung des Ausstellers und der Indossanten, für Inhaberschecks die Haftung des Ausstellers aus. Für den letzteren Scheck begründet Abs. 2 die Haftung dessen, der seinen Namen auf die Rückseite des Schecks geschrieben hat.

Der Aussteller haftet jedem Inhaber für die Einlösung des Schecks. Er hat dafür einzustehen, daß der dem Bezogenen rechtzeitig zur Zahlung vorgelegte Scheck eingelöst wird. Ist der Scheck rechtzeitig zur Zahlung vorgelegt und nicht eingelöst oder die Vorlegung vergeblich versucht worden, so gewährt der § 15 ein Regreßrecht aus der Urkunde selbst, das unabhängig von dem zugrunde liegenden Rechtsverhältnis ist. Die hier behandelte Haftung des Ausstellers entsteht durch die ordnungsgemäße Ausstellung des Schecks und — bezüglich des Order- oder Rektaschecks — durch die Begebung durch den Aussteller.

Der Abs. 1 des § 15 stellt weiterhin für Orderschecks den Garantieeffekt des Indossaments auf. Der Indossatar erhält nicht nur gegen seinen Vormann, sondern gegen den Aussteller und jeden Indossanten ein Rückgriffsrecht aus der Urkunde selbst. Für die Verpflichtung des Indossanten ist formelle und materielle Gültigkeit des Indossaments (gehörige Reihenfolge, Vertretungsbefugnis der Person, die für den Indossanten unterzeichnet hat) Bedingung. Wie beim Wechsel, so bezieht sich auch beim Scheck die Indossantenhaftung nicht auf den Blankotradenten, d. h. denjenigen, der unter Benutzung eines Blankogiros den Scheck begibt, ohne seinen Namen darauf zu setzen. Sein Verhältnis zu seinem Vormann richtet sich vielmehr nach dem Inhalt des Begebungsvertrages. Vgl. Staub-Stranz Art. 14 Anm. 7.

2. Haftung aus Pseudo-Indossament bei Inhaberschecks (Absatz 2).

a) Haftung der Pseudo-Indossanten (Absatz 2 Satz 1).

Bei dem Inhaberscheck kommt ein eigentliches Indossament, ein Indossament im technischen Sinne, nicht in Frage. Vgl. § 4 III 2 b S. 93 und RG. 102 S. 328 = Recht 21 Nr. 2890. Die Namensschrift eines Scheckinhabers auf der Rückseite des Inhaberschecks, das Pseudo-Indossament, begründet jedoch gemäß § 15 Abs. 2 die Haftung des Namensskribenten für die Einlösung und schafft damit eine abstrakte Haftung aus der Skriptur. Daß bei einem Inhaberscheck derjenige, welcher seinen Namen auf die Rückseite setzt, für die Einlösung gleich einem Indossanten haftet, entspricht dem praktischen Bedürfnis des Scheckverkehrs und der schon bisher herausgebildeten Rechtsauffassung. Die die Regreßpflicht regelnden Vorschriften müssen daher, wie die Begr. S. 30 erwähnt, auch für diesen Fall Anwendung finden. Brunner, DJZ. 13 S. 154 nennt eine derartige Namensschrift auf der Rückseite des Inhaberschecks ein hinkendes Indossament, weil der Form nach ein Indossament vorliege; allein im Verhältnis zum Bezogenen widerspreche es dem Willen des Ausstellers und dem Inhalt des Scheckvertrages. „Der Bezogene soll an den Inhaber als solchen zahlen dürfen und zahlen müssen. Er kann und muß es daher ignorieren. Es dient nicht zur Legitimation des Scheckinhabers. Denn dieser ist bei dem Inhaberscheck schon als Inhaber legitimiert. Anderseits wirkt es im Verhältnis zum Scheckinhaber wie das Indossament eines Orderschecks. Der, von dem es herrührt, haftet ihm wie ein Indossant, wenn scheckrechtlicher Regreß genommen wird. Das Indossament hinkt, denn es hat zwar Garantiefunktion, aber nicht Transport- und Legitimationskraft wie das Indossament des Orderschecks." So auch RG. JW. 1923 S. 604. Riesser Bem. 64 Anm. 46 spricht hier von einem Quasi-Indossament, Kuhlenbeck S. 78 von einem Scheinindossament.

Die Haftung des Namensskribenten ist eine Haftung aus Rechtsgeschäft. Keine Namensskriptur im Sinne des § 15 Abs. 2 liegt selbstverständlich vor, wenn dem Namen ein Quittungszusatz beigefügt ist: z. B. „Betrag empfangen. H. Schneider." Vgl. Breit, LZ. 2 S. 269. Auf der anderen Seite ersetzt die Namensskriptur nicht, wie etwa ein Blankoindossament, den Quittungsvermerk des § 13 Abs. 1.

Nicht selten findet sich auch beim Inhaberscheck der Form nach ein Vollindossament. Wenn hiermit auch ein eigentliches

Indossament nicht gegeben ist, so genügt diese Form jedoch, um die Haftung des Indossanten im Sinne des § 15 Abs. 2 (Namensskriptur) zu begründen. Derartige Vollindossamente werden mit Rücksicht auf die Beweiswirkung, daß der betr. Scheck von dem Quasi-Indossanten dem Quasi-Indossatar gegeben wurde, auf den Scheck gesetzt. Vgl. auch v. Canstein S. 118.

Hervorzuheben ist, daß die Haftung aus § 15 Abs. 2 nur dann stattfindet, wenn der Inhaber seinen Namen oder seine Firma auf die Rückseite des Schecks geschrieben hat. Stempelaufdruck usw. genügt also nicht.

Die Frage, ob der Verkäufer eines Inhaberschecks verpflichtet ist, seinen Namen auf die Rückseite zu setzen, ist nach den Bestimmungen des BGB. zu beurteilen. Maßgebend ist die Vorschrift des § 437 BGB. Hiernach haftet der Verkäufer eines Inhaberschecks nur für den rechtlichen Bestand der Forderung, nicht aber für die Einlösung.

Diese Haftung kann auch bei dem Verkauf eines Inhaberschecks dadurch scheckrechtlich erweitert werden, daß der Verkäufer durch seine Namens- oder Firmenzeichnung die Regreßpflicht für den Fall mangelnder Einlösung übernimmt. Ein Handelsgewohnheitsrecht oder eine Handelssitte zur Übernahme einer solchen Verpflichtung besteht aber nicht, wenn auch alle Banken einen Inhaberscheck ohne solche Namensschrift tatsächlich nicht nehmen. Ein Inhaberscheck, dem das (Pseudo-)Indossament oder die Namensschrift des Verkäufers auf der Rückseite fehlt (oder bei dem sie nur mit Bleistift vollzogen ist), kann nicht als mangelhaft bezeichnet werden. RG. JW. 1923 S. 604 = BankA. 22 S. 274.

b) Keine Haftung des Bezogenen (Abs. 2 Satz 2).

Auf den Bezogenen findet die Vorschrift des § 15 Abs. 2 keine Anwendung. Der Bezogene haftet also selbst dann nicht als Regreßschuldner, wenn er seinen Namen oder seine Firma auf die Rückseite des Schecks geschrieben hat. Für die Bestimmung des § 15 Abs. 2 Satz 2 ist dieselbe Erwägung maßgebend, die zur Ablehnung des Indossamentes des Bezogenen geführt hat. Vgl. § 8 III 5 a S. 124; Merzbacher S. 48; Brunner DJZ. 13, 154 Note 1. Vgl. auch Breit, Pflichten S. 55. Der Bezogene erwirbt niemals Regreßrechte aus einem Scheck, gleichgültig ob es sich um einen Orderscheck oder Inhaberscheck handelt, und gleichgültig, ob der Scheck auf der Rückseite gezeichnet ist oder nicht. Vgl. auch Kuhlenbeck S. 78.

3. Haftung dem Inhaber gegenüber.

Wer Inhaber des Schecks ist, ergibt sich aus § 8 Abs. 2 in Verbindung mit Art. 36 WO. Inhaberin im Sinne des Gesetzes kann auch die Bank sein, der ihr Kunde den Scheck mit dem Vermerk „zur Gutschrift" übersandt hat. RG. 102 S. 328. Immerhin wird von Fall zu Fall zu prüfen sein, ob es in der Absicht der Parteien lag, daß die Bank hierdurch wirklich Inhaberin werden sollte.

III. Ausschluß der Haftung (Abs. 3).

Von der Haftung kann sich der Indossant dadurch befreien, daß er seinem Indossamente die Bemerkung „ohne Gewährleistung" oder einen gleichbedeutenden Zusatz (sogen. Angstklausel) beifügt. Diese im Wechselverkehr ausdrücklich zugelassene Möglichkeit im Scheckverkehr auszuschließen, liegt kein zwingender Grund vor. Begr. S. 30. Als gleichbedeutende Zusätze sind für das Wechselrecht z. B. anerkannt: „Ohne Obligo", „Ohne Garantie", „ohne mein Präjudiz", „ohne Regreßverbindlichkeit", „unter Ausschluß des Delkredere", „ohne Vertretung", „ohne Einlösungspflicht", „ohne Haftpflicht" usw.

Der Aussteller kann seine Haftung als Aussteller nicht ausschließen; ist er zugleich Aussteller und Indossant, und fügt er seinem Indossament den Zusatz „ohne Obligo" oder eine gleichbedeutende Bemerkung hinzu, so haftet er zwar nicht als Indossant, wohl aber als Aussteller. RG. 18 S. 112. Im Falle eines Verkaufs übernimmt der Aussteller als Verkäufer lediglich die ihm in der Scheckurkunde in rechtsgültiger Form begründeten scheckrechtlichen Regreßverpflichtungen des § 15. Eine besondere zivilrechtliche Haftung für den Eingang der Schecksumme übernimmt er beim Fehlen besonderer Vereinbarungen nicht. OLG. Hamburg JW. 1926 S. 362.

Die im Scheckverkehr bei dem Indossament, wenn auch selten, vorkommende Formel „Giroverbindlich bis........" war bisher nur von zweifelhafter Rechtswirkung. Vgl. hierzu Jacobson, Berl. Tagbl. Nr. 239 vom 13. Mai 1907. Nach gegenwärtigem Rechte wird die Klausel als eine Einschränkung der Haftung des Indossanten für zulässig zu erachten sein. Vgl. auch Staub-Stranz Art. 14 WO. Anm. 5—7; ferner Art. 19 und 31 der WO. Der Ausschluß der Haftpflicht des Indossanten gilt naturgemäß nur für den Orderscheck, da nur bei diesem ein Indossament im technischen Sinne des Wortes möglich ist.

Die Frage, ob der Scheckinhaber bei dem Inhaberscheck seinen Namen auf die Rückseite des Schecks setzen und dabei die skripturmäßige Garantiepflicht durch die Klausel „ohne Obligo" ausschließen kann, ist m. E. zu bejahen. Mit Recht bemerkt Kuhlenbeck S. 79, daß der Zusatz „ohne Gewährleistung" bei einem solchen Scheinindossament die Namensschrift bedeutungslos macht, sie zu einer contradictio in adiecto stempelt, also einer Streichung der Namensschrift gleich kommt. Die Klausel bei der bloßen Namensschrift auf Inhaberschecks als nicht geschrieben zu betrachten, würde unrichtig sein; denn eine soweit gehende singuläre Bestimmung hätte ausdrücklich hervorgehoben werden müssen. Ebenso Conrad, Handb. S. 262; Merzbacher S. 49, und wohl auch, wenn auch zweifelnd, Cohn S. 90; Henschel S. 42. Unrichtig Buff S. 76. Er übersieht, daß der Inhaber eines Inhaberschecks zur Beweissicherung ein Interesse daran haben kann, die Tatsache seiner Innehabung durch Namensschrift auf der Rückseite zu dokumentieren, ohne daß man ihn deshalb für verpflichtet halten müßte, die Haftung gemäß § 15 Abs. 2 zu übernehmen. Unrichtig auch Schiebler S. 42.

Voraussetzungen der Ausübung des Regreßrechts.

§ 16.

(1) Zur Ausübung des Regreßrechts muß nachgewiesen werden, daß der Scheck rechtzeitig zur Zahlung vorgelegt und nicht eingelöst oder daß die Vorlegung vergeblich versucht worden ist. Der Nachweis kann nur geführt werden:

1. durch eine auf den Scheck gesetzte, von dem Bezogenen unterschriebene und den Tag der Vorlegung enthaltende Erklärung;
2. durch eine Bescheinigung der Abrechnungsstelle, daß der Scheck vor dem Ablaufe der Vorlegungsfrist eingeliefert und nicht eingelöst worden ist;
3. durch einen Protest.

(2) Auf die Vorlegung des Schecks und den Protest finden die Vorschriften der Artikel 87, 88, 90, 91 der Wechselordnung entsprechende Anwendung.

(3) Enthält der Scheck die Aufforderung keinen Protest zu erheben, so finden die Vorschriften des Artikel 42 der Wechselordnung entsprechende Anwendung.

E. 1892 § 14; vorl. E. § 15; österr. §§ 16, 20 Zahl 8 und 9.

Inhalt.

I. Vorbemerkung.

Voraussetzung für die Ausübung der Regreßansprüche aus dem Scheck ist der Nachweis der rechtzeitigen Vorlegung zur Zahlung und bei Nichteinlösung des Schecks oder der Nachweis, daß die Vorlegung vergeblich versucht worden ist. Von der Erwägung ausgehend, daß der Nachweis, dem Wesen des Schecks entsprechend, so sehr als möglich erleichtert und in unzweideutiger Weise geführt werden muß, hat der Gesetzgeber außer dem Protest noch die Bescheinigung des Bezogenen oder einer Abrechnungsstelle zur Verfügung gestellt. OLG. Hamburg in HansGZ. 31 S. 1 = BankA. 9 S. 156. Auch nach österreichischem Rechte ist zur Vereinfachung und Kostenminderung statt der Protesterhebung eine formlose schriftliche Präsentationsbestätigung des Bezogenen zugelassen, und es ist ferner auch hier im Hinblick auf die Gleichstellung der Präsentation und der Einreichung bei der Abrechnungsstelle letzterenfalls ein einfaches Surrogat für den Protest geschaffen worden.

Vgl. österr. Mot. zu § 16. Die im § 16 ScheckG. getroffene Regelung weicht von dem § 14 des E. 1892 und dem § 15 des vorl. E. insofern ab, als dort außer dem Protest, dem Präsentationsattest und der Bescheinigung der Abrechnungsstelle auch andere Beweismittel (z. B. Zeugen, Eideszuschiebung) für den Nachweis der rechtzeitigen Präsentation und der Nichteinlösung des Schecks zugelassen waren. Vgl. die dagegen gerichteten Ausführungen von Cohn S. 91 und Centralv. S. 19 f.

Die drei im § 16 erwähnten Beweismittel haben den Nachweis zu erbringen, daß der Scheck rechtzeitig — d. h. vor Ablauf der Vorlegungsfristen des § 11 — zur Zahlung vorgelegt und nicht eingelöst wurde, oder aber, daß die rechtzeitige Vorlegung vergeblich versucht worden ist. Die Form der Protesterhebung oder eine diese ersetzenden Rechtsinstituts richtet sich nach den Gesetzen des Landes, in dem die Rechtshandllung vorzunehmen ist; RG. JW. 1925 S. 16. Vgl auch die Erläuterungen zu § 11.

II. Die drei Beweismittel (Abs. 1).

Der Nachweis, daß entweder der Scheck rechtzeitig zur Zahlung vorgelegt und nicht eingelöst oder daß die Vorlegung vergeblich versucht worden ist, kann nur durch eines der drei im § 16 Abs. 1 genannten Beweismittel erbracht werden; den Beweis durch andere Urkunden oder durch andere Beweismittel (Zeugen, Eideszuschiebung) darf das Gericht nicht erheben und, wenn er geführt wird, nicht beachten; es ist dies einer der wenigen Fälle der Abweichung vom Grundsatz der freien Beweiswürdigung.

1. Verhältnis der drei Beweismittel zueinander.

In den meisten Fällen wird aus tatsächlichen Gründen nur eines der Beweismittel in Betracht kommen, sodaß sich eine Wahl erübrigt. Unrichtig scheint es jedoch, hieraus — wie es Simonson S. 93 tut — zu schließen, daß der Vorlegende nicht unter den drei Beweismitteln die Wahl habe. Das Gesetz schließt die Wahl nicht mit ausdrücklichen Worten aus; wenn Simonson z. B. darlegt, daß nach § 12 die Einlieferung des Schecks in die zuständige Abrechnungsstelle als Vorlegung zur Zahlung am Zahlungsort gelte, eine Vorlegung an den Bezogenen nicht erfolge und dieser somit das Präsentationsattest nicht erteilen könne, so übersieht Simonson dabei, daß der Vorlegende den Scheck auch nach Einlieferung zurückziehen und dem Bezogenen selbst vorlegen kann; dies würde zwar eine zweite Vorlegung bedeuten: aber diese ist ja durch das Gesetz nicht ausgeschlossen; vgl. unten II 2 a β S. 192. Praktisch wird diese Frage allerdings wohl kaum werden.

2. Das Präsentationsattest (Abs. 1 Nr. 1).

Die Zulassung einer Privatdeklaration des Bezogenen auf dem Scheck als Präsentationsnachweis hat de lege ferenda in der Literatur zahlreiche Anhänger gefunden, wie Birnbaum, Buff, Funk, Koch, Riesser, Fick u. a.; doch wurde auch vielfach auf Gegengründe, so von Bernstein, Simonson u. a. — die Gefahr der Unterschriftsableugnung, der Kollusion zwischen Inhaber und Bezogenem, die Unmöglichkeit der Privaterklärung im Falle der Abwesenheit u. a. m. — hingewiesen. Vgl. Cohn S. 92, 93 mit Lit. in Note 149—151.

Nach dem Gesetz kann der Nachweis der rechtzeitigen Vorlegung zur Zahlung geführt werden durch eine auf den Scheck gesetzte von dem Bezogenen unterschriebene und den Tag der Vorlegung enthaltende Erklärung. Der Bezogene wird hier als Urkundsperson tätig, schafft im Präsentationsattest eine private, beweiserhebliche Urkunde und gibt damit eine Willenserklärung ab, zu deren Gültigkeit die materiellen Erfordernisse der Geschäftsfähigkeit, der Vertretungsbefugnis usw. erfüllt sein müssen. Rablauer im Recht 14 S. 377 sieht das Präsentationsattest als öffentliche Urkunde im Sinne des § 415 ZPO. an — offenbar zu Unrecht.

Die Bedeutung des Präsentationsattestes besteht darin, daß es die sachliche Voraussetzung für die Entstehung des Regreßrechts bildet; RG. 100 S. 138.

Das Präsentationsattest ist die die Vorlegung (a) und Nichteinlösung bescheinigende vom Bezogenen (b) ausgestellte Erklärung (c).

a) Die Vorlegung.

α) Ort der Vorlegung.

Für den Ort der Vorlegung sind seit dem 1. Okt. 1908 (§ 6 des Gesetzes über die Erleichterung des Wechselprotestes vom 30. Mai 1908 — RGBl. S. 321) gemäß §§ 16 Abs. 2, 30 Abs. 2 die Artikel 91 und 91 a der WO. maßgebend; die andern im § 30 Abs. 2 genannten Bestimmungen interessieren hier nicht. Die hier in Betracht kommenden Teile dieser Artikel lauten:

Artikel 91. Die Präsentation zur Abnahme oder Zahlung . . . . . sowie alle sonstigen bei einer bestimmten Person vorzunehmenden Akte müssen in deren Geschäftslokal und in Ermangelung eines solchen in deren Wohnung vorgenommen werden. An einer anderen Stelle, z. B. an der Börse, kann dies nur mit beiderseitigem Einverständnisse geschehen.

. . . .

. . . .

Artikel 91 a. Eine in dem Geschäftslokal oder in der Wohnung eines Beteiligten vorgenommene Handlung ist auch dann gültig, wenn an Stelle des Ortes, in welchem das Geschäftslokal oder die Wohnung liegt, ein benachbarter Ort in dem Wechsel angegeben ist. Mit beiderseitigem Einverständnisse können auch in anderen Fällen die bei einem Beteiligten vorzunehmenden Handlungen an einem Orte erfolgen, der dem im Wechsel angegebenen Orte benachbart ist.

Welche Orte im Sinne dieser Vorschriften als benachbarte abzusehen sind, bestimmt der Bundesrat; die Bestimmung ist im Reichs-Gesetzblatte bekannt zu machen.

Aus Zweckmäßigkeitsgründen werden die vorstehenden Bestimmungen weiter unten beim Protest (II 4 S. 206 ff.) erörtert; vgl. im übrigen auch § 11 III 2 S. 149 und die Kommentare zur WO.

β) Zeit der Vorlegung.

Über die Zeit der Vorlegung vgl. § 11. Respekttage finden nicht statt. Das Gesetz kennt keine Nachfrist für die Vorlegung, sodaß nach Ablauf der Vorlegung der Bezogene, dem der Scheck bis dahin nicht präsentiert worden ist, das positive Präsentationsattest nicht mehr erteilen darf; wohl aber das negative, daß der Scheck nicht rechtzeitig präsentiert worden sei, vgl. unten II 2 c ε S. 196. Vergl. Lion, Folgen verspäteter Scheckvorlegung HansRZ. 8, 153 ff.

Innerhalb der Präsentationsfrist kann der Scheck wiederholt zur Einlösung präsentiert werden. In der zweiten und in jeder späteren Präsentation wird man allerdings jeweils einen Verzicht auf die Rechtsfolgen der früheren Präsentation erblicken müssen, so daß das Präsentationsattest stets nur aus Anlaß der letzten rechtzeitigen Präsentation erteilt werden kann. Vgl. oben II 1 S. 190 (§ 130 Abs. 1 S. 2 BGB.).

Die Präsentation ist rechtzeitig, und der Bezogene darf die Rechtzeitigkeit der Präsentation bescheinigen, wenn ihm der Scheck bis Mitternacht des letzten Tages der Vorlegungsfrist vorgelegt worden oder zugegangen ist, wenn er nur unter regelmäßigen Verhältnissen die Möglichkeit hatte, vom Inhalt Kenntnis zu nehmen. RG. 56 S. 262; 58 S. 406; 61 S. 127. Ebenso Simonson S. 96. Dafür, daß der Scheck dem Bezogenen noch vor Ablauf des letzten Tages oder vor Ablauf der Proteststunden (Art. 92 Abs. 2 WO.) oder gar vor Schluß der Geschäftsstunden vorgelegt sein muß, findet sich im Gesetz kein Anhalt (Simonson l. c.); ist doch sogar die Vorschrift, daß Proteste zwischen 9 Uhr vormittags und 6 Uhr abends zu erheben sind (Art. 92 Abs. 2 WO.), nur eine Sollvorschrift; wie viel mehr muß dies für das weniger solenne Präsentationsattest gelten! Vgl. hierzu Bernstein im BankA. 7 S. 197 und Breit, Pflichten S. 43 ferner Buff S. 80.

Wegen Bankstreiks oder -stillegung vgl. die Verordnung zum Schutz gegen die Folgen der Stillegung von Bankbetrieben vom 19. April 1919, unten IV 3 S. 226.

γ) Ordnungsmäßigkeit der Vorlegung.

Nur eine ordnungsmäßige Vorlegung ist geeignet, dem Präsentationsattest als Grundlage zu dienen. Eine schriftliche Anfrage ohne Beifügung des Schecks würde z. B. nicht ordnungsmäßig sein (Simonson S. 95). Anderseits genügt die einfache Tatsache der Vorlegung; die Vorlegung ist nicht etwa erst mit der Erklärung des Bezogenen beendet, daß er den Scheck nicht einlöse; OLG. Dresden SächsOLG. 35 S. 438.

b) Verpflichtung des Bezogenen zur Erklärung?

Zur Erteilung des Präsentationsattestes ist der Bezogene nicht verpflichtet, selbst dann nicht, wenn durch die Verweigerung des Attestes der Inhaber seines Regresses mangels der für die Protesterhebung erforderlichen Zeit verlustig gehen würde. Vgl. auch Breit, Pflichten S. 50—52. Stellt der Bezogene die Bescheinigung aus, so haftet er dem Scheckinhaber für die ordnungsgemäße Erklärung aus dem zwischen ihnen alsdann bestehenden Auftragsverhältnis. Vgl. § 622 BGB. Ebenso Simonson S. 95; Jehle S. 73.

c) Die Erklärung des Bezogenen.

α) Aussteller der Erklärung.

Aussteller der Erklärung kann grundsätzlich nur der Bezogene selbst oder derjenige sein, der nach allgemeinen Regeln (z. B. BGB. §§ 164—181) berechtigt ist, Erklärungen für ihn abzugeben; z. B. derjenige Angestellte, der im andern Falle ermächtigt sein würde, den Scheck einzulösen (Simonson S. 95).

Wenn es sich auch bei der Vorlegungsbescheinigung des Bezogenen nur um die Beurkundung von Tatsachen handelt, so kann doch diese für den Bezogenen nur von solchen Personen ausgestellt werden, die Kraft des Gesetzes oder Vollmacht zu seiner Vertretung ermächtigt sind. Es genügt daher nicht, daß im Falle der Gesamtvertretung nur ein Vertreter die Bescheinigung unterschreibt, sondern es müssen soviel Vertreter mitwirken, als zur Abgabe einer Erklärung im Namen des Bezogenen erforderlich ist. RG. 100 S. 138 = JW. 1921 S. 29 = BankA. 20 S. 135 = Recht 21 Nr. 372. Wenn das Hanseatische OLG. in Hamburg die Legitimation des oder der Aussteller des Präsentationsvermerks zu den klagebegründenden Tatsachen rechnet und verlangt, daß sie im Scheckprozeß durch ordnungsmäßig zugestellte Urkunden, also z. B. durch Handelsregisterauszug geführt werden müsse (HansRZ. 1924 S. 821), so dürfte dies zu weit gehen.

Ein besonderer Nachweis der bestrittenen Tatsachen ist vom Kläger nur dann zu erfordern, wenn der Sachverhalt zu Zweifeln an ihrer Richtigkeit Anlaß gibt. Es spricht eine Vermutung dafür, daß im regelmäßigen Geschäftsgange Erklärungen, wie sie sich auf dem Scheck befinden, nur von den dazu legitimierten Vertretern abgegeben werden. OLG. Hamburg HansGZ. 31 S. 1 =

BankA. 9 S. 156; so auch KGBl. 20 S. 138 = OLGRspr. 20 S. 128 (Der Scheckinhaber braucht nicht zu beweisen, daß die Erklärung des Bezogenen von den dazu Legitimierten ausgestellt ist. Der Gegenbeweis liegt dem Regreßpflichtigen ob).

Ist Bezogene die Depositenkasse einer Großbank, so kann das Präsentationsattest auch von der am gleichen Ort befindlichen Zentrale der Bank ordnungsmäßig ausgestellt werden. Die Depositenkassen sind nur örtlich getrennte Verkehrsstellen einer einheitlichen Rechtspersönlichkeit. An sich hat die Vorlegung des Schecks durch den Inhaber bei der im Scheck als Einlösungsstelle bezeichneten Kasse zu erfolgen; gemäß Art. 91a Abs. 1 Satz 2 WO. — vgl. unten II 4 S. 206 — kann jedoch die Vorlegung im beiderseitigen Einverständnis auch an einer anderen Stelle innerhalb des Zahlungsortes oder eines Nachbarortes erfolgen. Dies Einverständnis kann stillschweigend dadurch zustande kommen, daß der Scheckinhaber der ihm bekannten, von der bezogenen Bank getroffenen Einrichtung gemäß sich sofort an die von der Bank bestimmte Abteilung der Zentrale wendet. RG. im BankA. 24, 443 = Jur. Rundschau, Rechtsprechung 1, 2011 [1516].

β) Form der Erklärung.

Die Erklärung bedarf der Schriftform (§ 126 BGB.) und der Unterschrift; ein Handzeichen im Sinne des § 126 Abs. 1 BGB. würde also selbstverständlich nicht genügen, ebensowenig ein Stempelabdruck.

γ) Stelle der Erklärung.

Das Attest der Zahl 1 muß auf den Scheck selbst geschrieben werden, gleichviel ob auf die Vorderseite oder auf die Rückseite. Die Erklärung auf einer Allonge erscheint unbedingt zulässig, selbst wenn etwa die Allonge nur diese Erklärung enthält und nur zum Zwecke der Aufnahme dieser Erklärung angefügt ist. Die Allonge stellt sich als eine räumliche Verlängerung des Schecks dar. Auch Hoppenstedt, Ein zweites Wort zum Scheckgesetz S. 37, erachtet es als selbstverständlich, daß dieser Vermerk auf eine Allonge geschrieben werden kann. Unrichtig Merzbacher S. 50, 51; zweifelhaft Schiebler S. 44, wohl auch Buff S. 82; richtig Breit, Pflichten S. 41; Simonson S. 97.

δ) Inhalt der Erklärung.

aa) Was muß die Erklärung notwendig enthalten?

Der Bezogene hat zu erklären, daß ihm der Scheck an dem und dem Tage vorgelegt und nicht eingelöst worden sei. Der Tag der Vorlegung ist anzugeben, und zwar bestimmt und eindeutig (Tag, Monat und Jahr); es muß selbstverständlich der wahre Tag der Vorlegung bezeichnet werden. Die bezogene Bank darf nicht etwa aus Entgegenkommen gegen einen Kunden als Vorlegung anerkennen, was eine Vorlegung nicht ist. Hier stehen, wie Breit, Pflichten 42 mit Recht bemerkt, die Rechte dritter Personen in Frage. Tut sie es trotzdem, und zahlt daraufhin der Girant des Schecks, so würde sie ihm schadenersatzpflichtig sein. Jeder deutliche Vermerk, der einwandfrei die Vorlegung, den Tag der Vorlegung und die Nichthonorierung darlegt, genügt. Als ausreichende Erklärung ist schon der Vermerk: „Zahlung verweigert 8. Dez. 1924" anzusehen, da dieser Vermerk auch die Tatsache der Vorlegung zur Zahlung erweist und die Erklärung der Nichtzahlung in sich begreift. Selbst von dem Erfordernis der ausdrücklichen Angabe des Tages der Vorlegung wird man dann absehen können, wenn sich aus dem übrigen Inhalt der Erklärung, z. B. der — an sich nicht erforderlichen, vgl. unten ββ — Datierung der Erklärung in Verbindung mit dem Ausstellungstage des Schecks die Rechtzeitigkeit der Vorlegung zwingend ergibt. RG. 103 S. 44 = JW. 22 S. 165 = Recht 1922 Nr. 129 = BankA. 21 S. 201 und OLG. Hamburg in OLGRspr. 22 S. 246 = HansGZ. 22 S. 66. Ebenso Simonson S. 98. Anderer Ansicht OLG. Köln in HansGZ. 21 S. 669 und OLG. Frankfurt a. M. in JW. 22 S. 1460 und Bernstein in JW. 22 S. 165 und JW. 24 S. 1154. Die Form der Protesterhebung oder eines diese ersetzenden Rechtsinstituts richtet sich nach den Gesetzen des Landes, in dem die Rechtshandlung vorzunehmen ist; RG. JW. 1925 S. 16.

ββ) Was braucht die Erklärung nicht zu enthalten?

Die Erklärung braucht den Grund der Nichthonorierung nicht anzugeben.

Ferner verlangt das Gesetz nicht, daß die Erklärung selbst datiert sei; eine undatierte Erklärung, die den Vorlegungstag angibt, genügt. Hieraus folgt auch, daß die Erklärung selbst auch nachträglich, nach Ablauf der Vorlegungsfrist, auf den Scheck gesetzt werden kann, wenn sich der Bezogene nur nach gewissenhafter Prüfung erinnern oder nach Einsicht seiner Aufzeichnungen feststellen kann, daß ihm der Scheck an einem bestimmten zurückliegenden Tage vorgelegt und nicht honoriert worden ist. RG. 100 S. 138, Simonson S. 97.

γγ) Was für Erklärungen genügen nicht?

Eine Erklärung genügt nicht, die nicht die Vorlegung, den Tag der Vorlegung und die Nichthonorierung angibt. Die Erklärung „Rechtzeitig vorgelegt, aber nicht honoriert" genügt nicht, da sie nicht die drei oben bezeichneten Tatsachen, sondern nur ein Urteil enthält.

Ebensowenig genügt bei einem nach englischem Recht zu beurteilenden Scheck der Vermerk „payment stopped", da dieser weder einer solennen Protesterhebung noch dem sogen. „noting", dem vom Protestbeamten aufgenommenen Vermerk mit dem Datum der Vorlegung (Meyer, Weltscheckrecht 302), entspricht; RG. in JW. 1925 S. 1656.

dd) Was kann die Erklärung nicht enthalten?

Eine Erklärung darüber, daß die Vorlegung vergeblich versucht worden ist, kann das Präsentationsattest nicht enthalten. Der Bezogene kann nur die tatsächliche Vorlegung des Schecks bestätigen, es kann ihm aber weder zugemutet noch überhaupt gestattet werden, in ein Beweisverfahren darüber einzutreten, ob eine Vorlegung innerhalb der Vorlegungsfrist versucht worden ist. Er kann nur auf Grund eigener Wissenschaft eine Erklärung abgeben, nicht aber als Urkundsperson bestätigen, was ihm durch dritte — wenn auch zweifelsfrei — zur Kenntnis gelangt ist. Ist also etwa die Vorlegung eines Schecks am letzten Tage der Frist versucht worden, aber vergeblich (z. B. das Geschäftslokal des Bezogenen war wegen eines staatlich nicht anerkannten Feiertages geschlossen), so kann der Bezogene die im § 16 Ziff. 1 geforderte Bescheinigung nicht mit rechtlicher Wirksamkeit dahin erteilen, daß die Vorlegung vergeblich versucht worden ist. Mit Recht weist Jacusiel, BankA. 7 S. 284 gegen Bernstein, BankA. 7 S. 19 und Breit, Pflichten S. 44 darauf hin, daß die Gleichstellung der Vorlegung mit dem vergeblichen Versuche der Vorlegung für das Attest der Ziff. 1 des § 16 nicht zulässig ist. Jacusiel ist entgegen Bernstein und Breit zutreffend der Ansicht, daß es in diesen Fällen unbedingt des Protestes bedarf. Ebenso Simonson S. 94. Zu beachten ist auch, daß die von der Bescheinigung des Bezogenen handelnde Ziff. 1 des § 16 sich nur auf die Vorlegung, nicht auch auf den Vorlegungsversuch bezieht, da es ausdrücklich im Gesetze heißt: „Eine den Tag der Vorlegung enthaltende Erklärung". Zweifelnd Buff S. 81.

e) Zeit der Erklärung.

Die Erklärung kann vom Tage der Vorlegung ab jederzeit auf den Scheck gesetzt werden — vgl. oben d, ββ S. 195. Es genügt durchaus, wenn der Tag der Vorlegung angegeben ist; das Datum der Ausstellung der Erklärung kann beigefügt werden, braucht aber nicht beigefügt zu werden. Die Gültigkeit der Erklärung wird auch durch die Unrichtigkeit eines nachträglich hinzugefügten Ausstellungsdatums nicht beeinträchtigt. Selbst im Prozeß ist die Beibringung zulässig. RG. 100 S. 138 = JW. 21 S. 29 = Recht 1921 Nr. 371 = BankA. 20 S. 135; vgl. hierzu Breit: „Zu § 16 und zum nobile officium des Gerichts" in JW. 1921 S. 518 und Bendix in HansGZ. 1922 S. 308. Ferner OLG. Hamburg in HansGZ. 22 S. 66 = OLGRspr. 22 S. 246. RG. im Recht 1921 Nr. 289. OLG. Dresden in SächsOLG. 35 S. 438 = BankA. 14 S. 181. KG. in OLGRspr. 35 S. 7. Vgl. ferner Breit in JW. 21 S. 518.

Ein fehlerhaftes Präsentationsattest kann durch nachträgliche Ausstellung eines fehlerfreien geheilt werden.

3. Die Bescheinigung der Abrechnungsstelle (Abs. 1 Nr. 2).

Der Nachweis rechtzeitiger Präsentation kann weiterhin erbracht werden durch eine Bescheinigung der Abrechnungsstelle, daß der Scheck vor dem Ablaufe der Vorlegungsfrist eingeliefert, und nicht eingelöst worden ist. Vgl. hierzu § 12 ScheckG. Von Hoppenstedt 1907 S. 22 und 17 (vgl. auch Centralv. S. 20, aber auch Hoppenstedt, BankA. 5 S. 29) wurde ausgeführt, daß es der Vorschrift des nunmehrigen § 16 Abs. 1 Ziff. 2 nicht bedürfe, da die Lieferung des Schecks nicht an die Abrechnungsstelle, sondern von Firma zu Firma erfolge. Den Abrechnungsstellen der Reichsbank z. B. fehle jeder Belag darüber, ob der Scheck wirklich eingereicht worden sei. Der Belag werde vielmehr vom Vorlegenden dem Bezogenen direkt zugestellt, so daß dieser allein in der Lage sei, zu bemessen, ob der Scheck zur Zahlung vorgelegt war. Alsdann könne aber der Bezogene selbst den Vermerk sofort machen, ohne daß es der Dazwischenkunft des Vorstehers der Abrechnungsstelle bedürfe. Die Gleichstellung der Bescheinigung einer Abrechnungsstelle mit dem Protest wurde jedoch überwiegend gebilligt (vgl. die Literaturangaben bei Cohn S. 92 Note 149) und zwar mit Recht, da der Bezogene nicht verpflichtet ist, seinerseits das Präsentationsattest auszustellen. Weigert sich der Bezogene, die Nichteinlösung auf dem Scheck zu beurkunden, so kann die einliefernde Bank, wenn zur Erhebung des Protestes nicht die nötige Zeit bleibt, den Nachweis der Einreichung nur durch die Bescheinigung der Abrechnungsstelle erbringen.

Welche Organe der Abrechnungsstelle zur Erteilung dieser Bescheinigung befugt sein sollen, wird vom Gesetz nicht gesagt, doch muß, wie Conrad, Handb. S. 208 und Buff S. 83 zutreffend bemerken, der Abrechnungsstellenvorsteher oder ein von ihm beauftragter Beamter als Vertreter der Gesamtheit der Abrechnungsstellenmitglieder als zur Erteilung der Bescheinigung legitimiert erachtet werden. Die Bescheinigung ist zu unterschreiben, auf Verlangen wohl auch mit dem Datum der Erteilung zu versehen. Vgl. Buff S. 83; Merzbacher S. 51.

Die Bescheinigung muß, anders als das Präsentationsattest der Ziff. 1, nicht auf den Scheck selbst gesetzt werden, sie kann vielmehr gesondert von diesem erteilt werden (ebenso Simonson S. 99). Dem Vorsteher der Abrechnungsstelle gegenüber kann die Tatsache der Einlieferung des Schecks in die Abrechnungsstelle durch Vorlage des Einlieferungsverzeichnisses, evtl. des Verzeichnisses der Rückgänge, erbracht werden. Eines besonderen Beweisverfahrens vor dem Vorsteher der Abrechnungsstelle bedarf es in diesen Fällen keinesfalls, die Vorlegung der erwähnten Verzeichnisse wird dem Abrechnungsstellen-Vorsteher zur Erteilung der Bescheinigung genügen müssen. Die Einlieferung in eine Abrechnungsstelle schließt natürlich die Befugnis des Bezogenen, seinerseits das Präsentationsattest auszustellen, nicht aus. Die Bescheinigung braucht den Tag der Einlieferung in die Abrechnungsstelle nicht anzugeben. Es ist ausreichend, wenn bestätigt wird, daß der Scheck vor Ablauf der Vorlegungsfrist bei der Abrechnungsstelle eingeliefert und nicht eingelöst worden ist. Die Bescheinigung kann auch nachträglich ausgestellt werden. Vgl. noch Henschel S. 44; Breit, Pflichten S. 50; Simonson S. 100.

4. Der Protest (Absatz 1 Nr. 3 und Absatz 2).

Der Inhaber kann nach seiner Wahl (vgl. oben II 1 S. 190) das Präsentationsattest bzw. die Bescheinigung der Abrechnungsstelle als Nachweis zur Ausübung des Regresses verwenden; er kann aber auch sich des Beweismittels des förmlichen Protestes bedienen. Eine Protestfrist hat das Gesetz, wie bereits erwähnt, nicht vorgeschrieben. Die Protesterhebung hat daher spätestens am letzten Tage der Vorlegungsfrist zu erfolgen. KG. im BankA. 10 S. 304. Die Begr. bemerkt für diese Regelung, daß zwar bei dem Wechsel nach dem Zahlungstage noch eine besondere Frist von zwei Werktagen für die Vorlegung und Protestierung gewährt sei, daß aber die Aufnahme einer ähnlichen Bestimmung für den Scheckverkehr lediglich einer Verlängerung der Lauffrist gleichkommen würde. Tatsächlich wird vom Protest wenig Gebrauch gemacht, fast nur in dem Falle, daß die Wohnung des Schuldners unbekannt ist (Windprotest).

Gemäß den am 1. Oktober 1908 in Kraft getretenen Vorschriften betreffend die Erleichterung des Wechselprotestes vom 30. Mai 1908 (RGBl. S. 321 ff.) gelten für den Protest folgende Bestimmungen (für Einzelheiten wird auf die Kommentare zur WO. verwiesen):

Art. 87 WO. Die Protestbeamten.

Jeder Protest muß durch einen Notar oder einen Gerichtsbeamten oder einen Postbeamten aufgenommen werden. Der Zuziehung von Zeugen oder eines Protokollführers bedarf es dabei nicht.

a) Die Protestbeamten.

Im Gegensatz zum Wechsel gibt es beim Scheck nur einen Protest mangels Zahlung. Das Gesetz bestimmt, daß der Protest entweder durch einen Notar, Gerichtsbeamten oder durch einen Postbeamten aufgenommen werden muß. Aus dieser Fassung geht hervor, daß die Urkundstätigkeit an den Kreis dieser Personen gebunden ist. Wohl aber können die Landesgesetze bestimmen, welche Arten von Gerichtsbeamten zur Aufnahme von Protesten berufen sind. Die Richter und zwar diejenigen, denen die Erledigung der freiwilligen Gerichtsbarkeit obliegt, sind überall dazu berufen; vgl. Staub-Stranz, Art. 87 Anm. 1. Aber auch die Gerichtsschreiber bei den Amtsgerichten und die Gerichtsvollzieher können in einigen Ländern Proteste vornehmen, so in Preußen, Hessen, Oldenburg usw.; vgl. im übrigen die Ausführungen bei Staub-Stranz Art. 87 Anm. 1—3.

Alle Postbeamten sind zur Aufnahme von Protesten berufen. Nach der für das Reich erlassenen Dienstanweisung, die nach Übernahme der bayrischen und württembergischen Postverwaltung auf das Reich jetzt für das ganze Reich Geltung hat, sind in der Regel Postunterbeamte (Postboten) zu verwenden, nicht dagegen Aushelfer oder Personen ohne Beamteneigenschaft.

b) Grenzen des Postprotestes.

Nach § 3 des Protestgesetzes (siehe unten S. 217) kann der Reichskanzler mit Zustimmung des Bundesrates anordnen, daß die Postverwaltung für bestimmte Fälle, insbesondere mit Rücksicht auf die Art des Protestes oder die Höhe der Wechselsumme, die Protesterhebung nicht übernimmt. Zuständig ist der Reichspostminister; § 2 des Reichspostfinanzgesetzes v. 18. März 1924 — RGBl. I S. 287. Auf Grund dieser Befugnis ist die Bekanntmachung betreffend die Erhebung von Wechsel- und Scheckprotesten durch Postbeamte vom 5. August 1908 (RGBl. S. 482) (unten S. 218) ergangen; vgl. hierzu auch § 18 der Postordnung vom 22. Dez. 1921 (RGBl. S. 609); hiernach übernimmt die Postverwaltung nicht die Ausführung von Protesten a) bei Wechseln und Schecks über 1000 Reichsmark hinaus; vgl. hierzu die Änderungen der Postordnung durch die Verordnungen v. 8. Dez. 1923 und 25. März 1925 sowie Staub-Stranz Art. 87 Anm. 1a; b) in gewissen anderen Fällen des Zahlungsprotestes, gleichviel, welches die Wechselsumme ist. Diese Einschränkung hat die Bedeutung, daß die Post die Ausführung solcher Proteste ablehnen kann und soll. Wird jedoch ein solcher Protest von einem Postbeamten vorgenommen, so wird er nicht in seiner Gültigkeit berührt. Staub-Stranz Art. 87 Anm. 3.

c) Ausschließung der Protestbeamten.

Was die Ausschließungsgründe betrifft, so gelangen in Preußen für Richter, Gerichtsschreiber und Notare die Bestimmungen des § 6 FGG. gemäß Art. 84 des Preußischen FGG. für den Gerichtsvollzieher die des § 156 GVG. gemäß § 76 AG. GVG. zur Anwendung. Für Postbeamte vgl. die oben angeführte Dienstanweisung.

d) Tätigkeit der Protestbeamten.

Die Tätigkeit der Protestbeamten umfaßt:

α) zunächst die Prüfung der Legitimation des Antragstellers. Die Beamten sind sowohl kraft ihrer Amtspflicht als auch vermöge des mit dem Auftraggeber geschlossenen Dienstvertrages verpflichtet, vor der Annahme des Auftrages zu prüfen, ob der Scheck dem Auftraggeber als den zur Protesterhebung legitimierten Gläubiger aufweist. RG. JW. 1906 S. 467; KG. DJZ. 1910 S. 641. Der Beamte ist ferner verpflichtet, den Antragsteller zur Herstellung der Legitimation (durch Durchstreichen entgegenstehender Indossamente) zu veranlassen,

β) die Protesthandlung, und

γ) die Beurkundung selbst, in der er seine Handlung urkundlich feststellt. Seine Feststellungen genießen öffentlichen Glauben. Doch ist Gegenbeweis zulässig; vgl. Staub-Stranz Art. 87 Anm. 18. Über die Form des Protestes s. Art. 88a, 88b, 90 Abs. 2 und 3.

e) Haftung für Verschulden der Protestbeamten.

Die Haftung für Verschulden der Protestbeamten ergibt sich aus dem Gesichtspunkt des Vertrages (§ 675 BGB.) oder unerlaubter Handlung (§ 839) je nach dem die eine oder die andere Verantwortung die schwerere ist. Über die Haftung des Staates für den durch eine unrichtige Protesterhebung eines Gerichtsvollziehers entstandenen Schaden vgl. RG. BankA. 15 S. 264; s. auch RG. 86 S. 286 = JW. 15 S. 511; vgl. auch Staub-Stranz Art. 87 Anm. 13.

Die Postverwaltung dagegen haftet nach § 4 des Gesetzes betreffend Erleichterung des Wechselprotestes dem Auftraggeber für die ordnungsmäßige Ausführung des Protestauftrages nach den allgemeinen Vorschriften des bürgerlichen Rechtes über die Haftung eines Schuldners für die Erfüllung seiner Verbindlichkeit. Der Post als solcher ist der Auftrag zur Erhebung des Protestes erteilt. Hieraus folgt, daß die Postverwaltung ihr und ihrer Angestellten Verschulden gemäß §§ 276, 278 BGB. zu vertreten hat. Die Haftung für ein Verschulden ihrer Angestellten ergibt sich auch weiter aus der Sondervorschrift des § 664 Abs. 1 Satz 3, der in § 675 BGB. mitzitiert ist.

Der Umfang der Haftung ist gemäß § 4 Abs. 1 Satz 2 des Gesetzes bei der Postverwaltung im Gegensatz zu der Haftung der als Protestbeamten tätigen Gerichtsbeamten und Notare auf den Betrag des wechselmäßigen Regreßanspruches als Höchstbetrag beschränkt. Entgangener Gewinn wird also von der Postverwaltung nicht ersetzt. Weiter haftet die Post nicht für die ordnungsmäßige und rechtzeitige Beförderung und Rückbeförderung von Wechsel und Protest (§ 14 PostG.). Staub-Stranz Art. 87 Anm. 13.

Da es an einem Vertragsverhältnis zwischen dem den Protest ausführenden Postbeamten und dem Auftraggeber fehlt, haftet der Postbeamte lediglich aus dem Gesichtspunkt der unerlaubten Handlung (§ 839 BGB.). Die Haftung trifft nach dem Gesetz vom 22. Mai 1910 an Stelle des Beamten das Reich.

f) Kosten des Protestes.

Die Kosten des Protestes sind von dem Scheckschuldner zu tragen und zwar die Kosten des Protestbeamten, den der Gläudiger gewählt hat. Der Schuldner ist aber zu dem Einwand berechtigt, daß die durch die Beauftragung eines Notars anstatt eines Gerichtsvollziehers entstandenen erhöhten Kosten unter Umständen mutwillig oder schikanös verursacht seien. KG. OLGRspr. 14 S. 412. Staub-Stranz Art. 87 Anm. 19.

Art. 88 WO. Inhalt des Protestes.

(1) In den Protest ist aufzunehmen:
1. der Name oder die Firma der Personen, für welche und gegen welche der Protest erhoben wird;
2. die Angabe, daß die Personen, gegen welche protestiert wird, ohne Erfolg zur Vornahme der wechselrechtlichen Leistung aufgefordert worden oder nicht anzutreffen gewesen sind, oder daß ihr Geschäftslokal oder ihre Wohnung sich nicht hat ermitteln lassen;
3. die Angabe des Ortes sowie des Kalendertages, Monats und Jahres, an welchem die Aufforderung (Nr. 2) geschehen oder ohne Erfolg versucht worden ist;
4. im Falle einer Ehrenannahme oder einer Ehrenzahlung die Erwähnung, von wem, für wen und wie sie angeboten oder geleistet wird.

(2) Der Protest ist von dem Protestbeamten zu unterzeichnen und mit dem Amtssiegel oder dem Amtsstempel zu versehen.

a) Charakter der Vorschrift.

Die wichtigste Änderung gegenüber den alten Bestimmungen ist die Änderung in den Anfangsworten: „Ist" statt „Muß" und die Weglassung der alten Nr. 1. Wenn auch der Art. 88 in seiner ursprünglichen Fassung lautete: „Der Protest muß enthalten......", so ist er doch stets dahin ausgelegt worden, daß das Fehlen oder die Mangelhaftigkeit des einen oder des anderen Erfordernisses nicht unbedingt und in allen Fällen die Nichtigkeit des Protestes zur Folge habe, daß vielmehr in jedem einzelnen Falle zu prüfen sei, ob ein vorhandener Mangel so erheblich ist, daß er den Zweck und das Wesen des Protestes beeinträchtigt (RG. 68 S. 428). Um die Richtigkeit dieser Auslegung außer Zweifel zu stellen, „um zu vermeiden, daß in Zukunft etwa mit Rücksicht auf die neuere Gesetzessprache eine strengere Auslegung Platz greift" (Begr. zu dem Entwurf eines Ges., betr. die Erleichterung des Wechselprotestes S. 11) ist die Eingangsformel dahin gefaßt worden: „In dem Protest ist aufzunehmen". — Demnach hat ein Verstoß des Protestbeamten gegen die Formvorschriften des obigen Artikels nicht die Unwirksamkeit des Protestes zur Folge, sofern die Protesturkunde in Verbindung mit dem Scheck die richtige Vornahme des Protestes nicht zweifelhaft läßt. RG. JW. 1910 S. 949 = BankA. 10 S. 140; vgl. auch RG. 100 S. 229.

Das Erfordernis der Nr. 1 des Art. 88 der alten Fassung, wonach der Protest eine wörtliche Abschrift des Wechsels oder

der Kopie und alle darauf befindlichen Indossamente und Bemerkungen enthalten mußte, ist mit Rücksicht auf die Umständlichkeit des Verfahrens fallen gelassen. Die neue Fassung wählt den Weg der äußeren Verbindung des Protestes mit dem Wechsel. Die Formalerfordernisse über die Stelle, auf welche die Protesturkunde zu setzen ist, behandeln die Art. 88a und b.

Im einzelnen ist noch anzuführen:

b) Zu Nr. 1.

Die Vorschrift hat den Zweck festzustellen, ob der Scheck im Namen der nach Art. 36 gehörig legitimierten Personen zur Zahlung präsentiert worden ist (ist der Protesterheber nach Art. 36 WO. nicht legitimiert, so ist der Protest ungültig) und ferner, ob gegen die richtige Person protestiert ist. „Hierbei soll eine Überspannung der förmlichen Erfordernisse nach Möglichkeit vermieden werden. Es soll z. B. genügen, daß kein Zweifel daran besteht, daß der Protest gegen die Firma erhoben worden ist, obwohl nicht die Firma, sondern nur der Name des Geschäftsführers einer GmbH. im Protest angegeben ist." RG. 100 S. 227. Vgl. Simonson S. 101.

c) Zu Nr. 2.

Anders als bei Nr. 1 ist hier unter dem Protestaten diejenige physische Person zu verstehen, die der Inhaber der betreffenden Firma oder der gesetzliche Vertreter dieses Inhabers ist. OLG. im Recht 1909 Nr. 746. Es genügt aber zur Gültigkeit eines Scheckprotestes, auch wenn der Protestat von mehreren Personen nur in Gemeinschaft vertreten wird, wenn das für die Protesterhebung notwendige Zahlungsbegehren nur an einen Vertreter gerichtet wird. Diese Rechtsauffassung beruht auf der Erwägung, daß es sich hierbei nur um eine Willenserklärung handelt, die gegenüber dem Protestaten abzugeben ist, daß eine solche aber auch im Falle der Gesamtvertretung nach den Vorschriften des § 171 Abs. 3 ZPO., § 28 Abs. 2 BGB., §§ 125 Abs. 2 Satz 3, 150 Abs. 2 Satz 2, 232 Abs. 1 Satz 3 HGB., § 35 Abs. 2 Satz 3 GmbH. zugrunde liegenden Rechtsgedanken auch gegenüber nur einem von den mehreren Gesamtvertretern wirksam erfolgen kann. RG. 100 S. 141 = JW. 21 S. 29.

Eine sachliche Vereinfachung hat die bisherige Nr. 3 des Art. 88 erfahren. Danach ist es nicht mehr erforderlich, in den Protest die Antwort der Person, gegen welche protestiert wird, aufzunehmen, es genügt die Aufgabe, daß die bezeichnete Person ohne Erfolg zur Vornahme der scheckrechtlichen Leistung aufgefordert oder nicht anzutreffen ist. Der Inhalt der Antwort ist für die rechtliche Wirkung des Protestes ohne Bedeutung.

Trifft der Protestbeamte den Protestaten nicht an, und sieht er sich auch nicht veranlaßt, mit einem Vertreter desselben zu verhandeln, so kann er sich entfernen, ebenso, wenn er die Räume nicht offen findet. Er registriert dann diese Feststellung (Wandprotest). Findet er die Räume überhaupt nicht, so hat er noch geeignete Ermittelungen gemäß den Vorschriften des Art. 91 WO. nach ihnen anzustellen und in den Protest aufzunehmen, daß er Geschäftslokal und Wohnung nicht habe ermitteln können (Windprotestes). Staub-Stranz Art. 88 Anm. 39 und 42.

d) Zu Nr. 3.

Ort bedeutet hier die Ortschaft (RG. 85 S. 301 und im Recht 14 Nr. 2935), nicht die Lokalität innerhalb der Ortschaft; von dieser handelt Art. 91.

Die Angabe des Datums soll erkennen lassen, daß der Protest rechtzeitig innerhalb der Vorlegungsfrist des § 11 erfolgt ist. Nicht notwendig ist die Angabe der Proteststunde.

e) Zu Absatz 2.

Die Vorschrift des Abs. 2 stimmt sachlich mit der bisherigen Nr. 6 des Art. 88 überein. Neben dem Siegel ist zur Vermeidung von Zweifeln der Stempel besonders genannt, weil das Reichsgesetz über die Angelegenheiten der freiwilligen Gerichtsbarkeit und die Grundbuchordnung zwischen Siegel und Stempel unterscheiden. Die Beifügung des Siegels oder Stempels braucht nicht in unmittelbarem Anschluß an die Unterzeichnung des Protestes zu erfolgen. Auch ist es nicht erforderlich, daß der Protestbeamte ein eigenes Siegel oder einen eigenen Stempel hat; insbesondere genügt bei Postprotesten die Beifügung des Amtssiegels oder Stempels der Postanstalt.

Art. 88a WO. Stelle des Protestes.

(1) Der Protest mangels Zahlung ist auf den Wechsel oder ein mit dem Wechsel zu verbindendes Blatt zu setzen.

(2) Der Protest soll unmittelbar hinter den letzten auf der Rückseite des Wechsels befindlichen Vermerk, in Ermangelung eines solchen unmittelbar an einen Rand der Rückseite gesetzt werden.

(3) Wird der Protest auf ein Blatt gesetzt, das mit dem Wechsel verbunden wird, so soll die Verbindungsstelle mit dem Amtssiegel oder dem Amtsstempel versehen werden. Ist dies geschehen, so braucht der Unterschrift des Protestbeamten ein Siegel oder Stempel nicht beigefügt zu werden.

(4) Wird der Protest unter Vorlegung mehrerer Exemplare desselben Wechsels (oder unter Vorlegung des Originals und einer Kopie) erhoben, so genügt die Beurkundung auf einem der Exemplare (oder auf dem Originalwechsel). Auf den anderen Exemplaren (oder auf der Kopie) ist zu vermerken, daß sich der Protest mangels Zahlung auf dem ersten Exemplar (oder auf dem Originalwechsel) befindet. Auf den Vermerk finden die Vorschriften des Abs. 2 und des Abs. 3 Satz 1

entsprechende Anwendung. Der Protestbeamte hat den Vermerk zu unterzeichnen.

Solange der Protest gemäß Art. 88 alter Fassung eine wörtliche Abschrift des Wechsels mit allen Indossamenten enthalten mußte, war die Legitimation des Protestanten zum Proteste aus der Abschrift zu ersehen, wenn auch der Wechsel nachträglich Veränderungen erfahren hatte. Daß durch die Beseitigung dieser Vorschrift und zwar durch die Indossamente, die nach der Protesterhebung unmittelbar an das den Protestanten legitimierende Indossament angefügt werden, dessen Legitimation verdunkelt werde, wird in der Begr. S. 25—27 nicht verkannt. Als Schutz hiergegen ist die Beweislast dem Schuldner aufzubürden, wenn er den Einwand erhebt, daß Indossamente, die dem den Protestanten legitimierenden Indossament nachfolgen, aber ausgestrichen sind, zurzeit der Protesterhebung vorhanden und noch nicht ausgestrichen gewesen seien RG. 47, 67; KG. OLGRspr. = DJZ. 1909 S. 325 = BankA. 8 S. 209; s. auch Schlotter, Die Nachteile der Proteste neuer Fassung im Wechsel und Scheckrecht in DJZ. 1908 S. 1270/71 und 1909 S. 246 f.; und ferner Mampe, BankA. 8 S. 339 ff.

Die Vorschrift des Art. 88a Abs. 2 ist übrigens nur instruktioneller Natur. Das gleiche gilt von der Bestimmung des Abs. 3 demzufolge der Protestbeamte, wenn er den Protest auf ein mit dem Wechsel verbundenes Blatt setzt, die Verbindungsstelle mit dem Amtssiegel oder dem Amtsstempel versehen soll. Vgl. im einzelnen Staub-Stranz Art. 88a Anm. 1—5.

Auch für den Protest unter Vorlegung mehrerer Exemplare desselben Schecks kommt die vereinfachte Form der Protestbeurkundung zur Anwendung; die Protesturkunde ist auf das eine Scheckexemplar zu setzen, zugleich aber ist auf dem anderen Exemplar zu bemerken, daß sich der Protest auf dem ersten Exemplar befindet. Die Aufnahme einer Abschrift der einen oder anderen Urkunde in den Protest ist bei einer solchen Regelung entbehrlich. Der Protestbeamte hat selbstverständlich in dem Protest hervorzuheben, daß er mehrere Scheckexemplare vorgelegt hat. Die Identität des vorgelegten zweiten Exemplares wird dann durch den Vermerk sichergestellt.

Art. 89a WO. Angebot der Zahlung an den Protestbeamten.

Die Wechselzahlung kann an den Protestbeamten erfolgen. Die Befugnis des Protestbeamten zur Annahme der Zahlung kann nicht ausgeschlossen werden.

Der Protestbeamte ist berechtigt und verpflichtet, die ihm von dem Protestaten angebotene Geldzahlung anzunehmen. Nach der Terminologie der Gesetzessprache bedeutet „kann", daß die Behörde das, was sie tun kann, auch zu tun hat. Zur Vermeidung von Zweifeln ist noch besonders hervorgehoben, das die Befugnis des Protestbeamten zur Zahlungsannahme nicht ausgeschlossen werden kann. Ist der Scheck nicht schon vom Gläubiger quittiert, so hat, wenn der Schuldner zahlt, der Protestbeamte die Quittung auszustellen. Will der Schuldner eine Teilzahlung leisten, so kann er auch diese an den Protestbeamten bewirken.

Art. 90 WO. Berichtigungen. Aufbewahrung einer Abschrift.

(1) Schreibfehler, Auslassungen und sonstige Mängel der Protesturkunde können bis zur Aushändigung der Urkunde an die Personen, für welche der Protest erhoben ist, von den Protestbeamten berichtigt werden. Die Berichtignug ist als solche unter Beifügung der Unterschrift kenntlich zu machen.

(2) Von dem Protest ist eine beglaubigte Abschrift zurückzubehalten. Über den Inhalt des Wechsels (oder der Kopie) ist ein Vermerk aufzunehmen. Der Vermerk hat zu enthalten:

1. den Betrag des Wechsels;
2. die Zahlungszeit;
3. den Ort den Monatstrag, und das Jahr der Ausstellung;
4. die Namen des Ausstellers, des Remittenten und des Bezogenen;
5. falls eine vom Bezogenen verschiedene Person angegeben ist, durch welche die Zahlung erfolgen soll, den Namen dieser Person (sowie die Namen der etwaigen Notadressen und Ehrenakzeptanten).

(3) Die Abschriften und Vermerke sind geordnet aufzubewahren.

Allgemeine Verfügung des Preußischen Justizministers vom 16. September 1908 betr. den Wechsel- und Scheckprotest.

(JMBl. S. 339.)

Aus Anlaß des Gesetzes, betreffend die Erleichterung des Wechselprotestes vom 30. Mai 1908 (RGBl. S. 321) und des Scheckgesetzes vom 11. März 1908 (RGBl. S. 71) wird mit Wirkung vom 1. Oktober 1908 ab folgendes bestimmt:

§ 2b.

Wechsel- und Scheckprotest.

(1) Die bei Aufnahme von Wechsel- und Scheckprotesten zurückbehaltenen beglaubigten Abschriften der Protesturkunden und die über den Inhalt des Wechsels, der Wechselkopie oder des Schecks aufgenommenen Vermerke sind mit den zugehörigen Kostenrechnungen nach der zeitlichen Reihenfolge geordnet in Sammelakten einzuheften. Die Protestabschriften sind innerhalb eines jeden Bandes der Sammelakten mit

fortlaufenden Nummern zu versehen. Die Protestabschriften und die Vermerke sind tunlichst auf dasselbe Blatt zu setzen.

(²) Jeder Anzeige wegen Zuwiderhandlung gegen die Stempelpflicht (§ 21 des Gesetzes über die Wechselstempelsteuer vom 10. Juni 1869[1])) ist eine Abschrift des Wechsels oder des Schecks sowie aller darauf befindlichen Indossamente und Bemerkungen beizufügen.

a) Berichtigungen.

Soweit der Protest Solennitätsakt ist, erschien es notwendig, eine Zeitgrenze zu ziehen, bis zu der eine Berichtigung von wesentlichen Schreibfehlern, Auslassungen und sonstigen Mängeln zulässig ist. Abweichend von dem früheren Rechte, wonach der Protest innerhalb der Protestfrist fertiggestellt sein mußte, ist nunmehr aus praktischen Erwägungen bestimmt, daß bis zur Aushändigung der Protesturkunde an die Person, für welche der Protest erhoben ist, die Berichtigung möglich ist. Durch diese Vorschrift wird namentlich die Möglichkeit gegeben, daß die von dem Postbeamten aufgenommenen Protesturkunden einer wirksamen Kontrolle durch die vorgesetzten Beamten unterzogen werden. Die Berichtigung ist aber als solche unter Beifügung der Unterschrift kenntlich zu machen. Nicht erforderlich ist die Hinzufügung des Datums.

b) Aufbewahrung einer Abschrift.

Die im Art. 90 alter Fassung vorgeschriebene Eintragung der Proteste in ein Protestregister führte in den Fällen, in denen ein Protestbeamter eine größere Zahl von Protesten an demselben Tage aufnimmt, zu Schwierigkeiten; namentlich konnte sie zur Folge haben, daß die Aushändigung der Protesturkunden eine Verzögerung erlitt. Deshalb ist bestimmt, daß eine Abschrift der aufgenommenen Proteste zurückzubehalten ist, und daß die Abschriften geordnet aufzubewahren sind. Zugleich ist, da die Proteste eine Abschrift des Wechsels nicht mehr enthalten, den Protestbeamten die Verpflichtung auferlegt, einen Vermerk über den Inhalt des Wechsels zurückzubehalten.

Art. 91 WO. Lokal, in dem zu präsentieren ist.

(¹) Die Präsentation zur (Annahme oder) Zahlung, die Protesterhebung, die Anforderung eines Wechselduplikates, sowie alle sonstigen bei einer bestimmten Person vorzunehmenden Akte müssen in deren Geschäftslokal und in Ermangelung eines solchen in deren Wohnung vorgenommen werden. An einer anderen Stelle, z. B. an der Börse, kann dies nur mit beiderseitigem Einverständnis geschehen.

(²) Ist in dem Proteste vermerkt, daß sich das Geschäftslokal oder die Wohnung nicht hat ermitteln lassen, so ist der Protest nicht deshalb ungültig, weil die Ermittlung möglich war.

[1]) Jetzt §§ 21 ff. des Wechselsteuergesetzes vom 10. August 1923 (unten XI S. 329).

(3) Die Verantwortlichkeit des Protestbeamten, der es unterläßt, geeignete Ermittlungen anzustellen, wird durch die Vorschrift des Abs. 2 nicht berührt. Ist eine Nachfrage bei der Polizeibehörde des Ortes ohne Erfolg geblieben, so ist der Protestbeamte zu weiteren Nachforschungen nicht verpflichtet.

Art. 91 schreibt vor, in welcher Lokalität innerhalb der Ortschaft die scheckrechtlichen Handlungen, insbesondere die Präsentation zu erfolgen haben. Durch die Novelle vom 30. Mai 1908 ist die Nachforschungspflicht des Protestbeamten zweckmäßiger gestaltet worden, insofern er nicht mehr unter allen Umständen bei der Polizeibehörde anfragen muß. Er genügt vielmehr seiner Pflicht durch das Anstellen von geeigneten Ermittlungen. Eine Erschwerung der Lage des Protestbeamten darf dies jedoch nicht zur Folge haben. Deshalb ist bestimmt, daß der Protestbeamte zu weiteren Nachforschungen nicht verpflichtet ist, wenn eine Anfrage bei der Polizeibehörde des Ortes keinen Erfolg gehabt hat. Daß er diese Nachfrage persönlich vornimmt, ist nicht erforderlich. Ferner ist durch die Vorschrift des Abs. 2 einem bestimmten Vermerk, wenn er in die Urkunde aufgenommen wird, eine Wirkung verliehen, die seine Bedeutung über die eines durch Gegenbeweis widerlegbaren Zeugnisses hinaushebt. Ist in dem Proteste angegeben, daß das Geschäftslokal oder die Wohnung nicht ermittelt werden konnte, so soll der Protest nicht deshalb ungültig sein, weil die Ermittlung möglich war. Wie schon der Wortlaut dieser Vorschrift („oder" die Wohnung) ergibt, gilt sie nicht nur für den Windprotest, wenn also gar keine Räumlichkeit aufgefunden wird, sondern auch für den Abwesenheitsprotest, wenn die Urkunde lautet, ein Geschäftslokal sei nicht zu ermitteln gewesen, in der Wohnung habe sich der Protestat nicht antreffen lassen. Damit sind aber die Neuerungen der Novelle erschöpft und es verbleibt bei den Bestimmungen der alten Fassung. So ist der Protest gegen einen im Wechsel als „Fabrikbesitzer" bezeichneten Bezogenen unwirksam, wenn die Protesturkunde ergibt, daß die Protestaufnahme in der Wohnung des Bezogenen erfolgt ist, ohne eine Angabe darüber zu enthalten, daß ein Geschäftslokal nicht ermittelt werden konnte. Dies gilt auch dann, wenn in der Wechseladresse die Wohnung des Bezogenen seinem Namen beigefügt war und der Regreßnehmer nachzuweisen vermag, daß der Bezogene ein Geschäftslokal gar nicht besaß. RG. 85 S. 292 = BankA. 14 S. 86.

Im einzelnen ist noch hervorzuheben: die Vorschrift des Art. 91 regelt nicht nur die amtliche Tätigkeit des Protestbeamten, sondern auch die private Präsentation durch den Gläubiger, für den auch die Verpflichtung zum Anstellen von geeigneten Ermittlungen besteht. Es genügt daher, wenn die Präsentation in den Geschäftslokalen bzw. in der Wohnung des Schuldners versucht wurde: der Schuldner kann dieselbe nicht dadurch vereiteln, daß er sich am bezeichneten Orte nicht antreffen läßt. KG. OLGRspr. 18 S. 89.

Gegen einen Verstorbenen kann in der Sterbewoche protestiert werden; das Aufsuchen des Sterbehauses genügt; die Ermittlung der Erben ist nicht erforderlich. RG. 58, 48. Doch ist ein Protest gegen die Erben nicht unzulässig. Ebenso Staub-Stranz WO. Art. 88 Anm. 18.

Die Präsentation eines Schecks wird durch die Zustellung der Scheckklage nicht ersetzt. (Vgl. auch OLG. Hamburg. OLGRspr. 18 S. 87).

Die Protesturkunde braucht nur den Ort der Protesterhebung, das heißt die Ortschaft, die politische Gemeinde, nicht die Örtlichkeit innerhalb der Ortschaft, anzugeben. RG. 85 S. 301 = BankA. 14 S. 68.

Art. 91a WO. Benachbarte Orte.

(1) Eine in dem Geschäftslokal oder in der Wohnung eines Beteiligten vorgenommene Handlung ist auch dann gültig, wenn an Stelle des Ortes, in welchem das Geschäftslokal oder die Wohnung liegt, ein benachbarter Ort in dem Wechsel angegeben ist. Mit beiderseitigem Einverständnisse können auch in anderen Fällen die bei einem Beteiligten vorzunehmenden Handlungen an einem Orte erfolgen, der dem im Wechsel angegebenen Orte benachbart ist.

(2) Welche Orte im Sinne dieser Vorschrift als benachbarte anzusehen sind, bestimmt der Reichsrat; die Bestimmung ist im Reichs-Gesetzblatte bekanntzumachen.

Mit dieser Vorschrift tritt das Gesetz den Mißständen entgegen, die sich für die Protesterhebung daraus ergaben, daß im Verkehr benachbarte Gemeinden vielfach als ein Ort angesehen werden. Danach ist die Präsentation zur Zahlung und die Protesterhebung nicht nur an dem im Scheck angegebenen Zahlungsorte, sondern auch an einem Nachbarorte statthaft, wenn sie dort in den für die Vorlegung bestimmten Räumlichkeiten des Bezogenen erfolgt, also in seinem Geschäftslokal event. in seiner Wohnung, oder wenn sie zwar an einer anderen Stelle im Nachbarorte geschieht, aber im Einverständnis zwischen Protestanten und Protestaten. Das „beiderseitige Einverständnis" muß aber bei der Protesthandlung selbst, und zwar durch Einlassung des Protestaten, stattgefunden haben. RG. 98 S. 106. Auf Grund des Art. 91 Abs. 2 der Wechselordnung, des § 16 Abs. 2 und des § 30 Abs. 2 des Scheckgesetzes ist ergangen die

Zweite Verordnung über benachbarte Orte im Wechsel- und Scheckverkehr. Vom 23. August 1924.

(RGBl. I S. 687.)

Auf Grund des Artikel 91a Abs. 2 der Wechselordnung (Reichsgesetzbl. 1908 S. 327), des § 16 Abs. 2 und des § 30 Abs. 2 des Scheckgesetzes (Reichsgesetzbl. 1908 S. 71) verordnet die Reichsregierung mit Zustimmung des Reichsrats:

Artikel I

Die in dem nachstehenden Verzeichnis unter einer Nummer aufgeführten Orte sind als benachbart im Sinne der Vorschriften des Artikel 91a Abs. 1 der Wechselordnung sowie die § 16 Abs. 2 und des § 30 Abs. 2 des Scheckgesetzes anzusehen.

Artikel II

Diese Verordnung tritt am 1. September 1924 in Kraft. Gleichzeitig tritt die Bekanntmachung, betreffend benachbarte Orte im Wechsel- und Scheckverkehre, vom 9. Januar 1909 (Reichsgesetzbl. S. 249) außer Kraft.

Berlin, den 23. August 1924.

Der Reichsminister der Justiz
In Vertretung
Dr. Joël.

Verzeichnis der benachbarten Orte.

Preußen

Provinz Ostpreußen

1. Königsberg, Landgemeinden Königsberg-Amalienau, Königsberg-Kalthof, Königsberg-Maraunenhof, Königsberg-Ratshof.
2. Heiligenbeil, Landgemeinde Rosenberg.
3. Elbing, Landgemeinde Lärchwalde.
4. Marienwerder (Stadt), Landgemeinden Liebenthal, Mareese, Marienau, Schäferei, Gutsbezirk Gorken.
5. Garnsee, Landgemeinde Garnseedorf.

Provinz Brandenburg[1])

6. Brandenburg, Landgemeinde Dom. Brandenburg, Gutsbezirk Burg Brandenburg.
7. Frankfurt a. d. Oder, Landgemeinde Tzschetzschnow.
8. Jüterbog, Landgemeinden Damm, Neumarkt.

---

[1]) Am 1. Oktober 1920 trat das Gesetz über die Bildung einer neuen Stadtgemenide Berlin vom 27. April 1920 (GS. S. 123) in Kraft. Diese umfaßt:

9. Potsdam (Stadt), Landgemeinde Nowawes.
10. Sorau (Stadt), Landgemeinde Seifersdorf.

Provinz Pommern

11. Stettin, Landgemeinden Frauendorf, Pommerensdorf, Scheune, Züllchow.

Provinz Niederschlesien

12. Landgemeinden Blumenau (Ober Tannhausen) Erlenbusch (Nieder Tannhausen), Tannhausen (Mittel Tannhausen), Gutsbezirk Tannhausen (sämtlich Kreis Waldenburg).
13. Breslau, Landgemeinden Bischofswalde, Brockau, Carlowitz, Klein Gandau, Grüneiche, Hartlieb, Klettendorf, Kosel, Krietern, Groß- und Klein-Mochbern, Oltaschin, Opperau, Oswitz, Pilsnitz, Rosenthal, Schwoitsch, Groß- und Klein-Tschansch, Woischwitz, Zedlitz, Gutsbezirke Pirscham, Wilhelmsruh, Zimpel.
14. Landgemeinden Donnerau, Neu Wüstegiersdorf, Wüstegiersdorf, Ober Wüstegiersdorf.

---

die Stadtgemeinden:

1. Berlin,
2. Charlottenburg,
3. Cöpenick,
4. Lichtenberg=Berlin,
5. Neukölln,
6. Berlin=Schöneberg,
7. Spandau,
8. Berlin=Wilmersdorf,

die Landgemeinden:

1. Adlershof,
2. Alt Glienicke,
3. Biesdorf,
4. Blankenburg,
5. Blankenfelde,
6. Bohnsdorf,
7. Berlin=Britz,
8. Buch,
9. Berlin=Buchholz,
10. Buckow,
11. Cladow,
12. Falkenberg,
13. Berlin=Friedenau,
14. Berlin=Friedrichsfelde,
15. Friedrichshagen,
16. Gatow,
17. Grünau,
18. Berlin=Grunewald,
19. Heiligensee,
20. Berlin=Heinersdorf,
21. Hermsdorf bei Berlin,
22. Berlin=Hohenschönhausen,
23. Berlin=Johannisthal,
24. Karow,
25. Kaulsdorf,
26. Berlin=Lankwitz,
27. Lichtenrade,
28. Berlin=Lichterfelde,
29. Lübars,
30. Mahlsdorf,
31. Malchow,
32. Berlin=Mariendorf,
33. Berlin=Marienfelde,
34. Marzahn,
35. Müggelheim,
36. Berlin=Niederschöneweide,
37. Berlin=Niederschönhausen,
38. Nikolassee,
39. Berlin=Oberschöneweide,
40. Berlin=Pankow,
41. Pichelsdorf,
42. Rahnsdorf,
43. Berlin=Reinickendorf,
44. Berlin=Rosenthal,
45. Rudow,

15. Landgemeinden Fellhammer, Nieder Hermsdorf (Kreis Waldenburg).
16. Freiburg i. Schlesien, Landgemeinde Polsnitz (Kreis Waldenburg).
17. Friedland (Kreis Waldenburg), Landgemeinde Schmidtsdorf.
18. Glogau, Landgemeinden Rauschwitz, Zarkau.
19. Landgemeinde Gnadenfrei, Amtsbezirke Mittel Peilau, Nieder Peilau, Schlössel, Ober Peilau I, Ober Peilau II.
20. Landgemeinden Gompersdorf, Schreckendorf, Seitenberg, Gutsbezirk Seitenberg.
21. Landeshut (Stadt), Landgemeinde Ober Leppersdorf.
22. Neusalz a. d. Oder, Landgemeinden Alttschau, Kusser.
23. Landgemeinden Peterswaldau (Kreis Reichenbach), Steinkunzendorf, Gutsbezirke Peterswaldau (Kreis Reichenbach), Steinkunzendorf.
24. Reichenbach, Landgemeinde und Gutsbezirk Neudorf (Kreis Reichenbach).
25. Sagan, Landgemeinden Eckersdorf, Machenau.
26. Landgemeinden Ober Salzbrunn, Weißstein.
27. Schweidnitz, Landgemeinden Croischwitz (Kreis Schweidnitz).

---

46. Berlin-Schmargendorf,
47. Schmöckwitz,
48. Staaken,
49. Berlin-Steglitz,
50. Berlin-Stralau,
51. Berlin-Tegel,
52. Berlin-Tempelhof,
53. Tiefwerder,
54. Berlin-Treptow
55. Wannsee,
56. Wartenberg,
57. Berlin-Weißensee,
58. Berlin-Wilmersdorf,
59. Zehlendorf,

und die Gutsbezirke:

1. Berlin-Schloß,
2. Biesdorf,
3. Blankenburg,
4. Blankenfelde,
5. Buch,
6. Cöpenick-Forst,
7. Berlin-Dahlem,
8. Falkenberg,
9. Frohnau,
10. Grünau-Dahmer-Forst,
11. Grunewald-Forst,
12. Heerstraße,
13. Hellerdorf mit Wuhlgarten,
14. Klein Glienicke-Forst,
15. Malchow,
16. Niederschönhausen mit Schönholz,
17. Pfaueninsel,
18. Pichelswerder,
19. Plötzensee,
20. Potsdamer Forst, nördlicher Teil bis zum Griebnitzsee und Kohlhasenbrück,
21. Berlin-Rosenthal,
22. Spandau-Zitadelle,
23. Jungfernheide,
24. Tegel-Forst-Nord,
25. Tegel-Schloß,
26. Wartenberg,
27. Wuhlheide,

Der gesamte Bezirk vorstehender Ortschaften bildet seit dem 1. Oktober 1920 eine einzige politische Gemeinde.

28. Striegau, Landgemeinde Gräben (Kreis Striegau).
29. Waldenburg, Landgemeinde Ober Waldenburg.

Provinz Oberschlesien

30. Beuthen i. Oberschlesien, Landgemeinde und Gutsbezirk Roßberg.
31. Hindenburg, Landgemeinde Zaborze.
32. Oppeln, Landgemeinde und Gutsbezirk Kgl. Neudorf.
33. Ratibor (Stadt), Landgemeinde Ostrog.

Provinz Sachsen

34. Landgemeinden Althaldensleben, Neuhaldensleben.
35. Elsterwerda, Landgemeinde Biehla.
36. Groß Salze, Schönebeck, Landgemeinde Frohse.
37. Halberstadt, Landgemeinde Wehrstedt (Landkreis Halberstadt).
38. Halle a. d. Saale, Landgemeinden Böllberg, Büschdorf, Burg bei Reideburg, Diemitz, Kapellenende, Krondorf, Reideburg. Schönnewitz, Gutsbezirk Sagisdorf.
39. Herzberg (Elster), Landgemeinde Alt Herzberg.
40. Magdeburg, Landgemeinden Barleben, Biederitz, Diesdorf (Kreis Wanzleben), Heyrothsberge, Olvenstedt, Groß Ottersleben.
41. Naumburg, Landgemeinde Altenburg.
42. Nordhausen, Landgemeinde Salza.
43. Staßfurt, Landgemeinde Leopoldshall (Anhalt).
44. Landgemeinde Stützerbach (Preußen), Landgemeinde Stützerbach (Thüringen).
45. Landgemeinde Suderode (Kreis Aschersleben), Gernrode (Anhalt).
46. Wernigerode, Landgemeinde Nöschenrode, Gutsbezirk Schloß Wernigerode.
47. Wittenberg, Landgemeinden Kleinwittenberg, Piesteritz.
48. Zeitz, Landgemeinden Aue, Aylsdorf, Grana, Rasberg.

Provinz Schleswig-Holstein

49. Altona, Wandsbek, Stadtgebiet Hamburg, Landgemeinden Blankenese, Eidelstedt, Groß Flottbek, Klein Flottbek, Lokstedt, Nienstedten, Osdorf, Schiffbek, Stellingen-Langenfelde, hamburgische Landgemeinden Billwärder a. d. Bille, Moorfleth.
50. Eckernförde, Landgemeinde Borby.
51. Flensburg, Landgemeinden Adelby, Flensburg-Weiche, Kupfermühle, Wassersleben.
52. Kiel, Landgemeinden Dänischhagen, Elmschenhagen, Heikendorf, Kronshagen, Laboe, Mönkeberg, Neumühlen-Dietrichsdorf, Russee, Strande, Suchsdorf.
53. Neumünster, Landgemeinden Brachenfeld, Gadeland, Tungendorf, Wittorf.
54. Landgemeinde Sande (Kreis Stormarn), Bergedorf (Hamburg)

Provinz Hannover

55. Landgemeinden Aumund, Beckedorf (Kreis Blumenthal), Farge, Grohn, St. Magnus, Bremische Stadt Vegesack.
56. Landgemeinden Burgdamm, Hemelingen, Lesum, Lilienthal, Stadt Bremen und die Bremischen Landgemeinden Arsten, Blockland, Borgfeld, Büren, Gramblermoor, Habenhausen, Huchting, Lankenau, Lehester Deich, Lesumbrock, Oberneuland-Rockwinkel, Osterholz, Seehausen, Strom.
57. Celle, Landgemeinden Klein Hehlen, Westercelle.
58. Emden, Landgemeinde Wolthusen.
59. Geestemünde, Lehe, Bremische Stadt Bremerhaven.
60. Göttingen, Landgemeinden Geismar, Grone, Rosdorf, Weende.
61. Hannover, Landgemeinden Brink, Langenforth, Langenhagen.
62. Hildesheim, Landgemeinde Himmelsthür.
63. Lüneburg, Landgemeinden Hagen (Landkreis Lüneburg), Lüne.
64. Osnabrück, Landgemeinden Haste (Landkreis Osnabrück), Lüstringen.
65. Osterode a. Harz, Landgemeinden Freiheit, Katzenstein, Lasfelde, Petershütte.
66. Bad Pyrmont, Landgemeinde Holzhausen.
67. Stade, Landgemeinde Campe (Kreis Stade).
68. Wilhelmshaven, Rüstringen (Oldenburg).

Provinz Westfalen

69. Bielefeld, Landgemeinden Brackwede, Gadderbaum, Schildesche, Sieker.
70. Bochum, Landgemeinden Altenbochum, Eppendorf, Hordel, Riemke, Weitmar.
71. Castrop, Landgemeinden Bladenhorst, Bodelschwingh, Börnig, Bövinghausen, Brüninghausen, Deininghausen, Dingen, Frohlinde, Habinghorst, Holthausen, Ickern, Mengede, Merklinde, Nette, Rauxel, Sodingen, Westerfilde.
72. Dorsten, Landgemeinde Hervest.
73. Dortmund, Hörde, Landgemeinde Aplerbeck.
74. Landgemeinden Eickel (Landkreis Gelsenkirchen), Holsterhausen, Röhlinghausen, Wanne.
75. Gelsenkirchen, Wattenscheid, Landgemeinden Günnigfeld, Höntrop (Landkreis Gelsenkirchen), Westenfeld.
76. Gevelsberg, Haspe.
77. Hamm, Landgemeinde Mark.
78. Hattingen, Landgemeinden Welper, Winz.
79. Hörde, Landgemeinden Aplerbeck, Berghofen (Kreis Hörde).
80. Landgemeinden Langendreer, Werne (Landkreis Bochum).
81. Landgemeinden Lütgendortmund, Somborn.
82. Neheim, Landgemeinde Hüsten.

83. Recklinghausen, Landgemeinde Recklinghausen.
84. Rheine, Rheine rechts der Ems, Rheine links der Ems.

Rheinprovinz

85. Landgemeinden Aßlar, Klein Altenstädten.
86. Barmen, Elberfeld.
87. Bendorf, Landgemeinden Engers, Mühlhofen, Sayn.
88. Cleve, Landgemeinde Kellen.
89. Coblenz, Landgemeinde Metternich.
90. Crefeld, Uerdingen, Landgemeinden Fischeln, Hüls, St. Tönis, Willich.
91. Stadt und Landgemeinde Dülken.
92. Düren, Landgemeinde Gürzenich.
93. Duisburg, Hamborn, Landgemeinden Homberg, Rheinhausen.
94. Ehrenbreitstein, Landgemeinde Pfaffendorf.
95. Elberfeld, Vohwinkel.
96. Gräfrath, Höhscheid, Ohligs, Solingen, Wald.
97. Hamborn, Landgemeinde Walsum.
98. Landgemeinden Heimbach, Weis.
99. Linz, Landgemeinde Linzhausen.
100. Malstatt-Burbach, Saarbrücken, Sankt Johann a. Saar, Landgemeinden Brebach, Gersweiler.
101. Mörs, Kolonie Meerbeck.
102. München-Gladbach, Odenkirchen, Rheydt.
103. Neunkirchen, Landgemeinde Niederneunkirchen.
104. Oberhausen, Sterkrade.
105. Steele, Landgemeinden Königssteele (Kreis Hattingen), Horst-Ruhr, Kray-Leithe, Überruhr.
106. Stolberg (Landkreis Aachen), Landgemeinden Büsbach, Eilendorf.
107. Trier, Landgemeinden Euren, Kürenz, Olewig.
108. Wetzlar, Landgemeinden Garbenheim, Hermannstein (Kreis Biedenkopf).

Provinz Hessen-Nassau

(Wegen Hermannstein [Kreis Biedenkopf] zu vergleichen Nr. 108.)

109. Allendorf a. d. Werra (Stadt), Sooden.
110. Cassel, Landgemeinde Harleshausen.
111. Cassel, Landgemeinden Ihringhausen, Wolfsanger.
112. Cassel, Landgemeinde Niederzwehren.
113. Eltville a. Rh., Landgemeinden Erbach, Frauenthal, Kiedrich, Neudorf, Schlangenbad, Walluf.
114. Felsberg, Landgemeinde Gensungen.
115. Frankfurt a. M., Offenbach a. M., Landgemeinde Schwanheim.
116. Geisenheim, Landgemeinden Johannisberg, Winkel.
117. Landgemeinden Grenzhausen, Höhr.

118. Landgemeinde Herrenbreitungen, Landgemeinde Breitungen (Thüringen).
119. Höchst a. M., Landgemeinden Griesheim, Hattersheim.
120. Homburg v. d. Höhe, Landgemeinden Dornholzhausen, Gonzenheim, Kirdorf.
121. Lorch, Landgemeinde Lorchhausen.
122. Rüdesheim, Landgemeinde Eibingen.
123. Landgemeinde Kleinschmalkalden (Preußen), Landgemeinde Kleinschmalkalden (Thüringen).
124. Wiesbaden, Amöneburg, Biebrich, Landgemeinden Bierstadt. Dotzheim, Erbenheim, Rambach, Schierstein, Sonnenberg (Landkreis Wiesbaden).

Bayern

125. Augsburg, Göggingen.
126. Deggendorf, Schaching.
127. Bad Dürkheim, Grethen.
128. Freyung, Bannholz (Gemeinde Ort), Ortmühle (Gemeinde Ort).
129. Garmisch, Partenkirchen.
130. Haidhäuser (Gemeinde Frauenberg), Haidmühle (Gemeinde Leopoldsreut).
131. Hersbruck, Altensittenbach.
132. Homburg, Erbach-Reiskirchen.
133. Ludwigshafen a. Rh., Mannheim (Baden).
134. Marktbreit, Segnitz.
135. München, Freimann.
136. Neu-Ulm, Ulm (Württemberg).
137. Nürnberg, Fürth.
138. Pasing, Obermenzing.
139. Passau, Beiderwies, Grubweg, Hacklberg.
140. Pfronten-Berg, Pfronten-Steinach.
141. Regen, Heilig Geist (Gemeinde Eggenrieb).
142. Bad Reichenhall, Kirchberg (Gemeinde Karlstein).
143. Traunstein, Wegscheid (Gemeinde Haslach).
144. Würzburg, Heidingsfeld, Zell a. M.

Sachsen

145. Adorf, Jugelsburg.
146. Annaberg, Buchholz.
147. Aue, Auerhammer.
148. Auerbach, Rodewisch.
149. Bernstadt, Kunnersdorf auf dem Eigen.
150. Bertsdorf mit Ortsteil Hänischmühle, Johnsdorf.
151. Chemnitz, Glösa, Harthau, Niederhermersdorf, Rottluff, Schönau.
152. Coßmannsdorf, Freital, Hainsberg.

153. Crimmitschau, Frankenhausen, Neukirchen, Schweinsburg.
154. Cunewalde, Obercunewalde.
155. Dresden, Dölzschen, Niedersedlitz, Radebeul, Zschachwitz.
156. Eibau, Neueibau, Walddorf.
157. Bad Elster, Mühlhausen.
158. Falkenstein, Ellefeld.
159. Herrnhut, Niederstrahwalde, Oberstrahwalde.
160. Kirchberg, Saupersdorf.
161. Klingenthal, Brunndöbra, Georgenthal, Obersachsenberg, Oberzwota, Untersachsenberg, Zwota.
162. Leipzig, Abtnaundorf, Böhlitz-Ehrenberg, Gaschwitz, Gautzsch, Großstädteln, Möllau, Ötzsch-Markkleeberg, Stahmeln.
163. Lengenfeld, Waldkirchen.
164. Limbach i. S., Kändler (Bezirk Chemnitz), Mittelfrohna, Oberfrohna, Pleißa, Röhrsdorf.
165. Markneukirchen, Erlbach, Wohlhausen.
166. Mittweida, Altmittweida.
167. Mylau, Netzschkau, Obermylau.
168. Ölsnitz, Lauterbach.
169. Ostritz, Altstadt bei Ostritz.
170. Radebeul, Kötzschenbroda, Oberlößnitz.
171. Schneeberg, Neustädtel, Niederschlema, Oberschlema.
172. Schönheide, Schönheiderhammer.
173. Werdau, Langenhessen, Leubnitz, Ruppertsgrün, Steinpleis.
174. Wilkau, Cainsdorf, Friedrichsgrün, Niederhaßlau, Vielau.
175. Zittau, Eckartsberg, Olbersdorf.
176. Zwickau, Bockwa, Cainsdorf, Oberhohndorf, Planitz, Pöhlau, Reinsdorf.

Württemberg

(Wegen Ulm zu vergleichen Nr. 136.)

Baden

177. Baden-Baden, Oos.
178. Lahr, Dinglingen.

(Wegen Mannheim zu vergleichen Nr. 133.)

Thüringen

(Wegen Stützerbach zu vergleichen Nr. 44.)
(Wegen Breitungen zu vergleichen Nr. 118.)
(Wegen Kleinschmalkalden zu vergleichen Nr. 123.)

179. Arnstadt, Ichtershausen, Rudisleben, Siegelbach.
180. Lauscha, Neuhaus a. R.-Igelshieb.
181. Lichte, Wallendorf.
182. Sonneberg, Köppelsdorf.

Hessen

183. Auerbach, Bensheim.
184. Darmstadt, Eberstadt.

185. Erbach, Michelstadt.
186. Friedberg, Bad Nauheim.
187. Mainz, Bretzenheim, Weisenau.
188. Nieder- und Ober-Ingelheim.
189. Worms, Herrnsheim, Horchheim, Leiselheim.

Hamburg

(Wegen Bergedorf, Billwärder a. d. Bille, Hamburg, Moorfleth zu vergleichen Nr. 54, 49.)

Braunschweig

190. Braunschweig, Gliesmarode, Lehndorf, Olper.
191. Bad Harzburg, Bündheim, Schlewecke.

Oldenburg

(Wegen Rüstringen zu vergleichen Nr. 68.)

192. Idar, Oberstein.

Anhalt

(Wegen Gernrode und Leopoldshall zu vergleichen Nr. 45, 43.)

Bremen

(Wegen Bremen, Bremerhaven, Vegesack, Arsten, Blockland, Borgfeld, Büren, Grambkermoor, Habenhausen, Huchting, Lankenau, Lehester Deich, Lesumbrock, Oberneuland-Rockwinkel, Osterholz, Seehausen, Strom zu vergleichen Nr. 55, 56, 59.)

Art. 92 Abs. 2 WO. Zeit für die Protesterhebung.

Die Proteste sollen nur in der Zeit von 9 Uhr vormittags bis 6 Uhr abends erhoben werden. Außerhalb dieser Zeit soll die Protesterhebung nur erfolgen, wenn die Person, gegen welche protestiert wird, ausdrücklich einwilligt.

§§ 3, 4, 6, Satz 1 des Gesetzes betreffend die Erleichterung des Wechselprotestes.

Vom 30. Mai 1908 (RGBl. S. 321).

§ 3. Unter Zustimmung des Bundesrats kann der Reichskanzler anordnen, daß die Postverwaltung für bestimmte Fälle, insbesondere mit Rücksicht auf die Art des Protestes oder die Höhe der Wechselsumme, die Protesterhebung nicht übernimmt.[1])

Die näheren Bestimmungen über die Benutzung der Postanstalten zur Aufnahme von Wechselprotesten erläßt der Reichskanzler. Für den inneren Verkehr der Königreiche Bayern und Württemberg werden diese Bestimmungen von den zuständigen Behörden dieser Staaten erlassen.

[1]) Vgl. hierzu § 18 der Postordnung vom 30. Dezember 1921 (RGBl. S. 1609), abgedruckt auch bei Staub-Stranz, Anhang III, S. 376 ff.

§ 4. Die Postverwaltung haftet dem Auftraggeber für die ordnungsmäßige Ausführung des Protestauftrags nach den allgemeinen Vorschriften des bürgerlichen Rechtes über die Haftung eines Schuldners für die Erfüllung seiner Verbindlichkeit. Sie haftet nicht über den Betrag des wechselmäßigen Regreßanspruchs hinaus.

Der Anspruch gegen die Postverwaltung verjährt in drei Jahren. Die Verjährung beginnt mit dem Zeitpunkt, in welchem der Protestauftrag bei der Postanstalt eingeht, von welcher der Auftrag auszuführen ist.

§ 6 Satz 1. Dieses Gesetz tritt am 1. Oktober 1908 in Kraft.

Bekanntmachung, betreffend die Erhebung von Wechsel- und Scheckprotesten durch Postbeamte vom 5. August 1908 (RGBl. Nr. 45 S. 482):

Mit dem Inkrafttreten des Gesetzes, betreffend die Erleichterung des Wechselprotestes, vom 30. Mai 1908 (RGBl. S. 321 ff.) und gemäß § 30 des Scheckgesetzes vom 11. März 1908 (RGBl. S. 71 ff.) sind auch die Postbeamten zur Aufnahme von Wechsel- und Scheckprotesten berufen.

Auf Grund des § 3 des erstgenannten Gesetzes wird unter Zustimmung des Bundesrates angeordnet, daß vom 1. Okt. 1908 ab die Postverwaltung die Erhebung von Wechsel- und Scheckprotesten mit folgenden Beschränkungen übernimmt:

1. Proteste, die sich auf eine andere wechselrechtliche Leistung als die Zahlung beziehen, werden nicht erhoben.

2. Die Erhebung von Protesten mangels Zahlung bleibt ausgeschlossen

a) für Wechsel und Schecks, die über mehr als 1000.— RM. lauten,

b) für Wechsel und Schecks, die in fremder Sprache ausgestellt sind,

c) für Wechsel und Schecks, die auf eine ausländische Münzsorte lauten, sofern der Aussteller durch den Gebrauch des Wortes „effektiv" oder eines ähnlichen Zusatzes die Zahlung in der im Wechsel benannten Münzsorte ausdrücklich bestimmt hat,

d) für Wechsel, die mit Notadresse oder Ehrenakzept versehen sind,

e) für Wechsel, die unter Vorlegung mehrerer Exemplare desselben Wechsels oder unter Vorlegung des Originals und einer Kopie zu protestieren sind.

Berlin, den 5. August 1908.

Der Reichskanzler
J. V.: Kraetke.

Landesrechtliche Ausführungsbestimmungen.

Preußen: JMBl. 1908 S. 190.[1])

Allgemeine Verfügung vom 31. März 1908, betreffend den Scheckprotest und den Scheckprozeß.

Geschäftsanweisung für die Gerichtsvollzieher § 7 Abs. 4, §§ 94—96, Gerichtsvollzieherordnung § 17 Abs. 4, § 44 Abs. 4, § 49 Abs. 5. Geschäftsordnung für die Gerichtsschreibereien der Amtsgerichte § 44. Allgemeine Verfügung vom 21. Dez. 1899 (JMBl. S. 834).

I. Aus Anlaß des Scheckgesetzes vom 11. März 1908 (RGBl. S. 71) wird die Geschäftsanweisung für die Gerichtsvollzieher vom 1. Dez. 1899 dahin geändert, daß im zweiten Abschnitte nach dem Unterabschnitte V und hinter dem § 96a mit der Überschrift „Va. Scheckproteste" folgende Vorschriften eingeschaltet werden:

1. Außer dem Notar, dem Amtsrichter und dem Gerichtsschreiber ist auch der Gerichtsvollzieher zuständig, Scheckproteste aufzunehmen (§ 16 Abs. 2 des ScheckG.). Das hierbei vom Gerichtsvollzieher zu beobachtende Verfahren ergibt sich aus den Vorschriften des Scheckgesetzes, den darin näher bezeichneten Bestimmungen der Wechselordnung sowie aus dem Gesetze, betreffend die Wechselproteststunden, vom 1. Juni 1904 (Gesetzsamml. S. 73).
2. Der Scheckprotest dient zum Nachweise dafür, daß der Scheck rechtzeitig zur Zahlung vorgelegt und nicht eingelöst oder daß die Vorlegung vergeblich versucht worden ist. Als Zahlungsort gilt der bei dem Namen oder der Firma des Bezogenen angegebene Ort und, wenn eine solche Angabe fehlt, der Ausstellungsort. Der Scheck ist bei Sicht zahlbar, die Vorlegungsfrist bestimmt sich bei den im Inland ausgestellten und zahlbaren Schecks nach der Bekanntmachung des Herrn Reichskanzlers vom 19. März 1908 (RGBl. S. 85) und § 11 Abs. 3 des ScheckG. Hinsichtlich der Übertragbarkeit des Schecks durch Indossament bleibt zu beachten, daß ein auf eine Abschrift des Schecks gesetztes Indossament oder ein Indossament des Bezogenen unwirksam ist. Inwieweit eine Wechselstempelsteuer für den Scheck in Frage kommt, ergibt sich aus § 29 des ScheckG. Im übrigen finden die Vorschriften im § 94 Abs. 2, 5, 7 und 8, § 95 Abs. 1 Satz 1 und Schlußsatz, Abs. 3 bis 7, Abs. 8 zu a—d, f, g und Abs. 9—11 sinngemäße Anwendung.

II. Das vom Notar, von der Gerichtsschreiberei des Amtsgerichts und vom Gerichtsvollzieher zu haltende Wechselprotest-

---

[1]) Jetzt vergl. die Geschäftsanweisung für Gerichtsvollzieher vom 24. März 1914 (JMBl. S. 343), zweiter Abschnitt: Einzelne Geschäftszweige. V. Wechsel- u. Scheckproteste. §§ 112—122.

register erhält fortan die Bezeichnung „Wechsel- und Scheckprotestregister" und dient auch zur Eintragung der beglaubigten Abschriften der Scheckproteste.

III. Die für die Berechnung der Gebühren und Auslagen in Ansehung der Aufnahme von Wechselprotesten maßgebenden Bestimmungen gelten auch für die Erhebung von Scheckprotesten.

IV. Die Vorschriften über die registermäßige und geschäftliche Behandlung der Wechselprotestaufträge gelten auch für Scheckprotestaufträge (vgl. z. B. § 17 Abs. 4, § 44 Abs. 4, § 49 Abs. 5 der Gerichtsvollzieherordnung, § 7 Abs. 4 der Geschäftsanweisung für Gerichtsvollzieher, § 44 der Geschäftsordnung für die Gerichtsschreibereien der Amtsgerichte).

V. Soweit die den Wechselprotest betreffenden Vorschriften der Zivilprozeßordnung auf Scheckprozesse Anwendung finden, sind Scheckprozesse auch in der Registerführung, Geschäftsstatistik usw. wie Wechselprozesse zu behandeln.

VI. Diese Verfügung tritt sofort in Kraft.

Bayern: Gesetz, die Scheckproteste betreffend, vom 16. Juni 1908 (GVBl. 1908 S. 311—312), lautend:

Art. 1. Die Gerichtsvollzieher sind zuständig, Scheckproteste zu erheben.

Die Vorschriften des Art. 2 alte Fassung sind durch Vorschriften des bayerischen Stempelgesetzes vom 16. Febr. 1921 (GVBl. S. 182) ersetzt (Nr. 29 des Tarifs).

Ferner in Bayern die Kgl. Allerhöchste Verordnung, den Vollzug des Scheckgesetzes betreffend, vom 26. Juni 1908 (GVBl. 1908 S. 345, 346):

Wir finden uns bewogen, die Gerichtsvollzieherordnung vom 16. Dezember 1899, die Landesgebührenordnung für die Gerichtsvollzieher vom 16. Dezember 1899 und die Notariatsgebührenordnung vom 28. Dezember 1899 zu ändern, wie folgt:

1. Die Nummer 2 des § 11 der Gerichtsvollzieherordnung erhält die folgende Fassung:

mit dem Auftrage zur Erhebung des Wechsel- oder Scheckprotestes auch den Auftrag zur Empfangnahme der Zahlung für den Fall zu übernehmen, daß die Zahlung noch vor der Rückgabe des protestierten Wechsels oder Schecks erfolgt.

2. Im § 21 der Gerichtsvollzieherordnung wird hinter dem Worte „Wechselproteste" das Wort „Scheckproteste" eingeschaltet.

3. Der § 8 der Landesgebührenordnung für die Gerichtsvollzieher erhält folgenden weiteren Absatz:

Die bevorstehenden Bestimmungen finden auf die Scheckproteste entsprechende Anwendung.

4. Dem § 9 der Landesgebührenordnung für die Gerichtsvollzieher und dem Art. 42 der Notariatsgebührenordnung wird der Satz beigefügt:

Dasselbe gilt für die Scheckproteste.

An die Stelle der Bestimmungen der Ziff. 3 und 4 dieser Verordnung sind die entsprechenden Vorschriften der Verordnung über eine neue Landesgebührenordnung für die Gerichtsvollzieher vom 18. Februar 1924 (GVBl. S. 58) und der Notariatsgebührenordnung in der Fassung der Bekanntmachung vom 19. Dezember 1923 (JMBl. S. 67) getreten.

Sachsen: MV. vom 14. Mai 1908 zur Ausführung des Scheckgesetzes vom 11. März 1908 (JMBl. S. 35), neu gefaßt in der Verordnung vom 30. September 1908 (JMBl. S. 68).

Hessen: MV. vom 14. Mai 1908 zur Ausführung des Scheckgesetzes vom 11. März 1908 (JMBl. S. 35). — Die hessischen Ausführungsbestimmungen auf dem einschlägigen Gebiet befinden sich zurzeit:

1. der Dienstanweisung für die Gerichtsvollzieher vom 16. Dezember 1899 (RegBl. S. 1207) in der Fassung des Amtsblattes des Ministeriums der Justiz Nr. 11 vom 22. Juli 1908 (Ziff. 12),

2. der Geschäftsordnung für die Gerichtsschreiberei der Amtsgerichte vom 28. Oktober 1907 (Amtsblatt desselben Ministeriums Nr. 16 vom 28. Oktober 1907) in der Fassung des Amtsblattes desselben Ministeriums Nr. 6 vom 9. März 1910 (Anlage I § 50),

3. dem Amtsblatt desselben Ministeriums Nr. 7 vom 7. April 1908 Ziffer III und V.

Mecklenburg-Strelitz: V. vom 13. Mai 1908 zur Ausführung des Scheckgesetzes vom 11. März 1908, OffAnz. S. 163, für Ratzeburg S. 253.

Mecklenburg-Schwerin: V. vom 13. Mai 1908 zur Ausf. des Scheckgesetzes vom 11. März 1908 (RegBl. S. 251). Der in der Verordnung angezogene § 91 der Ausführungsverordnung zum FGG. ist durch Gesetz vom 13. Oktober 1925 (Meckl.-SchwerRegBl. von 1923 Nr. 145 S. 771) geändert.

III. Die Befreiung von der Beweispflicht (Absatz 3).

Der E. v. 1892 bzw. der vorl. E. ließ durch Nichterwähnung des Art. 42 WO. den Protesterlaß nicht zu, wie ihn auch das österr. Gesetz vermeidet. Die österr. Mot. zu § 16 verweisen darauf, daß der Scheckinhaber zwischen den verschiedenen Zeugnisformen ohnedies freie Wahl und damit unbehinderte Gelegenheit habe, wenn er wolle, die Protestkosten zu sparen. Deshalb sei die Übernahme des Art. 42 WO., die dem Wechselinhaber eben auch nur diese Kostenersparnis ermöglichen sollte, überflüssig. Dagegen wies Cohn S. 93 darauf hin, daß es nicht abzusehen sei, warum nicht auch ein Scheckgeber wie ein Wechselindossant die Beweislast der nicht erfolgten Präsentation sollte übernehmen dürfen, warum er sich nicht dem Regreß auch ohne Vorlage eines jeden Protestsurrogates sollte unterwerfen können. Diesen Erwägungen hat das Gesetz Rechnung getragen, indem es bestimmte, daß die Vorschrift des Art. 42 WO. entsprechende Anwendung findet, wenn der Scheck die Aufforderung, keinen Protest zu erheben, enthält.

Ist in Gemäßheit des § 16 Abs. 3 der Protest erlassen, so bedarf es auch einer der im Abs. 1 Ziff. 1 und 2 erwähnten Urkunden nicht, da nach Art. 42 WO. im Falle des Protesterlasses der Regreßpflichtige die Beweislast übernehmen muß, wenn er die rechtzeitige Vorlegung in Abrede stellt. Begr. S. 31. Die Befreiung von der Beweispflicht wirkt nur gegenüber demjenigen, der die Befreiung bewilligt hat. Der Inhaber des Schecks behält jedoch das Recht, von einem der drei Beweismittel des § 16 Gebrauch zu machen. Ebenso Simonson S. 102. Der Art. 42 WO. lautet:

„Die Aufforderung, keinen Protest erheben zu lassen (‚ohne Protest', ‚ohne Kosten' usw.) gilt als Erlaß des Protestes, nicht aber als Erlaß der Pflicht zur rechtzeitigen Präsentation. Der Wechselverpflichtete, von welchem jene Aufforderung ausgeht, muß die Beweislast übernehmen, wenn er die rechtzeitig geschehene Präsentation in Abrede stellt. Gegen die Pflicht zum Ersatz der Protestkosten schützt jene Aufforderung nicht."

Zur Erläuterung dieses Artikels wird auf die Kommentare zur WO. verwiesen.

IV. Unmöglichkeit der rechtzeitigen Beschaffung des Nachweises.

Der Inhaber des Schecks hat an sich die im § 16 vorgesehenen Nachweise rechtzeitig zu beschaffen. Versäumt er die Fristen, so treffen die Nachteile ihn. Aus Billigkeitserwägungen sind jedoch drei Gruppen von Ausnahmen geschaffen worden, der Fall der höheren Gewalt und zwei sich diesem nähernde Fälle, da die Möglichkeit besteht, daß durch solche Fälle eine größere Anzahl von Scheckinhabern betroffen werden können. Die beiden andern Fälle sind der eines ausländischen Moratoriums und der der Stilllegung eines Bankbetriebes.

1. Höhere Gewalt.[1])

a) Allgemeines.

Ursprünglich erlassen, um vornehmlich die Folgen der kriegerischen Ereignisse zu mildern, ist der Einfluß des folgenden Gesetzes, da es sich bewährt hat, auf alle Fälle der höheren Gewalt ausgedehnt worden. Es lautet:

Gesetz über die Ermächtigung des Bundesrats zu wirtschaftlichen Maßnahmen und über die Verlängerung der Fristen des Wechsel- und Scheckrechts im Falle kriegerischer Ereignisse.

Vom 4. August 1914 (RGBl. S. 327).

§ 1. Wird[2]) die rechtzeitige Vornahme einer Handlung, deren es zur Erhaltung oder Ausübung des Wechsel-

---

[1]) v. Hermann-Otrosky, Die höhere Gewalt im Wechselrecht. Wien 1913.

[2]) Hier sind die Worte: „in Veranlassung kriegerischer Ereig-

rechts oder des Regreßrechts aus dem Scheck bedarf, durch höhere Gewalt verhindert, so verlängern sich die für die Vornahme der Handlung vorgeschriebenen Fristen um soviel, als erforderlich ist, um nach Wegfall des Hindernisses die Handlung vorzunehmen, mindestens aber bis zum Ablauf von zwei Wochen nach dem Wegfall des Hindernisses.

(2) Als Verhinderung durch höhere Gewalt gilt es insbesondere,

1. wenn der Ort, wo die Handlung vorgenommen werden muß, von dem Feinde besetzt ist; es sei denn, daß sie bei Anwendung der im Verkehr erforderlichen Sorgfalt trotzdem bewirkt werden kann;
2. wenn die zwecks Herbeiführung der Handlung zu benutzende Postverbindung derart unterbrochen ist, daß ein geregelter Postverkehr nicht mehr besteht.

§ 2. (1) Unbeschadet der Vorschrift des § 1 können die dort bezeichneten Fristen im Falle kriegerischer Ereignisse durch Kaiserliche Verordnung mit Zustimmung des Bundesrates für das gesamte Reichsgebiet um einen bestimmten Zeitraum verlängert werden.

(2) Diese Vorschrift findet auf die Schutzgebiete mit der Maßgabe Anwendung, daß es der Zustimmung des Bundesrats nicht mehr bedarf.

§ 3. (1) Der Bundesrat wird ermächtigt, während der Zeit des Krieges, diejenigen gesetzlichen Maßnahmen anzuordnen, welche sich zur Abhilfe wirtschaftlicher Schädigungen als notwendig erweisen.

(2) Diese Maßnahmen sind dem Reichstag bei seinem nächsten Zusammentritt zur Kenntnis zu bringen und auf sein Verlangen aufzuheben.

§ 4. Dieses Gesetz tritt mit seiner Verkündung in Kraft. Der Zeitpunkt, in dem das Gesetz außer Kraft tritt, wird durch Kaiserliche Verordnung mit Zustimmung des Bundesrats bestimmt.

Bekanntmachung, betreffend die Verlängerung der Fristen für wechsel- und scheckrechtliche Handlungen.

Vom 7. August 1914 (RGBl. S. 361).

Der Bundesrat hat auf Grund des § 3 des Gesetzes über die Ermächtigung des Bundesrats zu wirtschaftlichen Maß-

---

nisse" durch die Verordnung über die Verlängerung der Fristen des Wechsel- und Scheckrechts vom 20. Januar 1919 — RGBl. S. 91 — gestrichen worden, so daß das Gesetz jetzt alle Fälle der höheren Gewalt umfaßt.

nahmen und über die Verlängerung der Fristen des Wechsel- und Scheckrechts im Falle kriegerischer Ereignisse, vom 4. August 1914 (RGBl. S. 327) beschlossen, daß die im § 1 Abs. 1 des genannten Gesetzes getroffene Vorschrift auch dann für anwendbar zu erachten ist, wenn die rechtzeitige Vornahme einer Handlung, deren es zur Ausübung oder Erhaltung der Rechte aus einem Wechsel oder einem Scheck bedarf, durch eine im Ausland erlassene gesetzliche Vorschrift verhindert wird.

b) Folgen des Krieges.

Aus dem Friedensvertrag von Versailles.
Vom 16. Juli 1919 (RGBl. S. 687).

Artikel 300. a) Auf dem Gebiete der Hohen vertragschließenden Teile sind im Verhältnis zwischen Feinden alle Verjährungs-, Ausschluß- und Verfallfristen für die Kriegsdauer gehemmt, gleichviel ob sie vor oder nach Kriegsausbruch zu laufen begonnen haben. Sie beginnen frühestens drei Monate nach Inkrafttreten des gegenwärtigen Vertrages wieder zu laufen. Diese Bestimmung findet auch Anwendung auf die Vorlegungsfristen für Zinsen- oder Dividendenabschnitte und die Vorlegungsfristen für Wertpapiere, die auf Grund erfolgter Auslosung oder aus irgendeinem anderen Grunde auszahlbar sind.

g) Die in Absatz a vorgesehene dreimonatige Frist beginnt für die Handelspapiere mit dem Tage, an dem die Ausnahmevorschriften, die in den Gebieten der beteiligten Macht bezüglich der Handelspapiere erlassen worden sind, endgültig außer Kraft getreten sind.

Artikel 301. Im Verhältnis zwischen Feinden darf kein vor dem Kriege ausgestelltes Handelspapier lediglich wegen versäumter fristgerechter Vorlegung zwecks Annahme oder zwecks Zahlung, wegen versäumter Benachrichtigung der Aussteller oder Giranten von der Nichtannahme oder Nichtzahlung, wegen versäumten Protestes, wegen Versäumung der Erfüllung irgendeiner Formvorschrift für verfallen erklärt werden, wenn die Versäumung während des Krieges erfolgt ist.

Ist die Frist zur Vorlegung eines Handelspapiers zwecks Annahme oder zwecks Zahlung oder die Frist zur Benachrichtigung des Ausstellers oder des Giranten von der Nichtannahme oder der Nichtzahlung oder die Frist zur Erhebung des Protestes während des Krieges abgelaufen, und hat die vorlegungs-, protest- oder benachrichtigungspflichtige Partei während des Krieges die betreffende Handlung versäumt, so steht ihr für die nachträgliche Vorlegung, nachträgliche Benachrichtigung von Nichtannahme oder Nichtzahlung oder nachträgliche Protesterhebung mindestens eine Frist von drei Monaten nach Inkrafttreten des gegenwärtigen Vertrags zu.

In Ausführung dieser Vorschriften ergingen das Gesetz vom 3. April 1920 mit Ergänzungsgesetz vom 12. August 1920 (RGBl. 1571), sowie die auf Grund dieses Gesetzes erlassenen Bekanntmachungen über Verlängerung von Fristen.

Gesetz über den Wiederbeginn und den Ablauf von Fristen.

Vom 3. April 1920 (RGBl. S. 445).

§ 1. (1) Die im Art. 300a und g des Friedensvertrages bezeichneten Verjährungs-, Ausschluß-, Vorlegungs- und Verfallfristen beginnen am 16. August 1920 wieder zu laufen.

(2) Die im Art. 301 des Friedensvertrages und im § 4 Abs. 1, 2 der Bekanntmachung, betr. Zahlungsverbot gegen England, vom 30. September 1914 (RGBl. S. 421) bezeichneten Vorlegungs-, Protest- und Benachrichtigungsfristen enden mit dem Ablauf des 18. August 1920.

§ 2. Dieses Gesetz tritt mit dem Tage der Verkündung in Kraft.

Die Fristen des § 1 Abs. 2 sind inzwischen mehrfach, zuletzt durch VO. vom 29. Oktober 1925 (RGBl. 1925 I 387) bis zum 10. November 1926 verlängert worden.

2. Ausländisches Moratorium.

Im Balkankrieg hatten die beteiligten Staaten Moratorien erlassen. Damit in solchem Falle die Wechsel- und Scheckinhaber nicht durch die Unmöglichkeit der Protesterhebung Schaden erleiden sollten, erging das

Gesetz über die Folgen der Verhinderung wechsel- und scheckrechtlicher Handlungen im Ausland.

Vom 13. April 1914 (RGBl. S. 107).

Einziger Artikel.

Wird die rechtzeitige Vornahme einer Handlung, die im Auslande zur Ausübung oder Erhaltung der Rechte aus einem Wechsel oder einem Scheck vorzunehmen ist, durch eine dort erlassene gesetzliche Vorschrift verhindert, so kann durch Kaiserliche Verordnung mit Zustimmung des Bundesrats bestimmt werden, daß die Rechte ungeachtet der Versäumung bestehen bleiben, sofern die Handlung unverzüglich nach Wegfall des Hindernisses nachgeholt wird. In gleicher Weise kann verordnet werden, daß bei einer solchen Verhinderung nach einer bestimmten Frist Rückgriff genommen werden kann, ohne daß es der Vornahme der Handlung bedarf.

3. Stillegung eines Bankbetriebes.[1]

Dem Falle der Stillegung eines Bankbetriebes trägt Rechnung die

[1] Weisbecker in JW. 1919, 440.

Verordnung zum Schutz gegen die Folgen der Stillegung von Bankbetrieben.

Vom 19. April 1919 (RGBl. S. 397).

. . . .

. . . .

§ 3. Wird infolge der Stillegung eines Bankbetriebs die rechtzeitige Vornahme einer Handlung, deren es zur Ausübung oder Erhaltung des Wechselrechts oder des Regreßrechts aus dem Scheck bedarf, verhindert, so verlängern sich die für die Vornahme der Handlung vorgeschriebenen Fristen um soviel, als erforderlich ist, um nach Wegfall des Hindernisses die Handlung vorzunehmen, mindestens aber bis zum Ablauf von zwei Wochen nach dem Wegfall des Hindernisses.

§ 4. Diese Verordnung tritt mit Wirkung vom 8. April 1919 in Kraft. Der Reichsminister der Justiz bestimmt den Zeitpunkt ihres Außerkrafttretens.

§ 17.

Pflicht zur Benachrichtigung der Vormänner. Einlösungsrecht der Vormänner. Umfang der Regreßforderung. Befugnis zur Ausstreichung v. Indossamenten.

Wegen der Benachrichtigung der Vormänner und ihres Einlösungsrechts sowie wegen des Umfanges der Regreßforderung und der Befugnis zur Ausstreichung von Indossamenten finden die Vorschriften der Artikel 45 bis 48, 50 bis 52 und des Artikel 55 der Wechselordnung mit der Maßgabe entsprechende Anwendung, daß der Inhaber des vergeblich zur Zahlung vorgelegten Schecks verpflichtet ist, seinen unmittelbaren Vormann innerhalb zweier Tage nach der Ausstellung der im § 16 Abs. 1 bezeichneten Erklärung, Bescheinigung oder Protesturkunde, spätestens aber innerhalb zweier Tage nach dem Ablaufe der Vorlegungsfrist, von der Nichtzahlung des Schecks zu benachrichtigen.

E. 1892 § 15; vorl. E. § 16; österr. § 17.

Inhalt.

I. Vorbemerkung.

Der § 17 regelt die Benachrichtigung der Vormänner, ihr Einlösungsrecht, den Umfang der Regreßforderung und die Ausstreichung von Indossamenten, alles unter Verweisung auf die einschlägigen Vorschriften der WO. Angezogen werden die Art. 45 bis 48; Art. 49, der bestimmt, daß der Wechselgläubiger alle Wechselverpflichteten verklagen kann, gleichviel, wen und in welcher Reihenfolge er will, wird im § 18 ScheckG. behandelt; Art. 50—52 und 55 sind wiederum hier für anwendbar erklärt. Dem Art. 54 ist der § 19 ScheckG. angenähert. Der Art. 53 WO. dagegen fällt aus. Der Art. 53 WO. gestattet dem Wechselgläubiger, die Regreßforderung durch einen Rückwechsel einzuziehen. Durch die Nichterwähnung dieses Art. 53 im Scheckgesetz ist demnach hier das Recht der Regreßnahme mittels Rückwechsels bzw. Rückschecks nicht gegeben. Nur mit Zustimmung des betreffenden Regreßpflichtigen könnte der Regreß auch mittels Rückwechsels oder bei Vorhandensein der entsprechenden Vorbedingungen mittels Schecks genommen werden. Was die österr. Mot. in dieser Hinsicht zu § 16 ausführen, gilt in gleicher Weise auch für das deutsche Gesetz: „Es wäre kaum ratsam, durch das Gesetz diese Form des Regreßnehmens ohne alle Rücksicht auf die Einwilligung des Regreßschuldners für zulässig zu erklären. Was den Regreß mittels Schecks anbelangt, so stünde einem solchen Vorhaben schon die Beschränkung der passiven Scheckfähigkeit und das Deckungserfordernis im Wege. Der Rückwechsel wäre daran nicht gebunden, aber die beiden Kreise des Scheck- und Wechselverkehres sollen nicht ineinander übergehen, und es muß namentlich der Eindruck vermieden werden, als müßte sich, um vollen Erfolg zu haben, der Scheck doch eigentlich erst zum Wechsel zuspitzen, als wäre der Scheck ein unvollkommener Wechsel, der Wechsel eine Steigerung, eine juristisch stärkere Entwicklungsform des Schecks. Bei gewolltem, angebahntem Wechselverkehre zur Erledigung eines aus diesem Verkehre entspringenden neuen Anspruches wieder die Wechselform zu benützen, liegt nahe, aber es ist keineswegs das nämliche, dieses Auskunftsmittel in eine ursprünglich und bestimmungsmäßig rein scheckrechtliche Beziehung hineinzuschieben. Die Gesetzgebung hat wenig Ursache, den Wechsel mittels einer solchen Norm noch mehr in die nichtkaufmännischen Kreise zu drängen, und sie würde sich damit auch häufig zum präsumtiven Willen der Parteien in Widerspruch setzen, die, zwischen Scheck und Wechsel wählend, bewußt und aus guten Gründen für ersteren sich entscheiden. Der zahlungsunfähige oder zahlungsunwillige Regreßpflichtige wird den Rückwechsel geradeso wie eine andere ernste Mahnung abgleiten lassen. Praktisch würde deshalb eine derartige Vorschrift in der Regel nur auf eine Verteuerung und Erschwerung der Regreßlast hinauslaufen, die Stärke des Regreßanspruches wächst dadurch nicht; in dem einen wie in dem anderen Falle ist die nämliche prozessualisch begünstigte Regreßklage der eigentlich vertrauenserweckende und entscheidende Faktor." Vgl. auch Cohn S. 94; v. Canstein S. 189 f.; Schiebler S. 50; Buff S. 99.

II. Pflicht zur Benachrichtigung der Vormänner.

„Der Rückgriffsanspruch erschöpft sich nicht mit einem Rückgriff. Er kann von jedem in Anspruch Genommenen gegen jeden früheren noch nicht in Anspruch genommenen Rückgriffspflichtigen ausgeübt werden und erhöht sich jedesmal mindestens um 1/3% der Hauptsumme. Da jeder der an sich Rückgriffspflichtigen sich durch Einlösung des Schecks nebst den ersten Unkosten von der Zahlung weiterer Beträge freistellen kann, so soll ihm hierzu Gelegenheit geboten werden durch schleunige Inkenntnissetzung vom Eintritte des Rückgriffsanspruchs. Für den Benachrichtigungsanspruch scheiden daher ohne weiteres aus alle diejenigen, die für die Einlösung nicht haften. Da die meisten Schecks Inhaberschecks sind, so scheiden alle diejenigen aus, die Schecks als Inhaberschecks weitergegeben haben, ohne ihren Namen oder ihre Firma auf die Rückseite geschrieben zu haben (§ 15 Abs. 2). Ebenso sind befreit die Indossanten von Orderschecks, die ihrem Indossament die Bemerkung „ohne Gewährleistung" oder einen gleichlautenden Vorbehalt (§ 15 Abs. 3) hinzugefügt haben." Simonson S. 103.

Für die Pflicht zur Benachrichtigung der Vormänner nach Erlangung des Nachweises des § 16 über die Präsentation des Schecks und die Ablehnung seiner Honorierung sind die Art. 45—48 WO. maßgebend. Diese wechselrechtliche, an eine kurze Frist gebundene Notifikationspflicht ist von der für die bürgerliche Anweisung bestehenden Anzeigepflicht des § 789 BGB. nach ihren Voraussetzungen verschieden. Nach dem § 789 BGB. hat der Anweisungsempfänger, sofern der Angewiesene die Leistung verweigert, dem Anweisenden unverzüglich Anzeige zu machen. Im übrigen bestand nach allgemeinem Handelsgebrauch schon bisher für den Inhaber eines unbezahlt gebliebenen Schecks die Verpflichtung, diesen sobald als möglich an den Vordermann zurückzugeben. Vgl. Dove u. Meyerstein, Gutachten über Handelsgebräuche, erstattet von der Handelskammer zu Berlin 1907 S. 119 Nr. 483. Für die Geltendmachung des Vertragsanspruchs (vgl. Erl. zu § 21) dürfte eine solche Verpflichtung weiterhin bestehen.

Nach dem geltenden Scheckrecht ergibt sich eine Benachrichtigungspflicht nur aus den angezogenen Vorschriften der WO. und nur unter den darin niedergelegten Voraussetzungen. Sind diese Voraussetzungen nicht gegeben, so besteht nicht etwa subsidiär eine Verpflichtung aus § 789 BGB. bzw. nach allgemeinem Handelsgebrauch. Die Artikel 45, 46, 47 WO. lauten:

Art. 45. „Der Inhaber eines mangels Zahlung protestierten Wechsels ist verpflichtet, seinen unmittelbaren Vormann innerhalb zweier Tage nach dem Tage der Protesterhebung von der Nichtzahlung des Wechsels schriftlich zu benachrichtigen, zu welchem Ende es genügt, wenn das Benachrichtigungsschreiben innerhalb dieser Frist zur Post gegeben ist. Jeder benachrichtigte Vormann muß innerhalb derselben, vom Tage des empfangenen Berichts zu berechnenden Frist seinen nächsten Vormann in gleicher Weise benachrichtigen. Der Inhaber oder Indossatar, welcher die Benachrichtigung unterläßt oder dieselbe nicht an den unmittelbaren Vormann ergehen läßt, wird hierdurch den sämtlichen oder den übersprungenen Vormännern zum Ersatze des aus der unterlassenen Benachrichtigung entstandenen Schadens verpflichtet. Auch verliert derselbe gegen diese Personen den Anspruch auf Zinsen und Kosten, so daß er nur die Wechselsumme zu fordern berechtigt ist.

Art. 46. Kommt es auf den Nachweis der dem Vormanne rechtzeitig gegebenen schriftlichen Benachrichtigung an, so genügt zu diesem Zwecke der durch ein Postattest geführte Beweis, daß ein Brief von dem Beteiligten an den Adressaten an dem angegebenen Tage abgesandt ist, sofern nicht dargetan wird, daß der angekommene Brief einen anderen Inhalt gehabt hat. Auch der Tag des Empfanges der erhaltenen schriftlichen Benachrichtigung kann durch ein Postattest nachgewiesen werden.

Art. 47. Hat ein Indossant den Wechsel ohne Hinzufügung einer Ortsbezeichnung weiter begeben, so ist der Vormann desselben von der unterbliebenen Zahlung zu benachrichtigen."

Art. 45 findet mit der Maßgabe entsprechende Anwendung, daß der Inhaber des vergeblich zur Zahlung vorgelegten Schecks verpflichtet ist, seinen unmittelbaren Vormann innerhalb zweier Tage nach der Ausstellung der im § 16 Abs. 1 bezeichneten Erklärung, Bescheinigung oder Protesturkunde, spätestens aber innerhalb zweier Tage nach dem Ablaufe der Vorlegungsfrist von der Nichtzahlung des Schecks schriftlich zu benachrichtigen. Diese Änderung ergibt sich aus der Erwägung, daß das Präsentationsattest und die Erklärung der Abrechnungsstelle nicht am Tage der Vorlegung ausgestellt sein müssen, sondern auch noch nachträglich, insbesondere auch nach Ablauf der Vorlegungsfrist, erteilt werden können. Auch ist nicht vorgeschrieben, daß das Präsentationsattest bzw. die Bescheinigung der Abrechnungsstelle den Tag der Erteilung des Attestes bzw. der Bescheinigung (nicht zu verwechseln mit dem Erfordernis des Datums der Vorlegung bei dem Präsentationsattest) enthalten muß. Aus diesem Grunde setzt das Gesetz eine Frist von zwei Tagen, gerechnet von dem feststehenden Tage des Ablaufes der Vorlegungsfrist an. Die Benachrichtigung hat also, wenn ein Protest oder eine den Tag der Ausstellung enthaltende Erklärung oder Bescheinigung im Sinne des § 16 Zahl 1 vorliegt, zwingend innerhalb zweier Tage nach der Ausstellung dieser Urkunde zu erfolgen, es sei denn, daß der zweite Tag ein Sonntag oder allgemeiner Feiertag ist. Wird das Präsentationsattest oder die Bescheinigung erst nach der Vorlegung erteilt, oder enthält diese Erklärung oder Bescheinigung nicht den Tag der Ausstellung, so ist die Benachrichtigung spätestens innerhalb zweier Tage nach dem Ablauf der Vorlegungsfrist zu bewirken. Kuhlenbeck S. 82 verkennt die Bedeutung dieser Vorschrift, wenn er bemerkt: „Die Benachrichtigung des unmittelbaren Vormannes muß spätestens innerhalb zweier Tage nach dem Ablauf der Vorlegungsfrist überhaupt erfolgen, die zweitägige Benachrichtigungsfrist, welche beginnt mit dem auf die Protesterhebung folgenden Tag, hat also eine weitere Einschränkung gefunden an dieser Maximalfrist, so daß sie sich bei einem Scheck, der erst am folgenden Tage nach der Vorlegungsfrist protestiert wird, auf einen Tag reduziert." Er übersieht hierbei einerseits, daß der Scheck spätestens am letzten Tage der Vorlegungsfrist protestiert werden muß, da ein Protest am Tage nach dem Ablauf der Vorlegungsfrist nicht mehr zulässig ist, anderseits verkennt er, daß die zweitägige Benachrichtigungsfrist des § 17 keine Einschränkung erfahren hat, daß vielmehr für die oben näher bezeichneten Fälle nur der Beginn der Benachrichtigungsfrist, nämlich vom Ablauf der Vorlegungsfrist an, festgelegt ist.

Die Benachrichtigungspflicht besteht in gleicher Weise wie für Order- so für Inhaberschecks. Der Regreß geht beim Inhaberscheck wie beim Orderscheck immer nur gegen die Vormänner, nicht gegen die Nachmänner; in eben dieser Weise besteht unter den sonstigen Voraussetzungen die Benachrichtigungspflicht. Von Breit, Der Scheck mit alternativer Inhaberklausel, BankA. 7 S. 151 ff. wird behauptet, daß Vormänner und Nachmänner, frühere und spätere Indossanten bei den Namensskribenten nicht unterschieden werden können. Er meint, unter Hinweis auf den Wortlaut des § 15 Abs. 2, wer auf die Rückseite des Schecks mit alternativer Inhaberklausel seinen Namen gesetzt hat, hafte jedem Inhaber des Schecks, mag dieser selbst auch räumlich vor ihm auf dem Scheck stehen. Dem gegenüber hat bereits Riesser BankA. 7 S. 155 betont, daß man auch bei den nicht datierten „Namensskripturen" ebenso Vor- und Nachmänner anzunehmen haben werde, wie bei Blankoindossamenten, und daß man schon deshalb nicht zu der — an sich ausgeschlossenen — Annahme eines Regresses gegen einen Nachmann dessen gelangen könne, der den Scheck eingelöst habe. Da die Art. 50 und 51 WO. nur den Regreß gegen die Vormänner regeln, so würde, da auch § 17 des Entw. (§ 18 des Gesetzes) unanwendbar sei, auch für den Umfang der Regreßhaftung eines Nachmannes es an jeder gesetzlichen Regel fehlen. Diese zutreffende Auffassung Riessers wird von Henschel S. 41 und 42 geteilt; ferner von Schiebler S. 48 und wohl auch von Buff S. 96. Vgl. auch oben § 15 II 2 S. 185 f.

Ein Indossant, welcher sein Obligo ausgeschlossen hat, kann keine derartige Benachrichtigung verlangen. Wird er trotzdem in Kenntnis gesetzt, so hat er aber seinerseits die Pflicht, seinen regreßpflichtigen Vormann zu informieren, da die Anzeigepflicht jedem benachrichtigten Indossanten auferlegt und die Benachrichtigung eines nicht regreßpflichtigen Indossanten oder eines solchen, der seinem Namen keine Adresse beigefügt hat, nicht verboten ist. Meyer, Weltscheckrecht I S. 310.

Die Benachrichtigungspflicht des Art. 47 WO. ist an die gesetzliche Voraussetzung geknüpft, daß der Indossant im Giro seinen Adreßort angegeben hat. RG. 76, 179.

Unterbleibt die Benachrichtigung, so wird der Säumige schadensersatzpflichtig, und zwar nicht nur seinem nicht benachrichtigten unmittelbaren Vormann, sondern allen regreßpflichtigen Indossanten gegenüber, die eine Mitteilung zu verlangen haben. Sein eigenes Regreßrecht geht durch die Unterlassung der Benachrichtigung zwar nicht verloren, beschränkt sich jedoch auf die nackte Schecksumme und Verzugszinsen; er kann weder Scheckzinsen noch Kosten noch die Provision von 1/3% beanspruchen; überdies muß er damit rechnen, daß die Schadensersatzansprüche seinen Regreßanspruch übersteigen. Ebenso Simonson S. 105. Wegen des Einflusses des Krieges auf die Benachrichtigungspflicht vgl. oben § 16 IV 1b S. 224f.

III. Einlösungsrecht der Vormänner.

Über das Einlösungsrecht der Vormänner bestimmt der Art. 48 der WO. folgendes:

> Art. 48. „Jeder Wechselschuldner hat das Recht, gegen Erstattung der Wechselsumme nebst Zinsen und Kosten die Auslieferung des quittierten Wechsels und des wegen Nichtzahlung erhobenen Protestes von dem Inhaber zu fordern."

Das im Art. 48 erwähnte Einlösungsrecht des Wechselschuldners steht zu dem Aussteller, dem Indossanten oder dem Namensskribenten, es steht aber nicht zu dem Bezogenen. Wenn Merzbacher S. 64 bemerkt, auch dem Bezogenen stehe das hier fragliche Recht zu, wenngleich eine Haftung desselben nicht festgesetzt sei, und wenn er darauf hinweist, daß für den Bezogenen dieses Recht insbesondere dann praktisch werden könne, wenn die Deckung verspätet eintrifft, so ist entgegenzuhalten, daß im § 17 ausdrücklich nur von dem Einlösungsrecht der Vormänner die Rede ist, daß aber der Bezogene zu den Vormännern im Sinne dieser Vorschrift nicht gezählt werden kann, zumal er ja auch zu dem Inhaber des Schecks in keiner materiellen Beziehung steht. So auch Buff S. 99; Simonson S. 106; wohl auch Kuhlenbeck S. 82.

Insofern ein förmlicher Protest nicht vorliegt, ist ohne weiteres der Art. 48 WO. dahin zu erweitern, daß neben dem quittierten Wechsel auch die Bescheinigung der Abrechnungsstelle (§ 16 Abs. 1 Zahl 2) gefordert werden kann. Da die Erklärung des Bezogenen (§ 16 Abs. 1 Zahl 1) auf den Scheck selbst zu setzen ist, so ist eine gesonderte Erwähnung hinsichtlich dieser Erklärung nicht notwendig.

IV. Umfang der Regreßforderung.

Über die Rechtsnatur des Regreßanspruchs vgl. RG. 77, 185. Die anzuwendenden Vorschriften der WO. lauten:

Art. 50: Die Regreßansprüche des Inhabers, welcher den Wechsel mangels Zahlung hat protestieren lassen, beschränken sich auf:

1. die nicht bezahlte Wechselsumme nebst sechs[1]) Prozent jährlicher Zinsen vom Verfalltag ab;
2. die Protestkosten und andere Auslagen;
3. eine Provision von ein Drittel Prozent.

Die vorstehenden Beträge müssen, wenn der Regreßpflichtige an einem anderen Orte als dem Zahlungsorte wohnt, zu demjenigen Kurse gezahlt werden, welchen ein

---

[1]) Jetzt vgl. das Gesetz über die Wechsel- und zinsen vom 3. Juli 1925 — RGBl. I S. 93.

§ 1. Der Zinssatz der nach Artikel 50, 51 der Wechselordnung und § 17 des Scheckgesetzes zu entrichtenden Zinsen beträgt für die Zeit von dem Inkrafttreten dieses Gesetzes ab bis auf weiteres zwei vom Hundert über dem jeweiligen Reichsbankdiskontsatz, mindestens aber sechs vom Hundert.

Jede neue Festsetzung des Reichsbankdiskontsatzes tritt für dieses Gesetz am zweiten Tage nach der Veröffentlichung durch die Reichsregierung im Reichsgesetzblatt in Kraft.

§ 2. Dieses Gesetz tritt mit dem auf die Verkündung folgenden Tage in Kraft.

Berlin, den 3. Juli 1925.

Unterschriften.

Die zur Zeit des Abschlusses dieses Buches (Juli 1926) geltende Bestimmung ist die Vierte Bekanntmachung über die Wechsel- und Scheckzinsen vom 7. Juli 1926 (RGBl. I S. 402).

Auf Grund des § 1 des Gesetzes über die Wechsel- und Scheckzinsen vom 3. Juli 1925 (RGBl. I S. 93) wird hiermit bekanntgemacht:

Der für die Berechnung der nach Artikel 50, 51 der Wechselordnung und § 17 des Scheckgesetzes zu entrichtenden Zinsen maßgebliche Reichsbankdiskontsatz ist auf 6 vom Hundert festgesetzt worden.

Berlin, den 7. Juli 1926.

Der Reichsminister der Justiz
In Vertretung
Dr. Joël

vom Zahlungsorte auf den Wohnort des Regreßpflichtigen gezogener Wechsel auf Sicht hat. Besteht am Zahlungsorte kein Kurs auf jenen Wohnort, so wird der Kurs nach demjenigen Platze genommen, welcher dem Wohnorte des Regreßpflichtigen am nächsten liegt. Der Kurs ist auf Verlangen des Regreßpflichtigen durch einen unter öffentlicher Autorität ausgestellten Kurszettel oder durch das Attest eines vereideten Mäklers oder in Ermangelung dessen, durch ein Attest zweier Kaufleute zu bescheinigen.

Art. 51: Der Indossant, welcher den Wechsel eingelöst oder als Remisse erhalten hat, ist von einem früheren Indossanten oder von dem Aussteller zu fordern berechtigt:

1. die von ihm gezahlte oder durch Rimesse berichtigte Summe nebst sechs [1]) Prozent jährlicher Zinsen vom Tage der Zahlung;
2. die ihm erstandenen Kosten;
3. eine Provision von ein Drittel Prozent.

Die vorstehenden Beträge müssen, wenn der Regreßpflichtige an einem anderen Orte als der Regreßnehmer wohnt, zu demjenigen Kurse gezahlt werden, welchen ein vom Wohnorte des Regreßnehmers auf den Wohnort des Regreßpflichtigen gezogener Wechsel auf Sicht hat. Besteht im Wohnorte des Regreßnehmers kein Kurs auf den Wohnort des Regreßpflichtigen, so wird der Kurs nach demjenigen Platze genommen, welcher dem Wohnorte des Regreßpflichtigen am nächsten liegt. Wegen der Bescheinigung des Kurses kommt die Bestimmung des Artikel 50 zur Anwendung.

Art. 52: Durch die Bestimmungen der Artikel 50 und 51 Nr. 1 und 3 wird bei einem Regresse auf einen ausländischen Ort die Berechnung höherer dort zulässiger Sätze nicht ausgeschlossen.

Aus dem Wechsel- und Scheckzinsengesetz ergibt sich, daß der Schuldner nur „zur Zahlung von Zinsen in Höhe von 2 % über den jeweiligen Reichsbankdiskontsatz, mindestens jedoch 6 %" verurteilt werden kann; vgl. Daniel in DJZ. 30, 1735.

Zu erwähnen ist, daß auch der Inhaber eines Inhaberschecks, der ihn auf Grund seiner Haftung aus § 15 Abs. 2 im Regreßwege eingelöst hat, in gleicher Weise wie ein Indossant im Sinne des Art. 51 WO. zu behandeln ist. Er kann also gegen den früheren Namensskribenten oder gegen den Aussteller die im Art. 51 erwähnten Rechte geltend machen, auf die Rechte aus Art. 50 ist er nicht beschränkt. Vgl. auch Henschel S. 54; Buff S. 100; Merzbacher S. 67.

Über den Regreß wegen eines nicht eingelösten Verrechnungsschecks vgl. oben § 14 III 5 S. 180.

---

[1]) Vg. oben S. 232 Anm. 1.

V. Befugnis zur Ausstreichung von Indossamenten.

Art. 55: „Jeder Indossant, der einen seiner Nachmänner befriedigt hat, kann sein eigenes und seiner Nachmänner Indossament ausstreichen."

Auch hier ist zu erwähnen, daß als Vormann nicht nur der Indossant eines Orderschecks, sondern auch der Namensskribent eines Inhaberschecks in Betracht kommt. Ebenso Simonson S. 107.

„Mit dieser Bestimmung soll der Inhaber, der den Scheck eingelöst und darauf sein eigenes Rückgriffsrecht ausgeübt und damit den Scheck wieder aus der Hand gegeben hat, gegen neue Rückgriffsansprüche geschützt werden." Simonson S. 107.

Sprungregreß. Einwendungen. § 18.

(1) Der Inhaber des Schecks kann sich wegen seiner ganzen Regreßforderung an alle Verpflichtete oder auch nur an einige oder einen halten, ohne dadurch seinen Anspruch gegen die nicht in Anspruch genommenen Verpflichteten zu verlieren. Es steht in seiner Wahl, welchen Verpflichteten er zuerst in Anspruch nehmen will.

(2) Dem Inhaber des Schecks kann der Schuldner nur solche Einwendungen entgegensetzen, welche die Gültigkeit seiner Erklärung in dem Scheck betreffen oder sich aus dem Inhalte des Schecks ergeben oder ihm unmittelbar gegen den Inhaber zustehen.

E. 1892 § 16; vorl. E. § 17; österr. § 17 und § 21 Zahl 6.

Inhalt.

I. Sprungregreß mit ius variandi (Absatz 1).

Der Absatz 1 des § 18 überträgt das im Art. 81 WO. aufgestellte und auch im Art. 49 WO. niedergelegte Prinzip der Solidarhaft aller Wechselverpflichteten auf das Recht des Schecks. „Dem Scheckinhaber verbleibt", wie die Begr. S. 31 bemerkt, „in gleicher Weise wie dem Wechselinhaber das Wahlrecht, wen er zuerst in Angriff nehmen will. Er hat die Wahl, seine vollen Regreßrechte entweder gegen einen oder mehrere unter den Regreßpflichtigen oder gegen alle gleichzeitig auszuüben. Er kann von der Verfolgung des gegen einen Regreßpflichtigen geltend gemachten Anspruches absehen und gegen einen anderen Regreß ergreifen." Wie beim Wechsel, so hat demnach auch beim Scheck der regreßberechtigte Inhaber das Recht, jeden Regreßverpflichteten (Indossanten, Namensskribenten, Aussteller) auf das Ganze in Anspruch zu nehmen. Diese sind Solidarschuldner gegenüber dem regreßberechtigten Scheckinhaber, sie haften, und zwar ein jeder aus seinem besonderen Skripturakt und für sich allein. Der Regreßberechtigte ist nicht an die Reihenfolge der Indossamente oder Namensskripturen gebunden, er kann ohne weiteres alle Verpflichteten zusammen angreifen oder nur einen von ihnen (Sprungregreß). Staub-Stranz Art. 49 Anm. 3a.

Durch das Vorgehen gegen den einen verliert er seine Ansprüche gegen die nicht in Anspruch genommenen Verpflichteten nicht. Der Regreßberechtigte ist durch die getroffene Wahl nicht gebunden, vielmehr kann er, wenn er z. B. von dem entfernteren Vormann oder dem Aussteller Befriedigung wegen seines Anspruches nicht erlangt hat, auf einen übersprungenen Vormann zurückgreifen (Variationsrecht).

Die Haftung der Regreßschuldner ist nach dem Grundsatz des § 421 BGB. geregelt: „Schulden mehrere eine Leistung in der Weise, daß jeder die ganze Leistung zu bewirken verpflichtet, der Gläubiger aber die Leistung nur einmal zu fordern berechtigt ist (Gesamtschuldner), so kann der Gläubiger die Leistung nach seinem Belieben von jedem der Schuldner ganz oder zu einem Teile fordern. Bis zur Bewirkung der ganzen Leistung bleiben sämtliche Schuldner verpflichtet." Zu weit geht Kuhlenbeck S. 84, wenn er bemerkt, daß aus der Regelung des § 18 Abs. 1 und der Anwendbarkeit des § 421 BGB. die subsidiäre Anwendbarkeit auch der weiteren Bestimmungen des BGB. über Gesamtschuldenverhältnisse folgt, BGB. §§ 422—425. Die Anwendbarkeit dieser Vorschriften ist im Hinblick auf die besondere Natur der Regreßverpflichtungen nicht ohne weiteres gegeben. So greift vor allem der § 422 BGB. nicht Platz. Nach dieser Gesetzesstelle wirkt die Erfüllung durch einen Gesamtschuldner auch für die übrigen Schuldner. Für den Scheckregreß trifft dies nicht zu. Denn bezahlt einer der Regreßschuldner, so befreit er dadurch nur sich und seine Nachmänner von der Regreßhaftung, nicht auch seine Vormänner. Vgl. Conrad, Handb. S. 268; Simonson S. 108; vor allem Staub-Stranz Art. 81 WO. Anm. 1 ff. Auch § 426 BGB. findet keine Anwendung. Zutreffend führt bezüglich dieser Bestimmung Kuhlenbeck S. 84 aus, daß das hier eingeführte Regreßverhältnis unter den Gesamtschuldnern durch das sonderrechtliche Regreßrecht des Scheckgesetzes, das eben das Verhältnis unter den Gesamtschuldnern regele, ausgeschlossen sei. „Ein Regreß aus dem Regreß würde einer Schraube ohne Ende gleichen."

II. Einwendungen (Absatz 2).

Der E. 1892 und der vorl. E. hatten als Abs. 2 ihres § 16 bzw. § 17 folgende Bestimmung vorgesehen: „Der Schuldner kann sich nur solcher Einreden bedienen, welche ihm aus dem Scheck selbst oder unmittelbar gegen den jedesmaligen Kläger zustehen." Diese Fassung, die im wesentlichen dem Art. 303 Abs. 2 des allgemeinen Deutschen Handelsgesetzbuches entsprach, fand nicht allgemeinen Beifall. Von der Kritik, so von Cohn S. 95 (vgl. auch Hoppenstedt 1907 S. 22), wurde die Fassung für bedenklich erachtet, da sie nicht alle aus dem Scheckrechte selbst hervorgehenden, sondern nur die Einreden zulasse, welche dem Schuldner „aus dem Scheck selbst" zuständen (natürlich neben den Einreden, die ihm gegen den jedesmaligen Kläger gebühren), und es wurde demgemäß empfohlen, den Absatz 2 des nunmehrigen § 18 nach dem Vorbilde des § 364 Abs. 2 HGB. zu formulieren. Das Gesetz hat diesen Bedenken Rechnung getragen und unterscheidet nunmehr — im Anschluß an § 364 Abs. 2 HGB. bzw. Art. 82 WO., aber klarer als dieser; vgl. auch § 784 BGB. — drei Arten von Einwendungen:

1. solche, welche die Gültigkeit der Erklärung des Schuldners im Scheck betreffen,
2. solche, welche sich aus dem Inhalte des Schecks ergeben, und
3. solche, welche dem Schuldner unmittelbar gegen den Inhaber zustehen.

Die ersten beiden Arten der Einwendungen sind absolut (exceptiones in rem); sie greifen gegenüber jedem durch, der Rechte geltend macht, mag er den Scheck auch gutgläubig erworben haben. Ebenso Simonson S. 108. Die Einwendungen der dritten Art sind nur exceptiones in personam.

Das Gesetz spricht von Einwendungen und nimmt diesen Ausdruck als zusammenfassende Bezeichnung sowohl für alle materiellen Gegenrechte, als auch für die lediglich prozessualen Einreden. Endemann, BGB. 1 S. 514. Als Schuldner wird im Sinne des § 18 der Bezogene nicht in Betracht kommen, da nur der Aussteller ein Klagerecht ihm gegenüber besitzt; in ihrem Verhältnisse zu einander sind aber alle Einwendungen möglich.

1. Einwendungen, welche die Gültigkeit der Erklärung des Schuldners in dem Scheck betreffen.

Der Schuldner kann dem Inhaber des Schecks solche Einwendungen entgegensetzen, welche die Gültigkeit seiner Erklärung in dem Scheck betreffen. Es handelt sich hierbei um Einwendungen, welche den objektiven Bestand der Verpflichtung berühren, die aber nicht gerade aus der Urkunde selbst hervorgehen müssen. Diese Kategorie der Einwendungen zählt zu den objektiven (absoluten) Einreden: exceptiones in rem. Hierher gehören z. B. der Einwand der mangelnden Geschäftsfähigkeit des

Schuldners, also der Einwand, der Schuldner sei zur Zeit der Ausstellung, der Indossierung des Schecks oder zur Zeit der Leistung der Namensskriptur geschäftsunfähig, evt. beschränkt geschäftsfähig gewesen (§§ 104 ff. BGB.); ferner der Einwand, daß die Unterschrift auf dem Scheck von einer Person geleistet worden sei, die nicht berechtigt war, den in Anspruch genommenen — angeblichen — Schuldner zu vertreten, weiterhin z. B. der Einwand der Fälschung der Unterschrift.

Für das Wechselrecht nicht unbestritten ist die Frage, inwieweit aus Willensmängeln in rem wirkende Einwendungen hergeleitet werden können; für das Scheckrecht ist diese Frage jedoch im Hinblick auf die klarere Fassung des § 18 Abs. 2 SchG. gegenüber dem Art. 82 WO. eindeutig zu beantworten (im Gegensatz zur ersten Auflage dieses Kommentars). Denn wenn auch der Scheck im wesentlichen Rechtsscheinwirkungen erzielen will, wenn auch die Sicherheit des Scheckverkehrs auf eine Beschränkung der absolut wirkenden Einwendungen hindrängt, so ergibt sich doch bei unbefangener Betrachtung des Wortlauts des Gesetzes, daß wesentliche Willensmängel unter die erste Kategorie der Einwendungen fallen, also absolut wirken. Vgl. hierzu Simonson S. 109; Staub-Stranz, WO. Art. 82 Anm. 25 s. v. Irrtum, Anm. 9 s. v. Betrug, Anm. 68 s. v. Zwang und Anm. 19a s. v. Drohung. Im übrigen wird darauf zu achten sein, daß die allgemeinen Voraussetzungen der §§ 119, 121, 123, 124 BGB. vorliegen; wegen der Folgen einer erfolgreichen Anfechtung ist § 122 BGB. zu beachten.

Über die Einrede des mangelnden Begebungsvertrages vgl. Staub-Stranz Art. 82 Anm. 65, 65a und b, aber auch (für den Inhaberscheck) oben § 4 III 2a S. 93. Vgl. im übrigen zu dieser Frage Staub, HGB. § 364 Anm. 6; Schiebler S. 52; Henschel S. 56; Merzbacher S. 70; Buff S. 102. A. M. z. T. Apt S. 109; Conrad, Handb. S. 269.

Einwendungen, die aus dem der Erklärung zugrunde liegenden Rechtsverhältnisse entnommen sind, z. B. die Einrede, der Scheck sei für eine Spielschuld oder die Einrede, der Scheck sei wegen eines verbotenen Börsentermingeschäftes gegeben worden, begründen keine in rem wirkende Einrede; vgl. RG. 30. 6. 1920 im BankA. 20, 86. So ist auch die Einwendung gegen die Gültigkeit des Schecks, daß er ohne die Einwilligung der Reichsbank (§ 3 Abs. 5 der Bekanntmachung über den Zahlungsverkehr mit dem Auslande vom 8. Februar 1917; RGBl. S. 105) ausgestellt sei, unbeachtlich. OLG. Dresden JW. 1920 S. 911.

Ist dem Bevollmächtigten ein Scheckbuch von dem Kontoinhaber ausgehändigt, so ist dieser als ermächtigt anzusehen, Schecks auszustellen und in den Verkehr zu bringen. Überschreitet der Bevollmächtigte seine Vollmacht, so haftet der Kontoinhaber dem Inhaber des Schecks für die Einlösung, wenn der Scheck mangels ausreichender Deckung im Zeitpunkte rechtzeitiger Vorlegung von der bezogenen Bank nicht eingelöst wurde. Nur dann, wenn der Bevollmächtigte in der dem Empfänger bewußten Absicht, oder doch unter offenbarem, dem Empfänger erkennbaren Mißbrauche seiner Vollmacht dem Interesse des Kontoinhabers zuwidergehandelt hat, entfällt der Regreßanspruch. Vgl. KG. in JW. 1923 S. 237 = BankA. 22 S. 273. Scheckzeichnungen von Sparkassenbeamten ohne ausdrückliche Befugnis machen die Sparkasse bzw. Gemeinde nicht haftbar. OLG. Dresden, SächsOLG. 35 S. 438.

2. Einwendungen, die sich aus dem Inhalte des Schecks ergeben.

Zu den Einwendungen, welche sich aus dem Inhalt der Scheckurkunde ergeben, gehören die Einwendungen, welche Mängel der Form des Schecks betreffen, z. B. Fehlen eines wesentlichen Erfordernisses der Scheckurkunde, §§ 1 und 26 ScheckG., Angabe einer anderen Zahlungszeit als Sicht, § 7; ferner Einwendungen aus einer nachträglichen Veränderung des Textes der Urkunde, z. B. der Einwand der Verfälschung des Schecktextes (die Einwendungen der Zahl 2 können gleichzeitig auch solche sein, welche sich auf die Gültigkeit der Erklärung in der Urkunde beziehen), ferner unter Umständen der Einwand der Zahlung, wenn der Scheck mit Quittung versehen ist; der Einwand des Ausschlusses der Haftung wegen des Vermerkes „ohne Obligo" (§ 15 Abs. 3), der Einwand, daß der Kläger nicht gehörig legitimiert sei (nicht zusammenhängende Indossamentenreihe, § 8 ScheckG. Art. 36 WO.), die Einrede der Verjährung des Regreßanspruches (§ 20). Ein formaler Mangel des Schecks z. B. Fehlen eines Erfordernisses der §§ 1, 26, Verstoß gegen die Scheckklausel, § 7, ist von Amts wegen zu berücksichtigen. Vgl. Henschel S. 57.

3. Einwendungen, die dem Schuldner unmittelbar gegen den Inhaber zustehen.

Die dritte Klasse der Einwendungen bilden diejenigen, welche dem in Anspruch genommenen Schuldner unmittelbar gegen den Inhaber zustehen, sog. persönliche, relative Einreden, exceptiones in personam. Der Schuldner kann also unbeschränkt alle Einwendungen geltend machen, die ihm gegenüber dem jeweiligen Inhaber des Schecks zustehen. Hierher gehören alle Einwendungen, welche sich gegen die Legitimation des Besitzers richten, insoweit nicht schon die zweite Klasse hier in Frage kommt. An dieser Stelle ist zu erwähnen, z. B. die Behauptung, daß der Inhaber den Scheck auf unredlichem Wege erworben habe, oder, daß nur ein Inkassoindossament vorliege, so daß die gegen den Vormann bestehenden Einwendungen zuzulassen seien. Düringer-Hachenburg 2 S. 585. Auch dem Inhaber eines auf den Inhaber gestellten Schecks kann der Schuldner den Einwand des mangelnden Verfügungsrechts entgegen halten. Dieser Einwand wird durch Abs. 2 nicht ausgeschlossen, sondern mit umfaßt. RG. LZ. 1916 S. 570.

In Betracht kommen ferner alle materiell-rechtlichen Einwendungen des Schuldners, welche aus dem zwischen ihm und dem Inhaber des Schecks bestehenden Rechtsverhältnis herrühren. Voraussetzung ist dabei, daß der Inhaber sich durch die Geltendmachung des Schecks ungerechtfertigt bereichern würde, §§ 812, 821 BGB., oder daß die Geltendmachung einen gegen Treu und Glauben verstoßenden Mißbrauch des formalen Rechtes bedeuten würde. Vgl. Staub-Stranz Art. 82 WO. Anm. 3. Hierher gehören z. B. der Differenzeinwand, RG. 51 S. 361, der Einwand, daß die aus dem unterliegenden Rechtsverhältnisse stammende Verpflichtungserklärung wegen Wuchers, überhaupt wegen der unsittlichen oder verbotenen Natur des Geschäftes ungültig sei, daß die Ausstellung des Schecks usw. nur zum Schein erfolgt sei, daß Irrtum, Zwang, Betrug in Mitte liege. Die Einrede der Stundung, des erlassenen Vertrages ist zulässig. Auch die Aufrechnung mit anderen Forderungen ist gegen den Anspruch aus dem Scheck gestattet. Es sind hiernach alle Einreden zulässig, ausgenommen solche aus der Person des Vorbesitzers und sogar diese, wenn ein Inkasso- oder Prokuraindossament oder bloße Zession vorliegt. Unerheblich ist, ob der Erwerber des Schecks beim Erwerb von diesen Einwendungen Kenntnis hatte oder nicht. RG. 102 S. 328. Vgl. Staub, HGB. § 364 Anm. 9 ff.; Düringer-Hachenburg, HGB. 2 S. 585, Simonson S. 110.

Eine Anzahl von Entscheidungen zur dritten Klasse sind bei Simonson S. 111—114 wiedergegeben (Warneyer Erg.-Band 1919 Nr. 17. RG. 96/190. RG. im BankA. XX 86. RG. in JW. 1921 S. 1528). Praktisch wird übrigens zu beachten sein, daß ein großer Teil der Einwendungen dieser Klasse nicht im Urkundenprozeß bewiesen werden kann.

4. Exceptio doli generalis.

Aus Vorstehendem ergibt sich u. a., daß der Schuldner dem legitimierten Inhaber Einwendungen aus der Person eines Vormannes in der Regel nicht entgegenhalten kann. Eine Ausnahme bildet die sog. exceptio doli generalis: wird die formelle und abstrakte Natur des Anspruches aus der Urkunde dazu mißbraucht, um dem Schuldner eine in Rechten begründete Verteidigung abzuschneiden, so kann der Schuldner jedem, der das Papier zu diesem Zwecke erwirbt, den Einwand der Arglist entgegenhalten.

Um diesen Einwand der Arglist zu begründen, ist jedoch erforderlich, daß der Scheckinhaber beim Erwerbe des Schecks eine, wenn auch nicht ins einzelne gehende Kenntnis von jenen Einwendungen hatte, und daß er den Scheck erworben hat, um dem Schuldner die

Einwendungen abzuschneiden (Kollusionsabsicht). Die Kenntnis des Erwerbers, daß dem Verpflichteten seinem Vormann (z. B. einem Spielklub) gegenüber Einwendungen zustehen, die an sich nur diesem gegenüber begründet sind, genügt nicht. RG. 96 S. 191 = Recht 19 Nr. 1844; RG. JW. 20 S. 968 = Recht 21 Nr. 2661 = Recht 19 Nr. 1844; 102 S. 328 = Recht 21 Nr. 2889 = BankA. 22 S. 42; RG. Warn. 22 S. 88 = SeuffA. 77 S. 153. Vgl. im übrigen die Kommentare zu Art. 82 WO., bei Staub-Stranz Art. 82 Anm. 16.

5. Beweislast.

Auch wenn der Scheck nicht in dritte Hand gelangt, obliegt die Beweislast für persönliche Einwendungen aus dem Grundverhältnis voll dem Beklagten. — Für die Scheckklage und die unmittelbaren Einwendungen des Beklagten gilt dasselbe, wie für die Klage aus einem Wechsel und die entsprechenden Einreden aus Art. 82 WO. Obwohl vor Begebung des Schecks die Verpflichtung aus der Urkunde nicht völlig losgelöst ist von dem zugrunde liegenden Rechtsgeschäft, so genügt doch zur Begründung eines auf Absatz 1 gegründeten Anspruchs aus einem Scheck (ebenso wie beim Wechsel) die Berufung auf die Urkunde. Demgegenüber ist es Sache des beklagten Ausstellers, nach Abs. 2 zu behaupten und zu beweisen, daß er aus ihr nicht in Anspruch genommen werden dürfe (RG. 75 S. 201). Ist eine Vereinbarung getroffen, die der Hingabe des Schecks zugrunde liegt, so muß daher der Aussteller beweisen, daß der Gegner diese Vereinbarung nicht erfüllt hat (RG. in JW. 1908 S. 151). Selbst wenn aber der Beklagte dieser Pflicht durch die unbestrittene Behauptung genügt, der Kläger habe die Sicherungsübereignung unterlassen, so bleibt doch noch zu untersuchen, ob und inwieweit etwa die weitere Behauptung und Beweispflicht wiederum den Beklagten trifft, falls diese Sicherungsübereignung etwa nur infolge unberechtigter Sperrung des Schecks unterblieb. RG. im Recht 19 Nr. 352 = LZ. 19 S. 201.

Auch gegenüber der Klage aus einem zur Sicherung der Vertragserfüllung gegebenen Scheck trifft den Beklagten die Beweislast, daß dem Kläger weder ein Erfüllungs- noch ein Schadensersatzanspruch zusteht. RG. in JW. 21, 1523 = BankA. 21, 316 = SeuffA. 76, 345.

§ 19.

Bedingung der Regreßeinlösung. Verlust der Urkunden.

Der Regreßpflichtige ist nur gegen Auslieferung des Schecks, der zum Nachweise der rechtzeitigen Vorlegung und der Nichteinlösung oder des vergeblichen Versuchs der Vorlegung dienenden Urkunden und einer quittierten Rechnung Zahlung zu leisten verbunden.

E. 1892 § 17; vorl. E. § 18; österr. § 17.

Inhalt.

I. Bedingung der Regreßeinlösung.

Während der durch § 17 ScheckG. für entsprechend anwendbar erklärte Art. 48 WO. jedem Regreßschuldner das Recht gibt, gegen Erstattung der Wechselsumme nebst Zinsen und Kosten die Auslieferung des quittierten Schecks und der zum Nachweise der rechtzeitigen Vorlegung und Nichteinlösung oder des vergeblichen Versuches der Vorlegung dienenden Urkunden vom Inhaber zu fordern (jus offerendi), betrifft der § 19 des ScheckG. in Anlehnung an den Art. 54 WO. die Zahlung des Regreßschuldners, an den sich der Inhaber mit dem Zahlungsverlangen wendet. Der Regreßpflichtige braucht gemäß § 19 nur dann zu zahlen, wenn ihm erstens der Scheck selbst ausgeliefert wird, wenn zweitens die zum Nachweise der rechtzeitigen Vorlegung und Nichteinlösung oder des vergeblichen Versuches der Vorlegung dienenden Urkunden ihm mit übergeben werden, und wenn drittens ihm die quittierte Retourrechnung ausgehändigt wird. Jeder Regreßpflichtige hat Anspruch auf diese Urkunden, gleichviel, ob er der Urkunden bedarf oder nicht. „Die Urkunden, deren Herausgabe der Regreßpflichtige verlangen kann, müssen so beschaffen sein, daß er daraufhin in der Lage ist, seinerseits Rückgriffsrechte geltend zu machen.“ Simonson S. 115.

Der Regreßpflichtige ist also zunächst nur gegen Auslieferung des Schecks zur Zahlung verbunden. Anders als im Art. 48 WO. bzw. im § 17 des ScheckG. kann der Regreßschuldner hier eine Quittung auf dem Scheck nicht verlangen.

Die Rechnung (der E. 1892 § 17 und der vorl. E. § 18 sprachen von Retourrechnung) des § 19 muß von dem Regreßnehmer ausgestellt und quittiert sein. Das Datum der Quittung kann, wie Merzbacher S. 72 mit Recht bemerkt, unter Umständen einen wichtigen Beleg für den Beginn der Verjährungsfrist des § 20 Abs. 2 bilden. Auch Conrad, Handb. S. 271 erwähnt, daß die Regreßrechnung datiert sein muß. Entgegen Kuhlenbeck S. 86 ist darauf zu verweisen, daß der § 364 Abs. 3 HGB., demzufolge der Schuldner nur gegen Aushändigung der quittierten Urkunde zur Leistung verpflichtet ist, an dieser Stelle nicht einschlägig ist. Die Leistung der Regreßsumme hat nur Zug um Zug gegen Aushändigung der Urkunden zu erfolgen. Vgl. im übrigen die Kommentare zu Art. 54 WO.

II. Verlust der Urkunden.

1. Verlust des Schecks.

Ist der Scheck abhanden gekommen oder vernichtet, so genügt die Beibringung des im Wege des Aufgebotsverfahrens erlassenen

Ausschlußurteils an Stelle des Schecks. Vgl. RG. 49 S. 141. Für das Wechselrecht ist diese Frage bestritten. Staub-Stranz Art. 73 Anm. 19. Wie hier Henschel S. 58; Schiebler S. 53; Buff S. 104; Conrad, Handb. S. 271; Simonson S. 115; Merzbacher S. 72. Derjenige Regreßpflichtige, der auf Grund des vorgelegten Ausschlußurteils gezahlt hat, ist berechtigt, das Ausschlußurteil seinerseits als Beweismittel gegen seinen Gläubiger zu verwenden, und kann gegen Weitergabe desselben an seinen Vormann Regreßzahlung fordern. So mit Recht Conrad, Handb. S. 271.

2. Verlust des Präsentationsattestes.

Die Frage einer weiteren Ausfertigung des Präsentationsattestes kann praktisch werden, wenn das Präsentationsattest allein auf eine Allonge des Schecks gesetzt war, diese Allonge jedoch verloren gegangen ist. Auch hier ist u. E. eine weitere Ausfertigung des Präsentationsattestes zulässig, ohne daß es erforderlich wäre, diese Allonge als zweite Ausfertigung zu bezeichnen, da sie rechtliche Bedeutung nur mit dem Scheck zusammen und in Verbindung mit diesem erlangen kann.

3. Verlust der Bescheinigung der Abrechnungsstelle.

Fraglich kann sein, ob das abhanden gekommene Original der Bescheinigung einer Abrechnungsstelle durch eine zweite Ausfertigung ersetzt werden kann. Die Frage ist u. E. mit Merzbacher S. 72; Schiebler S. 54; Henschel S. 58; Conrad, Handb. S. 271; Simonson S. 115 zu bejahen. Vorausgesetzt ist jedoch, daß der Tag der Einlieferung zweifelsfrei festgestellt ist.

4. Verlust des Protestes.

Der Verlust des Protestes ist nach Erlaß der Protestnovelle vom 30. Mai 1908 unheilbar, da von dem Protest nur beglaubigte Abschrift zurückbehalten wird (§ 16 ScheckG., Art. 90 WO.) und ein Aufgebot des Protestes nicht vorgesehen ist. Ebenso Simonson S. 115. Diese Tatsache hat jedoch geringe praktische Bedeutung, da der Protest mit der Scheckurkunde gemäß § 16 fest zu verbinden ist.

Verjährung des Regreßanspruchs

§ 20.

(1) Die Regreßansprüche gegen den Aussteller und die übrigen Vormänner verjähren, wenn der Scheck in Europa mit Ausnahme von Island und den Faröern zahlbar ist, in drei Monaten, andernfalls in sechs Monaten.

(2) Die Verjährung beginnt gegen den Inhaber des Schecks mit dem Ablaufe der Vorlegungsfrist, gegen jeden Indossanten, wenn er, bevor eine Klage gegen ihn erhoben worden

ist, gezahlt hat, mit der Zahlung, in allen übrigen Fällen mit der Erhebung der Klage.

E. 1892 § 18; vorl. E. § 19; österr. § 18.

Inhalt.

I. Vorbemerkung.

Die im § 20 behandelte Verjährung betrifft die Regreßansprüche gegen den Aussteller und die übrigen Vormänner. Die hier vorgesehenen Fristen schließen sich mit einigen Vereinfachungen den Vorschriften der Art. 78 und 79 WO. an. Die kurze Verjährung der Regreßansprüche auch gegen den Aussteller wird im Hinblick auf die Notwendigkeit der raschen Abwicklung allgemein gebilligt. Fick S. 416; Cohn S. 96 mit Lit. in Note 157; Älteste S. 29; v. Canstein S. 192ff. Der § 20 behandelt sowohl die Regreßansprüche des letzten Indossatars eines Orderschecks bzw. des letzten Inhabers eines Inhaberschecks, als auch die Regreßansprüche jedes einlösenden Indossanten bzw. Namensskribenten. Es handelt sich um eine echte Verjährung, nicht um eine Präklusivfrist (vgl. Staub-Stranz, WO.[10] Art. 78 Anm. 3); sie ist daher auch einredeweise vorzubringen und nicht von Amts wegen zu berücksichtigen.

II. Beginn der Verjährung (Absatz 2).

1. Gegen den letzten Inhaber.

Die Verjährung beginnt gegen den Inhaber des Schecks mit dem Ablaufe der Vorlegungsfrist (§ 11). Von Hoppenstedt S. 24 ist diese Bestimmung mit dem Hinweis darauf beanstandet worden, daß der Art. 78 Abs. 2 WO. die Verjährung mit dem Tage der Protesterhebung beginnen lasse, während nach dem Scheckgesetz die Verjährungsfrist mit dem Ablauf der Vorlegungsfrist, also unter Umständen später beginne, und zwar für den Fall, daß der Scheck im Anfang seiner Laufzeit vorgelegt und protestiert ist, mehrere Tage später. Hoppenstedt meint, daß keine Veranlassung vorliege, diese mit einander nicht übereinstimmenden Vorschriften zu treffen. In der Tat beginnt nach dem österr. Gesetz § 18 die Verjährung gegen den Indossanten mit dem Tage, an welchem der Protest erhoben, oder das Präsentationsattest oder die Bescheinigung der Abrechnungsstelle erteilt worden ist. Allein mit Cohn S. 96 ist die Regelung des deutschen Gesetzes durchaus zu billigen, da sie alle Fälle — auch den des Protesterlasses — in gleicher Weise regelt, ohne zu den Kontroversen, die aus Art. 78 WO. entsprungen sind (vgl. Staub-Stranz Art. 78 Anm. 3 WO.), Anlaß zu geben.

Die Verjährungsfrist beginnt, wie erwähnt, mit dem Ablauf der Vorlegungsfrist (§ 11). Der Ablauf der Vorlegungsfrist kann nur als „Ereignis" im Sinne des § 187 Abs. 1 BGB. aufgefaßt werden. Wenn also zum Beispiel der Scheck am 2. eines Monats ausgestellt ist und die Vorlegungsfrist gemäß § 11 Abs. 1 am 12. des Monats abgelaufen ist, so beginnt der Lauf der Verjährung am 13. des Monats (vgl. § 187 Abs. 1 BGB., nicht — wie in der 1. Auflage dieses Kommentars — Abs. 2 Satz 1); ebenso Merzbacher S. 73; Conrad S. 215; Simonson S. 117.

Fällt der letzte Tag der Vorlegungsfrist auf einen Sonntag oder allgemeinen Feiertag, so tritt an dessen Stelle der nächstfolgende Werktag (§ 11 Abs. 3). Die Verjährungsfrist beginnt also erst an dem auf diesen Werktag folgenden Tage (streitig; ebenso Simonson S. 117 aus zutreffenden Gründen).

2. Gegen jeden Indossanten.

Die Verjährung beginnt gegen jeden Indossanten, welcher den Scheck im Regreßwege eingelöst hat, mit der Zahlung, d. h. gemäß § 187 Abs. 1 BGB. am Tage nach erfolgter Zahlung, vorausgesetzt, daß er freiwillig gezahlt hat, daß also eine Klage gegen ihn noch nicht erhoben ist. Als Indossant im Sinne dieser Vorschrift ist auch der Namensskribent des Inhaberschecks zu behandeln (§ 15 Abs. 2).

Im Falle nicht freiwilliger Zahlung beginnt die Verjährung mit der Erhebung der Klage.

„Der mit der Klage in Anspruch Genommene muß sich, wenn er weiter Rückgriff nehmen will, gegen die Verjährung schützen. Um weiteren Rückgriff, insbesondere im Scheckprozeß, nehmen zu können, muß er die erforderlichen Urkunden, also den Scheck nebst Erklärung des Bezogenen oder Bescheinigung der Abrechnungsstelle oder Protest, haben, da er sie gemäß § 593 Abs. 2 ZPO. in Urschrift oder in Abschrift der Klage oder einem vorbereitendem Schriftsatze beifügen muß. Das kann er erst nach gegen ihn durchgeführter Klage. Da aber selbst bei dem beschleunigten Verfahren des Urkundenprozesses, zumal dessen Umleitung in das ordentliche Verfahren zulässig ist, mit der starken Möglichkeit der Nichterledigung in der kurzen regelmäßigen Verjährungsfrist von drei Monaten gerechnet werden muß, so muß der Beklagte, der weiter einen Vormann in Anspruch nehmen will, alsbald geeignete Schritte zur Unterbrechung der Verjährung unternehmen. Als solche gibt § 209 BGB. an die Hand die Zustellung eines Zahlungsbefehls im Mahnverfahren, die Anmeldung des Anspruchs im Konkurs, die Streitverkündung in dem Rechtsstreite, von dessen Ausgang der Anspruch abhängt. Zu erwägen wäre, ob es einer Unterbrechung der Verjährung deshalb nicht bedarf, weil der vom Beklagten in Anspruch zu Nehmende so lange zur Verweigerung der Leistung berechtigt wäre, als der Beklagte zur Zugumzugleistung gemäß § 19 ScheckG., d. h. zur Auslieferung des Schecks und der dort genannten sonstigen Urkunden, außerstande ist, die Verjährung somit gemäß § 202 BGB. gehemmt wäre (RGZ. Bd. 80 S. 216)." Simonson S. 118. Im übrigen vgl. zu den Einzelheiten die Kommentare zu Artt. 78, 79 WO. und §§ 187 Abs. 1, 188 Abs. 2 BGB.

III. Ende der Verjährung (Absatz 1).

Das Ende der Verjährung hängt von der Lage des Zahlungsortes (§ 5) ab. Liegt der Zahlungsort in Europa mit Ausnahme von Island und den Faröern, so endet die Verjährung drei Monate, andernfalls sechs Monate nach ihrem Beginn. Ist ein Zahlungsort nicht angegeben, so ist der Ausstellungsort maßgebend (§ 5 Satz 3). „Da der Zahlungsort des Schecks maßgebend ist, bestimmen sich die Fristen gegenüber einem, der im Rückgriff eingelöst hat, nicht etwa nach dem Ort, an dem der von diesem in Anspruch Genommene zu zahlen hätte." Simonson S. 116.

Die Verjährungsfrist endigt mit dem Ablaufe desjenigen Tages des letzten Monats, welcher dem Tag vorhergeht, der durch seine Benennung oder seine Zahl dem Anfangstag der drei- bzw. sechsmonatlichen Frist entspricht. Vgl. § 188 Abs. 2 BGB.

Fällt der letzte Tag der Verjährungsfrist auf einen Sonntag oder staatlich anerkannten allgemeinen Feiertag, so kann es fraglich sein, ob an die Stelle des Sonntages oder allgemeinen Feiertages der nächstfolgende Werktag tritt. Mit Staub-Stranz Art. 77 Anm. 10 WO. ist jedoch anzunehmen, daß der Lauf der Verjährungsfrist nicht dadurch verlängert wird, daß das Ende auf einen Sonn- oder Feiertag fällt. Die Klage muß in diesem Falle am vorhergehenden Tage zugestellt werden. Merzbacher S. 73 mit Lit.; RGR. § 193 Anm. 1; Simonson S. 117. Vgl. aber Staudinger, BGB. § 193 Note 1 mit Lit.

Für die Verjährung kommen im übrigen die Vorschriften des BGB., mangels besonderer Vorschriften im Scheckgesetz, zur Anwendung. Vgl. Kuhlenbeck S. 86; Cohn S. 97; Merzbacher S. 74; Apt 116; Schiebler S. 55; Buff S. 105. Dies gilt insbesondere für die Hemmung und die Unterbrechung der Verjährung. Was die Wirkung der Vollendung der Verjährung anlangt, so ist einschlägig § 222 BGB., wonach nach Vollendung der Verjährung der Verpflichtete berechtigt ist, die Leistung zu verweigern. Das zur Befriedigung eines verjährten Anspruches Geleistete kann jedoch nicht zurückgefordert werden, auch dann nicht, wenn die Leistung in Unkenntnis der Verjährung bewirkt worden ist. Das gleiche gilt von einem vertragsmäßigen Anerkenntnis sowie einer Sicherheitsleistung des Verpflichteten. Durch den Eintritt der Verjährung wird nicht nur ein bestimmter Vormann, vielmehr werden alle Indossanten befreit. Der Aussteller jedoch bleibt dem Bereicherungsanspruch des Inhabers gemäß § 21 ScheckG. ausgesetzt. Vgl. Conrad, Handb. S. 216.

Bereicherungsanspruch. **§ 21.**

Der Aussteller, dessen Regreßverbindlichkeit durch Unterlassung rechtzeitiger Vorlegung oder durch Verjährung erloschen ist, bleibt dem Inhaber des Schecks so weit verpflichtet, als er sich mit dessen Schaden bereichern würde.

E. 1892 § 19; vorl. E. § 20; österr. § 19.

Inhalt.

I. Vorbemerkung.

Ein Scheck, der nicht innerhalb der Vorlegungsfrist dem Bezogenen zur Zahlung vorgelegt und nicht rechtzeitig mangels Zahlung zu Protest gegangen oder von dem Bezogenen oder der Abrechnungsstelle als nicht bezahlt bestätigt worden ist, kann keine Grundlage für die Entstehung von Regreßverbindlichkeiten des Ausstellers oder des Indossanten oder des Namensskribenten bilden. Ein solcher Scheck ist präjudiziert, er ist als Scheck bedeutungslos und behält im Regelfalle weder als Schuldschein des Ausstellers noch als Anweisung (a. M. Kuhlenbeck S. 87) Bedeutung. Er kommt höchstens noch als Beweismittel in Betracht. Vgl. Staub-Stranz, WO. Art. 83 Anm. 34. Das gleiche gilt für einen Scheck, aus dem die Regreßansprüche gegen den Aussteller und die übrigen Vormänner verjährt sind, (vgl. § 20). Die kurze Vorlegungsfrist des Scheckgesetzes und die knapp bemessenen Verjährungsfristen bilden eine treibende Kraft, den Lauf eines Schecks und die Ausübung der durch ihn und mit ihm gegebenen Rechte zu beschleunigen. Infolge dieser Fristen aber, bzw. durch ihre Versäumung, kann dem Inhaber des Schecks ein Schaden zugehen, der an sich eine Bereicherung des regreßpflichtigen Ausstellers darstellen würde. Unter Bezugnahme auf Kohler, Enzykl. 1 S. 704; Dernburg, BGB. 2 S. 678, weist Cohn S. 98 mit Recht darauf hin, daß die Rechtsordnung in dem Bereicherungsanspruch hier eine Selbstkorrektur biete. Ist der Scheck nicht rechtzeitig vorgelegt worden, oder ist die Regreßverbindlichkeit durch Verjährung erloschen, so werden die Indossanten von der Verbindlichkeit aus dem Papier befreit. Der Aussteller bleibt aber dem Inhaber des Schecks noch insoweit verpflichtet, als er sich mit dessen Schaden bereichern würde. Dies entspricht dem Art. 83 WO., Begr. S. 31.

Der Bereicherungsanspruch ist streng subsidiär, d. h. nur dann gegeben, wenn ein Zurückgehen auf das der Hingabe des Schecks zugrunde liegende Rechtsverhältnis nicht möglich ist.

Der Anspruch „ist weder eine zivilrechtliche Schadensersatzforderung, noch ein zivilrechtlicher Anspruch aus der ungerechtfertigten Bereicherung (§§ 812 ff. BGB., condictio), noch ein Anspruch aus dem dem Wechselzuge zugrunde liegenden Rechtsgeschäfte, noch endlich ein selbständiger Anspruch, dessen Bestandteile eine Vereinigung von wechselrechtlichen und zivilrechtlichen Elementen sind. Der Anspruch ist vielmehr ein wechselrechtlicher, d. h. ein lediglich durch den Art. 83 geschaffener, mit genauen in ihm geregelten Voraussetzungen" (Staub-Stranz, WO. Art. 83 Anm. 1). Diese Eigenart zeigt sich auch darin, daß, während für die ungerechtfertigte Bereicherung des BGB. die Bereicherung, damit die Klage Erfolg hat, zurzeit der Klageerhebung vorhanden sein muß, dies für den Anspruch aus § 21 ScheckG. nicht gilt. Für diesen Anspruch kommt, wie das Reichsgericht zu Art. 83 WO. ausgesprochen hat (RGZ. Bd. 44 S. 79), nur der Sachverhalt zurzeit des Eintritts der Verjährung (oder der sonstigen Präjudizierung) der Wechselklage in Betracht, für die die Bereicherungsklage Ersatz bieten soll. Unmöglich könne die zu diesem Zeitpunkte nicht begründet gewesene Bereicherungsklage nachträglich bei späterem Eintritte einer der Voraussetzungen aufleben. Simonson S. 119. Diese rein scheckliche Haftung wird auch aus dem Verkauf eines Schecks begründet. Wenn dem Käufer eines Schecks in Erfüllung des Kaufsgeschäfts ein echter formgerechter Scheck übergeben ist, so kann er gegen den Verkäufer, wenn dieser im Schecknexus steht, im Falle der Präjudizierung oder Verjährung nur einen scheckrechtlichen Bereicherungsanspruch geltend machen. RG. in JW. 1926 S. 362 = RG. 112, 46.

II. Die Parteien.

1. Aktivlegitimation.

Aktiv legitimiert für die Bereicherungsklage ist nur der Inhaber des Schecks, der oder dessen Rechtsvorgänger die rechtzeitige Vorlegung versäumt oder den Scheck haben verjähren lassen. Vgl. RG. in ZHR. 31 S. 427; Simonson S. 120; Staub-Stranz, WO. Art. 83 Anm. 15.

2. Passivlegitimation.

Der Bereicherungsanspruch richtet sich gegen den Aussteller, dessen Regreßverbindlichkeit erloschen ist, aber auch nur gegen diesen. Vgl. OLG. Hamburg in HansRZ. 1924 S. 693. Die Gewährung des Bereicherungsanspruches gegen die Indossanten war de lege ferenda für erwägenswert bezeichnet worden; in Übereinstimmung mit der WO. blieb aber der § 21 auf die Klage gegen den Aussteller beschränkt. Ob und inwieweit etwa ein zivilrechtlicher Anspruch gegen die Indossanten noch gegeben ist, steht dahin. Aus § 21 ist jedenfalls ein Anspruch gegen die Indossanten nicht herzuleiten. Vgl. Rehbein, WO. Art. 83 Note 6; Staub-Stranz Art. 83 Anm. 34a. Nach Conrad, Handb. S. 278 soll hier die bürgerlich-rechtliche Bereicherungsklage (§§ 812 ff. BGB.) angängig sein. Vgl. Lehmann, Lehrb. S. 687.

III. Voraussetzungen der Bereicherungsklage.

Voraussetzung des Anspruches aus § 21 ist, außer einem gültigen Scheck (vgl. unten V S. 250 — oder Ausschlußurteil; Simonson S. 121), daß die Regreßverbindlichkeit des Ausstellers erloschen bzw. nicht entstanden ist. Der Regreßanspruch ist nicht entstanden, wenn die rechtzeitige Vorlegung (§ 11) unterlassen wurde, er ist erloschen, wenn die Verjährungsfrist des § 20 fruchtlos abgelaufen ist.

1. Schaden des Inhabers.

Unter der Voraussetzung, daß die Regreßverbindlichkeit des Ausstellers erloschen bzw. nicht entstanden ist, bleibt er dem Inhaber des Schecks soweit verpflichtet, als er sich mit dessen Schaden bereichern würde. Der Schaden des Inhabers besteht darin, daß er durch die Verjährung oder Präjudizierung des Schecks den Anspruch aus dem Scheck verloren hat. Es muß aber nicht bloß dieser Anspruch gegen den Aussteller verloren, sondern es muß der Betrag des Schecks rechtlich oder tatsächlich auch auf andere Weise uneinbringlich sein. Vgl. Staub, WO. Art. 83 Anm. 5 ff. Da der Scheck im Regelfalle zahlungshalber gegeben ist, so hat der Scheckinhaber, solange er den Scheckbetrag mittels der Vertragsklage einziehen kann (darüber s. Anhang zu § 3 III S. 84), keinen Schaden erlitten. Solange das Zurückgehen auf das ursprüngliche Rechtsverhältnis Erfolg verspricht, ist daher die Voraussetzung des § 21, ein Schaden des Inhabers, nicht gegeben. Vgl. Älteste S. 30; Centralv. S. 20; Simonson, DJZ. 1907 S. 1000; Cohn S. 101; Conrad, Handb. S. 276. Die Vertragsklage ist nicht gegeben, wenn die Hingabe des Schecks an Zahlungs Statt erfolgte. (Vgl. z. B. Kammergericht vom 6. Juni 1890, GoltdArch. 38 S. 82). Das zugrunde liegende Schuldverhältnis ist in diesem Falle erloschen. Ein Zurückgehen auf das ursprüngliche Verhältnis ist ferner nicht möglich bei der Diskontierung (dem Kauf) eines Schecks, da dieses Geschäft mit Geben und Nehmen des Schecks sich erledigt. Vgl. im übrigen Staub-Stranz, WO. Art. 83 Anm. 7 u. Anm. 28 ff.; RG. 48 S. 139, 93 S. 24. Simonson S. 121.

2. Bereicherung des Ausstellers.

Was unter Bereicherung zu verstehen ist, ist bestritten. Nach der herrschenden Meinung (vgl. Riesser Bem. S. 27); Henschel S. 61; Conrad, Handb. S. 277 u. a.) kann eine Bereicherung nur dann angenommen werden, wenn der Aussteller für die Hingabe des Schecks einen Vermögenswert erhalten hat (z. B. durch Lieferung von Waren), seinerseits aber den durch Scheck angewiesenen Betrag durch Zahlungsverweigerung des Bezogenen und Wegfall der Regreßpflicht in seinem Vermögen behalten hat. Eine Bereicherung des Ausstellers liegt demnach immer dann vor, wenn ein Scheck, den der Aussteller begeben hat, dem Konto des Ausstellers nicht belastet worden ist. Vgl. aber auch Merzbacher S. 79 und Kuhlenbeck S. 89: Bei einem für fremde Rechnung begebenen Scheck kann der Aussteller bereichert sein durch sein Recht gegen einen dritten, es kann aber auch nur der dritte bereichert sein, gegen welch letzteren lediglich aus § 812 BGB. zurückgegriffen werden darf. Der Aussteller, der den Scheck unentgeltlich begeben hat, kann im Regelfalle nicht als bereichert gelten.

Für die Berechnung der Bereicherung kommt in Betracht, ob und inwieweit sich der Scheckinhaber den Verlust in Anrechnung bringen lassen muß, den der Aussteller infolge der unterbliebenen oder verspäteten Präsentation erlitten hat. Diese Frage ist verschieden von dem Fall der Anrechnung des von dem Inhaber zu vertretenden Verlustes des Vormannes bei dem zivilrechtlichen Rückgriff. (Siehe Anhang zu § 3 III S. 84 f.) Für die Berechnung der Bereicherung erscheint es selbstverständlich, daß der Aussteller, der z. B. in der Zwischenzeit durch Konkurs des Bezogenen sein Scheckguthaben eingebüßt hat (Centralv. S. 20) nicht als bereichert gelten kann. Die Bereicherung wird in Höhe des Verlustes kompensiert. Henschel S. 61 und Cohn S. 101/102 mit Lit. in Note 171—173; Conrad, Handb. S. 277; Simonson S. 122; zweifelhaft Merzbacher S. 79.

IV. Beweislast.

Was die Beweislast anlangt, so ist zu erwähnen, daß der E. 1892 im § 19 Abs. 2 und der vorl. E. im § 20 Abs. 2 die Bestimmung enthielt: „Der Aussteller gilt bis zum Beweise des Gegenteils als in Höhe des Scheckbetrages bereichert.“ Die im Gesetz durchgeführte Streichung dieser Präsumtion ist auf die Kritik Riessers, BankA. 7 S. 280 Note 10a (Bem. S. 27, vgl. auch Hoppenstedt 1907 S. 24) zurückzuführen, der darauf hinwies, daß der Scheckinhaber wenig Interesse daran hätte, die Präsentationsfrist einzuhalten, wenn er auch nach deren Ablauf diese durch jene Präsumtion ihm so überaus bequem gemachte und sofern sie bestehen bleibt, wohl auch im Urkunden- (wenn auch nicht im Wechsel-) Prozeß durchführbare Bereicherungsklage gegen den Aussteller erheben könne. So auch Centralv. S. 21, dagegen Cohn S. 99 f.

V. Die Klage.

Der Anspruch aus § 21 geht auf Zahlung (Merzbacher S. 79) und verjährt gemäß § 22 in einem Jahre seit der Ausstellung des Schecks.

Das Klagerecht aus § 21 ist ein durch das Scheckgesetz geschaffener Anspruch, der einen gültigen Scheck voraussetzt. Der Scheck muß nicht nur formell gültig gewesen sein, es durften ihm vielmehr auch materiell nicht Einwendungen entgegenstehen, aus denen sich ergibt, daß der Inhaber in Wahrheit keinen Anspruch aus dem Scheck gehabt hat. (Staub-Stranz Art. 83 Anm. 2; vgl. auch Apt S. 119; Merzbacher S. 79; Schiebler 56; Buff S. 110.) Die für das Wechselrecht streitige Frage, ob beim Bereicherungsanspruch die Prozeßform des Wechselprozesses zugelassen ist oder nicht (vgl. Staub-Stranz, WO. Art. 83 Anm. 22) entfällt hier, da nach § 28 Abs. 3 nur für die Geltendmachung von Regreßansprüchen die den Wechselprozeß betreffenden einschlägigen Vorschriften der ZPO. entsprechende Anwendung finden; der Urkundenprozeß findet also nicht statt; ebenso Simonson S. 123; vgl. auch Riesser im BankA. 6 S. 270.

Verjährung des Bereicherungsanspruchs und des Anspruchs geg. den Bezogenen wegen Nichtbeachtung der Verrechnungsklausel.

§ 22.

In den Fällen des § 14 Abs. 2 und des § 21 verjährt der Anspruch in einem Jahre seit der Ausstellung des Schecks.

E. 1892 § 21; vorl. E. § 22; österr. —.

Die rasche Abwicklung, welche das Lebenselement des durch den Scheckverkehr vermittelten Zahlungsverkehres bildet, erheischt auch für den Anspruch gegen den Bezogenen wegen Nichtbeachtung der Verrechnungsklausel (§ 14 Abs. 2) und gegen den Aussteller auf Herauszahlung seiner Bereicherung (§ 21) kurze Verjährungsfristen. Für die erwähnten Fälle ist daher eine einjährige Frist vorgesehen. Begr. S. 32. Vgl. auch Cohn S. 97.

Der Anspruch verjährt in einem Jahre seit der Ausstellung des Schecks. Die Ausstellung des Schecks erhellt aus der Angabe des Ausstellungstages gemäß § 1 Zahl 4. Der auf dem Scheck angegebene Tag ist der Ausstellungstag, von dem ab die einjährige Verjährungsfrist läuft; ihr Lauf beginnt also gemäß § 187 Abs. 1 BGB. mit dem Beginn des folgenden Tages. Der Beweis, daß der Scheck tatsächlich vor oder nach dem auf demselben angegebenen Ausstellungstage ausgestellt worden ist, ist im Interesse der Verkehrssicherheit nicht zuzulassen. Unrichtig Merzbacher; richtig Buff S. 112; Simonson S. 123; Conrad, Handb.

S. 217. Der Ausstellungstag wird hier gemäß § 187 Abs. 1 BGB. nicht mitgerechnet, die einjährige Frist endigt mit dem Ablaufe des dem Ausstellungstage entsprechenden Tages des folgenden Jahres. § 188 Abs. 2 BGB. Wegen der Hemmung und Unterbrechung der Verjährung siehe § 20 III S. 245.

Die Verjährung des Anspruches aus dem unterliegenden Rechtsverhältnis wird durch die im § 22 bestimmte Verjährung nicht berührt. Vgl. Cohn S. 98 mit Lit.

Falsche Schecks.

§ 23.

Aus einem Scheck, auf dem die Unterschrift des Ausstellers oder eines Indossanten gefälscht ist, bleiben diejenigen, deren Unterschriften echt sind, verpflichtet.

E. 1892 § 22; vorl. E. § 23; österr. § 20 Zahl 4.

Inhalt.

I. Die Unterschriften.

1. Fälschung von Unterschriften.

Die Vorschriften über *falsche Schecks* entsprechen den Art. 75 und 76 WO. Der § 23 übernimmt für das Recht des Schecks den im Wechselrechte geltenden Rechtsgrundsatz, daß die Wirkung der echten Unterschriften durch die gefälschten Unterschriften nicht beeinträchtigt wird. Eine Unterschrift ist gefälscht, sowohl dann, wenn sie *falsch* ist, d. h. wenn sie rechtswidrig von einem anderen geleistet ist, als dem, dessen Namen sie zeigt, wie auch dann, wenn sie *verfälscht* ist, d. h. wenn in der echten Unterschrift rechtswidrige Änderungen, von wem es auch sei, bewirkt werden, z. B. wenn ein falscher Vorname vorgesetzt wird. *Staub-Stranz*, Artt. 75, 76 Einleitung; *Simonson* S. 124. Im übrigen muß der Scheck formell gültig sein. Der Entscheidung des Reichsgerichts vom 12. August 1925, JW. 1925 S. 2603, nach der ein verfälschter Scheck dann wirksam bleibt, wenn der ursprüngliche Text noch erkennbar, kann nicht beigetreten werden. Sind wesentliche Bestandteile des Schecks geändert, so liegt — selbst wenn die ursprüngliche Fassung erkennbar geblieben ist — ein wirksamer Scheck nicht mehr vor; dies ergibt sich aus dem Grundsatz der Formstrenge. Vgl. oben § 1 I S. 10 f. Für die Gültigkeit eines Schecks genügt es, — vorausgesetzt, daß die sonstigen wesentlichen Erfordernisse erfüllt sind —, wenn die Unterschrift des

Ausstellers dergestalt ist, daß sie die Bezeichnung einer verpflichtungsfähigen Person sein kann. Vgl. oben § 1 IV S. 22. Dem entspricht es, daß der Scheck als solcher in Kraft bleibt, wenn die Ausstellerunterschrift nicht von dem herrührt, auf den sie hinweist. Sind Indossamente oder Namensskripturen gefälscht, so berührt auch dieser Umstand den Bestand des Schecks nicht, da jeder Indossant oder Namensskribent auf Grund seiner eigenen Unterschrift eine selbständige abstrakte Haftung aus dem Scheck übernimmt. Das gefälschte Indossament ist rechtsunwirksam. Dem gutgläubigen Indossatar kann aber die Fälschung des Indossaments, durch das er erworben, von dem Aussteller und den Vormännern, deren Unterschriften echt sind, nicht entgegengehalten werden.

Die gefälschte Unterschrift begründet für denjenigen, dessen Unterschrift gefälscht ist, keine Verbindlichkeit. Die exceptio falsi ist ein absoluter Einwand. Die Einrede der Fälschung betrifft die Gültigkeit der Erklärung in dem Scheck im Sinne des § 18 ScheckG.; vgl. § 18 II 1 S. 236 ff.

Aus der strafrechtlichen Rechtsprechung über Scheckfälschungen vgl. RGSt. 35 S. 303 (20. Juni 1902): Fälschung der handschriftlichen Namenszeichnung, die dem Empfänger eines Schecks bei der Empfangnahme und sodann bei der Einlösung zur Bedingung gemacht wird, ist Urkundenfälschung. Derjenige, welcher einen Scheck an Zahlungs Statt begibt, obwohl er weiß, daß die bezogene Bank ein entsprechendes Guthaben des Ausstellers nicht anerkennt, macht sich bei Verschweigung dieser Tatsache des Betruges strafbar, auch wenn er gutgläubig angenommen hat, daß die Bank das Vorhandensein des Guthabens zu unrecht bestreitet. RG. in JW. 1909 S. 515 = BankA. 9 S. 28.

Zur Frage, welcher Straftat sich der Inkassobevollmächtigte schuldig macht, wenn er den auf Grund einer ihn als Empfänger legitimierenden Schuldurkunde erhobenen Betrag sich rechtswidrig zueignet, siehe RG. JW. 1920 S. 560. Vgl. ferner RG. JW. 1924 S. 1743: In der Übergabe eines gefälschten Schecks an eine Dirne als Zahlung für Gestattung des Beischlafs liegt eine Urkundenfälschung.

2. Andere Fälle der Ungültigkeit von Unterschriften.

Auch wenn eine Unterschrift nicht gefälscht, sondern aus anderen Gründen für den Urheber nicht verbindlich ist, bleiben die sonstigen Unterschriften verbindlich. Rehbein, WO. Artt. 75, 76 Note 1. Für das Wechselrecht folgt dieser Satz aus Art. 3 WO.: „Finden sich auf einem Wechsel Unterschriften von Personen, welche eine Wechselverbindlichkeit überhaupt nicht, oder nicht mit vollem Erfolge eingehen können, so hat dies auf die Verbindlichkeit der übrigen Wechselverpflichteten keinen Einfluß." In das Scheckgesetz ist diese Bestimmung nicht übernommen. Zu dem gleichen Resultate führt jedoch die Anwendung der §§ 105 ff. BGB. Die Willenserklärung eines Geschäftsunfähigen ist nichtig; stellt ein Geschäftsunfähiger einen Scheck aus, so steht dem Zahlungsempfänger die Nichtigkeit dieser Willenserklärung entgegen. Gibt aber der Zahlungsempfänger den Scheck mit seinem Indossamente versehen weiter, so liegt eine Mehrheit von Willenserklärungen vor, die untereinander nicht in solchem Zusammenhange stehen, daß die Nichtigkeit der Willenserklärung des Ausstellers nun auch gemäß § 139 BGB. die Nichtigkeit der Willenserklärung des Indossanten zur Folge hätte. Vielmehr entsteht die skripturmäßige Verpflichtung des Indossanten jedem weiteren Inhaber des Schecks gegenüber, ohne Rücksicht darauf, daß der Aussteller aus seiner Unterschrift nicht haftet. Ebenso ist es zu beurteilen, wenn die Ausstellerunterschrift wirksam, ein einzelnes Indossament aber ohne eine Namensskriptur nichtig ist. Auch hier berührt die Nichtigkeit der einen Willenserklärung nicht die Wirksamkeit der übrigen selbständig neben ihr stehenden anderen Willenserklärungen. Ebenso Henschel S. 62 f., unter analoger Anwendung des § 23 ScheckG.; vgl. auch Conrad S. 59.

II. Sonstige Veränderungen des Scheckinhalts.

§ 23 regelt nur die Frage, welche Bedeutung die Fälschung oder Verfälschung der Unterschrift eines Ausstellers oder Indossanten (oder Namensskribenten) für die echten Unterschriften besitzt; er bestimmt aber nichts über die Rechtswirkungen, die sich an eine Verfälschung des Scheckinhalts knüpfen. Von einer Regelung dieses Falles ist abgesehen worden, da ihn auch die Wechselordnung nicht behandelt, die Rechtsprechung aber bereits feste Grundsätze über ihn ausgebildet hat. Für den Wechsel vgl. Staub-Stranz Artt. 75, 76 Anm. 8 ff. Keyßner im BankA. 3 S. 11. Rehbein Artt. 75, 76 Anm. 2 ff. Die Grundsätze des Wechselrechts sind im allgemeinen unmittelbar auf das Scheckrecht anwendbar; es wird hier auf die bei Staub-Stranz Artt. 75, 76 Anm. 8 ff. übersichtlich und klar entwickelten Rechtsgrundsätze verwiesen; zu Anm. 16 sei die Entscheidung des Reichsgerichts in JW. 1924 S. 1153 und die Anmerkung Bernsteins hierzu nachgetragen.

Zahlt der Bezogene auf einen zerrissenen, wieder zusammengefügten Scheck, so geschieht dies auf seine, nicht des Ausstellers Gefahr. Kuhlenbeck S. 93.

III. Wer hat bei Einlösung des Schecks den Verlust zu tragen?

1. Vorbemerkung. Der Fall der Fälschung.

Keine andere scheckrechtliche Frage hat bis jetzt, so bemerken die österr. Mot. zu § 20, so oft die Gerichte beschäftigt, als die, wer für die Einlösung falscher oder verfälschter Schecks aufzukommen habe. „Die Entscheidung ist — abgesehen von allen Sachverhaltsunterschieden — schwierig, denn, sowie sich der einzelne Fall jenseits des geläufigen Gebietes des Verschuldens bewegt, bieten sich für die Entscheidung eine Menge mehr oder weniger gleichberechtigter juristischer Gesichtspunkte dar, die aber dann zu stark divergierenden Ergebnissen leiten." Die Behandlung der obigen Frage in der Literatur ist überaus vielseitig. Vgl. z. B. Fick S. 435 mit Lit.; Kuhlenbeck, Der Check S. 128 ff.; Hoffmann, BankA. 4 S. 135; Pavliček, Falsche und gefälschte Schecks, DJZ. 1906 S. 403 ff.; Kirschberg, Der Postscheck S. 140 ff.; Riesser, LZ. 1 S. 91 mit Lit. und Bem. S. 51 f.; Ehrenberg, Schaden infolge einer Scheckfälschung in DJZ. 1907 S. 1298 ff.; Hoppenstedt 1907 S. 28. Vgl. ferner Älteste S. 35; Centralv. S. 23; Conrad, Handb. S. 240; Buff S. 114 ff. u. a. Aus der Judikatur vgl. z. B. ROHG. vom 11. September 1876 mitgeteilt in Borchardt, Die allgemeine deutsche Wechselordnung, 7. Aufl. 1879 S. 82 unter Nr. e, OLG. Celle vom 18. November 1886 mitgeteilt bei Kuhlenbeck a. a. O. S. 210; OLG. Hamburg vom 20. Mai 1887 HansGZ. 1887 S. 268; OLG. Hamburg vom 19. Februar 1897 HansGZ. 1897 S. 68; OLG. Karlsruhe vom 8. März 1904 DJZ. 1905 S. 463; ferner OLG. Colmar vom 23. Dezember 1898 mitgeteilt von Meili, „Ein neues Urteil über die Haftung für gefälschte Schecks" in HoldheimsMSchr. 8 S. 85 ff.; Schweizerisches Bundesgericht vom 23. September 1898 in HoldheimsMSchr. 8 S. 23 ff. (Hiezu die Gutachten von Cohn und Meili, ebenda 7 S. 202.) Vgl. noch die bei Hoppenstedt 1907 S. 33 und Conrad, Handb. S. 240 Note 247 weiter genannten Entscheidungen; ferner Conrad im BankA. 8 S. 205.

Nach geltendem Recht kommt, insbesondere für das Verhältnis von Aussteller und Bezogenen, folgendes in Betracht:

Mangels gegenteiliger Vereinbarung kann nach Treu und Glauben der Inhalt des zwischen dem Bezogenen und dem Kontoinhaber abgeschlossenen Scheckvertrages nur dahin verstanden werden, daß der Bezogene für Rechnung des Ausstellers Zahlungen nur auf die von diesem ausgestellten Schecks und nur in Höhe der Beträge leisten soll, die jeweils vom Aussteller oder mit seiner Ermächtigung von einem Dritten in dem Scheck angegeben sind. Daraus folgt, daß dasjenige, was darüber hinaus, infolge Fälschung oder Verfälschung eines Schecks gezahlt wird, nicht als im Rahmen und zum Zwecke der Ausführung des Scheckvertrages anzusehen ist. Die Bank kann mithin ihren Kunden für diese Zahlungen grundsätzlich nur in Anspruch nehmen, wenn ihm oder einer Person, deren Verschulden er zu vertreten hat, ein wenn auch nur mitwirkendes ursächliches Verschulden zur Last fällt. Für die Anwendung der Bestimmungen des § 670 BGB., wonach die Bank ohne Rücksicht auf die wegen schuldhafter Vertragsverletzung ihr gegen den Aussteller zustehenden Schadensersatzansprüche, ohne weiteres Erstattung aller Aufwendungen verlangen kann, die sie den Umständen nach zum Zwecke der Ausführung ihres in dem Scheckvertrage enthaltenen allgemeinen Auftrages habe für erforderlich halten dürfen, mithin also auch Ersatz der Zahlungen, die sie zur Einlösung gefälschter oder verfälschter Schecks geleistet habe, ist daher kein Raum.

Als Gegengewicht gegen diese Gefahren, die im Scheckverkehr leicht den Bezogenen treffen, ist diesem jedoch die vertragliche Befugnis zuzubilligen, von dem Aussteller zu verlangen, daß er diejenige Sorgfalt im Scheckverkehr anwendet, die erforderlich ist, um die mit dem Mißbrauche von Scheckformularen verbundenen Schädigungen nach Möglichkeit auszuschließen. Vgl. RG. 92 S. 50; 100 S. 55 = BankA. 18 S. 103 = JW. 21 S. 395; Recht 21 Nr. 373 = BankA. 20 S. 80.

2. Vertragliche Regelung.

Unbedingt zulässig ist, daß zwischen dem Aussteller und dem Bezogenem vertragsmäßig die Frage nach der Haftung des Bezogenen für Einlösung eines falschen oder gefälschten Schecks geregelt wird; vgl. Anhang zu § 3 I S. 55 f. Auch ist eine Abrede dahin zulässig, daß der Bezogene für eigene Fahrlässigkeit (§ 276 Abs. 2 BGB.) oder Verschulden seiner Angestellten (§ 278 Abs. 2 BGB.) bei Auszahlungen auf gefälschte Schecks nicht haften, die Haftung vielmehr den Aussteller treffen soll (RG. in JW. 1919 S. 821 = BankA. 19 S. 22). Die Bestimmungen über den Giroverkehr mit der Reichsbank besagen in Zahl 7: „Die Scheckformulare werden jedem Kontoinhaber nach Bedarf in Heften von mindestens 50 Stück gegen Quittung von der Reichsbank geliefert. Er ist verpflichtet, die Formulare sorgfältig aufzubewahren und trägt alle Folgen und Nachteile, welche aus dem Verlust oder sonstigem Abhandenkommen dieser Formulare entstehen, wenn er nicht die sein Konto führende Bankanstalt rechtzeitig von dem Abhandenkommen schriftlich benachrichtigt hat, um die Zahlung an einen Unberechtigten zu verhindern.

Ebenso ist der Kontoinhaber der Reichsbank dafür verantwortlich, wenn er die in den Scheckformularen offen gelassenen Stellen nicht so ausfüllt, daß eine Fälschung unmöglich ist, oder wenn er von der auf der rechten Seite der weißen Schecks befindlichen Zahlenreihe nicht diejenigen Zahlen vor der Ausgabe abtrennt, welche den Betrag des Schecks übersteigen. Schecks, welche geschriebene Zusätze zwischen den vorgedruckten Zeilen enthalten, werden zurückgewiesen.

Verdorbene Scheckformulare sind, mit dem Firmastempel oder dem Namen des Kontoinhabers versehen, an die Reichsbank zurückzuliefern."

Ausdrücklich ist noch auf den weißen Scheckbüchern der Reichsbank in Zahl 4 (in Zahl 5 bei den roten Scheckbüchern) vorgeschrieben: „Alle Folgen und Nachteile des Zuwiderhandelns (gegen die Bestimmungen der Reichsbank) sowie der mißbräuchlichen Verwendung von Scheckformularen und Empfangsbescheinigungen trägt der Kontoinhaber." In ähnlicher Weise lauten die Bestimmungen aller größeren Banken. Näheres hierüber vgl. Anhang zu § 3 I S. 55 ff.

Grenze der vertraglichen Regelung sind jedoch die guten Sitten. Eine Vereinbarung, die dem Bezogenen das Recht geben würde, auf Kosten des Ausstellers seine vertragsmäßigen Pflichten einfach zu vernachlässigen, würde gegen die guten Sitten verstoßen und daher unbeachtlich sein. RG. in JW. 1914 S. 204. RG. 92 S. 50. RG. in JW. 1921 S. 395. Vgl. auch Simonson S. 131.

Durch widerspruchslose Entgegennahme des Scheckbuches unterwirft sich der Kunde der im Scheckbuch enthaltenen Vorbehalte. Vgl. auch Breit, Pflichten S. 12. Jedoch müssen die Vorbehalte des Scheckbuches, welche eine einschneidende Änderung allgemeiner Rechtsgrundsätze über die Haftung des Bankiers enthalten, deutlich und bestimmt sein. RG. S. 50 = DJZ. 18 S. 518. — Je weitgreifender die Freizeichnung der Bank ist, um so deutlicher muß sie zum Ausdruck kommen. RG. JW. 21 S. 395 = Recht 21 Nr. 373. Auch unterwirft sich ein Kaufmann, welcher mit einer Bank in Giro- oder Scheckverkehr tritt, damit stillschweigend den für diesen Geschäftszweig bei der Bank bestehenden Geschäftsbedingungen, wenn ihm das Bestehen solcher Bedingungen bekannt ist. Daß er von ihrem Inhalt Kenntnis genommen hat, ist nicht erforderlich. OLG. Hamburg HansGZ. 1910 Nr. 20 S. 61.

Immer müssen jedoch die in den allgemeinen Scheckverkehrsbedingungen getroffenen Bestimmungen, daß der Kunde alle Folgen und Nachteile von Fälschungen und Verfälschungen zu tragen hat, keine Zweifel an der Auslegung dieser Vereinbarung hervorrufen. Die allgemeine Bestimmung, daß der Kunde alle Folgen und Nachteile der mißbräuchlichen Verwendung von Scheckvordrucken zu tragen habe, reicht dazu nicht aus. RG. JW. 1921 S. 395.

Die im Scheckvertrage getroffene Vereinbarung, daß bei einem Verlust oder sonstigem Abhandenkommen der Scheckformulare alle Folgen und Nachteile von dem Kontoinhaber zu tragen seien, entbindet die Bank nicht von ihrer sich aus dem Scheckvertrage ergebenden Verpflichtung, die Empfangsbefugnis der Vorzeigers mit Sorgfalt zu prüfen und zur Vermeidung mißbräuchlicher Benutzung von Schecks etwaige gegen deren Echtheit sprechende Verdachtsgründe nicht außer acht zu lassen. RG. BankA. 21, 356; vgl. auch RG. 100, 59 und JW. 19, 821.

Auch wenn die Bank vertragsmäßig an den Scheckinhaber zahlen darf, ohne für Mißbrauch des Scheckbuches zu haften, so ist sie damit noch nicht von jeder Haftung für Fahrlässigkeit ihrer Kassenbeamten frei. Die vertragliche Abwälzung der Fälschungsgefahr befreit die Bank nicht von der Haftung für grobe Fahrlässigkeit. RG. JW. 1914 S. 204 = LZ. 8 S. 385 = Recht 14 Nr. 422. Ebenso RG. JW. 19 S. 821 = Recht 20 Nr. 3060 BankA. 19 S. 22. OLG. Hamburg HansGZ. 1910 Nr. 20 S. 61 = BankA. 9 S. 203. RG. 100 S. 59. RG. im BankA. 21 S. 356.

Nur ein vorsätzliches Verhalten des Bezogenen bei der Einlösung eines falschen oder verfälschten Schecks wird gemäß § 276 BGB. durch die erwähnten Klauseln nicht gedeckt. Die Haftung wegen Vorsatzes kann dem Schuldner (hier dem Bezogenen) nicht im Voraus erlassen werden.

3. Vertraglich nicht geregelte Fälle.

a) Grundsätzliche Regelung.

Liegt eine vertragsmäßige Regelung nicht vor, so ist zu erwägen, daß der Bezogene nur dann für Rechnung des Ausstellers leisten kann, wenn der Aussteller die Ermächtigung hierzu durch den Scheck erteilt hat. Vgl. § 783 BGB. Fehlt es hieran, so kann der Bezogene, der ohne solche Ermächtigung des Ausstellers einen Scheck honoriert, den bezahlten Scheckbetrag dem Aussteller nicht in Rechnung stellen. So mit Recht für die Anweisung Planck, BGB. § 783 Anm. 4. Abw. Dernburg, BR. II § 242 Ziff. II, 4.

Der Schaden ist demnach grundsätzlich im Verhältnis zwischen dem Aussteller und dem Bezogenen von dem Bezogenen zu tragen. Übereinstimmend Centralv. S. 23; Conrad, Handb. S. 249; Schiebler S. 59; Buff S. 114; Kuhlenbeck S. 91; Henschel S. 65; Simonson S. 128. RG. 92 S. 50, 100 S. 60; JW. 21 S. 395, 1919 S. 36. Der § 670 BGB. kommt für die Haftung des Bezogenen, da der Scheck kein Auftrag ist, nicht in Betracht. RG. 100 S. 60. Abweichend Klein, DJZ. 1903 S. 37.

Die Bank kann diese Gefahr zwar innerhalb der vom Gesetz gezogenen Grenzen durch Vereinbarung mit dem Kunden auf diesen abwälzen. Allein dazu bedarf es einer unzweideutigen Erklärung. Die in den allgemeinen Scheckverkehrsbedingungen getroffenen Bestimmungen, daß der Kunde alle Folgen und Nachteile der mißbräuchlichen Verwendung von Scheckformularen zu tragen habe, reicht dazu nicht aus. RG. JW. 21, 395.

In Verfolg dieser Entscheidung sind die bis dahin üblichen Scheckvordrucke geändert worden. Die jetzt allgemein üblichen „Bedingungen für den Scheckverkehr“ siehe oben Anhang zu § 3 I 4 S. 60. Hinsichtlich der Zulässigkeit einer solchen Vertragsabrede bestehen keine Bedenken, soweit es sich um die Abwälzungen der Folgen von Fälschungen handelt. Dagegen bestehen hinsichtlich der rechtlichen Zulässigkeit der Abwälzung der Folgen nachträglicher Verfälschung von ordnungsmäßig ausgefüllten Schecks insofern Bedenken, als eine derart rigorose Abwälzung der Verfälschungsgefahren als gegen die guten Sitten verstoßend und damit als nichtig anzusehen ist. Dem steht jedoch der das bürgerliche Recht beherrschende Grundsatz der Vertragsfreiheit und der Mangel entgegenstehender ausdrücklicher Vorschriften gegenüber. Insbesondere kann der Vorwurf, daß die Abwälzungsklausel für Folgen aus Verfälschungen von Schecks gegen die „guten Sitten" im Geschäftsverkehr verstößt, dann nicht erhoben werden, wenn dem Scheckkunden die Möglichkeit an Hand gegeben wird, sich gegen die mißbräuchliche Verwendung, Fälschung und Verfälschung von Scheckformularen selbst zu schützen, z. B. durch Abtrennen der am Rande des Scheckformulars befindlichen Zahlenreihe. Auf die Beachtung dieser im Interesse des Kunden liegenden Schutzvorschriften sind denn auch die Kontoinhaber in diesem Zusammenhange regelmäßig hingewiesen worden. Vgl. Breit, Pflichten S. 13.

Hat der präsentierende Inhaber des Schecks die Fälschung bei der Empfangnahme des Scheckbetrages gekannt, so kann der Bezogene den Scheckbetrag nach den Vorschriften über unerlaubte Handlungen (§ 823 BGB.) von dem Inhaber zurückfordern. Vgl. auch RG. im BankA. 13 S. 275 und LZ. 8 S. 1031 = BankA. 13 S. 330. Hat aber der Scheckinhaber die Fälschung bei Empfangnahme der Zahlung nicht gekannt, so ist es zweifelhaft, ob der Bezogene gegen ihn einen Anspruch und zwar nach den Vorschriften über die Herausgabe einer ungerechtfertigten Bereicherung, besitzt. Planck a. a. O. gewährt dem Bezogenen diesen Anspruch, da die Anweisung nicht das Motiv, sondern den rechtlichen Grund der Leistung bilde. Diese Auffassung ist auch für den Scheck zu billigen; Art. 74 WO., der im § 8 des ScheckG. für anwendbar erklärt ist, steht nicht entgegen. Unberührt bleiben natürlich die Rechte des Bezogenen gegen denjenigen, welcher den Scheck gefälscht hat, nach Maßgabe der Vorschriften über unerlaubte Handlungen. Diesem Anspruch gegenüber dürfte der Bereicherungsanspruch gegen den Präsentanten nur einen subsidiären Charakter besitzen. Soweit ein Vorgehen gegen den, der den Scheck gefälscht hat, Erfolg verspricht, erscheint der Inhaber nicht als auf Kosten des Bezogenen bereichert.

Einen eigenartigen Fall berichtet Herold in DJZ 30, 1627. Jemand zahlt bei einer inländischen Bank einen Betrag ein und bittet, ihm einen an seine Order lautenden Scheck über diese Summe auf eine ausländische Bank auszuhändigen. Dies geschieht; die inländische Bank avisiert den Scheck gleichzeitig der ausländischen. Einige Tage später reicht die gleiche Person den Scheck zurück und bittet um Wiederauszahlung des Gegenwertes. Die Prüfung ergab, daß der Scheck echt war und keinen Ein-

Lösungsvermerk trug; daher wurde der Bitte stattgegeben und die ausländische Bank hiervon benachrichtigt. Diese erwidert, daß der Scheck bereits eingelöst sei. Es stellt sich heraus, daß der ausländischen Bank eine Fälschung vorgelegen hatte. Nach unserer oben dargelegten Auffassung trägt die ausländische Bank den Schaden — besondere Vereinbarungen waren nicht getroffen worden — der gleichen Ansicht ist Herold a. a. O. Ihre entgegenstehende Auffassung begründen v. Thur in der Schweizer JZ. 1924/25, 333 und Reichel in DJZ. 1925, 1800 damit, daß die inländische Bank mittelst der Avisierung der ausländischen einen Auftrag erteilt und aus diesem alle bona fide gemachten Aufwendungen zu ersetzen habe, gleichgültig, ob er objektiv richtig, wenn er nur subjektiv vorwurfsfrei ausgeführt worden sei. Dem ist jedoch entgegenzuhalten, daß die ausländische Bank die Honorierung ja nicht auf Grund des Avises, sondern auf Grund der Scheckvorlegung vorgenommen hat, daß der Avis nicht kausal, sondern nur Bestätigung war.

b) Verschulden des Ausstellers und Verursachungskonkurrenz.

Der aus der Einlösung eines falschen oder verfälschten Schecks sich ergebende Schaden fällt dem Aussteller zur Last, wenn ihn ein Verschulden trifft, wenn er also vorsätzlicher oder fahrlässiger Weise die ihm aus dem Scheckvertrage dem Bezogenen gegenüber obliegenden Pflichten verletzt hat, und wenn der Schaden auf diese Verletzung als auf seine Ursache zurückzuführen ist.

Hierbei ist zu beachten, daß „fahrlässig handelt, wer die im Verkehr erforderliche Sorgfalt außer acht läßt." § 276 BGB. Ist der Scheckaussteller ein Kaufmann, so hat er im Regelfalle in Ansehung des Scheckverkehrs gegenüber seiner Bank für die Sorgfalt eines ordentlichen Kaufmannes einzustehen. § 347 HGB. mit §§ 343 f. HGB.

Hierher gehört es z. B., wenn der Kontoinhaber durch nachlässiges Gebaren mit dem Scheckbuch die Fälschung ermöglichte, wenn er also das Scheckbuch nicht gehörig aufbewahrt DJZ. 1905 S. 463), oder die sonst üblichen Vorsichtsmaßregeln nicht beachtet hat, wie Einsichtnahme des Kontogegenbuches der Bank (RG. 56 S. 410). Auch mangelnde Sorgfalt bei Ausfüllung der Scheckformulare, wodurch Fälschungen durch Nachmänner begünstigt werden, gehört hierher. So insbesondere auch Offenlassen von Stellen, die späterhin von unbefugter Seite ausgefüllt werden können, die Unterlassung der Angabe der Summe in Buchstaben, Nichtabschneiden der Zahlenreihe, Nichtbeachtung des Durchlochungssystems, sofern dieses eingeführt ist; vgl. RG. 81 S. 255 usw. Vgl. auch Staub, HGB. Erk. zu § 363 Anm. 3; siehe auch oben Anhang zu § 3 I S. 55 ff.

Über die Haftung des Ausstellers bei Verfälschung durch Erhöhung der Summe vgl. unten S. 261.

Der Aussteller hat auch unter Umständen für fremdes Verschulden einzustehen, so z. B. für ein Verschulden seiner Angestellten. In Betracht kommt § 278 BGB.:

„Der Schuldner hat ein Verschulden seines gesetzlichen Vertreters und der Personen, deren er sich zur Erfüllung seiner Verbindlichkeit bedient, in gleichem Umfange zu vertreten wie eigenes Verschulden. Die Vorschrift des § 276 Abs. 2 findet keine Anwendung."

Unter Umständen kommt auch der § 831, der von einer außerkontraktlichen Schadenshaftung handelt, in Frage. Vgl. Merzbacher im Recht 11 S. 1040.

Da der Aussteller nur im Falle des Verschuldens haftbar gemacht werden kann, so ergibt sich als selbstverständlich, daß er für die nachträgliche Verfälschung des Inhalts eines ordnungsgemäß ausgestellten Schecks gegenüber dem Bezogenen, der ihn einlöst, nicht einzustehen hat. RG. in JW. 1921 S. 395 = Recht 1921 Nr. 373 = BankA. 20 S. 88.

Bei beiderseitigem Verschulden (z. B. der Aussteller hat das Scheckbuch nicht sorgfältig aufbewahrt, der Bezogene aber hat einen präsentierten Scheck nicht sorgfältig geprüft), hat eine Schadensverteilung gemäß § 254 BGB. stattzufinden. § 254 BGB. besagt:

„Hat bei der Entstehung des Schadens ein Verschulden des Beschädigten mitgewirkt, so hängt die Verpflichtung zum Ersatze sowie der Umfang des zu leistenden Ersatzes von den Umständen, insbesondere davon ab, inwieweit der Schaden vorwiegend von dem einen oder dem anderen Teile verursacht worden ist.

Dies gilt auch dann, wenn sich das Verschulden des Beschädigten darauf beschränkt, daß er unterlassen hat, den Schuldner auf die Gefahr eines ungewöhnlich hohen Schadens aufmerksam zu machen, die der Schuldner weder kannte noch kennen mußte, oder daß er unterlassen hat, den Schaden abzuwenden oder zu mindern. Die Vorschrift des § 278 findet entsprechende Anwendung."

Vgl. hierzu OLG. Karlsruhe vom 8. März 1904 in DJZ. 1905 S. 464 (fahrlässig war die Aufbewahrung des Scheckbuches, so daß der Lehrling, der den Scheck gefälscht hat, ohne Mühe dazu gelangen konnte. Dem Bankier wurde es als Fahrlässigkeit angerechnet, daß die Unterschrift keinen Zweifel an ihrer Echtheit erweckte, obwohl nach der Form der Zeichnung Anlaß zu einem solchen Zweifel gegeben war. Der Schaden wurde daher gemäß § 254 Abs. 1 geteilt). Vgl. OLG. Colmar vom 23. Dezember 1898 in HoldheimsMSchr. 8 S. 85; Laband, ebenda 7 S. 216; ferner z. B. Centralv. S. 23; Riesser, z. B. im Bericht über die Scheckkonferenz Budapest 8/9. November 1907 S. 110; Conrad, Handb.

S. 250; Buff S. 114 mit Lit.; Schiebler S. 59; Kuhlenbeck S. 91; Merzbacher S. 81. Vgl. über das konkurrierende Verschulden besonders die Ausführungen von Staub, HGB. § 347 Anm. 12 ff.

Erweist sich ein Scheck äußerlich als unverdächtig, so liegt der Beweis einer Fälschung demjenigen ob, der sich auf die Fälschung beruft. RG. 47 S. 60; JW. 1910 S. 759; JW. 1919 S. 36 = DJZ. 18 S. 578; ferner RG. 2. Nov. 1918, V 174, 18 KG.

Im einzelnen ist noch folgendes zu bemerken:

Der Bankkunde ist zur sorgfältigen Aufbewahrung seines Scheckbuches und zur Anzeige an die Bank von dessen Diebstahl verpflichtet. RG. HansGZ. 22 S. 289. Der Verpflichtung zur sorgfältigen Aufbewahrung der Scheckformulare genügt der Scheckinhaber, der das Scheckbuch in einem von mehreren Bediensteten in seiner häufigen Abwesenheit bewohnten Zimmer aufbewahrt, regelmäßig nur dann, wenn er zur Verwahrung ein mit dem Kunstschloß versehenes, verschlossenes Behältnis verwendet. Unter die „mißbräuchliche Verwendung" von Scheckformularen, deren Folgen er nach dem Vertrage zu tragen hat, fällt auch die Ermöglichung einer mit einem Faksimilestempel hergestellten Unterschriftsfälschung. RG. 81 S. 254 = BankA. 12 S. 322. Vgl. auch Anhang zu § 3 I 5 a β S. 63.

Ferner ist eine schuldhafte Verletzung des Scheckvertrages darin zu erblicken, daß der Aussteller es entgegen den vereinbarten Bedingungen unterlassen hat, von der auf der rechten Seite des Schecks angebrachten Zahlenreihe die den Betrag des Schecks übersteigenden Zahlen abzutrennen. Die Klausel, daß die aus der Zuwiderhandlung gegen diese Bedingungen entstehenden Nachteile dem Scheckkunden zur Last fallen, entbindet die Bank nicht von ihrer sich aus dem Scheckvertrage ergebenden Verpflichtung, die Empfangsbefugnis des Vorzeigers mit Sorgfalt zu prüfen und dabei auch die Interessen des Ausstellers wahrzunehmen. Wenn die Bank sich ebenfalls nicht nur in einem einzelnen Falle, sondern durchweg nicht an diese Bestimmungen gekehrt und dadurch den Glauben erweckt hat, daß auf die Beobachtung dieser Vorschriften kein Wert zu legen sei, so fällt ihr mitwirkendes Verschulden zur Last. RG. 100 S. 55; Simonson S. 131.

Der Aussteller eines durch Erhöhung der Summe verfälschten Schecks haftet der Bank für den Schaden, wenn er den Scheck einer ihm völlig unbekannten Person gegeben hat, ohne die Bank hiervon und von dem Betrage des auf sie gezogenen Schecks zu unterrichten und ohne die von ihm geschriebene Summe übersteigenden Kontrollzahlen abzuschneiden. KG. OLGRspr. 38 S. 19. Ein Verschulden des Ausstellers ist aber nicht schon darin zu finden, daß er einen geringfügigen Zwischenraum frei gelassen hat, in den die Erhöhung der Schecksumme eingeschoben werden konnte.

Denn dergestalt geringe Zwischenräume, wie sie z. B. zur Voreinfügung einer 1 ausreichen, sind ohne Überspannung des Erfordernisses der Aufmerksamkeit nicht vermeidbar. RG. Recht 19 Nr. 221 = JW. 19 S. 36 = DJZ. 18 S. 578.

Eine Bank, welche einen gefälschten Scheck einlöst, obschon das Guthaben des Kontoinhabers hinter der Schecksumme zurückbleibt, handelt namentlich dann nicht schuldhaft, wenn auch seitens des Kunden selbst das Konto in früheren Fällen mitunter überzogen war. Ein Verschulden der Bank ist auch aus dem Grunde nicht zu bejahen, weil sie einen Scheck, der im Verhältnis zum Guthaben nur in geringem Maße überzogen war, eingelöst hat. Nur wenn trotz erheblicher Überziehungen, die Bedenken erregen müssen, ob es mit dem Scheck seine Richtigkeit hat, dieser eingelöst wird, handelt der Bankier schuldhaft. RG. 92, 50 = DJZ. 18, 578. Der Kunde muß deshalb in solchem Falle den Schaden tragen, welche er durch ungeeignete Verwahrung des Scheckbuches verursacht hat. KG. BankA. 12 S. 403.

Auch muß der Bankkunde, der im Interesse der Portoersparung oder aus anderen Gründen die Bank ein für allemal angewiesen hat, von der Übersendung von Buchungsbestätigungen im Postwege abzusehen, den Schaden tragen, der infolge dieser Handhabung durch unrechtmäßige Verfügungen eines Fälschers zu Lasten seines Kontos entsteht. KG. Bl. f. Rechtspfl. 1916 S. 18 = BankA. 15 S. 286.

Ferner ist die Übersendung eines Schecks im einfachen Brief nicht als die erforderliche Vorsichtsmaßregel zur Verhütung von Scheckverfälschungen anzusehen, die dem Inhaber vertraglich obliegt. KG. OLGRspr. 1921 S. 134 = BankA. 20 S. 374; vgl. auch RG. JW. 1908 S. 546.

Dem Scheckkunden, welchem infolge schuldhafter Vernachlässigung seiner Kontrollpflicht der mehrfach erfolgte Mißbrauch von Scheckformularen durch einen ungetreuen Buchhalter verborgen bleibt, ist als Folge dieses Verschuldens auch der Schaden zuzurechnen, welcher dadurch entsteht, daß dieser Buchhalter sich später mittels eines gefälschten Briefes des Prinzipals ein neues Scheckbuch bei der Bank erschwindelt. Die Bank trifft in diesem Fall kein konkurrierendes Verschulden, daß sie

a) die täuschend nachgeahmte Unterschrift des Kunden nicht als gefälscht erkannte,

b) weder aus der unverhältnismäßig großen Anzahl der von dem Buchhalter persönlich präsentierten, an eigene Order des Kunden ausgestellten Schecks, noch aus dem gleichzeitigen Gebrauch mehrerer Scheckbücher, noch aus der unregelmäßigen Nummernfolge der bei ihr präsentierten Schecks einen Verdacht herleitete, und schließlich

c) dem Kunden niemals zur Vornahme der von ihm mit ihrem Wissen vernachlässigten Kontrolle angehalten hat. OLG. Hamburg HansGZ. 1910 Nr. 20 S. 61 ff. = BankA. 9 S. 203.

Die Bank kann wegen des ihr durch Einlösung eines nachträglich verfälschten Schecks entstandenen Schadens den Aussteller nicht schon lediglich deshalb in Anspruch nehmen, weil dieser, ohne ihr Mitteilung zu machen, den Scheck einer ihm näher bekannten Person ausgehändigt habe. Im Unterlassen einer telephonischen Anfrage vor der Einlösung liegt kein mitwirkendes Verschulden der Bank, wenn die Verwendung des schon an sich nicht unerheblichen Scheckbetrages nach den Verhältnissen des Scheckbuchinhabers nichts Auffälliges an sich hat. RG. 81, 254 = BankA. 12, 322. — Solche Anforderungen werden im Wechselverkehr nicht gestellt und können auch im Scheckverkehr nicht gestellt werden. Denn wenn jedesmal die Vertrauenswürdigkeit des Empfängers eingehend geprüft und bei jedem Verdacht dem Bezogenen Anzeige erstattet werden müßte, würde der Verkehrswert des Schecks wesentlich beeinträchtigt werden. RG. JW. 19 S. 36 = Recht 19 Nr. 221.

Wenn der Bankkunde auch die ihm vertraglich obliegende Verpflichtung nicht beachtet hat, von dem Abhandenkommen eines Scheckformulares der Bank schriftliche Mitteilung zu machen, so enthebt das die Bank nicht ihrer Pflicht, die Empfangsberechtigung des Vorzeigers zu prüfen und die gegen die Echtheit sprechenden Verdachtsgründe zu beachten, RG. BankA. 21 S. 356.

Ein Bankbeamter hat bei Auszahlung eines Schecks die größte Vorsicht walten zu lassen und auf jedes Verdächtige, eine Fälschung nahelegende Anzeichen zu achten. RG. BankA. 19, 22 = JW. 19, 821. Dagegen kann von einem Kassenbeamten, der bei der Vorlegung des Schecks das mit Rücksicht auf seine im Bankverkehr unvermeidliche Belastung zuzumutende Maß von Sorgfalt anwendete, nicht verlangt werden, daß er jede, auch die äußerlich unverdächtige Scheckurkunde mit besonderer Gründlichkeit und Genauigkeit etwa gegen das Licht prüfe und nach Veränderungen an Stellen forsche, wo solche nicht zu vermuten seien. RG. 100, 31.

Waren der Bank von einem ihr bekannten Angestellten des Kontoinhabers regelmäßig Schecks zur Einlösung vorgezeigt, so kann darin eine Fahrlässigkeit der Bank nicht erblickt werden, wenn sie einen von dem Angestellten gefälschten Scheck einlöst. RG. in VerkehrsR. 2 S. 96.

4. Andere Fälle der Ungültigkeit.

Ebenso wie im Falle der Fälschung ist nach Planck, BGB. § 783 Note 4 bei der Anweisung das Verhältnis zu beurteilen, wenn die Anweisung, z. B. wegen Geschäftsunfähigkeit des Anweisenden nichtig ist. Der Angewiesene hat weder gegen den Aussteller noch gegen einen Dritten einen Anspruch auf Ersatz des Geleisteten. Der Angewiesene und der Anweisungsempfänger waren aber darüber einig, daß die Leistung lediglich auf Grund der Anweisung erfolge. Die Anweisung ist daher als der rechtliche

Grund der Anweisung zu betrachten, und dem Angewiesenen ist der Anspruch auf Herausgabe der ungerechtfertigten Bereicherung gegen den Anweisungsempfänger zuzugestehen. Die gleichen Grundsätze werden entsprechend auch für den Scheck Anwendung finden können.

Anfechtung.

§ 24.

Auf die Anfechtung einer auf einen Scheck geleisteten Zahlung finden die Vorschriften des § 34 der Konkursordnung entsprechende Anwendung.

E. 1892 —; vorl. E. —; österr. —.

Inhalt.

I. Grundsatz.

Der im § 24 erwähnte § 34 der Konkursordnung lautet:

„Wechselzahlungen des Gemeinschuldners können auf Grund des § 30 Nr. 1 von dem Empfänger nicht zurückgefordert werden, wenn nach Wechselrecht der Empfänger bei Verlust des Wechselanspruches gegen andere Wechselverpflichtete zu Annahme der Zahlung verbunden war.

Die gezahlte Wechselsumme muß von dem letzten Wechselregreßschuldner oder, falls derselbe den Wechsel für Rechnung eines Dritten begeben hatte, von diesem erstattet werden, wenn dem letzten Wechselregreßschuldner oder dem Dritten zu der Zeit, als er den Wechsel begab oder begeben ließ, einer der im § 30 Nr. 1 erwähnten Umstände bekannt war."

§ 30 Nr. 1 der KO. bestimmt:

„Anfechtbar sind:

1. Die nach der Zahlungseinstellung oder dem Antrage auf Eröffnung des Verfahrens von dem Gemeinschuldner eingegangenen Rechtsgeschäfte, durch deren Eingehung die Konkursgläubiger benachteiligt werden, wenn dem anderen Teile zu der Zeit, als er das Geschäft einging, die Zahlungseinstellung oder der Eröffnungsantrag bekannt war; sowie die nach der Zahlungseinstellung oder dem Eröffnungsantrage erfolgten Rechtshandlungen, welche einem Konkursgläubiger Sicherung oder Befriedigung gewähren, wenn dem Gläubiger zu der Zeit, als die Handlung erfolgte, die Zahlungseinstellung oder der Eröffnungsantrag bekannt war."

Wenn der Bezogene nach Eröffnung des Konkursverfahrens über sein Vermögen einen Scheck des Ausstellers honoriert hat, so ist diese Rechtshandlung den Konkursgläubigern gegenüber unwirksam, § 7 KO. Der Empfänger muß daher den nach Konkurseröffnung gezahlten Scheckbetrag ohne Rücksicht darauf zurückerstatten, daß er infolge der Zahlung den Protest unterlassen.

bzw. die Bestätigung des § 16 nicht erholt, und dadurch den Regreß aus dem Scheck endgültig verloren hat. Hat der Bezogene vor Eröffnung des Konkursverfahrens, aber nach der Zahlungseinstellung oder dem Antrag auf Eröffnung des Verfahrens den Scheck honoriert, so wird der Empfänger unter gewissen Voraussetzungen gegen die besondere Konkursanfechtung geschützt: Eine Zahlung des Gemeinschuldners, die nach der Zahlungseinstellung oder dem Antrag auf Eröffnung des Konkursverfahrens geleistet ist, kann von dem Empfänger, dem bei der Annahme der Zahlung jene Umstände bekannt waren, im Wege der Anfechtung dann nicht zurückgefordert werden, wenn der Empfänger nach Scheckrecht bei Verlust seines Regreßanspruches gegen andere aus dem Scheck Verpflichtete zur Annahme der Zahlung verbunden war. Der Konkursverwalter kann dann die Rückgewähr im Wege der Anfechtung im Regelfalle nur vom letzten Regreßpflichtigen, dem Aussteller, verlangen, vorausgesetzt, daß ihm bei Begebung des Schecks die Zahlungseinstellung oder der Eröffnungsbeschluß bekannt war. Vgl. auch RG. im BankA. 13 S. 362 = LZ. 8 S. 1374.

Bei der anormalen Natur der Vorschrift des § 34 KO., die jeder Ausdehnung im Wege der Analogie entgegensteht (Jaeger, KO. § 34 Anm. 14) war zur Anwendung dieser, für den Wechsel gegebenen Gesetzbestimmung auf das Recht des Schecks die besondere Vorschrift des § 24 erforderlich. Die Vorschriften des § 34 KO., die eine notwendige Folge der eigenartigen Regelung des Wechselregresses sind, müssen, da der Scheckregreß nach gleichen Grundsätzen geordnet ist, bei Zahlungen, die auf Schecks geleistet werden, entsprechende Anwendung finden. Begr. S. 32. Der Schutz des Scheckinhabers, der von dem Bezogenen unter der obigen Voraussetzung Zahlung erhält, gegen die Möglichkeit der Anfechtung entspricht der Billigkeit. Nach § 39 KO. tritt, wenn der Empfänger einer anfechtbaren Leistung das Empfangene zurückgewährt, die ursprüngliche Forderung des Empfängers wieder in Kraft. Der Inhaber eines Schecks dagegen, der zur Rückgewähr gezwungen wird, ist nach dieser schlechter gestellt als vor der Zahlung, denn er konnte, da ihm Zahlung angeboten war, den Nachweis der nichterhaltenen Zahlung gemäß § 16 Abs. 1 nicht erlangen; deshalb entbehrt das diesen Nachweis voraussetzende Recht des Regresses mangels Zahlung. Aus diesem Grunde wird die Anfechtung der Empfangnahme durch den § 34 KO. ausgeschlossen. Vgl. Jaeger, KO. § 34 Anm. 1.

Im einzelnen ist noch folgendes zu bemerken: Wird ein von einem Bankgläubiger zugunsten eines Bankschuldners ausgestellter Scheck von der Bank ihrem Schuldner gutgeschrieben, so ist dieses — nicht als Aufrechnung zu beurteilende — Rechtsgeschäft nach § 30 Nr. 1 KO. anfechtbar, wenn es nach der Zahlungseinstellung der Bank und in Kenntnis der Zahlungseinstellung erfolgt ist. Eine Barzahlung des Schecks würde dagegen, auch bei sofortiger Rückzahlung des empfangenen Betrages seitens des Schuldners auf seine Schuld, nicht anfechtbar sein. RG. in LZ. 8 S. 1374 = BankA. 13 S. 362.

II. Der Bezogene muß eingelöst haben.

§ 34 Abs 1 KO. Nur die Zahlung des Bezogenen, nicht aber die Einlösung durch den Aussteller des Schecks oder durch einen Indossanten ist anfechtungsfrei, da im Falle des Art. 48 WO., welcher im § 17 ScheckG. für anwendbar erklärt ist, die Ablehnung keinen wechselrechtlichen Verlust nach sich zieht. Nur die notgedrungene Empfangnahme der Zahlung, d. h. diejenige, die erfolgen mußte, damit der Scheckinhaber nicht seinen Anspruch gegen die anderen Scheckverpflichteten verliert, ist unanfechtbar. Für den Scheck kann im allgemeinen der Satz gelten, daß Zahlungen nach Protesterhebung bzw. nach Erwirkung der Atteste des § 16 Zahl 1 gegen die Anfechtung nicht geschützt sind. Die Empfangnahme der Zahlung ist dann keine notgedrungene, wenn der Zahler der einzige Scheckschuldner ist, wenn also der Zahlungsempfänger den Scheck präsentiert und der nachmalige Gemeinschuldner ihn nach der Zahlungseinstellung bzw. nach Stellung des Antrages auf Eröffnung des Verfahrens eingelöst hat. Diese Zahlung ist anfechtbar, weil bei Nichtannahme der Zahlung seitens des Empfängers kein Verlust gegen andere Scheckverpflichtete entstehen würde. Bietet der Bezogene nach rechtzeitiger Erhebung des Protestes bzw. nach Erwirkung des Präsentationsattestes oder der Bescheinigung der Abrechnungsstelle in Gemäßheit des § 16 hinterher dem Inhaber die Honorierung des Schecks an, weil z. B. die Deckung seitens des Ausstellers noch eintraf, und nimmt der Inhaber des Schecks die Zahlung an, so ist die Anfechtung dieser Zahlung möglich. Auch die Annahme einer Zahlung nach Versäumung der Vorlegungsfrist ist anfechtbar. Im ersten Falle war der Regreß bereits gesichert, im zweiten bereits verloren. Vgl. Jaeger a. a. O. Anm. 7 und 9; RG. 40 S. 43; Buff S. 118f. Die Annahme einer Teilzahlung erscheint anfechtbar, da der Scheckinhaber, anders als der Wechselinhaber, zur Annahme von Teilzahlungen nicht verpflichtet ist. Vgl. oben § 13 I 3 f S. 167, ferner Merzbacher S. 83; Buff S. 119. Zu beachten bleibt, daß der Schutz gegen die Anfechtung aus § 34 KO. die Anfechtung des der Scheckbegebung zugrunde liegenden Rechtsgeschäftes nicht hindert.

III. Rückgewähr an die Masse.

Die entsprechende Anwendung des § 34 Abs 2 KO. bezweckt den Schutz gegen den Mißbrauch der Bestimmungen des Abs. 1

Der Absatz 2 gewährt der Konkursmasse einen Anspruch auf Erstattung der gezahlten Summe gegen denjenigen, dem die Unanfechtbarkeit der Zahlung in letzter Linie zu statten kommt, das ist beim Scheck im Regelfalle der Aussteller. Würde diese Vorschrift nicht gegeben sein, so könnte der Aussteller, der bei dem Bezogenen ein Guthaben unterhält, trotz seiner Kenntnis von der Zahlungseinstellung bzw. von dem Konkurseröffnungsantrag durch die Ausstellung eines Schecks und seine Begebung sein Guthaben, das sonst zur Masse gezogen werden würde, seinerseits auf diesem Wege einziehen. Deshalb gibt der Absatz 2 ein Korrektiv gegen die Vorschrift im Absatz 1, um die Ausnahme möglichst unschädlich zu machen.

Die von dem Bezogenen, dem späteren Gemeinschuldner, gezahlte Schecksumme muß daher im Regelfalle von dem Aussteller als letztem Regreßschuldner oder, falls derselbe den Scheck für Rechnung eines dritten begeben hatte, von diesem erstattet werden; vorausgesetzt ist hierbei, daß der Aussteller bzw. der dritte zu der Zeit, als er den Scheck begab, oder begeben ließ, die Zahlungseinstellung oder den Antrag auf Eröffnung des Verfahrens kannte.

Gewährt der Empfänger der Zahlung das Geleistete an die Masse zurück, so tritt seine Forderung — natürlich als einfache Konkursforderung — wieder in Kraft (§ 39 KO.). Im einzelnen vgl. die Kommentare zu § 34 KO.

§ 25.

Im Auslande zahlbare Schecks.

Im Auslande zahlbare Schecks dürfen auch auf solche Bezogene lauten, auf die nach dem ausländischen Rechte ein Scheck gezogen werden darf.

E. 1892 —; vorl. E. —; österr. —.

Inhalt.

I. Aktive Scheckfähigkeit der Ausländer.

Über die *aktive Scheckfähigkeit eines Ausländers* enthält das Scheckgesetz, anders als Art. 84 WO., keine ausdrückliche Bestimmung. In Betracht kommt daher der Art. 7 des EG. z. BGB.:

„Die Geschäftsfähigkeit einer Person wird nach den Gesetzen des Staates beurteilt, dem die Person angehört.

Erwirbt ein Ausländer, der volljährig ist oder die rechtliche Stellung eines Volljährigen hat, die Reichsangehörigkeit, so behält er die rechtliche Stellung eines Volljährigen, auch wenn er nach den deutschen Gesetzen nicht volljährig ist.

Nimmt ein Ausländer im Inland ein Rechtsgeschäft vor, für das er geschäftsunfähig oder in der Geschäftsfähigkeit beschränkt ist, so gilt er für dieses Rechtsgeschäft insoweit als geschäftsfähig, als er nach den deutschen Gesetzen geschäftsfähig sein würde. Auf familienrechtliche und erbrechtliche Rechtsgeschäfte sowie auf Rechtsgeschäfte, durch die über ein ausländisches Grundstück verfügt wird, findet diese Vorschrift keine Anwendung."

II. Passive Scheckfähigkeit der Ausländer.

1. Die Kollisionsnorm.

Was die passive Scheckfähigkeit anbelangt, so enthielt weder der E. von 1892 noch der vorl. E. hierüber eine ausdrückliche Kollisionsnorm. Von Cohn S. 119 wurde mit Recht darauf hingewiesen, daß diese Frage nach den Gesetzen des Zahlungsortes entschieden werden müsse, da ja der Scheck über die Nationalität des Bezogenen keine Auskunft gebe. Vgl. auch Bericht über die Scheckkonferenz der Mitteleurop. Wirtsch. Ver. Budapest, 8. bis 9. November 1907 S. 19 ff., S. 73 ff.; Riesser, Bem. S. 58 f.; Buff S. 121.

Wohl mit Rücksicht auf diese Anregungen bestimmt das Gesetz im § 25, daß die im Auslande zahlbaren Schecks auch auf solche Bezogenen lauten dürfen, auf die nach dem ausländischen Rechte ein Scheck gezogen werden darf. Die Bedeutung dieser Vorschrift ruht insbesondere auf steuerpflichtigem Gebiete; wenn dem auf das Ausland gezogenen Scheck lediglich für den Fall Steuerfreiheit gewährt würde, daß der im Auslande wohnende Bezogene unter die im § 2 bezeichneten Personen fällt, so würde dies den Scheckverkehr mit dem Auslande in einer nicht gerechtfertigten Weise erschweren. Im § 25 ist deshalb bestimmt, daß auf das Ausland gezogene Schecks auch auf diejenigen Personen lauten dürfen, denen nach den Vorschriften des Landes, in welchem der Scheck zahlbar ist, die passive Scheckfähigkeit zukommt. Vgl. Begr. S. 32.

a) Der Zahlungsort.

Wo der Scheck zahlbar ist, richtet sich nach § 5 des ScheckG.; es ist also das Recht des Zahlungsortes für die Beurteilung der passiven Scheckfähigkeit, nicht die Staatsangehörigkeit des Bezogenen maßgebend. Ein in Deutschland auf einen in der Schweiz wohnhaften Deutschen gezogener Scheck (die Schweiz steht auf dem Standpunkte völliger Scheckfreiheit) würde daher in Deutschland steuerfrei sein.

b) Der Ausstellungsort.

Die Vorschriften des § 25 betreffen Schecks, die im Auslande zahlbar sind. Daß sie auch in Deutschland ausgestellt sind, ist nicht erforderlich. Es ist daher z. B. ein in Ungarn ausgestellter, auf einen französischen Notar lautender, in Deutschland zirkulierender Scheck in Deutschland nicht steuerpflichtig. Vgl. Buff S. 123.

Ein im Auslande zahlbarer Scheck, bei dem der Bezogene weder in Gemäßheit des § 2 noch nach dem ausländischen Rechte passiv scheckfähig ist, entbehrt in derselben Weise, wie auf das Inland gezogene Schecks, die auf andere als die im § 2 bezeichneten Personen lauten, der Steuerfreiheit. Immerhin können sie Rechtswirkungen im Sinne dieses Gesetzes äußern. Begr. S. 32.

2. Die Regelung der passiven Scheckfähigkeit im Auslande.

Die Frage der passiven Scheckfähigkeit ist in den einzelnen Ländern verschieden geordnet. Nach dem Gutachten der Ältesten S. 10 f. und Apt S. 61 sind drei Gruppen zu unterscheiden:

Die erste Gruppe folgt der Auffassung des englischen Rechtes, welches lediglich die Scheckziehung auf einen „banker" zuläßt, d. h. auf einen Bankier, der sich ausschließlich oder vorwiegend mit dem Depositengeschäft befaßt. Über den Begriff „banker" vgl. Jaffé, Das englische Bankwesen 2. Aufl. S. 61, 75.

Hieher gehört das österr. Gesetz, welches im § 1 bestimmt: „Scheckfähig Bezogene im Sinne dieses Gesetzes können sein: 1. die k. k. Postsparkasse, öffentliche Banken oder andere zur Übernahme von Geld für fremde Rechnung statutenmäßig berechtigte Anstalten; 2. alle anderen handelsgerichtlich registrierten Firmen, die gewerbemäßig Bankiergeschäfte betreiben." In den Vereinigten Staaten von Nordamerika ist das materielle Erfordernis der Bankiereigenschaft zu einem bloßen Formerfordernis herabgesunken. Die bloße Bezeichnung des Bezogenen als Bankier genügt, auch wenn er es tatsächlich nicht ist. Vgl. Fick S. 283; Conrad, Handb. S. 44.

Die Niederlande (Art. 226) sprechen die passive Scheckfähigkeit den „Kassiers" zu, d. h. Personen, die gewerbsmäßig die Aufbewahrung und Verwaltung von Geldern übernehmen. Das ungarische Gesetz bestimmt im § 2 Abs. 1, daß als Angewiesener nur eine solche Firma bezeichnet werden darf, welche nach ihren durch besonderes Gesetz anerkannten Statuten oder nach dem Inhalte des Handelsregisters Bankiergeschäfte betreibt.

Die zweite Gruppe vertritt im Gegensatz zur ersten den Standpunkt völliger Scheckfreiheit, so daß Schecks auf jedermann gezogen werden können. Hierher gehören z. B. Frankreich (ScheckG. v. 1865 Art. 1 und 2, Novelle v. 1875, Art. 5), Belgien (Art. 1, 2, 4 Abs. 3), die Schweiz (Art. 830 Nr. 5), Spanien (Art. 534), Rumänien (Art. 364), die skandinavischen Staaten,

Japan (Art. 530 Zahl 3), Bulgarien (Art. 640) u. a. Vgl. Conrad, Handb. S. 45.

Eine vermittelnde Stellung nehmen Italien und Portugal ein. Das italienische Gesetz (Art. 339) läßt Kreditinstitute und Kaufleute als Scheckbezogene zu, das portugiesische (Art. 341) Bankinstitut und Kaufleute. Vgl. Älteste S. 11; Conrad, Handb. S. 44.

Im Auslande ausgestellte Schecks und im Auslande abgegebene Erklärungen.

§ 26.

(1) Die wesentlichen Erfordernisse eines im Ausland ausgestellten Schecks sowie jeder im Ausland auf einen Scheck gesetzten Erklärung werden nach den Gesetzen des Ortes beurteilt, an welchem die Ausstellung oder die Erklärung erfolgt ist.

(2) Entspricht jedoch der im Ausland ausgestellte Scheck oder die im Ausland auf einen Scheck gesetzte Erklärung den Anforderungen des inländischen Gesetzes, so kann daraus, daß nach ausländischem Gesetz ein Mangel vorliegt, kein Einwand gegen die Rechtsverbindlichkeit der später im Inland auf den Scheck gesetzten Erklärungen entnommen werden. Auch ist die im Ausland erfolgte Ausstellung eines im Inlande zahlbaren Schecks sowie die auf einen solchen Scheck im Auslande gesetzte Erklärung wirksam, wenn sie auch nur den Anforderungen des inländischen Gesetzes entspricht.

E. 1892 § 23; vorl. E. § 24; österr. § 20 Zahl 7.

Inhalt.

I. Die Kollisionsnorm: locus regit actum (Absatz 1).

Der § 26 ScheckG. schließt sich dem Art. 85 WO. an; er entspricht dem Prinzip des Art. 11 Abs. 1 EG. z. BGB., welch letzterer eine allgemeine Vorschrift über die Anwendung derjenigen Gesetze aufstellt, die für die Form eines Rechtsgeschäftes maßgeben, gleichviel, ob das Rechtsgeschäft im Inlande oder im Auslande, gleichviel auch, ob es von einem Inländer oder einem Ausländer vorgenommen ist. Der Art. 11 Abs. 1 EG. z. BGB. („locus regit actum") lautet:

„Die Form eines Rechtsgeschäfts bestimmt sich nach den Gesetzen, welche für das den Gegenstand des Rechtsgeschäfts bildende Rechtsverhältnis maßgebend sind. Es genügt jedoch die Beobachtung der Gesetze des Ortes, an dem das Rechtsgeschäft vorgenommen wird."

Der § 26 handelt von den im Auslande ausgestellten Schecks, sowie von den im Ausland auf den Scheck gesetzten Erklärungen, und gibt für die Beurteilung solcher Schecks bestimmte Vorschriften; diese kommen dann in Betracht, wenn der Scheck in Deutschland zahlbar ist oder aber, wenn er zwar vom Auslande auf das Ausland ausgestellt und nur im Auslande zahlbar ist, wenn er aber doch bei seinem Umlauf der deutschen Beurteilung (insbesondere von dem Standpunkt der Steuerpflicht bzw. Steuerfreiheit aus) unterliegt. Nach Abs. 1 bestimmen sich die wesentlichen Erfordernisse eines im Auslande ausgestellten Schecks sowie jeder dort auf einen Scheck gesetzten Erklärung nach den Gesetzen des Ortes, an welchem die Ausstellung oder Erklärung erfolgt ist. Der § 26 trifft eine Bestimmung hinsichtlich der Formerfordernisse eines Schecks, den Begriff der Formerfordernisse im weitesten Sinne genommen (vgl. Merzbacher S. 86; Jacusiel im BankA. 7 S. 284); er regelt aber nicht die Frage, welches Recht über die rechtlichen Wirkungen der im Auslande abgegebenen Scheckerklärungen zu entscheiden hat. Die hierbei für den Wechsel geltenden Grundsätze (vgl. Staub-Stranz Art. 86 Anm. 6 ff. WO.) werden auch für den Scheck Anwendung zu finden haben; die Wirkungen der scheckrechtlichen Erklärungen (Art und Umfang der Haftung, Voraussetzung der Geltendmachung und des Unterganges) richten sich nach dem Orte, der als Erfüllungsort für die betreffende Obligation zu betrachten ist, die Frage des Regreßrechtes nach dem Rechte des Wohnortes oder der Handelsniederlassung des Regreßpflichtigen oder dem des Ausstellungsortes. Vgl. RG. 44 S. 157; Jacusiel im BankA. 7, 284.

Maßgebend ist nicht der tatsächliche Ausstellungsort, sondern derjenige Ort, der in der Urkunde als Ausstellungsort angegeben ist. Bei dem Grundsatz der Formstrenge kann es nur hierauf ankommen; der Wortlaut des Gesetzes kann hier nicht entscheidend sein, da das Gesetz diesen Fall offenbar nicht im Auge gehabt hat; es kann dem Empfänger eines Schecks nicht zugemutet werden, in eine Prüfung darüber einzutreten, ob der auf dem Scheck angegebene Ort der wirkliche Ausstellungsort ist, zumal wenn einer dieser beiden Orte oder alle beide im Auslande liegen. Ebenso Simonson S. 138. RG. (jedoch nur für den Wechsel) 32 S. 116 und 91 S. 130. Dagegen Staub-Stranz Art. 85 Anm. 3 aus u. E. nicht zutreffenden Gründen.

Hiernach kommt es nicht darauf an, welche Urkunden in dem betreffenden Auslande Schecks genannt werden. Von den Gesetzen des Auslandes soll nur abhängen, welche besonderen formellen Erfordernisse eine Urkunde haben muß, um als Scheck anerkannt zu werden. RG. in LZ. 6 S. 845 = BankA. 12 S. 304.

Im einzelnen ist zu bemerken: Ein in Deutschland zahlbarer Scheck, welcher an einem ausländischen Orte ausgestellt ist, an dem die Scheckklausel nicht verlangt wird, z. B. in Frankreich, ist auch in Deutschland ohne Scheckklausel gültig. Ein solcher Scheck genießt in Deutschland die für Schecks vorgesehene Steuerfreiheit. Keine Ausnahme ist getroffen für die etwa dem Scheckbuch einer ausländischen Bank vom Aussteller in Deutschland entnommenen und in Deutschland unterzeichneten Schecks. Wenn z. B. der in Deutschland reisende Engländer zur Begleichung seiner Hotelrechnung seine englischen Formulare ohne Scheckklausel ausfüllt, so werden diese Urkunden nach § 29 ScheckG. zu versteuern sein, und wenn der Hotelwirt eine solche Urkunde in Deutschland weitergibt, so hätte auch der Dritte ein Papier erworben, das kein Scheck ist. Diese Regelung kann unter Umständen zu Härten führen. Cohn S. 118 mit Lit. Zu beachten ist aber hier, daß das Ortsdatum eine Vermutung dafür begründet, daß die Erklärung auch dort abgegeben ist. Damit ist die Möglichkeit gegeben, daß z. B. ein in Deutschland reisender Ausländer durch die Datierung des von ihm ausgestellten Schecks mit seinem Heimatsorte den Scheck der Beurteilung nach deutschem Rechte entzieht. Vgl. RG. 32 S. 118. Für den Fall, daß die Erklärung ein Ortsdatum nicht enthält (z. B. ein Indossament) besteht die Vermutung, daß die Erklärung dort abgegeben ist, wo der Erklärende seinen Wohnsitz hat. RG. 9 S. 438, 23 S. 50; Cohn S. 119; Conrad, Handb. S. 189; Staub-Stranz, Art. 85 Anm. 3 WO.

Von den Reichsfinanzbehörden sind früher die sog. Traveller Cheques der American Express Company nicht als Schecks im Sinne des Scheckgesetzes behandelt, vielmehr als wechselsteuerpflichtig angesehen worden. Das Scheckformular trägt bekanntlich die gedruckten Worte:

„American Express Company
at its paying agencies
Pay this cheque from our balance
to the order of . . . . $ 00.00"

und ist mit der faksimilierten Unterschrift des Treasurers (Schatzmeisters) der Gesellschaft versehen. Der Reisende erhält das Formular ausgehändigt, nachdem er es in der linken oberen Ecke mit seiner Namenszeichnung ausgefüllt hat. Vor Erhebung der Geldsumme ist der Scheck bei der von dem Reisenden gewählten Zahlstelle mit Ort und Datum und nochmals mit eigenhändiger Unterschrift zu versehen. Die frühere Auffassung ging dahin, daß die American Express Company nicht einen Dritten zur Zahlung anweist, sondern erklärt, daß sie bei ihren Zahlstellen (paying agencies) zahlen werde; diese Urkunden wurden daher als auf Order gestellte im Inland zahlbare Verpflichtungsscheine behandelt, die der Wechselsteuer unterliegen. Der RFH. hat jedoch in seinem Urteil vom 17. Dezember 1925 — II A 71. 26 — zutreffend dahin entschieden, daß die Traveller Cheques der American Express Company nicht wechselsteuerpflichtig sind, da es sich bei ihnen um gewöhnliche Schecks des Ausstellers auf die genannte Gesellschaft handelt und die faksimilierte Unterschrift des Treasurers nur die Bedeutung einer Kontrollmaßnahme besitzt (BankA. 25, 264). Vgl. zu dieser Frage auch RG. LZ. 1912 S. 854 = BankA. 12 S. 304; ferner OLG. Hamburg. HansGZ. 1912 Hauptbl. S. 85 ff. = BankA. 11 S. 249; Meyer, Weltscheckrecht 1 S. 118 und besonders Dyckerhoff, „Die Steuerpflicht ausländischer Schecks", BankA. 25 S. 77 ff.

Ein französischer Scheck, der auf einen deutschen Warenkaufman gezogen ist, ist nicht steuerpflichtig. Im französischen Rechte gilt der Grundsatz der Scheckfreiheit. Da die wesentlichen Erfordernisse dieses Schecks nach französischem Rechte beurteilt werden, so ist eine Steuerpflicht, wie erwähnt, nicht begründet. So mit Recht Jacusiel BankA. 7, 284.

Zweifelhaft ist die Beantwortung der von Jacusiel im BankA. 7, 284 gestellten Frage, wie es mit einem in Deutschland zahlbaren österreichischen Scheck steht, der eine bestimmte Zahlungszeit hat. Nach § 7 des deutschen Scheckgesetzes würde die Angabe einer bestimmten Zahlungszeit den Scheck nichtig machen. Nach § 5 des österr. Gesetzes ist der Scheck bei Vorzeigung (bei Sicht) zahlbar, wenngleich er eine oder keine Bestimmung über die Verfallszeit enthält. Gemäß § 26 Abs. 1 des deutschen ScheckG. ist der Scheck in Deutschland in Anwendung des österr. Rechtes gültig. Auf das österr. Recht muß auch zurückgegangen werden, um festzustellen, wann der mit einer bestimmten Zahlungsfrist in Österreich ausgestellte Scheck zahlbar ist. Nach österr. Recht ist also der Scheck stets bei Vorzeigung zahlbar. Eine abweichende Bestimmung ist nicht beachtlich. Nach österr. Recht ist der mit einer bestimmten Zahlungszeit versehene Scheck als ein solcher anzusehen, der bei Sicht zahlbar ist. Gemäß § 5 des österr. Gesetzes in Verbindung mit § 26 Abs. 1 ist daher ein derartiger Scheck bei Vorzeigung zahlbar. Vgl. auch Jacusiel im BankA. 7, 284, der die Anwendung des österr. Gesetzes im wesentlichen verneint, in Anwendung des § 7 des ScheckG. jedoch zum gleichen Resultat kommt, sowie Simonson S. 138.

II. Nach ausländischem Recht mangelhafte Schecks (Absatz 2).

1. Im Inland auf den Scheck gesetzte Erklärungen. (Absatz 2 Satz 1).

Der Absatz 2 enthält Ausnahmen von dem Grundsatze des Abs. 1. Entspricht ein im Auslande ausgestellter Scheck oder eine dort auf einen Scheck gesetzte Erklärung den Anforderungen des inländischen Gesetzes, so ist daraus, daß nach dem ausländischen Recht ein Mangel vorliegt, ein Einwand gegen die Rechtsverbindlichkeit der später auf einen solchen Scheck im Inlande gesetzten Erklärungen nicht abzuleiten. Wird z. B. ein in Japan ausgestellter, nach japanischem Rechte wegen Fehlens der Bezeichnung des Zahlungsempfängers ungültiger, aber den Erfordernissen des § 4 des deutschen Gesetzes entsprechender Scheck in Berlin indossiert, so ist das Indossament gültig. Begr. S. 33. Die Form der Protesterhebung oder eines diese ersetzenden Rechtsinstitutes, richtet sich nach den Gesetzen des Landes, in dem die Rechtshandlung vorzunehmen ist. RG. JW. 1925, 1656.

2. Im Inland zahlbare Schecks (Absatz 2 Satz 2).

„Nach Absatz 2 Satz 2 soll ferner die im Auslande erfolgte Ausstellung eines im Inlande zahlbaren Schecks, sowie die auf einen solchen Scheck im Auslande gesetzte Erklärung, trotzdem nach ausländischem Rechte Mängel vorliegen, wirksam sein, wenn sie den Anforderungen des inländischen Gesetzes entspricht. Die Vorschrift weicht von der im Art. 85 der WO. gegebenen ab, entspricht aber den Bedürfnissen des Scheckverkehrs. In dem Verkehre der Banken mit ihren Kunden, auch mit den ausländischen, finden in der Regel die von den ersteren gelieferten Scheckmuster, die den deutschen Vorschriften entsprechen, Verwendung. In der ausschließlichen Verwendung dieser Muster liegt eine größere Sicherheit für die Echtheit der vorgelegten Schecks. Ihre Zulassung erleichtert zugleich die Abwicklung des Scheckverkehrs an der Kasse des Bezogenen, es bedarf nicht erst der umständlichen Prüfung, ob der Scheck den am Ausstellungsorte geltenden Vorschriften entspricht." Begr. S. 33. Vgl. Centralv. S. 14; Riesser Bem. S. 57; Bericht über die Scheckkonferenz der Mitteleurop. Wirtsch. Vereine Budapest, 8./9. November 1907 S. 73. Wird also in Frankreich ein Scheck auf ein deutsches Bankhaus gezogen, so ist ein solcher Scheck in Deutschland auch dann gültig, wenn entgegen den Vorschriften des französischen Gesetzes (Art. 5 Abs. 3) das Datum nicht eigenhändig mit Buchstaben vom Aussteller geschrieben ist. Buff S. 125.

§ 27.

Kraftloserklärung.

(1) Abhanden gekommene oder vernichtete Schecks unterliegen der Kraftloserklärung im Wege des Aufgebotsverfahrens. Die Aufgebotsfrist muß mindestens zwei Monate betragen.

(2) Nach Einleitung des Aufgebotsverfahrens kann der Berechtigte, falls der Scheck rechtzeitig zur Zahlung vorgelegt,

von dem Bezogenen aber nicht eingelöst worden war, von dem Aussteller Zahlung fordern, wenn er bis zur Kraftloserklärung Sicherheit leistet.

E. 1892 §§ 24, 25; vorl. E. §§ 25, 26; österr. § 21.

Inhalt.

§§ 946—1022 ZPO.

§ 27 wird ergänzt durch die §§ 946 ff. ZPO. und wird zweckmäßig mit ihnen zusammen erläutert. Im übrigen vgl. die Kommentare zur ZPO.

§ 946. (1) Eine öffentliche gerichtliche Aufforderung zur Anmeldung von Ansprüchen oder Rechten findet mit der Wirkung, daß die Unterlassung der Anmeldung einen Rechtsnachteil zur Folge hat, nur in den durch das Gesetz bestimmten Fällen statt.

(2) Für das Aufgebotsverfahren ist das durch das Gesetz bestimmte Gericht zuständig.

§ 947. (1) Der Antrag kann schriftlich oder zum Protokoll des Gerichtsschreibers gestellt werden. Die Entscheidung kann ohne mündliche Verhandlung erfolgen.

(2) Ist der Antrag zulässig, so hat das Gericht das Aufgebot zu erlassen. In dasselbe ist insbesondere aufzunehmen:

1. die Bezeichnung des Antragstellers;
2. die Aufforderung, die Ansprüche und Rechte spätestens im Aufgebotstermin anzumelden;
3. die Bezeichnung der Rechtsnachteile, welche eintreten, wenn die Anmeldung unterbleibt;
4. die Bestimmung eines Aufgebotstermins.

§ 951. Eine Anmeldung, welche nach dem Schlusse des Aufgebotstermins jedoch vor Erlassung des Ausschlußurteils erfolgt, ist als eine rechtzeitige anzusehen.

§ 952. (1) Das Ausschlußurteil ist in öffentlicher Sitzung auf Antrag zu erlassen.

(2) Einem in der Sitzung gestellten Antrag wird ein Antrag gleichgeachtet, welcher vor dem Aufgebotstermin schriftlich gestellt oder zum Protokoll des Gerichtsschreibers gestellt worden ist.

(3) Vor Erlassung des Urteils kann eine nähere Ermitte-

lung, insbesondere die Versicherung der Wahrheit einer Behauptung des Antragstellers an Eides Statt, angeordnet werden.

(4) Gegen den Beschluß, durch welchen der Antrag auf Erlassung des Ausschlußurteils zurückgewiesen wird, sowie gegen Beschränkungen und Vorbehalte, welche dem Ausschlußurteile beigefügt sind, findet sofortige Beschwerde statt.

§ 953. Erfolgt eine Anmeldung, durch welche das von dem Antragsteller zur Begründung des Antrags behauptete Recht bestritten wird, so ist nach Beschaffenheit des Falles entweder das Aufgebotsverfahren bis zur endgültigen Entscheidung über das angemeldete Recht auszusetzen oder in dem Ausschlußurteile das angemeldete Recht vorzubehalten.

§ 954. Wenn der Antragsteller weder in dem Aufgebotstermin erschienen ist noch vor dem Termine den Antrag auf Erlassung des Ausschlußurteils gestellt hat, so ist auf seinen Antrag ein neuer Termin zu bestimmen. Der Antrag ist nur binnen einer vom Tage des Aufgebotstermins laufenden Frist von sechs Monaten zulässig.

§ 955. Wird zur Erledigung des Aufgebotsverfahrens ein neuer Termin bestimmt, so ist eine öffentliche Bekanntmachung des Termins nicht erforderlich.

§ 957. (1) Gegen das Ausschlußurteil findet ein Rechtsmittel nicht statt.

(2) Das Ausschlußurteil kann bei dem Landgericht, in dessen Bezirke das Aufgebotsgericht seinen Sitz hat, mittels einer gegen den Antragsteller zu erhebenden Klage angefochten werden:

1. wenn ein Fall nicht vorlag, in welchem das Gesetz das Aufgebotsverfahren zuläßt;
2. wenn die öffentliche Bekanntmachung des Aufgebots oder eine in dem Gesetze vorgeschriebene Art der Bekanntmachung unterblieben ist;
3. wenn die vorgeschriebene Aufgebotsfrist nicht gewahrt ist;
4. wenn der erkennende Richter von der Ausübung des Richteramts kraft Gesetzes ausgeschlossen war;
5. wenn ein Anspruch oder Recht ungeachtet der erfolgten Anmeldung nicht dem Gesetze gemäß in dem Urteil berücksichtigt ist;
6. wenn die Voraussetzungen vorliegen, unter welchen die Restitutionsklage wegen einer strafbaren Handlung stattfindet.

§ 958. (1) Die Anfechtungsklage ist binnen der Notfrist eines Monats zu erheben. Die Frist beginnt mit dem Tage, an welchem der Kläger Kenntnis von dem Ausschlußurteil erhalten hat, in dem Falle jedoch, wenn die Klage auf einem der im § 957 Nr. 4, 6 bezeichneten Anfechtungsgründe beruht und dieser Grund an jenem Tage noch nicht zur Kenntnis des

Klägers gelangt war, erst mit dem Tage, an welchem der Anfechtungsgrund dem Kläger bekannt geworden ist.

(²) Nach dem Ablauf von zehn Jahren, von dem Tage der Verkündung des Ausschlußurteiles an gerechnet, ist die Klage unstatthaft.

§ 959. Das Gericht kann die Verbindung mehrerer Aufgebote anordnen, auch wenn die Voraussetzungen des § 147 nicht vorliegen.

§ 1003. Für das Aufgebotsverfahren zum Zwecke der Kraftloserklärung einer Urkunde gelten die nachfolgenden besonderen Bestimmungen.

§ 1004. (¹) Bei Papieren, welche auf den Inhaber lauten, oder welche durch Indossament übertragen werden können und mit einem Blankoindossamente versehen sind, ist der bisherige Inhaber des abhanden gekommenen oder vernichteten Papiers berechtigt, das Aufgebotsverfahren zu beantragen.

(²) Bei anderen Urkunden ist derjenige zu dem Antrag berechtigt, welcher das Recht aus der Urkunde geltend machen kann.

§ 1005. (¹) Für das Aufgebotsverfahren ist das Gericht des Ortes zuständig, welchen die Urkunde als den Erfüllungsort bezeichnet. Enthält die Urkunde eine solche Bezeichnung nicht, so ist das Gericht zuständig, bei welchem der Aussteller seinen allgemeinen Gerichtsstand hat, und in Ermangelung eines solchen Gerichts dasjenige, bei welchem der Aussteller zur Zeit der Ausstellung seinen allgemeinen Gerichtsstand gehabt hat.

(²) Ist die Urkunde über ein im Grundbuch eingetragenes Recht ausgestellt, so ist das Gericht der belegenen Sache ausschließlich zuständig.

§ 1007. Der Antragsteller hat zur Begründung des Antrags:

1. entweder eine Abschrift der Urkunde beizubringen, oder den wesentlichen Inhalt der Urkunde und alles anzugeben, was zur vollständigen Erkennbarkeit derselben erforderlich ist;
2. den Verlust der Urkunde sowie diejenigen Tatsachen glaubhaft zu machen, von welchen seine Berechtigung abhängt, das Aufgebotsverfahren zu beantragen;
3. sich zur Versicherung der Wahrheit seiner Angaben an Eides Statt zu erbieten.

§ 1008. In dem Aufgebot ist der Inhaber der Urkunde aufzufordern, spätestens im Aufgebotstermine seine Rechte bei dem Gericht anzumelden und die Urkunde vorzulegen. Als Rechtsnachteil ist anzudrohen, daß die Kraftloserklärung der Urkunde erfolgen werde.

§ 1009. (¹) Die öffentliche Bekanntmachung des Aufgebots erfolgt durch Anheftung an die Gerichtstafel und in dem Lokale der Börse, wenn eine solche am Sitze des Aufgebotsgerichts besteht, sowie durch einmalige Einrückung in den Deutschen Reichsanzeiger.

(2) Das Gericht kann anordnen, daß die Einrückung noch in andere Blätter und zu mehreren Malen erfolge.

(3) Betrifft das Aufgebot ein auf den Inhaber lautendes Papier und ist in der Urkunde vermerkt oder in den Bestimmungen, unter denen die erforderliche staatliche Genehmigung erteilt worden ist, vorgeschrieben, daß die öffentliche Bekanntmachung durch bestimmte andere Blätter zu erfolgen habe, so muß die Bekanntmachung auch durch Einrückung in diese Blätter erfolgen. Das gleiche gilt bei Schuldverschreibungen, die von einem deutschen Lande oder früheren Bundesstaat ausgegeben sind, wenn die öffentliche Bekanntmachung durch bestimmte Blätter landesgesetzlich vorgeschrieben ist.

§ 1014. Ist in einer Schuldurkunde eine Verfallzeit angegeben, welche zur Zeit der ersten Einrückung des Aufgebots in den Deutschen Reichsanzeiger noch nicht eingetreten ist, und sind die Voraussetzungen der §§ 1010—1013 nicht vorhanden, so ist der Aufgebotstermin so zu bestimmen, daß seit dem Verfalltag sechs Monate abgelaufen sind.

§ 1015. Die Aufgebotsfrist muß mindestens sechs Monate betragen. Der Aufgebotstermin darf nicht über ein Jahr hinaus bestimmt werden; solange ein so naher Termin nicht bestimmt werden kann, ist das Aufgebot nicht zulässig.

§ 1016. Meldet der Inhaber der Urkunde vor dem Aufgebotstermin seine Rechte unter Vorlegung der Urkunde an, so hat das Gericht den Antragsteller hiervon zu benachrichtigen und ihm die Einsicht der Urkunde innerhalb einer zu bestimmenden Frist zu gestatten. Auf Antrag des Inhabers der Urkunde ist zur Vorlegung derselben ein Termin zu bestimmen.

§ 1017. (1) In dem Ausschlußurteil ist die Urkunde für kraftlos zu erklären.

(2) Das Ausschlußurteil ist seinem wesentlichen Inhalt nach durch den Deutschen Reichsanzeiger bekannt zu machen. Die Vorschriften des § 1009 Abs. 3 finden entsprechende Anwendung.

(3) In gleicher Weise hat nach eingetretener Rechtskraft die Bekanntmachung des auf die Anfechtungsklage ergangenen Urteils, soweit dadurch die Kraftloserklärung aufgehoben wird zu erfolgen.

§ 1018. (1) Derjenige, welcher das Ausschlußurteil erwirkt hat, ist dem durch die Urkunde Verpflichteten gegenüber berechtigt, die Rechte aus der Urkunde geltend zu machen.

(2) Wird das Ausschlußurteil infolge einer Anfechtungsklage aufgehoben, so bleiben die auf Grund des Urteils von dem Verpflichteten bewirkten Leistungen auch Dritten, insbesondere

dem Anfechtungskläger, gegenüber wirksam, es sei denn, daß der Verpflichtete zur Zeit der Leistung die Aufhebung des Ausschlußurteils gekannt hat.

§ 1019. (1) Bezweckt das Aufgebotsverfahren die Kraftloserklärung eines auf den Inhaber lautenden Papiers, so hat das Gericht auf Antrag an den Aussteller sowie an die in dem Papier und die von dem Antragsteller bezeichneten Zahlstellen das Verbot zu erlassen, an den Inhaber des Papiers eine Leistung zu bewirken, insbesondere neue Zins-, Renten- und Gewinnanteilscheine auszugeben (Zahlungssperre); mit dem Verbot ist die Benachrichtigung von der Einleitung des Aufgebotsverfahrens zu verbinden. Das Verbot ist in gleicher Weise wie das Aufgebot öffentlich bekanntzumachen.

(2) Das an den Aussteller erlassene Verbot ist auch den Zahlstellen gegenüber wirksam, welche nicht in dem Papiere bezeichnet sind.

(3) Die Einlösung der vor dem Verbot ausgegebenen Zins-, Renten- und Gewinnanteilscheine wird von dem Verbote nicht betroffen.

§ 1020. Ist die sofortige Einleitung des Aufgebotsverfahrens nach § 1015 Satz 2 unzulässig, so hat das Gericht die Zahlungssperre auf Antrag schon vor der Einleitung des Verfahrens zu verfügen, sofern die übrigen Erfordernisse für die Einleitung vorhanden sind. Auf den Antrag finden die Vorschriften des § 947 Abs. 1 Anwendung. Das Verbot ist durch Anheftung an die Gerichtstafel und durch einmalige Einrückung in den Deutschen Reichsanzeiger öffentlich bekanntzumachen.

§ 1022. (1) Wird das in Verlust gekommene Papier dem Gerichte vorgelegt oder wird das Aufgebotsverfahren in anderer Weise ohne Erlassung eines Ausschlußurteils erledigt, so ist die Zahlungssperre von Amts wegen aufzuheben. Das gleiche gilt, wenn die Zahlungssperre vor der Einleitung des Aufgebotsverfahrens eingeleitet worden ist und die Einleitung nicht binnen sechs Monaten nach der Beseitigung des ihr entgegenstehenden Hindernisses beantragt wird. Ist das Aufgebot oder die Zahlungssperre öffentlich bekannt gemacht worden, so ist die Erledigung des Verfahrens oder die Aufhebung der Zahlungssperre von Amts wegen durch den Deutschen Reichsanzeiger bekanntzumachen.

(2) Im Falle der Vorlegung des Papiers ist die Zahlungssperre erst aufzuheben, nachdem dem Antragsteller die Einsicht nach Maßgabe des § 1016 gestattet worden ist.

(3) Gegen den Beschluß, durch welchen die Zahlungssperre aufgehoben wird, findet sofortige Beschwerde statt.

I. Abhanden gekommene oder vernichtete Schecks.

„Nach § 363, 365 Abs. 2 Satz 1 HGB. unterliegen an Order lautende, auf einen Kaufmann ausgestellte Anweisungen, wenn sie vernichtet oder abhanden gekommen sind, der Kraftloserklärung im Wege des Aufgebotsverfahrens. Da diese Bestimmung auf alle Schecks nicht ohne weiteres zutrifft, so bedurfte es, um die Vorschriften der Zivilprozeßordnung über das Aufgebot von Urkunden zum Zwecke der Kraftloserklärung (§§ 946 ff., 1003 ff.) auf Schecks schlechthin anwendbar zu machen, der besonderen Vorschrift. Das Verfahren wird voraussichtlich für den Scheckverkehr bei der raschen Abwicklung aller auf dem Scheck beruhenden Rechtsverhältnisse nur eine beschränkte Bedeutung gewinnen. Es ist deshalb im allgemeinen davon abgesehen, eingehende, von den Vorschriften der Zivilprozeßordnung abweichende Regeln über das Aufgebotsverfahren aufzustellen." Begr. S. 33. Vgl. auch Art. 73 WO. Simonson S. 142.

Die Vorschrift des Absatz 1 Satz 1 bezieht sich auf alle Arten von Schecks, auf Inhaber-, Order- und Rektaschecks. Die Bestimmungen der §§ 799 f. BGB., betreffend abhanden gekommene oder vernichtete Schuldverschreibungen auf den Inhaber, greifen hier — auch hinsichtlich des Inhaberschecks — nicht Platz. Für die Zulässigkeit des Aufgebotsverfahrens macht es keinen Unterschied, ob der Scheck vorgelegt war oder nicht, ob er protestiert, nicht protestiert, eingeklagt oder ausgeklagt ist.

Abhanden gekommen ist ein Scheck, wenn der unmittelbare Besitzer wider seinen Willen und ohne sein Zutun den Besitz des Schecks verloren hat. Staudinger, BGB. § 935 Bem. I, 1; Planck, BGB. § 935 Bem. 2. Vernichtet ist ein Scheck, nicht nur dann, wenn er vollständig zerstört ist, sondern schon dann, wenn er soweit beschädigt ist, daß sein wesentlicher Inhalt und seine Unterscheidungsmerkmale nicht mehr mit Sicherheit erkennbar sind. Planck, BGB. § 789 Bem. 1. Auf welche Art die Vernichtung herbeigeführt worden ist, ist gleichgültig. Eine Ausnahme gilt auch nicht für den Fall, daß der Inhaber selbst den Scheck vernichtet hat.

Über gestohlene Schecks vgl. Erlanger, Die Honorierung entwendeter Schecks, im BankA. 3 S. 57, sowie oben § 4 III 2 e S. 97 und § 8 III 2 b S. 116 ff. Die Behandlung von Inhaber- und Orderschecks ist hier verschieden.

II. Der Aufgebotsantrag.

1. Die Berechtigten.

Antragsberechtigt ist nach § 1004 ZPO. jeder, der kraft eigenen Rechtes den Scheck in seinem Besitze hatte, also beim Inhaberscheck und bei dem mit einem Blankoindossament schließenden Orderscheck der bisherige Inhaber, beim Rekta- und beim Orderscheck mit Vollindossament der legitimierte Inhaber. Vgl. Staub-Stranz Art. 73 Anm. 2; Buff S. 128; Conrad, Handb. S. 226.

2. Der Antrag.

Der Antrag kann schriftlich gestellt oder zu Protokoll des Gerichtsschreibers erklärt werden (§ 947 ZPO.). Eine Abschrift des Schecks oder eine möglichst genaue Beschreibung ist beizubringen und diejenigen Tatsachen, aus denen sich der Verlust des Schecks und die Berechtigung des Antragstellers ergibt, glaubhaft zu machen (§ 1007 ZPO.).

III. Zuständigkeit.

1. Sachliche Zuständigkeit.

Sachlich zuständig ist das Amtsgericht (§ 23 Nr. 2 Abs. 9 GVG.). Die Beschwerde geht an die Zivilkammer des übergeordneten Landgerichts (§ 72 GVG.).

2. Örtliche Zuständigkeit.

Örtlich zuständig ist das Gericht des nach § 5 ScheckG. zu ermittelnden Zahlungsortes. Läßt dieser sich nicht feststellen, so ist das Gericht des allgemeinen Gerichtsstandes des Ausstellers zuständig (§ 1005 ZPO.).

Ein im Inland ausgestellter, im Ausland zahlbarer Scheck kann, wie Cohn S. 121 bemerkt, mangels eines nach § 1005 ZPO. zuständigen Gerichts in Deutschland nicht für kraftlos erklärt werden. Die im Inland zahlbaren Auslandsschecks können, wie die im Inland zahlbaren Auslandswechsel, in Deutschland aufgeboten werden. Vgl. J. und M. Stranz, WO. S. 203 Anm. 4.

IV. Verfahren.

Das Verfahren ist, trotzdem es in der ZPO. geregelt ist, eine Angelegenheit der Rechtspolizei (sogen. Freiwilligen Gerichtsbarkeit).

1. Verfahren bis zur Entscheidung.

Das Gericht hat zunächst zu prüfen, ob der Antrag begründet ist. Hält es ihn für begründet, so erläßt es das Aufgebot (§ 947 ZPO.). In dem Aufgebot ist der Inhaber des Schecks aufzufordern, spätestens im Aufgebotstermin seine Rechte bei dem Gericht anzumelden und die Urkunde vorzulegen, widrigenfalls sie für kraftlos erklärt werde (§ 1008 ZPO.). Die Aufgebotsfrist muß mindestens zwei Monate (§ 27 Abs. 1 Satz 2 ScheckG.), darf höchstens ein Jahr betragen (§ 1015 ZPO.).

Hält das Gericht den Antrag für nicht begründet, so weist es ihn durch Beschluß zurück; gegen diesen Beschluß ist unbefristete Beschwerde zulässig.

Erfolgt daraufhin eine Anmeldung — auch noch nach dem Termin, aber vor Erlaß des Urteils (§ 951 ZPO.) — so hat das Gericht je nach Lage des Falls entweder das Verfahren bis zur rechtskräftigen Entscheidung über das angemeldete Recht auszusetzen oder im Ausschlußurteil das angemeldete Recht vorzubehalten (§ 953 ZPO.).

2. Die Entscheidung.

Das Urteil erklärt den Scheck für kraftlos (§ 1017 ZPO.), und zwar entweder unbedingt oder unter Vorbehalt der angemeldeten Rechte (§ 953 ZPO.). Der Vorbehalt bewirkt, daß der Scheck demjenigen gegenüber, der den Vorbehalt erwirkt hat, nicht als kraftlos gilt.

Ist dagegen der Antrag zurückzuweisen, so ergeht ein Beschluß (§ 952 Abs. 4 ZPO.).

3. Rechtsmittel.

Rechtsmittel gegen das unbedingte Ausschlußurteil finden nicht statt (§ 957 Abs. 1 ZPO.).

Gegen das Ausschlußurteil, welches einen Vorbehalt oder eine Beschränkung enthält, sowie gegen den Beschluß, der den Antrag auf Erlaß eines Ausschlußurteils zurückweist, findet die sofortige Beschwerde statt (§ 952 Abs. 4 ZPO.).

4. Die Anfechtungsklage.

Das Ausschlußurteil kann bei dem dem Amtsgericht übergeordneten Landgericht mit der Anfechtungsklage angefochten werden (§§ 957 Abs. 2, 958 ZPO.). Dies ist eine Rechtsgestaltungsklage, die binnen einer Notfrist von einem Monat seit Kenntnis von dem Ausschlußurteil zu erheben ist und nur auf einige wenige Klagegründe gestützt werden darf. Dringt sie durch, so gilt das Ausschlußurteil mit Wirkung ex tunc als aufgehoben.

V. Wirkung des Aufgebotsverfahrens.

1. Wirkung der Einleitung des Verfahrens.

a) Der Inhaber kann Zahlung vom Aussteller verlangen.

Nach § 27 Abs. 2 SchG. kann der Berechtigte vom Aussteller Zahlung verlangen, wenn der Scheck rechtzeitig zur Zahlung vorgelegt, aber nicht eingelöst worden ist, jedoch nur, wenn er bis zur Kraftloserklärung Sicherheit leistet. Nur der Aussteller, nicht andere Rückgriffspflichtige, sind zur Zahlung verpflichtet. Der Nachweis der rechtzeitigen Vorlegung ist bei Bestreiten gemäß § 16 SchG. zu führen. Ebenso Simonson S. 145.

Die Vorschrift des Abs. 2 schließt sich dem § 365 HGB. Abs. 2 Satz 2 an. Über die Art der Sicherheit vgl. §§ 232 ff. BGB. Im

Gegensatz zu der Regelung des § 24 bzw. § 25 des E. von 1892 bzw. des vorl. E. und im Gegensatz zu Art. 73 WO. ist der Berechtigte, wenn er keine Sicherheit leistet, nicht befugt, vom Aussteller die Hinterlegung der Summe bei einer Hinterlegungsstelle zu fordern.

b) Zahlungssperre bei Inhaberschecks.

Während die E. von 1892 und im vorl. E. die Zahlungssperre für alle Arten von Schecks zugelassen war, kommt nach geltendem Recht die Zahlungssperre nur noch für Inhaberschecks in Betracht (§ 1019 ZPO.).

Der Antrag auf Erlaß der Zahlungssperre, die nicht von Amts wegen verfügt wird, kann erst gleichzeitig mit dem Aufgebotsantrag (§ 947 ZPO.) und in denselben Formen gestellt werden. Vgl. Gaupp-Stein, Komm. zur ZPO. § 1019 Bem. III. Als selbständige Maßregel gemäß § 1020 ZPO. kann die Zahlungssperre beim Scheck nicht angeordnet werden.

Das Verbot ist an den Aussteller zu erlassen, ferner an den Bezogenen, an den letzteren als die in dem Papier bezeichnete Zahlstelle. Es ist u. E. unzutreffend, das Verbot nicht an den Aussteller, sondern nur an den Bezogenen zu richten (so Schiebler S. 65). Die auf der Rückseite des Schecks angegebenen „Zahlstellen" (s. oben § 5 III 2 S. 102 ff.) können nicht als die in dem Papier bezeichneten Zahlstellen im Sinne des § 1019 ZPO. erachtet werden. Ebenso Simonson S. 145. Nicht ihnen, sondern dem Bezogenen obliegt im Regelfalle die Leistung an den Inhaber des Schecks. Immerhin bleibt es dem Antragsteller vorbehalten, an eine „Zahlstelle" des Schecks durch besondere Bezeichnung als Zahlstelle gemäß § 1019 ZPO. das Verbot der Leistung richten zu lassen. Vgl. aber auch Conrad, Handb. S. 237.

Die Zahlungssperre ist ein richterliches (relatives) Veräußerungsverbot mit der Wirkung des § 136 BGB. Die Zahlungssperre ist von Amts wegen aufzuheben, wenn der abhanden gekommene Scheck dem Gericht vorgelegt wird oder das Verfahren in anderer Weise ohne Erlaß eines Ausschlußurteils erledigt wird. Im ersteren Falle darf die Sperre erst aufgehoben werden, wenn dem Antragsteller die Einsicht des Schecks binnen einer vom Gericht zu bestimmenden Frist gestattet worden ist (§ 1022 ZPO.).

2. Wirkung des durchgeführten Verfahrens.

Über die Wirkung des durchgeführten Verfahrens vgl. die ausführlichen Erläuterungen von Staub-Stranz Art. 73 Anm. 10 ff. WO. Merzbacher S. 87 (vgl. auch Apt S. 140) bemerkt, daß derjenige, welcher das Ausschlußurteil erwirkt hat, dem durch den Scheck Verpflichteten, also sowohl dem Bezogenen wie den Vormännern gegenüber, berechtigt ist, die Rechte aus dem Scheck geltend zu machen, nicht aber die Ausstellung eines neuen Schecks zu verlangen. Hinsichtlich des Bezogenen wird diese Bemerkung nur insoferne richtig sein, als der Bezogene auch demjenigen gegenüber, der das Ausschlußurteil erwirkt hat, berechtigt ist, die Schecksumme zu leisten; ebenso Simonson S. 144. Im übrigen ist aber hier zu beachten, daß als aus dem Scheck Verpflichtete nur der Aussteller und die Vorindossanten des Antragstellers in Betracht kommen. Gegen diese kann der Antragsteller auf Grund des Ausschlußurteils seine Regreßansprüche aus dem für kraftlos erklärten Scheck geltend machen, vorausgesetzt, daß der Regreßanspruch nicht durch Unterlassung rechtzeitiger Vorlegung oder durch Verjährung erloschen ist. Dem Verpflichteten bleiben die ihm zustehenden Einreden. Vgl. RG. 49 S. 132 ff.; Staub-Stranz Art. 73 Anm. 19 WO.; Buff S. 129; Conrad, Handb. S. 229. Siehe auch zu dieser bestrittenen Frage Rehbein, WO. Art. 72 Anm. 2. § 808 BGB. (Erteilung einer neuen Schuldverschreibung auf den Inhaber an Stelle der für kraftlos erklärten) greift nicht Platz.

Zuständigkeit. Verfahren. **§ 28.**

(1) Bürgerliche Rechtsstreitigkeiten, in welchen durch die Klage ein Anspruch auf Grund dieses Gesetzes geltend gemacht wird, gehören, sofern in erster Instanz die Landgerichte zuständig sind, vor die Kammern für Handelssachen.

(2) In bürgerlichen Rechtsstreitigkeiten, in welchen durch Klage oder Widerklage ein Anspruch auf Grund dieses Gesetzes geltend gemacht ist, wird die Verhandlung und Entscheidung letzter Instanz im Sinne des § 8 des Einführungsgesetzes zum Gerichtsverfassungsgesetze dem Reichsgerichte zugewiesen.

(3) Auf die Geltendmachung von Regreßansprüchen aus einem Scheck finden die den Wechselprozeß betreffenden Vorschriften der §§ 602 bis 605 der Zivilprozeßordnung entsprechende Anwendung. Die Rechtsstreitigkeiten, in welchen ein solcher Anspruch geltend gemacht wird, gelten als Feriensachen.

E. 1892 § 26; vorl. E. § 27; österr. § 24.

Inhalt.

I. Zuständigkeit.

1. Kammern für Handelssachen (Absatz 1).

Nach den Vorschriften des § 101 des Gerichtsverfassungsgesetzes kamen bisher Scheckprozesse nur dann vor die Kammer für Handelssachen, wenn durch die Klage ein Anspruch geltend gemacht wurde:

1. gegen einen Kaufmann im Sinne des HGB. aus Geschäften, welche für beide Teile Handelsgeschäfte sind;
2. aus einem Scheck, der auf einen Kaufmann ausgestellt ist und an Order lautet (§ 363 HGB.).

Dagegen sind Klagen aus einem Wechsel im Sinne der WO. ohne Ausnahme den Kammern für Handelssachen zugewiesen. Dem entspricht es, wenn das Gesetz nunmehr im § 28 Abs. 1 die Kammern für Handelssachen in bürgerlichen Rechtsstreitigkeiten für zuständig erklärt, in denen durch die Klage ein Anspruch auf Grund dieses Entwurfes geltend gemacht wird. (Begr. S. 34.)

Als Ansprüche auf Grund des Scheckgesetzes sind die Ansprüche aus § 15 (Haftung des Ausstellers, der Indossanten und Namensskribenten) zu erachten, ferner die Bereicherungsklage nach § 21 und die Klage gegen den Bezogenen, der wegen Nichtbeachtung des Berechnungsvermerkes schadensersatzpflichtig geworden ist (§ 14 Abs. 2 Satz 2.) Nicht unter § 28 Abs. 1 fällt die Klage aus dem unterliegenden Rechtsverhältnis.

Zu beachten ist, daß die Amtsgerichte gemäß § 23 Nr. 1 GVG. zuständig sind, sofern der Streitwert die Summe von 500.— RM. nicht übersteigt. Die Zuständigkeit der Landgerichte ist demnach nur dann gegeben, wenn der Streitwert über diese Summe hinausgeht. § 71 Abs. 1 GVG. Vgl. auch § 38 ZPO. (Prorogation).

Hat das Amtsgericht in erster Instanz entschieden, so geht die Berufung an die Kammer für Handelssachen des Landgerichts (§ 72 GVG.), vorausgesetzt, daß der Wert des Beschwerdegegenstandes 50.— RM. übersteigt (§ 511 a ZPO).

Erweist sich bei einer vor dem Landgericht, Kammer für Handelssachen, erhobenen Klage, daß es sich nicht um einen Anspruch auf Grund des Scheckgesetzes, vielmehr um einen Anspruch aus dem allgemeinen bürgerlichen Recht handelt (mag er auch einen Scheck betreffen), z. B. aus unerlaubter Handlung, so ist der Rechtsstreit an die Zivilkammer gemäß § 97 Abs. 2 GVG. zu verweisen. Zu beachten ist jedoch § 95 Ziff. 1 und 3 GVG.

Was die Berechnung des Streitgegenstandes anlangt, so ist auf § 4 Abs. 2 der ZPO. zu verweisen. Dieser lautet:

„Bei Ansprüchen aus Wechseln im Sinne der Wechselordnung sind Zinsen, Kosten und Provision, welche außer der Wechselsumme gefordert werden, als Nebenforderungen anzusehen.“

Der gleiche Grundsatz wird auch hier anzuwenden sein, und zwar ohne Rücksicht darauf, ob es sich um die Regreßforderung des letzten oder früheren Inhabers des Schecks handelt. So auch Merzbacher S. 89 und Buff S. 132; Simonson S. 148.

2. Reichsgericht (Absatz 2).

Die Vorschrift im Abs. 2 rechtfertigt sich durch das Bedürfnis einer einheitlichen Rechtsprechung für das ganze Reich. Begr. S. 34.

Gemäß § 8 Abs. 2 EG.GVG. kommt die Zuständigkeit des bayerischen Obersten Landesgerichts nicht in Frage (Simonson S. 147). Die Revision ist zurzeit (1926) durch einen 4000.— RM. übersteigenden Wert des Beschwerdegegenstandes bedingt (§ 546 ZPO).

II. Verfahren.

1. Mahnverfahren.

Es gibt ein besonderes Urkunden- und Wechselmahnverfahren, das geregelt ist in den §§ 3, 4 der

Bekanntmachung zur Entlastung der Gerichte.

In der vom 15. Juli 1925 ab geltenden Fassung:

Mahnverfahren vor den Amtsgerichten.

§ 3. Der Zahlungsbefehl wird als Urkunden- oder als Wechsel-Zahlungsbefehl bezeichnet:

wenn das Gesuch des Gläubigers auf den Erlaß eines Urkunden- oder eines Wechsel-Zahlungsbefehls gerichtet ist.

§ 4. Für das Urkunden- und Wechsel-Mahnverfahren gelten folgende besondere Vorschriften:

1. Die Bezeichnung als Urkunden- oder als Wechsel-Zahlungsbefehl hat die Wirkung, daß die Streitsache, wenn rechtzeitig Widerspruch erhoben wird, als im Urkunden- oder im Wechselprozesse rechtshängig geworden anzusehen ist.
2. Die Urkunden sollen in Urschrift oder in Abschrift dem Gesuch um Erlaß des Zahlungsbefehls (§ 3 Nr. 1) beigefügt und in Abschrift mit dem Zahlungsbefehle zugestellt werden.
3. Bei Erlaß des Zahlungsbefehls und des Vollstreckungsbefehls bedarf die Statthaftigkeit der gewählten Prozeßart keiner Prüfung.
4. Beschränkt sich der Widerspruch auf den Antrag, dem Beklagten die Ausführung seiner Rechte vorzubehalten, so ist der Vollstreckungsbefehl unter diesem Vorbehalte zu erlassen. Auf das weitere Verfahren findet die Vorschrift des § 600 der ZPO. entsprechende Anwendung.
5. Die Ladungsfrist beträgt mindestens drei Tage; soweit die Einlassungsfrist kürzer ist, entspricht sie dieser.

§ 600 ZPO. lautet:

(1) Wird dem Beklagten die Ausführung seiner Rechte vorbehalten, so bleibt der Rechtsstreit im ordentlichen Verfahren anhängig.

(2) Soweit sich in diesem Verfahren ergibt, daß der Anspruch des Klägers unbegründet war, finden die Vorschriften des § 302 Abs. 4 Satz 2—4 Anwendung.

(3) Erscheint in diesem Verfahren eine Partei nicht, so finden die Vorschriften über das Versäumnisurteil entsprechende Anwendung.

2. Regreßansprüche (Absatz 3).

Für die Regreßansprüche gegen Aussteller und Indossanten liegt bei der Kurzfristigkeit des Schecks die rasche prozessualische Verfolgbarkeit mindestens in gleichem Maße wie beim Wechsel vor. Es ist daher gerechtfertigt, die Vorschriften der §§ 602 bis 605 der ZPO. auch auf die im Urkundenprozesse geltend zu machenden Regreßansprüche aus Schecks entsprechend anzuwenden und die Prozeßsachen für Feriensachen zu erklären. Begr. S. 34. Sie sind daher auch Feriensachen (§ 200 Abs. 2 Nr. 8 GVG.). Die Regreßansprüche beruhen auf § 15 des ScheckG. Nur die Regreßansprüche sind nach den für den Wechselprozeß geltenden Vorschriften der §§ 602—605 ZPO. zu behandeln (während die Zuständigkeitsvorschriften der Absätze 1 und 2 für alle auf Grund des Scheckgesetzes erhobenen Ansprüche gelten). Alle übrigen Ansprüche (Bereicherungs-, Schadensersatzansprüche, Vertragsklage) folgen dem gewöhnlichen Prozesse oder, wenn die Voraussetzungen vorliegen, dem einfachen Urkundenprozesse. Vgl. §§ 592 ff. ZPO.; Cohn S. 122 f.; Simonson S. 148.

Die betr. Stelle des § 200 GVG. lautet:

§ 200. (1) Während der Ferien werden nur in Feriensachen Termine abgehalten und Entscheidungen erlassen.

(2) Feriensachen sind:

8. Regreßansprüche aus einem Scheck;

Die erwähnten §§ 602—605 ZPO. lauten:

§ 602. Werden im Urkundenprozesse Ansprüche aus Wechseln im Sinne der Wechselordnung geltend gemacht (Wechselprozeß), so kommen die nachfolgenden besonderen Vorschriften zur Anwendung.

§ 603. (1) Wechselklagen können sowohl bei dem Gerichte des Zahlungsorts als bei dem Gericht angestellt werden, bei welchem der Beklagte seinen allgemeinen Gerichtsstand hat.

(2) Wenn mehrere Wechselverpflichtete gemeinschaftlich verklagt werden, so ist außer dem Gerichte des Zahlungsorts jedes

Gericht zuständig, bei welchem einer der Beklagten seinen allgemeinen Gerichtsstand hat.

§ 604. (1) Die Klage muß die Erklärung enthalten, daß im Wechselprozeß geklagt werde.[1])

(2) Die Einlassungsfrist beträgt mindestens vierundzwanzig Stunden, wenn die Klage an dem Orte, der Sitz des Prozeßgerichts ist, zugestellt wird; mindestens drei Tage, wenn die Klage an einem anderen Orte zugestellt wird, der im Bezirke des Prozeßgerichts oder, falls dieses ein Amtsgericht ist, im Bezirke des dem Amtsgericht übergeordneten Landgerichts liegt, oder von dem ein Teil zu diesem Bezirke gehört; mindestens eine Woche, wenn die Klage sonst im Inland zugestellt wird. Das gleiche gilt von der Ladungsfrist, soweit sie nicht nach den allgemeinen Bestimmungen kürzer als die im ersten Satze festgesetzte Einlassungsfrist ist.

(3) In den höheren Instanzen beträgt die Einlassungs- und Ladungsfrist mindestens vierundzwanzig Stunden, wenn die Zustellung der Berufungs- oder Revisionsschrift oder der Ladung an dem Orte erfolgt, der Sitz des höheren Gerichts ist; mindestens drei Tage, wenn die Zustellung an einem anderen Orte erfolgt, der ganz oder zum Teil in dem Landgerichtsbezirke liegt, in welchem das höhere Gericht seinen Sitz hat; mindestens eine Woche, wenn die Zustellung sonst im Inland erfolgt.

§ 605. (1) Soweit es zur Erhaltung des wechselmäßigen Anspruchs der rechtzeitigen Protesterhebung nicht bedarf, ist als Beweismittel bezüglich der Präsentation des Wechsels Eideszuschiebung zulässig.

(2) Zur Berücksichtigung einer Nebenforderung genügt, daß sie glaubhaft gemacht ist.

---

1) Zu § 604 Absatz 1:
Wie die für den Wechselprozeß im § 604 Abs. 1 ZPO. vorgeschriebene Erklärung nicht mit den Worten des Gesetzes abgegeben zu werden braucht, vielmehr jede Erklärung in der Klageschrift genügt, die den Willen des Klägers, den Wechselprozeß anzustellen, deutlich erkennen läßt, so ist bei Geltendmachung von Regreßansprüchen aus einem Scheck zur Erfüllung der nach § 28 Abs. 3 entsprechend anzuwendenden Vorschrift des § 604 Abs. 1 ZPO. nicht die Abgabe der Erklärung, daß im Scheckprozeß geklagt werde, unbedingt erforderlich. Es genügt vielmehr, daß der Wille des Klägers, seine Regreßansprüche aus einem Scheck im Urkundenprozesse zu verfolgen in der Klageschrift unzweideutig zum Ausdruck gebracht worden ist. RG. 96 S. 100 = JW. 19 S. 728 = BankA. 19 S. 94; so auch OLG. Dresden in OLGRspr. 1922 S. 246.

§ 29.

Steuerfreiheit.

(¹) Im Sinne des § 24 des Gesetzes, betreffend die Wechselstempelsteuer, vom 10. Juni 1869 (Bundes-Gesetzbl. S. 193 ff.) sind als Schecks, für welche die Befreiung von der Wechselstempelabgabe bestimmt ist, diejenigen Urkunden anzusehen, die den Anforderungen der §§ 1, 2, 7, 25, 26 des gegenwärtigen Gesetzes entsprechen.

(²) Die Vorschrift des Abs. 1 findet keine Anwendung auf Schecks, welche vor dem auf ihnen angegebenen Ausstellungstag in Umlauf gesetzt sind. Für die Entrichtung der Abgabe haftet als Gesamtschuldner jeder, der am Umlaufe des Schecks im Sinne des § 5 des Gesetzes, betreffend die Wechselstempelsteuer, im Inlande vor dem Ausstellungstage teilgenommen hat.

E. 1892 § 27; vorl. E. § 28; vgl. österr. § 25.

Inhalt.

I. Vorbemerkung.

1. Die jetzt geltenden Vorschriften.

Der § 24 des Wechselstempelsteuergesetzes vom 10. Juni 1869 war schon seit dem 1. August 1909 (vgl. § 31 Abs. 1 des Wechselstempelgesetzes) durch den § 27 des Wechselstempelgesetzes vom 15. Juli (RGBl. S. 825) in der Fassung der Bekanntmachung vom 21. Juli 1909 (RGBl. S. 825) ersetzt. Heute sind an deren Stelle die §§ 4, 6, 7, 15, 25 des Wechselsteuergesetzes vom 10. August 1923 (RGBl. I S. 778) in der Fassung des Gesetzes zur Änderung der Verkehrssteuern vom 10. August 1925 (RGBl. I S. 241 getreten.) Sie lauten in ihren hier in Betracht kommenden Teilen:

§ 4. (¹) Von der Wechselsteuer sind befreit:

a) . . . .

b) . . . .

c) Schecks, die den §§ 1, 2, 7, 25, 26 des Scheckgesetzes vom 11. März 1908 (RGBl. S. 71) entsprechen.

d) . . . .

(2) Die im Abs. 1 zu c ausgesprochene Befreiung findet keine Anwendung auf Schecks, die vor dem auf ihnen angegebenen Ausstellungstag in Umlauf gesetzt werden. Die Befreiungen des Abs. 1 zu c und d finden keine Anwendung auf Schecks und Platzanweisungen, die mit einer Ausnahmeerklärung versehen sind, sofern der Ausnahmeerklärung rechtliche Wirkung zukommt.

(3) . . . .

§ 6. Steuerschuldner ist, wer den Wechsel im Zeitpunkt der Entstehung der Steuerschuld aus den Händen gibt.

§ 7. Neben dem Steuerschuldner haften für die Steuer sämtliche Personen, die am Umlauf des Wechsels im Inlande beteiligt sind. Als beteiligt gelten: der Aussteller, jeder Unterzeichner oder Mitunterzeichner eines Akzeptes, eines Indossaments oder einer anderen Wechselerklärung, und jeder, der für eigene oder fremde Rechnung den Wechsel erwirbt, veräußert, verpfändet oder als Sicherheit annimmt, zur Zahlung präsentiert, Zahlung darauf empfängt oder leistet oder mangels Zahlung Protest erheben läßt, ohne Unterschied, ob der Name oder die Firma auf den Wechsel gesetzt wird oder nicht.

(2) Im Falle des § 4 Abs. 2 Satz 1 beschränkt sich die Haftung für die Steuer auf die Personen, die vor dem auf der Urkunde angegebenen Ausstellungstag am Umlauf des Schecks beteiligt waren.

§ 15. (1) Tritt die Verfallszeit eines auf Sicht gestellten Wechsels später als drei Monate nach dem Ausstellungstage ein, so unterliegt der Wechsel für die Zeit vom Ablauf der drei Monate bis zum Verfalltage der Nachversteuerung. . . . .

(2) . . . .

(3) . . . .

(4) Nachsteuerschuldner ist der Inhaber des Wechsels. Daneben haften für die Nachsteuer sämtliche Personen, die seit Entstehung der Nachsteuerschuld am Umlauf des Wechsels im Inland beteiligt sind (§ 7). . . . .

(5) . . . .

§ 25. (1) Urkunden, welche nach diesem Gesetz steuerpflichtig sind oder auf welche die in diesem Gesetze vorgesehenen Steuerbefreiungen Anwendung finden, sind in den einzelnen Ländern keiner Steuer unterworfen.

(2) Auch von den auf derartige Urkunden gesetzten Übertragungsvermerken, Quittungen und sonstigen auf die Leistungen aus diesen Papieren bezüglichen Vermerken dürfen landesgesetz-

liche Steuern nicht erhoben werden. Auf Proteste findet diese Vorschrift keine Anwendung.

2. Der Zweck der Vorschriften.

Der Zweck der Vorschriften ist die Förderung des bargeldlosen Verkehrs und der Konzentration des Geldverkehrs bei den Banken; diesen Zwecken gegenüber sollen die unmittelbar fiskalischen Interessen zurücktreten. Dagegen soll der unnormale Scheckverkehr, insbesondere die Ausdehnung der Vorlegungsfrist und damit die Umschaffung des Schecks zu einem langfristigen Kreditpapier bekämpft werden.

Die ältere, besonders rechtspolitische Literatur findet sich bei Conrad, Handbuch 254 n. 301; Cohn S. 123 u. a. Das neue Wechselsteuergesetz ist erläutert von Cerutti, Stuttgart o. J. Winckler, Berlin 1926.

3. Übersicht.

Während die älteren Bestimmungen des Wechselstempelgesetzes wegen des Umfanges der Steuerfreiheit auf den § 29 des Scheckgesetzes Bezug nahmen, ist das Verhältnis des neuen Wechselsteuergesetzes zum § 29 komplizierter. Weder entsprechen die Bestimmungen des neuen Gesetzes genau dem § 29, noch nehmen sie einfach auf ihn Bezug, sondern sie wiederholen teils seinen Inhalt, teils bringen sie andere, weitergehende Vorschriften. Im einzelnen entsprechen (abgesehen von stilistischen Änderungen)

§ 29 des Scheckgesetzes		§§ des Wechselsteuergesetzes
a) Absatz 1	dem	§ 4 Absatz 1 c
b) Absatz 2 Satz 1	dem	§ 4 Absatz 2 Satz 1
c) — — — — —		§ 4 Absatz 2 Satz 2 und
d) e)		§§ 15 Absatz 1 und 25 sind Erweiterungen.
f) Absatz 2 Satz 2	dem	§§ 6, 7.

Aus der Vergleichung dieser Vorschriften ergibt sich, daß das Wechselsteuergesetzes bewußt als lex posterior gedacht ist, die den alten § 29 ersetzen soll; ebenso der Reichsfinanzhof in seinem Urteil vom 2. März 1926 (BankA. 25, 265).

Steuerfrei sind demnach

a) normale (§ 1) bei Sicht zahlbare (§ 7) auf Banken usw. gezogene (§ 3) im Inland ausgestellte und zahlbare Schecks (§§ 29 Abs. 1 SchG., 4 Abs. 1 c WStG.).

b) normale (§ 1) bei Sicht zahlbare (§ 7) im Inland ausgestellte, aber im Ausland zahlbare Schecks, auch wenn sie nicht auf Banken gezogen sind (§§ 25, 29 Abs. 1 SchG., § 4 Abs. 1 c WStG.),

c) normale, im Ausland ausgestellte Schecks sowie mangelhafte, den deutschen Mindesterfordernissen entsprechende oder im Inland zahlbare Auslandsschecks (§§ 26, 29 Abs. 1 SchG., § 4 Abs. 1 c WStG.),

d) alle auf solche Schecks gesetzten Übertragungsvermerke, Quittungen und sonstigen auf die Leistungen aus dem Scheck bezüglichen Vermerke (§ 25 Abs. 2 Satz 2 WStG.).

Es können nach Landesrecht besteuert werden Proteste (§ 25 Abs. 2 Satz 2 WStG.).

Steuerpflichtig sind

a) vordatierte Schecks (§§ 29 Abs. 2 Satz 1 SchG., 4 Abs. 2 Satz 1 WStG.) und

b) solche Schecks, die mit einer Annahmeerklärung versehen sind, der rechtliche Wirkung zukommt (§ 4 Abs. 2 Satz 2 WStG.; gemäß § 10 SchG. können dies nur ausländische Schecks sein).

II. Steuerfreiheit.

1. Der normale Inlandsscheck.

Steuerfrei ist gemäß §§ 29 Abs. 1 SchG., 4 Abs. 1 c WStG. ein im Inland ausgestellter und zahlbarer Scheck, der die wesentlichen Erfordernisse des § 1 SchG. enthält, bei Sicht zahlbar ist (§ 7) und auf eine Bank oder gleichgestellte öffentliche Anstalt usw. gezogen ist (§ 2). Weitere Anforderungen an den Scheck werden nicht gestellt; dies ergibt sich nicht nur aus dem Wortlaut der Gesetzesstellen („die . . . . . entsprechen"), sondern auch aus dem Zweck der Vorschrift (vgl. oben I 2 S. 291). Nicht erforderlich ist z. B., daß ein Guthaben zur Zeit der Ausstellung vorhanden gewesen sei (§ 3), wie noch die erste Auflage dieses Kommentars annahm; das Gesetz nennt dies Erfordernis nicht; auch hat der § 3 definitorischen, nicht normativen Charakter, und § 1 Nr. 2 stellt nur das Erfordernis auf, daß das Guthaben des Ausstellers beim Bezogenen im Scheck erwähnt werde, nicht, daß es zur Zeit der Ausstellung vorhanden sei. Vgl. oben § 1 III 4 S. 21 f. und Jacusiel im BankA. 8, 320. Mag diese Frage auch noch unter der Herrschaft des alten Wechselstempelgesetzes von 1909 streitig gewesen sein — so z. B. Simonson S. 153 aus unseres Erachtens unzutreffenden Gründen unter Bezugnahme auf die erste Auflage dieses Kommentars — so besteht doch heute unter dem neuen Wechselsteuergesetz von 1923 kein Zweifel; denn dies Gesetz hat die Steuerpflicht des Schecks, wie oben I 3 S. 291 f. dargelegt, so eingehend geregelt, daß aus seinem Schweigen mit Sicherheit der Schluß gezogen werden kann, daß das Vorhandensein eines Guthabens zur Zeit der Ausstellung nicht Erfordernis der Steuerfreiheit ist. Die Bemerkung von Simonson, der S. 153 die Steuerpflicht des ungedeckten Schecks damit begründet, daß andernfalls der Aussteller es in der Hand hätte, einen an sich wegen Ungedecktheit stempelpflichtigen Scheck durch die unwahre Bezugnahme im Scheck auf ein nicht vorhandenes Guthaben ..... stempelfrei zu machen, scheint ein circulus in demonstrando.

Auch die Annahme macht den im Inlande ausgestellten und im Inland zahlbaren Scheck nicht steuerpflichtig. Die Annahmeerklärung äußert nach § 10 ScheckG. keine zivilrechtliche Wirkung. Hieraus kann man zwar nicht den unmittelbaren Schluß ziehen, daß sie auch nach Steuerrecht, d. h. öffentlichem Recht wirkungslos ist; wohl aber ergibt dies das argumentum e contrario aus § 4 Abs. 2 Satz 2 WStG., nach dem das Steuerprivileg für Schecks dann keine Anwendung findet, wenn der Annahmeerklärung rechtliche Wirkung zukommt; dies können gemäß § 10 ScheckG. nur ausländische Schecks sein.

Auf Filialen gezogene Schecks sind regelmäßig nicht stempelpflichtig. Die Zweigniederlassung (Filiale) ist als ein vom Hauptbetrieb abgezweigtes, wenn auch ihm untergeordnetes Geschäft, zu selbständiger Tätigkeit bestimmt und erscheint daher unter den Voraussetzungen des § 2 ScheckG., ebenso wie das Hauptgeschäft, als passiv scheckfähig. Lautet aber z. B. ein Scheck auf die Bayerische Notenbank in Amberg, — die Bayerische Notenbank besitzt in Amberg lediglich eine unselbständige Agentur — so ist die in München domizilierende Aktiengesellschaft Bayerische Notenbank die Bezogene, Amberg aber gilt gemäß § 5 ScheckG. als Zahlungsort. Die Stempelfreiheit ist zweifellos. Vgl. auch Münchener Neueste Nachrichten Nr. 323 vom 13. Juli 1908. Ebenso Simonson S. 159. Vgl. oben § 4 II 3 S. 91.

Hiervon wohl zu unterscheiden sind sogenannte trassiert-eigene Schecks. Vgl. oben § 4 II 3 S. 90 f. Ein auf den Inhaber lautender trassiert-eigener Scheck wäre nach § 795 BGB. ohne staatliche Genehmigung nichtig. Als Verpflichtungsscheine über die Zahlung von Geld, sofern sie durch Indossament übertragen werden können, würden solche Schecks dem § 3 Abs. 1a des WStG. unterliegen. Vgl. § 363 Abs. 1 Satz 2 HGB. Zweifelnd Simonson S. 160.

Fehlt es der als Scheck ausgestellten Urkunde an einem wesentlichen Erfordernis oder ist z. B. die Urkunde gemäß § 7 als Scheck nichtig, so ist die Steuerpflicht der Urkunde doch nicht ohne weiteres gegeben. Vielmehr ist noch zu prüfen, ob nicht die Urkunde nach § 3 WStG. Steuerfreiheit beanspruchen kann. Vgl. hiezu die Ausführungen von Schiebler S. 69; Buff S. 138; Henschel S. 80.

Steuerpflichtig sind dagegen vordatierte Schecks; hierüber vgl. unten IV 1 a S. 295.

2. Der normale, im Ausland zahlbare Scheck.

Steuerfrei ist gemäß §§ 29 Abs. 1 ScheckG., 4 Abs. 1 c WStG. der normale (§ 1) bei Sicht zahlbare (§ 7) im Inland ausgestellte, aber im Auslande zahlbare Scheck, auch wenn er nicht auf eine Bank usw. gezogen ist (§ 25). Auch hier gilt die Ausnahme für den vordatierten Scheck; vgl. unten IV 1 a S. 295. Vgl. zu dieser und der folgenden Erläuterung die eingehenden Ausführungen von Dyckerhoff, „Die Steuerpflicht ausländischer Schecks" im BankA. XXV S. 77 ff. (Nr. 5 vom 1. Dezember 1925).

3. Der normale, im Auslande ausgestellte Scheck.

Steuerfrei ist ferner gemäß §§ 29 Abs. 1 ScheckG., 4 Abs. 1 c WStG. der normale im Ausland ausgestellte Scheck (§ 26 Abs. 1 ScheckG.) sowie der nach ausländischem Recht mangelhafte, den deutschen Mindestforderungen entsprechende oder im Inland zahlbare Auslandsscheck (§ 26 Abs. 2 ScheckG.). Nach einem Urteil des RFH. vom 2. März 1926 — II A 78/26 — sind im Ausland auf einen inländischen Nichtbankier gezogene Schecks wechselsteuerpflichtig (BankA. 25, 265). Die Entscheidung wird dem Sinne des § 4 des Wechselsteuergesetzes in keiner Weise gerecht, abgesehen davon, daß die Stellungnahme des RFH. dem internationalen Zahlungsverkehr Deutschlands nur abträglich sein kann. Vgl. zu dieser Frage die Ausführungen von Dyckerhoff, BankA. 25, 77.

Ausgenommen sind hier der vordatierte (vgl. unten IV 1 a S. 295) und der angenommene Scheck, sofern der Annahmeerklärung rechtliche Wirkung zukommt (vgl. unten IV 1 b S. 295).

Die sogen. Traveller cheques der American Express Company sind Schecks (vgl. oben § 26 I S. 273) und wechselsteuerfrei.

4. Vermerke auf dem Scheck.

Steuerfrei sind schließlich gemäß § 25 Abs. 2 Satz 1 WStG. auf den Scheck gesetzte Übertragungsvermerke, Quittungen und sonstige auf die Leistungen aus dem Scheck bezügliche Vermerke. § 25 Abs. 2 Satz 1 ordnet zwar nur an, daß von solchen Vermerken landesgesetzliche Steuern nicht erhoben werden dürfen; aus der Erwähnung dieser Vermerke aber im Zusammenhang mit der Tatsache, daß sie im Gesetz nirgendwo als steuerpflichtig bezeichnet werden, geht hervor, daß sie auch reichsrechtlich steuerfrei sind.

Über Proteste vgl. unten III S. 295.

5. Freiheit von Landessteuern.

Die vorerwähnten Schecks und Vermerke sind nach § 25 WStG. in den einzelnen Ländern des Reichs keiner Steuer unterworfen. Auch wenn die Steuer sich z. B. als Stempel bezeichnen würde, würde sie unzulässig sein; es kommt darauf an, was die Abgabe wirklich ist. Wenn auch gemäß § 1 Abs. 2 RAbgO. diese nur für Reichssteuern gilt, so dürfte doch die Definition des § 1 Abs. 1 RAbgO. hier auch als Definition für Landessteuern im Sinne des § 25 WStG. angesehen werden dürfen, da die Grundbegriffe des

Verwaltungsrechts durch die Rechtslehre für ganz Deutschland allgemeines Recht geworden sind:

Steuern sind .... einmalige oder laufende Geldleistungen, die nicht eine Gegenleistung für eine besondere Leistung darstellen und von einem öffentlich-rechtlichen Gemeinwesen zur Erzielung von Einkünften allen auferlegt werden, bei denen der Tatbestand zutrifft, an dem das Gesetz die Leistungspflicht knüpft. ....

III. Von Reichssteuern befreite Vorgänge.

Von Reichssteuern befreit sind die Proteste. Dies ergibt sich aus ihrer Erwähnung im § 25 Abs. 2 Satz 2 WStG. im Zusammenhang mit der Tatsache, daß sie im Gesetz nirgendwo als steuerpflichtig bezeichnet werden.

Dagegen bleibt das den Ländern überlassen, die Proteste zu besteuern (§ 25 Abs. 2 Satz 2 WStG.); die meisten Länder haben von diesem Recht Gebrauch gemacht; vgl. die Stempelsteuergesetze von Preußen TSt. 52, Sachsen TSt. 36, Hessen TSt. 87, Hamburg TSt. 19; bayerisches Gesetz über das Gebührenwesen Art. 172 (Cerutti S. 64).

IV. Steuerpflichtige Schecks.

1. Die Fälle der Steuerpflicht.

a) Vordatierte Schecks.

Wechselsteuerpflichtig sind Schecks, die vor dem auf ihnen angegebenen Ausstellungstag in Umlauf gesetzt werden (§§ 29 Abs. 2 Satz 1 ScheckG., 4 Abs. 2 Satz 1 WStG.). Es wird grundsätzlich auf das oben zu § 1 V 3 S. 31 ff. Ausgeführte verwiesen. Die Steuerpflicht soll die Ausdehnung der Vorlegungsfrist und damit die Umschaffung des Schecks zu einem langfristigen Kreditpapier bekämpfen.

Für die Steuer haften nur diejenigen Personen, die vor dem auf dem Scheck angegebenen Ausstellungstag am Umlauf beteiligt waren (§ 7 Abs. 2 WStG.; näheres unten 3 S. 296 f.).

b) Rechtswirksam angenommene Schecks.

Wechselsteuerpflichtig sind Schecks, die mit einer Annahmeerklärung versehen sind, sofern der Annahmeerklärung rechtliche Wirkung zukommt (§ 4 Abs. 2 Satz 2 WStG.). Da nach § 10 Satz 2 ScheckG. ein auf den Scheck geschriebener Annahmevermerk als nicht geschrieben gilt, kann es sich hier nur um ausländische z. B. englische oder japanische Schecks handeln.

Der Annahmevermerk muß eindeutig sein. Bloße Sichtvermerke sind keine Annahmererklärungen; dagegen ist die Namensschrift eine solche. Vgl. Cerutti S. 24.

Über den Unterschied von Annahme und Bestätigung vgl. oben § 10 II S. 141.

2. Entstehung der Steuerschuld.

a) Inländische Schecks.

Beim vordatierten inländischen Scheck entsteht die Steuerschuld in dem Zeitpunkt, in dem der Aussteller ihn aus den Händen gibt (§ 5 Abs. 1 WStG.); beträgt die Vorlegungsfrist infolge der Vordatierung mehr als drei Monate, so unterliegt der Scheck außerdem der Nachversteuerungspflicht nach Ablauf dieser drei Monate (näheres vgl. § 15 WStG.). In der Übergabe eines Schecks durch den Aussteller zur Aufbewahrung an eine Bank liegt noch kein „Aus den Händen geben". Hebt die Bank den vordatierten Scheck bis zum Tage des Ausstellungsdatums auf und setzt ihn erst dann in Umlauf, so ist er nicht steuerpflichtig geworden (ROHG. 21 S. 359). Ebenso Simonson S. 156. Jacusiel im BankA. 8 S. 323. Übersendet jedoch der Aussteller den Scheck der Bank durch einen Dritten, so entsteht die Steuerschuld. Ebenso Simonson S. 158.

b) Ausländische Schecks.

Bei einem ausländischen Scheck — sei er vordatiert oder rechtswirksam angenommen — entsteht die Steuerschuld in dem Zeitpunkt, in dem der Scheck von dem ersten inländischen Inhaber aus den Händen gegeben wird (§ 5 Abs. 1 WStG.).

3. Steuerschuldner.

a) Grundsätzlich.

Steuerschuldner sind als Gesamtschuldner (§ 95 Abs. 1 RAbgO.), wer den Scheck im Zeitpunkt der Entstehung der Steuerschuld aus den Händen gibt (§ 6 WStG.) und sämtliche Personen, die am Umlauf des Schecks im Inlande beteiligt sind (§ 7 Abs. 1 Satz 1 WStG.). Als beteiligt gelten der Aussteller, der Unterzeichner eines Indossaments und jeder, der für eigene oder fremde Rechnung den Scheck erwirbt, veräußert, verpfändet oder als Sicherheit annimmt, zur Zahlung präsentiert, Zahlung darauf empfängt oder leistet oder mangels Zahlung Protest erheben läßt, ohne Unterschied, ob der Name oder die Firma auf den Scheck gesetzt wird oder nicht (§ 7 Abs. 1 Satz 2 WStG.).

Der Bezogene ist also nicht an sich Steuerschuldner, sondern nur dann, wenn er den Scheck erwirbt oder als Sicherheit annimmt oder Zahlung darauf leistet. Im Wege sinngemäßer Auslegung wird man auch denjenigen für beteiligt ansehen müssen, der das Präsentationsattest oder die Bescheinigung der Abrechnungsstelle erwirkt (§ 16 Abs. 1 Nr. 1, 2 ScheckG.). Ebenso Simonson S. 155.

b) Befreiung von der Steuerschuld.

Beim vordatierten Scheck beschränkt sich die Haftung für die Steuer auf die Personen, die vor dem auf dem Scheck angegebenen Ausstellungstag am Umlauf des Schecks beteiligt waren (§ 7 Abs. 2

WStG.); diese Beschränkung hat schon die erste Auflage dieses Kommentars vorgeschlagen. Vgl. Cerutti S. 30, 31. Bei der Nachversteuerungspflicht beschränkt sich die Haftung für die Nachsteuer auf die nach Eintritt der Nachsteuer am Umlauf des Schecks Beteiligten, und nur auf die Nachsteuerschuld. Vgl. Cerutti S. 31.

4. Steuersatz.

Der Steuersatz beträgt 10 Pfg. von jeden angefangenen 100.— RM. (§ 8 Abs. 1 WStG.).

Der Satz der Nachversteuerung beträgt für jede angefangenen drei Monate weitere 10 Pfg. von jeden angefangenen 100.— RM. (§ 15 Abs. 1 WStG.).

5. Steuerstrafe.

a) Die Bestrafung der vorsätzlichen Hinterziehung und des Versuches.

Die vorsätzliche Hinterziehung der Steuer wird mit Geldstrafe bestraft, deren Höchstbetrag unbegrenzt ist (§ 359 RAbgO.). Neben der Geldstrafe kann auf Gefängnis bis zu zwei Jahren erkannt werden. Wird die Steuer von einer juristischen Person hinterzogen, so kann die Geldstrafe auch dann gegen diese erkannt werden, wenn ein Verschulden einer natürlichen Person nicht festgestellt wird (§ 357 RAbgO.). Der Versuch ist strafbar (§ 360 RAbgO.).

b) Die Ordnungsstrafe.

Wer abgesehen von den vorigen Fällen den Ordnungsvorschriften des Wechselsteuergesetzes (mit Ausnahme der Sollvorschriften) zuwiderhandelt, also z. B. die Steuermarken nicht vorschriftsmäßig verwertet oder entwertet, wird mit Ordnungsstrafe bis zu 10000.— RM. bestraft (§ 377 RAbgO. in der Fassung der Anpassungsverordnung vom 20. November 1925 — RGBl. I S. 389).

V. Die Anschaffung von Schecks.

Nach §§ 35, 37 Abs. 1 des KapitalsverkehrssteuerG. vom 8. August 1922 (RGBl. S. 354) unterliegen Anschaffungsgeschäfte, die sich auf Schecks beziehen, welche auf ausländische Währung lauten, einer Börsenumsatzsteuer.

Unter einem Anschaffungsgeschäft ist jedes Rechtsgeschäft zu verstehen, das auf den Erwerb von Eigentum an beweglichen Sachen gegen Entgelt gerichtet ist (RG. 56 S. 431); über den Scheckverkauf vgl. oben Anhang zu § 3 III 2 S. 85 f. Als Anschaffungsgeschäft gilt nach positiver Vorschrift des § 37 Abs. 2 auch die Abrechnung über die Entnahme auf einen Kreditbrief, der auf ausländische Währung lautet, ferner wenn bei Geschäften zwischen Inländern der eine Teil sich verpflichtet, dem andern Teil als Gegenleistung für eine nicht in Zahlungsmitteln bestehende Leistung ausländische Zahlungsmittel zu verschaffen, wenn nicht einer der Vertragsteile das Geschäft durch seine ausländische Niederlassung abgeschlossen hat, oder bei Geschäften über Warenlieferung die Waren zum Versand durch den Käufer nach dem Ausland bestimmt sind.

Die Steuer beträgt bei Schecks, die auf ausländische Währung lauten, für jede angefangenen 100.— RM. für Händlergeschäfte 2 Pfg., für Kundengeschäfte 20 Pfg., für Privatgeschäfte 50 Pfg. (§ 52 der VO. über die Umstellung der Wertpapiere und der Börsenumsatzsteuer auf Gold vom 2. April 1924.)

Inkrafttreten des Gesetzes. **§ 30.**

(1) Dieses Gesetz tritt am 1. April 1908 in Kraft. Die Vorschriften finden auf früher ausgestellte Schecks keine Anwendung.

(2) Mit dem Inkrafttreten des Gesetzes, betreffend die Erleichterung des Wechselprotestes, werden die im § 16 des gegenwärtigen Gesetzes angeführten Vorschriften durch die neuen Artikel 87 bis 88a, 89a, 90 bis 91a, 92 Abs. 2 der Wechselordnung sowie durch die §§ 3, 4 des erstgenannten Gesetzes ersetzt.

E. 1892 § 29; vorl. E. § 29; österr. § 26.

Inhalt.

I. Absatz 1. Der Absatz 1 des Gesetzes erhielt die Fassung, derzufolge das Gesetz am 1. April 1908 in Kraft trat, in der 2. Lesung vom 21. Februar 1908. (Vgl. RT. XII. LP. Sess. 1907/08 Drucks. Nr. 703.)

II. Absatz 2. Der Absatz 2 entspricht dem Abänderungsantrag zur zweiten Beratung des Entwurfes eines Scheckgesetzes, Antrag Mommsen u. Gen.: Der Antrag wurde gestellt, „um sicher zu sein, daß die Satzungen des Wechselprotestgesetzes, das nach den Beschlüssen der Kommission aller Wahrscheinlichkeit nach am 1. Oktober in Kraft tritt, in dieses Gesetz Aufnahme finden, sobald es in Kraft tritt". (RT. XII. LP., Sess. 1907/08, 107. Sitzung vom 21. Februar 1908 S. 3319.) Vgl. über diese Regelung (Bestimmungen eines Entwurfes heranzuziehen, ohne daß feststeht, ob die herangezogenen Bestimmungen in der vorgeschlagenen Fassung Gesetzeskraft erlangen werden) Stranz, DJZ. 13 S. 523.

Das Gesetz betreffend die Erleichterung des Wechselprotestes vom 30. Mai 1908 (RGBl. 1908 Nr. 32 S. 321 ff., ausgegeben zu Berlin, den 10. Juni 1908) ist zufolge seines § 6 am 1. Oktober 1908 in Kraft getreten. Der Entwurf des Gesetzes ist am 11. November 1907 (RT. XII. LP., Sess. 1907/08 Drucks. Nr. 471) vom Reichskanzler dem Reichstag vorgelegt worden. Die erste Lesung fand in der 73. Sitzung des Reichstages vom 13. Dezember 1907, die zweite Lesung in der 148. Sitzung des Reichstages vom 2. Mai 1908, die dritte Lesung in der 152. Sitzung des Reichstages vom 7. Mai 1908 statt. Auf Grund des § 5 des Gesetzes vom 30. Mai 1908 hat der Reichskanzler den Text der Wechselordnung in der vom 1. Oktober 1908 an geltenden Fassung am 3. Juni 1908 bekannt gemacht (RGBl. 1908 S. 326 ff.).

Die hier einschlägigen Vorschriften sind bereits oben zu § 16 S. 198 ff. erwähnt.

Urkundlich unter Unserer Höchsteigenhändigen Unterschrift und beigedrucktem Kaiserlichen Insiegel.

Gegeben Berlin im Schloß, den 11. März 1908.

(L. S.) Wilhelm.

von Bethmann Hollweg.

VII. Die Anweisung des bürgerlichen Rechts.

Bürgerliches Gesetzbuch.

Zweites Buch.

Recht der Schuldverhältnisse.

Siebenter Abschnitt.

Einzelne Schuldverhältnisse.

Einundzwanzigster Titel.

Anweisung.

§ 783. Händigt jemand eine Urkunde, in der er einen anderen anweist, Geld, Wertpapiere oder andere vertretbare Sachen an einen Dritten zu leisten, dem Dritten aus, so ist dieser ermächtigt, die Leistung bei dem Angewiesenen im eigenen Namen zu erheben; der Angewiesene ist ermächtigt, für Rechnung des Anweisenden an den Anweisungsempfänger zu leisten.

§ 784. Nimmt der Angewiesene die Anweisung an, so ist er dem Anweisungsempfänger gegenüber zur Leistung verpflichtet; er kann ihm nur solche Einwendungen entgegensetzen, welche die Gültigkeit der Annahme betreffen oder sich aus dem Inhalte der Anweisung oder dem Inhalte der Annahme ergeben oder dem Angewiesenen unmittelbar gegen den Anweisungsempfänger zustehen.

Die Annahme erfolgt durch einen schriftlichen Vermerk auf der Anweisung. Ist der Vermerk auf die Anweisung vor der Aushändigung an den Anweisungsempfänger gesetzt worden, so wird die Annahme diesem gegenüber erst mit der Aushändigung wirksam.

§ 785. Der Angewiesene ist nur gegen Aushändigung der Anweisung zur Leistung verpflichtet.

§ 786. Der Anspruch des Anweisungsempfängers gegen den Angewiesenen aus der Annahme verjährt in drei Jahren.

§ 787. Im Falle einer Anweisung auf Schuld wird der Angewiesene durch die Leistung in deren Höhe von der Schuld befreit.

Zur Annahme der Anweisung oder zur Leistung an den Anweisungsempfänger ist der Angewiesene dem Anweisenden gegenüber nicht schon deshalb verpflichtet, weil er Schuldner des Anweisenden ist.

§ 788. Erteilt der Anweisende die Anweisung zu dem Zwecke, um seinerseits eine Leistung an den Anweisungsempfänger zu bewirken, so wird die Leistung, auch wenn der Angewiesene die

Anweisung annimmt, erst mit der Leistung des Angewiesenen an den Anweisungsempfänger bewirkt.

§ 789. Verweigert der Angewiesene vor dem Eintritte der Leistungszeit die Annahme der Anweisung oder verweigert er die Leistung, so hat der Anweisungsempfänger dem Anweisenden unverzüglich Anzeige zu machen. Das Gleiche gilt, wenn der Anweisungsempfänger die Anweisung nicht geltend machen kann oder will.

§ 790. Der Anweisende kann die Anweisung dem Angewiesenen gegenüber widerrufen, solange nicht der Angewiesene sie dem Anweisungsempfänger gegenüber angenommen oder die Leistung bewirkt hat. Dies gilt auch dann, wenn der Anweisende durch den Widerruf einer ihm gegen den Anweisungsempfänger obliegenden Verpflichtung zuwiderhandelt.

§ 791. Die Anweisung erlischt nicht durch den Tod oder den Eintritt der Geschäftsunfähigkeit eines der Beteiligten.

§ 792. Der Anweisungsempfänger kann die Anweisung durch Vertrag mit einem Dritten auf diesen übertragen, auch wenn sie noch nicht angenommen worden ist. Die Übertragungserklärung bedarf der schriftlichen Form. Zur Übertragung ist die Aushändigung der Anweisung an den Dritten erforderlich.

Der Anweisende kann die Übertragung ausschließen. Die Ausschließung ist dem Angewiesenen gegenüber nur wirksam, wenn sie aus der Anweisung zu entnehmen ist oder wenn sie von dem Anweisenden dem Angewiesenen mitgeteilt wird, bevor dieser die Anweisung annimmt oder die Leistung bewirkt.

Nimmt der Angewiesene die Anweisung dem Erwerber gegenüber an, so kann er aus einem zwischen ihm und dem Anweisungsempfänger bestehenden Rechtsverhältnis Einwendungen nicht herleiten. Im übrigen finden auf die Übertragung der Anweisung die für die Abtretung einer Forderung geltenden Vorschriften entsprechende Anwendung.

VIII.

Aus den allgemeinen Bestimmungen
über den Geschäftsverkehr mit der

Reichsbank

Ankauf von Wechseln und Schecks

Ankauf von Schecks auf das Inland.

Erfordernisse der Schecks. Schecks auf das Inland werden nur von Reichsbankgirokontoinhabern angekauft und müssen die

Unterschriften von drei (oder mehr) als zahlungsfähig bekannten Personen oder Firmen tragen. Von dem Erfordernis der dritten Unterschrift kann ebenso wie bei den Wechseln, soweit es die Bestimmungen des Bankgesetzes zulassen, abgesehen werden.

Die Schecks müssen den Anforderungen der §§ 1, 2 und 7 des Scheckgesetzes vom 11. März 1908 entsprechen und auf Orte lauten, auf welche die Reichsbank Wechsel ankauft. Betreffs des Ankaufs von im Auslande ausgestellten, auf das Inland gezogenen Schecks bestehen besondere Bestimmungen.

Ausgeschlossen vom Ankauf bleiben:

1. Schecks, die auf die Reichsbank gezogen sind,
2. Schecks auf Bezogene, die ein Girokonto bei der Reichsbank nicht besitzen,
3. Schecks, die am Ankaufsorte zahlbar sind,
4. Schecks, die auf einen bestimmten Zahlungsempfänger gestellt sind, deren Übertragung aber der Aussteller durch die Worte „nicht an Ordre" oder durch einen gleichbedeutenden Zusatz untersagt hat,
5. Schecks, auf denen eine Zahlungsfrist angegeben ist,
6. Schecks, die vor dem auf ihnen angegebenen Ausstellungstage in Umlauf gesetzt sind,
7. Schecks, die statt des zulässigen Vermerks „nur zur Verrechnung" einen Vermerk „nur zur Verrechnung mit (folgt Firma)" tragen,
8. Schecks im Einzelbetrage von mehr als 3000 RM.

Schecks müssen mit einer Erklärung des Verkäufers versehen sein, durch welche die Reichsbank von der rechtzeitigen Vorlegung und Protesterhebung entbunden wird. Statt der einzelnen Erklärungen kann auch eine ein für allemal geltende Erklärung nach besonderem Muster bei der Reichsbank hinterlegt werden.

Die Bestimmungen für die Wechselindossierung finden sinngemäße Anwendung auf die Indossierung von Schecks.

Erfordernisse der Rechnung. Besondere Ankaufsrechnungen sind auszustellen für Schecks, die zahlbar sind:

a) an einem Orte (Bank- oder Inkassoplatz), der zum gleichen Geschäftsbezirk wie die ankaufende Bankanstalt gehört,
b) an einem anderen deutschen Bank- und Inkassoplatze.

Auf den Scheckrechnungen sind Firma und Wohnsitz des Bezogenen, Nummer und Ausstellungsdatum des Schecks sowie der Name des Ausstellers anzugeben. Die Quittungsleistung hat in gleicher Weise wie für Wechselrechnungen vorgeschrieben zu erfolgen.

Zinsberechnung. An Zinsen sind für Schecks 5 Tage zu berechnen, und zwar mindestens 0,50 RM. für jeden Scheck.

Auf jeden vor Verfall zurückverlangten Scheck wird außer sämtlichen Porto- und Depeschenauslagen eine Rückrufsgebühr in Höhe von 0,50 RM. berechnet.

Bestimmungen über den Giroverkehr mit der Reichsbank.[1])

1. Anträge auf Eröffnung eines Girokontos sind an die örtlich zuständige Reichsbankanstalt zu richten.[2]) Die Reichsbank entscheidet über die Anträge nach freiem Ermessen; eine Ablehnung erfolgt ohne Angabe von Gründen.
2. Die im Geschäftsverkehr zwischen dem Kontoinhaber und der Reichsbank entstehenden Forderungen werden tunlichst ohne Ausnahme über Girokonto gebucht. Die vom Kontoinhaber zur Einlösung vorgelegten Wechsel und Schecks, die bei der das Konto führenden Reichsbankanstalt zahlbar sind, werden dem Einlieferer nicht bar ausgezahlt, sondern auf Girokonto gutgeschrieben.[3]) Der Kontoinhaber darf über sein Guthaben nur unter Verwendung der ihm von der Reichsbank gelieferten Vordrucke verfügen.[4]) Die Reichsbank ist berechtigt, Zahlungen auch in Rentenmark zu leisten.
3. Die Guthaben werden nicht verzinst.
4. Die Guthaben haften der Reichsbank für ihre Forderungen aus allen Geschäftszweigen. Die Reichsbank darf dagegen auch mit solchen Forderungen aufrechnen, die noch nicht fällig sind.
5. Die Reichsbank ist dem Kontoinhaber zur ordnungsmäßigen und pünktlichen Ausführung der von ihm erteilten, bei der kontoführenden Bankanstalt eingereichten Überweisungsaufträge verpflichtet.

   Wird die Ausführung eines Auftrages durch ein von der Reichsbank zu vertretendes Verschulden verzögert, so vergütet sie dem Auftraggeber vom zehnten Werktage nach Erteilung des Auftrages an auch ohne Nachweis eines besonderen Schadens Zinsen zu ihrem Diskontsatze für die Zeit bis zur nachträglichen Ausführung; jede Ersatzpflicht hierüber hinaus und gegenüber anderen Personen ist ausgeschlossen. Dies gilt entsprechend auch dann, wenn die nachträgliche Ausführung des Auftrages auf Verlangen des Auftraggebers unterbleibt.

   Verzögerungen, die bei der Postbeförderung entstehen, sind von der Reichsbank nicht zu vertreten.
6. Die Reichsbank haftet nicht für Schäden, die durch Störung des Bankbetriebs infolge Aufruhrs, Verfügung von hoher Hand, Streiks oder Aussperrung veranlaßt worden sind.

---

[1]) Für den Giroverkehr mit der Reichsbankhauptstelle in Hamburg sind besondere, im einzelnen abweichende Bestimmungen erlassen.

[2]) Für Berlin: Die Anträge sind an das Reichsbankdirektorium zu richten.

[3]) Wegen der Gutschrift von Postanweisungen und im Postscheckverkehr eingehender Gelder vgl. S. 308.

[4]) Es wird empfohlen, die Schecks vor der Ausgabe mit dem Firmastempel zu versehen.

7. Alle die Ausführung eines Giroauftrags betreffenden Ansprüche des Kontoinhabers gegen die Reichsbank verjähren in zwei Jahren. Die Verjährung beginnt mit dem Schlusse des Jahres, in dem der Auftrag der Reichsbank zugegangen ist.

8. Der Kontoinhaber hat die von ihm akzeptierten Wechsel bei der sein Konto führenden Reichsbankanstalt oder bei einem an den Giroverkehr dieser Anstalt angeschlossenen Bankhause zahlbar zu machen. Die bei der kontoführenden Reichsbankanstalt zahlbar gestellten Akzepte sind ihr rechtzeitig anzumelden.[1])

Durch die Reichsbank zur Einziehung gelangende Verrechnungsschecks, deren Bezogene ein Girokonto besitzen, aber nicht einer der bei der Reichsbank bestehenden Abrechnungsstellen als Mitglieder angehören, sind unter Verwendung eines Reichsbankschecks zu begleichen.

9. Im einzelnen sind die folgenden Bestimmungen maßgebend:

a) Der Kontoinhaber erhält bei Eröffnung des Kontos ein Kontogegenbuch. In die Habenseite werden seitens der Reichsbank alle vom Kontoinhaber oder für diesen bar oder durch Verrechnung eingehenden Beträge eingetragen; andere Bescheinigungen werden nicht erteilt. Der Kontoinhaber kann indessen bei Bareinzahlungen auf das eigene Konto auf Wunsch eine Zwischenquittung erhalten, falls sich die Eintragung in das Kontogegenbuch nicht sofort ermöglichen läßt; die hiefür bestimmten Vordrucke sind vom Kontoinhaber ausgefüllt vorzulegen. Die Eintragungen in die Sollseite des Kontogegenbuches hat der Kontoinhaber selbst vorzunehmen.

Das Kontogegenbuch ist möglichst oft, jedenfalls aber am 4. jeden Monats (mit Ausnahme des 4. Januar) und am 28. Dezember abgeschlossen einzureichen.[2])

b) Die Scheckvordrucke (weiße und rote) werden in Büchern bei Eröffnung des Kontos gegen besondere Empfangsbescheinigung ausgehändigt. Weiterhin soll die Aushändi-

---

[1]) Wechsel, die bei einem Kontoinhaber domiziliert werden sollen, können statt dessen auch bei der Bankanstalt, die sein Girokonto führt und zu dessen Lasten die Wechsel einlösen soll, domiziliert werden.

Zu diesem Behuf ist der Domizilvermerk wie folgt zu fassen: „Zahlbar bei der Reichsbank . . . . in . . . . . zu Lasten des Girokontos von . . . .“

[2]) Behufs beschleunigter Aufklärung von Differenzen ist es erwünscht, wenn der Kontoinhaber beim Abschlusse jeder Seite oder, soweit dies wegen der großen Zahl der eingetragenen Posten untunlich erscheint, wöchentlich einmal den Saldo im Gegenbuche zieht und denselben auf neue Rechnung vorträgt.

gung gegen Empfangsbescheinigung auf dem in jedem Buch eingehefteten Vordruck erfolgen.[1]) Der Empfänger hat jedes Buch beim Empfang daraufhin zu prüfen, ob die auf dem Umschlag angegebene Stückzahl von Scheckvordrucken und der Vordruck der Empfangsbescheinigung in ihm enthalten sind.

c) Die Scheckbücher sind mit besonderer Sorgfalt aufzubewahren. Ein Abhandenkommen von Scheckvordrucken oder des Vordrucks der Empfangsbescheinigung ist der kontoführenden Reichsbankanstalt unverzüglich schriftlich mitzuteilen (vgl. auch g).

Unbrauchbar gewordene Vordrucke sind einzuschneiden und mit dem Firmastempel oder dem Namen des Kontoinhabers versehen der kontoführenden Reichsbankanstalt sofort zurückzuliefern. Bei Schließung des Kontos sind sämtliche unbenutzt gebliebenen Scheckvordrucke zurückzugeben.

d) Die Vordrucke sind deutlich und sorgfältig auszufüllen. Der Kontoinhaber haftet der Reichsbank, wenn er die in den Vordrucken offen gelassenen Stellen nicht so ausfüllt, daß eine Fälschung unmöglich ist, oder wenn er von der auf der rechten Seite der weißen Schecks befindlichen Zahlenreihe nicht diejenigen Zahlen vor der Ausgabe abtrennt, welche den Scheckbetrag übersteigen. Die Reichsbank ist befugt, aber nicht verpflichtet, Schecks, deren Zahlenreihe nicht nach dieser Vorschrift behandelt ist, zurückzuweisen.

e) Soll ein weißer Scheck[2]) nicht bar, sondern durch Verrechnung eingelöst werden, so muß der Vermerk „Nur zur Verrechnung" (§ 14 des Scheckgesetzes vom 11. März 1908) deutlich sichtbar quer über die Vorderseite des Schecks gesetzt werden. Alsdann kann der Scheck nur zur Verrechnung mit der Reichsbank oder einem Girokontoinhaber benutzt werden.

f) Auf Antrag eines Girokontoinhabers kann die Reichsbank einen von ihm ausgestellten weißen (Bar- oder Verrechnungs-) Scheck mit einem Bestätigungsvermerk versehen, durch den sie zur Einlösung des Schecks innerhalb der zehn-

---

[1]) Die Aushändigung eines neuen Scheckbuches findet nur gegen diese von dem Kontoinhaber oder dessen Vertreter vollzogene Empfangsbescheinigung an den Überbringer statt. Zur Prüfung der Echtheit und Gültigkeit der Unterschriften ist die Reichsbank zwar berechtigt, aber nicht verpflichtet.

[2]) Wegen der Einlösung weißer Schecks bei einer anderen Stelle als derjenigen, welche das betreffende Konto führt, vgl. Auftragsgeschäfte.

tägigen Vorlegungsfrist (vgl. § 11 des Scheckgesetzes vom 11. März 1908) während der Geschäftsstunden verpflichtet wird. Bei Genehmigung des Antrages wird die Schecksumme vom Girokonto abgebucht; das Giroguthaben des Ausstellers ist durch Empfang des „bestätigten Schecks" in Höhe der Schecksumme getilgt. Wird der Scheck innerhalb der Vorlegungsfrist der Reichsbank nicht zur Einlösung vorgelegt, so erlischt die scheckrechtliche Haftung der Reichsbank; die Schecksumme wird dem Giroguthaben des Ausstellers alsdann wieder zugeschrieben und der Scheck fortan als nicht bestätigter Scheck behandelt. Die Einlösung eines bestätigten Schecks erfolgt nur durch diejenige Bankanstalt, welche ihn mit dem Bestätigungsvermerk versehen hat. Von anderen Reichsbankanstalten kann der bestätigte Scheck in Zahlung genommen werden; eine Barauszahlung erfolgt bei diesen nicht.

g) Die Reichsbank ist befugt, aber nicht verpflichtet, die Berechtigung der Einreicher von Schecks oder der Empfangsbescheinigungen über Scheckbücher zu prüfen. Alle Folgen und Nachteile des Abhandenkommens, der mißbräuchlichen Verwendung, der Fälschung und Verfälschung von Schecks, Scheckvordrucken, der Empfangsbescheinigungen über Scheckbücher und der Vordrucke hierzu trägt der Kontoinhaber. Die Reichsbank haftet nur für nachgewiesenes Verschulden und nur in dem Maße, als es im Verhältnis zu anderen Ursachen an der Entstehung des Schadens mitgewirkt hat.

h) Rote Schecks dürfen nur zugunsten von Inhabern von Reichsbankgirokonten ausgestellt [1]) werden und sind nicht übertragbar.[2]) Die Reichsbank nimmt nicht davon Kennt-

---

[1]) Da die Reichsbank sich auf eine Prüfung, ob die bezeichneten Empfänger ein Girokonto bei der Reichsbank besitzen, nicht einläßt, wird behufs genauer Angabe der Namen usw. die Benutzung des „Verzeichnisses der Inhaber von Girokonten bei der Reichsbank" empfohlen. Dasselbe kann bei jeder Bankanstalt käuflich erworben werden. Auch wird den Girokunden empfohlen, ihre Briefbogen und Formulare mit dem Aufdruck „Reichsbankgirokonto" versehen zu lassen.

[2]) Für die Einlieferung roter Schecks gilt folgendes:

a) sofortige Überweisung eines Betrages auf ein auswärtiges Girokonto (Vorausüberweisung) Gebühr 1.— RM., dazu das Porto für den Eilbotenbrief, keine Mindestsumme, Einlieferungsschluß eine halbe Stunde vor Schalterschluß.

b) Platzübertragungen: Annahme bis zum Schluß der Vormittagsdienstzeit bzw. bei ungeteilter Dienstzeit bis 1 Uhr, gebührenfrei. Nach diesen Zeiten im allgemeinen keine Annahme nis, für wessen Rechnung und mit welcher Zweckbestimmung der Kontoinhaber eine Überweisung vornimmt; etwa in den Text der roten Schecks eingefügte hierauf bezügliche Zusätze bleiben unberücksichtigt. Nur bei Überweisungen an Reichsbankanstalten oder Dienststellen der Reichshauptbank ist der Verwendungszweck im Schecktexte kurz anzugeben.

i) Die Reichsbank prüft bei Entgegennahme der roten Schecks nicht, ob die als Empfänger bezeichneten Personen usw. Girokonten bei der Reichsbank unterhalten. Der Kontoinhaber hat sich daher vor Abgabe jedes Auftrages zu vergewissern, daß für den von ihm bezeichneten Empfänger an dem angegebenen Orte ein Reichsbankgirokonto geführt wird.

k) Gehen bei einer Reichsbankanstalt Überweisungen für ungenau bezeichnete Empfänger oder für Personen usw. ein, für welche ein Konto nicht geführt wird, so werden die Beträge in der Regel an den Auftraggeber zurücküberwiesen. Handelt es sich jedoch um größere Überweisungen, so ist die Reichsbank berechtigt, zwecks beschleunigter Zuführung des Betrages an den richtigen Ort oder Empfänger telegraphische oder telephonische Rückfragen zu halten. Die hierdurch entstehenden Kosten hat der Kontoinhaber zu erstatten.

10. Die Reichsbank erwartet, daß die Kontoinhaber von den ihnen eingeräumten Befugnissen regelmäßig Gebrauch machen und ständig ein Mindestguthaben in der von der Reichsbank mitge-

---

von Platzübertragungen mehr; erfolgt eine solche ausnahmsweise auf Grund besonderer Genehmigung, so ist zu berechnen eine Gebühr für das Stück von 1.— RM.

c) Überweisungen nach auswärts: Annahme bis zum Schluß der Vormittagsdienstzeit, bzw. bei ungeteilter Dienstzeit bis 1 Uhr, gebührenfrei. Nach Ablauf dieser Zeiten Annahme nur ausnahmsweise und mit besonderer Genehmigung, alsdann Gebühr für das Stück 1.— RM.

d) Widerruf roter Schecks oder Überweisungen: Nur solange die Gutschrift noch nicht erfolgt ist. Gebühr für das Stück 1.— RM. Außerdem etwa entstehende Porto- und Depeschenkosten.

e) Die Benutzung der roten sogenannten Sammelbogen (Vordruck 265 und 265 a) wird beschränkt auf Einzelüberweisungen bis zum Höchstbetrage von 10 000.— RM.

Für Berlin gelten besondere Bestimmungen. Ein Merkblatt mit den zurzeit gültigen Bestimmungen erhält jeder Kontoinhaber bei Eröffnung des Kontos.

teilten Höhe auf ihren Konten halten.[1]) Die Reichsbank behält sich das Recht vor, den Vertrag ohne weiteres durch schriftliche Benachrichtigung aufzuheben, wenn dieser Erwartung nicht entsprochen wird, wenn der Kontoinhaber über mehr verfügt, als sein Guthaben beträgt, oder wenn sie aus anderen Gründen die Aufhebung für angemessen erachtet.

11. Vor Eröffnung des Kontos hat sich der Kontoinhaber durch Unterschrift mit diesen Bestimmungen einverstanden zu erklären. Die Unterschriften der übrigen Personen, welche als Geschäftsteilhaber oder sonst zur Zeichnung des Namens oder Firma des Kontoinhabers berechtigt sind, müssen bei der Reichsbank niedergelegt werden. Für Prokuristen oder Bevollmächtigte sind außerdem besondere Vollmachten auf den bei der Reichsbank eingeführten Vordrucken niederzulegen. Alle der Reichsbank mitgeteilten Unterschriften und Vollmachten bleiben solange gültig, bis der das Konto führenden Bankanstalt schriftlich von dem Erlöschen Anzeige gemacht worden ist.

12. Die Reichsbank kann die vorstehenden Bestimmungen jederzeit abändern. Die Änderung tritt in Kraft 14 Tage nach der Veröffentlichung in den nach § 29 der Reichsbanksatzung bestimmten Blättern.

Anhang.

a) Postanweisungs- und Zahlungsanweisungsverkehr. Für Girokontoinhaber eingehende Postanweisungen und Zahlungsanweisungen können auf Girokonto gutgeschrieben und Beträge für abzusendende Postanweisungen durch Überweisen auf das Girokonto des betreffenden Postamts beglichen werden. In beiden Fällen sind die Anträge an das zuständige Postamt zu richten. Besondere Kosten erwachsen dabei nicht.

Für Nichtkontoinhaber eingehende Postanweisungs- und Zahlungsanweisungsbeträge können dem Konto eines Girokunden überwiesen werden.

b) Postscheckverkehr. Beträge, die auf den Postscheckkonten der Reichsbank mit dem Auftrage zur Gutschrift auf das Konto eines Girokontoinhabers eingehen, werden nach Abzug einer Gebühr von $^1/_{10}$ ‰, und zwar 5 Rpf. für jedes angefangene Tausend — mindestens 5 Rpf. —, dessen Girokonto zugeführt.

Ist die Überweisung für ein fremdes Girokonto am Platze bestimmt, so wird außerdem ein Zuschlag von 1.— RM.

[1]) Das Mindestguthaben beträgt 100 RM.; von Mitgliedern der Abrechnungsstellen sind bei Reichsbankstellen 1000 RM., bei Reichsbankhauptstellen 1500 RM. zu halten. Dafür werden die Scheckbücher, Formulare usw. kostenfrei abgegeben.

erhoben; für eine Überweisung, die für ein bei einer anderen Bankanstalt geführtes Girokonto bestimmt ist, beträgt der Zuschlag 1/10 ‰, mindestens 0,50 RM.

Die Gebühr von 1/10 ‰ wird bei jedem Eingang, auch wenn derselbe zur Deckung von fälligen Wechseln, Effektenkäufen usw. bestimmt ist, berechnet.

Inhaber von Reichsbankgirokonten können von ihrem Giroguthaben auf ihr eigenes Postscheckkonto gebührenfrei überweisen. Zu diesem Zweck ist der kontoführenden Bankanstalt ein roter Scheck folgender Fassung einzureichen:

Die Reichsbank wolle $\frac{\text{meinem}}{\text{unserem}}$ Postscheckkonto Nr. . . . in . . . . . . (Ort, in dem sich das betreffende Postscheckamt befindet) RM. . . . . gutschreiben und dafür belasten das Konto von N. N.

c) Bestätigte Reichsbankschecks werden bei derjenigen Bankanstalt, die sie mit dem Bestätigungsvermerk versehen hat, bar eingelöst; außerdem aber werden sie von allen anderen Bankanstalten bei den im Kassenverkehr vorkommenden Zahlungen in Zahlung genommen, u. a. also Girokonto-Inhabern auf Antrag sofort gutgeschrieben, vorausgesetzt, daß ihre Prüfung keinerlei Anstände ergibt. In Zweifelsfällen werden derartige Schecks nur zur kostenlosen Einziehung übernommen.

Die Gebühr für die Bestätigung beträgt für das Stück 1.— RM. Die Einlieferung zur Bestätigung muß spätestens eine halbe Stunde vor Schalterschluß erfolgen.

Abrechnungsstellen und deren Mitglieder

A. Abrechnungsstellen

bestehen in:

Aachen	Darmstadt	Görlitz	Leipzig
Augsburg	Dortmund	Gotha	Lübeck
Barmen	Dresden	Hagen (Westf.)	Ludwigshafen
Berlin	Duisburg	Halle (Saale)	Magdeburg
Bielefeld	Düsseldorf	Hamburg	Mainz
Bochum	Elberfeld	Hannover	Mannheim
Braunschweig	Erfurt	Heidelberg	Mülheim (Ruhr)
Bremen	Essen	Heilbronn	München
Breslau	Flensburg	Karlsruhe (Bd.)	M.-Gladbach
Cassel	Frankfurt a. M.	Kiel	Münster (Westfalen)
Chemnitz	Freiburg i. Br.	Köln	Nürnberg
Crefeld	Gelsenkirchen	Königsberg (Pr.)	
	Gera		

Osnabrück	Remscheid	Stuttgart	Wiesbaden
Pforzheim	Rostock	Ulm (Donau)	Würzburg
Plauen (Vgtld.)	Stettin	Wesermünde	Zwickau.

Außer der Abrechnungsstelle besteht in Berlin noch eine Scheckaustauschstelle.

B. Mitglieder der Abrechnungsstellen.

Berlin

Bank des Berliner Kassen-Vereins.
Berliner Handelsgesellschaft.
Berliner Stadtbank — Girozentrale der Stadt Berlin.
S. Bleichröder.
Brandenburgische Girozentrale, Brandenburgische Kommunalbank.
Commerz- und Privat-Bank, Aktiengesellschaft.
Darmstädter und Nationalbank, Kommanditgesellschaft auf Aktien.
Darmstädter und Nationalbank, Kommanditgesellschaft auf Aktien, Abteilung Zweigstellen.
Delbrück, Schickler & Co.
Deutsche Bank.
Deutsche Bank, Depositen-Hauptkasse.
Deutsche Girozentrale — Deutsche Kommunalbank.
Deutsche überseeische Bank.
Direktion der Disconto-Gesellschaft.
Dresdner Bank.
Dresdner Bank, Wechselstuben-Zentrale.
J. Dreyfus & Co.
E. N. Engelhard.
Hardy & Co., G. m. b. H.
F. W. Krause & Co., Bankgeschäft, Komm.-Ges. a. Akt.
Mendelssohn & Co.
Mitteldeutsche Creditbank.
Postscheckamt.
Preußische Central-Genossenschafts-Kasse.
Preußische Staatsbank (Seehandlung).
Reichshauptbank.
Reichs-Kredit-Gesellschaft, A.-G.
Gebrüder Schickler.

Auftragsgeschäfte (Inland)

Einziehung von Wechseln, Schecks, Anweisungen, Wertpapiere usw.

Wechsel, Anweisungen und Wertpapiere aller Art usw., welche spätestens nach 14 Tagen an einem Bank- oder Inkassoplatz in Reichsmark zahlbar sind, werden bei den Bankanstalten von Personen und Firmen, welche zu ihrem Geschäftsbezirke gehören, an jedem Werktage vormittags während der Geschäftsstunden zur Einziehung (als Auftragspapiere) übernommen. Sie müssen formell in Ordnung und, soweit erforderlich, auch gehörig gestempelt sein. Als Auftragspapiere werden ferner im Inland ausgestellte Schecks übernommen, wenn

a) sie den Anforderungen der §§ 1, 2 und 7 des Scheckgesetzes entsprechen,
b) sie auf Orte lauten, auf welche die Reichsbank Wechsel ankauft (Bank- und Inkassoplätze),
c) ihre Übertragung nicht etwa vom Aussteller durch die Worte „nicht an Order" oder durch einen gleichbedeutenden Zusatz untersagt ist,
d) sie nicht vor dem auf ihnen angegebenen Ausstellungstag in Umlauf gesetzt sind.

Unter gewissen Voraussetzungen können auch Schecks zur Einziehung übernommen werden, die zwar nicht auf Bank- oder Inkassoplätze gezogen sind, dort aber bei einer auf dem Scheck angegebenen Zahlstelle eingezogen werden können.

Wechsel sowie Anweisungen und Schecks, soweit sie an Order lauten, sind mit Giro an die Bankanstalt des Zahlungsorts und dem Zusatze „Zum Inkasso" zu versehen. Das vereinfachte Indossament ist zulässig.

Auftragswechsel und -schecks werden bezüglich der Präsentation und Protesterhebung ebenso behandelt, wie angekaufte Wechsel und Schecks. Die Schecks sind mit einer Erklärung einzureichen, durch welche die Reichsbank von der rechtzeitigen Vorlegung und Protesterhebung entbunden wird. Diese Erklärung muß auch bei den Wechseln abgegeben werden, deren rechtzeitiges Eintreffen am Zahlungsort wegen Kürze der Laufzeit zweifelhaft ist.

Die Einziehung von Beträgen, die der Generalagent für die Reparationszahlungen für Sachlieferungen zu zahlen hat, wird von den Bankanstalten kostenfrei übernommen. Näheres hierüber ist bei den Bankanstalten zu erfragen.

Aufträge, welche einer Bankanstalt von Personen oder Firmen außerhalb ihres Geschäftsbezirks unmittelbar zugehen, werden nur beim Vorliegen besonderer Umstände ausnahmsweise unter Berechnung einer besonderen Zuschlagsgebühr (s. unter G) ausgeführt. Die Aufträge werden daher am besten derjenigen Reichsbankanstalt erteilt, welche für den Wohnort des Auftraggebers zuständig ist.

Eine Benachrichtigung über den Eingang der Auftragspapiere findet nicht statt. Es ist vielmehr im Geschäftslokal der Bank deshalb anzufragen und Verfügung über den Betrag zu treffen. Der Gegenwert der von Girokontoinhabern eingereichten Auftragspapiere wird nach Eingang ohne weiteres gutgeschrieben.

Die Gebühren betragen für:

A. Wechsel, die bei der Reichsbank zahlbar gestellt sind	
a) am Platz zahlbare	gebührenfrei
b) bei andern Reichsbankanstalten zahlbare .	1/4 ‰
mindestens	0,50 RM.
B. Schecks auf die Reichsbank	gebührenfrei
C. Schecks auf Mitglieder von Abrechnungsstellen	
a) auf solche am Platze (nur zur Gutschrift oder Verrechnung)	gebührenfrei
b) auf andere Bankplätze	1/4 ‰
mindestens	0,50 RM.
(Schecks, auf deren Rückseite Mitglieder auswärtiger Abrechnungsstellen nur als Zahlstellen namhaft gemacht sind, wie unter D oder E)	
D. Schecks auf sonstige Girokontoinhaber:	
a) auf solche am Platze (sogenannte kleine Abrechnung), (nur zur Gutschrift oder Verrechnung)	gebührenfrei
b) auf andere Bankplätze	1/4 ‰
mindestens	0,50 RM.
E. Sonstige Auftragspapiere auf das Inland (Wechsel, Anweisungen, Schecks auf Nichtgirokontoinhaber, Wertpapiere usw.), Gebühr für die ersten 10000 RM. jedes Papiers bzw. jeder Gattung Wertpapiere	1/2 ‰
auf den 10000 RM. übersteigenden Teil . .	1/4 ‰
Mindestgebühr für das Stück bzw. jede Gattung Wertpapiere	0,50 RM.
bei Wertpapieren außerdem die Portoauslagen für die Versendung.	
F. Auftragsweise Einziehung von Zins- und Gewinnanteilscheinen, die an einem anderen Bankplatze zahlbar sind, Gebühr	1/4 %
mindestens für jede Gattung	0,50 RM.
mindestens für jedes Geschäft	1.— RM.
außerdem die Portoauslagen für die Versendung.	
G. (Zuschlagsgebühren.) Aus fremden Bezirken direkt eingehende Auftragspapiere in den Fällen A bis F eine feste Zuschlagsgebühr für das Stück (Wechsel, Schecks usw.) bzw. für jede Gattung (Wertpapiere usw.) von	1.— RM.
aus dem Ausland eingehende Auftragspapiere in den Fällen A bis F als Zuschlag eine feste Stückgebühr von	2.— RM.

Bei Barauszahlung des Gegenwertes eingezogener Auftragspapiere wird stets (auch für Nichtgirokontoinhaber) eine Gebühr von . .	1/20 ‰
mindestens	0.10 RM.
außer den angegebenen Sätzen in Anrechnung gebracht.	
H. Unbezahlt zurückkommende Papiere zu A bis F,	
ohne Protest für das Stück	1.— RM.
mit Protest für das Stück	2.— RM.
außerdem die Rückporto-, Protest- und anderen Auslagen.	
Falls die Papiere aus fremden Bankbezirken oder aus dem Auslande eingereicht sind, ein fester Zuschlag wie unter G (1 bzw. 2 RM.).	
I. Vor der Fälligkeit zurückgezogene Papiere zu A bis F für das Stück	1.— RM.
Sind die Papiere bereits an die Bankanstalt des Zahlungsortes versandt, außerdem die Portokosten für den Rückruf und die Rücksendung.	
Falls die Papiere aus fremden Bankbezirken oder aus dem Ausland eingereicht sind, ein fester Zuschlag wie unter G (1 bzw. 2 RM.).	

IX.

Bestimmungen

für die

Abrechnungsstelle zu Berlin.

1. Abkommen vom 14. Februar 1883.

A. Hinsichtlich der Abrechnungsstelle ist folgendes vereinbart:

1. Die Abrechnungsstelle soll im Reichsbankgebäude eingerichtet werden. Die Leitung und Aufsicht derselben wird unter Mitwirkung der beteiligten Bankhäuser dem Reichsbank-Direktorium unterstellt.
2. Die Abrechnung wird sich auf Schecks, Anweisungen und diejenigen Wechsel (Akzepte und Domizile) beschränken, welche die Teilnehmer gegenseitig abrechnen wollen.

Der Reichsbank, der Seehandlung und der Preußischen Zentralgenossenschaftskasse ist gestattet, auch Rechnungen zur Abrechnung zu bringen.

3. Die Abrechnung erfolgt unmittelbar zwischen den Beteiligten, die schließliche Ausgleichung durch Zu- und Abschreibungen auf den betreffenden Girokonten bei der Reichsbank.

4. Die Einlieferung eines Papiers (Nr. 2) in die Abrechnungsstelle gilt als gehörige Präsentation zur Zahlung, die Ausgleichung im Abrechnungsverfahren als Zahlung im Sinne des bürgerlichen Rechts.

5. Die Mitglieder können sich durch einen zu dem Behufe bezeichneten Beamten oder durch ein anderes Mitglied bzw. dessen Beamten bei den täglichen Abrechnungen vertreten lassen.

6. Den Geschäftsgang bei den Abrechnungen regelt die beigefügte Geschäftsordnung.

7. Die durch die Abrechnungsstelle erwachsenden Einrichtungs- und Verwaltungskosten mit Ausnahme des für dieselbe bestimmten Lokals, welches die Reichsbank unentgeltlich zur Verfügung gestellt hat, tragen alle Mitglieder zu gleichen Teilen. Die Kosten werden von dem Reichsbank-Direktorium festgestellt und halbjährlich eingezogen.

B. Rücksichtlich des Scheckverkehrs einigte man sich über folgende Maßnahmen:

1. Auf einen bestimmten Zahlungsempfänger gestellte Schecks, deren Übertragung durch die Worte „Nicht an Order" oder durch einen gleichbedeutenden Zusatz untersagt ist, sind von der Abrechnung ausgeschlossen.

   Jeder Scheck soll links oben die laufende Nummer, rechts oben den Betrag in Zahlen enthalten (siehe Nr. 6).

2. Falls ein in die Abrechnung eingelieferter Scheck nicht eingelöst wird, hat der Bezogene auf Antrag des Einlieferers die in § 16 Absatz 1 Nr. 1 des Scheckgesetzes vorgesehene Erklärung abzugeben.

   Sollte diese Erklärung vom Bezogenen nicht zu erlangen sein, so wird die Abrechnungsstelle nach Führung des erforderlichen Nachweises die in § 16 Absatz 1 Nr. 2 des Scheckgesetzes vorgesehene Bescheinigung ausstellen.

3. Die Mitglieder werden darauf halten, daß Schecks auf sie von ihren Kunden nur auf Grund eines den Vorschriften des Scheckgesetzes entsprechenden Guthabens gezogen werden, und den Verkehr mit solchen Kunden abbrechen, welche hiergegen verstoßen.

4. Die Mitglieder verpflichten sich, Schecks auf die übrigen Teilnehmer der Abrechnungsstelle nicht bloß von ihren Kunden, sondern auch von anderen hiesigen Bankhäusern anzunehmen,

um die Ausgleichung im Abrechnungsverfahren provisionsfrei zu besorgen.

5. Die Mitglieder werden ihre Kunden auf die für sie und das Gemeinwesen mit der Scheckeinrichtung verbundenen Vorteile durch Zirkular und andere geeignete Mittel aufmerksam machen.

6. Für die Postschecks sind die Bestimmungen der Postscheckordnung maßgebend. Das Postscheckamt ist befugt, Postschecks, die nicht gemäß § 14 des Scheckgesetzes mit dem Vermerk „Nur zur Verrechnung" versehen sind, zurückzuweisen.

C. Allgemeine Bestimmungen.

1. Der Verein wird vertreten
   a) durch die Versammlung sämtlicher Mitglieder (Plenarversammlung),
   b) durch den Ausschuß.

2. Die Reichsbank wird in der Plenarversammlung durch ein Mitglied des Reichsbank-Direktoriums vertreten, die übrigen Mitglieder durch je ein Mitglied ihres Vorstandes bzw. durch einen der Geschäftsinhaber. Der Vertreter des Reichsbank-Direktoriums führt in den Versammlungen den Vorsitz. Zur Beschlußfassung ist die Anwesenheit von mindestens der Hälfte der Mitglieder erforderlich. Die Beschlüsse werden mit absoluter Stimmenmehrheit gefaßt, bei Stimmengleichheit gibt die Stimme des Vorsitzenden den Ausschlag.

Zur Abänderung der Geschäftsordnung oder dieses Abkommens ist eine Stimmenmehrheit von Dreivierteln der Anwesenden erforderlich.

Zur Aufnahme neuer Mitglieder bedarf es eines einstimmigen Beschlusses der Anwesenden; die Abstimmung erfolgt in diesem Falle mittels verdeckter Stimmzettel. Die Plenarsitzungen werden von dem Präsidenten des Reichsbank-Direktoriums anberaumt, so oft das Bedürfnis er erfordert oder fünf Mitglieder es schriftlich beantragen. In der ersten Hälfte jedes Jahres muß eine Plenarversammlung stattfinden, um die Wahlen der vier kaufmännischen Mitglieder des Ausschusses (s. Nr. 3) vorzunehmen. Die Wahl erfolgt allemal für ein Jahr. Sie geschieht mittels verdeckter Stimmzettel für jede Stelle besonders, kann aber auch mit allseitiger Zustimmung durch Akklamation erfolgen. Bis zur Wahl der neuen Mitglieder bleiben die alten in Funktion.

3. Der Ausschuß besteht aus sechs Mitgliedern einschließlich des den Vorsitz führenden Vertreters des Reichsbank-Direktoriums und eines Vertreters der Seehandlung.

Wählbar ist jeder, welcher eins der beteiligten Bankhäuser in den Plenarversammlungen vertreten kann. (C Nr. 2.) Von mehreren Inhabern eines Handelshauses bzw. Vorstandsmitgliedern kann nur einer Mitglied des Ausschusses sein.

Der Ausschuß unterstützt das Reichsbank-Direktorium in der Aufsicht über die Ausführung der Geschäftsordnung, entscheidet vorkommende Differenzen unter den Vertretern der Mitglieder oder zwischen diesen und dem Vorsteher und den übrigen Beamten der Abrechnungsstelle und bereitet die Beschlußfassung über Abänderungen der Geschäftsordnung für die Plenarsitzung vor.

Er versammelt sich, so oft das Bedürfnis es erfordert oder zwei Mitglieder es beantragen. Die Versammlungen beruft der Vorsitzende. Seine Beschlüsse faßt der Ausschuß mit absoluter Stimmenmehrheit. Bei Stimmengleichheit gibt die Stimme des Vorsitzenden den Ausschlag. Zur Beschlußfassung genügt die Anwesenheit von drei Mitgliedern.

4. Das Ausscheiden aus dem Verein steht jedem Mitglied zum Schluß jedes Kalenderjahres frei, muß aber 1 Monat vorher dem Präsidenten des Reichsbank-Direktorium angezeigt werden.

Ein Mitglied, dessen Giroguthaben zur Deckung des aus einer Abrechnung sich ergebenden Debet-Saldo nicht ausreicht und welches die erforderliche Deckung nicht unverzüglich beschafft, gilt als ausgeschieden.

2. Geschäftsordnung.

I. Die Reichsbank wie die übrigen Mitglieder der Abrechnungsstelle entsenden werktäglich zur bestimmten Zeit (s. Nr. III, IV, VIII) einen legitimierten Vertreter zur Abrechnungsstelle, auch wenn sie keine Papiere einzuliefern haben.

Die Vollmachten für die Vertreter müssen nach dem anliegenden Schema ausgestellt sein. Sie werden von dem Vorsteher geprüft und nach Erledigung etwaiger Anstände seitens der Vollmachtgeber von demselben verwahrt.

II. Die zur Abrechnung bestimmten Papiere müssen geordnet und mit dem Firmenstempel des betreffenden Hauses versehen, Wechsel und Anweisungen auch gehörig quittiert sein.

Akzepte von Mitgliedern der Abrechnungsstelle — mit Ausnahme der staatlichen Institute — und Orderschecks bedürfen der handschriftlichen Quittung nicht, sondern können mit dem Stempelausdruck:

Inhalt durch Abrechnung empfangen.
Firma
(ohne Unterschriften)

in die Abrechnung gegeben werden.

Für Schecks, welche auf den Inhaber oder Überbringer lauten oder welche keine Angabe darüber, an wen zu zahlen ist, enthalten, kann eine Quittung nicht verlangt werden.

In den Fällen der Absätze 2 und 3 bleibt der einlösenden Firma vorbehalten, nachträglich eine ordnungsmäßig handschriftlich vollzogene Quittung vom Einreicher zu verlangen.

III. Die Abrechnungsstelle wird um 8¾ Uhr morgens geöffnet. Um 9 Uhr haben sämtliche Vertreter ihre Plätze einzunehmen. Jeder Vertreter übergibt den Vertretern der zahlungspflichtigen Häuser die betreffenden Papiere mit je einem, die Beiträge einzeln aufführenden, summierten Verzeichnis und einem Schema zu dem nur die Endsumme enthaltenden Empfangsbekenntnis, welches nach erfolgter Prüfung von dem Empfänger vollzogen und dem Einliefernden zurückgegeben wird.

Die Stückzahl der an die anderen abgelieferten Papiere, sowie die Summen der Verzeichnisse sind von einem jeden in die Debet-Kolonne des nach dem anliegenden Schema zu führenden Abrechnungsblattes tunlichst schon vor der Einlieferung einzutragen, während in die Kredit-Kolonne nur die Summen der empfangenen Papiere zu verzeichnen sind.

IV. Nach geschlossener Einlieferung begeben sich die Vertreter mit den empfangenen Papieren nach Hause, um dort die Prüfung derselben vornehmen zu lassen. Um 11¾ Uhr finden sich dieselben wieder ein. Es folgt nun die Rücklieferung der beanstandeten Papiere, welchen je ein den Beanstandungsgrund ergebender Zettel angeheftet sein muß, mit Spezial-Verzeichnis.

Die Rücklieferungen werden wie umgekehrte Einlieferungen behandelt, sind aber mit dem Zusatz R im Abrechnungsblatt zu versehen.

V. Neue Einlieferungen sind ebenfalls um 11¾ Uhr statthaft; es dürfen jedoch nur Abschnitte von 100 RMk. und darüber eingeliefert werden. Abschnitte in geringeren Beträgen sind nur insoweit zur zweiten Einlieferung zugelassen, als durch ein Überlegen auf den nächsten Werktag die Protestfrist oder die Vorlegungsfrist ablaufen würde. Die Einlieferungen sind in den Verzeichnissen und Empfangsbekenntnissen als „zweite Lieferung" zu bezeichnen und sonst nach Nr. III, IV zu behandeln.

VI. Um 2 Uhr nachmittags findet eine letzte Zusammenkunft statt. Soweit Papiere aus beiden Lieferungen hierbei nicht zurückgeliefert werden, gelten sie als anerkannt. Neue Einlieferungen sind unzulässig.

VIa. An Sonnabenden und Tagen, an denen die Büros und Kassen der Reichsbank aus besonderer Veranlassung früher geschlossen werden, finden die Zusammenkünfte um 9 Uhr, um 10¾ Uhr und die Schlußabrechnung um 1 Uhr statt.

VII. Jeder Vertreter summiert die Debet- und Kredit-Kolonne seines Abrechnungsblattes und ermittelt durch Saldieren des letzteren, was sein Haus im ganzen (der Gesamtheit der Abrechnenden gegenüber) schuldet bzw. zu fordern hat. Über den Saldo stellt er eine Anweisung an das Girokonto der Reichshauptbank auf dem Abrechnungsblatt und wörtlich gleichlautend auf einen besonderen Zettel aus, welchen er dem Vorsteher mit dem Abrechnungsblatt übergibt.

VIII. Der Vorsteher trägt die Saldi der Abrechnungsblätter in ein Bilanzblatt, welches nach erfolgter Berichtigung etwaiger Rechnungsirrtümer im Kredit und Debet bei der Summierung übereinstimmen muß, vergleicht damit die Anweisungen, visiert diese und die Abrechnungsblätter, und stellt fest, ob die Giroguthaben der Mitglieder zur Deckung der etwaigen Debet-Saldi ausreichen.

Bejahendenfalls visiert er das Bilanzblatt, gibt die Abrechnungsblätter zurück und schließt die Abrechnung, worauf die Vertreter die Abrechnungsstelle verlassen dürfen. Demnächst übergibt er das Bilanzblatt und die Anweisungen dem Girokontor der Reichshauptbank, welches danach die nötigen Buchungen auf den Konten der Mitglieder und der Abrechnungsstelle vornimmt.

Reicht hingegen das Guthaben auch nur eines Mitgliedes zur Deckung des betreffenden Debet-Saldo nicht aus und wird die erforderliche Deckung nicht sofort beschafft, so unterbleibt die Visierung des Finanzblattes und der Vorsteher erklärt bei Rückgabe der Abrechnungsblätter, daß die Abrechnung nicht zustandegekommen ist. Die in die Abrechnung gebrachten Beträge gelten alsdann nicht als beglichen und die Abrechnungspapiere gehen nicht in das Eigentum der Empfänger über, verbleiben vielmehr bis auf weiteres in deren Verwahrung.

IX. Im Falle der Nr. VIII, Absatz 3 schreiten die an der Tagesabrechnung beteiligten Mitglieder der Abrechnungsstelle ohne das zahlungsunfähige Mitglied unverzüglich zur neuen Schlußabrechnung. Die letztere erstreckt sich auf die anerkannten Papiere der ersten und zweiten Einlieferung unter Ausschluß derjenigen, welche von dem zahlungsunfähigen Mitgliede, und derjenigen, welche auf das zahlungsunfähige Mitglied eingeliefert sind. Auf die Schlußabrechnung finden die Bestimmungen unter VI bis VIII entsprechende Anwendung.

X. Die Reichsbank ist berechtigt, während der Dauer der letzten Zusammenkunft die Girokonten der Mitglieder für Abschreibungen zu sperren.

XI. Der Vorsteher hat ein Umsatzbuch zu führen, in welches er nach den Abrechnungsblättern die Stückzahl der eingelieferten Posten und Debetsummen einträgt.

Die Bilanzblätter ebenso wie das Umsatzbuch und die Anweisungszettel sind vom Girokontor der Reichshauptbank aufzubewahren.

X. Bestimmungen
für die Berliner Scheck-Austauschstelle.

1. Abkommen vom 7. Mai 1910.

A. Allgemeine Bestimmungen.

1. Nur Mitglieder der Berliner Abrechnungsstelle können, und zwar ohne weiteres, Mitglieder der Austauschstelle werden.
2. Die Austauschstelle wird vertreten
   a) durch die Versammlung sämtlicher Mitglieder (Plenarversammlung),
   b) durch den Ausschuß.
3. Die Reichsbank wird in der Plenarversammlung durch ein Mitglied des Reichsbank-Direktoriums vertreten, die übrigen Mitglieder durch je ein Mitglied des Vorstandes bzw. durch einen der Geschäftsinhaber. Der Vertreter des Reichsbank-Direktoriums führt in den Versammlungen den Vorsitz. Zur Beschlußfassung ist die Anwesenheit von mindestens der Hälfte der Mitglieder erforderlich. Die Beschlüsse werden mit absoluter Stimmenmehrheit gefaßt, bei Stimmengleichheit gibt die Stimme des Vorsitzenden den Ausschlag.

   Zur Abänderung der Geschäftsordnung oder dieses Abkommens ist eine Stimmenmehrheit von Dreivierteilen der Anwesenden erforderlich.

   Die Plenarsitzungen werden von dem Präsidenten des Reichsbank-Direktoriums anberaumt, so oft das Bedürfnis es erfordert oder fünf Mitglieder es schriftlich beantragen. Im Februar jedes Jahres muß eine Plenarversammlung stattfinden, um die Wahlen der vier kaufmännischen Mitglieder des Ausschusses (s. Nr. 4) vorzunehmen. Die Wahl erfolgt allemal für ein Jahr. Sie geschieht mittels verdeckter Stimmzettel für jede Stelle besonders, kann aber auch mit allseitiger Zustimmung durch Zuruf erfolgen. Bis zur Wahl der neuen Mitglieder bleiben die alten in Funktion.
4. Der Ausschuß besteht aus sechs Mitgliedern einschließlich des den Vorsitz führenden Vertreters des Reichsbank-Direktoriums und eines Vertreters der Seehandlung.

Wählbar ist jeder, welcher eins der beteiligten Bankhäuser in den Plenarversammlungen vertreten kann (A. Nr. 3). Von mehreren Inhabern eines Handelshauses bzw. Vorstandsmitgliedern kann nur einer Mitglied des Ausschusses sein.

Der Ausschuß unterstützt das Reichsbank-Direktorium in der Aufsicht über die Ausführung der Geschäftsordnung, entscheidet vorkommende Differenzen unter den Vertretern der Mitglieder oder zwischen diesen und dem Vorsteher und den übrigen Beamten der Austauschstelle und bereitet die Beschlußfassung über die Abänderungen der Geschäftsordnung für die Plenarversammlung vor.

Er versammelt sich, so oft das Bedürfnis es erfordert oder zwei Mitglieder es beantragen. Die Versammlungen beruft der Vorsitzende. Seine Beschlüsse faßt der Ausschuß mit absoluter Stimmenmehrheit. Bei Stimmengleichheit gibt die Stimme des Vorsitzenden den Ausschlag. Zur Beschlußfassung genügt die Anwesenheit von drei Mitgliedern.

5. Das Ausscheiden aus der Austauschstelle steht jedem Mitglied zum Schluß jedes Kalenderjahres frei, muß aber einen Monat vorher dem Präsidenten des Reichsbank-Direktoriums angezeigt werden.

Ein Mitglied, das nicht mehr der Berliner Abrechnungsstelle angehört, gilt auch als aus der Austauschstelle ausgeschieden.

B. Hinsichtlich der Austauschstelle ist folgendes vereinbart:

1. Die Austauschstelle soll im Reichsbankgebäude eingerichtet werden. Ihre Leitung und Beaufsichtigung wird unter Mitwirkung der beteiligten Bankhäuser, Behörden usw. dem Reichsbank-Direktorium unterstellt.
2. Der Austausch wird sich auf Schecks beschränken, die zwar außerhalb Berlins zahlbar sind, auf denen aber ein Mitglied der Scheck-Austauschstelle oder ein anderes Bankhaus, das mit einem Mitglied der Scheck-Austauschstelle in Geschäftsverbindung steht und durch dieses vertreten wird, als Zahlungsstelle angegeben ist, durch die der Einzug der Schecks kostenfrei erfolgt.

   Auf einen bestimmten Zahlungsempfänger gestellte Schecks, deren Übertragung durch die Worte „nicht an Order" oder durch einen gleichbedeutenden Zusatz untersagt ist, sind von dem Austausch ausgeschlossen.
3. Der Austausch erfolgt unmittelbar zwischen den Beteiligten.
4. Die Mitglieder können sich durch einen hierfür bezeichneten Beamten oder durch ein anderes Mitglied oder dessen Beamten bei dem täglichen Austausch vertreten lassen.
5. Den Geschäftsgang bei dem Austausch regelt die beigefügte Geschäftsordnung.

6. Die durch die Austauschstelle erwachsenden Einrichtungs- und Verwaltungskosten mit Ausnahme derjenigen des für sie bestimmten Lokals, das die Reichsbank unentgeltlich zur Verfügung gestellt hat, tragen alle Mitglieder zu gleichen Teilen. Die Kosten werden von dem Reichsbank-Direktorium festgestellt und halbjährlich eingezogen.
7. Die Vergütung der Beträge für die zum Austausch eingelieferten Schecks erfolgt nach deren Einziehung ausschließlich unter Benutzung der Einrichtung der Berliner Abrechnungsstelle. Nichtbezahlte Schecks müssen in der Regel im Original als Rücklieferung durch die Berliner Abrechnungsstelle an das Einlieferungsmitglied der Austauschstelle zurückgegeben werden.

Bis zur Vergütung des Betrages oder Rücklieferung des Schecks ist das Empfangsmitglied der Austauschstelle lediglich Verwahrer des Schecks.

2. Geschäftsordnung der Berliner Scheck-Austauschstelle.

Abkommen vom 7. Mai 1910 (in der vom 9. März 1911 ab geltenden Fassung).

I. Die Reichsbank wie die übrigen Mitglieder der Austauschstelle entsenden werktäglich zur bestimmten Zeit (s. Nr. III) einen legitimierten Vertreter zur Scheckaustauschstelle, auch wenn sie keine Schecks einzuliefern haben.

Die Vollmachten für die Vertreter müssen nach dem anliegenden Schema ausgestellt sein. Sie werden von dem Vorsteher geprüft und nach Erledigung etwaiger Anstände seitens der Vollmachtgeber von ihm verwahrt.

II. Die zum Austausch bestimmten Schecks müssen geordnet und mit dem Firmastempel des betreffenden Hauses versehen sein.

Orderschecks bedürfen der handschriftlichen Quittung nicht, sondern können mit dem Stempelaufdruck:

Inhalt empfangen.
(Provinz-Bankier)
im Wege der Scheck-Austauschstelle
durch
(Mitglied der Austauschstelle).

in den Austausch gegeben werden.

Für Schecks, die auf den Inhaber oder Überbringer lauten, oder die keine Angabe darüber, an wen zu zahlen ist, enthalten, ist eine Quittung nicht erforderlich.

Der einlösenden Firma bleibt es vorbehalten, nachträglich eine ordnungsmäßig handschriftlich vollzogene Quittung vom Einreicher zu verlangen.

III. Der Scheckaustausch findet täglich nur einmal und zwar um $12\frac{1}{2}$ Uhr statt.

An Sonnabenden und Tagen, an denen die Büros und Räume der Reichsbank aus besonderer Veranlassung früher geschlossen werden, findet die Zusammenkunft um $11\frac{1}{2}$ Uhr statt.

Jeder Vertreter hat sich zu den vorstehend genannten Zeiten in der Reichsbank einzufinden und übergibt dem Vertreter des betreffenden anderen Mitgliedes, das selbst oder von dem einer seiner Kunden als Zahlstelle angegeben ist, die Schecks, mit zwei gleichlautenden, die Beträge Schecknummern und Zahlungsorte einzeln aufführenden, summierten Verzeichnissen und einem Schema zu dem die Endsumme der Verzeichnisse enthaltenden Empfangsbekenntnis. Eins der Verzeichnisse und das Empfangsbekenntnis werden nach erfolgter Prüfung durch den Empfänger von diesem gezeichnet und dem Einliefernden zurückgegeben. (An Stelle von zwei Verzeichnissen kann auch nur ein Verzeichnis nebst einer durch das Kopierverfahren oder mittels Durchpause hergestellten Kopie eingeliefert werden, wobei dann die Kopie mit den Schecks dem Empfänger verbleibt, das Originalverzeichnis aber zurückgegeben wird.)

Die Stückzahl der an die anderen abgelieferten Schecks, sowie die Summen der Verzeichnisse sind von einem jeden in die Debet-Kolonne des nach dem anliegenden Schema zu führenden Austauschblattes tunlichst schon vor der Einlieferung einzutragen, während in die Kredit-Kolonne nur die Summen der empfangenden Schecks zu verzeichnen sind.

IV. Jeder Vertreter summiert die Debet- und Kredit-Kolonne seines Austauschblattes und ermittelt durch Saldieren des letzteren, was sein Haus im ganzen (der Gesamtheit der Austauschenden gegenüber) schuldet oder zu fordern hat.

V. Der Vorsteher trägt die Saldi der Austauschblätter in ein Bilanzblatt, das nach erfolgter Berichtigung etwaiger Rechnungsirrtümer im Kredit und Debet bei der Summierung übereinstimmen muß, visiert die Austauschblätter, gibt diese zurück und schließt den Austausch, worauf die Vertreter die Austauschstelle verlassen dürfen.

Nach fünf Werktagen werden die dem Einliefernden zurückgegebenen Verzeichnisse von diesem quittiert in die Berliner Abrechnungsstelle bei der 9-Uhr-Zusammenkunft eingeliefert. Jede Zahlstelle prüft die Übereinstimmung der Verzeichnisse mit den zurückbehaltenen zweiten Ausfertigungen oder den Kopien und vergütet oder belastet sodann den Austauschsaldo auf Grund der Austauschblätter (Form. C).

Sind Schecks mangels Zahlung zurückgekommen, so werden sie unter Rückgabe als Rücklieferungen bei der Abrechnung behandelt. Sie müssen an demselben Tage und zwar bei der zweiten Lieferung der Abrechnungsstelle zurückgeliefert werden, an dem das Verzeichnis, worauf der betreffende Scheck bei Einlieferung verzeichnet stand, durch die Abrechnung geht. Für den Fall, daß eine Benachrichtigung über die Bezahlung des Schecks bei dem Empfangsmitglied der Scheck-Austauschstelle noch nicht eingetroffen oder der unbezahlte Scheck noch nicht wieder in seine Hände gelangt ist, muß, um die Abrechnung des betreffenden Scheckverzeichnisses nicht aufzuhalten, an Stelle des im Original nicht zurückgelieferten Schecks ein Rücklieferungsschein über den Scheck als Rücklieferung durch die Abrechnung gehen. Der Ausgleich solcher, nicht im Original zurückgegebenen Schecks bleibt den Beteiligten überlassen.

Als bezahlt gelten alle Schecks, die am Tage der Einlieferung des betreffenden Verzeichnisses in die Abrechnungsstelle nicht im Original zurückgeliefert werden oder die nicht an Stelle des Originals durch einen Rücklieferungsschein als unerledigt gekennzeichnet worden sind.

XI. Das Wechselsteuergesetz[1]

vom 10. August 1923 (RGBl. I, 778)

I. Gegenstand der Besteuerung.

§ 1. Gezogene und eigene Wechsel unterliegen einer Steuer nach den Vorschriften dieses Gesetzes. (Wechselsteuer.)

Die Wechselsteuer umfaßt die Wechselhauptsteuer (§§ 5 bis 14) und die Wechselnachsteuer (§§ 15, 16).

§ 2. Als Wechsel im Sinne dieses Gesetzes ist auch eine Schrift anzusehen, die nicht alle wesentlichen Erfordernisse eines Wechsels enthält, wenn sie einem anderen mit der Ermächtigung übergeben wird, die fehlenden Erfordernisse zu ergänzen. Eine solche Ermächtigung wird vermutet, wenn die Schrift als Wechsel bezeichnet ist.

§ 3. Die in diesem Gesetze für Wechsel gegebenen Vorschriften gelten entsprechend für

a) Verpflichtungsscheine über die Zahlung von Geld, die durch Indossament übertragen werden können.

b) Anweisungen über die Zahlung von Geld, die durch Indossament übertragen werden können oder auf den Inhaber lauten an jeden Inhaber bezahlt werden können.

[1] Im Text des Gesetzes ist überall „Goldmark" durch „Reichsmark" ersetzt.

Es macht keinen Unterschied, ob die in Absatz 1 bezeichneten Urkunden als Briefe oder in anderer Form ausgestellt werden.

§ 4. Von der Wechselsteuer sind befreit

a) die vom Ausland auf das Ausland gezogenen und die im Ausland ausgestellten eigenen Wechsel, sofern die Wechsel nur im Ausland zahlbar sind;

b) die vom Inland auf das Ausland gezogenen, nur im Ausland, und zwar auf Sicht oder spätestens innerhalb 10 Tagen nach dem Tage der Ausstellung zahlbaren Wechsel, wenn sie vom Aussteller unmittelbar in das Ausland versandt werden;

c) Schecks, die den §§ 1, 2, 7, 25, 26 des Scheckgesetzes vom 11. März 1908 (RGBl. S. 71) entsprechen.

d) Die auf Sicht zahlbaren, die Barzahlung ersetzenden Platzanweisungen, die nicht Schecks sind.

Die in Abs. 1 zu c ausgesprochene Befreiung findet keine Anwendung auf Schecks, die vor dem auf ihnen angegebenen Ausstellungstag in Umlauf gesetzt werden. Die Befreiungen des Abs. 1 zu c und d finden keine Anwendung auf Schecks und Platzanweisungen, die mit einer Annahmeerklärung versehen sind, sofern der Annahmererklärung rechtliche Wirkung zukommt.

Der Reichsminister der Finanzen bestimmt, in welchen Fällen Anweisungen, die an einem Nachbarort des Ausstellungsortes zahlbar sind, den Platzanweisungen gleichzuachten sind.

II. Wechselhauptsteuer.

1. Einzelwechsel.

§ 5. Die Steuerschuld entsteht in dem Zeitpunkt, in dem ein inländischer Wechsel von dem Aussteller, ein Blankoakzept von dem Akzeptanten, ein ausländischer Wechsel von dem ersten inländischen Inhaber aus den Händen gegeben wird.

Wird ein inländischer Wechsel vom Aussteller, ein ausländischer Wechsel vom ersten inländischen Inhaber lediglich zur Annahme versandt oder zur Annahme präsentiert, so entsteht die Steuerschuld erst mit der Rückgabe oder anderweitigen Aushändigung des Wechsels durch den Akzeptanten, es sei denn, daß der Wechsel bereits mit einem inländischen Indossament versehen ist.

Ist vor dem in Abs. 1, 2 bezeichneten Zeitpunkt bereits eine Nachsteuerschuld entstanden (§ 15), so entsteht die Steuerschuld zugleich mit der Nachsteuerschuld.

§ 6. Steuerschuldner ist, wer den Wechsel im Zeitpunkt der Entstehung der Steuerschuld aus den Händen gibt. Im Falle des § 5 Abs. 3 ist der Inhaber des Wechsels Steuerschuldner.

§ 7. Neben dem Steuerschuldner haften für die Steuer sämtliche Personen, die am Umlauf des Wechsels im Inlande beteiligt sind. Als beteiligt gelten: der Aussteller, jeder Unterzeichner oder Mitunterzeichner eines Akzeptes, eines Indossaments oder einer anderen Wechselerklärung, und jeder, der für eigene oder fremde Rechnung den Wechsel erwirbt, veräußert, verpfändet oder als Sicherheit annimmt, zur Zahlung präsentiert, Zahlung darauf empfängt oder leistet oder mangels Zahlung Protest erheben läßt, ohne Unterschied, ob der Name oder die Firma auf den Wechsel gesetzt wird oder nicht.

Im Falle des § 4 Abs. 2 Satz 1 beschränkt sich die Haftung für die Steuer auf die Personen, die vor dem auf der Urkunde angegebenen Ausstellungstag am Umlauf des Schecks beteiligt waren.

§ 8.[1]) Abs. 1. Die Steuer beträgt RMk. 0.10 für je RMk. 100.— der Wechselsumme; angefangene RMk. 100.— werden für voll gerechnet. Ist in einer Schrift der in § 2 bezeichneten Art die zu zahlende Summe nicht angegeben, so ist die Steuer nach einer Summe von RMk. 10 000.— zu berechnen.

Abs. 2. Bei Wechseln, die auf einen bestimmten Zahlungstag gestellt sind, erhöht sich die Steuer, wenn die Fälligkeit des Wechsels später als drei Monate nach dem Ausstellungstag eintritt, auf RMk. 0.20 für je RMk. 100.—. Tritt die Fälligkeit später als ein Jahr nach dem Ausstellungstag ein, so erhöht sich die Steuer auf RMk. 0.30 für je RMk. 100.—. Für jede weiteren sechs Monate der Laufzeit des Wechsels oder einen Teil dieses Zeitraumes erhöht sich die Steuer um je RMk. 0.10 für je RMk. 100.— der Wechselsumme. Die Erhöhung tritt nicht ein, wenn der im Satz 1 bezeichnete Zeitraum von drei Monaten um nicht mehr als fünf Tage überschritten wird. Soweit nach ausländischem Rechte Respekttage gelten, werden sie dem Zeitraum von drei Monaten hinzugerechnet. Ist in einer Schrift der im § 2 bezeichneten Art der Ausstellungstag nicht angegeben, so gilt der Tag der Übergabe als Ausstellungstag.

Abs. 3 bedeutungslos geworden.

Abs. 4. Zur Berechnung der Steuer kann der Reichsminister der Finanzen für die in anderer als Reichswährung ausgedrückten Wechselsummen Mittelwerte festsetzen. Soweit dies nicht geschehen ist, wird die ausländische Währung nach dem laufenden Kurs für Auszahlungen (Mittelkurs) zur Zeit der Entstehung der Steuerschuld umgerechnet.[2])

---

[1]) § 8 und § 8a vgl. Art. III Ges. zur Änderung der Verkehrssteuern usw. vom 10. August 1925 (RGBl. I 241).

[2]) Verordnung über die Umrechnung fremder Währungen bei der Berechnung der Wechselsteuer. Auf Grund von § 8 Abs. 4, § 26 Abs. 1 des Wechselsteuergesetzes vom 10. August 1923 (RGBl. I S. 788) wird folgendes bestimmt:

§ 1. Die Verordnung über die Umrechnung fremder Währungen bei der Berechnung der Wechselsteuer vom 20. September 1923 (RMinBl. S. 948) wird aufgehoben.

§ 8a. Die Steuer ermäßigt sich auf die Hälfte der im § 8 bezeichneten Beträge bei Wechseln, die vom Inland auf das Ausland gezogen und nur im Ausland zahlbar sind. Die Steuer beträgt mindestens 10 Reichspfennig. Höhere Beträge sind auf volle 10 Reichspfennig nach oben abzurunden.

§ 9. Die Steuer wird mit Entstehung der Steuerschuld (§ 5 Abs. 1, 2) fällig.

Im Falle des § 5 Abs. 3 ist die Steuer zugleich mit der Nachsteuer fällig.

§ 10. Ist die Steuer vom Steuerschuldner nicht entrichtet, so ist der nächste und, solange die Steuer nicht entrichtet ist, jeder weitere inländische Inhaber des Wechsels verpflichtet, den Wechsel zu versteuern, ehe er ihn auf der Vorder- oder Rückseite unterzeichnet, ihn veräußert, verpfändet, zur Zahlung präsentiert, Zahlung darauf empfängt oder leistet, eine Quittung darauf setzt, mangels Zahlung Protest erheben läßt, oder den Wechsel aus den Händen gibt.

Ist das Bestehen einer Steuerschuld aus dem Wechsel selbst nicht zu ersehen, so besteht die in Abs. 1 bezeichnete Verpflichtung nur dann, wenn die Umstände, die die Steuerschuld überhaupt oder in einem höheren Umfang begründen, dem späteren Inhaber bekannt oder infolge grober Fahrlässigkeit unbekannt sind.

---

§ 2. (1) Zur Berechnung der Wechselsteuer für die in anderer als in Reichswährung ausgedrückten Wechselsummen wird die ausländische Währung nach dem an der Berliner Börse notierten Kurse für Auszahlungen umgerechnet. Als Kurs gilt der Mittelkurs zwischen dem amtlich festgestellten Brief- und Geldkurs an dem Börsentage, der dem Tage der Fälligkeit der Steuer vorangeht. Hat an diesem Tage eine Notierung nicht stattgefunden, so ist die unmittelbar vorhergehende Notierung maßgebend.

(2) Bei Währungen, für die amtliche Kurse an der Berliner Börse nicht festgestellt werden, jedoch von der Berliner Bedingungsgemeinschaft für den Wertpapierverkehr Preise ermittelt werden, gelten diese Preise als amtliche Kurse.

(3) Währungen, für die amtliche Kurse an der Berliner Börse nicht notiert, noch Preise von der Berliner Bedingungsgemeinschaft für den Wertpapierverkehr ermittelt werden, sind in Pfund Sterling nach Londoner Notiz umzurechnen. Der so errechnete Pfundbetrag wird nach Abs. 1 in Reichswährung umgerechnet.

§ 3. Diese Verordnung tritt an dem Tage in Kraft, der auf ihre Veröffentlichung im Reichsministerialblatt folgt.

Berlin, den 30. September 1923.

Der Reichsminister der Finanzen:

Im Auftrage (gez.) Popitz.

2. Wechselduplikate und Wechselabschriften.

§ 11. Wird derselbe Wechsel in mehreren im Text als Prima, Sekunda, Tertia usw. bezeichneten Stücken ausgestellt, so ist nur das zum Umlauf bestimmte Stück zu versteuern.

Außerdem unterliegt der Steuer jedes Stück, das mit einer Wechselerklärung, ausgenommen Akzepte und Notadressen, versehen ist, die nicht in einem versteuerten Stück enthalten ist. Die Steuerschuld entsteht in dem Zeitpunkt, in dem das die steuerpflichtige Wechselerklärung enthaltende Stück von dem Aussteller der Wechselerklärung aus den Händen gegeben wird. Ist die Wechselerklärung im Auslande abgegeben, so entsteht die Steuerschuld in dem Zeitpunkt, in dem das Stück von dem ersten inländischen Inhaber aus den Händen gegeben wird.

Soll ein unversteuertes Wechselduplikat ohne Auslieferung eines versteuerten Stücks desselben Wechsels bezahlt oder mangels Zahlung protestiert werden, so ist die Steuer zu entrichten, ehe die Zahlung oder Protestaufnahme stattfindet.

Der Beweis, daß ein versteuertes Wechselduplikat vorhanden ist, oder daß die auf ein unversteuertes Stück gesetzte Wechselerklärung auf einem versteuerten Duplikat abgegeben ist, oder daß bei Bezahlung eines unversteuerten Duplikats auch ein versteuertes Stück ausgeliefert worden ist, liegt dem ob, der wegen unterlassener Versteuerung eines Wechsels in Anspruch genommen wird.

Im übrigen finden die §§ 5 bis 10 Anwendung.

§ 12. Die in § 11 Abs. 2 bis 5 für Duplikate gegebenen Vorschriften gelten auch für die Wechselabschriften, die mit einem Original-Indossament oder mit einer anderen urschriftlichen Wechselerklärung versehen sind.

§ 13. Wird ein nicht zum Umlauf im Inland bestimmtes Stück eines in mehreren Stücken ausgestellten Wechsels zur Einholung des Akzeptes benutzt, so ist der Akzeptant nicht zur Versteuerung verpflichtet, wenn die Rückseite des akzeptierten Stücks vor der Rückgabe derart durchkreuzt wird, daß dadurch die weitere Benutzung zum Indossieren ausgeschlossen wird.

§ 14. Ein zur Annahme versandter Wechsel darf vom Verwahrer gegen Vorlegung eines nicht versteuerten Duplikats oder einer nicht versteuerten Abschrift desselben Wechsels nur dann unversteuert ausgeliefert werden, wenn das unversteuerte Duplikat oder die unversteuerte Abschrift auf der Rückseite derart durchkreuzt ist, daß dadurch die Benutzung zum Indossieren ausgeschlossen ist. Anderenfalls haftet der Verwahrer, wenn er das mit dem Annahmevermerk versehene Stück unversteuert ausliefert, neben den im § 7 bezeichneten Personen für die Steuer; die Steuer zu dem mit dem Annahmevermerk versehenen Wechsel ist spätestens bei der Auslieferung zu entrichten.

III. Wechselnachsteuer.

§ 15. Tritt die Verfallzeit eines auf Sicht gestellten Wechsels später als drei Monate nach dem Ausstellungstage ein, so unterliegt der Wechsel für die Zeit vom Ablauf der drei Monate bis zum Verfalltage der Nachversteuerung. Als Nachsteuer ist fortlaufend für die ersten neun Monate und nach deren Ablauf für je weitere sechs Monate oder einen angefangenen Teil dieser Zeiträume der nach § 8 Abs. 1, § 8a zu bemessende Betrag zu entrichten. Die Nachsteuerschuld entsteht jeweils mit dem Beginn der Zeitabschnitte, für die Nachsteuer zu entrichten ist. Soweit nach ausländischem Recht Respekttage gelten, werden sie der dreimonatigen Frist hinzugerechnet.

Die Vorschrift des Abs. 1 findet auf Wechsel, die bestimmte Zeit nach Sicht fällig sind, mit der Maßgabe Anwendung, daß der Zeitraum, für den die Nachsteuer zu entrichten ist, bei eigenen Wechseln drei Monate nach dem Ausstellungstag, bei gezogenen Wechseln drei Monate nach der Annahme des Wechsels beginnt. Ist der Tag der Annahme aus dem Wechsel nicht ersichtlich, so gilt der fünfzehnte Tag nach dem Ausstellungstag als Tag der Annahme, wenn nicht nachgewiesen wird, daß der Wechsel zu einem anderen Zeitpunkt angenommen worden ist.

Ist in einer Schrift der im § 2 bezeichneten Art die Zahlungszeit nicht angegeben, so entsteht die Nachsteuerschuld mit dem Ablauf von drei Monaten nach dem Ausstellungstag. Ist der Ausstellungstag nicht angegeben, so gilt der Tag der Übergabe als Ausstellungstag.

Nachsteuerschuldner ist der Inhaber des Wechsels. Daneben haften für die Nachsteuer sämtliche Personen, die seit Entstehung der Nachsteuerschuld am Umlauf des Wechsels im Inland beteiligt sind (§ 7). Die Vorschrift des § 10 findet entsprechende Anwendung.

Die Nachsteuer ist innerhalb der ersten drei Tage des Zeitraums fällig, für den sie zu entrichten ist. Ist der Wechsel zu dieser Zeit im Ausland, so tritt die Fälligkeit innerhalb der ersten drei Tage nach der Einbringung des Wechsels ins Inland ein.

§ 16. Wird in den Fällen des § 8 Abs. 1 Satz 2 in die Schrift nachträglich eine Geldsumme von mehr als 10000.— RM eingetragen, so ist eine Nachsteuer nach den im § 8 bezeichneten Steuersätzen zu entrichten. Die Nachsteuer wird von der eingetragenen Geldsumme berechnet. Auf die Nachsteuer wird die bereits gezahlte Steuer angerechnet.

Die Nachsteuerschuld entsteht und wird fällig mit der Eintragung der Wechselsumme.

Ist in den Fällen des Abs. 1 ein bestimmter Zahlungstag in der Schrift nicht angegeben, so erhöht sich auch die Nachsteuer, die vor der nachträglichen Eintragung der Wechselsumme gemäß § 15 fällig geworden ist, auf den Betrag, der sich nach Abs. 1 ergibt.

IV. Erhebung, Erstattung, Verjährung.

§ 17. Die Bestimmungen über die Art der Entrichtung der Wechselsteuer erläßt der Reichsminister der Finanzen. Er kann insbesondere die Verwendung von Steuerzeichen auf dem Wechsel anordnen.

§ 18. Reichs-, Staats- und Gemeindebehörden und Beamte, wenn ihnen eine richterliche oder Polizeigewalt anvertraut ist, sowie Notare, Postbeamte und andere Beamte, die Wechselproteste aufnehmen, sind verpflichtet, die Besteuerung der bei ihnen vorkommenden Wechsel, Schecks und Anweisungen von Amts wegen zu prüfen.

Auf der nach der Wechselordnung zurückzubehaltenden Abschrift des Protestes ist zu vermerken, welche Wechselsteuer zu der protestierten Urkunde entrichtet ist. Ist keine Steuer entrichtet, so ist dies zu vermerken.

§ 19. Beträge, die zu Unrecht als Wechselsteuer entrichtet sind, sind auf Antrag zu erstatten. Das gleiche gilt in den Fällen des § 8 Abs. 1 Satz 2, wenn die nachträglich eingesetzte Geldsumme hinter dem dort vorgesehenen Betrag zurückbleibt.

§ 20. Die Verjährung des Anspruchs auf die Wechselsteuer beginnt mit dem Schluß des Jahres, in dem der Wechsel fällig wird.

V. Straf- und Schlußvorschriften.

§ 21. Die Hinterziehung der Wechselsteuer wird mit einer Geldstrafe bis zum Fünfzigfachen des hinterzogenen Betrages bestraft (siehe jetzt § 359 RAbgO.).[1]

---

[1]) § 359 RAbgO. Wer zum eigenen Vorteil oder zum Vorteil eines anderen nicht gerechtfertigte Steuervorteile erschleicht oder vorsätzlich bewirkt, daß Steuereinnahmen verkürzt werden, wird wegen Steuerhinterziehung mit Geldstrafe bestraft. Der Höchstbetrag der Geldstrafe ist unbeschränkt. Bei Zöllen und Verbrauchsabgaben ist die Geldstrafe mindestens auf das Vierfache des hinterzogenen Betrages zu bemessen, falls der Betrag der Steuerverkürzung oder des Steuervorteils festgestellt werden kann. Neben der Geldstrafe kann auf Gefängnis bis zu zwei Jahren erkannt werden.

Der Steuerhinterziehung macht sich auch schuldig, wer Sachen, für die ihm Steuerbefreiung oder Steuervorteile gewährt sind, zu einem Zwecke verwendet, der der Befreiung oder dem Steuervorteile, die er erlangt hat, nicht entspricht, und es zum eigenen Vorteil oder zum Vorteil eines anderen vorsätzlich unterläßt, dies dem Finanzamt vorher rechtzeitig anzuzeigen.

Es genügt, daß infolge der Tat ein geringerer Steuerbetrag festgesetzt oder ein Steuervorteil zu Unrecht gewährt oder belassen ist; ob der Betrag, der sonst festgesetzt wäre, aus anderen Gründen hätte ermäßigt werden müssen oder der Vorteil aus anderen

Wenn Kommissionäre, Makler oder sonstige Vermittler vorsätzlich Geschäfte über Wechsel, für die die Wechselsteuer hinterzogen ist, abschließen oder vermitteln, so gilt die gleiche Strafe wie für Hinterziehung.

§ 22 (aufgehoben; ersetzt durch § 377 RAbgO.).[1])

§ 23. Die Verjährung der Strafverfolgung von Zuwiderhandlungen gegen dieses Gesetz beginnt mit dem Schluß des Jahres, in dem der Wechsel fällig geworden ist.[2])

Gründen hätte beansprucht werden können, ist für die Bestrafung ohne Bedeutung.

Eine Steuerumgehung (§ 5) ist nur dann als Steuerhinterziehung strafbar, wenn die Verkürzung der Steuereinnahmen oder die Erzielung der ungerechtfertigten Steuervorteile dadurch bewirkt wird, daß der Täter vorsätzlich Pflichten verletzt, die ihm im Interesse der Ermittelung einer Steuerpflicht obliegen.

Die Vorschriften der Zoll- und Verbrauchsabgabengesetze, nach denen eine Bestrafung wegen Steuerhinterziehung eintritt, ohne daß der Vorsatz der Hinterziehung festgestellt zu werden braucht, bleiben unberührt. Auf Gefängnis darf jedoch nur erkannt werden, wenn der Vorsatz der Hinterziehung festgestellt wird.

[1]) § 377 RAbgO. (ersetzt den § 22 WSteuerGes.). Wer den im Interesse der Besteuerung (einschließlich der Vorbereitung, Sicherung und Nachprüfung der Besteuerung) erlassenen Vorschriften der Steuergesetze oder der dazu ergangenen und öffentlich oder den Beteiligten besonders bekannt gemachten Verwaltungsbestimmungen durch andere als die in den Steuergesetzen unter Strafe gestellten Handlungen oder Unterlassungen zuwiderhandelt, wird mit einer Ordnungsstrafe von drei bis zehntausend Reichsmark bestraft. Dies gilt nicht für Sollvorschriften. Die Ordnungsstrafe wird nicht verhängt, wenn festgestellt wird, daß Strafausschließungsgründe vorliegen oder die Zuwiderhandlung auf einem unabwendbaren Zufalle beruht.

Die Ordnungsstrafe kann bis auf das Doppelte erhöht werden, wenn der Täter vorsätzlich einen mit der Durchführung der Steuergesetze beauftragten Beamten in der rechtmäßigen Ausübung seines Dienstes hindert.

Wenn nach § 202 für den Fall der Nichtbefolgung einer Anordnung ein Zwangsmittel angedroht ist, darf wegen der Nichtbefolgung dieser Anordnung nicht auf eine Ordnungsstrafe erkannt, sondern nur das Zwangsmittel angewandt werden.

[2]) § 384 RAbgO. Die Strafverfolgung von Steuerzuwiderhandlungen verjährt in fünf Jahren, und wenn es sich um Zuwiderhandlungen handelt, die mit Ordnungsstrafen bedroht sind, in einem Jahr.

Die Einleitung der Untersuchung und der Erlaß eines Strafbescheides unterbrechen die Verjährung gegen den, gegen den sie gerichtet sind.

§ 24. Der Nachprüfung zur Durchführung dieses Gesetzes unterliegen die im § 77 Abs. 1 zu a bis c des Kapitalverkehrssteuergesetzes bezeichneten Gesellschaften, Personen, Behörden und Beamten. Die gemäß § 77 Abs. 2 des Kapitalverkehrssteuergesetzes erlassenen Bestimmungen finden auf die Nachprüfung entsprechende Anwendung. Der Reichsminister der Finanzen ist ermächtigt, mit Zustimmung des Reichsrates weitere Bestimmungen über die Nachprüfung zu erlassen.

§ 25. Urkunden, welche nach diesem Gesetze steuerpflichtig sind oder auf welche die in diesem Gesetz vorgesehenen Steuerbefreiungen Anwendung finden, sind in den einzelnen Ländern keiner Steuer unterworfen.

Auch von den auf derartige Urkunden gesetzten Übertragungsvermerken, Quittungen und sonstigen auf die Leistungen aus diesen Papieren bezüglichen Vermerken dürfen landesgesetzliche Steuern nicht erhoben werden. Auf Proteste findet diese Vorschrift keine Anwendung.

§ 26. Die Ausführungsbestimmungen zu diesem Gesetze erläßt der Reichsminister der Finanzen.

Der Reichsminister der Finanzen erläßt insbesondere die Anordnungen wegen der Anfertigung und des Vertriebs der nach Maßgabe dieses Gesetzes zu verwendenden Steuerzeichen sowie die Bestimmungen über die Art ihrer Verwendung. Er stellt die Bedingungen fest, unter denen für verdorbene Steuerzeichen Erstattung zulässig ist.

§ 27. Für das Gebiet der Insel Helgoland wird der Zeitpunkt des Inkrafttretens durch Verordnung des Reichspräsidenten unter Zustimmung des Reichsrats festgesetzt.

XII. Postscheckrecht.

1. Postscheckgesetz.

Vom 26. März 1914 (Reichs-Gesetzbl. S. 85) in der Fassung der Bekanntmachung vom 22. März 1921 (Reichs-Gesetzbl. S. 247) — unter Berücksichtigung inzwischen ergangener Änderungen —.[1]

§ 1. Zum Postscheckverkehr werden die natürlichen und juristischen Personen, die Handelsgesellschaften, Vereinigungen und Anstalten, auch soweit sie nicht juristische Personen sind, sowie die öffentlichen Behörden durch Eröffnung eines Kontos bei einem Postscheckamt zugelassen.

§ 2. Auf jedem Konto muß, solange es besteht, eine Stammeinlage von fünf Reichsmark gehalten werden.

---

[1]) Stand vom 15. April 1926.

Die Stammeinlage kann durch den Reichspostminister mit Zustimmung des Verwaltungsrats erhöht oder herabgesetzt werden.

Die Guthaben der Kontoinhaber werden nicht verzinst.

§ 3. Dem Konto werden gutgeschrieben:

a) die Stammeinlage,

b) die mittels Zahlkarte eingezahlten Beträge,

c) die von einem anderen Postscheckkonto überwiesenen Beträge.

§ 4. Der Kontoinhaber kann über sein Guthaben, soweit es die Stammeinlage übersteigt, in Beträgen, die auf Reichsmark („RM" und „Pf.") lauten, durch Überweisung auf ein anderes Postscheckkonto oder mittels Schecks jederzeit verfügen.

§ 5. Die Gebühren betragen:

1. für eine Einzahlung mit Zahlkarte

		bis	25 RM	. . . .	10 Pf.
von mehr als	25	„	100 RM	. . . .	15 Pf.
„ „ „	100	„	250 RM	. . . .	20 Pf.
„ „ „	250	„	500 RM	. . . .	30 Pf.
„ „ „	500	„	750 RM	. . . .	40 Pf.
„ „ „	750	„	1000 RM	. . . .	50 Pf.
„ „ „	1000	RM (unbeschränkt)		. . . .	60 Pf.

2. a) für jede von der Zahlstelle eines Postscheckamts bargeldlos und für jede in den Abrechnungsstellen der Reichsbank beglichene Auszahlung 1/10 vom Tausend des im Scheck angegebenen Betrags,

b) für jede Barauszahlung durch die Zahlstelle eines Postscheckamts sowie für die Übersendung eines Schecks durch das Postscheckamt an eine Postanstalt und für die weitere Behandlung des Schecks bei dieser 1/2 vom Tausend des im Scheck angegebenen Betrags und außerdem eine feste Gebühr von 15 Pf.

Die Gebühren zu a und b werden auf volle Pfennig abgerundet.

Die Gebühren zu 1 sind vom Einzahler, die Gebühren zu 2 vom Auftraggeber zu entrichten.

Die Gebühren können durch den Reichspostminister mit Zustimmung des Verwaltungsrats erhöht oder ermäßigt werden.

§ 6. Die Sendungen der Postscheckämter und Postanstalten an die Kontoinhaber, die Sendungen dieser Ämter und Anstalten untereinander sowie die Briefe[1]) der Kontoinhaber an die Postscheckämter werden in Postscheckangelegenheiten portofrei befördert.

---

[1]) Für Briefe, die in den vorgeschriebenen gelben Scheckbriefumschlägen unter „Einschreiben" versandt werden oder durch Eilboten zugestellt werden sollen, ist nur die Einschreibgebühr oder das Eilzustellgeld zu entrichten.

Für die Versendung der Briefe der Kontoinhaber an die Postscheckämter sind besondere Briefumschläge (§ 10 Ziffer 2 dieses Gesetzes) zu benutzen. Werden andere Briefumschläge benutzt, so unterliegen die Sendungen dem gewöhnlichen Briefporto.

§ 7. Auskunft über das Scheckguthaben darf nur in den im § 5 das Gesetzes über das Postwesen des Deutschen Reichs vom 28. Oktober 1871 (Reichs-Gesetzbl. S. 347) angegebenen Ausnahmefällen sowie in entsprechender Anwendung des § 3 Abs. 4 und des § 9 des Reichsschuldbuchgesetzes (in der Fassung der Bekanntmachung vom 31. Mai 1910, Reichs-Gesetzbl. S. 840), ferner den Finanzämtern nach Maßgabe des § 181 der Reichsabgabenordnung vom 13. Dezember 1919 (Reichs-Gesetzbl. S. 1993 erteilt werden. Bei Pfändung des Guthabens im Wege der Zwangsvollstreckung oder des Arrestes darf auch dem pfändenden Gläubiger Auskunft erteilt werden (§ 840 der ZPO.).

§ 8. Der Kontoinhaber kann jederzeit aus dem Postscheckverkehr scheiden. Die Postverwaltung kann das Konto bei mißbräuchlicher Überziehung des Guthabens aufheben. Ferner kann die Postverwaltung das Konto aufheben, wenn es mißbräuchlich benutzt wird oder wenn das Guthaben den Betrag der Stammeinlage nicht erreicht und der Postscheckkunde das Guthaben innerhalb einer von der Postverwaltung festzusetzenden Frist nicht bis zu diesem Betrag auffüllt.

§ 9. Die Postverwaltung haftet dem Kontoinhaber für die ordnungsmäßige Ausführung der bei dem Postscheckamt eingegangenen Aufträge nach den allgemeinen Vorschriften des bürgerlichen Rechtes über die Haftung des Schuldners für die Erfüllung seiner Verbindlichkeit. Sie haftet nicht für die rechtzeitige Ausführung der ihr erteilten Aufträge.

Der Anspruch gegen die Postverwaltung verjährt in zwei Jahren. Die Verjährung beginnt mit dem Schlusse des Jahres, in dem der Auftrag dem zuständigen Postscheckamt zugegangen ist.

Für Zahlkartenbeträge haftet die Postverwaltung dem Absender in gleicher Weise wie für Postanweisungen.

§ 10. Die weiteren Anordnungen zur Regelung des Postscheckverkehrs erläßt der Reichspostminister mit Zustimmung des Verwaltungsrats. Er bestimmt insbesondere:

1. die allgemeinen Grundsätze für den Ausweis der nach § 1 zum Postscheckverkehr zuzulassenden Teilnehmer sowie für die Bezeichnung der Konten,
2. die zu verwendenden Formulare; für Formulare zu Zahlkarten die im § 6 bezeichneten Briefumschläge können auch von der Privatindustrie hergestellt werden,
3. den Höchstbetrag der Zahlkarten und Schecks,
4. die Voraussetzungen, unter denen den Konten auf anderem als dem im § 3 erwähnten Wege Beträge zugeführt werden

können, und unter denen der Kontoinhaber in anderer als der im § 4 erwähnten Weise über sein Guthaben verfügen kann,
5. die Geschäfte, die bei weiterer Ausgestaltung des Postscheckverkehrs zuzulassen sind,
6. die Anlegung der im Postscheckverkehr aufkommenden Gelder,
7. die Art der Benachrichtigung der Kontoinhaber über die Ausführung der Aufträge und den Stand der Guthaben.

Werden die Anordnungen geändert, so sind die neuen Vorschriften auch auf die bereits bestehenden Postscheckkonten anzuwenden.

§ 11. Dieses Gesetz tritt am 1. April 1921 in Kraft.

---

2. Postscheckordnung.

Vom 7. April 1921 (Reichs-Gesetzbl. S. 459) — unter Berücksichtigung inzwischen ergangener Änderungen.[1])

1. Allgemeines

§ 1. I Der Antrag auf Eröffnung eines Postscheckkontos ist an ein Postscheckamt oder an eine Postanstalt zu richten.

II Gesellschaften, Vereine, Genossenschaften usw., die nicht im Register der Handelsfirmen, Vereine, Genossenschaften usw. eingetragen sind, haben mit dem Antrag ihre Satzung vorzulegen.

III Jedes Postscheckamt führt eine Liste der Postscheckkunden. Die Postverwaltung veröffentlicht ein Verzeichnis der Postscheckkunden.

IV Die Höhe des Guthabens eines Kontos ist nicht beschränkt. Ändert sich das Guthaben, so wird der Postscheckkunde vom Postscheckamt durch einen Kontoauszug benachrichtigt. Auf Antrag erteilt das Postscheckamt eine schriftliche Bestätigung über die Höhe des beim Abschluß eines Buchungstags vorhanden gewesenen Kontoguthabens gegen eine Gebühr, die der Antragsteller (Postscheckgesetz § 7) durch Aufkleben von Freimarken auf dem Antrag zu entrichten hat.

V Die Gebühren, die der Festsetzung durch die Postscheckordnung unterliegen, sind in einer besonderen Anlage enthalten.

2. Einzahlungen

Einzahlungen durch Zahlkarte.

§ 2. I Durch Zahlkarte können auf ein Postscheckkonto Beträge in beliebiger Höhe eingezahlt werden. Der Absender hat die Zahlkarte vor der Einlieferung zur Post mit Freimarken in Höhe der Zahlkartengebühr (Postscheckgesetz § 5 Ziff. 1) freizumachen. Die Post kann verlangen, daß bei Einzahlungen über hohe Beträge die Geldscheine kassenmäßig verpackt werden.

[1]) Stand vom 15. April 1926.

II Die Zahlkarten können auch durch das Privatgewerbe hergestellt werden; sie müssen in der Größe, Farbe und Stärke des Papiers sowie im Vordruck mit den durch die Post ausgegebenen Zahlkarten genau übereinstimmen.

III Die Zahlkarte muß entweder durch Druck, mit der Schreibmaschine usw. oder handschriftlich mit Tinte ausgefüllt werden. Der Betrag ist in der Reichswährung einzutragen und in Ziffern und in Buchstaben auszudrücken. Auch der mit der Zahlkarte verbundene Einlieferungsschein ist vom Einzahler auszufüllen.

IV Der Abschnitt der Zahlkarte dient zu Mitteilungen an den Postscheckkunden. Zahlkarten, die unter Ausnutzung des Postscheckverkehrs zwecks Umgehung der Postgebühren zur Übermittlung von Nachrichten oder geschäftlichen Anpreisungen verwendet werden sollen, sind unzulässig.

V Nach Einzahlung des Betrags wird der Postvermerk auf dem Einlieferungsschein vollzogen.

VI Der eingezahlte Betrag wird dem in der Zahlkarte angegebenen Postscheckkonto gutgeschrieben. Das Postscheckamt übersendet dem Postscheckkunden nach der Gutschrift den Abschnitt der Zahlkarte.

VII Kann die Zahlkarte beim Postscheckamt nicht gutgeschrieben werden, so wird der Betrag an den Absender zurückgezahlt.

VIII Den Landzustellern können nach den in der Postordnung für Postanweisungen gegebenen Vorschriften auf ihren Zustellgängen freigemachte Zahlkarten zur Ablieferung an die Postanstalt übergeben werden.

IX Bei den Posthilfstellen können Zahlkarten unter den in der Postordnung für Postanweisungen angegebenen Bedingungen zur Weitergabe an den Landzusteller niedergelegt werden.

X Der Absender kann eine eingelieferte Zahlkarte unter den in der Postordnung für die Zurückziehung von Postsendungen angegebenen Bedingungen zurücknehmen, solange der Betrag dem Konto des Empfängers noch nicht gutgeschrieben ist.

XI Für eine bereits abgegangene Zahlkarte wird die Zahlkartengebühr nicht erstattet.

XII Für das Ausstellen eines Doppels zum Einlieferungsschein ist eine Gebühr vorauszuentrichten.

Telegraphische Zahlkarten.

§ 3. I Zahlkarten können auf Antrag des Absenders dem Postscheckamt, bei dem das Konto des Empfängers geführt wird, telegraphisch übermittelt werden. Für die telegraphischen Zahlkarten gelten die Vorschriften der Postordnung für telegraphische Postanweisungen sinngemäß. Es ist der besondere Vordruck für telegraphische Zahlkarten zu verwenden.

II Der Postscheckkunde wird durch das Postscheckamt von der Gutschrift in der gewöhnlichen Weise (§ 1 IV) benachrichtigt.

Auf Antrag des Absenders wird der Postscheckkunde von der Aufgabepostanstalt telegraphisch benachrichtigt.

III Besondere für den Empfänger bestimmte Mitteilungen hat der Absender auf dem Zahlkartentelegramm niederzuschreiben; sie werden durch das Zahlkartentelegramm dem Postscheckamt mitgeteilt und von diesem in der gewöhnlichen Weise (§ 1 IV) an den Empfänger weitergegeben. Hat der Absender die telegraphische Benachrichtigung des Empfängers gewünscht, so werden die Mitteilungen in das Benachrichtigungstelegramm aufgenommen. Sie sind in diesem Falle vom Absender nicht auf dem Zahlkartentelegramm, sondern auf der Rückseite des Abschnitts der telegraphischen Zahlkarte niederzuschreiben.

IV Vom Absender werden erhoben:

1. eine nach der Höhe des Zahlkartenbetrags gestaffelte Gebühr, außerdem zutreffendenfalls
2. die Telegraphengebühr für die in das Zahlkartentelegramm aufgenommenen Mitteilungen für den Empfänger (III),
3. die Telegraphengebühr für das besondere Benachrichtigungstelegramm.

Ueberweisung von Post- und Zahlungsanweisungen und von Beträgen, die durch Postauftrag oder Nachnahme eingezogen worden sind

§ 4. I Der Postscheckkunde kann bei der Postanstalt, durch die er seine Postsendungen erhält, beantragen, daß alle für ihn eingehenden oder auch einzelne bereits eingegangene Post- und Zahlungsanweisungen seinem Postscheckkonto gutgeschrieben werden.

II Die Postanstalt überweist die eingegangenen Post- und Zahlungsanweisungen zur Gutschrift dem Postscheckamt, bei dem das Konto des Postscheckkunden geführt wird. Das Postscheckamt übersendet dem Postscheckkunden nach der Gutschrift die Abschnitte der Post- und Zahlungsanweisungen. Dem Postscheckkunden steht nicht das Recht zu, den Betrag einer Post- oder Zahlungsanweisung nach erfolgter Gutschrift zu verweigern.

III Die durch Postauftrag eingezogenen Beträge werden nach Abzug der Zahlkartengebühr dem Postscheckkonto des Auftraggebers oder eines Dritten mit Zahlkarte überwiesen, wenn der Auftraggeber Postaufträge mit anhängender Zahlkarte benutzt. Die Zahlkarte ist von ihm auszufüllen; als Betrag ist der einzuziehende Betrag nach Abzug der Zahlkartengebühr einzutragen.

Wird die Überweisung auf das Postscheckkonto eines Dritten beantragt, so hat der Auftraggeber am Fuße der Vorderseite des Postauftrags zu vermerken:

„Zahlkarte PSchA. (Ort) ...... Konto-Nr. . . N. . . in M. . . . . . ."

und auf dem Abschnitt der Zahlkarte seinen Namen anzugeben.

IV Die durch Nachnahme eingezogenen Beträge werden nach Abzug der Zahlkartengebühr dem Postscheckkonto des Absenders oder eines Dritten mit Zahlkarte überwiesen, wenn der Absender der Sendung eine Zahlkarte beifügt. Als Betrag ist in der Zahlkarte der einzuziehende Betrag nach Abzug der Zahlkartengebühr einzutragen. Bei Paketen oder Karten mit Nachnahme hat der Absender Nachnahmepaketkarten und Nachnahmekarten mit anhängender Zahlkarte zu benutzen. Bei Nachnahmepaketen ist auf dem Paket in der Aufschrift unmittelbar unter der Angabe des Nachnahmebetrags zu vermerken:

„Zahlkarte PSchA. (Ort) ...... Konto-Nr. . . N. . . in M. . . . . . .".

Bei Briefen usw. mit Nachnahme hat der Absender blaue Nachnahmezahlkarten (mit Klebeleiste) oder hellrotbraune Nachnahmezahlkarten in Kartenform zu verwenden. Unmittelbar unter der Angabe des Nachnahmebetrags ist auf diesen Sendungen zu vermerken:

„Zahlkarte PSchA. (Ort) ...... Konto-Nr. . . N. . . in M. . . . . . .".

Wird die Überweisung auf das Postscheckkonto eines Dritten beantragt, so hat der Absender auf dem Abschnitt der Zahlkarte seinen Namen anzugeben.

V Die Vordrucke (III und IV) können auch durch das Privatgewerbe hergestellt werden; sie müssen in der Größe, Farbe und Stärke des Papiers sowie im Aufdruck mit den amtlichen genau übereinstimmen.

VI Das Postscheckamt sendet dem Postscheckkunden nach der Gutschrift des Betrags den Abschnitt der Zahlkarte.

Überweisungen von einem anderen Postscheckkonto.

§ 5. I Die für Postscheckkunden von anderen Postscheckkunden überwiesenen Beträge werden dem Konto des Empfängers gutgeschrieben.

II Das Postscheckamt sendet dem Postscheckkunden nach der Gutschrift die Abschnitte der Überweisungen und Ersatzüberweisungen (§ 7, II und III).

3. Auszahlungen

Allgemeines.

§ 6. I Zu Überweisungen (§ 7, I), Ersatzüberweisungen (§ 7, III), Schecken (§ 9, I) und Zahlungsanweisungen (§ 9, III) dürfen nur die vom Postscheckamt bezogenen Vordrucke benutzt werden.

II Der Postscheckkunde ist verpflichtet, die Vordrucke (I) sorgfältig und sicher aufzubewahren. Er trägt alle Nachteile, die aus dem Verlust oder dem sonstigen Abhandenkommen sowie aus der mißbräuchlichen Benutzung der Vordrucke entstehen, wenn er nicht das Postscheckamt von dem Verlust usw. so zeitig benachrichtigt hat, daß die Überweisung oder Zahlung an einen Unberechtigten noch verhindert werden kann; auch hat er in solchem Falle die ihm vom Postscheckamt mitgeteilten Sicherheitsmaßnahmen zu beachten.

III Die Unterschriften der Personen, die zur Ausstellung von Überweisungen und Schecken berechtigt sein sollen, hat der Postscheckkunde dem Postscheckamt — zweifach — durch Unterschriftsblatt mitzuteilen. Die vom Postscheckkunden zur Unterzeichnung von Überweisungen und Schecken ermächtigten Personen sind berechtigt, Überweisungs- und Scheckhefte zu bestellen, ferner nach dem Tode des Postscheckkunden das Konto weiterzuführen oder die Löschung des Kontos zu beantragen und das Restguthaben abzuheben. Der Postscheckkunde kann diese Befugnisse im Unterschriftsblatt beschränken oder ausschließen.

IV Die dem Postscheckamt mitgeteilten Unterschriften gelten solange, bis gegenüber diesem Amt die Zeichnungsbefugnis vom Postscheckkunden, nach seinem Tode von den Erben oder anderen zur Verfügung über den Nachlaß berechtigten Personen schriftlich widerrufen wird. Der Widerruf steht jedem einzelnen Erben zu.

V Die Vordrucke (I) einschließlich der mit den Überweisungen und Schecken verbundenen Lastschriftzettel müssen entweder durch Druck, mit der Schreibmaschine usw. oder handschriftlich mit Tinte ausgefüllt werden. Die Unterschrift ist stets handschriftlich mit Tinte oder mit Tintenstift anzugeben. Der Betrag ist in Reichswährung einzutragen; er ist bei Überweisungen, Schecken und Zahlungsanweisungen in Ziffern und in Buchstaben auszudrücken. Bei Schecken, deren Betrag im Ausland durch Postanweisung ausgezahlt werden soll, kann dieser in der Währung des Bestimmungslandes angegeben werden. Ist der für die Angabe des Betrags in Ziffern und in Buchstaben bestimmte Raum nicht ganz ausgefüllt, so sind die leeren Stellen durch starke, liegende Striche zu schließen.

VI Über die durch Sammelüberweisung (§ 7, III) oder Sammelscheck (§ 9, III) gegebenen Einzelaufträge erteilt das Postscheckamt dem Postscheckkunden auf Wunsch durch Lastschriftzettel Einlieferungsbescheinigungen, aus denen Name und Wohnort des Empfängers ersichtlich sind. Jeder Eintragung im Verzeichnis muß ein ausgefüllter Lastschriftzettel beigefügt sein. Durch das Privatgewerbe hergestellte Vordrucke müssen mit den amtlichen genau übereinstimmen. Der Postscheckkunde hat die ausgefüllten Lastschriftzettel mit der Sammelüberweisung oder dem Sammelscheck an das Postscheckamt zu senden.

Überweisungen auf ein anderes Postscheckkonto

§ 7. I Die Überweisungen können auf jeden beliebigen Betrag innerhalb des verfügbaren Guthabens ausgestellt werden. Stimmt in einer Überweisung der Betrag in Ziffern mit dem in Buchstaben nicht überein, so gilt der geringere Betrag.

II Der Abschnitt der Überweisung dient vorbehaltlich des § 2, IV Satz 2 zu Mitteilungen an den Gutschriftempfänger.

III Aufträge für mehrere Empfänger können in einer Überweisung (Sammelüberweisung) zusammengefaßt werden. Die untere Grenze für die Zahl der Aufträge bestimmt der Reichspostminister. In der Sammelüberweisung ist an der für die Angabe des Gutschriftenempfängers vorgesehenen Stelle der Vermerk „laut Anlage" niederzuschreiben.

Der Postscheckkunde hat der Sammelüberweisung eine Anlage beizufügen, in dieser die einzelnen Überweisungen aufzuführen und für jede Eintragung eine Ersatzüberweisung zu fertigen. Der Abschnitt der Ersatzüberweisung dient vorbehaltlich des § 2, IV Satz 2 zu Mitteilungen an den Gutschriftempfänger. Die Schlußsumme der vom Postscheckkunden zu unterschreibenden Anlage muß mit dem in der Sammelüberweisung angegebenen Betrag übereinstimmen. Die Anlagen können auch durch das Privatgewerbe hergestellt werden; sie müssen in der Größe und im Vordruck mit den durch die Post ausgegebenen Anlagen übereinstimmen.

IV Der Aussteller einer Überweisung kann beantragen, daß das Postscheckamt, bei dem sein Konto geführt wird, den Gutschriftempfänger unmittelbar benachrichtigt. Der Antrag ist auf der Überweisung links unten durch den Vermerk zu stellen: „Empfänger schriftlich (telegraphisch) benachrichtigen". In der Überweisung ist die vollständige Anschrift des Empfängers anzugeben. In Sammelüberweisungen (III) dürfen solche Aufträge nicht aufgenommen werden.

Die Benachrichtigung geschieht

a) durch Telegramm,

wenn das Konto des Gutschriftempfängers bei demselben Postscheckamt geführt wird,

b) durch Brief oder durch Telegramm,

wenn das Konto des Gutschriftempfängers bei einem anderen Postscheckamt geführt wird.

Der Abschnitt der Überweisung wird bei schriftlicher Benachrichtigung dem Benachrichtigungsschreiben beigefügt. Bei telegraphischer Benachrichtigung erhält der Empfänger den Abschnitt in der gewöhnlichen Weise (§ 1, IV) durch das Postscheckamt, das sein Konto führt; auf dem Abschnitt niedergeschriebene Mitteilungen werden in das Benachrichtigungstelegramm aufgenommen.

Vom Aussteller werden durch Abbuchung von seinem Konto erhoben:

bei schriftlicher Benachrichtigung eine Gebühr für die Behandlung der Benachrichtigung,

bei telegraphischer Benachrichtigung die Telegraphengebühr.

V Der Aussteller hat die Überweisung an das Postscheckamt zu senden, bei dem sein Konto geführt wird.

VI Das Postscheckamt vollzieht den der Überweisung angefügten Lastschriftzettel durch den Abdruck des Tagesstempels und sendet ihn nach der Abbuchung des Betrags dem Postscheckkunden.

VII Der Postscheckkunde kann eine Überweisung zurücknehmen, solange der Betrag auf dem Konto des Empfängers noch nicht gutgeschrieben ist. Ist die Überweisung bereits an das Bestimmungspostscheckamt abgesandt, so wird bei brieflicher Übermittlung die in der Postordnung vorgesehene Gebühr für den einfachen Einschreibbrief, bei telegraphischer Übermittlung die in der Postordnung vorgesehene Telegraphengebühr erhoben. Die Gebühren werden vom Konto des Ausstellers abgebucht.

Für Überweisungen, die am Tage nach dem ersten Buchungsversuch ohne Deckung bleiben, wird eine Gebühr erhoben.

Telegraphische Überweisungen.

§ 8. I Überweisungen können auf Antrag des Ausstellers einem bei einem anderen Postscheckamt geführten Konto telegraphisch übermittelt werden.

II Der Gutschriftempfänger wird durch das Postscheckamt, bei dem sein Konto geführt wird, von der Gutschrift in der gewöhnlichen Weise (§ 1, IV) benachrichtigt.

III Der Aussteller einer telegraphischen Überweisung kann auch beantragen, daß das Postscheckamt, bei dem sein Konto geführt wird, den Gutschriftempfänger schriftlich oder telegraphisch benachrichtigt (§ 7, IV).

IV Der Antrag auf telegraphische Überweisung ist auf der Überweisung links unten durch den Vermerk „Telegraphisch" zu stellen. Soll außerdem der Empfänger vom Postscheckamt, bei dem das Konto des Ausstellers geführt wird, schriftlich oder telegraphisch benachrichtigt werden (III), so muß der Vermerk lauten: „Telegraphisch überweisen, Empfänger schriftlich (telegraphisch) benachrichtigen". In Sammelüberweisungen dürfen telegraphisch zu erledigende Aufträge nicht aufgenommen werden.

V Die auf dem Abschnitt der Überweisung vom Auftraggeber niedergeschriebenen besonderen Mitteilungen werden durch das Überweisungstelegramm dem Bestimmungspostscheckamt und von diesem in der gewöhnlichen Weise (§ 1, IV) durch einen Gutschriftzettel dem Empfänger übermittelt (II). Ist schriftliche oder telegraphische Benachrichtigung des Empfängers verlangt (III), so werden die Mitteilungen in die schriftliche oder telegraphische Benachrichtigung aufgenommen.

VI Vom Aussteller werden durch Abbuchung von seinem Konto erhoben:

1. eine nach der Höhe des Betrags der Überweisung gestaffelte Gebühr, außerdem zutreffendenfalls
2. die Telegraphengebühr für die in das Überweisungstelegramm aufgenommenen Mitteilungen für den Empfänger (V),
3. bei schriftlicher Benachrichtigung eine Gebühr für die Behandlung der Benachrichtigung,
4. bei telegraphischer Benachrichtigung die Telegraphengebühr.

Auszahlungen durch Scheck.

§ 9. I Der Höchstbetrag eines Schecks ist unbeschränkt.

II Der Abschnitt des Schecks dient vorbehaltlich des § 2, IV Satz 2 zu Mitteilungen an den Empfänger.

III Aufträge zu Barzahlungen an mehrere Empfänger können in einem Scheck (Sammelscheck) zusammengefaßt werden. Die untere Grenze für die Zahl der Aufträge bestimmt der Reichspostminister. In dem Sammelscheck ist an der für die Angabe des Empfängers vorgesehenen Stelle der Vermerk „laut Anlage" niederzuschreiben.

Der Postscheckkunde hat dem Sammelscheck eine Anlage beizufügen, in dieser die einzelnen Aufträge aufzuführen und für jede Eintragung eine Zahlungsanweisung zu fertigen. Der Abschnitt der Zahlungsanweisung dient vorbehaltlich des § 2, IV Satz 2 zu Mitteilungen an den Empfänger. Die Schlußsumme der vom Postscheckkunden zu unterschreibenden Anlage muß mit dem im Sammelscheck angegebenen Betrag übereinstimmen. Die Anlagen können auch durch das Privatgewerbe hergestellt werden; sie müssen in der Größe und im Vordruck mit den durch die Post ausgegebenen Anlagen übereinstimmen.

IV Der Scheck ist binnen zehn Tagen nach der Ausstellung bei dem Postscheckamt zur Einlösung vorzulegen. Wird ein Scheck nach Ablauf dieser Frist vorgelegt, so kann das Postscheckamt die Einlösung ablehnen.

Das Postscheckamt vollzieht den dem Scheck angefügten Lastschriftzettel durch den Abdruck des Tagesstempels und sendet ihn nach der Abbuchung des Betrags dem Postscheckkunden.

Der Postscheckkunde kann einen von ihm an das Postscheckamt gesandten Scheck, in dem der Name des Empfängers angegeben ist, zurücknehmen, solange die Zahlungsanweisung dem Empfänger noch nicht zugestellt ist. Ist die Zahlungsanweisung bereits an die Bestimmungspostanstalt abgesandt, so wird bei brieflicher Übermittlung die in der Postordnung vorgesehene Gebühr für den einfachen Einschreibbrief, bei telegraphischer Übermittlung die in der Postordnung vorgesehene Telegraphengebühr erhoben. Die Gebühren werden vom Konto des Ausstellers abgebucht. Für Schecke, die am Tage nach dem ersten Buchungsversuch ohne Deckung bleiben, wird eine Gebühr erhoben.

V Schecke mit Indossament werden nicht eingelöst.

VI Ist im Scheck der Empfänger genannt, so wird die Postanstalt vom Postscheckamt durch Zahlungsanweisung beauftragt, den Betrag an den Empfänger zu zahlen.

VII Hat der im Scheck genannte Empfänger selbst ein Konto bei demselben oder einem anderen Postscheckamt und soll der Betrag diesem Konto gutgeschrieben werden, so sind im Scheck hinter dem Bestimmungsort auch die Nummer seines Kontos und das Postscheckamt, bei dem es geführt wird, anzugeben.

VIII Die Vorschriften der Postordnung über
die Zustellung, Abholung und Auszahlung der Postanweisungen,
die Aushändigung postlagernder Postanweisungen,
die Auszahlung der Beträge nach Behändigung der Postanweisungen,
die Nachsendung der Postanweisungen sowie
die Behandlung unzustellbarer Postanweisungen am Bestimmungsort
gelten sinngemäß für die Zahlungsanweisungen.

Die Zustellung mit dem Geldbetrag ist auf Zahlungsanweisungen bis zu den in der Postordnung für die Zustellung der Wertsendungen festgesetzten Höchstbeträgen beschränkt. Lautet die Zahlungsanweisung auf einen höheren Betrag, so ist nur die Zahlungsanweisung zuzustellen. Der Betrag ist in diesem Falle bei der Postanstalt auf Grund der Zahlungsanweisung abzuholen. Die Post kann die Zustellung aus besonderen Gründen beschränken und für bestimmte Orte oder Gebiete dauernd oder vorübergehend erweitern.

IX Verliert der Empfänger eine Zahlungsanweisung, so hat er es der Bestimmungspostanstalt mitzuteilen. Diese setzt die Zahlung bis auf weiteres aus. Es ist Sache des Empfängers, den Postscheckkunden zu veranlassen, daß dieser bei dem Postscheckamt die Übersendung eines Doppels der Zahlungsanweisung erwirkt. Für das Ausstellen des Doppels wird vom Empfänger eine Gebühr erhoben.

X Scheckbeträge können dem Empfänger durch telegraphische Zahlungsanweisung übermittelt werden. Der Antrag ist durch den Vermerk „Telegraphisch" auf der Vorderseite des Schecks links unten zu stellen und vom Antragsteller zu unterschreiben. In Sammelschecke (III) dürfen telegraphisch zu erledigende Aufträge nicht aufgenommen werden. Für die telegraphischen Zahlungsanweisungen gelten die Vorschriften der Postordnung für telegraphische Postanweisungen sinngemäß.

An Gebühren werden erhoben:

1. eine nach der Höhe des Scheckbetrags gestaffelte Gebühr außerdem zutreffendenfalls
2. die Telegraphengebühr für die in das Telegramm aufgenommenen Mitteilungen für den Empfänger.

Hat der Scheckaussteller die telegraphische Übermittlung beantragt, so werden die Gebühren von seinem Konto abgebucht; der Betrag des Schecks wird in diesem Falle dem Empfänger unverkürzt überwiesen. Hat dagegen der Empfänger den Antrag auf telegraphische Übermittlung gestellt, so wird der Betrag des Schecks um die Gebühren gekürzt.

Gewöhnliche Zahlungsanweisungen können auf Verlangen des Scheckausstellers oder des Empfängers telegraphisch nachgesandt werden. Die Zahlungsanweisung wird nach den Vorschriften der Postordnung über die telegraphische Nachsendung gewöhnlicher Postanweisungen als Postanweisung telegraphisch nachgesandt. Für die Übermittlung nach dem neuen Bestimmungsort werden vom Betrag die für die telegraphische Nachsendung von Postanweisungen zu erhebenden Gebühren abgezogen.

XI Der Betrag eines Schecks kann dem Empfänger durch besonderen Boten zugestellt werden (Eilzustellung). Für das Verfahren gilt die Postordnung sinngemäß. Am oberen Rande der Rückseite des Schecks ist der Vermerk „Durch Eilboten" niederzuschreiben. Will der Scheckaussteller das Eilzustellgeld tragen, so hat er die Worte „Bote bezahlt" hinzuzufügen. Vom Konto werden dann der Betrag des Schecks und das Eilzustellgeld abgebucht. In Sammelschecke (III) dürfen solche Aufträge nicht aufgenommen werden.

XII Wohnt der im Scheck bezeichnete Empfänger im Ausland, so wird ihm der Betrag durch Postanweisung oder Wertbrief gesandt. Der Postscheckkunde kann dem Scheck eine ausgefüllte Postanweisung beifügen und dabei den Abschnitt zu Mitteilungen an den Empfänger benutzen, soweit diese zugelassen sind. Auf der Vorderseite des Schecks ist links unten der Vermerk „Postanweisung anbei" niederzuschreiben. Vom Konto des Scheckausstellers werden der Betrag des Schecks und die Gebühr für die Postanweisung oder den Wertbrief abgebucht.

Der Scheckaussteller kann auf dem Scheck durch den Vermerk „Gebühr trägt der Empfänger" bestimmen, daß der Empfänger die Gebühr für die Postanweisung oder den Wertbrief tragen soll. In diesem Falle wird der Betrag des Schecks um die Gebühr gekürzt.

XIII Der Inhaber eines Schecks, in dem kein Zahlungsempfänger angegeben ist, kann

a) den Scheck bei der Kasse des Postscheckamts, das das Konto des Ausstellers führt, zur Einlösung vorlegen

oder

b) im Scheck einen Empfänger angeben. In diesem Falle gelten die Vorschriften unter VI bis XII sinngemäß; bei Übermittlung des Scheckbetrags nach dem Ausland (XII) wird dieser stets um die Gebühr gekürzt.

4. Entrichtung der Gebühren

§ 10. I Die Gebühren (Postscheckgesetz § 5 Ziffer 2) und die Preise für Vordrucke werden vom Konto des Zahlungspflichtigen abgebucht. Die mit Scheck überwiesenen Beträge (§ 9, VII) und die vom Postscheckamt mit Postanweisung oder Wertbrief abgesandten Beträge unterliegen nicht der Auszahlungsgebühr (Postscheckgesetz § 5 Ziffer 2).

II Der Preis für unbrauchbar gewordene Vordrucke (I) wird nicht erstattet.

III Für Laufschreiben wegen Sendungen des Postscheckverkehrs (Zahlkarten, Überweisungen, Schecke) wird eine Gebühr erhoben.

IV Die Kosten der Anstellung umfangreicher Nachforschungen, die von der Post nicht verschuldet sind, hat der Antragsteller zu erstatten. Ihre ungefähre Höhe ist ihm vor Einleitung der Nachforschungen bekanntzugeben; auf Verlangen hat er auf dem Konto einen Teil seines Guthabens für Abhebungen sperren zu lassen oder einen angemessenen Betrag im voraus zu hinterlegen.

5. Scheckbriefumschläge

§ 11. Die Umschläge für die Versendung der Briefe der Postscheckkunden an die Postscheckämter (Postscheckgesetz § 6) können auch durch das Privatgewerbe hergestellt werden; sie müssen in der Größe und Farbe des Papiers sowie im Vordruck mit den amtlichen genau übereinstimmen.

6. Änderungen in den Verhältnissen eines Postscheckkunden

§ 12. I Änderungen in den rechtlichen Verhältnissen eines Postscheckkunden, die für sein Konto von Bedeutung sind, müssen dem zuständigen Postscheckamt mitgeteilt und durch Vorlegung öffentlicher Urkunden nachgewiesen werden. Unterbleibt diese Mitteilung, so hat die Postverwaltung den etwa aus der Unkenntnis der eingetretenen Änderungen entstehenden Schaden nicht zu vertreten.

II Stirbt ein Postscheckkunde, so kann das Konto auf Antrag bis zu sechs Monaten — vom Tode des Postscheckkunden ab — weitergeführt werden. Zur Stellung des Antrags sind die Erben berechtigt, die sich durch Vorlegung des Testaments, der gerichtlichen Erbbescheinigung usw. ausweisen müssen. Ist ein Testamentsvollstrecker, ein Nachlaßpfleger oder Nachlaßverwalter ernannt worden, so ist dieser zur Weiterführung des Kontos berechtigt. Ein Antrag ist nicht erforderlich, wenn zur Weiterführung eine Person oder mehrere Personen laut Unterschriftsblatt ermächtigt sind (§ 6, III).

III Beträge, die beim Postscheckamt unter der Anschrift des Verstorbenen eingehen, sind dem Konto gutzuschreiben, solange es nicht aufgehoben ist.

IV Die von dem Verstorbenen beim Postscheckamt mit Gültigkeit auf Lebensdauer niedergelegten Unterschriften (§ 6, III) verlieren ihre Gültigkeit, sobald der Tod des Postscheckkunden dem Postscheckamt bekannt wird; bei Weiterführung des Kontos können sie jedoch von den Erben oder von den zur Weiterführung berechtigten Personen wieder in Kraft gesetzt werden.

V Wird ein Antrag auf Weiterführung des Kontos von den dazu Berechtigten nicht gestellt und besteht auch keine Vollmacht zur Weiterführung des Kontos, so wird es geschlossen.

Übersicht über die Gebühren der Postscheckordnung.

Nr.	Gegenstand	Postscheckordnung §	Gebühr RM	Gebühr Pf.	Anmerkungen
1	Gebühr für die schriftliche Bestätigung über die Höhe des Kontoguthabens	1, IV	—	10	
2	Gebühr für das Ausstellen eines Doppels zum Einlieferungsschein bei Zahlkarten . . .	2, XII	—	10	
3	Gebühr für telegraphische Zahlkarten bis 500 *RM* . . .	3, IV, Ziffer 1	2	50	
	über 500 „ 1000 „ . . .		3	—	
	für je weitere 500 *RM* oder einen Teil davon mehr . . .		1	—	
4	Gebühr für die unmittelbare schriftliche Benachrichtigung des Empfängers einer Überweisung	7, IV, letzter Unterabs.	—	20	
5	Gebühr für deckungslose Überweisungen	7, VII, Unterabs. 2	—	20	
6	a) Gebühr f. telegraphische Überweisung bis 1000 *RM* . . .	8, VI, Ziff. 1	2	50	
	für je weitere 500 *RM* oder einen Teil davon mehr . . .		—	50	
	b) Gebühr für die unmittelbare schriftliche Benachrichtigung d. Gutschriftempfängers . . .	8, VI, Ziff. 3	—	20	
7	Gebühr für deckungslose Schecke	9, IV, Unterabs. 4	—	20	
8	Gebühr für das Ausstellen eines Doppels einer Zahlungsanweisung	9, IX	—	10	
9	Gebühr für telegraphische Zahlungsanweisung. bis 25 *RM*		2	50	
	über 25 „ 500 „		3	—	
	„ 500 „ 1000 „		4	—	
	für je weitere 500 *RM* oder einen Teil davon mehr . . .		1	50	
10	Gebühr für Laufschreiben wegen Sendungen des Postscheckverkehrs	10, III	—	20	

VI Die Beträge der nach dem Erlöschen eines Kontos noch eingehenden Einzahlungen werden den Einzahlern zurückgezahlt.

7. Änderung der Postscheckordnung

§ 13. Werden die Vorschriften der Postscheckordnung geändert, so gelten die neuen Vorschriften auch für die bereits bestehenden Postscheckkonten.

8. Inkrafttreten

§ 14. Diese Verordnung tritt am 15. April 1921 in Kraft. Die bisherigen Postscheckordnungen für das Deutsche Reich, für Bayern und für Württemberg treten mit diesem Tage außer Kraft.

Berlin, den 7. April 1921.

Der Reichspostminister
Giesberts

XIII. Die Scheckgesetze des Auslandes und das Weltscheckrecht.[1] [2]

Nach dem Stande vom 1. April 1926.

[1] Literatur vgl. oben III 5 S. XVI.

[2] Die Gesetze Nr. 29 A., 32, 2. Teil, 49, 52, 59, 60, 68 A, 69, waren bereits in der ersten Auflage dieses Buches enthalten;

1. Abessinien.

Ein Scheckgesetz besteht nicht.

2. Afghanistan.

Ein Scheckgesetz besteht nicht.

3. Ägypten.

Ein Scheckgesetz besteht nicht.

Zur Anwendung gelangen die Bestimmungen des Handelsgesetzbuchs über die Anweisungen:

Art. 198. Am Zahlungsort ausgestellte Anweisungen auf Sicht (assignations à vue) oder einfache Zahlungsaufträge (mandats de paiement) sind binnen achtundvierzig Stunden nach der Ausstellung vorzulegen.

Art. 199. Die in diesem Zeitraum erfolgte Nichtzahlung kann mit allen handelsrechtlich zugelassenen Beweismitteln bewiesen werden.

Art. 200. Wenn der Aussteller beweist, daß eine Provision vereinbart war, und wenn diese Provision ihm nicht zugeflossen ist, so verliert der Inhaber, der die Vorlegungsfrist versäumt hat, sein Regreßrecht gegen den Aussteller.

4. Argentinien.

Auszug aus dem Código de comercio vom 9. 10. 1889.

II. Buch, XIII. Titel. Von den Schecks.

I. Kapitel. Von den Schecks im allgemeinen.

Art. 798. Der Scheck [1]) ist eine Zahlungsanweisung, die auf eine Bank gezogen wird, bei der der Aussteller Beträge zu seiner Verfügung deponiert hat, ein Kontokorrent mit einem Saldo zu seinen Gunsten oder einen offenen Kredit besitzt.

---

sie sind aber nach dem Stande vom 1. April 1926 ergänzt und berichtigt worden.

Der Text der Gesetze Nr. 6, 8, 9, 19, 21, 22, 23, 24, 25, 29 B, 35, 37, 38, 39, 43, 58, 65, 66, 68 B u. C, 72, 73, 74, 77 und 78 wurde durch Rückfragen in den betreffenden Ländern festgestellt und in deutscher Sprache hier wiedergegeben.

Die Bemerkungen Nr. 1, 2, 3, 5, 10, 12, 13, 14, 16, 17, 26, 27, 30, 31, 33, 34, 36, 46, 47, 51, 53, 56, 61, 62, 67, 70, und die Übersetzungen Nr. 4, 7, 11, 13, 15, 20, 28, 32, 1. Teil, 40, 41, 42, 44, 45, 48, 57, 63, 75, 76 schließen sich an Bouteron, Le Chèque, Paris 1924, S. 742 ff., 809 ff. an.

[1]) Der gebräuchliche Ausdruck ist cheque, im Verkehr auch talón.

Art. 799. Schecks können auf denselben Ort oder zwischen verschiedenen Orten der Republik gezogen werden. Die Ziehung von Schecks auf einen Ausländer und die Ziehung aus dem Ausland auf eine inländische Bank ist unzulässig.

Art. 800. Der Scheck muß folgende wesentliche Angaben enthalten:

1. die auf den Scheck und den Abschnitt gedruckte Ordnungsnummer,
2. das Datum,
3. den Ausstellungsort,
4. den Namen der Bank, auf die er gezogen ist,
5. die Angabe, ob er auf Order, auf den Inhaber oder auf eine bestimmte Person lautet,
6. den Betrag der zu zahlenden Summe, ganz in Buchstaben — Maschinenschrift und alle Druckarten sind unzulässig — ohne Rasur oder Verbesserung, mit Angabe der Münzart; die Summe ist in einer Ecke des Schecks in Ziffern zu wiederholen,
7. die Unterschrift des Ausstellers.

Art. 801. Die Banken geben gedruckte Scheckhefte mit korrespondierend numerierten Abschnitten (talones) gegen Quittung aus. Die Quittung muß die Nummer des oder der Scheckhefte und der einzelnen Schecks angeben (Art. 800 Nr. 1).

Art. 802. Bei Verlust oder Diebstahl des Scheckhefts macht der Inhaber der Bank unverzüglich Mitteilung; die Bank löst Schecks, die auf gestohlenen oder verlorenen Formularen stehen, bei Vorlegung nicht ein.

Art. 803. Die Aussteller bewahren die Abschnitte der ausgestellten Schecks auf. Der Abschnitt muß enthalten:

1. die Nummer des Schecks,
2. das Ausgabedatum,
3. den Betrag des Schecks mit Angabe der Münzart,
4. den Namen des Empfängers, wenn der Scheck auf eine bestimmte Person lautet,
5. eventuell die Angabe über die Vernichtung des Formulars.

Art. 804. Die Banken haben die Schecks unverzüglich bei Vorlegung zu honorieren; bemerken sie Fehler oder haben sie den Verdacht des Betruges oder der Fälschung, so können sie sie zurückbehalten, müssen dem Aussteller jedoch unverzüglich Mitteilung machen.

Art. 805. Verweigert die Bank ohne gesetzlichen Grund ausdrücklich die Einlösung eines formgerechten Schecks, so ist sie dem Aussteller für den aus ihrer Weigerung entstehenden Schaden verantwortlich; der Inhaber kann Zahlung von ihr nicht verlangen, behält jedoch seine Rechte gegen den Aussteller.

Art. 806. Wird die Einlösung eines Schecks von der Bank verweigert, so hat der Inhaber den Aussteller bei Platzschecks am gleichen Tage, bei Distanzschecks mit der ersten Briefpost zu benachrichtigen. In diesem Falle kann er vom Aussteller Zahlung der Schecksumme und der Zinsen verlangen. Beim Platzscheck hat die Zahlung binnen vierundzwanzig Stunden nach der Benachrichtigung zu erfolgen, bei einem Distanzscheck mit der ersten Briefpost. Der Aussteller haftet ferner für den entstehenden Schaden; bei fruchtlosem Ablauf der vorstehenden Fristen kann der Inhaber den Scheck protestieren.

Art. 807. Benachrichtigt der Inhaber den Aussteller nicht innerhalb der Fristen des vorigen Artikels, so kann er vom Aussteller nur den Betrag der Schecksumme verlangen; er haftet für die Schäden, die aus der unterlassenen Benachrichtigung entstehen.

Art. 808. Die Banken müssen die Einlösung des Schecks verweigern:

1. wenn sie Kenntnis vom Konkurs des Ausstellers oder — beim Order- oder Namensscheck — des Inhabers haben, es sei denn, daß ein Richterspruch die Zahlung anordnet,
2. wenn sie Kenntnis vom Tode des Ausstellers, seiner Flucht oder seiner durch die öffentliche Gewalt festgestellten Geschäftsunfähigkeit haben,
3. wenn der Scheck anscheinend gefälscht, verändert, radiert oder durch Zusätze entstellt, das Datum, die Ordnungsnummer, die Schecksumme, die Münzart, der Name des Inhabers oder die Unterschrift des Ausstellers geändert sind oder wenn einer der wesentlichen Erfordernisse des Schecks fehlen,
4. wenn der Aussteller und der Inhaber schriftlich ersucht haben, den Scheck nicht zu honorieren, und wenn dies Ersuchen vor der Vorlegung des Schecks eingegangen ist.

Art. 809. Im Falle der Fälschung des Schecks haftet die Bank:

1. wenn die Unterschrift des Ausstellers offenbar gefälscht ist,
2. wenn der Scheck eine der im Art. 808 genannten Veränderungen erlitten hat,
3. wenn der Scheck nicht dem gemäß Art. 801 dem Aussteller übergebenen Scheckheft entstammt.

Art. 810. Der Aussteller haftet im Falle der Fälschung:

1. wenn seine Unterschrift auf einem oder mehreren Schecks des Heftes gefälscht und die Fälschung nicht offensichtlich ist,
2. wenn der Scheck von einem Angestellten oder einer Person unterzeichnet ist, die bevollmächtigt ist, echte Schecks für den Aussteller zu unterzeichnen.

Art. 811. Die Abschnitte der Scheckhefte erbringen vollen Beweis für die Frage, ob die Formulare der gefälschten Schecks dem Scheckheft des betreffenden Ausstellers entstammen.

Art. 812. Ist nur die Unterschrift eines Indossanten gefälscht, so entfällt die Haftung des Bankiers gemäß Art. 809.

Art. 813. Die Schecks müssen nach ihrer Aushändigung an den Inhaber binnen zweier Wochen zur Zahlung vorgelegt werden, wenn sie auf Banken am Platz gezogen sind, und binnen eines Monats nach ihrem Ausstellungsdatum, wenn sie auf einen andern Platz gezogen sind.

Die Nichtbeobachtung dieser Vorschrift hat die gleichen Nachteile zur Folge wie die im Art. 714 für den Fall des unterlassenen Wechselprotestes angedrohten, soweit nicht die besonderen Bestimmungen dieses Titels entgegenstehen.

Art. 814. Wird ein Scheck nicht binnen der im Art. 813 vorgesehenen Fristen zur Einziehung vorgelegt, so haftet der Aussteller oder derjenige, zu dessen Lasten der Scheck ausgestellt worden ist, der zur Zeit der Vorlegung den Anspruch auf Zahlung gegen den Bankier hat, und der infolge der Fristversäumung einen Rechtsnachteil erleidet, nicht für den durch die Fristversäumung entstehenden Rechtsnachteil; der Inhaber tritt in seine Rechtsstellung gegenüber dem Bankier ein, jedoch höchstens bis zum gleichen Betrage.

Art. 815. Die Banken können Schecks honorieren, die ihnen nach Fristablauf vorgelegt werden, es sei denn, daß die Frist sich verdoppelt hat.

Art. 816. Verweigert die Bank die Einlösung eines Schecks nach Fristablauf, so kann der Inhaber die Rückgabe des Schecks mit dem auf ihn gesetzten schriftlichen Vermerk über Tag und Stunde der Vorlegung verlangen.

Art. 817. Die Banken können Scheckbeträge in gleicher Weise gutbringen wie bare Einlagen.

Art. 818. Schecks können an Zahlungs Statt angenommen werden; inwieweit Scheckhingabe befreit, bestimmt das Zivilrecht.

II. Kapitel. Von den gekreuzten Schecks.

Art. 819. Als gekreuzt gelten Schecks, die parallele Linien quer zum Schecktext mit den in diesem Titel vorgesehenen Angaben zeigen.

Art. 820. Als generell gekreuzt gilt der Scheck, der die parallelen Querlinien mit dem Wort „unübertragbar" zeigt.

Art. 821. Der Bankier, auf den ein generell gekreuzter Scheck gezogen wird, darf nur an einen anderen Bankier zahlen.

Art. 822. Als speziell gekreuzt gilt der Scheck, der zwischen den Querlinien den Namen eines Bankiers, mit oder ohne das Wort „unübertragbar" zeigt. Der Bankier, auf den so ein Scheck gezogen wird, darf nur an den genannten Bankier oder einen andern, regelrecht zur Einziehung bevollmächtigten Bankier zahlen.

Art. 823. Schecks, die Verrechnungen oder Kontoübertragungen in ein und derselben Bank bewirken sollen, werden generell gekreuzt; sie zeigen zwischen den Querlinien die Worte „nur zur Verrechnung". In diesem Falle darf der Bankier nicht bar zahlen.

Art. 824. Sowohl der Aussteller wie der Inhaber können Schecks generell oder speziell kreuzen.

Art. 825. Der Inhaber eines generell gekreuzten Schecks kann speziell kreuzen.

Art. 826. Der Inhaber eines speziell gekreuzten Schecks kann das Wort „unübertragbar" zufügen. Dies Wort bedeutet, daß der Empfänger des Schecks weder mehr Rechte hat noch übertragen kann, als sein Zedent hatte.

Art. 827. Ist ein Scheck speziell gekreuzt, so kann der Bankier, dessen Name auf ihm angegeben ist, ihn von neuem auf den Namen eines andern Bankiers speziell kreuzen, um den Betrag gutzubringen.

Art. 828. Der Bankier, zu dessen Gunsten ein nicht oder nur generell gekreuzter Scheck ausgestellt ist, kann ihn auf seinen eigenen Namen speziell kreuzen.

Art. 829. Ist ein Scheck speziell auf die Namen mehrerer Bankiers gekreuzt, so hat der Bezogene die Einlösung zu verweigern, wenn nicht ein von sämtlichen bevollmächtigter Bankier zur Abhebung erscheint. Wird der Scheck nicht für die im ersten Satz bezeichnete Firma eingelöst, so kann der Inhaber einen neuen Scheck vom Aussteller verlangen oder von den ihm zustehenden Rechten Gebrauch machen.

Art. 830. Der Bankier, der einen auf seine Kasse gezogenen gekreuzten Scheck auszahlt oder der einem Inhaber, der nicht Bankier ist, einen generell, oder einem nicht darin bezeichneten oder ausdrücklich zur Einlösung bevollmächtigten Bankier einen speziell gekreuzten Scheck auszahlt, haftet dem Aussteller gegenüber für den Scheckbetrag sowie für den entstehenden Schaden.

Art. 831. Scheint der Scheck bei der Vorlegung nicht gekreuzt zu sein oder ist er es zwar, sind aber die Querlinien radiert oder haben sie eine Änderung erlitten oder einen unberechtigten Zusatz erhalten, ohne daß dies bemerkt wird, und zahlt der Bankier gutgläubig und ohne Verschulden, so ist er nicht haftbar. Die Gültigkeit der Zahlung kann auch nicht aus dem Grunde bestritten werden, daß der Scheck gekreuzt war, oder daß die Kreuzung unzulässigerweise radiert, verändert oder mit einem Zusatz versehen war oder daß die Zahlung an einen Nichtbankier oder nicht an den zwischen den Querlinien genannten oder zur Abhebung ermächtigten Bankier erfolgt ist.

Art. 832. Gerät ein gekreuzter Scheck in die Hände eines Dritten, und zahlt der bezogene Bankier bei genereller Kreuzung gutgläubig und ohne Verschulden an einen andern Bankier, bei spezieller Kreuzung an den benannten oder an den zur Abhebung bevollmächtigten Bankier, so haftet der zahlende Bankier nicht; die

Zahlung gilt als an den rechtmäßigen Scheckinhaber erfolgt. Das gleiche gilt für den Aussteller.

Art. 833. Der Bankier, der seinem Kunden gutgläubig und ohne Verschulden einen generell oder speziell auf seinen Namen gekreuzten Scheck gutschreibt, obwohl der Kunde kein oder nur ein fehlerhaftes Recht auf den Scheck hat, haftet dem wahren Eigentümer aus dem Grunde der Zahlungsannahme nicht.

III. Kapitel. Abrechnungsstellen.

Art. 834. Die Banken können ihre Schecks gemäß den vorstehenden Bestimmungen in beliebiger Form abrechnen; hierzu können sie auf dem ganzen Gebiet der Republik Abrechnungsstellen errichten.

Art. 835. Die Abrechnungsstellen dürfen nur nach Prüfung und Genehmigung ihrer Satzungen durch die Regierung ihre Wirksamkeit beginnen.

IV. Kapitel. Allgemeine Bestimmungen.

Art. 836. Die Bestimmungen des Handelsgesetzbuchs über den Wechsel finden auf dem Scheck Anwendung, soweit dieser Titel nichts abweichendes bestimmt.

Art. 837. Die Frist zur Protesterhebung beginnt mit dem Ablauf der für den Aussteller im Art. 806 vorgesehenen Fristen zu laufen.

Art. 838. Bei nicht protestierten Schecks ist der Aval und die Interventionszahlung gemäß den Vorschriften des Handelsgesetzbuchs zulässig.

Art. 839. In Scheckprozessen sind alle im Handelsgesetzbuch vorgesehenen Beweismittel zulässig, insbesondere auch die vom Aussteller aufbewahrten Abschnitthefte und die Konten der Abrechnungsstellen.

Art. 840. Schecks können nicht angenommen werden. Schecks an Order oder auf eine bestimmte Person können indossiert werden.

Art. 841. Der Besitz des Schecks ermächtigt zur Einziehung in den Formen dieses Gesetzes und beweist die Zahlung durch die bezogene Bank.

Art. 842. Bei gekreuzten Schecks sind die in diesem Gesetz vorgesehenen verschiedenen Formen der Kreuzung wesentliche Bestandteile des Schecks im Sinne des Art. 800.

Art. 843. Verboten ist die Streichung der parallelen Querlinien und des zwischen ihnen stehenden Textes. Es sind lediglich die im II. Kapitel dieses Titels vorgesehenen Änderungen und Zusätze zulässig.

5. Australien.

The Common wealth of Australia Bills of Exchange Act, 1909/1912, entspricht im wesentlichen dem englischen Bills of Exchange Act, 1882 (vgl. unten XIII 21 S. 370).

6. Belgien.

Loi du 20 juin 1873 sur les chèques et autres mandats de payement et offres réelles, complétée par la loi du 31 mai 1919 (Monit., 23 juin 1873 et 6 juin 1919).

Art. 1. Les chèques, les bons ou mandats de virement, les accréditifs, les billets de banque à ordre et généralement tous titres à un payement au comptant et à vue sur fonds disponibles, sont exempts du droit de timbre.

Art. 2. Ces dispositions sont signées par le tireur et portent l'indication du lieu et du jour où elles sont faites.

Elles peuvent être nominatives ou au porteur, ou transmissibles par voie d'endossement, même en blanc.

Art. 3. La loi du 20 mai 1872 sur la lettre de change est applicable à ces titres, en ce qui concerne la garantie solidaire du tireur et des endosseurs, l'aval, l'intervention, la perte du titre, le protêt faute de payement, la déclaration constatant le refus de payement, l'action en garantie et la prescription.

Art. 4. Le payement doit être réclamé dans les trois jours, y compris le jour de la date, si la disposition est faite de la place où elle est payable, est dans les six jours, y compris le jour de la date, si elle est tirée d'un autre lieu.

A défaut d'indication du lieu, la disposition est censée faite de la place où elle est payable.

Le titulaire ou porteur qui n'en réclame pas le payement dans ces délais perd son recours contre le tireur, si la provision a péri par le fait du tiré après des dits délais.

Art. 5. Le tireur qui émet une disposition non datée ou revêtue d'une fausse date, ou qui, par une contre-lettre, altère le caractère de la disposition est passible d'une amende égale à 10 p.c. de la somme exprimée.

Celui qui dispose sans provision préalable est passible de la même amende, sans préjudice de l'application des lois pénales, s'il y a lieu.

Art. 6. Les offres réelles peuvent être faites en billet de la Banque Nationale, aussi longtemps qu'ils sont payables à vue en monnaie légale.

Cette faculté cesserait de plein droit d'exister, si les billets de la Banque Nationale n'étaient admis en payement dans les caisses de l'Etat.

Art. 7. Le chèque traversé au recto de deux barres parallèles ne peut être présenté au payement que par un banquier; il ne peut être tiré que sur un banquier.

Le barrement peut être effectué par le tireur ou par un porteur.

Art. 8. Le barrement peut être général ou spécial.

Le barrement est général, s'il ne porte entre les deux barres aucune désignation, ou seulement la mention „et compagnie"; il est spécial, si le nom d'un banquier est inscrit entre les deux barres.

Le barrement général peut être transformé en barrement spécial.

Le chèque à barrement spécial ne peut être présenté que par le banquier désigné. Toutefois, si celui-ci n'opère pas l'encaissement lui-même, il peut se substituer un autre banquier.

Il est interdit au porteur d'effacer le barrement, ainsi que le nom du banquier désigné.

Art. 9. Le tiré qui paye le chèque barré à une personne autre qu'un banquier, si le barrement est général, ou à une personne autre que le banquier désigné, si le barrement est spécial, est responsable, s'il y a lieu, du préjudice causé, sans que les dommages-intérêts puissent dépasser le montant du chèque.

Art. 10. La remise d'un chèque à un Chambre de compensation vaut présentation au tiré qui y est représenté.

Le protêt faute de payement d'un chèque peut être remplacé, à la demande du porteur, par une déclaration de la Chambre de compensation, attestant que le chèque a été remis avant l'expiration du délai de présentation.

Cette déclaration inscrite sur le chèque est datée et signée par le directeur de la Chambre de compensation ou son délégué.

Elle est exempte de la formalité de l'enregistrement.

V. Arr. roy. 14 août 1919 article unique: „La déclaration destinée à remplacer le protêt, prévue par l'article 10 de la Loi du 20 juin 1873 complétée par celle du 31 mai 1919, ne peut, dans aucun cas, être admise pour les chêques déposés à la poste à fin d'encaissement.

Art. 11. Le tireur ainsi que tout porteur d'un chèque peuvent défendre qu'on paye le chèque en espèces, en inscrivant, au recto, la mention transversale: „à porter en compte" ou une expression équivalente.

Dans ce cas, le chèque ne peut donner lieu qu'à un réglement par écritures crédit en compte, virement, ou compensation. Le réglement par écriture vaut payement.

La stipulation „à porter en compte" ne peu pas être révoquée.

L'inobservation de cette stipulation rend le tiré responsable du préjudice causé sans que les dommages-intérêts puissent dépasser le montant du chèque.

Art. 12. Sont considérés comme banquiers pour l'application de la présente loi:

1. Les commerçants qui ont payé patente de banquiers;
2. Les sociétés anonymes et en commandite par actions qui, d'après leurs statuts, ont pour objets des opérations de banque;
3. Les établissements administrés par l'Etat ou placés sous son contrôle et qui, d'après leurs statuts ou réglement, ont sans leurs attributions des opérations de banque.

7. Bolivien.

Gesetz vom 5. Dezember 1912.

Art. 1. Der Scheck ist eine Zahlungsanweisung auf Sicht, die den Aussteller ermächtigt, zu seinen oder eines Dritten Gunsten ganz oder teilweise über ein Guthaben zu verfügen, das er bei dem Bezogenen entweder auf Grund barer Einlagen oder eines Kontokorrents mit Saldo zu seinen Gunsten oder eines offenen Kredites besitzt.

Art. 2. Der Scheck muß folgende wesentlichen Erfordernisse enthalten:

1. Die auf dem Abschnitt und dem Scheck gedruckte Ordnungsnummer;
2. das Datum;
3. den Ausstellungsort;
4. den Namen des Bezogenen;
5. die Angabe, ob er an Order, auf den Inhaber oder zugunsten einer bestimmten Person lautet;
6. die Schecksumme, ganz in Buchstaben ohne Schreibmaschine oder Verwendung einer anderen Druckart geschrieben, ohne Streichungen oder Änderungen; die Münzart muß gleichzeitig angegeben werden. Außerdem ist die Schecksumme in Zahlen in einer Ecke anzugeben;
7. die Unterschrift des Ausstellers;
8. das Aktenzeichen (contrasegna), unter dem der Aussteller sich ein Konto hat eröffnen lassen, und das auf dem Abschnitt und dem Scheck stehen muß.

Art. 3. Die Schecks müssen gedruckten Scheckheften mit Talons entnommen werden und entsprechend numeriert sein. Diese Hefte werden von demjenigen, der die Schecks einlösen will, gegen Quittung ausgegeben. Bei Verlust oder Abhandenkommen eines Scheckheftes hat der Aussteller dem Bezogenen sofort schriftlich Mitteilung zu machen unter Angabe der Nummer und des Betrages des letzten gültigen Schecks, den er ausgestellt hat; hat der Bezogene die Komformität bestätigt, so haftet er, wenn er andere Schecks auf den abhanden gekommenen Formularen honoriert.

Art. 4. Die Aussteller haben die Scheckabschnitte aufzubewahren. sie haben auf ihnen deren Einzelheiten zu vermerken, evtl., daß der Scheck vernichtet worden ist; dieser Vermerk muß auch auf dem nächsten ausgegebenen Scheck stehen.

Art. 5. Schecks können auf den gleichen Platz oder auf andere Plätze der Republik gezogen werden.

Art. 6. Der Bezogene hat den Scheck bei Vorlegung zu honorieren; der Zahlungsempfänger hat dies mit dem Datum der Zahlung und seiner Unterschrift zu bestätigen. Kann er nicht schreiben oder ist er verhindert, so wird diese Formalität durch die Unterschrift von am Zahlungsort ansässigen Zeugen ersetzt. Der Bezogene kann die Zahlung zurückstellen, wenn er Fehler bemerkt oder Bedenken wegen Betruges oder Fälschung hat; er muß jedoch den Aussteller unverzüglich hiervon benachrichtigen.

Art. 7. Ein Platzscheck muß binnen zweier Wochen von seinem Datum ab zur Zahlung vorgelegt werden; bei Distanzschecks kommt hierzu für je 30 km Entfernung ein weiterer Tag. Die Nichtbeobachtung dieser Vorschriften hat die in den Artikeln 453 und 454 des Handelsgesetzbuches für die Unterlassung des Wechselprotestes vorgesehenen Folgen, soweit die Bestimmungen dieses Gesetzes nicht entgegenstehen.

Art. 8. Duplikate dürfen nur ausgestellt werden, wenn die Originale zuvor nach Ablauf der Vorlegungsfrist und vor einer Bestätigung durch den Bezogenen vernichtet worden sind.

Art. 9. Der Bezogene kann die Honorierung eines Schecks verweigern:

1. wenn das Guthaben des Ausstellers nicht ausreicht;
2. wenn der Aussteller oder im Falle eines an Order einer bestimmten Person gestellten Schecks der Inhaber in Konkurs geraten ist, es sei denn, daß ein Richterspruch etwas anderes anerkennt;
3. wenn der Aussteller gestorben oder geflohen oder durch Verfügung der Staatsgewalt für geschäftsunfähig erklärt worden ist;
4. wenn der Scheck den Anschein der Fälschung, der Korrektur, der Zusätze zwischen dem Text oder der Rasur bei einem wesentlichen Erfordernis hat;
5. wenn der Aussteller oder der Inhaber den Bezogenen fristgerecht um Nichtzahlung ersucht hat.

Art. 10. Verweigert der Bezogene ohne rechtmäßigen Grund die Honorierung eines Schecks, so haftet er (der Aussteller) für den durch seine Weigerung entstandenen Schaden; der Inhaber kann den Bezogenen (den Aussteller) nicht zur unverzüglichen Zahlung zwingen; er behält jedoch seine Ansprüche gegen den Aussteller. Der Inhaber hat dem Aussteller, der am gleichen Orte ansässig ist, die Weigerung am gleichen Tage mitzuteilen;

wohnt der Aussteller an einem anderen Orte oder ist ihm bereits diese Mitteilung einmal zugegangen, so hat er ihn mit der ersten Post zu benachrichtigen; der Scheck ist im ersten Falle binnen 24 Stunden, im anderen Falle unter Berücksichtigung der Verzögerung durch die Postsendung einzulösen. Nach Ablauf dieser Fristen kann der Inhaber den Scheck protestieren lassen; der Aussteller ist schadensersatzpflichtig. Unterläßt der Inhaber eines nicht honorierten Schecks die Benachrichtigung innerhalb dieser Fristen. so behält er nur das Recht auf Einlösung durch den Aussteller und haftet diesem für alle durch die Unterlassung der Benachrichtigung entstandenen Schäden.

Art. 11. Im Falle der Fälschung eines Schecks haftet der Bezogene für seinen Betrag:

1. wenn der Scheck die in Art. 9 erwähnten Korrekturen aufweist;
2. wenn der Scheck nicht dem gegen Quittung dem Aussteller ausgehändigten Hefte entstammt.

Der Aussteller haftet für den Wert des Schecks:

1. wenn seine Unterschrift sich auf einem Formular befindet, das er vom Bezogenen erhalten hat;
2. wenn der Scheck von einer Person oder einem Angestellten unterzeichnet ist, den er zur Unterschrift von echten Schecks ermächtigt hat und wenn der Aussteller dem Bezogenen nicht angezeigt hat, daß diese Ermächtigung widerrufen worden ist;
3. wenn der Scheck das zutreffende Aktenzeichen aufweist.

Art. 12. Der Vergleich der Abschnitte mit den Schecks erbringt vollen Beweis für die Frage, ob ein gefälschter Scheck dem Scheckheft des Ausstellers entstammt.

Art. 13. Verweigert der Bezogene nach Ablauf der Vorlegungsfristen des Art. 7 die Honorierung eines Schecks, so kann der Inhaber seine Rückgabe mit einem Vermerk über das Vorlegungsdatum verlangen.

Art. 14. Ein regelrecht indossierter Scheck kann dem Inhaber auf seinem Konto gutgebracht werden.

Art. 15. Der Aussteller und jeder rechtmäßige Inhaber des Schecks können anordnen, daß der Scheck durch Vermittlung einer bestimmten Person oder Gesellschaft honoriert werden soll. Die eine Möglichkeit hierfür ist, den Scheck auf der Vorderseite mittels zweier paralleler Linien zu kreuzen; zwischen die Linien ist zu schreiben „gekreuzt zugunsten von ....“; der Name der Person oder Gesellschaft ist hinzuzusetzen. In diesem Falle gilt der Scheck als speziell gekreuzt und ist nicht übertragbar. Die andere Möglichkeit ist, daß man auf gleiche Weise die Bemerkung „generell gekreuzt“ über den Scheck schreibt. Der Inhaber eines generell gekreuzten Schecks kann ihn speziell kreuzen, indem er den Namen einer Person oder Gesellschaft auf ihn schreibt.

Art. 16. Der Bezogene darf einen speziell gekreuzten Scheck nur dem Bankier oder der Gesellschaft honorieren, deren Name angegeben ist, und wenn er generell gekreuzt ist, nur durch Vermittlung einer in Bolivien gesetzlich konstituierten Handelsgesellschaft. Bei einem Verstoß gegen diese Vorschriften haftet der Bezogene dem Aussteller gegenüber für alle Schäden und Verluste.

Art. 17. Ist ein gekreuzter oder nicht gekreuzter Scheck einmal zur Zahlung in den Geschäftsräumen des Bezogenen entgegengenommen, so darf er unter keinen Umständen wieder in Umlauf gesetzt oder weitergegeben werden; hierfür haftet der Bezogene. Als Weitergabe gilt nicht der Austausch von Schecks zwischen Banken und Handelshäusern, wenn diese Schecks bei jedem ihrer Institute zahlbar sind, wenn sie in Depot, Kontokorrent oder Aufrechnung gegeben werden.

8. Brasilien.

Dekret Nr. 2591 betreffend die Ausstellung und den Umlauf von Schecks vom 7. August 1912.

Uebersetzt von Abrahao Ribeiro, Rechtsanwalt in Sao Paolo.

Art. 1. Wer ein Guthaben bei Banken oder Kaufleuten besitzt, kann über den ganzen Betrag oder einen Teil desselben einen Scheck, d. h. eine bei Sicht zahlbare Zahlungsanweisung ausstellen, wobei er sich selbst oder einen Dritten als Zahlungsempfänger bezeichnen kann.

§ 1. Als Guthaben sind anzusehen:

a) die in Bankkontokorrent vorhandenen Beträge;
b) der verfügbare Saldo von vertragsmäßigem Kontokorrent;
c) die aus einer Krediteröffnung entstandene Geldsumme.

§ 2. Die Ausstellung der Order in den unter Buchstaben b und c vorgesehenen Fällen hängt jedoch von der Bewilligung des Schuldners ab.

Art. 2. Der Scheck muß enthalten:

a) Die Bezeichnung „Scheck“ (Chèque) oder eine entsprechende, wenn der Scheck in einer fremden Sprache geschrieben ist;
b) die Angabe der zu zahlenden Geldsumme in Ziffern und in Buchstaben;
c) das Datum, mit Angabe des Ortes, des Tages, des Monats und des Jahres der Ausstellung, wobei der Tag und der Monat in Buchstaben ausgeschrieben werden müssen;
d) die Unterschrift des Ausstellers;
e) den Namen der Gesellschaftsfirma oder der Person, die ihn zu zahlen hat;
f) die Angabe des Zahlungsortes.

Fehlt die Angabe des Ausstellungsortes, so vermutet man, daß die Anweisung in dem Zahlungsorte ausgestellt worden ist.

Art. 3. Der Scheck kann auf den Inhaber, auf eine bestimmte Person (nominativo — Rektascheck) und mit oder ohne Orderklausel ausgestellt werden.

Der Inhaberscheck wird durch bloße Übergabe übertragen und ist demjenigen zu zahlen, der ihn vorzeigt.

Der auf einen bestimmten Zahlungsempfänger (nominativo) mit Orderklausel gestellte Scheck kann durch Indossament übertragen werden, welches ein Blankoindossament, d. h. ein mit der bloßen Unterschrift des Indossanten versehenes sein kann.

Gibt der Scheck den Namen des Zahlungsempfängers nicht an, so ist er als Inhaberscheck anzusehen.

Art. 4. Der Scheck muß innerhalb von fünf Tagen präsentiert werden, wenn er in dem Zahlungsort, und innerhalb acht Tagen, wenn er in einem anderen Ort ausgestellt ist.

Der Tag des Datums wird nicht mitgerechnet.

Art. 5. Der Inhaber, welcher den Scheck innerhalb der im vorigen Artikel angegebenen Fristen nicht präsentiert oder ihn mangels Annahme nicht protestiert, verliert das Regreßrecht gegen die Indossanten und die Avalbürgen.

Er verliert es auch gegen den Aussteller, wenn dieser zurzeit genügendes Guthaben besaß, und dies, ohne daß er Schuld daran ist, nicht mehr existiert.

Art. 6. Derjenige, der Schecks ohne Datum oder mit einem falschen Datum ausstellt, oder ihre Zahlung durch Gegenbefehl und ohne einen gesetzlichen Grund zu hindern versucht, wird mit einer Geldstrafe in Höhe von 10% der zu zahlenden Geldsumme bestraft.

Art. 7. Derjenige, welcher einen Scheck ausstellt, ohne bei dem Bezogenen ein genügendes Guthaben zu besitzen, wird mit einer Geldstrafe in Höhe von 10% der zu zahlenden Geldsumme bestraft, außer anderen Strafen, die ihn noch evtl. treffen können (Strafgesetzbuch Art. 338).

Art. 8. Der Zahlungsempfänger erwirbt das Recht, aus dem bei dem Bezogenen seit dem Datum des Schecks vorhandenen Guthaben bezahlt zu werden.

Die Zahlung der Schecks geschieht in der Reihenfolge, in der sie präsentiert werden.

Sind zwei oder mehrere Schecks, deren Gesamtbetrag höher ist als das Guthaben, gleichzeitig präsentiert, so werden die ältesten vorgezogen.

Haben sie dasselbe Datum, so werden diejenigen vorgezogen, die eine niedrigere Nummer haben.

Art. 9. Falls zwischen der in Ziffern und der in Buchstaben ausgeschriebenen Geldsumme eine Abweichung besteht, wird diese letzte bezahlt.

Art. 10. Der Scheck ist bei Sicht zahlbar, auch wenn es nicht erklärt ist. Der Bezogene darf aber, ehe er einen verstümmelten oder zerrissenen, oder einen mit Tintenflecken, Verbesserungen oder verdächtigem Datum präsentierten Scheck bezahlt, Erklärungen und Sicherheit fordern.

Art. 11. Erlaubt der Inhaber, daß der Bezogene für den Scheck einen bestimmten Zahltag festsetzt, so befreit er dadurch alle anderen Mitverpflichteten.

Art. 12. Der gekreuzte Scheck, d. h. der, welcher von zwei Parallelstrichen durchkreuzt ist, kann nur einer Bank bezahlt werden. Enthält die Kreuzung den Namen einer Bank, so kann die Bezahlung nur an diese Bank erfolgen.

Art. 13. Die Banken und die Kaufleute dürfen ihre Schecks, wie es ihnen beliebt, abrechnen, soweit die Bestimmungen dieses Gesetzes berücksichtigt werden.

Die Abrechnungsstellen (Clearinghouses) dürfen aber ohne die Erlaubnis der Bundesregierung nicht fungieren.

Art. 14. Der Scheck ist stempelfrei; aber die Kontobücher Cadernetas), welche die Banken und die Kaufleute zum Zweck ihres Kontokorrentverkehrs aushändigen, bezahlen, Stempel dem betr. Gesetz gemäß und in der Form, die es angibt.

Art. 15. Die Vorschriften des Gesetzes N. 2044 vom 31. Dezember 1908, soweit sie dazu geeignet sind, die Vollstreckungsklage (acção executiva) mit inbegriffen, finden Anwendung auf den Scheck.

Art. 16. Die im Artikel 14 erwähnten Kontobücher müssen die Artikel 6, 7, 11 und 12 gedruckt enthalten.

Art. 17. Die entgegenstehenden Bestimmungen werden aufgehoben.

9. Bulgarien.

(Auszug aus dem Törgowski zakon [Handelsgesetzbuch] vom 18./30. Mai 1897 in der Fassung des Gesetzes vom 21. Dezember 1925 über die Veränderung und Ergänzung einiger Artikel des Handelsgesetzbuchs (Gesetzblatt 217).

Art. 640. Wer einen Geldbetrag bei einem Bankier oder einer andern Person verfügbar hat, kann durch eine Scheck genannte Zahlungsanweisung zu seinen oder eines Dritten Gunsten ganz oder teilweise darüber verfügen.

Art. 641. Der Scheck muß enthalten:

1. die Bezeichnung als Scheck,
2. die zu zahlende Summe,
3. die Unterschrift des Ausstellers, und zwar seinen Vor- und Zunamen oder seine Firma,
4. das Datum mit Angabe von Tag und Monat,
5. Vor- und Zunamen oder Firma des Bezogenen;
6. die Angabe des Zahlungsortes; der bei dem Namen oder der Firma des Bezogenen angegebene Ort gilt in diesem Falle gleichzeitig als Zahlungsort und als Wohnort des Bezogenen.

Art. 642. Der Scheck darf nur unterschrieben werden, wenn der Aussteller berechtigt ist, zur selben Zeit beim Bezogenen über die angegebene Summe zu verfügen.

Art. 643. Der Scheck kann auf den Inhaber, auf eine bestimmte Person oder an Order lauten. Ist im Scheck die Person, an die die Zahlung erfolgen soll, nicht angegeben, so gilt er als auf den Inhaber ausgestellt.

Art. 643 a. Ein Scheck, dessen Text von zwei Querlinien gekreuzt ist, kann nur durch eine Bank zur Zahlung vorgelegt werden und nur auf eine Bank gezogen werden. Sowohl der Aussteller wie der Inhaber können den Scheck kreuzen.

Der Scheck kann generell oder speziell gekreuzt werden. Er gilt als generell gekreuzt, wenn sich zwischen den beiden Querlinien entweder kein Text oder nur eine allgemeine Bezeichnung wie „Bank" oder „& Co." (ausgeschrieben oder abgekürzt) oder eine ähnliche gleichbedeutende Bezeichnung befindet; er gilt als speziell gekreuzt, wenn sich zwischen den Linien der Name einer Bank befindet. Die generelle Kreuzung kann dadurch in die spezielle übergeführt werden, daß man den Namen einer Bank zwischen die Querlinien schreibt. Bei einer speziellen Kreuzung ist die bezeichnete Bank allein berechtigt, den Scheckbetrag abzuheben.

Art. 643 b. Der Aussteller und jeder Inhaber des Schecks können die Barzahlung verbieten, indem er quer über den Text die Worte „nur zur Verrechnung" oder eine ähnliche Redewendung schreibt. In diesem Falle darf der Bezogene den Scheckbetrag nur gutschreiben. Das Verbot kann nicht widerrufen werden.

Art. 643 w. Eine Bank, die einen generell gekreuzten Scheck einem Nichtbankier oder einen speziell gekreuzten Scheck einer andern als der bezeichneten Bank honoriert oder einen Scheck mit dem Verrechnungsvermerk bar auszahlt, haftet für alle Schäden und Verluste, die sich aus ihrer Handlungsweise ergeben, bis zur Höhe der Schecksumme.

Die Aufhebung der Kreuzung oder der Bezeichnung der Bank zwischen den Querlinien oder des Verrechnungsvermerks ist unzulässig.

Art. 644. Der Scheck ist bei Sicht zahlbar, auch wenn er einen andern Fälligkeitstermin oder gar keinen hat oder erst nach der Vorlegung datiert ist.

Art. 645. Die Vorlegung zur Annahme und die Annahme selbst sind beim Scheck nicht erforderlich. Die Vorlegungsfrist beträgt beim Platzscheck eine Woche und beim Distanzscheck zwei Wochen.

Art. 646. Der Inhaber eines Schecks, der nicht innerhalb dieser Frist Zahlung verlangt, verliert seine Rechte gegen die Indossanten; er verliert auch seine Rechte gegenüber dem Aussteller, wenn diesem infolge der Nichtvorlegung Schäden erwachsen.

Art. 647. Die Bestimmungen dieses Gesetzes über den Wechsel gelten auch für den Scheck, soweit dies Kapitel nichts abweichendes bestimmt.

Art. 648. Der Aussteller eines Schecks, der beim Bezogenen nicht hinreichende Deckung besitzt, hat dem Inhaber die gesetzlichen Zinsen und eventuelle Schäden zu ersetzen.

Wer wissentlich einen Scheck ohne hinreichendes Guthaben beim Bezogenen ausstellt oder wer nach der Ausstellung sein Guthaben ganz oder teilweise wissentlich zurückzieht, wird mit Gefängnis von zwei Monaten bis zu zwei Jahren und Geldstrafe von einem Viertel bis zum Doppelten der Schecksumme bestraft.

10. Ceylon.

Gemäß Art. 2 des Gesetzes Nr. 5 vom 8. September 1852 gilt in Ceylon englisches Scheckrecht (vgl. unten XIII 21 S. 370).

11. Chile.

(Auszug aus dem Gesetz vom 8. Februar 1922.)

Art. 10. Der Scheck ist ein schriftlicher, auf eine Person gezogener Auftrag des Inhalts, daß diese diejenigen Beträge, die der Aussteller beim Bezogenen auf Kontokorrent zur Verfügung hat, ganz oder teilweise bei Vorlegung des Schecks auszahle.

Der Scheck kann auf Order, auf den Inhaber oder einen Namen lauten.

Art. 11. Der Scheck kann zur Zahlung einer Schuld oder im Falle eines Inkassoauftrages gezogen werden.

Der Scheck kann auf den Ausstellungsort oder einen andern Platz gezogen werden.

Der zur Zahlung einer Schuld übersandte Scheck richtet sich nach den Vorschriften über den Wechsel, sofern dies Gesetz nichts anderes bestimmt.

Beim Scheck zum Zwecke eines Inkassoauftrages muß der Aussteller die Worte „für mich“ in den Text des Schecks schreiben; er richtet sich nach den allgemeinen Regeln über den Auftrag, besonders über die Schuldnersubstitution.

Art. 12. Es wird vermutet, daß der Inhaber eines Inkassoschecks die eingezogene Summe dem Aussteller übersandt hat, wenn dieser nicht binnen zweier Wochen nach der Einlösung des Schecks Klage erhebt.

Art. 13. Der Scheck muß enthalten:

den Namen des Bezogenen, Ort und Datum der Ausstellung,
die gezogene Summe in Buchstaben und Zahlen,
die Unterschrift des Ausstellers.

Fehlen die Worte „für mich“, so gilt der Scheck als zur Zahlung einer Schuld gezogen.

Alle sonstigen Besonderheiten oder Klauseln, die etwa auf dem Scheck stehen, gelten als nicht geschrieben.

Art. 14. Sind bei einem Scheck die Worte „an Order" und „auf den Inhaber" beide gestrichen, so kann er nicht mehr übertragen und nur noch demjenigen ausgezahlt werden, zu dessen Gunsten er ausgestellt ist.

Art. 15. Der Scheck ist auf numerierten Formularen auszustellen. Der Bezogene hat Scheckhefte derart zu liefern, daß jeder Aussteller eine besondere Serie von Formularen erhält, es sei denn, daß der Aussteller in den Geschäftsräumen des Bezogenen einen Scheck zu seinen eigenen Gunsten ausstellt.

Art. 16. Im Falle einer Fälschung haftet der Bezogene:

1. wenn die Unterschrift des Ausstellers offenbar verschieden von derjenigen ist, die als Unterlage beim Bezogenen geblieben ist,
2. wenn der Scheck Streichungen, Zusätze oder offenbare Änderungen aufweist,
3. wenn der Scheck nicht zu der dem Aussteller ausgehändigten Serie gehört.

Ist nur ein Indossament gefälscht, so haftet der Bezogene nur, wenn der Scheck ohne die Vorsichtsmaßregeln des Art. 715 des Handelsgesetzbuchs einem Unbekannten honoriert worden war.

Art. 17. Der Aussteller haftet, wenn seine Unterschrift auf Formularen seiner Serie gefälscht und nicht offenbar verschieden ist.

Art. 18. Im allgemeinen richtet sich die Schadensverteilung im Falle der Auszahlung auf einen gefälschten Scheck nach dem Grade des Verschuldens oder der Fahrlässigkeit des Ausstellers oder Bezogenen, abgesehen von der Haftung des Fälschers.

Art. 19. Die Übereinstimmung zwischen den ausgefüllten Abschnitten der Scheckhefte, den Sollposten im Konto des Ausstellers beim Bezogenen und dem Schecks selbst erbringt vollen Beweis für das Bestehen dieser Sollposten.

Art. 20. Die ausgefüllten Abschnitte der Scheckhefte erbringen vollen Beweis dafür, ob ein Scheck zu der dem Aussteller ausgehändigten Serie gehört oder nicht.

Wird behauptet, daß die Scheckhefte abhanden gekommen seien, und werden sie nicht binnen einer angemessenen Frist beigebracht, so erfolgt die Vergleichung mit den Quittungen des Ausstellers über den Empfang der Scheckhefte.

Art. 21. Der Aussteller hat die Scheckhefte bis zum Ablauf von sechs Monaten nach der jeweiligen Genehmigung des Kontokorrents aufzubewahren.

Art. 22. Der Aussteller muß ein hinreichendes Konto bei dem Bezogenen unterhalten. Wer zuwider dieser Bestimmung einen Scheck ausgibt, haftet dem Inhaber für die etwaigen Rechtsnachteile; liegt arglistige Täuschung vor, so wird er wegen Betrugs bestraft. Arglistige Täuschung wird vermutet, wenn der Aussteller nach

Ausgabe des Schecks sein Guthaben freiwillig zurückzieht, wenn er wissentlich auf ein gesperrtes Konto zieht und wenn er in Kenntnis der Tatsache, daß ein Scheck mangels hinreichenden Guthabens protestiert wurde, sein Guthaben nicht binnen dreißig Tage auffüllt.

Arglistige Täuschung braucht nicht angenommen zu werden, wenn der Aussteller binnen dreißig Tage nach Klageerhebung den Scheck einlöst und die Kosten bezahlt.

Art. 23. Der Inhaber eines Platzschecks hat ihn binnen dreißig Tage, eines Distanzschecks binnen sechzig Tage seit seinem Datum zur Einlösung vorzulegen. Diese Frist beträgt drei Monate mehr bei Schecks, die vom Auslande aus gezogen sind.

Verlangt der Inhaber eines Schecks nicht binnen dieser Fristen Zahlung, so verliert er seine Ansprüche gegen die Indossanten; wird die Zahlung durch eine — selbst schuldhafte — Handlung des Bezogenen nach Ablauf dieser Fristen unmöglich, so verliert er auch seine Ansprüche gegen den Aussteller.

Art. 24. Der Bezogene braucht Schecks, die ihm nach Ablauf der vorerwähnten Fristen vorgelegt werden, nicht zu honorieren.

Er ist berechtigt, sie zu honorieren, wenn eine schriftliche Zustimmungserklärung des Ausstellers vorliegt.

Art. 25. Ein vom Bezogenen angenommener Scheck kann zugunsten eines Interessierten nicht geändert werden.

Art. 26. Weist der Aussteller den Bezogenen schriftlich an, den Scheck nicht zu honorieren, so darf er es nicht tun; geht die Nachricht nach Vornahme der Auszahlung ein, so haftet der Bezogene nicht.

Art. 27. Der Empfänger der Zahlung hat Quittung zu leisten, auch wenn der Scheck auf den Inhaber lautete.

Art. 28. Scheckduplikate dürfen nicht ausgegeben werden; dies gilt nicht für im Inland zahlbare Schecks; in diesem Fall muß auf jedem Exemplar vermerkt werden, wieviel Scheckkopien ausgestellt worden sind.

Art. 29. Bei Verlust oder Diebstahl eines Schecks hat der Inhaber

1. dem Bezogenen schriftlich Anzeige zu machen, der die Auszahlung des Schecks zehn Tage zu sperren hat,
2. den Vorfall fünf Tage lang in einem Ortsblatt bekannt zu geben,
3. den Aussteller und die Indossanten innerhalb der gleichen Frist zu ersuchen, den abhanden gekommenen Scheck zu annullieren und ihm einen neuen Scheck auszustellen.
4. schließlich das Gericht anzurufen, damit es dem Bezogenen die Honorierung des abhanden gekommenen Schecks verbiete. Darauf ergeht ein kurzer, summarischer Gerichtsbeschluß, der eine Sicherheit vorsieht.

Die Sicherheit bleibt ein Jahr lang hinterlegt, es sei denn, daß der Streitgegenstand gefunden oder für nichtig erklärt wird.

Art. 30. Ist der Scheck auf der Vorderseite mit zwei parallelen Querlinien gekreuzt, so darf er zur Auszahlung nur von einer Bank vorgelegt werden.

Sowohl der Aussteller wie der Inhaber kann den Scheck kreuzen.

Art. 31. Befindet sich zwischen den Querlinien keine Angabe, so gilt der Scheck als generell gekreuzt; steht zwischen den Linien der Name einer bestimmten Bank, so gilt er als speziell gekreuzt.

Der Inhaber eines generell gekreuzten Schecks kann ihn speziell kreuzen.

Ist ein Scheck generell gekreuzt, so darf ihn der Bezogene nur einer Bank auszahlen.

Ist der Scheck speziell gekreuzt, so darf er nur von der bezeichneten Bank zur Zahlung vorgelegt werden; befaßt diese sich nicht mit dem unmittelbaren Inkasso, so kann sie sich einer andern Bank dazu bedienen, der sie den Scheck nur zum Inkasso indossiert.

Der Inhaber darf die Querlinien weder streichen noch ändern noch die Angaben des speziell gekreuzten Schecks ändern.

Art. 32. Honoriert der Bezogene einen generell gekreuzten Scheck einem Nicht-Bankier oder einen speziell gekreuzten Scheck einer andern als der angegebenen oder von dieser nur zum Inkasso bevollmächtigten Bank, so haftet er für die Folgen.

Art. 33. Der Scheck kann nur mangels Zahlung protestiert werden. Der Protest wird, wenn die Zahlung verweigert wird, auf die Rückseite des Schecks gesetzt; er hat den Grund, das Datum und die Stunde zu enthalten sowie die Unterschriften des Inhabers und des Bezogenen; die Hinzuziehung eines Notars oder Gerichtsvollziehers ist nicht erforderlich.

Art. 34. Die Scheckklage gegen den Aussteller und die Indossanten eines protestierten Schecks muß binnen zweier Monate vom Protest und binnen dreier Tage seit der Kenntnisnahme von dem Protest erhoben werden.

Nach Ablauf der zwei Monate bleibt nur die ordentliche Klage.

Art. 35. Die Übertragung des Inhaberschecks bedeutet für den Zedenten keinerlei Haftung, außer für die Echtheit des Papieres.

Die Indossierung solcher Schecks bedingt Garantie für die Zahlung.

Art. 36. Der Inkassoscheck verliert seine Gültigkeit durch den Tod des Inhabers oder Ausstellers, wenn dies dem Bezogenen von beliebiger Seite schriftlich mitgeteilt worden ist.

Art. 37. Der Scheck zur Zahlung einer Schuld bewirkt keine Novation, wenn die Schuld nicht getilgt wird.

Art. 38. Die Banken können Abrechnungsstellen zum Austausch ihrer Schecks errichten.

Art. 39. Verweigert der Bezogene die Zahlung, so kann der Scheck der Bank, die ihn eingereicht hat, selbst dann zurückgegeben werden, wenn er quittiert ist. Diese Zurückgabe muß vor 3 Uhr nachmittags des Austauschtages erfolgen. Nach Ablauf dieser Frist kann die bezogene Bank gegen diejenige, die den Scheck zum Austausch eingereicht hat, keine Regreßansprüche erheben.

Art. 40. In den ersten zwei Wochen des Jahres haben die Banken dem Finanzminister eine Liste der Guthaben einzureichen, von denen zwei Jahre lang keine Abhebung erfolgt ist, und eine zweite Liste von allen in ihrem Besitz befindlichen Beträgen, bei denen Rückzahlungen innerhalb von fünf Jahren seit der Einzahlung nicht gebucht sind.

12. China nebst Hong-Kong.

Ein Scheckgesetz besteht nicht.

Grundsätzlich gelangte das nationale Recht des bezogenen Kreditinstituts zur Anwendung.

In Hong-Kong gilt englisches Recht (vgl. unten XIII 21 S. 370).

13. Colombia.

(Auszug aus dem Gesetz über den Wechsel vom 19. Juli 1923.)

Art. 186. Ein Scheck ist ein auf einen Bankier gezogener und bei Sicht zahlbarer Wechsel. Soweit nichts anderes bestimmt ist, finden die Vorschriften dieses Gesetzes über den Sichtwechsel auf den Scheck Anwendung.

Art. 187. Der Scheck muß zur Zahlung vorgelegt werden,

wenn er am Ausstellungsort zahlbar ist, binnen 30 Tagen,

wenn er an einem anderen Ort der Republik zahlbar ist, binnen 60 Tagen,

wenn er im Auslande zahlbar ist, binnen 120 Tagen,

andernfalls wird der Aussteller von seiner Haftung nach Maßgabe der Verspätung frei.

Art. 188. Ist der Scheck von der Bank, auf die er gezogen ist, mit einem Sichtvermerk versehen, so steht diese Bestätigung einer Annahme gleich.

Art. 189. Erhält der Inhaber des Schecks den Bestätigungs- oder Annahmevermerk der Bank, so werden der Aussteller und alle Indossanten von ihrer Haftung frei.

Art. 190. Der Scheck an sich hat nicht den Charakter der Schaffung eines Guthabens bei der Bank für den Aussteller; die Bank haftet dem Inhaber des Schecks gegenüber nicht, außer im Falle der Bestätigung oder der Annahme.

Art. 191. Die Bank haftet dem Inhaber des Guthabens gegenüber für die Einlösung eines falschen Schecks oder eines Schecks, dessen Summe erhöht worden ist, wofern nicht der Inhaber des Guthabens binnen eines Jahres, nachdem ihm der Zahlungsbeleg übersandt worden ist, der Bank mitteilt, daß der Scheck falsch oder die Schecksumme erhöht war.

Art. 192. Die Regierung wird nach Inkrafttreten dieses Gesetzes Bestimmungen treffen, die es mit dem X. und XI. Titel des Handelsgesetzbuchs in Einklang setzen sollen, die somit die gesetzlichen Bestimmungen über den Scheck ergänzen und ändern.

Art. 193. Dieses Gesetz tritt am 1. Januar 1924 in Kraft; alle entgegenstehenden Bestimmungen treten außer Kraft.

14. Congo.

Ein Scheckgesetz besteht nicht.

15. Costa Rica.

(Auszug aus dem Código de Comercio vom 25. Nov. 1902.)

Art. 162. Ein Scheck ist ein auf einen Bankier gezogener Sichtwechsel.

Art. 163. Die Bestimmungen über den Wechsel gelten vorbehaltlich der Bestimmungen dieses Kapitels auch für den Scheck.

Art. 164. Wer einen Scheck auf den Inhaber oder auf eine bestimmte Person oder auf den Inhaber oder eine bestimmte Person nach Wahl überträgt, übernimmt damit keine Garantie für die Zahlungsfähigkeit des Ausstellers oder Bezogenen, sondern nur für die Echtheit der Unterschrift des Ausstellers.

Ein in den obigen Formen ausgestellter Scheck kann mittels Indossaments oder einer Blankounterschrift in einen Orderscheck verwandelt werden; in diesem Falle haften der oder die Indossanten für die Einlösung als Gesamtschuldner mit dem Aussteller.

Art. 165. Wer einen Scheck ohne Deckung oder ohne Ermächtigung durch den Bezogenen ausstellt, wird, wenn er vorsätzlich gehandelt hat, wegen Betrugs bestraft. Der Geschädigte kann mit einer Zivilklage Schadensersatz verlangen, ohne zuvor ein Strafverfahren anstrengen zu müssen.

Art. 166. Honoriert der Bezogene den Scheck fahrlässig einem Unberechtigten (?), so trifft ihn der Schaden; derjenige, der den Betrag des Scheck unberechtigt erhoben hat, bleibt ihm jedoch schadenersatzpflichtig.

Honoriert der Bezogene einen falschen Scheck, so ist ihm derjenige, der als Aussteller auf dem Scheck erscheint, je nach den Umständen für den gesamten oder einen Teilbetrag, schadenersatzpflichtig, wenn er schuldhaft das Zustandekommen des Betruges ermöglicht hat.

Art. 167. Die Vorlegungsfrist beträgt bei einem Platzscheck acht Tage vom Ausstellungsdatum an.

Bei einem Distanzscheck beträgt sie zwei Wochen; ist der Scheck außerhalb des Gebietes der Republik ausgestellt, so wird die Vorlegungsfrist im Verhältnis zur Entfernung und den Verkehrsmitteln verlängert.

Wird der Scheck innerhalb dieser Fristen nicht zur Zahlung vorgelegt, so verliert der Inhaber im Falle der Nichtzahlung seine Ansprüche gegenüber den Indossanten, und auch gegenüber dem Aussteller, wenn dieser im Zeitpunkt der Ausstellung ein hinreichendes Guthaben bei dem Bezogenen hatte. Einen Anspruch behält er nur gegen den Bezogenen. Dagegen bleibt der Aussteller haftbar, wenn er nach Ausstellung des Schecks über das Guthaben verfügt hat, das den Scheck gedeckt haben würde.

Die Tage, in denen die Geschäftsräume des Bezogenen geschlossen sind, werden bei Berechnung der Fristen nicht mitgezählt.

Art. 168. Widerruft der Aussteller den Scheck, so darf der Bezogene nicht zahlen.

Art. 169. Hat der Scheck auf der Vorderseite das Wort „Banco" zwischen zwei parallelen Querlinien, so darf der Bankier auf den der Scheck gezogen ist, nur an eine Bank zahlen.

Art. 170. Ist dem Wort „Banco" der Name eines bestimmten Kreditinstituts zugefügt, so darf nur an diese Bank oder eine von ihr bezeichnete Bank gezahlt werden. Diese Bezeichnung erfolgt durch eine weitere Kreuzung des Schecks, die den Namen des Bevollmächtigten, die Anweisung, an ihn zu zahlen, und die Unterschrift der Bank enthalten muß.

Art. 171. Jeder Inhaber eines Schecks kann ihn generell oder speziell kreuzen, auch bei genereller Kreuzung den Namen einer Bank zufügen.

Art. 172. Honoriert ein Bankier einen Scheck unter Verletzung der Bestimmungen der Artt. 169—171, so ist er dem rechtmäßigen Inhaber des Schecks gegenüber schadenersatzpflichtig, es sei denn, daß die Kreuzung nicht erkennbar war.

Art. 173. Honoriert der Bankier einen gekreuzten Scheck gutgläubig und ohne Fahrlässigkeit und unter Beachtung der vorstehenden Bestimmungen, so hat der rechtmäßige Inhaber weder gegen den Bankier noch gegen den Aussteller irgend welche Ansprüche, wenn dieser ihn tatsächlich demjenigen, zu dessen Gunsten der Scheck ausgestellt war, ausgehändigt, aber ein anderer unberechtigt den Scheckbetrag erhoben hat.

Art. 174. Die Bank, auf deren Namen der Scheck gekreuzt ist, erwirbt hierdurch kein eigenes Recht an dem Scheck; der Scheck bleibt, auch wenn er gekreuzt ist, frei übertragbar.

Art. 175. Gestattet ein Bankier, daß Schecks auf ihn gezogen werden, so hat er auf Verlangen eines Inhabers an Stelle der Zahlung zu bestätigen, daß der Scheck in Ordnung geht. Zu diesem Zweck hat der Bankier das Wort „bueno" oder ein gleichbedeutendes Wort und seine Unterschrift auf den Scheck zu setzen. Diese Bestätigung ersetzt dem Aussteller und den Indossanten gegenüber die Zahlung. Der Bankier bleibt zur Zahlung des Scheckbetrages verpflichtet, solange nicht die Verjährung vollendet ist.

Art. 176. Es ist nicht erforderlich, einen nicht honorierten Scheck zu protestieren; in diesem Falle muß der Inhaber jedoch seinen Garanten Mitteilung davon geben, daß der Scheck vorgelegt, aber nicht honoriert worden ist.

16. Cuba.

Der spanische Código de Comercio vom 22. August 1885 ist durch kgl. Dekret vom 28. Januar 1886 in Cuba eingeführt und durch die Proklamation des Militärgouvernements vom 1. Januar 1889 und durch die Verfassung von 1901 aufrecht erhalten worden; vgl. Spanien unten XIII 70 S. 459.

Eine Verordnung Nr. 416 vom 9. Oktober 1900 trifft Ausführungsbestimmungen zum Art. 539 für den Fall, daß der Indossent ein Analphabet ist.

17. Cypern.

In Cypern gilt türkisches Recht und zwar die Art. 70—146 des Handelsgesetzbuchs von 1850 (abgedruckt in den Handelsgesetzen des Erdballs 8, 6; über die unmittelbare Geltung vgl. Regensburger, HansRZ. 1920, 520) nebst einer Novelle über den Protest vom 24. April 1886.

18. Dänemark.

Vgl. unten XIII 68 A (Skandinavien) S. 448.

19. Danzig.

Gemäß Art. 116 Abs. 2 der Danziger Verfassung:

> „Alle beim Inkrafttreten dieser Verfassung im Gebiete der Freien Stadt Danzig geltenden Gesetze und Verordnungen bleiben in Kraft, soweit sie nicht durch Verfassung oder durch Gesetz aufgehoben werden."

gilt das deutsche Scheckgesetz nebst denjenigen Ergänzungsbestimmungen, die bis 1920 erlassen waren. Das deutsche Gesetz über die Wechsel- und Scheckzinsen vom 3. Juli 1925 gilt daher z. B. in Danzig nicht; vielmehr ist ein eigenes Gesetz über Wechsel- und Scheckzinsen vom 19. Mai 1925 (in Kraft seit dem 28. Mai 1925) ergangen, nachdem an Stelle der in den Artt. 50 und 51 der WO. und in § 17 des Scheckgesetzes genannten Zinsen der jeweilige Diskontsatz der Bank von Danzig gilt.

20. Ecuador.

Gesetz vom 22. August 1892.

Art. 1. Wer ein auf Sicht verfügbares Guthaben bei einer Bank oder einem Handelskreditinstitut besitzt, kann über dies Guthaben mittels numerierter und bei dem betreffenden Institut registrierter Schecks verfügen.

Art. 2. Der Scheck muß angeben:
a) den Ort und das Datum, an denen er ausgestellt ist,
b) den in gesetzlicher Münze zu zahlenden Betrag in Zahlen und ganz in Buchstaben,
c) die Unterschrift des Ausstellers oder seines Agenten oder Bevollmächtigten.

Er muß mit einer entsprechenden Stempelmarke versehen sein. Die Schecks können auf den Inhaber oder an die Order einer bestimmten Person lauten.

Art. 3. Die Namensschecks werden durch Indossament in den Formen des Art. 405 des Handelsgesetzbuchs übertragen.

Art. 4. Die Schecks werden dem Legitimierten innerhalb der Schalterdienststunden in der Reihenfolge der Vorlegungen nach Eintragung und Prüfung ausgezahlt.

Art. 5. Die bezogene Bank kann die Zahlung ganz oder teilweise verweigern. Die Weigerung ist nur dann rechtswirksam, wenn die Nichtzahlung, sei sie infolge ungenügenden Guthabens oder aus einem andern gesetzlichen Grunde gerechtfertigt, auf dem Scheck selbst bescheinigt und die Bescheinigung von dem Vorsteher oder Geschäftsführer der Bank unterschrieben wird.

Art. 6. Ersucht der Aussteller eines Inhaberschecks die Bank schriftlich, den Scheck nicht einzulösen, weil er abhanden gekommen oder gestohlen sei, so darf die Bank ihn nicht einlösen; trifft das Ersuchen nach der Einlösung ein, so trifft die Bank keine Verantwortung.

Art. 7. Alle Bestimmungen des Handelsgesetzbuchs über auf denselben Platz gezogene Orderpapiere finden im allgemeinen auf den Scheck Anwendung, soweit sie nicht diesem Gesetz und der Bankgesetzgebung widersprechen.

21. England.

Auszug aus der Bills of Exchange Act, 1882, 45 u. 46 Vict. c. 61.

Part III.

Cheques on a Banker.

Cheques defined.

Sect. 73. A cheque is a bill of exchange drawn on a banker payable on demand.

Except as otherwise provided in this Part, the provisions of this Act applicable to a bill of exchange payable on demand apply to a cheque.

Subjekt to the provisions of this Act. — Presentment of cheque for payment.

Sect. 74.

1. Where a cheque is not presented for payment within a reasonable time of its issue, and the drawer or the person, on whose account it is drawn had the right at the time of such presentment as between him and the banker to have the cheque paid and suffers actual damage through the delay, he is discharged to the extent of such damage, that is to say to the extent to which such drawer or person is a creditor of such banker to a larger amount than he would have been had such cheque been paid.
2. In determining what is a reasonable time regard shall be had to the nature of this instrument, the usage of trade and of bankers, and the facts of the particular case.
3. The holder of such cheque as to which such drawer or person is discharged shall be a creditor in lieu of such drawer or person of such banker to the extent of such discharge and entitled to recover the amount from him.

Revocation of bankers authority.

Sect. 75. The duty and authority of a banker to pay a cheque drawn on him by his customer is determined by

1. countermand of payment
2. notice of the customers death.

Crossed cheques.

General and special crossings defined.

Sect. 76. 1. Where a cheque bears across its face an addition of

a) the words „and company" or any abbreviation thereof between two parallels transverse lines, either with or without the words „not negotiable" or

b) two paralleles transverse lines simply, either with or without the words „not negotiable"

that addition constitutes a crossing and the cheque is crossed generally.

2. Where a cheque bears across its face an addition of the name of a banker, either with or without the words „not negotiable" that addition constitutes a crossing, and the cheque is crossed specially and to that banker.

Crossing by drawer or after issue.

Sect. 77. 1. A cheque may be crossed generally or specially by the drawer.

2. Where a cheque is uncrossed, the holder may cross it generally or specially.

3. Where a cheque is crossed generally, the holder may cross it specially.

4. Where a cheque is crossed generally or specially, the holder may add the words „not negotiable".

5. Where a cheque is crossed specially, the banker, to whom it is crossed may again cross it specially to another banker for collection.

6. Where an uncrossed cheque or a cheque crossed generally, is sent to a banker for collection, he may cross it specially to himself.

Crossing a material part of cheque.

Sect. 78. A crossing authorised by this Act is a material part of the cheque; it shall not be lawful for any person to obliterate or, except as authorised by this Act, to add to or alter the crossing.

Duties of banker as to crossed cheques.

Sect. 79. (p. 12) (1) Where a cheque is crossed specially to more than one banker except when crossed to an agent for collection being a banker, the banker on whom it is drawn, shall refuse payment thereof (p. 32).

2) Where the banker on whom a cheque is drawn, which is so crossed nevertheless pays the same, or pays a cheque crossed generally otherwise than to a banker, or if crossed specially otherwise than to the banker to whom it is crossed, or his agent for collection being a banker, he is liable to the true owner of the cheque for any loss he may sustain owing to the cheque having been so paid (pp. 32, 34).

Provided that where a cheque is presented for payment which does not at the time of presentment appear to be crossed, or to have had a crossing which has been obliterated, or to have been added to or altered otherwise than as authorised by this Act, the banker paying the cheque in good faith and without negligence shall not be responsible or incur any liability nor shall the payment be questioned by reason of the cheque having been crosses, or of the crossing having be obliterated or having been added to or altered otherwise than as authorised by this Act and of payment having been made otherwise than to a banker to whom the cheque is or was crossed, or to his agent for collection being a banker, as the case may be (33).

Protection to banker and drawer where cheque is crossed.

Sect. 80. Where the banker, on whom a crossed cheque is drawn, in good faith and without negligence pays it, if crossed generally, to a banker, and if crossed specially, to the banker to whom it is crossed, or his agent for collection being a banker, the banker paying the cheque, and, if the cheque has come into the hands of the payer. the drawer shall respectively be entitled to the same rights and be place in the same position as if the payment of the cheque had been made to the true owner thereof (pp. 12, 34, 290).

Effect of crossing on holder.

Sect. 81. Where a person takes a crossed cheque which bears on it the words „not negotiable" he shall not have and shall not be capable of giving a better title to the cheque than that which the person from whom he took it had (pp. 12, 34, 290).

Protection collecting banker.

Sect. 82. Where a banker in good faith and without negligence receives payment for a customer of a cheque crossed generally or specially to himself, and the customer has not title or a defective title thereto, the banker shall not incur any liability to the true owner of the cheque by reason only of having received such payment (pp. 12, 13, 29, 32, 35, 36, 37, 38, 40, 83, 290, 362).

Bills of Exchange (Crossed Cheques) Act, 1906 (6 Edw. 7, c. 17).

An Act to amend section eighty-two of the Bills of Exchange Act 1882 (4th August 1906).

Be it enacted by the King's Most Excellent Mayesty, by and with the advice and consent of the Lords Spiritual, Temporal, and Commons, in this present Parlament assembled, and by the authority of the same, as follows:

Amendment of 45 & 46 Vict. c. 61 s. 82.

1. A banker receives payment of a crossed cheque for a customer within the meaning of section 82 of the Bills of Exchange Act, 1882, notwithstanding that he credits his customers account with the amount of the cheque before receiving payment thereof (pp. 23, 38, 40, 362).

Short Title.

2. This Act may be cited as the Bills of Exchange (Crossed Cheques) Act 1906, and this Act and the Bills of Exchange Act, 1882, may be cited together as the Bills of Exchange Acts, 1882 and 1906 (p. 39).

22. Estland.

Ein Scheckgesetz besteht nicht. Im wesentlichen gilt Gewohnheitsrecht und Gerichtspraxis.

23. Finnland.

Scheckgesetz vom 11. Juni 1920.

§ 1. Der Scheck muß enthalten
1. die in dem Text der Urkunde enthaltene ausdrückliche Bezeichnung als Scheck,
2. die Angabe des Ortes und der Zeit der Ausstellung des Schecks,
3. die klare und unbedingte Anweisung, eine bestimmte Geldsumme (Schecksumme) zu zahlen,
4. den Namen des Bezogenen (Trassaten) und
5. die Unterschrift des Ausstellers (Trassanten) des Schecks.

Eine Urkunde, die nicht alle oben erwähnten Erfordernisse erfüllt, untersteht nicht den Bestimmungen dieses Gesetzes.

§ 2. Ist die Schecksumme im Scheck in Buchstaben und in Ziffern ausgedrückt, so gilt bei Abweichungen die mit Buchstaben geschriebene Summe. Sind in den Scheck mehrere ungleiche Summen entweder in Buchstaben oder nur in Ziffern aufgenommen, so gilt die geringste derselben.

§ 3. Ist der Zahlungsort nicht angegeben, so gilt als solcher der bei dem Namen des Bezogenen angegebene Ort oder, wenn eine Bezeichnung auch darüber fehlt, der Ausstellungsort des Schecks.

§ 4. Der Scheck ist bei Sicht zu zahlen, wenn auch eine andere Zahlungszeit darin angegeben sein oder eine Angabe der Zahlungszeit fehlen sollte.

§ 5. Im Scheck darf als Bezogener nur derjenige bezeichnet werden, der zur Zeit der Ausstellung des Schecks Mittel inne hat, die zur Verfügung des Ausstellers stehen und zur Zahlung des Schecks genügen.

Der Aussteller kann auch sich selbst als Bezogenen bezeichnen; ein Scheck, in dem der Inhaber Zahlungsempfänger und der Aussteller nicht Bezogener ist, ist jedoch nichtig.

§ 6. Der Scheck kann zahlbar an eine benannte Person (Empfänger, Remittent) oder auf den Inhaber gestellt werden.

Der Scheck, in welchem neben dem Namen einer genannten

Person die Worte „oder Inhaber“ oder ein anderer gleichbedeutender Zusatz beigefügt ist oder welcher keine Angabe darüber enthält, an wen zu zahlen ist, gilt als auf den Inhaber gestellt.

Der Aussteller kann als Zahlungsempfänger des Schecks auch den Bezogenen oder sich selbst bezeichnen.

§ 7. Ein Vermerk im Scheck über das Akzept oder den Zins ist bedeutungslos.

§ 8. Der Aussteller und jeder Inhaber des Schecks kann vermittels zweier quer über die Vorderseite des Schecks gesetzten gleichlaufenden Linien bestimmen, daß der Scheck nur einer Bank oder einem Bankier gezahlt werden kann (die Generallinierung = Generalkreuzung). Ist der Name einer bestimmten Bank oder eines bestimmten Bankiers zwischen den Linien angegeben, ist der Scheck nur ihnen zu bezahlen (die Speziallinierung = Spezialkreuzung). Die Generallinierung kann von jedem Inhaber des Schecks in Speziallinierung verändert werden.

Die Bank oder der Bankier, welcher einen nicht liniierten oder einen generell liniierten Scheck zum Inkasso erhalten haben, können den Scheck behufs Zahlung an sich selbst speziell liniieren. Ebenso können die Bank oder der Bankier, die in der Speziallinierung bezeichnet sind, die aber das Inkasso nicht selbst ausführen, den Scheck zu demselben Zweck an eine andere Bank oder einem anderen Bankier speziell liniieren.

Eine andere Veränderung in der Linierung ist bedeutungslos.

Wer einen generell liniierten Scheck einem anderen als einer Bank oder einem Bankier und einen speziell liniierten Scheck einem anderen als der darin genannten Bank oder dem darin genannten Bankier bezahlt, hat für den dadurch entstandenen Schaden zu haften, jedoch nicht über den Betrag der Schecksumme.

§ 9. Die Vorschriften über das Indossament des Wechsels finden auch auf den Scheck, der an eine genannte Person zahlbar gestellt ist, entsprechende Anwendung, jedoch so,

1. daß das Indossament nicht auf eine Abschrift des Schecks gesetzt werden kann, und
2. daß ein Indossament des Bezogenen nichtig ist.

Ein Indossament an den Bezogenen gilt als Quittung, es sei denn, daß der Bezogene das Geschäft an mehreren Geschäftsstellen betreibt und das Indossament an eine andere Geschäftsstelle als an diejenige gerichtet ist, die als Bezogene angegeben ist.

Der an eine benannte Person zahlbar gestellte Scheck kann an den Inhaber indossiert werden; ebenso kann auch ein an den Inhaber zahlbar gestellter Scheck einer benannten Person indossiert werden.

Ein Teilindossament ist nichtig. Eine auf das Indossament gesetzte Bedingung ist unwirksam.

§ 10. Der in Finnland zahlbare Scheck ist zur Sicherung des Rückgriffsrechts spätestens am 15. Tage nach dem Tag der Ausstellung zur Zahlung vorzulegen oder, wenn der Scheck im Auslande ausgestellt ist, und wenn dessen Beförderung von dem Ausstellungsort nach dem Zahlungsort in gewöhnlicher Ordnung über 15 Tage dauert, spätestens am 15. Tage nach der genannten Zeit.

Für die Vorlegungsfrist eines im Auslande zahlbaren Schecks gilt das Recht des Zahlungsortes.

§ 11. Abgesehen von den anderweitigen Bestimmungen in diesem Gesetz finden die über die Bezahlung des Wechsels geltenden Vorschriften auf den Scheck entsprechende Anwendung; der Inhaber des Schecks ist jedoch nicht verpflichtet, eine Teilzahlung anzunehmen.

Der Bezogene soll einen Scheck nicht bezahlen, wenn er eine erweisliche Mitteilung erhalten hat, daß über das Vermögen des Ausstellers der Konkurs eröffnet oder daß ein sich darauf beziehendes Gesuch eingereicht worden ist. Eine Bekanntmachung in den amtlichen Blättern gilt an sich als erweisliche Mitteilung nicht.

Der Tod des Ausstellers oder der Umstand, daß er später eine solche Urkunde nicht gültig ausstellen kann, hat auf die Gültigkeit eines schon ausgestellten Schecks keine Einwirkung.

§ 12. Ist der Scheck in der bestimmten Zeit zur Zahlung vorgelegt worden, aber uneingelöst geblieben, finden die Wechselvorschriften über die Haftung des Ausstellers, Indossanten und Bürgen und über den Rückgriff des Inhabers des Schecks entsprechende Anwendung.

§ 13. Der Nachweis der Nichteinlösung eines zur Zahlung vorgelegten Schecks ist entweder mittels der Erhebung des Protests binnen der Vorlegungsfrist, sowie dies von dem Wechsel verordnet ist, oder mittels eines auf den Scheck gesetzten, von dem Bezogenen oder zwei Zeugen unterschriebenen und auch den Tag der Vorlegung enthaltenden Vermerks zu führen.

§ 14. Der Aussteller oder der Indossant können durch die Worte „Zurück ohne Kosten", „ohne Protest" oder durch einen anderen gleichbedeutenden Vermerk den Inhaber des Schecks von der Verpflichtung befreien, den Nachweis über die ausgebliebene Zahlung in der Weise zu führen, wie im § 13 verordnet ist.

Dieser Vermerk befreit den Inhaber des Schecks von der Vorlegung des Schecks zur Zahlung in der bestimmten Zeit nicht.

Hat der Aussteller den oben erwähnten Vermerk auf den Scheck gesetzt, wirkt er für alle Scheckschuldner, und der Inhaber des Schecks, der dessen ungeachtet den Protest erhoben hat, hat für die Protestkosten und für die Provision zu haften. Wenn der Vermerk von dem Indossanten gesetzt worden ist, hat er nur gegen diesen Wirkung, und die Kosten für den nachher erhobenen Protest können von jedem anderen Scheckschuldner beigetrieben werden.

§ 15. Ein Scheck, der in Finnland an eine benannte Person zahlbar gestellt und im Auslande zahlbar ist, kann in mehreren Ausfertigungen ausgestellt werden, welche, mit Ausnahme von den Originalen, mit der Bezeichnung „Duplikat" oder mit einer anderen entsprechenden Bezeichnung an auffälliger Stelle auf der Vorderseite des Schecks versehen werden müssen. Fehlt eine solche Bezeichnung, gilt jedes Scheckexemplar als besonderer Scheck.

Die Bezahlung, welche auf Grund eines Scheckexemplars geschehen ist, entkräftet die anderen Schecks.

Der Indossant, welcher verschiedene Scheckexemplare an verschiedene Personen übertragen hat, haftet samt seinen Nachmännern für die Einlösung aller nicht zurückgegebenen Schecks, welche mit ihren Unterschriften versehen sind.

§ 16. Enthält der Scheck falsche Unterschriften oder Unterschriften von Personen, die bindende Verträge nicht schließen können, so veranlaßt dieser Umstand keine Veränderung in der Haftpflicht der Scheckschuldner, deren Unterschriften echt sind, und die das Recht haben, solche Verbindlichkeiten einzugehen.

Wird der Text des Schecks unbefugt geändert, haften die Scheckschuldner, deren Namen auf den Scheck nach der Änderung gesetzt sind, gemäß dem geänderten Text; die dagegen, welche zuvor ihre Namen auf den Scheck gesetzt haben, haften in Gemäßheit des ursprünglichen Text.

Wer als Bevollmächtigter eines anderen ohne Bevollmächtigung oder nachträgliche Genehmigung seinen Namen in den Scheck setzt, trägt für den Scheck die persönliche Haftung.

§ 17. Die Vorschriften über die Verjährung des Wechsels finden auf den Scheck entsprechende Anwendung, jedoch so, daß der Ablauf der Frist, binnen deren der Inhaber des Schecks seinen Rückgriff gegen den Indossanten und Aussteller wahrnehmen muß, von dem Tage der Ausstellung des Schecks gerechnet werden soll.

Die Unterbrechung der Verjährung hat Wirkung nur in Bezug auf denjenigen, gegen welchen die unterbrechende Handlung vorgenommen worden ist.

§ 18. Sowohl der auf den Inhaber als auch der an eine benannte Person zahlbare Scheck kann in derselben Weise für kraftlos erklärt werden, wie dies über die Kraftloserklärung der Urkunden verordnet ist.

§ 19. Die Vorschriften über den Wechsel finden auf den Scheck in folgenden Beziehungen entsprechende Anwendung, nämlich:

1. Die Bestimmungen über das ausländische Recht, jedoch so, daß eine Urkunde, die nach dem Gesetze des Zahlungsortes als Scheck gilt, auch hier immer als ein Scheck anzusehen ist;
2. die Bestimmungen über die Zuständigkeit des Gerichts und über das Prozeßverfahren in den Wechselsachen;

3. die Bestimmungen über die Berechnung der Frist;
4. die Bestimmungen über das Recht des Wechselinhabers, der die wechselrechtliche Klage verloren hat, seine Forderung wie in gewöhnlichen Schuldverhältnissen einzuklagen, jedoch so, daß der Aussteller, falls das Gegenteil nicht nachgewiesen wird, beim Erlöschen der Klage zum Schaden des Gläubigers als mit dem Betrage der Schecksumme bereichert angesehen wird.

§ 20. Ein Scheck, der vor dem Inkrafttreten dieses Gesetzes ausgestellt worden ist, unterliegt nicht den Bestimmungen dieses Gesetzes.

§ 21. Durch dieses Gesetz wird § 4 Abs. 11 des Gesetzes über die Sparbanken vom 18. Oktober 1918 verändert, insoweit es in Widerspruch mit den Bestimmungen dieses Gesetzes steht.

24. Frankreich.[1])

Loi du 14 juin 1865 concernant les chèques, avec les lois des 19 février 1874 (art. 5 et 6), 30 décembre 1911, 26 janvier 1917 et 2 août 1917.

Art. 1. Le chèque est l'écrit qui, sous la forme d'un mandat de payement, sert au tireur à effectuer le retrait, à son profit ou au profit d'un tiers, de tout ou partie de fonds portés au crédit de son compte chez le tiré et disponibles.

Il est signé par le tireur et porte la date du jour où il est tiré.

Il ne peut être tiré qu'à vue.

Il peut être souscrit au porteur ou au profit d'une personne dénommée.

Il peut être souscrit à ordre et transmis même par voie d'endossement en blanc.

(L. 19 février 1874, art. 5) Le chèque indique le lieu d'où il est émis. La date du jour où il est tiré est inscrite en toutes lettres de la main de celui qui a écrit le chèque.

Le chèque, même au porteur, est acquitté par celui qui le touche; l'acquit est daté.

(L. 30 décembre 1911). Toutefois, en ce qui concerne les chèques remis par un banquier à une chambre de compensation, il suffira d'apposer sur le chèque un simple cachet à date avec mention „compensé".

Toutes stipulations entre le tireur, le bénéficiaire ou le tiré, ayant pour objet de rendre le chèque payable autrement qu'à vue et à première réquisition sont nulles de plein droit.

Art. 2. Le chèque ne peut être tiré que sur un tiers ayant provision préalable; il est payable à présentation.

[1]) Gilt auch in Elsaß-Lothringen, den heutigen Départements Haut-Rhin, Bas-Rhin und Moselle. Vgl. Regensburger in der Gesetzgebung und Rechtspraxis des Auslands 2, 121.

(L. 2 août 1917). Si la provision est inférieure au montant du chèque, celui-ci produit tous les effets attachés au chèque régulier, jusqu'à concurrence de ladite provision.

Art. 3. Le chèque peut être tiré d'un lieu sur un autre ou sur la même place.

Art. 4. L'émission d'un chèque, même lorsqu'il est tiré d'un lieu sur un autre, ne constitue pas, par sa nature, un acte de commerce.

Toutefois, les dispositions du Code de commerce relatives à la garantie solidaire du tireur et des endosseurs, au protêt et à l'exercice de l'action en garantie, en matière de lettres de change, sont applicables aux chèques.

Art. 5. Le porteur d'un chèque doit en réclamer le payement dans le délai de cinq jours y compris le jour de la date, si le chèque est tiré de la place sur laquelle il est payable, et dans le délai de huit jours, y compris le jour de la date, s'il est tiré d'un autre lieu.

Le porteur d'un chèque qui n'en réclame pas le payement dans les délais ci-dessus perd son recours contre les endosseurs; il perd aussi son recours contre le tireur, si la provision a peri par le fait du tiré, après les dits délais.

Art. 6. (L. 19 février 1874, art. 6). Le tireur qui émet un chèque sans date, ou non daté en toutes lettres, s'il s'agit d'un chèque de place à place; celui qui revêt un chèque d'une fausse date ou d'une fausse énonciation du lieu où il est tiré, est passible d'une amende de six pour cent de la somme pour laquelle ce chèque est tiré, sans que cette amende puisse être inférieure à cent francs.

La même amende est due personnellement, et sans recours par le premier endosseur ou le porteur d'un chèque sans date ou non daté en toutes lettres, s'il est tiré de place à place, ou portant une date postérieure à l'époque à laquelle il est endossé ou présenté. Cette amende est due, en outre, par celui qui paye ou reçoit en compensation un chèque sans date, ou irrégulièrement daté, ou présenté au payement avant la date d'émission.

(L. 2 août 1917). Celui qui émet un chèque sans provision préalable et disponible est passible de la même amende.

Si la provision est inférieure au montant du chèque, l'amende ne porte que sur la différence entre le montant de la provision et le montant du chèque.

Celui qui a, de mauvaise foi, émis un chèque sans provision préalable et disponible, ou qui a retiré après l'émission tout ou partie de la provision, est passible d'une peine d'emprisonnement de deux mois à deux ans et d'une amende qui ne pourra excéder le double de la valeur nominale du chèque, ni être inférieure au quart de cette valeur.

L'article 463 du Code pénal est applicable au présent délit.

Art. 7. (Abrogé par la loi du 23 août 1871, art. 18).

Art. 8. (L. 30 décembre 1911). Le chèque traversé de deux barres parallèles ne peut être présenté au payement que par un banquier; il ne peut être tiré que sur un banquier.

Le barrement peut être effectué par le tireur ou par un porteur.

(L. 26 janvier 1917). A l'égard des dispositions de la présente loi, les agents de change sont assimilés aux banquiers.

Art. 9. (L. 30 décembre 1911). Le barrement peut être général ou spécial.

Le barrement est général, s'il ne porte entre les deux barres aucune désignation ou seulement la mention „et compagnie"; il est spécial, si le nom d'un banquier est inscrit entre les deux barres.

Le barrement général peut être transformé en barrement spécial.

Le chèque à barrement spécial ne peut être présenté au payement que par le banquier désigné. Toutefois, si celui-ci n'opère pas l'encaissement lui-même, il peut se substituer un autre banquier.

Il est interdit au porteur d'effacer le barrement, ainsi que le nom du banquier désigné.

Art. 10. (L. 30 décembre 1911). Le tiré qui paye le chèque barré à une personne autre qu'un banquier, si le barrement est général, ou à une personne autre que le banquier désigné, si le barrement est spécial, n'est pas libéré.

Art. 11. (L. 26 janvier 1917). Lors de la présentation d'un chèque à l'encaissement, l'addition sur le chèque de la domicilation pour payement, soit à la Banque de France, soit dans une banque ayant un compte à la Banque de France, ne donnera ouverture à aucun droit de timbre.

Cette domicilation ne pourra, au surplus, être faite contre la volonté du porteur, à moins que le chèque ne soit barré et que la domicilation n'ait lieu à la Banque de France, sur la même place.

Loi du 19. février 1874, Portant augmentation des droits d'enregistrement et de timbre.

Art. 5. Les dispositions suivantes sont ajoutées à l'article 1er de la loi du 14 juin 1865: — V. suprà, L. 14 juin 1865 art. 1er.

Art. 6. L'article 6 de la loi du 14 juin 1865 est abrogé et remplacé par les dispositions suivantes: — V. suprà, L. 14 juin 1865, art. 6.

Art. 7. Celui qui paye un chèque sans exiger qu'il soit acquitté est passible personnellement, et sans recours, d'une amende de cinqante francs.

Art. 8. Les chèques de place à place sont assujettis à un droit de timbre fixe de 20 centimes.

Les chèques sur place continueront à être timbrés à dix centimes.

Sont applicables aux chèques de place à place non timbrés conformément au présent article, les dispositions pénales des articles 4, 5, 6, 7 et 8 de la loi du 5 juin 1850.

Le droit de timbre additionnel peut être acquitté au moyen d'un timbre mobile de dix centimes.

Art. 9. Toutes les dispositions législatives relatives aux chèques tirés de France sont applicables aux chèques tirés hors de France et payable en France.

Les chèques pourront, avant tout endossement en France, être timbrés avec des timbres mobiles.

Si le chèque tiré hors de France n'a pas été timbré conformément aux dispositions ci-dessus, le bénéficiaire, le premier endosseur, le porteur ou le tiré sont tenus, sous peine de l'amende de 6%, de le faire timbrer aux droits fixés par l'article précédent, avant tout usage en France.

Si le chèque tiré hors de France n'est pas souscrit conformément aux prescriptions de l'article 1er de la loi du 14 juin 1865, et de l'article 5 ci-dessus, il est assujetti aux droits de timbre des effets de commerce. Dans ce cas, le bénéficiaire, le premier endosseur, le porteur ou le tiré sont tenus de le faire timbrer avant tout usage en France, sous peine d'une amende de 6%.

Tout les parties sont solidaires pour le recouvrement de droits et amendes.

Loi du 30. décembre 1911, concernant les chèques barrés.

Art. 1. La loi du 14 juin 1865 est complétée par les dispositions suivantes: — V. suprà, L. 14 juin 1865, art, 8, 9 et 10.

Art. 2. Le paragraphe 2 de l'article 5 de la loi du 19 février 1874 est complétée par la disposition suivante: — V. suprà, L. 19 février 1874, art. 5 § 2.

Loi du 26 janvier 1917,
complétant la loi du 14 juin 1865, modifiée par celle du 30 décembre 1911, sur les chèques, en ce qui concerne les agents de change et les domicilations pour payement.

Article unique. La loi du 14 juin 1865, modifiée par la loi du 30 décembre 1911, est complétée par les dispositions suivantes: — V. suprà, L. 14 juin 1865, art. 8, § 3 et art. 11.

Loi du 2 août 1917,
complétant les lois du 14 juin 1865 et 19 février 1874 sur la législation des chèques.

Art. 1. L'article 2 de la loi du 14 juin 1865 est complété par la disposition suivante: — V. suprà, L. 14 juin 1865, art. 2, § 2.

Art. 2. Le dernier alinéa de l'article 6 de la loi du 19 février 1874 modifiant la loi du 14 juin 1865, est remplacé par les dispositions suivantes: — V. suprà, L. 14 juin 1865, art. 6, §§ 3 et suiv.

V. le décret du 15 janvier 1916 rendant applicable aux colonies la loi du 30 décembre 1911 concernant des chèques barrés (Journ. off. du 20 janvier 1916); le décret du 5 avril 1918 rendant applicable à l'Algérie les lois du 30 décembre 1911 et 2 août 1917 sur les chèques (Journ. off. du 12 avr. 1918).

Gesetz vom 28. Aug. 1924 betr. Zahlung von Handelspapieren durch Scheck.[1])

(Journ. off. du 29 août 1924.)

Art. 1. L'art. 162 c. com. est modifié ainsi qu'il suit:

Le refus de payement doit être constaté par un acte que l'on nomme protêt faute de payement. Ce protêt doit être dressé le lendemain de l'échéance, sauf dans le cas prévu ci après où le porteur a reçu un chèque en payement.

Si le lendemain de l'échéance est un jour férié légal, le protêt est dressé le jour suivant.

Lorsque le porteur consent à recevoir un chèque en payement, ce chèque doit indiquer le nombre et l'échéance des effets ainsi payés.

Si le chèque n'est pas payé, notification du protêt faute de payement dudit chèque est faite au domicile de payement

---

[1]) Über diese Novelle vgl. v. Breska, Wechseleinlösung, durch Scheck und bargeldloser Verkehr im BankA. 24, 135.

de la lettre de change dans le délai prévu à l'art. 5 de la loi du 14 juin 1865.

Le protêt faute de payement du chèque et la notification sont fait par un seul et même exploit.

Le tiré qui reçoit la notification doit, s'il ne paye pas la lettre de change, ainsi que les frais du protêt faute de payement du chèque et les frais de notification, restituer la lettre de change à l'officier ministériel instrumentaire. Celui-ci dresse immédiatement le protêt faute de payement de la lettre de change.

Si le tiré ne restitue pas la lettre de change, un acte de protestation est aussitôt dressé. Le defaut de restitution y est constaté. Le tiers porteur est, en ce cas, dispensé de se conformer aux dispositions des art. 151 et 152 du présent code.

Le défaut de restitution de la lettre de change constitue un délit passible des peines prévues par l'art. 408 c. pén.

Art. 2. L'art. 175 c. com. est modifié ainsi qu'il suit:

Nul acte de la part du porteur de la lettre de change ne peut suppléer à l'acte de protêt hors les cas prévus par les art. 150 et suiv. et par l'art. 162, avant-dernier alinéa, du présent code.

Art. 3. La remise d'un chèque en acquit d'un effet de commerce n'entraîne pas novation.

25. Griechenland.

Bankscheckgesetz Nr. 1338 vom 18. April 1918.[1])

Kapitel A. Über Bankschecks, welche in Griechenland ausgestellt und daselbst zahlbar sind.

Art. I. Der Scheck (ἐπιταγή oder chèque) enthält a) in seinem Text das Wort „Scheck" oder das entsprechende ausländische Wort, falls er in fremder Sprache abgefaßt ist; b) den klaren, d. h. ohne Bedingung und Befreiung ergehenden Zahlungsbefehl des Ausstellers an den Bezogenen, damit dieser eine gewisse Geldsumme von dem bei ihm befindlichen und disponiblen Guthaben des Ausstellers bezahlt; c) den Namen und Vornamen des Zahlungspflichtigen; d) den Namen und Vornamen des Inhabers; e) das Datum und den Ausstellungsort; f) den Zahlungsort; g) die Unterschrift des Ausstellers.

Art. II. Nur juristische und physische Personen, welche den Bankierberuf ausüben, oder auch juristische Personen öffentlichen Rechts und besonders Postanstalten können Bezogene sein.

---

1) Übersetzt von Dr. iur. K. A. Papapanos, Rechtsanwalt beim Reichsgericht zu Athen.

Art. III. Entgegen den Artikeln I und II ausgestellte Schecks sind ungültig, diese Ungültigkeit beeinflußt jedoch nicht die Bestimmungen der Artikel VI und VII.

Art. IV. Diejenige Geldsumme, bis zu welcher der Zahlungspflichtige seiner ausdrücklichen oder stillschweigenden Abmachung mit dem Aussteller gemäß Schecks zu bezahlen verpflichtet ist, wird als disponibles Guthaben betrachtet.

Art. V. § 1. Der Scheck ist bei Vorzeigung zu bezahlen.

§ 2. Die Angabe eines anderen Zahlungstermins ist verboten, sonst ist der Scheck ungültig.

Art. VI. § 1. Sollte in dem Scheck kein Zahlungsort angegeben sein, so wird a) wenn bei dem Namen des Zahlungspflichtigen irgendein Ort angegeben ist, dieser als Zahlungsort und als Wohnort des Zahlungspflichtigen betrachtet. b) Sollte kein solcher Ort angegeben sein, so ist als Zahlungsort der Ort der Ausstellung des Schecks zu betrachten.

§ 2. Wenn im Scheck kein Ausstellungsort angegeben ist, so wird als solcher der bei dem Namen des Ausstellers angegebene Ort betrachtet.

Art. VII. § 1. Wenn im Scheck die zu bezahlende Summe in Buchstaben und Zahlen angegeben ist und zwischen beiden eine Abweichung besteht, dann ist die in Buchstaben genannte Summe als die richtige zu betrachten.

§ 2. Wenn die zu bezahlende Summe mehrmals in Buchstaben und Zahlen geschrieben ist und zwischen denselben eine Abweichung besteht, so ist die kleinere Summe als die richtige zu betrachten.

Art. VIII. § 1. Der Scheck wird ausgestellt entweder auf den Namen des Inhabers oder an dessen Order.

§ 2. Der Scheck kann weiter ausgestellt werden auf den Namen des Ausstellers oder dessen Order.

§ 3. Die Ausstellung von Schecks auf den Überbringer ohne Namensangabe ist ungültig.

Art. IX. § 1. Der auf den Namen des Inhabers oder an Order ausgestellte Scheck kann durch Indossierung weiter übertragen werden.

§ 2. Sollte der Aussteller auf den Scheck die Worte „Nicht an Order" geschrieben haben oder andere gleichlautende Worte, so kann der Scheck nur durch ordentlichen notariellen Akt übertragen werden, und in diesem Falle gilt diese Übertragung als Zession.

Art. X. § 1. Die Indossierung muß rein und ohne Bedingung sein; sollte jedoch eine solche Bedingung hinzugefügt sein, so gilt sie als nicht vorhanden.

§ 2. Die Indossierung ist ungültig a) wenn sie nur auf einen Teilbetrag stattgefunden hat; b) wenn sie auf eine Kopie des

Schecks geschrieben worden ist; c) wenn sie an den Überbringer ausgestellt worden ist; d) wenn sie von dem Zahlungspflichtigen geschrieben worden ist.

§ 3. Die Indossierung auf den Namen des Zahlungspflichtigen wird als Quittung betrachtet, ausgenommen der Fall, daß der Zahlungspflichtige mehrere Kontore (Niederlassungen) hat, und die Indossierung zugunsten eines Kontors (Niederlassung) stattgefunden hat, welches sich an einem anderen Ort als dem der Zahlung befindet.

§ 4. Im übrigen gelten die Bestimmungen über Indossierung von Wechseln.

Art. XI. § 1. Das Akzept auf Schecks ist verboten.

§ 2. Jedes auf den Scheck geschriebene Akzept ist ungültig.

Art. XII. § 1. Die Zahlung des Schecks kann durch Bürgschaft eines Dritten gesichert werden.

§ 2. Die Bürgschaft kann von jedem außer dem Zahlungspflichtigen geleistet werden.

§ 3. Bei solcher Bürgschaft werden die entsprechenden Bestimmungen über Wechselbürgschaft angewendet.

Art. XIII. § 1. Der Scheck wird dem Zahlungspflichtigen im Zahlungsort binnen 30 Tagen vom Tag der Ausstellung, den Tag der Ausstellung nicht mitgerechnet, zur Zahlung vorgelegt. Sollte der letzte Tag ein Sonntag oder gesetzlicher Feiertag sein, so wird als letzter Tag der darauf folgende Werktag betrachtet.

§ 2. Gesetzliche Feiertage sind: Der Weihnachtstag und der darauf folgende Tag, der Ostermontag, Osterdienstag und der 25. März.

Art. XIV. § 1. Der Zahlungspflichtige hat das Recht, bei Einlösung eines Schecks, dessen Übergabe nebst darauf stehender Quittung von dem Inhaber zu verlangen.

§ 2. Der Inhaber hat das Recht, eine Teilzahlung abzulehnen.

§ 3. Bei Teilzahlungen hat der Zahlungspflichtige das Recht, die Notierung der geleisteten Zahlungen nebst Quittung zu fordern.

§ 4. Weder der Tod noch die nach der Ausstellung eingetretene Unfähigkeit des Ausstellers üben irgendeinen Einfluß auf die Gültigkeit des Schecks aus.

Art. XV. § 1. Der Widerruf des Schecks von seiten des Ausstellers ist ungültig, wenn dieser Widerruf vor Ablauf der im Artikel XIII festgestellten Präsentationsfrist stattfindet.

§ 2. Sollte kein Widerruf stattgefunden haben, so ist der Zahlungspflichtige zur Zahlung verpflichtet, auch wenn die obige Präsentationsfrist abgelaufen ist.

§ 3. Derjenige, der nach Ablauf der Präsentationsfrist bezahlt hat, ist, wenn er den Widerrufenden nicht kannte, dem Widerrufenden gegenüber nicht haftbar.

§ 4. Wenn der Aussteller oder der Inhaber den Zahlungspflichtigen benachrichtigt haben, daß der Scheck verloren gegangen ist oder daß derselbe durch eine ungesetzmäßige Handlung in Besitz eines Dritten geraten ist, wird derjenige, der den Scheck bezahlt hat, erst dann befreit, wenn der bezahlte Inhaber nachweisen kann, daß er den Scheck auf eine gesetzmäßige Weise erworben hat.

Art. XVI. § 1. Der Inhaber kann gegen den Zahlungspflichtigen nicht direkt klagen.

§ 2. Für die Bezahlung des Schecks haften dem Inhaber gegenüber der Aussteller, die Indossanten und die Bürgen.

§ 3. Jede den Aussteller entlastende Klausel ist ungültig.

§ 4. Wenn ein Indossant im Indossament die Worte: „Ohne Verantwortung" oder andere gleichbedeutende Worte geschrieben hat, so wird er von der Verantwortung wegen des Indossaments befreit.

Art. XVII. § 1. Der Inhaber kann die im vorhergehenden Artikel § 2 erwähnten Verantwortlichen verklagen, wenn der Scheck rechtzeitig präsentiert und trotzdem nicht bezahlt worden ist.

§ 2. Die Präsentation und die Nichtbezahlung können nur durch Protest oder auch durch eine auf den Scheck geschriebene und den Vorlegungstag erwähnende Erklärung des Zahlungspflichtungen festgestellt werden.

§ 3. Der Protest wird vor dem Ablauf der Vorlegungsfrist erhoben.

§ 4. Bei dem Protest finden die Bestimmungen über Wechselprotest Anwendung.

Art. XVIII. § 1. Der Inhaber eines Schecks, welcher ohne Erfolg zur Bezahlung präsentiert worden ist, ist verpflichtet, binnen zwei Tagen vom Protest und spätestens binnen zwei Tagen nach dem Ablauf der Präsentationsfrist über die Nichtbezahlung des Schecks die Verantwortlichen zu benachrichtigen.

§ 2. Im übrigen werden die Bestimmungen über Wechsel angewendet.

Art. XIX. § 1. Der Inhaber kann entweder sämtliche Verantwortlichen, oder einige oder auch nur einen davon verklagen, ohne daß er dadurch seine Rechte den anderen Verantwortlichen gegenüber verliert.

§ 2. Der Verantwortliche kann gegen den Inhaber des Schecks nur folgende Einreden vorbringen: a) solche, die die Gültigkeit seiner Erklärungen im Scheck betreffen, b) solche, die aus dem Inhalt des Schecks hervorgehen, c) solche, die ihm direkt gegen den Inhaber zustehen.

Art. XX. Der Verantwortliche ist zur Zahlung nur gegen Übergabe des Schecks, des Protests und einer quittierten Rechnung verpflichtet.

Art. XXI. § 1. Der Anspruch gegen den Aussteller und die übrigen Verantwortlichen verjährt nach sechs Monaten vom Ablauf der Präsentationsfrist.

§ 2. Der Anspruch der Indossanten gegeneinander und gegen den Aussteller verjährt in sechs Monaten vom Tage der Bezahlung des Schecks von seiten des Indossanten oder vom Tage der Erhebung der Klage gegen ihn.

§ 3. Bezüglich der Unterbrechung der Verjährung gelten die Bestimmungen über Wechselverjährung.

Art. XXII. Wenn bei einem Scheck die Unterschriften des Ausstellers oder des Indossanten gefälscht worden sind, so haften aus dem Scheck nur diejenigen, deren Unterschriften echt sind.

Art. XXIII. Bei Verlust oder Vernichtung eines Schecks werden die Bestimmungen über Verlust oder Vernichtung von Wechseln entsprechend angewendet.

Art. XXIV. § 1. Die aus einem Scheck entstehenden Rechtsverhältnisse werden als Handelsgeschäfte betrachtet.

§ 2. Die über Wechsel geltenden Prozeßbestimmungen finden entsprechende Anwendung bei Schecks.

§ 3. Wer zu Rechtsgeschäften fähig ist, kann Verpflichtungen aus einem Scheck übernehmen.

§ 4. Wenn der Scheck auch die Unterschriften von zu Rechtsgeschäften unfähigen Personen trägt, so werden aus ihm nur diejenigen Unterzeichneten verpflichtet, welche geschäftsfähig sind.

Kapitel B. Über Schecks, welche im Ausland ausgestellt und daselbst zahlbar sind.

Art. XXV. § 1. Bei in Griechenland ausgestellten und in Griechenland zahlbaren Schecks finden die Bestimmungen der Artikel 1—24 und 29 des vorliegenden Gesetzes Anwendung.

§ 2. Bei Schecks, welche im Ausland ausgestellt, jedoch in Griechenland zahlbar sind, oder auch umgekehrt, finden die Bestimmungen der Artikel 1—24 und 26—29 des vorliegenden Gesetzes Anwendung.

Art. XXVI. § 1. Die Schecks, von welchen im § 2 des Artikels 25 die Rede ist, können auch namenlos sein.

§ 2. Der namenlose Scheck wird durch Übergabe übertragen.

Art. XXVII. § 1. Namenschecks in Griechenland ausgestellt und zahlbar im Ausland können in mehreren Exemplaren ausgestellt werden.

§ 2. Jedes Exemplar trägt im Text die Bezeichnung „Erstes, Zweites, Drittes Exemplar". Mangels einer solchen Bezeichnung wird jedes Exemplar als selbständiger Scheck betrachtet. Wenn von mehreren Exemplaren eines bezahlt worden ist, werden die anderen ungültig; wenn aber auf den anderen Exemplaren der Indossant Indossamente zugunsten verschiedener Personen ausgestellt hat, so haften kraft ihrer Indossamente der erste, der indossiert hat, und diejenigen, die nach ihm indossiert haben, solange ihre Unterschriften auf Exemplaren stehen, welche bei der Bezahlung nicht zurückerstattet worden sind.

Art. XXVIII. Bei im Ausland ausgestellten und in Griechenland zahlbaren Schecks beträgt die Präsentationsfrist 100 Tage.

Ergänzungsbestimmungen.

Art. XXIX. a) Derjenige, welcher wissentlich Schecks auf den Zahlungspflichtigen ausstellt, ohne daß er bei ihm ein disponibles Guthaben hat und b) derjenige Aussteller, welcher wissentlich einen Scheck nachdatiert, werden mit einer Gefängnisstrafe und mit Geldstrafe bis zu Drs. 1000.— oder mit einer von beiden Strafen bestraft.

26. Guatemala.

Guatemala hat durch Gesetz vom 30. Mai 1923 die Resolutionen der Haager Konferenz von 1912 als Gesetz eingeführt; vgl. unten XIII 79 S. 482 (Weltscheckrecht).

27. Haiti.

Ein Scheckgesetz besteht nicht.

28. Honduras.

Auszug aus dem Código de Comercio vom 15. Sept. 1898.

Art. 519. Die im Handel unter dem Namen Scheck bekannte Zahlungsanweisung ist eine Urkunde, die dem Aussteller ermöglicht, zu seinen oder eines Dritten Gunsten ganz oder teilweise über sein Guthaben bei dem Bezogenen zu verfügen.

Art. 520. Die Zahlungsanweisung muß enthalten: den Namen und die Unterschrift des Ausstellers, den Namen und Wohnort des Bezogenen, den Betrag und das Ausstellungsdatum, beide ganz in Buchstaben, schließlich die Angabe, ob er auf den Inhaber, eine bestimmte Person oder an deren Order ausgestellt ist; im letzteren Falle ist er durch Indossament übertragbar.

Art. 521. Der Scheck kann auf seinen Ausstellungsort oder einen anderen Platz gezogen werden; der Aussteller muß jedoch zuvor für ein Guthaben bei dem Bezogenen sorgen.

Art. 522. Der Inhaber eines Platzscheck hat ihn binnen fünf Tage von seiner Ausstellung an, der eines Distanzschecks binnen acht Tage zur Zahlung vorlegen.

Läßt der Inhaber diese Fristen verstreichen, so verliert er seine Ansprüche gegen die Indossanten; seine Ansprüche gegen den Aussteller verliert er ebenfalls, wenn das Guthaben beim Bezogenen wegfällt, weil dieser seine Zahlungen eingestellt oder Konkurs gemacht hat.

Art. 523. Die Vorlegungsfrist von acht Tagen (Art. 522) verlängert sich bis auf zwölf Tage, wenn der Aussteller im Ausland wohnt.

Art. 524. Die Honorierung des Schecks wird vom Bezogenen mittels der Vorlegung verlangt.

Der Zahlungsempfänger hat mit Datum und Unterschrift zu quittieren.

Art. 525. Scheckduplikate dürfen nur nach Vernichtung der Originale nach deren Fälligkeit mit Zustimmung des Bezogenen ausgegeben werden.

Art. 526. Der Aussteller sowie jeder rechtmäßige Inhaber des Schecks kann verlangen, daß die Zahlung nur an einen Bankier oder an eine bestimmte Gesellschaft erfolge; hierzu hat er quer über die Vorderseite des Schecks den Namen des Bankiers oder der Gesellschaft oder bloß die Worte „y Co." zu schreiben.

Zahlt der Bezogene unbefugt an jemand anders als den angegebenen Bankier oder die Gesellschaft, so wird er von seiner Verbindlichkeit nicht befreit.

Art. 527. Die Bestimmungen des Handelsgesetzbuchs über die gesamtschuldnerische Haftung des Ausstellers und der Indossanten, den Protest und die Wechselklage finden auf den Scheck Anwendung.

Art. 528. Auf die talones genannten Zahlungsanweisungen auf ein Kontokorrent bei einer Bank oder Handelsgesellschaft finden die vorstehenden Bestimmungen entsprechende Anwendung.

29. Italien.

A. Der gewöhnliche Scheck.

Aus dem Codice di commercio vom 2. April 1882.

Von der Bankanweisung (Scheck).[1])

Art. 339. Wer Geldsummen bei einem Kreditinstitut oder einem Kaufmann zur Verfügung stehen hat, kann zu seinen eigenen oder eines Dritten Gunsten durch eine Bankanweisung (Scheck) darüber verfügen.

Art. 340. Die Bankanweisung muß die zu zahlende Summe angeben, datiert und vom Aussteller unterschrieben sein.

Sie kann auf den Inhaber ausgestellt sein.

Sie kann auf Sicht oder in einer Frist von höchstens zehn Tagen, von der Vorlegung an gerechnet, zahlbar sein.

---

[1]) assegno bancario, check.

Art. 341. Alle Bestimmungen, die das Giro, den Aval, die Unterschriften nicht wechselfähiger Personen, die falschen oder gefälschten Unterschriften, die Verfallzeit und die Zahlung des Wechsels, den Protest, den Anspruch gegen den Aussteller und die Giranten und die verloren gegangenen Wechsel betreffen, finden auf die Bankanweisung Anwendung.

Art. 342. Der Inhaber der Bankanweisung muß sie dem Bezogenen innerhalb acht Tage von der Ausstellung an zur Zahlung vorlegen, wenn sie in dem Orte, in welchem sie zahlbar ist, ausgestellt ist, und innerhalb vierzehn Tage, wenn sie auf einen anderen Ort gezogen ist.

Der Tag der Ausstellung wird nicht mitgerechnet.

Die Vorlegung der Bankanweisung auf Frist wird durch das datierte und von dem Bezogenen unterschriebene Wort „gesehen" (visto) oder in dem in Kap. I Abschn. VIII vorgeschriebenen Formen[1]) festgestellt.

Art. 343. Der Inhaber der Bankanweisung, der sie nicht innerhalb der im vorigen Artikel festgesetzten Fristen vorlegt oder nicht ihre Einlösung zur Verfallzeit fordert, verliert seinen Anspruch gegen die Giranten. Er verliert auch den Anspruch gegen den Aussteller, wenn nach dem Ablaufe der obengenannten Fristen die Verfügungsgewalt über die Summe durch die Schuld des Bezogenen verloren gegangen ist.

Art. 344. Wer eine Bankanweisung ohne Datum oder mit falschem Datum oder ohne daß die Summe bei dem Bezogenen verfügbar ist, ausstellt, wird mit einer Geldstrafe belegt, die dem zehnten Teile der in der Bankanweisung angegebenen Summe gleichkommt, unbeschadet der schwereren im Strafgesetzbuch bestimmten Strafen.

B. Der Zirkularscheck (assegno circolare).[2])

Königliche Verordnung mit Gesetzeskraft (decreto-legge) vom 7. Oktober 1923 über die Zirkularschecks (Nr. 2383).

Art. 1. Der Zirkularscheck ist ein Orderpapier, das von einem hierzu ermächtigten Kreditinstitut ausgestellt wird und auf Sicht bei allen vom Aussteller angegebenen Stellen zahlbar ist.

---

[1]) Diese Formen betreffen den Protest.

[2]) Die Ausführungsbestimmungen des Finanzministeriums Nr. 180 sind vom 15. November 1923.

Der Zirkularscheck ist kein echter Scheck, sondern ähnlich dem amerikanischen traveller check ein durch Indossament übertragbares, der Annahme fähiges Zahlungsversprechen eines hierzu besonders ermächtigten Kreditinstituts usw.

Literatur: DJZ. 1925, 1020; Auslandsrecht 5, 7. Vivante in der Rivista di diritto commerciale 1923 I 658. Giannuzzi in der Bankwissenschaft 2, 559, 603, 646.

Art. 2. Die wesentlichen Erfordernisse des Zirkularschecks sind folgende:

1. Datum und Ort der Ausstellung,
2. die Bezeichnung als Zirkularscheck (assegno circolare) im Text des Papiers,
3. der Name des Empfängers,
4. der Betrag der zu zahlenden Summe,
5. die Unterschrift des ausstellenden Instituts.

Das Fehlen eines dieser Erfordernisse bewirkt die Nichtigkeit der Eigenschaft als Zirkularscheck und aller sich daran knüpfender juristischer und fiskalischer Folgen.

Art. 3. Der Zirkularscheck darf nur auf Grund verfügbarer, bei dem ausstellenden Institut im Zeitpunkt der Ausgabe vorhandener Beträge ausgegeben werden.

Art. 4. Das Institut kann zum Zwecke der Aushändigung der seinen Bestätigungsvermerk (visto) tragenden Zirkularschecks einen Korrespondenten besonders ermächtigen, der den Scheck als Stellvertreter des Instituts unterzeichnet.

Art. 5. Der Zirkularscheck kann mit der Klausel „unübertragbar" („non transferibile") ausgestellt und indossiert werden. In diesem Falle darf der Scheckbetrag nur von demjenigen erhoben werden, der den Scheck unter dieser Klausel erhalten hat, sowie von einem Bevollmächtigten mit schriftlicher Vollmacht oder auch von einer Bank, der der Nehmer den Scheck zum Inkasso indossiert hat. Nachstehende Indossamente sind ohne Rechtswirkung.

Das gleiche gilt, wenn die Klausel „unübertragbar" („non transferibile") gestrichen ist. Die Bank, die den Zirkularscheck jemandem honoriert, der zur Erhebung nicht berechtigt ist, bleibt dafür haftbar.

Diese Bestimmungen gelten in gleicher Weise für die vaglia cambiari (Bankwechsel der italienischen Bankinstitute) und alle andern von den Emissionsbanken ausgegebenen Titel des Art. 19 des neugefaßten Titels vom 28. April 1910.

Art. 6. Ein Zirkularscheck, der auf seiner Vorderseite zwei parallele Querstriche trägt, darf nur einem Bankier honoriert werden. Steht zwischen den Querstrichen der Name eines Bankiers, so darf der Scheck nur diesem Bankier oder einem andern Bankier honoriert werden, dem der erstere ihn zum Inkasso indossiert hat.

Der Scheck kann vom Aussteller, vom Nehmer und jedem Indossanten gekreuzt werden.

Der Nehmer und jeder Indossant können zwischen die Querstriche den Namen eines Bankiers setzen, selbst wenn die Querstriche von einem vorhergehenden Nehmer herrühren. Der Inhaber eines Schecks darf weder die Kreuzung noch den Namen des Bankiers streichen oder diesen ändern. Streichungen und Änderungen des Namens sind ohne Rechtswirkung.

Honoriert der Aussteller einen gekreuzten Scheck einem Nichtbankier oder einen speziell gekreuzten Scheck einem andern als dem bezeichneten Bankier oder seinem Inkassoindossatar, so bleibt er dafür haftbar.

Art. 7. Die wechselrechtlichen Bestimmungen des Handelsgesetzbuchs über das Indossament, die Zahlung, den Protest, die Verjährung, das Aufgebot und die Klage gegen den Aussteller und die Indossanten, über falsche Wechsel und die Unterschriften Geschäftsunfähiger finden auf dem Zirkularscheck Anwendung, soweit sie nicht dieser Verordnung widersprechen.

Art. 8. Verlangt der Inhaber eines Zirkularschecks nicht binnen dreißig Tage vom Ausstellungsdatum an seine Einlösung, so verliert er seine Regreßansprüche gegen Aussteller und Indossanten.

Liegt der auf dem Scheck angegebene Zahlungsort nicht in Europa, so beträgt die Frist drei Monate.

Art. 9. Zur Ausgabe von Zirkularschecks können ermächtigt werden die ordentlichen Kreditinstitute, Kreditgenossenschaften, Sparkassen und Leihhäuser, die regelmäßig mindestens zweimal im Jahre eine Bilanz veröffentlicht haben, und deren Kapital und gesetzliche Reserven nach der letzten veröffentlichten Bilanz mindestens zehn Millionen Lire betragen. Zugunsten von ordentlichen Sparkassen und Leihhäusern, die beim Inkrafttreten dieser Verordnung das Recht zur Ausgabe von Zirkularschecks besitzen, kann in Ausnahmefällen mit Ermächtigung des Finanzministeriums im Einvernehmen mit dem Volkswirtschaftsministerium von dem Erfordernis der Zehnmillionengrenze abgesehen werden.

Diejenigen Institute, die am Tage des Inkrafttretens dieser Verordnung bereits Zirkularschecks ausgeben, haben binnen eines Monats an das Finanzministerium einen Antrag zu stellen, das binnen 45 Tage im Einvernehmen mit dem Volkswirtschaftsministerium die Ermächtigung zur Fortsetzung der Ausgabe gemäß den Bestimmungen dieser Verordnung erteilen kann.

Art. 10. Ordentliche Kreditinstitute, Kreditgenossenschaften, Sparkassen und Leihhäuser, die Zirkularschecks ausgeben wollen, haben einen Antrag an das Finanzministerium zu stellen, das binnen 45 Tage im Einvernehmen mit dem Volkswirtschaftsministerium die Ermächtigung gewähren oder versagen wird; die Entscheidung ist endgültig.

Art. 11. Die in Artt. 9, 10 erwähnten Institute haben in den ersten beiden Wochen eines jeden Zeitraums von zwei Monaten (Bimester) bei einer Emissionsbank einen Betrag von 40% des durchschnittlichen Umlaufs an Zirkularschecks während des vorhergehenden Bimesters in Schatzscheinen oder Staatspapieren zu deponieren; die Form und näheren Umstände bestimmt das Finanzministerium im Einvernehmen mit dem Volkswirtschaftsministerium.

Im ersten Bimester muß die Hinterlegungssumme 10% der in Art. 9 erwähnten Summe von Kapital und gesetzlichen Reserven betragen, bis zum Betrage von 2 Millionen Lire. Werden die von einem Kreditinstitut ausgegebenen Schecks nicht vollständig eingelöst, so daß ein unbezahlter Betrag verbleibt, der die sich aus der letzten veröffentlichten Bilanz ergebende Summe von Kapital und gesetzlichen Zinsen übersteigt, so ist der Überschuß des Umlaufs durch Hinterlegung von Papieren nach Vorschrift des ersten Absatzes voll zu decken.

Art. 12. Der Umlauf an Zirkularschecks unterliegt einer jährlichen Steuer von 4‰; eine Zusatzsteuer wird nicht erhoben.

Diese Steuer tritt an Stelle der Emissions-, Indossaments- und Quittungssteuer des neugefaßten Textes der Steuergesetze. Die Ausgabeinstitute haben sie in den ersten 45 Tagen eines jeden Bimesters vom durchschnittlichen Umlauf des vorhergehenden Bimesters zu entrichten.

Die Steuer wird auf Grund der Monatsausweise berechnet, in denen der Umlauf an Zirkularschecks spezialisiert aufzuführen ist. Alle Institute, die Zirkularschecks ausgeben, auch diejenigen, die der Verpflichtung des Art. 171 des Handelsgesetzbuchs [1]) nicht unterstehen, haben ihre Monatsausweise gemäß den Vorschriften des Art. 12 abzufassen.

Ein Exemplar des Ausweises muß spätestens einen Monat nach demjenigen Monat, auf den er sich bezieht, dem Finanz- und dem Volkswirtschaftsministerium eingereicht werden.

An den Bestimmungen über die vaglia cambiari (Bankwechsel der italienischen Bankinstitute) und die anderen im Art. 19 des neugefaßten Textes vom 28. April 1910 (Nr. 204) genannten, von den Emissionsbanken ausgestellten Papiere wird hiermit nichts

---

1) (Aus dem Abschnitt über die Aktiengesellschaften und die Kommanditgesellschaften auf Aktien.)

Art. 171. Die Ausgabe von Inhaber- oder Namensschuldverschreibungen über den Betrag des ausgezahlten und nach der letzten nachgeprüften Bilanz noch vorhandenen Kapitals hinaus ist unzulässig.

Dieser Satz kann jedoch überschritten werden, wenn der überschießende Betrag durch Hinterlegung von auf den Namen lautenden Staats-, Provinzial- oder Kommunalpapieren mit entsprechendem Fälligkeitstermin bei der Depositen- und Darlehenskasse in der Art gedeckt ist, daß die Papiere bis zur Tilgung der Schuldverschreibungen hinterlegt bleiben.

Die Bestimmungen über die Ausgabe von Banknoten und ähnlichen Papieren bleibt Sondergesetzen vorbehalten.

Die Bestimmungen des ersten Teils dieses Artikels finden keine Anwendung auf Wechsel, Depotbücher, Namensbons oder andere aus Einzelgeschäften herrührende Schuldtitel.

geändert; die jährliche Steuer bleibt auf 2,70 ‰ festgesetzt; eine Zusatzsteuer wird nicht erhoben.

Art. 13. Unabhängig von den zu fiskalischen Zwecken vorgenommenen Prüfungen kann das Finanzministerium Berechnungen und Prüfungen anordnen, die auf sein Ersuchen durch Beamte des Volkswirtschaftsministeriums vorzunehmen sind.

Art. 14. Zuwiderhandlungen gegen die vorstehenden Artikel werden mit Geldstrafe bis zum zehnten Teil des Betrages der unzulässigerweise ausgegebenen Schecks und bis zum zehnfachen der Steuer derjenigen Schecks bestraft, die im Monatsausweis nicht angeführt sind.

In besonders schweren Fällen und im Rückfall kann das Finanzministerium im Einvernehmen mit dem Volkswirtschaftsministerium dem Institut die Ermächtigung zur Ausgabe von Zirkularschecks und ähnlichen Papieren entziehen.

Bleibt das Institut mit der Entrichtung der zweimonatlichen Steuer in Verzug, so hat es seinen vom zuständigen Steueramt festzusetzenden Zuschlag von bis zu 12% der rückständigen Steuer zu entrichten.

Die im Abs. 1 dieses Artikels vorgesehene Geldstrafe wird durch vorläufig vollstreckbare Verfügung des Finanzministeriums im Einvernehmen mit dem Volkswirtschaftsministerium festgesetzt. Dem Ausgabeinstitut steht der Antrag auf richterliche Entscheidung zu, sobald der Betrag der Strafe entrichtet ist.

Art. 15. Alle zurzeit geltenden Bestimmungen über Zirkularschecks bleiben in Geltung, soweit sie nicht dieser Verordnung widersprechen. Die Artt. 32, 170 des Generaltarifs im Anhang zum neugefaßten Text des Steuergesetzes vom 6. Januar 1918 (Nr. 135) werden aufgehoben.

Art. 16. Die Bestimmungen dieser Verordnung treten — auch in den neuerworbenen Landesteilen — am 1. November 1923 in Kraft.

Art. 17. Diese Verordnung ist dem Parlament zur Umwandlung in ein Gesetz vorzulegen.

30. Indien.

In Indien gilt auf Grund der Negotiable Instruments Act vom 9. Dezember 1881 ein dem englischen ähnliches Scheckrecht.

31. Irland.

In Irland gilt, obwohl es heute ein selbständiger Freistaat ist, die englische Bills of Exchange Act von 1882 (vgl. oben XIII 21 S. 370).

32. Japan.

Auszug aus dem japanischen Handelsgesetzbuch vom 16. Juni 1889 in der Fassung des Gesetzes vom 2. Mai 1911.

4. Abschnitt. Der Scheck.

Art. 530. Der Scheck muß vom Aussteller unterschrieben sein und enthalten:

1. die Bezeichnung als Scheck;
2. eine bestimmte Summe;
3. den Namen oder die Firma des Bezogenen;
4. den Namen oder die Firma des Empfängers oder die Angabe, daß der Scheck an den Inhaber zu zahlen ist;.
5. einen unbedingt klaren Zahlungsauftrag;
6. das Ausstellungsdatum;
7. den Zahlungsort.

Art. 531. Aufgehoben.

Art. 532. Der Scheck ist bei Sicht zahlbar.

Art. 533. Der Inhaber hat den Scheck binnen 10 Tage vom Ausstellungsdatum an vorzulegen.

Wenn der Inhaber den Scheck nicht innerhalb dieser Zeit zur Zahlung vorlegt, verliert er seine Ansprüche gegen die vorstehenden Indossanten.

Art. 533 A. Der Aussteller eines Schecks kann den Zahlungsauftrag vor Ablauf der Vorlegungsfrist nicht widerrufen.

Der Bezogene hat den Scheck auch nach Ablauf der Vorlegungsfrist zu honorieren.

Art. 533 B. Legt der Inhaber den Scheck einer Abrechnungsstelle vor, der der Bezogene angehört, so hat diese Vorlegung dieselbe Rechtswirkung wie die Vorlegung zur Zahlung.

Art. 534. Um die Ansprüche gegen die vorstehenden Indossanten geltend zu machen, genügt es, wenn der Inhaber anstatt einen Protest mangels Zahlung erheben zu lassen, den Bezogenen innerhalb der Vorlegungsfrist ersucht, auf dem Scheck seine Zahlungsweigerung mit Datum und Unterschrift zu vermerken.

Das gleiche gilt, wenn die Abrechnungsstelle bestätigt, daß der Scheck innerhalb der Vorlegungsfrist vorgelegt worden ist und der Bezogene die Zahlung verweigert hat.

Art. 534. A. Die Abrechnungsstelle, wie sie die beiden vorstehenden Artikel erwähnen, hat der Justizminister zu bezeichnen.

Art. 535. Schreibt der Aussteller oder der Inhaber eines Schecks auf die Vorderseite zwischen zwei parallele Linien das Wort „Bank" oder ein anderes gleichbedeutendes Wort, so darf der Bezogene nur an eine Bank zahlen.

Schreibt der Aussteller oder der Inhaber zwischen die parallelen Linien die Firma einer bestimmten Bank, so darf der Bezogene nur an diese Bank zahlen. Die Bank kann ihre eigene Firma streichen und durch Einsetzung der Firma einer anderen Bank diese mit dem Inkasso beauftragen.

Art. 536. Der Aussteller eines Schecks wird mit einer Geldstrafe von 5—1000 Yen bestraft, wenn der Betrag des von ihm ausgestellten Schecks das bei dem Bezogenen verfügbare Guthaben übersteigt.

Art. 537. Die Bestimmungen der Artikel 446, 447, 449a, 452, 452a, 455, 457, 459, 464, 483, 484, 486, 489a, 491, 492, 495, 514, 515a, 550 und 557 finden auf den Scheck Anwendung.

446. Wenn der in dem Hauptbestandteile des Wechsels[1]) angegebene Geldbetrag von dem in einem anderen Teile angegebenen Geldbetrage verschieden ist, so bildet der in dem Hauptbestandteil angegebene Betrag die Wechselsumme.

452. Wenn der Aussteller auf dem Wechsel keinen Zahlungsort angegeben hat, so ist der auf dem Wechsel als Wohnort des Bezogenen angegebene Ort Zahlungsort.

455. Der gezogene Wechsel kann, auch wenn er auf eine bestimmte Person lautet, durch Indossament weiterbegeben werden, es sei denn, daß der Aussteller auf der Urkunde die Indossierung besonders untersagt hat.

457. Das Indossament besteht darin, daß auf dem Wechsel, einer Wechselabschrift oder dem Verlängerungszettel der Name oder die Firma des Indossatars und das Datum des Indossaments geschrieben wird, und der Indossant seinen Namen dazu setzt.

Das Indossament kann auch durch die bloße Namenszeichnung des Indossanten erfolgen. In diesem Falle können weitere Übertragungen des Wechsels durch die bloße Übergabe der Urkunde bewirkt werden.

459. Der Indossant kann bei Vornahme des Indossaments hinzufügen, daß er keine wechselmäßige Haftung übernehme.

460. Wenn ein Indossant bei Vornahme des Indossaments hinzufügt, daß er die Weiterindossierung untersage, so entsteht für diesen Indossanten keine wechselmäßige Haftung gegenüber den Nachmännern des Indossatars.

461. Wenn ein Indossant den Wechsel durch bloße Namenszeichnung indossiert hat, so kann der Inhaber sich selbst zum Indossatar machen.

462. Wenn der Inhaber ein Indossament vornimmt, nachdem die Frist für die Aufnahme der Zahlungsablehnungsurkunde verflossen ist, so erlangt der Indossatar nur die Rechte, welche der Indossant gehabt hat. Für den Indossanten entsteht in diesem Falle keine wechselmäßige Haftung.

464. Der Inhaber eines indossierten Wechsels kann sein Recht nur ausüben, wenn die Indossamente eine ununterbrochene Reihe bilden. Bei einem durch bloße Namenszeichnung vorgenommenen Indossament wird es jedoch so angesehen, als ob der nächste Indossant den Wechsel durch dieses Indossament erworben habe.

---

[1]) Der Ausdruck „Wechsel" ist überall, wo kein Mißverständnis zu besorgen ist, für „gezogenen Wechsel" gebraucht.

483. Die Zahlung braucht nur gegen Aushändigung des Wechsels zu geschehen.

Derjenige, welcher Zahlung leistet, kann vom Inhaber verlangen, daß er über den Empfang auf dem Wechsel namensunterschriftlich quittiere.

484. Auch wenn die Annahme sich auf den ganzen Betrag der Wechselsumme erstreckt, darf der Inhaber eine Teilzahlung nicht ablehnen.

Wenn nur ein Teil der Wechselsumme gezahlt wird, so muß der Inhaber diese Tatsache auf dem Wechsel vermerken und eine Abschrift davon, nachdem er sie unterzeichnet hat, dem Betreffenden aushändigen.

486. Wenn der Bezogene den Wechsel nicht zahlt, so kann der Inhaber von seinen Vormännern Ersatz verlangen.

487. Wenn der Wechselinhaber den im vorstehenden Artikel bezeichneten Anspruch geltend machen will, so muß er den Wechsel dem Bezogenen zur Zahlung vorlegen, und, wenn Zahlung nicht erfolgt, am Verfalltag oder innerhalb der zwei darauf folgenden Tage die Zahlungsablehnungsurkunde aufnehmen lassen, und spätestens am Tage nach der Aufnahme der Ablehnungsurkunde demjenigen, von welchem er Ersatz verlangen will, Anzeige von dem Ersatzanspruche machen.

Wenn der Inhaber es unterläßt, so wie vorstehend bestimmt, zu verfahren, so verliert er sein wechselmäßiges Recht gegenüber den Vormännern.

488. Wenn ein Indossant von einem Nachmanne die im Artikel 487, I vorgesehene Anzeige erhalten hat, so kann er seinerseits den Vormännern gegenüber den Ersatzanspruch geltend machen.

In diesem Falle hat er demjenigen, von welchem er Ersatz verlangen will, spätestens am Tage, nachdem er selbst die Anzeige erhalten hat, anzuzeigen, daß er Ersatz von ihm beanspruche.

489. Gegen denjenigen, welcher die Aufnahme der Ablehnungsurkunde erlassen hat, behält der Wechselinhaber sein wechselmäßiges Recht, selbst wenn er keine Zahlungsablehnungsurkunde aufnehmen läßt.

Der Erlaß der Aufnahme der Ablehnungsurkunde befreit nicht von der Haftung für die Kosten, wenn der Wechselinhaber trotzdem eine solche Urkunde aufnehmen läßt.

491. Der Wechselinhaber kann den Ersatz des folgenden Betrags verlangen:

1. die nicht bezahlte Wechselsumme nebst gesetzlichen Zinsen von dem Verfalltage;
2. die für die Aufnahme der Ablehnungsurkunde entrichteten Gebühren sowie sonstige Kosten.

Im Falle der Verschiedenheit des Wohnorts des Ersatzpflichtigen und des Zahlungsorts wird dieser Betrag nach dem Kurse eines vom Zahlungsort auf den Wohnort des Ersatzpflichtigen ausgestellten Sichtwechsels berechnet. Wenn es an dem Zahlungsort einen solchen Kurs nicht gibt, so ist der Kurs eines auf den dem Wohnorte des Ersatzpflichtigen nächsten Ort ausgestellten Sichtwechsels für die Berechnung maßgebend.

492. Ein Indossant, gegen welchen der Ersatzanspruch geltend gemacht worden ist, kann seinerseits Ersatz für folgende Beträge verlangen:

1. den von ihm gezahlten Geldbetrag nebst gesetzlichen Zinsen vom Tage der Zahlung;
2. die gehabten Kosten.

Die Bestimmung des Artikel 491, 2 findet auf den vorstehenden Fall entsprechende Anwendung.

495. Der Ersatz braucht nur gegen Aushändigung des Wechsels, der Zahlungsablehnungsurkunde und der Ersatzrechnung geleistet zu werden.

Der Ersatzleistende kann vom Empfänger verlangen, daß er auf der Ersatzrechnung namensunterschriftlich quittiere.

496. Die Bestimmungen des Artikel 478, 2 finden auf den Ersatzanspruch entsprechende Anwendung.

514. Die Aufnahme der Ablehnungsurkunde erfolgt durch einen Notar oder Gerichtsvollzieher auf Antrag des Wechselinhabers.

515. Die Ablehnungsurkunde muß enthalten:

1. die im Wechsel, einer Wechselabschrift und im Verlängerungszettel vermerkten Tatsachen;
2. den Namen oder die Firma des Ablehners und des Ablehnungsgegners;
3. den Inhalt der an den Ablehner gerichteten Aufforderung und die Feststellung, daß der Ablehner dieser Aufforderung nicht nachgekommen ist, oder den Grund, aus welchem er nicht angetroffen wurde;
4. den Ort und das Datum, an welchem die unter Nr. 3 bezeichnete Aufforderung an den Ablehner gerichtet worden ist bzw. nicht gerichtet werden konnte;
5. wenn die Handelsniederlassung, der Wohnort oder Aufenthaltsort des Ablehners unbekannt ist, die Feststellung, daß an Ort und Stelle bei den staatlichen oder örtlichen Behörden Nachforschungen angestellt worden sind;
6. wenn die Ablehnungsurkunde an einem anderen als dem gesetzlich vorgeschriebenen Orte aufgenommen wird, die Feststellung, daß der Ablehner seine Einwilligung dazu erteilt hat;
7. wenn eine Hilfsannahme oder eine Hilfszahlung erfolgt ist, die Art des Hilfseintritts und den Namen oder die Firma

des Hilfsannehmers oder Hilfszahlers und desjenigen, zu dessen Gunsten der Hilfseintritt erfolgt ist.

Der Notar oder Gerichtsvollzieher muß die Urkunde unterschreiben.

517. Der Notar oder Gerichtsvollzieher, welcher eine Ablehnungsurkunde aufgenommen hat, muß den gesamten Inhalt des Schriftstücks in sein Ablehnungsurkundenbuch eintragen.

Wenn die Ablehnungsurkunde in Verlust geraten ist, so können die Interessenten eine Abschrift verlangen. Diese Abschrift hat die gleiche rechtliche Wirkung wie die Urschrift.

33. Kanada.

In Kanada gelten die Statuts révisés, 1906, proclamés et publiés en conformité de la loi 3. Edouard VII, chap. 61 (1903), die im wesentlichen englisches Scheckrecht enthalten (vgl. oben XIII 21 S. 370).

34. Kapland.

In Kapland gilt das Gesetz Nr. 19 von 1893, das sich im wesentlichen an die englische Bills of Exchange Act, 1882, anlehnt; vgl. oben XIII 21 S. 370.

35. Lettland.

Gesetz vom 18. März 1921.

In der Fassung des Gesetzes vom 16. Mai 1923.

Art. 1. Der Scheck ist ein vom Aussteller einem Kreditinstitut (dem Bezogenen) erteilter schriftlicher Auftrag, die angegebene Summe zu Lasten seines Kontokorrents oder offenen Kredits dem Inhaber zu zahlen. Der Scheck muß auf ein Formular geschrieben werden, daß der Bezogene liefert.

Art. 2. Der Scheck muß enthalten:

1. Tag, Monat, Jahr und Ort der Ausstellung,
2. die Bezeichnung als Scheck,
3. die zu zahlende Summe, mit der Hand oder auf eine andere schwer zu fälschende Art in Zahlen und ganz in Buchstaben geschrieben,
4. den Namen oder die Firma des Bezogenen,
5. die Unterschrift des Ausstellers.

Schecks zur Übertragung von Beträgen von einem Konto eines Kreditinstituts auf ein anderes müssen quer den Vermerk „nur zur Verrechnung" tragen. Ein solcher Scheck gilt als gekreuzt und ist dem Inhaber nicht zu honorieren.

Ein Umsatzscheck (Sola-Scheck), den ein Kreditinstitut auf sich selbst ausgestellt hat, damit dieser Scheck dem Inhaber als Zahlungsmittel und an Stelle des in Umlauf befindlichen Geldes dienen soll, muß mit der Aufschrift „Umsatzscheck" (apgrozibas čeks) sowie mit der Unterschrift und der Bestätigung des Kreditinstituts versehen sein.

Ein Scheck gilt als Umsatzscheck, falls auf ihm eine unterschriebene Bestätigung des bezogenen Kreditinstituts des Inhalts vorhanden ist, daß das Kreditinstitut den im Scheck angegebenen Betrag dem Inhaber zahlen werde (akzeptierter Scheck).

Art. 3. Der Scheck kann auf den Inhaber oder auf eine bestimmte Person und deren Order lauten; auch auf den Namen des Ausstellers kann ein Scheck ausgestellt werden. Ist der Empfänger nicht namentlich bezeichnet, so gilt der Scheck als auf den Inhaber gestellt.

Art. 4. Ein Namensscheck gilt gleichfalls als an Order der bezeichneten Person gestellt, selbst wenn dies nicht besonders erwähnt ist. Dies gilt nicht für die Verrechnungsschecks im Sinne des Art. 2 Abs. 2.

Art. 5. Der Scheck ist bei Sicht zahlbar, auch wenn dies nicht ausdrücklich gesagt ist.

Art. 6. Der Scheck muß binnen zehn Tagen, den Tag der Ausstellung nicht mitgerechnet, zur Zahlung vorgelegt werden.

Endet die Frist an einem Feiertag, so kommt der nächste Tag in Betracht, der kein Feiertag ist.

Bemerkung: Die Vorlegungsfrist für auswärtige Schecks beträgt zwei Monate. Die Umlaufsfrist für Schecks der Bank von Lettland (Latvijas Banka) auf sich selbst beträgt ein Jahr.

Art. 7. Ein Scheck kann vom Aussteller nicht widerrufen werden, bevor die Vorlegungsfrist abgelaufen ist.

Art. 8. Legt der Inhaber den Scheck nicht innerhalb der gesetzlichen Frist (vgl. Art. 6) vor, so verliert der Scheck seine Gültigkeit.

Hat der Inhaber die Vorlegungsfrist verstreichen lassen, so verliert er nicht seine Ansprüche gegen den Aussteller. Ist die Nichtinnehaltung der Frist dem Inhaber zuzurechnen, so ist der Aussteller berechtigt, Schadenersatz für die ihm erwachsenden Rechtsnachteile zu verlangen.

Art. 9. Wird Zahlung verweigert, so hat der Bezogene dies durch seine Unterschrift auf dem Scheck selbst oder ein Zertifikat zu bescheinigen, das Datum und Stunde der Vorlegung und den Grund der Weigerung angibt. Ein solches Zertifikat eines Kreditinstituts ist einem notariellen Protest gleichbedeutend.

Weigert der Bezogene sich, ein solches Zertifikat auszustellen, so ist dies spätestens am Tage nach dem Ablauf der Vorlegungsfrist von einem Notar festzustellen. In diesem Fall haftet der Bezogene für die Notargebühren.

Art. 10. Die Reihenfolge und der Umfang der Haftung der Indossanten und die Stundung richten sich nach den Bestimmungen der Wechselordnung, soweit diese den Bestimmungen dieses Gesetzes nicht widersprechen.

Art. 11. Der Aussteller ist dem Inhaber schadensersatzpflichtig, wenn der Scheck mangels Guthabens nicht eingelöst wird; ist er bösgläubig, so haftet er unter dem Gesichtspunkt des Betruges.
Art. 12. Verweigert der Bezogene die Einlösung eines Schecks, obgleich ein hinreichendes Guthaben oder Kredit vorhanden ist, so ist er schadenersatzpflichtig.
Art. 13. Die Zahlung erfolgt gegen Vorlegung des Schecks. Lautet der Scheck auf eine bestimmte Person und an Order, so hat der Vorlegende seine Unterschrift auf den Scheck zu setzen.
Art. 14. Der Tod des Ausstellers berechtigt den Bezogenen nicht, Zahlung zu verweigern.
Art. 15. Hat der Bezogene Kenntnis von der Tatsache, daß der Aussteller für zahlungsunfähig erklärt worden oder daß ein Verwalter über sein Vermögen ernannt worden ist, so hat er Zahlung zu verweigern.
Art. 16. Geht ein Scheck verloren oder wird er gestohlen, so hat der Inhaber den Aussteller und den Bezogenen zu benachrichtigen.

Bestätigt der Aussteller dem Bezogenen, daß der Betreffende tatsächlich rechtmäßiger Inhaber des Schecks war, so muß die Honorierung des Schecks bei Vorlegung verweigert werden. Die Honorierung eines solchen Schecks an den Vorlegenden durch den Aussteller erfolgt nur, wenn das Aufgebotsverfahren erledigt ist.
Art. 17. Hat der Bezogene bei der Honorierung eines gefälschten Schecks fahrlässig gehandelt, so ist er schadenersatzpflichtig.
Art. 18 (aufgehoben).
Art. 19. Schecks sind stempelfrei.

36. Liberia.

Ein Scheckgesetz besteht nicht.

37. Liechtenstein.[1])

Liechtensteinisches Zivilgesetzbuch (**Liechtensteinisches Landesgesetzblatt 1926, Nr. 4**).

Dritter Teil. Das Personen- und Gesellschaftsrecht **vom 20. Januar 1926.**

Schlußabteilung

Einführungs- und Übergangsbestimmungen.

S. Die Wertpapiere.

Fünfter Abschnitt.

Der Check.

A. Wesentliche Erfordernisse des Checks. **§ 106.**

Die wesentlichen Erfordernisse eines Checks (Schecks) sind:

---

1) Durch freundliche Vermittelung von Herrn Rechtsanwalt Dr. W. Beck in Vaduz.

1. Die Bezeichnung als „Check“ beziehungsweise als „Scheck“,
2. Die Anweisung auf eine in Worten ausgesetzte zu zahlende Geldsumme,
3. die Unterschrift des Ausstellers mit seinem Namen oder mit seiner Firma,
4. die Angabe des Ortes, des Jahres und des Monatstages der Ausstellung,
5. der Name der Person oder Firma, die Zahlung leisten soll,
6. die Angabe des Ortes, wo die Zahlung geschehen soll.

Der bei dem Namen oder der Firma des Bezogenen angegebene Ort gilt für den Check als Zahlungsort und zugleich als Wohnort des Bezogenen.

B. Deckungserfordernisse. § 107.

Ein Check darf nur ausgestellt werden, wenn der Aussteller über den angewiesenen Betrag bei dem Bezogenen sofort zu verfügen das Recht hat.

Der Bezogene ist zur Zahlung auch eines bei ihm für den Aussteller verfügbaren Teilbetrages verpflichtet, falls der Inhaber sie annehmen will.

Wer einen Check ausstellt, ohne bei dem Bezogenen für den angewiesenen Betrag Verfügungsberechtigung zu besitzen, hat dem Inhaber des Checks außer dem verursachten Schaden fünf vom Hundert der angewiesenen Summe zu vergüten.

C. Bezeichnung des Remittenten. § 108.

Die Ausstellung des Checks kann an eine bestimmte Person oder an deren Order oder an den Inhaber geschehen.

Er ist, falls er auf einen bestimmten Namen lautet, nur dann nicht Orderpapier, wenn die Indossierung durch die Worte „nicht an Order“ oder einen gleichbedeutenden Ausdruck ausgeschlossen wird.

Ist niemand genannt, an den bezahlt werden soll oder sind dem Namen des Berechtigten die Worte „oder an den Überbringer“ oder ein gleichbedeutender Zusatz beigefügt, so wird Ausstellung auf den Inhaber angenommen.

D. Verfallzeit und Ausschluß der Annahme. § 109.

Der Check ist auch dann auf Sicht zahlbar, wenn er eine andere oder keine Bestimmung über die Verfallzeit enthält.

Die Vorlegung zur Annahme und die Annahme finden bei dem Check nicht statt.

E. Frist der Präsentation zur Zahlung und Säumnisfolgen. § 110.

Die Frist für die Vorlegung zur Zahlung beträgt bei dem Check, der in Liechtenstein ausgestellt und zahlbar ist, zehn Tage, bei einem der in Liechtenstein ausgestellt, aber im Ausland zahlbar ist, zwei Monate.

Wird der Check innerhalb dieser Frist nicht vorgelegt, so erlischt der Rückgriff gegen die Indossanten und auch gegen den Aussteller.

Vorbehalten bleibt der Anspruch gegen den Aussteller aus ungerechtfertigter Bereicherung.

Der Ablauf der Vorlegungsfrist ist auf das Recht des Bezogenen, Zahlung zu leisten, ohne Einfluß.

F. Gefälschter Check. § 111.

Der aus der Einlösung eines falschen oder verfälschten Checks sich ergebende Schaden trifft den Bezogenen, sofern nicht dem in dem Check genannten Aussteller ein Verschulden zur Last fällt, wie namentlich eine unsorgfältige Verwahrung der ihm überlassenen Checkformulare.

G. Widerruf des Zahlungsauftrages. § 112.

Der Aussteller ist jederzeit berechtigt, den durch die Ausstellung des Checks erteilten Zahlungsauftrag zu widerrufen, mit der Wirkung, daß der Bezogene die Zahlung zu verweigern hat.

Der Aussteller bleibt aber dem gutgläubigen Inhaber des Checks für allen ihm aus dem Widerruf erwachsenden Schaden verantwortlich.

H. Konkurs des Ausstellers. § 113.

Der Check wird durch den Konkurs des Ausstellers dem Bezogenen gegenüber nicht widerrufen.

Nach Ausbruch des Konkurses über den Aussteller ist der Widerruf nicht mehr zulässig.

I. Allgemein und besonders gekreuzter Check. § 114.

Der Aussteller, sowie jeder Inhaber eines Checks kann durch quer über den Text angebrachte zwei Parallelstriche, zwischen welche die Worte „Bank" oder „und Compagnie" oder eine Abkürzung des letzteren Ausdruckes gesetzt werden können, verbieten, daß die Zahlung anders als einem Bankier oder an eine Bank erfolge (allgemein gekreuzter Check).

Wird zwischen die Parallelstriche der Name eines Bankiers oder einer Bank eingetragen, so darf die Zahlung nur an den genannten Bankier oder die genannte Bank erfolgen (besonders gekreuzter Check).

Ein solcher Kreuzvermerk kann weder aufgehoben noch abgeändert werden, mit der Ausnahme, daß der Inhaber eines allgemein gekreuzten Check auf den Namen eines bestimmten Bankiers oder einer bestimmten Bank kreuzen darf.

Die im Widerspruch mit dem Kreuzvermerke geleistete Zahlung befreit den Bezogenen nicht von seiner Haftung.

K. Verrechnungsscheck. I. Im allgemeinen. § 115.

Der Aussteller, sowie jeder Inhaber eines Checks kann durch den quer über die Vorderseite gesetzten Vermerk „Nur zur Verrechnung" oder durch einen gleichbedeutenden Ausdruck, verbieten, daß der Check bar bezahlt werde.

Der Bezogene darf in diesem Falle den Check nur durch Verrechnung einlösen.

Die Verrechnung gilt als Zahlung im Sinne des Gesetzes.

Das Verbot der baren Zahlung kann nicht widerrufen werden.

Die Übertretung des Verbots macht den Bezogenen für den dadurch verursachten Schaden verantwortlich.

II. Rechte des Inhabers. 1. Bei Konkurs, Zahlungseinstellung, Zwangsvollstreckung. § 116.

Der Inhaber eines Verrechnungsschecks ist befugt, vom Bezogenen Barzahlung zu verlangen und bei Nichtzahlung Rückgriff zu nehmen, wenn über dessen Vermögen der Konkurs eröffnet worden ist oder wenn er auch nur seine Zahlungen eingestellt hat oder wenn eine Zwangsvollstreckung in sein Vermögen fruchtlos verlaufen ist.

2. Bei Verweigerung der Gutschrift oder der Ausgleichung. § 117.

Der Inhaber eines Verrechnungsschecks ist ferner berechtigt, Rückgriff zu nehmen, wenn er nachweist, daß der Bezogene die bedingungslose Gutschrift ablehnt oder daß der Scheck von der Abrechnungsstelle des Zahlungsortes als zur Ausgleichung von Verbindlichkeiten des Inhabers ungeeignet erklärt worden ist.

L. Nachweis der Vorweisung. § 118.

Der Nachweis der rechtzeitigen, aber vergeblichen Vorweisung des Checks zur Zahlung oder zur Verrechnung kann außer durch den in der Wechselordnung vorgesehenen Protest auch durch eine auf den Check gesetzte, vom Bezogenen unterschriebene und den Tag der Vorweisung angebende Erklärung oder durch die Bescheinigung einer Abrechnungsstelle geleistet werden, daß der Check vor dem Ablauf der Vorweisungsfrist in die Abrechnungsstelle eingeliefert und nicht eingelöst oder verrechnet worden ist.

M. Anwendbarkeit des Wechselrechtes und dergl. § 119.

Die Bestimmungen über den gezogenen Wechsel gelten, soweit sie mit denjenigen dieses Abschnittes nicht im Widerspruch stehen, auch für den Check.

Insbesondere findet auf die Geltendmachung von Forderungen, die sich auf einen Check gründen, das Verfahren in Wechselstreitigkeiten Anwendung, wenn der Bezogene als Firma im Öffentlichkeitsregister eingetragen ist.

38. Litauen.[1])

(Nach Mitteilung des Herrn Universitätsdozenten O. v. Büchler in Kowno.)

Ein Scheckgesetz besteht nicht.

Es gilt im wesentlichen altes russisches Gewohnheitsrecht, durch die Rechtsprechung wenig entwickelt. Praktisch gelten etwa folgende Grundsätze:

---

[1]) Memel siehe unten XIII 43 S. 407.

Die Bezeichnung als Scheck ist wesentliches Erfordernis, nicht dagegen die Valutaklausel. Fehlt die Bezeichnung als Scheck, so kann die Urkunde evtl. eine Anweisung sein, nicht aber ein Scheck. Gleichfalls sind die Angabe des Ausstellungsorts und des Datums wesentliche Erfordernisse.

Der Aussteller kann die Gültigkeit des Schecks (und der Anweisung) auf eine bestimmte Zeit beschränken. Eine gesetzliche Vorlegungsfrist besteht nicht. Ist eine Vorlegungsfrist vorgeschrieben, so muß die Vorlegung und deren Rechtzeitigkeit urkundlich bewiesen werden, damit der Inhaber sein Regreßrecht dem Aussteller gegenüber geltend machen kann; der Beweis erfolgt durch notariellen Protest oder eine entsprechende Bescheinigung der Bank. Kann der Inhaber die rechtzeitige Vorlegung nicht beweisen, so kann er keinen Regreß auf den Aussteller nehmen (Senatsentscheidung 1900 Nr. 71) und wird sogar evtl. schadensersatzpflichtig (Konkurs der Bank! Seršenjević, Kursus des Handelsrechts, 5. Aufl. 1924, 2,500).

Bei Schecks (und Anweisungen), die mit dem Zusatz „an Order" oder „an Überbringer" ausgestellt sind, wird die Quittung des Empfängers verlangt.[1])

39. Luxemburg.

Ein Scheckgesetz besteht nicht.

Die Praxis geht angeblich dahin, die Vorlegungsfrist für Platzschecks auf drei, für Distanzschecks auf sechs Tage zu bemessen, den Ausstellungstag eingerechnet.

40. Malta.

Auszug aus der Ordonanza XIII von 1857 vom 2. Okt. 1857.

Art. 245. Anweisungen sowie auf Bankiers oder Kassenhalter gezogene Schecks (mandati o cheques sopra banchieri) müssen die zu zahlende Summe angeben und datiert sein; sie müssen auf eine benannte Person, auf Order oder auf den Überbringer lauten.

Art. 246. Legt der Inhaber eines Schecks ihn nicht binnen dreier Tage nach dem Ausstellungsdatum zur Zahlung vor, und verweigert der Bankier oder Kassenhalter nach Ablauf dieser drei Tage die Einlösung, so steht dem Inhaber, der den Scheck von einem Dritten erhalten hat, gegen diesen Dritten oder den Aussteller ein Regreßanspruch nicht zu, wenn der Aussteller nachweist, daß sein Guthaben bei dem Bankier oder Kassenhalter zur Deckung des Schecks genügte.

Subsidiär gilt englisches Scheckrecht (vgl. oben XIII 21 S. 370).

---

[1]) Nähere Ausführungen in der Gesetzgebung und Rechtspraxis des Auslandes 2, 127.

41. Marokko, französischer Teil.

(Tanger vgl. unten XIII 71 S. 461).

Extrait du Dahir formant Code de commerce promulgué le 30 août 1923.

Die Bestimmungen entsprechen im wesentlichen dem französischen Scheckrecht (vgl. oben XIII 24 S. 378) mit folgender Maßgabe:

Dahir Art. 325 = Art. 1 franz. Ges.
Dahir Art. 326 = Art. 2 franz. Ges.
Dahir Art. 327 = Art. 3 franz. Ges.
Dahir Art. 328 = Art. 4 franz. Ges. (subsidiär wird hier „notre Dahir" zitiert).

Dahir Art. 329. Le porteur d'un chèque doit en réclamer le le paiement dans le délai de cinq jours, y compris le jour de la date, si le chèque est tiré de la place sur laquelle il est payable, et dans le délai de huit jours, y compris le jour de la date, s'il est tiré d'un autre lieu. Ce délai est porté à vingt jours pour tout chèque payable dans l'étendue du territoire de la juridiction des tribunaux français du Maroc et tiré d'un lieu situé dans ledit territoire sur une place située en dehors.

Le porteur d'un chèque, qui n'en réclame pas le paiement sans les délais ci-dessus, perd son recours contre le tireur, si la provision a péri par le fait du tiré, après lesdits délais. Toutefois, en ce qui concerne les chèques remis par un banquier a une Chambre a compensation, il suffit d'apposer sur le chèque un simple cachet à date avec la mention „compensé".

Dahir Art. 330. Art. 7 franz. Ges. (ohne den Zusatz vom 2. August 1917); dazu folgender Absatz:

Celui qui émet un chèque sans provision préalable et disponible est passible de la même amende, sans préjudice des peines correctionnelles, s'il y a lieu.

Dahir Art. 331. Celui qui paie un chèque, sans exiger qu'il soit acquitté, est passible personnellement et sans recours d'une amende de cinquante francs (50 frs.).

Dahir Art. 332. Art. 8 franz. Ges. in der Fassung von 1911, ohne den Zusatz von 1917.

Dahir Art. 333 = Art. 9 franz. Ges.
Dahir Art. 334 = Art. 10 franz. Ges.

42. Marokko, spanischer Teil.

Tanger vgl. unten XIII 71 S. 461.

Auszug aus dem Handelsgesetzbuch vom Juni 1914.

Art. 391. Der Scheck ist eine Urkunde, die es dem Aussteller ermöglicht, zu seinen oder eines Dritten Gunsten ganz oder teilweise über die beim Bezogenen zu seiner Verfügung stehenden Beträge zu verfügen.

Art. 392. Der Scheck muß den Namen und die Unterschrift des Ausstellers, den Namen des Bezogenen, die Schecksumme und das Ausstellungsdatum enthalten, letztere beide in Buchstaben.

Art. 393. Der Scheck kann auf eine bestimmte Person, an Order oder auf den Inhaber lauten; lautet er an Order, so kann er indossiert werden.

Art. 394 = Art. 536 des span. C. de c. (vgl. unten XIII 70 S. 459).

Art. 395 = Art. 537 des span. C. de c.; Vorlegungsfrist bei Distanzschecks jedoch zwei Wochen.

Art. 396 = Art. 539 des span. C. de c.

Art. 397 = Art. 540 des span. C. de c.

Art. 398. Der Aussteller und jeder gesetzmäßige Inhaber eines Schecks kann auf ihm anordnen, daß er nur einem Bankier oder einer bestimmten Gesellschaft ausgezahlt werde; er braucht dazu nur auf der Vorderseite den Namen des Bankiers oder der Gesellschaft oder nur die Worte „& Co." quer zu schreiben. Der Name des Bankiers oder der Gesellschaft muß zwischen zwei parallele Linien gesetzt werden.

Derartige Schecks können nur auf Bankiers gezogen werden.

Die Zahlung an eine andere Person als den Bankier oder die angegebene Gesellschaft befreit den Bezogenen nicht von seiner Haftung, wenn er fehlerhaft gezahlt hat.

Art. 399 = Art. 542 des span. C. de c.

Art. 400. Schecks gelten stets als Handelsgeschäfte, auch wenn sie nicht zwischen Kaufleuten gezogen werden und nicht aus Handelsgeschäften herrühren. Es gelten daher für sie die Bestimmungen dieses Gesetzbuchs, insbesondere diejenigen über den Wechsel, insbesondere was den Art. 399 und die Vollstreckung betrifft.

43. Memel.

Im Memelgebiet gilt das deutsche Scheckgesetz.

In der Memelgebietsverordnung vom 15. Febr. 1920 (Amtsblatt des Memelgebiets S. 1) ist bestimmt:

„Sämtliche Gesetze und Verordnungen bleiben in Kraft, soweit sie nicht ausdrücklich abgeschafft werden oder der staatsrechtlichen Lage des Gebietes widersprechen."

Nach Art. 2 der Konvention über das Memelgebiet zwischen Litauen und den Großmächten bildet das Memelgebiet „unter der Souveränität Litauens eine Einheit, die in Gesetzgebung, Rechtsprechung, Verwaltung und Finanzen innerhalb der Schranken des in Anhang I aufgestellten Statuts Autonomie genießt."

Nach Art. 5 Abs. 9 des erwähnten Statuts steht dem Memelgebiet unter anderem die Gesetzgebung auf dem Gebiet des Bürgerlichen-, des Handels- und des Gewerberechts zu. Bisher ist das deutsche Scheckgesetz nicht aufgehoben.

44. Mexiko.

Auszug aus dem Código de Comercio vom 15. September 1889.

Art. 552. Wer bei einem Kaufmann oder einem Kreditinstitut ein verfügbares Guthaben besitzt, kann zu seinen eigenen oder eines Dritten Gunsten mittels einer Scheck genannten Zahlungsanweisung darüber verfügen.

Art. 553. Der Scheck muß enthalten:

1. die Angabe des Ausstellungsorts und -datums,
2. den Namen des Kaufmanns, der Gesellschaft oder Bank, auf die er gezogen ist,
3. den Namen desjenigen, zu dessen Gunsten er gezogen ist, oder die Angabe, daß er auf den Inhaber lautet,
4. die Summe in Zahlen und Buchstaben,
5. den Namen und die Unterschrift des Ausstellers.

Art. 554. Erfordernis der Gültigkeit des Schecks ist überdies:

1. daß der Aussteller am Ausstellungstage ein ihm gehöriges, frei verfügbares Guthaben, mindestens in Höhe des Scheckbetrages, bei einem Kaufmann, einer Gesellschaft oder einer Bank hat,
2. daß er die Berechtigung hat, in dieser Form über das Guthaben zu verfügen.

Art. 555. Die Scheckformulare sind Heften mit Abschnitten zu entnehmen, die die Kaufleute, Gesellschaften und Banken ihren Kontokorrent- und Depotkunden verabfolgen, und die sie auf diese Weise zum Scheckverkehr ermächtigen.

Art. 556. Schecks, die auf eine bestimmte Person lauten, sind nicht indossierbar. Schecks, die auf den Inhaber lauten, können durch einfache Übergabe übertragen werden.

Art. 557. Schecks sind weder der Annahme noch des Protestes fähig. Hat der Aussteller ein Guthaben beim Bezogenen, so darf dieser die Zahlung wegen fehlender Avisierung weder aufschieben noch verweigern. Liegen die gesetzlichen Voraussetzungen nicht vor, so kann der Bezogene die Zahlung des Schecks verweigern; die Gründe der Weigerung hat er auf der Rückseite des Schecks zu vermerken.

Art. 558. Der Inhaber eines Platzschecks hat ihn binnen der dem Ausstellungstage unmittelbar folgenden acht Tage zur Zahlung vorzulegen. Bei Distanzschecks kommt hierzu ein Tag für jede hundert Kilometer Entfernung zwischen dem Ausstellungs- und dem Zahlungsort.

Art. 559. Der Inhaber oder Aussteller eines Schecks, der ihn nicht innerhalb der gesetzlichen Frist vorlegt, verliert seine sämtlichen Rechte und Ansprüche gegen den Aussteller, wenn infolge des nach Ablauf der Frist eintretenden Konkurses oder der Zahlungsunfähigkeit des Bezogenen der Scheck nicht eingelöst wird.

Art. 560. Der Beweis für die Honorierung eines auf eine bestimmte Person lautenden Schecks wird durch den Quittungsvermerk dieser Person auf der Rückseite des Schecks erbracht; ist sie dem Bezogenen nicht bekannt, so hat sie ihre Identität gemäß den wechselrechtlichen Vorschriften nachzuweisen. Der Beweis für die Honorierung eines auf den Inhaber lautenden Schecks wird durch die Tatsache erbracht, daß der Bezogene ihn in Besitz hat; das gleiche gilt für Schecks, die gleichzeitig auf eine bestimmte Person oder den Inhaber lauten.

Art. 561. Der Bezogene haftet nicht für etwaigen Mißbrauch, der mit Scheckformularen geschieht, die er seinen Kunden ausgehändigt hat, wenn es feststeht, daß das Formular von ihm ausgegeben ist; der Verdacht des Verlustes oder Diebstahls berechtigt ihn nicht, die Honorierung eines Schecks zu verzögern, es sei denn, daß ein Richterspruch ihn hierzu ermächtigt.

Art. 562. Die einfache Tatsache der Zahlungsverweigerung des Bezogenen berechtigt den Inhaber oder Eigentümer des Schecks zur Klage gegen den Aussteller auf den Betrag des Schecks und Schadenersatz.

Art. 563. Die gleichen Klagen stehen dem Aussteller gegen den Bezogenen in gleicher Form zu, wenn dieser die Honorierung verweigert, es sei denn, daß die Zahlungsweigerung auf der Unterlassung einer der in den vorstehenden Artikeln erörterten Bedingungen beruht.

45. Monaco.

Loi du 16 juin 1920.

Art. 1. Le chèque est un écrit qui, sous la forme d'un mandat de paiement, sert au tireur à effectuer le retrait, à son profit ou au profit d'un tiers, de tout ou partie de fonds portés au crédit de son compte chez le tiré et disponibles.

Le chèque est signé par le tireur; il indique le lieu et le jour où il est tiré, la date étant inscrite en toutes lettres et de la main du tireur.

Il peut être souscrit au porteur ou au profit d'une personne dénommée. Il peut être souscrit à ordre et transmis même par voie d'endossement en blanc.

Il ne peut être tiré qu'à vue et est payable à présentation.

Toutes stipulations entre le tireur, le bénéficiaire et le tiré, ayant pour objet de rendre le chèque payable autrement qu'à vue et à première réquisition, sont nulles de plein droit.

Le chèque, même au porteur, est acquitté par celui qui le touche; l'acquit est daté.

Art. 2. Le chèque ne peut être tirè que sur un tiers ayant provision préalable; il ne produit ses effets que jusqu'à concurrence de la provision, si celle-ci est inférieure au montant du chèque.

Art. 3. Le chèque peut être tiré sur place. Il peut être tiré de la Principauté et payable à l'étranger. Il peut être tiré de l'étranger et payable dans la Principauté. Il peut être negocié dans la Principauté sans y avoir été émis et sans y être payable.

L'émission d'un chèque ne constitue dans aucun cas, par sa nature, un acte de commerce.

Toutefois, les dispositions du code de commerce, relatives à la garantie solidaire du tireur et des endosseurs, au protêt et à l'exercice de l'action en garantie en matière de lettre de change, sont applicables aux chèques.

Art. 4. Le porteur d'un chèque doit en reclamer le paiement dans le délai de cinq jours, y compris le jour de sa date, si le chèque est tiré sur place, et dans le délai de huit jours, y compris le jour de sa date, s'il est tiré de l'étranger.

Le porteur d'un chèque, qui n'en réclame pas le paiement dans les délais ci-dessus, perd son recours contre les endosseurs, si le chèque est à ordre. Dans tous les cas, il perd son recours contre le tireur, si la provision a péri par le fait du tiré, après lesdits délais.

Art. 5. Les dispositions de l'article 98 du Code de commerce, modifié par l'ordonnance du 11 juillet 1905, sont applicables aux chèques.

Art. 6. Le chèque traversé de deux barres parallèles ne peut être présenté au paiement que par un banquier; il ne peut être tiré que sur un banquier.

Le barrement peut être effectué par le tireur ou par un porteur.

Le barrement peut être général ou spécial.

Le barrement est général, s'il ne porte entre les deux barres aucune désignation ou seulement la mention „et Cie"; il est spécial, si le nom d'un banquier est inscrit entre le deux barres.

Le barrement général peut être transformé en barrement spécial. Le chèque à barrement spécial ne peut être présenté au paiement que par le banquier désigné. Toutefois, si celui-ci n'opère pas l'encaissement lui-même, il peut se substituer un autre banquier.

Il est interdit au porteur d'effacer le barrement ainsi que le nom du banquier désigné.

Art. 7. Le tiré qui paie le chèque barré à une personne autre qu'un banquier, si le barrement est général, ou à une personne autre que le banquier désigné, si le barrement est spécial, n'est pas libéré.

Art. 8. Les chèques sont assujettis au droit de timbre, par le seul fait qu'ils sont souscrits, négociés ou présentés au paiement dans la Principauté.

Le droit est de 0,10, si le chèque est à la fois émis et payable dans la Principauté; il est de 0,20 dans les autres cas.

L'acquittement des droits résulte de l'apposition et de l'oblitération des timbres mobiles prévus par l'ordonnance du 8 mars 1917 ou du visa pour timbre du receveur de l'Enregistrement.

Si les chèques sont émis dans la Principauté, les droits doivent être acquittes, au moment de l'émission par les soins du tireur.

Si les chèques sont tirés de l'étranger, les droits doivent être acquittés, avant tout usage dans la Principauté, par les soins des signataires de l'endossement ou de l'acquit.

Art. 9. Si un chèque, payable dans la Principauté, y est souscrit sans être revêtu du timbre prévu à l'article précédent, le tireur est passible d'une amende de trente francs.

Si un chèque tiré de l'étranger n'est pas timbré conformément aux dispositions ci-dessus, avant d'être mis en usage dans la Principauté, le bénéficiare, le premier endosseur et le tiré sont passibles solidairement d'une amende de 5% de la somme pour laquelle le chèque a été émis.

Le tireur d'un chèque tiré dans la Principauté sur l'étranger et non timbré est passible de la même amende de 5%.

Art. 10. Les chèques, mêmes timbrés conformément à l'article 8, demeurent assujettis aux droits de timbre des effets de commerce tels qu'ils ont été fixés par l'article 77 de l'ordonnance du 23 août 1887, lorsqu'ils ont été souscrits sans que les autres prescriptions de la présente loi aient été observées.

S'il a été employé un timbre inférieur au timbre proportionnel exigé, le droit de timbre ne restera dû et l'amende ne portera que sur la somme pour laquelle le droit n'a pas été acquitté, sans que cette amende puisse être inférieure à cinq francs.

Art. 11. Chacun des chèques, compris dans un carnet de chèques délivré par une banque de la Principauté, devra, au préalable, être revêtu d'un timbre de 0,10.

Art. 12. Le tireur qui tire de la Principauté sur l'étranger un chèque sans date, ou non daté en toutes lettres, celui qui revêt un chèque d'une fausse date ou d'une fausse énonciation du lieu où il est tiré, est passible de l'amende de 5% sans que cette amende puisse être inférieure à cinquante francs.

La même amende est due personnellement et sans recours:

1º Par le premier endosseur ou le porteur d'un chèque tiré de l'étranger sur la Principauté, sans date ou non daté en toutes lettres;

2° Par le premier endosseur ou le porteur d'un chèque portant une date postérieure à l'époque à laquelle il est endossé ou présenté;

3° Par celui qui paie ou reçoit en compensation un chèque sans date ou irrégulièrement daté ou présenté au paiement avant la date d'émission.

Art. 13. Celui qui émet un chèque sans provision préalable et disponible est passible de la même amende, sans préjudice des peines correctionnelles édictées par la loi n° 14 du 22 mai 1919.[1]) Si la provision est seulement inférieure au montant du chèque, l'amende ne porte que sur la différence entre le montant de la provision et le montant du chèque.

Art. 14. Celui qui paie un chèque, sans exiger qu'il soit acquitté, est passible personnellement et sans recours d'une amende de trente francs.

Art. 15. Les contraventions à la présente loi sont constatées et jugées conformément aux dispositions de l'ordonnance du 29 avril 1828.

Art. 16. Toutes dispositions contraires sont et demeurent abrogées.

46. Natal.

In Natal gilt das Gesetz Nr. 8 von 1887, das sich im wesentlichen an die englische Bills of Exchange Act 1882, anlehnt; vgl. oben XIII 21 S. 370.

47. Neuseeland.

In Neuseeland gilt eine Bills of Exchange Act, 1908, die der englischen Bills of Exchange Act, 1882, ungefähr entspricht; vgl. oben XIII 21 S. 370.

48. Nicaragua.

Auszug aus dem Código de Comercio vom 30. Oktober 1916.

Art. 680. Ein Scheck ist eine Zahlungsanweisung an eine Bank, bei der der Aussteller ein Guthaben, ein Kontokorrent mit einem Saldo zu seinen Gunsten oder einen offenen Kredit besitzt. Die Anweisung kann auch auf einen Kaufmann oder jedes andere Kreditinstitut lauten.

---

[1]) Loi n° 14 du 22 mai 1919.

Article unique. La disposition suivante sera ajoutée à l'article 403 du Code pénal: „Le tireur qui a, de mauvaise foi, émis un chèque sans provision préalable et disponible ou qui a retiré, après l'émission, tout ou partie de la provision, est passible d'une peine d'emprisonnement de deux mois à deux ans et d'une amende qui ne pourra excéder le double de la valeur nominale du chèque, ni etre inférieure au quart de cette valeur."

Art. 681. Der Scheck muß folgende Angaben enthalten:

1. die auf Abschnitt und Scheck gedruckte Ordnungsnummer,
2. das Datum,
3. den Ausstellungsort,
4. den Namen der Bank, des Kaufmanns oder des Kreditinstituts,
5. ob er an Order, auf den Inhaber oder eine bestimmte Person lautet,
6. die Schecksumme ganz in Buchstaben und in Zahlen geschrieben, und zwar beide Male mit der Hand ohne Streichungen oder Änderungen nebst Angabe der Münzart,
7. die Unterschrift des Ausstellers.

Art. 682. Banken und Handelshäuser, die Bankgeschäfte betreiben, geben an ihre Kunden gedruckte Scheckhefte mit Abschnitten, die den Schecks entsprechend numeriert sind, gegen Quittung aus. Die Quittung muß die Nummer des oder der Scheckhefte und die Seriennummern der Schecks angeben.

Art. 683. Bei Verlust oder Diebstahl eines Scheckhefts hat der Inhaber des Heftes dem Bezogenen unverzüglich Mitteilung zu geben; dieser darf Schecks, die auf den gestohlenen oder verlorenen Formularen stehen, nicht honorieren.

Art. 684. Der Aussteller hat die Abschnitte aufzubewahren. Die Abschnitte müssen enthalten:

1. die Nummer des Schecks,
2. das Ausstellungsdatum,
3. die Schecksumme mit Angabe der Münzart,
4. falls der Scheck auf eine bestimmte Person lautet, deren Namen,
5. gegebenenfalls einen Vermerk über die Vernichtung des Schecks.

Art. 685. Der Inhaber eines Platzschecks hat ihn binnen einer Woche nach dem Ausstellungsdatum zur Zahlung vorzulegen. Bei Distanzschecks kommt hierzu ein Tag für je 50 Kilometer Entfernung zwischen Ausstellungs- und Zahlungsort.

Der Inhaber eines Schecks, der innerhalb dieser Fristen nicht zur Zahlung vorgelegt worden ist, verliert alle Ansprüche gegen Aussteller und Indossanten, wenn infolge von Zahlungseinstellung oder Konkurses des Bezogenen nach Ablauf dieser Fristen die Einziehung des Schecks unmöglich wird.

Art. 686. Der Bezogene ist verpflichtet, den Scheck unmittelbar bei der Vorlegung zu honorieren, es sei denn, daß das Guthaben des Ausstellers nicht hinreicht oder daß er den Verdacht des Diebstahls oder der Fälschung hat — in diesen Fällen kann er den Scheck einbehalten, hat jedoch den Aussteller unverzüglich zu benachrichtigen — oder daß einer der Fälle des Art. 691 vorliegt.

Art. 687. Wird die Honorierung verweigert, so kann der Inhaber des Schecks verlangen, daß die Weigerungsgründe auf der Rückseite des Schecks vermerkt werden.

Art. 688. Die Weigerung des Bezogenen, einen auf ihn gezogenen Scheck zu honorieren, ermächtigt den Inhaber des Schecks, vom Aussteller oder den Indossanten die Zahlung der Schecksumme mit Zinsen im Klagewege zu verlangen.

Der Inhaber ist jedoch verpflichtet, den Aussteller hiervon am gleichen Tage oder, wenn er nicht am Platze wohnt, mit der nächsten Post zu benachrichtigen.

Unterläßt er diese Nachricht, so kann er vom Aussteller nur die Schecksumme verlangen und bleibt ihm gegenüber für etwaige Rechtsnachteile haftbar.

Ein Indossant hat gegenüber andern Indossanten und dem Aussteller dieselben Rechte und Pflichten.

Art. 689. Der Scheck kann weder angenommen noch protestiert werden; denn der Vermerk über die Zahlungsweigerung auf der Rückseite des Schecks (Art. 687) berechtigt an sich schon den Inhaber, von den Indossanten oder dem Aussteller Zahlung zu verlangen.

Art. 690. Verweigert der Bezogene die Honorierung eines ordnungsgemäßen Schecks ohne berechtigte Gründe, so ist er dem Aussteller schadenersatzpflichtig; der Inhaber kann nicht Zahlung von ihm verlangen, behält aber alle seine Rechte gegenüber dem Aussteller.

Art. 691. Der Bezogene hat die Honorierung eines Schecks zu verweigern:

1. wenn ihm der Konkurs des Ausstellers oder des Inhabers eines Orderschecks bekannt ist, es sei denn, daß ihm ein richterlicher Befehl vorgewiesen wird,
2. wenn ihm die Flucht oder die von der Staatsgewalt erklärte Geschäftsunfähigkeit des Ausstellers bekannt ist,
3. wenn der Scheck offenbar gefälscht oder korrigiert ist oder wenn er Zusätze, Streichungen oder Rasuren am Datum, der Ordnungsnummer, der Schecksumme, der Münzart, dem Namen des Inhabers oder der Unterschrift des Ausstellers aufweist oder wenn ihm ein wesentliches Erfordernis fehlt,
4. wenn der Aussteller oder der Inhaber den Bezogenen schriftlich um Nichtzahlung ersucht hat und wenn dies Ersuchen vor der Vorlegung des Schecks eingegangen ist.

Art. 692. Bei einer Fälschung des Schecks haftet der Bezogene:

1. Wenn die Unterschrift des Ausstellers offensichtlich gefälscht war,
2. wenn der Scheck Veränderungen der im Art. 691 angegebenen Art aufweist,
3. wenn der Scheck nicht zu den dem Aussteller gemäß Art. 682 ausgehändigten Formularen gehört.

Art. 693. Der Aussteller haftet im Falle einer Fälschung des Schecks:

1. wenn seine Unterschrift auf einem oder mehreren der ihm ausgehändigten Formulare gefälscht ist und die Fälschung nicht offenbar zutage liegt,
2. wenn der Scheck von einem Angestellten oder jemand unterzeichnet ist, der sich auf ordnungsmäßigen Schecks der Unterschrift des Ausstellers bedient.

Art. 694. Die Vergleichung der Abschnitte der Scheckhefte erbringt vollen Beweis für die Frage, ob das Formular des gefälschten Schecks dem Scheckheft desjenigen entstammt, der als Aussteller auf dem Scheck erscheint.

Art. 695. Ist nur die Unterschrift eines Indossanten gefälscht, so trifft den Aussteller die Haftung des Art. 692 (?) nicht.

Art. 696. Weigert sich der Bezogene, der die Honorierung eines Schecks verweigert, auf die Rückseite des Schecks den Vermerk des Art. 687 zu setzen, so kann der Inhaber die Weigerung durch einen Notar oder, falls keiner vorhanden ist, durch zwei Zeugen feststellen lassen. Diese Feststellung genügt, um vom Aussteller Zahlung zu begehren.

Art. 697. Gekreuzt ist ein Scheck, der quer über dem Text zwei parallele Linien mit den hier vorgeschriebenen Angaben enthält.

Art. 698. Sowohl der Aussteller wie die Inhaber können einen Scheck sowohl generell wie speziell kreuzen.

Ein Scheck ist generell gekreuzt, wenn er zwischen den parallelen Querlinien den Vermerk „nicht übertragbar" enthält.

Ein Scheck ist speziell gekreuzt, wenn er zwischen den Querlinien den Namen eines Bankiers oder einer andern bestimmten Person, mit oder ohne die Worte „nicht übertragbar", enthält.

Art. 699. Ein Bankier, auf den ein generell gekreuzter Scheck gezogen wird, darf ihn nur einem andern Bankier honorieren.

Ein Bankier, auf den ein speziell gekreuzter Scheck gezogen wird, darf ihn nur dem bezeichneten Bankier oder der bezeichneten Person oder einem gültig zum Inkasso bevollmächtigten Bankier honorieren.

Art. 700. Der Inhaber eines generell gekreuzten Schecks kann ihn speziell kreuzen.

Der Inhaber eines speziell gekreuzten Schecks kann ihn noch einmal auf dem Namen eines andern Bankiers speziell kreuzen.

Art. 701. Zahlt ein Bankier einen auf seine Kasse gezogenen gekreuzten Scheck bar aus oder honoriert er einen generell gekreuzten Scheck einem Nichtbankier oder einen speziell gekreuzten Scheck einem Bankier, der nicht der in der Kreuzung genannte oder von diesem zum Inkasso ermächtigte Bankier ist, so haftet er dem Aussteller gegenüber für den Betrag des Schecks auf Schadenersatz.

Art. 702. Die verschiedenen hier beschriebenen Formen der Kreuzung eines Schecks bilden über den Art. 681 hinaus ein wesentliches Erfordernis des gekreuzten Schecks.

Art. 703. Die Streichung der Querlinien und der Vermerke zwischen ihnen ist verboten.

49. Niederlande.

Auszug aus dem Wetboek van Koophandel in der Fassung des Gesetzes vom 5. Juni 1925.

Erstes Buch.

Siebenter Titel.

Dritter Abschnitt.

Von der Kassenanweisung (kassiers-papier) und anderen Inhaberpapieren.

Art. 221. Die Kassenanweisung und andere Inhaberpapiere müssen das genaue Datum der ursprünglichen Ausstellung enthalten.

Art. 222. Der ursprüngliche Aussteller von Kassenanweisungen oder einem anderen Inhaberpapier, zahlbar durch einen Dritten, sei es in Form einer Anweisung oder Quittung abgefaßt, ist jedem Inhaber für die Leistung verbunden während zehn Tage nach der Datierung, diesen nicht mitgerechnet.

Art. 223. Nichtsdestoweniger bleibt die Verantwortlichkeit des ursprünglichen Ausstellers bestehen, wenn er nicht beweist, daß er während der im vorigen Artikel bestimmten Zeit bares Geld zum Betrage des ausgestellten Papiers bei der Person, auf die dasselbe lautet, gehabt und dieses Geld seitdem bei derselben gelassen hat.

Art. 224. Der ursprüngliche Aussteller, der infolge vorstehender Bestimmungen von aller Verantwortlichkeit befreit ist, ist jedoch verpflichtet, dem Inhaber auf dessen Kosten die erforderlichen Beweisstücke zu verschaffen, um sein Recht gegen den, auf den das Papier abgegeben war, geltend zu machen.

Art. 225. Außer dem ursprünglichen Aussteller bleibt jeder, der das besagte Papier in Zahlung gegeben hat, während der Zeit von drei Tagen, den Tag der Abgabe nicht mitgerechnet, demjenigen verantwortlich, der es von ihm empfangen hat.

Art. 226. Wenn jemand, der ein oder mehrere Billets oder Quittungen auf seinen Kassierer abgegeben hat, später in Konkurs geraten ist, so ist der Kassierer nichtsdestoweniger berechtigt, aus den dazu vorhandenen Geldern mit der Zahlung solcher Billets oder Quittungen so lange fortzufahren, bis dagegen, sei es durch einen oder mehrere Inhaber anderer Billets oder Quittungen, oder durch die Verwalter der Masse oder andere Interessenten, Einspruch erhoben wird.

Im Falle solchen Einspruchs, oder wenn der Kassierer nicht mit der Zahlung fortgefahren hat, müssen die Gelder, welche der Kassierer von dem Gemeinschuldner in Händen hat, abgesondert bleiben, um daraus die Inhaber der vor dem Konkurs auf gültige Weise abgegebenen Billets oder Quittungen vorzugsweise vor anderen Gläubigern zu befriedigen, sei es ganz oder nach Verhältnis ihrer Forderungen, ohne Unterschied das Datums der Quittungen.

Art. 227. Der Inhaber einer an den Vorzeiger zahlbaren Promesse ist verpflichtet, Zahlung zu fordern innerhalb dreier Tage nach dem Tage, an welchem er das Papier in Zahlung genommen hat, diesen Tag nicht mitgerechnet, und muß im Nichtzahlungsfall innerhalb einer gleichen Zeitfrist die Promesse demjenigen zur Einziehung präsentieren, der ihm solche in Zahlung gegeben hat, alles bei Verlust seines Rückgriffs gegen denselben, unbeschadet jedoch seines Rechtes gegen denjenigen, der die Promesse ausgestellt hat.

Ist in der Promesse der Zahlungstag ausgedrückt, so beginnt der Termin von drei Tagen erst am Tage nach dem ausgedrückten Zahlungstage zu laufen.

Art. 228. Fällt der letzte Tag irgendeiner in diesem Titel vorgesehenen Frist auf einen Sonntag oder auf einen der im zweiten Teile des Artikel 154[1]) diesem Tage gleichgestellten Tage, so bleibt die Verpflichtung und die Verantwortlichkeit bestehen bis zum ersten darauffolgenden Tage, dieser mit einbegriffen, welcher kein Sonntag oder mit diesem gleichgestellter Tag ist.

Art. 229. Jeder Rechtsanspruch gegen die Aussteller eines in diesem Abschnitt erwähnten Papiers verjährt durch Ablauf von zehn Jahren, beginnend mit dem Tage der ursprünglichen Ausgabe.

Es sollen jedoch diejenigen, welche diese Verjährung anrufen, gehalten sein, auf Verlangen unter Eid zu erklären, daß sie hinsichtlich des besagten Papiers nichts mehr verschulden, und ihre Erben und Rechtsnachfolger, daß sie in gutem Glauben dafür halten, daß aus diesem Grunde nichts mehr verschuldet wird.

Der ursprüngliche Aussteller des im Artikel 222 erwähnten Papiers ist verpflichtet, auf Verlangen unter Eid zu erklären, daß er während des in diesem Artikel bestimmten Zeitraums bares Geld bis zum Belaufe des ausgestellten Papiers bei der Person, auf welche dasselbe ausgestellt war, gehabt und diese Gelder seitdem bei derselben gelassen hat, und seine Erben oder Rechtsnachfolger, daß sie solches in gutem Glauben annehmen.

50. Norwegen.

vgl. unter XIII 68 B (Skandinavien) S. 448.

---

[1]) **Art. 154 Absatz 2.** In der Fassung des Art. 3 des Gesetzes vom 27. April 1904 Dem Sonntag werden in dieser Hinsicht gleichgestellt der Neujahrstag, die christlichen zweiten Oster- und Pfingsttage, die beiden Weihnachtstage, Himmelfahrt und Königs Geburtstag.

51. Oranje-Freistaat.

Im Oranje-Freistaat gilt die Verordnung Nr. 28 von 1902, die der englischen Bills of Exchange Act, 1882, nachgebildet ist; vgl. oben XIII 21 S. 370.

52. Österreich.

Gesetz vom 3. April 1906 über den Scheck — RGBl. Nr. 84.

§ 1. Scheckfähig Bezogene im Sinne dieses Gesetzes können sein:
1. die Postsparkassa, öffentliche Banken oder andere zur Übernahme von Geld für fremde Rechnung statutenmäßig berechtigte Anstalten;
2. alle anderen handelsgerichtlich registrierten Firmen, die gewerbemäßig Bankiergeschäfte betreiben.

§ 2. Die wesentlichen Erfordernisse eines Schecks sind:
1. die in den Text der Urkunde selbst aufzunehmende Bezeichnung als Scheck;
2. die Unterschrift des Ausstellers mit seinem Namen oder seiner Firma;
3. die Angabe des Ortes, Monatstages und Jahres der Ausstellung;
4. der Name der Person oder die Firma, welche die Zahlung leisten soll (Bezogener);
5. die an den Bezogenen gerichtete Aufforderung des Ausstellers, aus seinem Guthaben eine bestimmte Geldsumme zu bezahlen; in der Aufforderung darf die Zahlung weder von einer Gegenleistung des Zahlungsempfängers noch von einer Bedingung abhängig gemacht sein.

Aus einer Schrift, der eines dieser Erfordernisse fehlt oder in welcher die Zahlungsaufforderung an einen nicht scheckfähigen Bezogenen (§ 1) gerichtet ist, sowie aus den auf eine solche Schrift gesetzten Indossamenten entsteht keine Verbindlichkeit im Sinne dieses Gesetzes. Ob und welche anderen Rechtswirkungen eine solche Schrift äußert, ist nach den sonstigen Bestimmungen des Zivil- und Handelsrechts zu beurteilen.

§ 3. Der Scheck kann auf den Namen einer Person oder Firma, an deren Order oder auf den Inhaber (Überbringer) lauten.

Der Aussteller kann sich selbst als Zahlungsempfänger (Remittent) bezeichnen.

Ein Scheck, in welchem dem Namen oder der Firma des Zahlungsempfängers die Worte „oder Inhaber (Überbringer)" beigefügt sind, desgleichen ein Scheck, der keine Angabe darüber enthält, an wen gezahlt werden soll, ist dem Inhaber (Überbringer) auszubezahlen.

§ 4. Als Zahlungsort kann im Scheck nur ein Ort bezeichnet werden, an dem der Bezogene eine Handelsniederlassung (Filiale,

Zweigniederlassung) hat oder an dem sich eine Abrechnungsstelle befindet, bei welcher der Bezogene vertreten ist.

Der Zahlungsort kann vom Ausstellungsorte verschieden sein.

Sofern kein Zahlungsort angegeben ist oder der angegebene Zahlungsort den Erfordernissen des Absatzes 1 nicht entspricht, gilt der Scheck an dem Orte zahlbar, wo die bezogene Anstalt ihren Sitz oder die bezogene Firma oder Person ihre Hauptniederlassung hat.

§ 5. Der Scheck ist bei Vorzeigung (bei Sicht) zahlbar, wenngleich er eine andere oder keine Bestimmung über die Verfallszeit enthält.

§ 6. Der Scheck, der an Order lautet, kann durch Indossament (Giro) übertragen werden; eine entgegenstehende Vereinbarung ist unverbindlich.

Das auf einen anderen Scheck gesetzte Indossament hat keine scheckrechtliche Wirkung.

Durch das Indossament gehen alle Rechte aus dem Scheck auf den Indossatar über, insbesondere auch die Befugnis, den Scheck weiter zu indossieren.

Ein Indossament an den Bezogenen gilt als Quittung; ein Indossament des Bezogenen ist ungültig.

§ 7. Die Vorschriften der allgemeinen Wechselordnung (kaiserliches Patent vom 25. Jänner 1850, RGBl. Nr. 51) über die Form des Indossaments, das Verbot der Weiterbegebung, die Legitimation des Inhabers eines indossierten Wechsels und die Prüfung dieser Legitimation sowie über die Verpflichtung des legitimierten Besitzers zur Herausgabe des Papiers (Artikel 11 bis 13, 15, 36 und 74) haben auf den Scheck mit der Einschränkung sinngemäß Anwendung zu finden, daß ein auf die Abschrift eines Orderschecks gesetztes Indossament keine scheckrechtliche Wirkung hat.

§ 8. Eine Annahme (Akzeptation) findet beim Scheck nicht statt. Ein auf den Scheck gesetzter Annahmevermerk gilt als nicht geschrieben.

Durch JVO. vom 26. Oktober 1918 (RGBl. Nr. 382) über die Bestätigung von Schecks durch die Österreichisch-ungarische Bank und auf Grund des Ges. vom 24. Juli 1917, RGBl. Nr. 307 wird verordnet wie folgt:

§ 1. Versieht die Österreichisch-ungarische Bank einen auf sie bezogenen Scheck mit einem Bestätigungsvermerk, so wird sie dadurch dem Inhaber zur Einlösung verpflichtet; für die Einlösung haftet sie auch dem Aussteller und dem Indossanten. Die Einlösung des bestätigten Schecks darf auch dann nicht verweigert werden, wenn inzwischen über das Vermögen des Ausstellers der Konkurs eröffnet wurde.

Die Verpflichtung aus der Bestätigung erlischt, wenn der Scheck nicht innerhalb von 10 Tagen nach Ausstellung zur Zahlung vorgelegt wird. Auf den Nachweis der Vorlegung finden die Vorschriften des § 16 des Scheckges. vom 3. April 1906 RGBl. Nr. 84 Anwendung.

Der Anspruch aus der Bestätigung verjährt in zwei Jahren vom Ablaufe der Vorlegungsfrist an.

Für die gerichtliche Geltendmachung von Ansprüchen auf Grund der Bestätigung gelten die für Wechselsachen erlassenen Zuständigkeits- und Prozeßvorschriften.

Die Österreich-ungarische Bank ist nur nach vorheriger Deckung befugt, Schecks mit dem Bestätigungsvermerk zu versehen.

§ 2. Für die Bestätigung ist eine staatliche Stempelgebühr oder sonstige staatliche Gebühr nicht zu entrichten.

§ 3. Für die Bestätigung ist eine staatliche Stempelgebühr oder sonstige staatliche Gebühr nicht zu entrichten.

§ 3. Diese Verordnung tritt mit dem Tage der Kundmachung in Kraft.

Ges. vom 12. Jänner 1923 BGBl. Nr. 44 betreffend Überleitung der Geschäfte der Österreich-ungarischen Bank, österreichische Geschäftsführung, auf die Österreichische Nationalbank. Wo in geltenden Gesetzen und Verordnungen die Österreich-ungarische Bank oder die Zentralstelle für den Zahlungsverkehr mit dem Ausland (Devisenzentrale) erwähnt wird, sind die betreffenden Bestimmungen, soweit nicht die Bundesges. vom 24. Juli 1922 BGBl. Nr. 490 und vom 14. November 1922 BGBl. Nr. 823, über die Errichtung einer Notenbank andere Bestimmungen getroffen haben, sinngemäß so anzuwenden, als ob die Österreichische Notenbank angeführt wäre (gleichlautend mit § 3 der Verordn. der Bundesregierung vom 29. Dezember 1922 BGBl. Nr. 941).

§ 9. Der am Ausstellungsplatze zahlbare Scheck ist binnen fünf, der an einem anderen inländischen Platze zahlbare Scheck vorbehaltlich der Bestimmung des Absatzes 2 binnen acht Tagen nach der Ausstellung dem Bezogenen zur Zahlung vorzulegen.

Ein Scheck, der aus Istrien, Dalmatien oder von einer der Inseln des Küstenlandes auf einen außerhalb dieses Gebietes gelegenen inländischen Platz gezogen ist oder von einem solchen Platze auf einen in Istrien, Dalmatien oder auf einer der Inseln des Küstenlandes gelegenen Zahlungsort, ist binnen fünf Tagen nach der Ausstellung nach dem Zahlungsorte zu senden und binnen fünf Tagen nach seinem Einlangen daselbst dem Bezogenen zur Zahlung vorzulegen. Das gleiche gilt für Schecks, die außerhalb des Geltungsgebiets des gegenwärtigen Gesetzes auf einen inländischen Platz gezogen sind.

Für die Präsentation von Namensschecks, die auf die Postsparkassa ausgestellt sind, können durch die Geschäftsbestimmungen der Postsparkassa andere Fristen festgesetzt werden. Diese dürfen jedoch in keinem Falle die Frist von vierzehn Tagen nach der Ausstellung überschreiten.

Der Tag, an welchem der Scheck am Zahlungsort einlangte, kann durch ein Postattest nachgewiesen werden.

Der Ausstellungs- und Ankunftstag sowie Sonn- und allgemeine Feiertage werden bei Berechnung der Präsentationsfrist nicht mitgezählt.

Über die Präsentationsfrist bei Schecks, die an einem außerhalb des Geltungsgebiets dieses Gesetzes gelegenen Platze zahlbar sind, entscheidet das über die Scheckpräsentation dort geltende Recht. In Ermangelung solcher Bestimmungen findet die Vorschrift des gegenwärtigen Gesetzes Anwendung.

Der Ablauf der Präsentationsfrist steht, solange der Scheck nicht ausdrücklich widerrufen wurde (§ 13), der Einlösung des Schecks durch den Bezogenen nicht entgegen.

§ 10. Die Einlieferung des Schecks in eine Abrechnungsstelle, bei welcher der Bezogene vertreten ist, gilt als Präsentation zur Zahlung.

Welche Stellen als Abrechnungsstellen im Sinne des gegenwärtigen Gesetzes zu gelten haben, wird im Verordnungswege bestimmt.

V. vom 14. Juni 1906 RGBl. Nr. 123: In Durchführung des § 10 des Ges. vom 3. April 1906 RGBl. Nr. 84, über den Scheck wird bestimmt, daß die unter der Leitung der Österreich-ungarischen Bank stehenden Saldierungsvereine in Wien (Prag und Brünn) als Abrechnungsstellen im Sinne des bezogenen Gesetzes zu gelten haben.

§ 11. Der Bezogene hat nur gegen Aushändigung des Schecks zu zahlen. Nicht auf den Inhaber (Überbringer) lautende Schecks müssen auf Verlangen des Bezogenen bei der Einlösung quittiert werden.

Zur Annahme von Teilzahlungen ist der Inhaber des Schecks nicht verpflichtet. Hat er eine Teilzahlung angenommen, so ist diese auf dem Scheck abzuschreiben und dem Bezogenen die Quittung zu erteilen.

§ 12. Die Zahlung des Schecks ist ungeachtet eines dem Aussteller bei dem Bezogenen zustehenden Guthabens vom Bezogenen abzulehnen, wenn ihm bekannt geworden ist, daß über das Vermögen des Ausstellers der Konkurs eröffnet wurde.

Wegen des Todes des Ausstellers oder wegen nach Ausstellung des Schecks eingetretener rechtlicher Unfähigkeit desselben zur selbständigen Vermögensverwaltung darf die Einlösung des Schecks nicht verweigert werden.

§ 13. Der Widerruf eines Schecks durch den Aussteller ist für den Bezogenen nur wirksam:

1. wenn ein auf den Namen oder an Order lautender Scheck, den der Aussteller unmittelbar an den Bezogenen gesendet hat,

damit letzterer den Scheckbetrag an den bezeichneten Zahlungsempfänger gelangen lasse, ausdrücklich widerrufen wird, bevor der Bezogene diesen Auftrag erfüllt hat;

2. wenn der ausdrückliche Widerruf nach Versäumung der Präsentationsfrist oder für den Fall erfolgt, als der Scheck innerhalb der Präsentationsfrist nicht zur Zahlung vorgelegt werden sollte. In letzterem Falle wird der Widerruf erst mit Ablauf der Präsentationsfrist für den Bezogenen wirksam.

Der Bezogene, dem gegenüber ein Scheck wirksam widerrufen wurde, darf denselben nicht einlösen.

§ 14. Soweit nicht gesetzliche Bestimmungen den Bezogenen von der Verpflichtung zur Einlösung des Schecks befreien, haftet er dem Aussteller nach Maßgabe des zwischen ihnen bestehenden Vertragsverhältnisses für die Einlösung des Schecks.

§ 15. Dem Inhaber des Schecks haften lediglich der Aussteller und die Indossanten für die Zahlung des Scheckbetrags (Regreßverbindlichkeit). Hat aber ein Indossant dem Indossamente die Bemerkung „ohne Gewährleistung", „ohne Obligo" oder einen gleichbedeutenden Vorbehalt hinzugefügt, so ist er von der Verbindlichkeit aus seinem Indossamente befreit.

Wie Aussteller und Indossanten haftet auch, wer den Scheck oder ein auf denselben gesetztes Indossament als Bürge (per aval) mitunterzeichnet hat.

§ 16. Zur Ausübung des Regreßrechts gegen den Aussteller und die Indossanten ist erforderlich:

1. daß der Scheck innerhalb der in § 9 angegebenen Fristen zur Zahlung präsentiert worden ist und
2. daß sowohl diese Präsentation als die Nichterlangung der Zahlung durch einen darüber aufgenommenen Protest oder durch eine vom Bezogenen auf den Scheck gesetzte und unterschriebene, das Datum der Präsentation angebende Erklärung dargetan wird.

Letzterer Erklärung steht die Bestätigung einer Abrechnungsstelle über die vor Ablauf der Präsentationsfrist geschehene Einlieferung und die Nichteinlösung des Schecks gleich.

Wurde der Scheck nicht voll eingelöst, so ist in diesen Erklärungen oder im Protest insbesondere auch der Betrag der vom Bezogenen geleisteten Teilzahlung anzugeben.

Die Erhebung des Protestes oder die Erteilung der in den vorhergehenden Absätzen dieses Paragraphen bezeichneten Präsentations- oder Einlieferungsbestätigung muß spätestens am ersten Werktage nach erfolgter Präsentation geschehen.

§ 17. Die Vorschriften der allgemeinen Wechselordnung (kaiserliches Patent vom 25. Jänner 1850, RGBl. Nr. 51) über die Benachrichtigung der Vormänner und das Einlösungsrecht derselben, über die Geltendmachung des Regreßrechts sowie über Inhalt und Umfang der Regreßansprüche, über die dem zahlenden Regreßpflichtigen auszuliefernden Urkunden und über die Befugnis zur Ausstreichung von Indossamenten (Artikel 45 bis 52, 54, 55 und 81, Absatz 2 und 3) haben auf den Scheck sinngemäß Anwendung zu finden.

§ 18. Die Regreßansprüche gegen den Aussteller und die übrigen Vormänner verjähren, wenn der Scheck in Europa zahlbar ist, in drei Monaten, andernfalls in sechs Monaten.

Die Verjährung beginnt gegen den Inhaber des Schecks mit dem Tage, an welchem der Protest erhoben oder eine der anderen im § 16 bezeichneten Präsentations- oder Einlieferungsbestätigungen erteilt wurde, gegen den Indossanten aber, wenn er vor Behändigung der Klage gezahlt hat, mit dem Tage der Zahlung, in allen übrigen Fällen mit dem Tage der Klagsbehändigung.

§ 19. Soweit nichts anderes vereinbart ist, kann der Inhaber eines Schecks nach Erwerbung des Regreßrechts wegen des Anspruchs, zu dessen Befriedigung der Scheck ausgestellt oder begeben wurde, nach Wahl des Regreßrechts ausüben oder gegen Rückgabe des Schecks auf das zwischen ihm und dem Aussteller oder seinem unmittelbaren Vormanne bestehende, der Scheckausstellung oder Begebung zugrundeliegende Rechtsverhältnis zurückgreifen. Letzteres steht dem Scheckinhaber mangels anderer Vereinbarung auch dann frei, wenn die rechtzeitige Präsentation und Protesterhebung (Präsentations-, Einlieferungsbestätigung) unterblieben oder das erworbene Regreßrecht durch Verjährung wieder erloschen ist; es muß sich jedoch der Scheckinhaber den Verlust in Abrechnung bringen lassen, den der Aussteller infolge der unterbliebenen oder verspäteten Präsentation bei dem Bezogenen erlitten hat.

§ 20. Nebst den Vorschriften dieses Gesetzes haben für den Scheck die Bestimmungen sinngemäß zu gelten, welche die allgemeine Wechselordnung (kaiserliches Patent vom 25. Jänner 1850, RGBl. Nr. 51) enthält:

1. über den Mangel oder die Beschränkung der Verpflichtungsfähigkeit einzelner auf einen Wechsel unterschriebener Personen (Art. 3);
2. über Abweichungen in den im Wechsel enthaltenen Summenangaben (Art. 5);
3. über das Prokuraindossament (Art. 17);
4. über falsche oder verfälschte Wechsel (Art. 75 und 76); der aus der Einlösung eines falschen oder verfälschten Schecks sich ergebende Schaden trifft den angeblichen Aussteller des falschen oder den Aussteller des verfälschten Schecks, insoweit diesen Personen in Ansehung der Fälschung oder Verfälschung ein Verschulden zur Last fällt oder die Fälschung oder Verfälschung von ihren bei der Gebarung mit den Schecks verwendeten Angestellten verübt wurde, sonst hat der Bezogene den Schaden zu tragen; eine abweichende Vereinbarung hat keine rechtliche Wirkung;

5. über die Unterbrechung der Verjährung der Regreßansprüche (Art. 80), mit der Ergänzung, daß die Anmeldung von Scheckforderungen im Konkurse die nämliche Wirkung wie die Behändigung der Klage hat;
6. über die Einreden des Wechselschuldners (Art. 82);
7. über die im Ausland ausgestellten Wechsel und die Form der mit einem Wechsel an einem ausländischen Platze vorzunehmenden Handlungen (Art. 85, 86);
8. über den Protest (Art. 87, 88, Ziff. 1—4 und 6, 89 und 90);
9. über Ort und Zeit der im Wechselverkehre vorzunehmenden Handlungen (Art. 91 und 92) und endlich
10. über mangelhafte Unterschriften von Wechselerklärungen (Art. 94 und 95 und § 1 des Gesetzes vom 19. Juni 1872, RGBl. Nr. 88).

§ 21. Derjenige, dem ein Scheck abhanden gekommen ist, kann beim Handelsgerichte (Handelssenate) des Zahlungsorts dessen Amortisation beantragen. Für das Amortisationsverfahren gelten die Bestimmungen des Art. 73, Abs. 2 der allgemeinen Wechselordnung mit der Abänderung, daß die Frist im Edikte auf dreißig Tage festzusetzen ist.

Bei Einleitung des Amortisationsverfahrens kann das Gericht auf Antrag des Amortisationswerbers dem Bezogenen mittels einstweiliger Verfügung die Einlösung des Schecks untersagen (§ 389—400 der Exekutionsordnung). Eine dem Verbote zuwider vorgenommene Einlösung des Schecks ist dem Antragsteller gegenüber unwirksam.

§ 22. Der Aussteller und jeder Indossant eines Schecks kann durch den quer über die Vorderseite des Schecks geschriebenen oder gedruckten Zusatz: „nur zur Verrechnung" dem Bezogenen verbieten, daß der Scheck bar bezahlt werde. Der Scheck darf in diesem Falle nur zur Verrechnung mit dem Bezogenen oder einem Girokunden desselben (Kontoinhaber) oder mit einem Mitgliede der am Zahlungsorte bestehenden Abrechnungsstelle benutzt werden. Falls der Bezogene nicht selbst Mitglied der Abrechnungsstelle ist, kann er bei Präsentation den Scheck durch einen hierauf zu setzenden Vermerk bei einem Mitgliede der Abrechnungsstelle zahlbar stellen (§ 4 Abs. 1). Die hiernach stattfindende Verrechnung gilt als Zahlung (Einlösung) des Schecks im Sinne dieses Gesetzes. Der Bezogene haftet für allen Schaden, der aus der Außerachtlassung des Verbots entsteht.

Der Vermerk: „nur zur Verrechnung" kann nicht zurückgenommen werden.

§ 23. Unterbleibt die Einlösung eines Schecks, weil dem Aussteller zur Zeit der Präsentation des Schecks bei dem Bezogenen kein zur Scheckeinlösung verwendbares Guthaben (§ 2, Ziff. 5) zusteht oder wird der Scheck wegen unzureichender Deckung nicht voll eingelöst, so trifft den Aussteller, sofern er nicht bei Ausstellung des Schecks mit Grund annehmen konnte, daß zur Zeit der Präsentation genügende Deckung vorhanden sein werde, eine Ordnungsstrafe in der Höhe von drei Prozent des nicht gedeckten Scheckbetrags.

Auf diese Ordnungsstrafe wird vom Zivilrichter erkannt. Das der Strafverhängung vorausgehende Verfahren hat sich nach den Vorschriften des kaiserlichen Patents vom 9. August 1854 (RGBl. Nr. 208) zu richten. Das Verfahren wird nur dann von Amts wegen eingeleitet, wenn der Zivilrichter durch einen vor ihm durchgeführten Prozeß von der mangelnden Deckung des Schecks Kenntnis erlangt, sonst erfolgt die Einleitung auf Antrag des Inhabers des Schecks. Die Einleitung des Verfahrens von Amts wegen findet nicht mehr statt, wenn seit Vorlegung des Schecks zur Zahlung eine Frist von sechs Monaten verstrichen ist; der Antrag des Scheckinhabers auf Einleitung des Verfahrens muß spätestens vor Ablauf des dritten Monats nach der Vorlegung des Schecks zur Zahlung gestellt werden.

Für die Eintreibung der zugunsten des Staatsschatzes einzuziehenden Ordnungsstrafe und für eine allfällige Umwandlung der Strafbeträge gelten die Bestimmungen der Justizministerialverordnung vom 5. November 1852, RGBl. Nr. 227.

Die Verhängung der Ordnungsstrafe erfolgt unbeschadet einer etwaigen strafgerichtlichen Verfolgung des Ausstellers wegen Betrugs.

Durch die Verhängung der Ordnungsstrafe werden die dem Inhaber des Schecks nach § 19 zustehenden Ansprüche nicht berührt.

Neben diesen Ansprüchen kann der Inhaber des Schecks jedoch, wenn gegen den Aussteller die Ordnungsstrafe verhängt wurde, vom Aussteller Ersatz jenes Schadens begehren, der ihm durch die unterbliebene oder unvollständige Einlösung des Schecks verursacht wurde.

§ 24. Für die gerichtliche Verfolgung scheckrechtlicher Regreßansprüche gelten die für Wechselsachen erlassenen Zuständigkeits- und Prozeßvorschriften.

Die Zuständigkeit für die gerichtliche Verfolgung der Schadenersatzansprüche wegen mangelnder Deckung des Schecks (§ 23) und für Streitigkeiten aus dem unmittelbaren Rechtsverhältnisse zwischen dem Inhaber des Schecks und dem Aussteller oder dem unmittelbaren Vormanne des Inhabers richten sich nach den allgemeinen Zuständigkeitsvorschriften für streitige Rechtssachen.

Nach letzteren bestimmt sich auch das zur Verhängung einer Ordnungsstrafe wegen mangelnder Deckung (§ 23) berufene Gericht, wobei für die Zuständigkeit der Betrag maßgebend ist, auf welchen der Scheck lautet.

Ges. vom 9. Juni 1922 BGBl. Nr. 332 § 7.

Die Bestimmungen des § 25 des Scheckgesetzes vom 3. April 1906 RGBl. Nr. 84, und des § 6 des Bundesges. vom 14. Juli 1921 BGBl. Nr. 401, werden folgendermaßen abgeändert:

1. Schecks, die im Inlande zahlbar sind, den Anforderungen des § 2 des Scheckgesetzes entsprechen, auf hierzu bestimmten Blanketten eines scheckfähigen Bezogenen ausgestellt werden, ferner entweder ausdrücklich, bei Vorzeigung (Sicht) zahlbar gestellt sind, oder keine Bestimmung über die Verfallzeit ent-enthalten, sind gebührenfrei.
2. Schecks, die im Auslande zahlbar sind und den Anforderungen des § 2 des Scheckgesetzes entsprechen, unterliegen der festen Gebühr von 20 K.

§ 6. V. v. 27. Juni 1922 BGBl. Nr. 364 zur Durchführung einiger Bestimmungen der Gebührennovelle 1922.

V. v. 13. Dezember 1922 BGBl. Nr. 874 (Zweite Gebührennovelle).

§ 4. Die festen Gebühren . . . werden . . . auf das Zwanzigfache des in den bisherigen Vorschriften festgesetzten Ausmaßes erhöht . . . .

§ 26. Dieses Gesetz tritt nach Ablauf von drei Monaten seit seiner Kundmachung in Wirksamkeit.

Auf Schecks, die schon vor diesem Zeitpunkt ausgestellt wurden, finden die Bestimmungen des gegenwärtigen Gesetzes keine Anwendung.

§ 27. Mit dem Vollzuge dieses Gesetzes sind Meine Minister der Justiz, des Handels und der Finanzen beauftragt.

53. Palästina.

In Palästina gilt das türkische Scheckrecht (vgl. unter XIII 74 S. 462).

54. Panama.

Panama hat die Resolutionen der Haager Scheckrechtskonferenz von 1912 (vgl. unten XIII 79 S. 482) mit Ausnahme der Artt. 25 bis 28 als Gesetz eingeführt (Handelsgesetzbuch vom 22. August 1916).

55. Paraguay.

In Paraguay gilt das argentinische Scheckrecht (vgl. oben XIII 4 S. 347).

56. Persien.

Ein Scheckgesetz besteht nicht.

57. Peru.

Auszug aus dem Handelsgesetzbuch vom 15. Februar 1902.

Art. 523. Wer bei Kreditinstituten oder in Händen eines Kaufmanns ein auf Sicht verfügbares Guthaben besitzt, kann zu eigenen oder eines Dritten Gunsten mittels Schecks darüber verfügen.

Art. 524. Der Scheck enthält:

1. die Bezeichnung des Orts, auf den er gezogen ist, und das Datum, ganz mit Buchstaben geschrieben,
2. die Summe, ausgedrückt in Buchstaben und in Zahlen,
3. die Ordnungsnummer, die ihm zukommt,
4. die Unterschrift des Ausstellers.

Art. 525. Der Scheck ist auf Sicht zahlbar und kann auf den Überbringer oder an die Order einer bestimmten Person gestellt werden.

Art. 526. Der Inhaber eines Schecks muß ihn binnen acht Tagen von seinem Ausstellungsdatum an, den Tag der Ausstellung eingerechnet, zur Zahlung vorlegen; andernfalls verliert er seinen Anspruch gegen den Aussteller, falls das Guthaben infolge des Verstreichens der Frist auf Grund einer Handlung desjenigen nicht mehr vorhanden sein sollte, zu dessen Lasten der Scheck ausgestellt ist. Ebenso verliert er bei einem Namensscheck seine Ansprüche gegen die Indossanten.

Art. 527. Der Bezogene hat Schecks nur bis zur Höhe des Kontokorrentguthabens des Ausstellers einzulösen.

Art. 528. Teilt der Aussteller dem Bezogenen schriftlich mit, er möge die Einlösung des Schecks nicht vornehmen, so darf dieser nicht zahlen; erfolgt die Mitteilung nach der Zahlung, so trifft den Bezogenen keine Verantwortung.

Art. 529. Wer einen Scheck ohne Datum oder mit einem falschen Datum ausstellt, hat 2% seines Wertes als Geldstrafe zu entrichten; wer einen Scheck ohne hinreichendes Guthaben ausstellt, wird mit der gleichen Strafe bestraft, vorbehaltlich der im Strafgesetzbuch vorgesehenen Strafen.

Art. 530. Auf den Scheck finden im allgemeinen die den Wechsel betreffenden Bestimmungen des Handelsgesetzbuchs Anwendung.

Art. 531. Ohne vorherige Vernichtung der Originale nach Ablauf ihrer Vorlegungsfrist und ohne Zustimmung des Bezogenen dürfen Duplikate (Kopien) nicht in Umlauf gesetzt werden.

Art. 532. Der Aussteller und jeder gesetzmäßige Inhaber eines Schecks ist berechtigt, durch Angabe des Namens eines Bankiers oder einer bestimmten Gesellschaft auf der Vorderseite des Schecks anzuordnen, daß die Schecksumme nur diesen bezahlt werde.

Ist die Schecksumme unbefugterweise an eine andere Person bezahlt worden, so bleibt der Bezogene haftbar.

58. Polen.[1])

Verordnung des Staatspräsidenten vom 14. November 1924 über das Scheckrecht.

Nr. 100 der Gesetzsammlung des polnischen Staates, ausgegeben am 21. November 1924.

---

[1]) Gilt auch in den von Deutschland abgetretenen Gebietsteilen von Posen, Westpreußen und Schlesien; vgl. Art. 59 Abs. 2.

Titel I. Form.

Art. 1. Der Scheck muß enthalten:
a) die im Text enthaltene Bezeichnung „Scheck";
b) den Namen der Person, die zahlen soll (Trassat);
c) die Unterschrift des Ausstellers;
d) die bedingungslose Anweisung zur Zahlung einer bestimmten Geldsumme;
e) Ort und Datum der Ausstellung des Schecks; falls der Ausstellungsort nicht angegeben ist, gilt als solcher der Ort neben der Unterschrift des Ausstellers.[1])

Art. 2. Als Bezogener kann vorkommen:
a) ein staatliches oder autonomes Kreditinstitut;
b) ein Kreditinstitut oder eine Sparkasse, die unter Aufsicht des Staates, autonomer Körperschaften oder einer sonstigen Organisation des öffentlichen Rechts steht;
c) eine handelsgerichtlich eingetragene Firma, aus deren Namen hervorgeht, daß der Betrieb des Bankiergewerbes Gegenstand des Unternehmens ist.

Art. 3. Der Scheck ist gegen Sicht zahlbar.

Art. 4. Eine Zahlungsanweisung, der eine der in den vorhergehenden Artikeln aufgeführten Voraussetzungen fehlt, ist als Scheck nicht gültig.

Art. 5. Der Scheck kann auf eine bestimmte Person, deren Order oder auf den Bringer aufgestellt sein.

Der Aussteller kann sich selbst als Zahlungsempfänger bezeichnen oder den Scheck an eigene Order ausstellen.

Ein Scheck, der auf eine bestimmte Person ausgestellt ist, mit dem Zusatz „oder Bringer", oder mit einem gleichlautenden Zusatz, ebenso ein Scheck, der nicht erkennen läßt, an wen Zahlung geleistet werden soll, ist an den Bringer zahlbar.

Ungültig ist ein auf „Bringer" lautender Scheck, in dem Aussteller und Bezogener dieselbe Person sind.

Art. 6. Der Scheck ist zahlbar am Orte, wo er ausgestellt wurde. Er kann jedoch ausdrücklich einen anderen Zahlungsort enthalten oder solchen neben dem Namen des Bezogenen nennen.

---

[1]) Über Aufwertung des Schecks bestimmt die Verordnung des Finanz- und Justizministers über Veröffentlichung des endgültigen Textes der Verordnung vom 14. Mai 1924 über die Umrechnung der privatrechtlichen Verpflichtungen (DzU. Nr. 256 Pos. 556) und vom 27. Dezember 1924 (DzU. Nr. 115 Pos. 1024) veränderten Fassung:

Forderungen aus Wechseln und Schecks.

§ 26. 1. Für die Anwendung der Sätze des Tarifs in § 2 auf Wechsel und Scheckforderungen, deren Fälligkeitstermin eingetreten ist (§ 41) ist die im Wechsel bzw. Scheck bezeichnete Zeit der Fälligkeit maßgebend.

Art. 7. Falls in einem Scheck der Betrag in Zahlen und in Buchstaben ausgedrückt ist, aber beide Summen nicht übereinstimmen, so ist der in Buchstaben ausgedrückte Betrag maßgeblich.

Falls ein Scheck über mehrfach in Buchstaben und Zahlen ausgedrückte Beträge lautet und die Summen nicht übereinstimmen, so gilt der geringere Betrag.

Art. 8. Der Scheck bedarf nicht der Annahme.

Titel II. Indossament.

Art. 9. Ein nicht auf den Bringer lautender Scheck kann durch Indossament übertragen werden (Giro).

Falls der Aussteller auf dem Scheck die Worte „nicht an Order" oder einen gleichbedeutenden Vorbehalt vermerkte, kann der Scheck nur mit Wirkung einer Zession übertragen werden.

Art. 10. Das Indossament darf keine Bedingung enthalten. Bedingungen, von denen ein Indossament abhängig gemacht wurde, haben keine Rechtswirkung.

Ein Teilindossament ist rechtsungültig.

Ungültig ist ein Indossament auf Bringer oder ein Indossament des Bezogenen.

Ein Indossament auf den Bezogenen hat die Bedeutung einer Quittung, es sei denn, daß der Bezogene Inhaber mehrerer Niederlassungen ist und der Scheck auf eine Niederlassung indossiert wurde, die sich an einem anderen Orte als dem Zahlungsorte befindet.

Art. 11. Das Indossament muß auf den Scheck oder auf eine mit ihm verbundene Anlage (Allonge) geschrieben und vom Indossanten unterschrieben werden.

Das Indossament ist auch dann gültig, wenn der aus ihm Berechtigte (Indossat) nicht genannt ist oder der Indossant lediglich seine Unterschrift auf der Rückseite des Schecks oder auf der Allonge leistet (Indossament in blanko bzw. offenes Indossament).

Art. 12. Das Indossament überträgt alle Rechte aus dem Scheck.

Bei einem Blankoindossament kann der Inhaber des Schecks:

a) das Indossament mit seinem eigenen Namen oder dem Namen einer anderen Person ausfüllen;
b) den Scheck auf eine andere Person oder in blanko weiter indossieren;
c) den Scheck an eine andere Person ohne Ausnahme des Blankoindossaments und ohne Indossierung übertragen.

---

2. Die Forderung wird auf 10 % der nach dem Tarif § 2 berechneten Summe umgerechnet. Dadurch wird ein anderes Maß der Umrechnung der Forderung, das sich aus dem Titel ergibt, der die Grundlage der Wechsel oder Scheckverpflichtung war, nicht ausgeschlossen.

Art. 13. Als berechtigter Inhaber des Schecks gilt derjenige, der den Scheck in Besitz hat und durch eine ununterbrochene Reihe von Indossamenten seine Berechtigung nachweist, wenn auch das letzte Indossament auf blanko gestellt war. Wenn auf ein Blankoindossament ein weiteres Indossament folgt, wird angenommen, daß der letzte Indossant den Scheck auf Grund des Blankoindossaments erwarb. Durchstrichene Indossamente gelten als nicht vorhanden.

Falls ein Scheck in Verlust geriet, ist der Inhaber, welcher seine Berechtigung nach den Vorschriften des Abs. 1 dieses Paragraphen nachweist, nur dann zur Herausgabe des Schecks verpflichtet, falls er beim Erwerbe desselben bösgläubig war oder grob fahrlässig handelte.

Art. 14. Falls das Indossament den Vermerk enthielt „Valuta zum Empfang", „zum Inkasso", „per prokura" oder einen sonstigen Vermerk, der eine Bevollmächtigung zum Ausdruck bringt (Vertretungsindossament), so kann zwar der Inhaber alle Rechte aus dem Scheck geltend machen, ihn jedoch nur mit den Rechtswirkungen eines Prokuraindossaments weiter indossieren (Art. 30).

Titel III. Vorlegung zur Zahlung.

Art. 15. Schecks, die in Polen ausgestellt und zahlbar sind, müssen zur Vermeidung des Verlustes des Regresses gegenüber Indossanten und Bürgen zur Zahlung vorgelegt werden, und zwar binnen 10 Tagen nach Ausstellung, wenn sie am Ausstellungsorte zahlbar sind, sonst binnen 20 Tagen.

Ausländische, in Polen zahlbare Schecks sind binnen dreißig Tagen nach Ausstellung zur Zahlung vorzulegen und, falls sie in außereuropäischen Ländern ausgestellt wurden, binnen sechzig Tagen.

Bei Berechnung dieser Fristen wird der Tag der Ausstellung nicht mitgerechnet. Falls der letzte Tag der Frist auf einen gesetzlichen Feiertag fällt, endet die Frist mit dem nächsten Werktag.

Falls der Scheck im Auslande zahlbar ist, richtet sich die Vorlegungsfrist nach dem am Zahlungsorte geltenden Recht. Falls dies Recht insoweit keine Vorschriften enthielt, sind die Bestimmungen der vorhergehenden Absätze dieses Paragraphen anzuwenden.

Art. 16. Die Vorlegung des Schecks bei einer Abrechnungskammer, bei welcher der Bezogene ein Konto hat, ist gleichbedeutend mit der Vorlegung zur Zahlung.

Welche Stellen als Abrechnungskammern anzusehen sind, wird eine vom Finanzminister im Einvernehmen mit dem Justizminister erlassene Verordnung regeln.

Art. 17. Falls am Zahlungsorte des Schecks ein anderer Kalender gilt wie am Ausstellungsorte, wird der Tag der Ausstellung auf den ihm entsprechenden Tag des am Zahlungsorte geltenden Kalenders umgerechnet und hiernach die Vorlegungsfrist berechnet.

Titel IV. Zahlung.

Art. 18. Der Bezogene kann bei der Zahlung die Aushändigung des vom Inhaber quittierten Schecks verlangen.

Der Inhaber kann die Leistung einer Teilzahlung nicht ablehnen.

Bei Leistung einer Teilzahlung kann der Bezogene einen entsprechenden Vermerk auf dem Scheck und eine besondere Quittung verlangen.

Art. 19. Der Bezogene ist verpflichtet, bei der Zahlung die gehörige Reihenfolge der Indossamente zu prüfen, er hat jedoch nicht die Verpflichtung, die Echtheit der Unterschriften der Indossanten nachzuprüfen.

Falls der Bezogene an eine Person Zahlung leistete, die ihr Recht durch eine ununterbrochene Reihe von Indossamenten nachgewiesen hat, ist er von seiner Haftung befreit, es sei denn, daß er bösgläubig war oder grob fahrlässig handelte.

Art. 20. Das Rechtsverhältnis zwischen dem Aussteller und Bezogenen ist entscheidend für die Verpflichtung des Bezogenen dem Aussteller gegenüber zur Bezahlung des Schecks, es sei denn, daß er nach den Bestimmungen dieser Verordnung von der Verpflichtung zur Zahlung befreit ist.

Art. 21. Der Bezogene ist verpflichtet, die Zahlung abzulehnen, falls zu seiner Kenntnis gelangte, daß der Konkurs des Ausstellers bekannt gegeben wurde.

Art. 22. Widerruf des Schecks ist wirksam:

a) Falls der Scheck nach Ablauf der Vorlegungsfrist widerrufen wurde oder der Ablauf dieser Frist nicht abgewartet wurde; in diesem Falle beginnt die Wirksamkeit des Widerrufs mit dem Ablauf der Vorlegungsfrist;

b) Bei Schecks, die auf Namen oder an Order lauten und durch den Aussteller unmittelbar dem Bezogenen übersandt wurden, falls der Widerruf vor Honorierung des Schecks erfolgte.

Mit dem Augenblicke eines wirksamen Widerrufs erlischt die Befugnis des Bezogenen, Zahlung zu leisten und seine Verpflichtung hierzu ohne Einfluß, sofern nicht zwischen dem Aussteller und dem Bezogenen etwas anderes vereinbart wurde.

Art. 23. Der Aussteller sowie jeder Inhaber des Schecks kann durch den quer über die Vorderseite des Schecks geschriebenen Vorbehalt „nur zur Verrechnung" oder „in Rechnung zu stellen" usw. dem Bezogenen verbieten, Zahlung in bar zu leisten. In diesem Falle kann der Scheck nur zur Verrechnung mit dem Bezogenen dienen oder mit einer Person, die bei ihm Konto hat oder mit einem Mitgliede der am Zahlungsorte befindlichen Abrechnungskammer.

Falls der Bezogene selbst Mitglied der Abrechnungskammer ist, kann er bei Vorlegung auf dem Scheck ein Mitglied der Abrechnungskammer als Zahlungspflichtigen bezeichnen.

Die Vornahme der Verrechnung gilt als Zahlung des Schecks.

Das Verbot, Zahlung zu leisten, kann nicht widerrufen werden.

Der Bezogene haftet für allen Schaden, der durch die Nichtbeachtung dieses Verbots entsteht.

Titel V. Haftung.

Art. 24. Aussteller und Indossanten haften dem Inhaber des Schecks gegenüber solidarisch für die Zahlung des Betrages, auf den der Scheck lautet.

Der Aussteller kann sich von dieser Haftung nicht befreien, falls er seinem Indossamente die Worte: „ohne Obligo", „ohne Garantie" oder einen gleichbedeutenden Vorbehalt hinzufügt. Falls er Weiterindossierung verbot, haftet er den folgenden Indossataren gegenüber nicht weitergehend als gegenüber seinem unmittelbaren Vormann.

Art. 25. Zusammen mit dem Aussteller oder Indossanten haftet derjenige solidarisch, welcher sich für den Aussteller oder Indossanten verbürgte, indem er auf dem Scheck oder der Allonge seine Unterschrift „als Bürge" gab oder seiner Unterschrift einen gleichbedeutenden Vermerk hinzufügte.

Wenn der Bürge nicht ersichtlich machte, zu wessen Gunsten er bürgt, gilt die Bürgschaft als für den Aussteller geleistet. Als Bürgschaft für den Aussteller gilt auch eine auf der Vorderseite eines auf Bringer lautenden Schecks befindliche Unterschrift.

Die Verpflichtung des Bürgen ist wirksam, wenn auch die Verpflichtung, für die er bürgt, aus irgend einem Grunde ungültig war, es sei denn, daß es sich um einen Formfehler handelt.

Eine Bürgschaft kann eine dritte Person übernehmen oder auch eine solche, die ihre Unterschrift auf dem Scheck leistete. Die Bürgschaftserklärung des Bezogenen ist ohne rechtliche Bedeutung.

Art. 26. Wer seine Unterschrift auf dem Scheck als Vertreter einer anderen Person leistete, ohne hierzu ermächtigt zu sein, haftet nach Scheckrecht solidarisch.

Ebenso haftet ein Vertreter, der den Umfang seiner Vertretungsweise überschritt, voll für die Verpflichtung aus dem Scheck.

Art. 27. Scheckverpflichtungen kann jeder übernehmen, soweit er nach den Vorschriften des Zivilrechts Verpflichtungen übernehmen kann.

Falls sich auf einem Scheck Unterschriften solcher Personen befinden, die unfähig sind, Verpflichtungen zu übernehmen, sind die aus den sonstigen Unterschriften sich ergebenden Verpflichtungen trotzdem wirksam.

Art. 28. Die Fälschung einer Unterschrift auch der des Ausstellers hat auf die Gültigkeit der sonstigen Unterschriften keinen Einfluß.

Falls der Inhalt eines Schecks abgeändert wird, haften die Personen, die ihre Unterschrift nach der Abänderung gaben, dem abgeänderten Inhalt entsprechend, die Personen jedoch, die vorher ihre Unterschrift gaben dem früheren Inhalte entsprechend.

Art. 29. Der Inhaber eines Schecks kann wegen seiner Ansprüche einen oder mehrere Schuldner in Anspruch nehmen, ohne an die Reihenfolge gebunden zu sein, in der sie ihre Verpflichtungen übernahmen. Ein Bürge, der einen Scheck einlöste, kann die Person in Anspruch nehmen, für die er bürgte, sowie deren Vormänner. Die gerichtliche Geltendmachung der Ansprüche gegen einen Schuldner hindert nicht die Geltendmachung gegenüber anderen, auch nicht gegenüber den Nachmännern des in Anspruch genommenen Schuldners.

Art. 30. Gegenüber dem Inhaber des Schecks kann sich der Schuldner aus dem Scheck nicht solcher Einreden bedienen, die ihm persönlich gegenüber früheren Inhabern zustehen, es sei denn, daß die Übertragung des Schecks vorsätzlich zum Schaden des Schuldners erfolgte.

Falls ein Indossatar Rechte aus dem Scheck auf Grund eines „Vertretungsindossaments" geltend macht, können sich die Schuldner aus dem Scheck derjenigen Einreden bedienen, die ihnen gegen den betr. Indossanten zustehen.

Titel VI. Regreß.

Art. 31. Der Inhaber eines Schecks kann Regreß nehmen an den Indossanten, dem Aussteller sowie den sonstigen aus dem Scheck Verpflichteten, sofern der Scheck innerhalb der Vorlegungsfrist zur Zahlung vorgelegt wurde, aber Zahlung nicht erfolgte.

Die Tatsache der Vorlegung sowie der nicht erfolgten Zahlung ist nachzuweisen:

a) durch einen öffentlichen Akt (Protest mangels Zahlung);
b) durch eine mit Datum versehene Erklärung des Bezogenen auf dem Scheck unter Angabe des Tages, an welchem die Vorlegung erfolgte;
c) oder durch eine mit Datum versehene Erklärung der Abrechnungskammer, die bestätigt, daß der Scheck fristgemäß zur Verrechnung gestellt aber nicht eingelöst wurde.

Bei Schecks zur Verrechnung hat die Ablehnung der geforderten Verrechnung die Rechtswirkung der Nichtleistung der Zahlung, falls die Verrechnung mit dem Bezogenen, einer Person, die bei ihm Konto hat oder einem Mitgliede der am Zahlungsorte befindlichen Abrechnungskammer erfolgen sollte.

Art. 32. Die Erhebung des Protestes sowie die Niederschrift einer den Protest ersetzenden Erklärung muß vor Ablauf der Vorlegungsfrist und spätestens am ersten Werktage nach erfolgter Vorlegung erfolgen.

Die Form der Protesterhebung entspricht den Vorschriften des Wechselprotestes. Falls der Scheck im Auslande zahlbar ist, entscheidet das am Zahlungsorte geltende Recht darüber, welche Maßnahmen zur Durchführung und Wahrung der Rechte aus dem Scheck zu treffen sind, sowie darüber, binnen welcher Frist und auf welche Art und Weise dies zu geschehen hat.[1])

Art. 33. Der Inhaber eines Schecks hat von der nicht erfolgten Zahlung seinen Vormann (Indossanten) und den Aussteller zu benachrichtigen, und zwar binnen vier Werktagen nach dem Tage der Protesterhebung oder Erklärung, beziehungsweise bei Vorliegen des Vorbehalts „ohne Kosten" nach dem Tage der Vorlegung.

Jeder Indossant hat binnen zwei Tagen seinen Vormann davon zu benachrichtigen, daß er die Mitteilung seines Nachmannes erhielt.

---

[1]) Aus Art. 43 der Verordnung des Staatspräsidenten vom 21. November 1924 über das Wechselrecht.

Die Weigerung der Annahme oder Zahlung ist durch einen öffentlichen Akt festzustellen (Protest mangels Annahme oder Zahlung).

Protest mangels Zahlung kann erhoben werden an dem Tage, wo Zahlung gefordert wurde oder an einem der folgenden beiden Werktage.

. . . . . .

. . . . . .

Hierzu vgl. die Verordnung des Justizministers im Einverständnis mit dem Minister für Handel und Gewerbe vom 16. Juni 1925 über die Bestimmung der Gerichtsorgane, die zur Anfertigung von Wechsel- und Scheckprotesten berechtigt sind.

Auf Grund des Artikel 109 der Verordnung des Staatspräsidenten vom 14. November 1924 über das Wechselrecht (Dz. URP. Nr. 100, Pos. 926) wird folgendes verordnet:

§ 1. Zur Anfertigung von Wechsel und Scheckprotesten im Bezirk eines Kreisgerichts sind außer den Kreisrichtern die Gerichtsvollzieher und die dem betreffenden Gericht zugeteilten Gerichtsbeamten ermächtigt.

§ 2. Die zum Protest bestimmten Wechsel und Schecks sind dem Gerichtsvollzieher oder dem Vorsteher der Kanzlei des Leiters des Kreisgerichts zu übergeben. Der Kreisrichter ernennt einen Beamten zur Erledigung der Aufbewahrungstätigkeit.

Die Erledigung der Aufbewahrungstätigkeit kann von der Entrichtung eines Vorschusses abhängig gemacht werden, der zur Deckung der baren Ausgaben und Gebühren ausreicht.

Die Benachrichtigung kann auf jede Weise erfolgen, sogar durch unmittelbare Übersendung des Schecks. Wer zu einer Benachrichtigung verpflichtet ist, hat darzutun, daß er dies fristgerecht ausführte.

Die Frist ist gewahrt, falls das die Benachrichtigung enthaltende Schreiben innerhalb der Frist zur Post gegeben wurde.

Wer die erforderliche Benachrichtigung nicht fristgerecht erteilt, geht zwar seiner Ansprüche aus dem Scheck nicht verlustig, haftet jedoch für den durch sein Verschulden entstandenen Schaden bis zur Höhe des Betrages, auf den der Scheck lautet.

Art. 34. Der Aussteller oder ein Indossant kann durch den Vermerk: „ohne Kosten", „ohne Protest" oder einen gleichlautenden Vorbehalt den Inhaber von der Verpflichtung entbinden, Protest zu erheben oder eine diesen ersetzende Erklärung anzufordern, um Regreß nehmen zu können.

Ein derartiger vom Aussteller herrührender Vorbehalt ist gegenüber allen aus dem Scheck Verpflichteten wirksam. Falls trotzdem der Inhaber Protest erhob oder sich um eine den Protest ersetzende Erklärung bemühte, hat er selbst die Kosten zu tragen. Falls der Vermerk von einem Indossanten herrührt, treffen alle aus dem Scheck Verpflichteten die Kosten.

Art. 35. Der Inhaber des Schecks kann von dem Regreßverpflichteten verlangen:

a) den nicht gezahlten Betrag, auf den der Scheck lautet;
b) die gesetzlichen Zinsen vom Tage der Vorlegung an;
c) Ersatz der Kosten für den Protest, die ihn ersetzende Erklärung, die Benachrichtigung seines Vormannes und des Ausstellers sowie sonstige Kosten;
d) eine Kommissionsprovision, welche beim Fehlen einer Vereinbarung hierüber $^1/_6$ Prozent des nichtgezahlten Betrages ausmacht und diesen Satz in keinem Falle übersteigen darf.

Art. 36. Wer einen Scheck einlöste, kann von seinen Vormännern verlangen:

a) den gesamten gezahlten Betrag;
b) die gesetzlichen Zinsen hiervon vom Tage der Einlösung ab;
c) Erstattung der eigenen Kosten;
d) die nach den Bestimmungen des vorigen Artikels berechnete Kommissionsprovision von dem nichtgezahlten Betrage.

Art. 37. Ein aus dem Scheck Verpflichteter, gegenüber welchem Regreß erhoben wird oder erhoben werden kann, kann verlangen,

---

§ 3. Das Kreisgericht, dem der Wechsel oder Scheck zur Protestierung übergeben worden ist, kann die Ausführung dieser Tätigkeit dem Gerichtsvollzieher übergeben.

§ 4. Diese Verordnung tritt im Bezirk des Appellationsgerichts in Poznań und Toruń und im oberschlesischen Teil des Bezirks des Appellationsgerichts in Katowice mit dem 1. Juli 1925 in Kraft.

daß ihm gegen Zahlung der Regreßforderung der Scheck und Protest sowie eine quittierte Rechnung auf seine Kosten ausgehändigt wird.

Ein Indossant, der den Scheck eingelöst hat, kann sein Indossament sowie die Indossamente seiner Nachmänner durchstreichen.

Art. 38. Falls infolge unvorhergesehener Hinderungsgründe (höhere Gewalt) die Vorlegung des Schecks und die Protesterhebung nicht erfolgen oder die Erklärung des Bezogenen nicht rechtzeitig beschafft werden kann, tritt eine Verlängerung der hierfür bestimmten Fristen ein.

Der Inhaber ist verpflichtet, unverzüglich seinen Vormann (Indossanten) sowie den Aussteller von dem Vorliegen höherer Gewalt zu benachrichtigen sowie diese Benachrichtigung unter Hinzufügung des Ortes, Datums und seiner Unterschrift auf dem Scheck zu vermerken; außerdem finden die Vorschriften des Art. 33 Anwendung.

Nach Fortfall der höheren Gewalt hat der Inhaber des Schecks diesen unverzüglich zur Zahlung vorzulegen sowie erforderlichenfalls Protest zu erheben.

Falls der Zustand höherer Gewalt länger andauert als 30 Tage nach Ablauf der Vorlegungsfrist kann ohne Vorlegung des Schecks und ohne Protesterhebung Regreß genommen werden.

Titel VII. Duplikate.

Art. 39. Mit Ausnahme des auf Bringer lautenden Schecks kann jeder in Polen ausgestellte, aber in einem anderen Staate zahlbare Scheck in mehreren gleichlautenden Exemplaren ausgestellt werden.

Die einzelnen Exemplare sind zu numerieren und zwar im Text selbst, denn sonst gilt jedes als selbständiger Scheck.

Art. 40. Die gegen Vorlegung eines Exemplars geleistete Zahlung hat gleichfalls dann befreiende Wirkung, falls sich auf dem Scheck kein Vorbehalt des Inhalts befindet, daß diese Zahlung auch die Verpflichtung aus den weiteren Exemplaren tilgt.

Ein Indossant, der Exemplare an verschiedene Personen übertrug sowie seine Nachmänner sind aus allen von ihnen girierten Exemplaren verpflichtet, die ihnen nicht zurückgegeben wurden.

Titel VIII. In Verlust geratene Schecks.

Art. 41. Derjenige, welchem ein Scheck abhanden kam, kann von dem Friedensgericht (Amtsgericht) des Zahlungsortes dessen Kraftloserklärung verlangen.

In dem Antrage ist der wesentliche Inhalt des Schecks anzugeben, dessen Abhandenkommen glaubhaft zu machen, sowie darzutun, welches rechtliche Interesse der Antragsteller an der Kraftloserklärung hat.

Das Gericht erläßt in dem für die gerichtlichen Bekanntmachungen bestimmten Blatte sowie durch Anschlag an der Gerichtstafel die Aufforderung, daß der Inhaber des abhanden gekommenen Schecks sich binnen 60 Tagen melden und den Scheck dem Gericht vorlegen möge. Diese Frist läuft vom Tage der Bekanntmachung ab. Der letzte Tag der Frist ist in der Bekanntmachung dem Datum nach anzugeben.

Falls sich innerhalb dieser Frist niemand mit dem Scheck meldet, erläßt das Gericht eine Entscheidung, durch die der Scheck für kraftlos erklärt wird.

Falls sich dagegen der Inhaber des Schecks vor Ablauf der Frist meldet, stellt das Gericht das weitere Verfahren ein, nachdem es zuvor die Beteiligten gehört und den Scheck demjenigen vorgelegt hat, der seine Kraftloserklärung verlangt.

Sowohl von der Einleitung wie von dem Abschlusse des Verfahrens setzt das Gericht den Bezogenen und alle aus dem Scheck Verpflichteten in Kenntnis, die ihm von dem Antragsteller genannt werden.

Art. 42. Der Bezogene oder ein aus dem Scheck Verpflichteter, der den Scheck nach Empfang der Benachrichtigung über die Einleitung dieses Verfahrens honoriert, tut dies auf eigene Gefahr; er kann jedoch den fraglichen Betrag beim Gericht des Zahlungsortes hinterlegen und sich dadurch von seiner Verpflichtung befreien.

Art. 43. Falls nach Bekanntgabe der Aufforderung der Antragsteller von dem Bezogenen Zahlung verlangt, kann der Bezogene entweder den fraglichen Betrag hinterlegen oder an den Antragsteller gegen Sicherheitsleistung zahlen.

Falls der Bezogene das eine wie das andere ablehnt, kann der Antragsteller auf Grund einer Abschrift des Schecks Protest erheben oder auf dieser Abschrift die Erklärung des Bezogenen vermerken lassen und sodann Regreß erheben; er kann jedoch von den Regreßverpflichteten lediglich Hinterlegung oder Zahlung gegen Sicherheitsleistung verlangen, je nach Wahl des Verpflichteten.

Art. 44. Auf Grund einer Entscheidung, die den Scheck für kraftlos erklärt, können alle Ansprüche aus dem Scheck geltend gemacht werden.

Titel IX. Verjährung.

Art. 45. Die Regreßansprüche des Inhabers gegenüber Indossanten und dem Aussteller verjähren binnen sechs Monaten nach Ablauf der Vorlegungsfrist.

Die Ansprüche der Indossanten untereinander verjähren binnen sechs Monaten, gerechnet von dem Tage ab, wo der Indossant den Scheck einlöste oder ihm eine Klage zugestellt wurde.

Bei der Berechnung dieser Fristen wird der Tag ihres Beginns nicht mitgerechnet.

Art. 46. Die Verjährung der Ansprüche aus dem Scheck wird lediglich unterbrochen:

a) durch Erhebung der Klage;
b) durch Anmeldung des Anspruchs im Verfahren zur Herbeiführung der Kraftloserklärung;
c) durch weitere Klage seitens des Beklagten oder Streitverkündung;
d) durch schriftliches Anerkenntnis des Anspruchs.

Art. 47. Die unterbrochene Verjährung beginnt von neuem zu laufen:

a) falls Klage erhoben ist, aber der Rechtsstreit nicht gehörig gefördert wird — von der letzten Prozeßhandlung ab; — die neue Verjährung wird durch die Aufnahme des Prozesses unterbrochen;
b) im Falle der Anmeldung im Verfahren zur Herbeiführung der Kraftloserklärung — von der Beendigung des Verfahrens ab oder, falls der angemeldete Anspruch bestritten wurde, vom Zeitpunkte des Bestreitens ab;
c) im Falle der weiteren Klage oder der Streitverkündung — von der rechtskräftigen Erledigung des Rechtsstreites ab;
d) im Falle des Anerkenntnisses — vom Tage der Ausstellung der Urkunde ab.

Art. 48. Die Unterbrechung der Verjährung bezieht sich nur auf denjenigen aus dem Scheck Verpflichteten, dem gegenüber sie erfolgte.

Art. 49. Der Lauf der Verjährung unterliegt keiner Hemmung.

Titel X.
Ansprüche aus ungerechtfertigter Bereicherung.

Art. 50. Der Aussteller, dessen Verpflichtung aus dem Scheck infolge Verjährung oder Verabsäumung der zur Erhaltung der Ansprüche erforderlichen Maßnahmen erloschen ist, haftet dem Inhaber gegenüber in Höhe der ungerechtfertigten Bereicherung.

Der Anspruch aus ungerechtfertigter Bereicherung verjährt binnen drei Jahren nach dem Erlöschen der Verpflichtung aus dem Scheck.

Titel XI. Folgen der mangelnden Deckung.

Art. 51. Falls die Zahlung des Schecks unterblieb, weil der Aussteller zur Zeit seiner Ausstellung über kein hinreichendes Guthaben bei dem Bezogenen verfügte, so haftet er dem Inhaber gegenüber für allen Schaden, mindestens in Höhe von 6% des ungedeckten Betrages. Obige Ansprüche verjähren binnen 3 Jahren nach Ablehnung der Zahlung durch den Bezogenen.

In obigen Fällen hat außerdem der Aussteller — sofern nicht die Tat den Tatbestand eines mit schwerer Strafe bedrohten Vergehens bildet — Haftstrafe bis zu 6 Wochen und Geldstrafe bis zu 5000 Zloty oder eine dieser Strafen verwirkt, es sei denn, daß er bei Ausstellung des Schecks die begründete Auffassung hatte, er könne bei Vorlegung mit völliger Deckung rechnen und daß diese Deckung aus von ihm unabhängigen Gründen nicht vorhanden war.

Titel XII. Zusammentreffen von Gesetzen.

Art. 52. Die Fähigkeit einer Person, Scheckverpflichtungen einzugehen, ist nach dem Recht des Staates zu beurteilen, dessen Angehöriger sie ist. Falls dies Recht ein Gesetz eines anderen Staates für anwendbar erachtet, ist dies Gesetz anzuwenden.

Falls sie nach einem im Abs. 1 genannten Gesetze nicht fähig ist, Scheckverpflichtungen einzugehen, haftet er gleichwohl, falls er die Verpflichtung im Gebiete eines Staates einging, dessen Gesetz ihm eine derartige Fähigkeit zuspricht.

Art. 53. Der Scheck kann rechtsgültig auf jede Person ausgestellt werden, die nach dem Rechte des Ausstellungsortes oder nach dem Rechte des Zahlungsortes Bezogener sein kann.

Art. 54. Die Form der Erklärung auf einem Scheck richtet sich nach dem Recht des Staates, in dessen Gebiet die Erklärung unterschrieben wurde; es genügt jedoch zu ihrer Gültigkeit, daß die durch das am Zahlungsorte geltende Recht vorgeschriebene Form gewahrt wurde.

Art. 55. Zur Gültigkeit von Verpflichtungen, die im Auslande von einem polnischen Staatsangehörigen gegenüber einem anderen polnischen Staatsangehörigen übernommen wurden, genügt die Wahrung der in diesem Gesetz vorgeschriebenen Form.

Art. 56. Für die Gültigkeit von Erklärungen auf einem Scheck, die in Polen entsprechend den Formvorschriften dieses Gesetzes vorgenommen wurden, ist der Umstand ohne Bedeutung, daß andere Erklärungen auf dem Scheck, die im Auslande erfolgten, weder dem Rechte des Ortes entsprechen, wo sie erfolgten, noch den am Zahlungsorte geltenden Vorschriften, wenn sie nur der in diesem Gesetz vorgeschriebenen Form Genüge geleistet hatten.

Titel XIII. Prozeßvorschriften.

Art. 57. Die Zuständigkeit der Gerichte, die einen Rechtsstreit über Ansprüche auf Grund dieses Gesetzes zu befinden haben, ist nach den Bestimmungen über die Zuständigkeit der Gerichte in Wechselsachen zu beurteilen.

Falls es sich um die Durchführung eines Regreßanspruchs handelt, sind die Vorschriften über das Verfahren beim Wechselregreß entsprechend anzuwenden.

Titel XIV. Übergangsvorschriften.

Art. 58. Bis zur Einführung eines einheitlichen Zivil- und Prozeßrechts behalten die bislang geltenden Gesetze auf dem Gebiete des Zivil- und Prozeßrechts ihre Gesetzeskraft, welche außer den in Art. 46 und 47 genannten und noch anderen Rechtsbehelfen auf dem Gebiete des Prozeßrechts und der Zwangsvollstreckung eine der Klage gleiche Wirkung auf den Beginn und die Unterbrechung der Verjährung zusprechen.

Im einzelnen:

1. In dem Gebiete, wo die deutsche Zivilprozeßordnung gilt, § 209 Ziff. 1, 3, 5 des deutschen Bürgerlichen Gesetzbuches, §§ 281 und 693 der deutschen Zivilprozeßordnung sowie § 13 der Bundesratsverordnung vom 9. September 1915 (RGBl. S. 562).
2. In dem Gebiete, wo die österreichische Zivilprozeßordnung gilt, Art. XLV des Einführungsgesetzes zur Zivilprozeßordnung;
3. In dem Gebiete, wo die russische Zivilprozeßordnung gilt, die Bestimmungen der Zivilprozeßordnung über den Antrag auf Erteilung der Vollstreckungsklausel und Zustellung eines Vollstreckungsbefehls auf Grund eines Wechsels.

Art. 59. Dies Gesetz tritt am 1. Januar 1925 in Kraft.

Mit diesem Augenblick verlieren die bislang in Polen geltenden Bestimmungen über den Scheck ihre Gesetzeskraft mit Ausnahme der Vorschriften über die Gebühren zugunsten des Staates und den Gemeinden.

Art. 60. Eine gemeinschaftliche Verordnung des Ministers für Handel und Gewerbe und des Justizministers wird diejenigen Werktage bestimmen, welche in den durch dieses Gesetz geregelten Angelegenheiten den gesetzlichen Feiertagen gleichgestellt werden.

Art. 61. Die Ausführung dieses Gesetzes wird dem Justizminister übertragen.

59. Portugal.

Auszug aus dem Codigo Commercial vom 23. August 1888.

Kapitel II.

Von den Billets (Zahlungsversprechen, eigenen Wechseln und Schecks).

Art. 340. Das Billet[1]) ist eine Privatschuldurkunde, welche enthalten muß:

1. die Angabe der zu zahlenden Summe,
2. den Namen oder die Firma desjenigen, an den oder an dessen Order die Zahlung geleistet werden soll,
3. den Zeitpunkt der Zahlung,
4. die Unterschrift desjenigen, der sich verpflichtet,
5. das Datum.

Art. 341. Jedermann, der einen verfügbaren Betrag bei einem Bankinstitut oder im Besitz eines Kaufmanns stehen hat, kann darüber zu seinen oder eines Dritten Gunsten mittels eines Schecks verfügen.

§ 1. Der Scheck ist zu datieren, von dem Aussteller zu unterzeichnen und hat die zu zahlende Summe anzugeben.

---

[1]) livrança.

§ 2. Der Scheck kann auf den Inhaber, auf Sicht oder auf Zeit ausgestellt werden; diese Zeit darf zehn Tage, gerechnet von dem Tage der Präsentation, nicht überschreiten.

§ 3. Der Inhaber ist verpflichtet, den Scheck innerhalb von acht Tagen zur Zahlung zu präsentieren, wenn er an dem nämlichen Platze ausgestellt, an dem er zahlbar ist, sonst innerhalb von fünfzehn Tagen.

Art. 342. Der Inhaber, der in den im vorstehenden Artikel angegebenen Fristen den Scheck nicht präsentiert oder die Zahlung nicht bei Fälligkeit fordert, verliert seinen Anspruch gegen den Indossanten und büßt sie auch gegen den Aussteller ein, wenn nach Ablauf der angegebenen Fristen der zu zahlende Betrag durch Verschulden desjenigen, der zahlen sollte, nicht zur Verfügung steht.

Art. 343. Auf die eigenen Wechsel (Billets, Zahlungsversprechen) und Schecks sind alle auf die gezogenen Wechsel bezüglichen Bestimmungen anwendbar, welche der Natur des Schecks und der Zahlungsversprechen nicht entgegenstehen.

60. Rumänien.

Auszug aus dem rumänischen Handelsgesetzbuch vom 10./22. Mai 1887.

II. Hauptstück. Vom Scheck.

Art. 364. Wer bei einer Bank oder sonst einer Person Geldbeträge verfügbar besitzt, kann durch einen Scheck über diese Gelder zu seinem persönlichen Vorteil oder zu dem einer dritten Person ganz oder teilweise verfügen.

Art. 365. Der Scheck muß die zu zahlende Summe angeben, datiert und vom Aussteller unterzeichnet sein. Er kann auf Inhaber oder auf den Namen einer bestimmten Person lauten.

Die Zahlungszeit kann auf Sicht oder auf eine Frist gestellt sein, die 10 Tage von der Vorlegung an nicht übersteigen darf.

Er kann auch an Order lauten und selbst durch Blanko-Indossament weiter begeben werden.

Art. 366. Auf den Scheck sind alle Bestimmungen anzuwenden, welche das Indossament, die Bürgschaft, die Unterschrift verfügungsunfähiger Personen, falsche oder gefälschte Unterschriften, die Verfallszeit und Zahlung der Wechsel, den Protest, die Klage gegen Aussteller und Indossanten, sowie die verlorenen oder entwendeten Wechsel betreffen.

Art. 367. Der Besitzer des Schecks hat ihn, wenn er am Zahlungsort ausgestellt ist, innerhalb acht Tage, und wenn er an einem andern als dem Ausstellungsorte zahlbar ist, innerhalb fünfzehn Tage dem Bezogenen zur Zahlung vorzulegen.

In diese Frist ist der Ausstellungstag nicht einzurechnen.

Art. 368. Der Besitzer des Schecks, der ihn in obiger Frist nicht vorlegt, verliert sein Klagerecht gegen den Giranten; er verwirkt auch sein Klagerecht gegen den Aussteller, wofern der Betrag nach Ablauf der obigen Fristen wegen der Handlungsweise des Bezogenen nicht verfügbar sein sollte.

Art. 369. Wer einen Scheck ohne Datum oder mit einem falschen Datum oder ohne in Händen des Bezogenen den Betrag verfügbar zu haben, ausstellt, wird unbeschadet der im Strafgesetze vorgesehenen Strafen, falls solche zutreffen, mit einer Geldstrafe belegt, welche zehn vom Hundert der im Scheck angegebenen Summe gleichkommt.

61. Rußland.

(Union der Vereinigten Sowjetrepubliken — SSSR).

In der Union der Vereinigten Sowjetrepubliken (SSSR.) besteht nach Auskunft der Berliner Russischen Handelsvertretung ein Scheckrecht nicht.

Die Russische Bank für Handel und Industrie eröffnet ein Scheckkonto unter folgenden Bedingungen:

Art. 1. Wer die Eröffnung eines Kontokorrents wünscht, hat einen Antrag zu unterschreiben und seine Unterschrift so, wie er sie im Verkehr mit der Bank abzugeben gedenkt, niederzulegen . . . .
. . . .

Art. 5. Bei Eröffnung eines Kontokorrents erhält der Kunde ein Scheckheft, das er für Ziehungen auf sein Guthaben benutzt.

Art. 7. Der Betrag wird dem Inhaber des Schecks ohne Legitimationsprüfung und ohne quittierende Unterschrift auf dem Scheck ausgezahlt.

Art. 8. Bei der Ausstellung eines Schecks ist die Schecksumme in Zahlen und Buchstaben und die Unterschrift des Ausstellers auf den Scheck zu setzen; der Name des Inhabers braucht nicht angegeben zu werden; ist er angegeben, so ist die Bank nicht verpflichtet, die Identität des Inhabers zu prüfen.

Art. 9. Die Ausstellung von Schecks über den Betrag des Guthabens hinaus ist unzulässig; ein Verstoß hiergegen hat die Sperrung des Guthabens zur Folge.

Art. 10. Verbesserungen und Rasuren auf dem Scheck sind unzulässig; derartige Schecks werden nicht eingelöst.

Art. 11. Fünf Tage nach der Ausstellung verliert der Scheck seine Gültigkeit; die Bank verweigert seine Einlösung.

Art. 12. Der Inhaber eines Schecks, der dessen Betrag seinem Konto gutgebracht wünscht, braucht seinen Namen nur quer auf die Vorderseite des Schecks zu setzen; ein solcher Scheck gilt als Verrechnungsscheck; sein Betrag wird dem Konto desjenigen gutgebracht, der seinen Namen derart auf den Scheck gesetzt hat.

62. San Marino.

Ein Scheckgesetz besteht nicht. Es besteht Gewohnheitsrecht. Im Streitfall gelangt italienisches Recht zur Anwendung; vgl. oben XIII 29 S. 389.

63. San Salvador.

Auszug aus dem Código de Comercio vom 17. März 1904.

Art. 456. Der Scheck ist ein auf ein Kreditinstitut oder einen Kaufmann gezogener Sichtwechsel.

Art. 457. Der Scheck oder Zahlungsauftrag muß enthalten:
die Unterschrift des Ausstellers,
den Namen des Bezogenen und die Angabe seines Domizils,
die Angabe der Schecksumme,
das Ausstellungsdatum und
die Angabe, daß er auf den Inhaber, auf den Namen einer bestimmten Person oder an Order lautet; im letzten Fall kann er mittels Indossaments übertragen werden.

Die Schecksumme muß stets ganz mit Buchstaben geschrieben werden.

Art. 458 = Art. 536 des spanischen Código de Comercio (vgl. unten XIII 70 S. 459).

Art. 459 = Art. 537 des spanischen C. d. c. (statt Ausstellung heißt es hier Ausgabe).

Art. 460. Der Bezogene honoriert das Mandat bei der Vorlegung.

Die Person, an die gezahlt wird, hat in der Quittung ihren Namen und das Datum der Zahlung anzugeben.

Art. 461 = Art. 540 des span. C. d. c.

Art. 462 = Art. 542 des span. C. d. c. (hinter Protest ist „mangels Zahlung" einzuschalten).

64. Schweden.

Vgl. unten XIII 68 Skandinavien S. 448.

65. Schweiz.

Auszug aus dem Schweizerischen Bundesgesetz betr. die Ergänzung des Schweizerischen Zivilgesetzbuches (Fünfter Teil: Obligationenrecht) vom 30. März 1911.

Dreißigster Titel. Der Check.

Art. 830. Die wesentlichen Erfordernisse eines Checks sind:
1. die Bezeichnung als „Check";
2. die mit Worten auszusetzende Angabe der Geldsumme;
3. die Unterschrift des Ausstellers mit seinem Namen oder seiner Firma;
4. die Angabe des Ortes, des Jahres und des Monatstages der Ausstellung, letzterer mit Worten ausgedrückt;
5. der Name der Person oder der Firma, welche die Zahlung leisten soll (des Bezogenen);

6. die Angabe des Ortes, wo die Zahlung geschehen soll; der bei dem Namen oder der Firma des Bezogenen angegebene Ort gilt für den Check als Zahlungsort und zugleich als Wohnort des Bezogenen.

Art. 831. Ein Check darf nur ausgestellt werden, wenn der Aussteller über den angewiesenen Betrag bei dem Bezogenen sofort zu verfügen das Recht hat.

Art. 832. Die Ausstellung des Scheck kann an den Inhaber, an eine bestimmte Person oder an deren Ordre geschehen.

Ist niemand genannt, an den bezahlt werden soll, so wird Ausstellung auf den Inhaber angenommen.

Art. 833. Der Check ist auch dann auf Sicht zahlbar, wenn er eine andere oder keine Bestimmung über die Verfallzeit enthält.

Art. 834. Die Präsentation zur Annahme und die Annahme finden bei dem Check nicht statt.

Die Frist zur Präsentation zur Zahlung beträgt bei dem Check welcher am Ausstellungsort zahlbar ist, fünf Tage, bei einem solchen, welcher an einem anderen Orte zahlbar ist, acht Tage.

Art. 835. Wird der Scheck innerhalb der vorgenannten Frist nicht präsentiert, so erlischt das Regreßrecht gegen die Indossanten und auch gegen den Aussteller, insofern letzterer durch die nicht erfolgte Präsentation dem Bezogenen gegenüber in Verlust gekommen ist.

Art. 836. Die Bestimmungen über den gezogenen Wechsel gelten, soweit sie mit denjenigen dieses Titels nicht in Widerspruch stehen, auch für den Check.

Art. 837. Wer einen Check ausstellt, ohne bei dem Bezogenen für den angewiesenen Betrag Deckung zu besitzen, hat dem Inhaber des Checks außer dem verursachten Schaden fünf Prozent der angewiesenen Summe zu vergüten.

66. Serbien (Südslawien, Jugoslawien).

Ein Scheckgesetz besteht nicht. Die Gerichtspraxis wendet analoge Bestimmungen, insbesondere die über den gezogenen Wechsel auf Sicht an.

Die Belgrader Börse hat Usancen für den Verkehr mit Valuten, Devisen und Effekten herausgegeben, die seit dem 1. Juli 1925 für alle seit diesem Tage an oder außerhalb der Belgrader Börse getätigten Geschäfte gelten, soweit sie entweder unter ausdrücklicher Bezugnahme auf diese Usancen abgeschlossen wurden oder für den Streitfall das Schiedsgericht dieser Börse vereinbart wurde und über das anzuwendende Recht eine Vereinbarung nicht vorliegt. Den Scheck betreffen folgende Artikel[1]):

[1]) Abdruck nach den wirtschaftlichen Nachrichten der Kammer für Handel, Industrie und Gewerbe in Wien.

Art. 25. Wenn eine Partei den Vertrag nicht erfüllt, so kann die vertragstreue Partei:

a) vom Vertrage zurücktreten, als ob derselbe nicht geschlossen worden wäre, sofern der Vertragsgegner nicht den Nachweis erbringt, daß er die Verpflichtung aus dem Vertrage rechtzeitig erfüllt hat. Diesen Nachweis hat er in der Frist von drei Tagen vom Empfange des Protestes zu erbringen;

b) die Vergütung jener Differenz fordern, welche sich zwischen dem vertragsmäßigen Preise und dem Durchschnittspreise nach der amtlichen Notiz der Belgrader Börse am Erfüllungstage ergibt; oder

c) auf Rechnung des säumigen Kontrahenten den Gegenstand des Vertrages an der Börse am Erfüllungstage kaufen, bzw. verkaufen und von ihm die Differenz zwischen dem vertragsmäßigen oder höheren Ankaufs-, bzw. niederen Verkaufspreise sowie den Ersatz der mit der Exekution verbundenen Auslagen fordern.

Ergibt sich bei der exekutiven Deckung der Differenz und der Auslagen ein Überschuß, so fällt dieser dem säumigen Kontrahenten zu.

Art. 28. Der exekutive Kauf oder Verkauf erfolgt bei allen Geschäften, bei denen wegen Nichterfüllung des Vertrages Protest erhoben wurde.

Art. 34. Die Differenz, welche sich aus dem exekutiven Kauf oder Verkauf ergibt, geht zu Lasten oder zugunsten der säumigen Partei. Diese Differenz ist der Gegenseite innerhalb 48 Stunden, wenn sich die säumige Partei in Belgrad befindet bzw. innerhalb fünf Tagen, wenn sie sich außerhalb Belgrad befindet, zu entrichten.

Der säumige Kontrahent hat alle Auslagen für jene Deckung zu tragen.

Art. 51. Der Käufer kann, wenn nichts Gegenteiliges vereinbart ist, einen Scheck aushändigen, den er selbst ausgestellt hat. Wenn vertraglich die Aushändigung eines von einer anderen Person ausgestellten Schecks vereinbart wurde, ist der Käufer verpflichtet, auf dem Scheck sein Giro anzubringen. Einen solchen Scheck braucht aber der Verkäufer nicht anzunehmen, wenn die Frist für die Vorlage des Schecks zur Auszahlung bereits so weit verstrichen ist, daß er nicht mehr rechtzeitig präsentiert werden kann.

Eigene vordatierte Schecks dürfen nicht ausgestellt werden.

Wenn nichts anderes vereinbart wurde, ist der Käufer verpflichtet, den ganzen nach dem Schlußbriefe entfallenden Betrag in einem Scheck auszuhändigen. Stellt er auf Verlangen mehrere Schecks aus, so hat der Verkäufer die damit verbundenen Kosten zu tragen.

Art. 52. Die wesentlichen Erfordernisse eines Schecks sind:
1. der Auftrag des Ausstellers an den Bezogenen, einen bestimmten Betrag auszuzahlen;
2. Ort und Datum der Ausstellung sowie Zahlungsort des Schecks;
3. Unterschrift des Ausstellers des Schecks.

Art. 53. Der Scheck kann gezogen werden auf eine unter staatlicher Aufsicht stehende Anstalt, auf Gesellschaften, in deren Statuten die Entgegennahme oder Auszahlung von Geldern für fremde Rechnung vorgesehen ist, und auf jene im Handelsregister eingetragenen Firmen, welche sich mit den gewöhnlichen Bankgeschäften befassen.

Art. 54. Ein Scheck darf nur auf einen Betrag ausgestellt werden, für welchen beim Bezogenen Deckung vorhanden ist.

Art. 55. Der Scheck kann auf den Namen einer bestimmten Person oder Firma oder auf den Überbringer lauten. Der Aussteller kann sich auch selbst als Empfänger der Summe — Remittent — bezeichnen. Wenn neben dem Namen oder der Firma des Empfängers der Zusatz „oder an den Überbringer" oder ein ähnlicher Zusatz steht oder wenn derselbe überhaupt keine Angabe, an wen die Auszahlung erfolgen soll, enthält, so gilt er als auf den Überbringer lautend ausgestellt.

Art. 56. Als Zahlungsort gilt der neben dem Namen oder der Firma des Bezogenen angegebene Ort.

Art. 57. Der Scheck ist bei Sicht zahlbar.

Die auf das Ausland ausgestellten Schecks[1]) sind bei Sicht, spätestens nach Ablauf der Posttage zahlbar.

Art. 58. Schecks auf eine bestimmte Person oder Firma ausgestellt und im Ausland zahlbar, können in mehreren Exemplaren ausgestellt werden, doch ist auf jedem Exemplar zu bemerken, daß es das erste, zweite, dritte usw. ist. Geschieht dies nicht, so gilt jedes Exemplar als besonderer Scheck. Wird ein Exemplar ausbezahlt, so verlieren die anderen ihre Geltung, es bleibt jedoch auf denselben ein Indossant, welcher mehrere Exemplare an verschiedene Personen indossiert hat sowie alle anderen Indossanten, deren Unterschrift sich auf den nicht bei der Zahlung rückgestellten Schecks befinden, haftbar.

Art. 59. Der Aussteller des Schecks sowie die Indossanten haften dem Eigentümer des Schecks für dessen Einlösung.

Bei Schecks, welche auf den Überbringer ausgestellt sind, haften

---

[1]) In Serbien ausgestellte Schecks auf Dinare dürfen nur mit Genehmigung der serbischen Nationalbank ins Ausland gesandt werden.

diesem für die Einlösung alle jene Personen, welche auf die Rückseite des Schecks ihren Namen oder Firma geschrieben haben. Diese Bestimmung bezieht sich nicht auf Trassaten.

Wenn jedoch ein Indossant seinem Indossement den Beisatz „Ohne Verbindlichkeit" beifügt oder dabei einen ähnlichen Vorbehalt macht, so ist er von jeder Haftung für sein Indossement befreit.

Ein Aval bleibt jedoch stets haftbar.

Art. 60. Auf einem Scheck, auf welchem die Unterschriften des Ausstellers oder eines Indossanten gefälscht sind, bleiben jene, deren Unterschriften echt sind, haftbar.

Art. 61. Wer sich eines Regreßrechtes bedienen will, hat nachzuweisen, daß der Scheck rechtzeitig zur Zahlung präsentiert wurde. Dies wird nachgewiesen:

1. durch die eigenhändige Bestätigung des Trassaten auf dem Scheck oder
2. durch den Protest.

Art. 62. Falls der Scheck mangels Zahlung protestiert wird, ist der Käufer berechtigt, nach Art. 25 a), b) oder c) und zwar mit Hinsicht auf die Art. 28 und 34 dieser Usancen vorzugehen.

In jedem Falle wird der Käufer über seine getroffene Wahl den Verkäufer mittels eingeschriebenen Briefes verständigen.

Art. 63. Die Frist zur Präsentierung eines im Inlande ausgestellten, aber im Auslande zahlbaren Schecks beträgt für Europa ein Monat, für Amerika zwei Monate (vom Tage der Ausstellung des Schecks).

Wenn der letzte Tag der Frist zur Präsentation zwecks Zahlung auf einen Sonntag oder einen staatlich anerkannten Feiertag des Zahlungsortes fällt, läuft diese Frist am folgenden Werktage ab.

Art. 64. Der Trassat kann den Scheck auch dann auszahlen, wenn die Zahlungsfrist bereits abgelaufen ist.

Art. 72. Bei Schecks (auch bei Auszahlung ohne Kompensierung der Valuta) werden folgende Posttage festgesetzt:

a) für Wien, Budapest, Bukarest, Sofia, Solun (Saloniki), Prag, Triest, Mailand, Amsterdam, Berlin, Brüssel, Paris, Warschau, Zürich, Kopenhagen, Oslo, London, Madrid und Stockholm 5 Tage;
b) New York 18 Tage, Kabel New-York 2 Tage.

Die Posttage sind vom Tage des Geschäftsabschlusses an zu rechnen.

67. Siam.

Ein Scheckgesetz besteht nicht (1924). Die Rechtsprechung richtet sich im wesentlichen nach englischem Recht und örtlichem Gewohnheitsrecht.

68. Skandinavien.

A. Dänemark.

Gesetz über Schecks und andere Anweisungen auf Sicht. Vom 23. April 1897.

§ 1. Ein Scheck muß enthalten:

die ausdrückliche in den Text aufzunehmende Bezeichnung als Scheck;

die Angabe der zu zahlenden Geldsumme;

an wen die Zahlung erfolgen soll;

den Namen dessen, der den Scheck einlösen soll (Trassat);

den Ort, wo die Zahlung geschehen soll;

den Ausstellungstag nebst der Unterschrift des Ausstellers.

Ein Scheck kann nur auf Zahlung bei Vorzeigung lauten (auf Sicht, auf Erfordern oder dergleichen).

Als Scheck, der auf Vorzeigung zahlbar ist, wird auch ein solcher betrachtet, in welchem eine Zahlungszeit nicht angegeben ist.

B. Norwegen.

Gesetz über gewisse Anweisungen (Schecks).

Vom 3. August 1897, mit der Novelle vom 21. Juni 1913.

Das Gesetz entspricht dem dänischen Scheckgesetz, jedoch mit folgenden Abweichungen:

C. Schweden.

Scheckgesetz.

Vom 24. März 1898.

Das Gesetz entspricht dem dänischen Scheckgesetz, jedoch mit folgenden Abweichungen:

Als Zahlungsort gilt mangels einer anderen Angabe der bei dem Namen des Trassaten angeführte Ort.

Ist die Summe, welche bezahlt werden soll, mehrere Male benannt, und zwar mit verschiedenen Beträgen, so gilt derjenige Betrag, welcher der geringste ist.

Enthält ein Scheck ein Zinsversprechen, so gilt es als nicht geschrieben.

§ 2. Ein Scheck kann auf Zahlung an den Inhaber lauten. Lautet er auf Zahlung an eine bestimmte Person oder den Inhaber, so gilt er, abgesehen von den Vorschriften im § 10, als auf den Inhaber ausgestellt.

§ 3. Die in der Wechselordnung für Dänemark vom 7. Mai 1880 gegebenen Vorschriften bezüglich der Übertragung von Wechseln, der Haftung des Ausstellers und der Indossanten, der Zahlung von Wechseln, des Regresses mangels Zahlung und der Verjährung von Wechselforderungen sollen mit den Abweichungen, welche aus den

§ 3. Mit den Abweichungen, die sich aus den Bestimmungen dieses Gesetzes ergeben, ist, was im Wechselgesetz vom 7. Mai 1880 festgesetzt ist über die Übertragung von Wechseln (Indossament), über die Zahlung des Wechsels, über den Regreß mangels Zahlung, über die Verpflichtung zur Zahlung auf ein Wechselduplikat, so-

A. Dänemark.

Bestimmungen des gegenwärtigen Gesetzes folgen, auf Schecks Anwendung finden.

§ 4. Das Indossament eines Schecks kann nicht gültig auf eine Kopie desselben geschrieben werden.

§ 5. Die Ausstellung eines Schecks auf den Inhaber hindert nicht, daß er durch Indossament an eine bestimmte Person zahlbar gemacht wird.

§ 6. Durch die Indossierung eines Schecks an den Bezogenen wird kein Regreßrecht gegen den Aussteller oder die Indossanten übertragen, es sei denn, daß der Bezogene mehrere Geschäftsabteilungen hat und die Übertragung an eine andere Abteilung geschieht als an die, auf welche der Scheck gezogen ist.

Ein Scheck, der an den Bezogenen indossiert worden ist, darf nicht weiter indossiert werden.

§ 7. Die Zahlung eines Schecks darf an niemand anders als an

B. Norwegen.

C. Schweden.

wie über die Wechselverjährung entsprechend auf Schecks anzuwenden.

§ 6. Ein Scheck, der durch Indossament oder in anderer Weise auf den Bezogenen übertragen worden ist, berechtigt diesen nicht zum Regreß, es sei denn, daß der Bezogene ein Geschäft mit Niederlassungen an verschiedenen Orten treibt und der Scheck an eine andere dieser Niederlassungen übertragen wird, als auf die er gezogen ist.

Ein Scheck, der an den Bezogenen übergegangen ist, darf nicht weiter ausgegeben werden.

eine Bank oder einen Bankier erfolgen, sofern zwischen zwei Strichen quer über die Vorderseite des Schecks die Vorschrift „an Bank oder Bankier" oder eine andere gleichbedeutende Aufschrift angebracht ist. Ist der Name einer bestimmten Bank oder eines *bestimmten* Bankiers zwischen den Strichen angeführt, so kann die Zahlung nur an diesen erfolgen.		
Eine solche Vorschrift kann sowohl von dem Aussteller als auch von jedem Scheckinhaber gegeben werden. Sie kann nicht mit Rechtswirkung zurückgenommen oder verändert werden: doch kann, wenn eine bestimmte Bank oder ein bestimmter Bankier noch nicht benannt ist, der Name eines solchen später hinzugefügt werden.		
Als Bank oder Bankier wird in Anwendung der Bestimmungen dieses Paragraphen jeder angesehen, dessen Geschäft zum Handelsregister als Bankgeschäft angemeldet ist, sowie jede Sparkasse.	§ 7 Abs. 3 fehlt hier.	§ 7 Abs. 3 fehlt hier.

A. Dänemark.	B. Norwegen.	C. Schweden.
§ 8. Wird ein Akzept auf einen Scheck gesetzt, so hat ein solcher Vermerk keine Rechtswirkung.[1]		
§ 9. Will der Scheckinhaber sein Regreßrecht gegen den Aussteller und die Indossanten bewahren, so muß er den Scheck innerhalb der im § 10 bestimmten Frist zur Zahlung vorzeigen. Daß die Vorzeigung ohne Zahlung zu erlangen erfolgt ist, wird entweder durch einen vor Ablauf der Vorzeigungsfrist in Übereinstimmung mit den Vorschriften für Wechselproteste aufgenommenen Protest oder durch eine auf den Scheck gesetzte von dem Trassaten oder einem anderen in seinem Namen unterschriebene Erklärung dargetan, welche zugleich den Tag an-		§ 9. Will der Scheckinhaber sein Recht zum Regreß gegenüber dem Aussteller und den Indossanten wahren, so muß er den Scheck innerhalb der im § 10 bestimmten Frist zur Zahlung präsentieren. Daß Präsentation geschehen ist, ohne daß Zahlung erlangt wurde, wird nachgewiesen entweder durch einen vor Ablauf der Präsentationsfrist gemäß den Regeln über den Wechselprotest erhobenen Protest, oder durch eine auf dem Scheck angebrachte, vom Aussteller oder von einem anderen im Namen desselben oder von zwei klassischen Zeugen unterzeichnete Erklärung, die zugleich den

[1]) Auf dänischen Schecks ist hier und da der Vermerk „noteret" angebracht; er hat keine rechtliche Bedeutung, weil nach dem dänischen Scheckgesetz ein Scheck nicht akzeptiert werden kann. Der Vermerk bedeutet lediglich, daß der Betrag von dem Konto des Ausstellers abgeschrieben worden ist, wodurch dem Inhaber des Schecks eine gewisse Sicherheit dafür geboten ist, daß der Scheck in Ordnung geht und bei Eingang bezahlt wird. Voraussetzung ist dabei allerdings, daß die unter dem Vermerk angegebene Unterschrift richtig und von der zuständigen Stelle abgegeben worden ist.

Der auf Schecks angebrachte Vermerk „betalbar", „indlosis" oder „indfries" bedeutet, daß der Scheck von der danebenstehenden Firma eingelöst wird.

gibt, an welchem die Vorzeigung stattgefunden hat. In dem letzteren Falle wird die Frist für Mitteilung der in der Wechselordnung § 45 vorgeschriebenen Benachrichtigung von dem Tage an gerechnet, an dem die Vorzeigung zufolge der Erklärung stattgefunden hat.

Für die Wirkung der Aufforderung, nicht zum Protest zu geben, gelten die Bestimmungen der Wechselordnung § 42.

§ 10. Ein Scheck, der an einem und demselben Orte im Inlande ausgestellt und zahlbar ist, muß spätestens am 3. Tage nach dem Ausstellungstage zur Zahlung vorgezeigt werden, sofern er auf Zahlung entweder an den Inhaber oder eine daselbst wohnende namhaft gemachte Person (mit oder ohne den Zusatz „oder an den Inhaber") lautet. Die Präsentation zur Zahlung anderer im Inlande zahlbarer Schecks muß spätestens am zehnten Tage nach dem Ausstellungsdatum oder, sofern zur Übersendung des Schecks vom Ausstellungsort zum Zah-

Tag der Präsentation angeben soll. Wird kein Protest erhoben, so läuft die Frist für die Erteilung der in § 45 des Wechselgesetzes vorgeschriebenen Nachricht von dem Tage, an dem laut der Erklärung die Präsentation stattfand.

Ist auf einem Scheck eine Aufforderung gemäß § 42 des Wechselgesetzes gegeben, so gilt für die Wirkung desselben das, was in dem genannten Gesetz bestimmt ist.

A. Dänemark.	B. Norwegen.	C. Schweden.
lungsort auf gewöhnlichem Wege eine längere Zeit als fünf Tage erforderlich ist, spätestens am fünften Tage nach Ablauf der für eine solche Übersendung notwendigen Zeit erfolgen. Ist der Ausstellungsort nicht auf dem Scheck angegeben, so wird angenommen, der Scheck sei am Zahlungsort ausgestellt. Findet sich in einem Scheck, welcher auf Zahlung an eine bestimmte Person (mit oder ohne den Zusatz „oder an den Inhaber") lautet, bei dessen Namen eine Ortsbezeichnung hinzugefügt, so wird angenommen, er wohne an dem angegebenen Orte.		
Endigt die oben bestimmte Frist an einem Sonntag oder sonst einem allgemeinen Feiertage, so kann die Vorzeigung gültig am nächsten Wochentag erfolgen. Die Vorschriften in § 32 der Wechselordnung finden entsprechende Anwendung.	§ 10 Abs. 2. Endigt die oben bestimmte Frist an einem Sonntag oder einem andern allgemeinen Feiertag oder dem 17. Mai, so kann die Vorlegung gültig am nächsten Wochentag erfolgen. Die Vorschriften in § 92 der Wechselordnung finden entsprechende Anwendung.	
Die Frist für Vorzeigung eines im Auslande zahlbaren Schecks bestimmt sich nach den am Zahlungsorte geltenden Vorschriften.		

A. Dänemark	B. Norwegen	C. Schweden
§ 11. Die Frist von 6 Monaten oder einem Jahre, innerhalb deren die Regreßforderung des Scheckinhabers verjährt (§ 78 der Wechselordnung), wird von dem Ausstellungstage des Schecks an gerechnet.		§ 11. Die Frist, innerhalb der die Regreßforderung des Scheckinhabers verjährt, läuft vom Ausstellungstage des Schecks an.
§ 12. Ist die Regreßforderung verjährt oder das zu ihrer Erhaltung vorgeschriebene Verfahren versäumt, so finden die Vorschriften in § 93 der Wechselordnung entsprechende Anwendung. Wenn nichts anderes erhellt, so gilt der Aussteller auf Kosten des Scheckinhabers um die Summe bereichert, auf welche der Scheck lautete.		
§ 13. Ist ein Scheck abhanden gekommen, so kann er, mag er auf Namen oder Inhaber lauten, in Übereinstimmung mit den im allgemeinen für die Amortisation von Schuldscheinen geltenden Vorschriften amortisiert werden.	§ 13. Ist ein Scheck abhanden gekommen, so kann er, mag er auf den Namen oder auf den Inhaber lauten, nach den für die Amortisation von Schuldverschreibungen im allgemeinen gegebenen Regeln amortisiert werden; die besonderen Bedingungen und Vorschriften, die für die Amortisation von Schuldverschreibungen auf den	§ 13. Ist ein Scheck abhanden gekommen, so kann er nach den Vorschriften über die Amortisation abhanden gekommener Wechsel amortisiert werden.

A. Dänemark.	B. Norwegen.	C. Schweden.
	Inhaber gelten, kommen auf Schecks nicht zur Anwendung.	
§ 14. Die Bestimmungen in den §§ 84 bis 86 des Wechselgesetzes über das Verhältnis zum ausländischen Recht finden entsprechende Anwendung auf Schecks; jedoch wird eine Geldanweisung in Anwendung des gegenwärtigen Gesetzes gleichfalls als ein gültiger Scheck angesehen, wenn sie in Übereinstimmung mit den Vorschriften, welche am Zahlungsorte für Schecks gelten, abgefaßt ist.		
§ 15. Auf Prozesse, in welchen eine Regreßforderung aus einem Scheck geltend gemacht wird, finden die Bestimmungen des Gesetzes über Wechselprozesse und Wechselproteste vom 28. Mai 1880 entsprechende Anwendung. Prozesse zwischen Handelstreibenden (Gesetz über Errichtung eines See- und Handelsgerichts in Kopenhagen vom 19. Februar 1861 § 13 Nr. 1), in denen Ansprüche auf Grund der vorstehenden Bestimmungen geltend gemacht werden, sind Handelssachen.	§ 15. In Prozessen, die wegen Regresses mangels Zahlung usw. den Aussteller oder die Indossanten eines Schecks erhoben werden, kommen die Vorschriften des Gesetzes über das Gerichtsverfahren in Wechselsachen usw. vom 17. Juni 1880 zur Anwendung.	§ 15. Was über das Gerichtsverfahren in Wechselsachen sowie über die Vollstreckung des Urteils in solchen Sachen vorgeschrieben ist, findet entsprechende Anwendung auf Klagen aus einer Regreßforderung auf Grund eines Schecks.

§ 16. Hat jemand eine auf Sicht zahlbare Geldanweisung in einer anderen Form als in derjenigen, die in dem gegenwärtigen Gesetz oder in der Wechselordnung vom 7. Mai 1880 für Schecks oder Wechsel vorgeschrieben ist, ausgestellt oder indossiert, so kann gegen ihn Regreß mangels Zahlung, sofern ein solcher Regreß nachgewiesen werden kann, nur unter den Bedingungen genommen werden, die in den vorstehenden §§ 9 und 10 für Schecks vorgeschrieben sind. Eine solche Regreßforderung verjährt nach denselben Vorschriften, welche für Regreßforderungen aus Schecks gelten; die Vorschriften im § 12 finden entsprechende Anwendung.

§ 17. Schecks und darauf gesetzte Indossamente sind stempelfrei. Dasselbe gilt von anderen auf Sicht zahlbaren Geldanweisungen, welche nicht die Bezeichnung Wechsel tragen, oder auf denen kein Akzept steht.

Wer einen Scheck oder eine andere auf Sicht zahlbare Anweisung vor dem darin ange-

§ 16. Dies Gesetz tritt in Kraft am 1. Jänner nächsten Jahres.

§ 17 ff. fehlen.

Gesetz über Ausnahmen von den Bestimmungen über die Verjährung von Wechseln und Schecks in gewissen Fällen, vom 21. Mai 1915.

§ 1. Liegt ein Hindernis für die Vorlegung eines Wechsels zur Bezahlung oder zur Protesterhebung mangels Zahlung im Sinne des § 92 der Wechselordnung vom 7. Mai 1880 vor oder steht einem Trassaten auf Grund gesetzlicher oder richterlicher Anordnung eine Zahlungsfrist zu, so tritt eine Verjährung der Regreßansprüche ungeachtet der Bestimmungen des § 78 der Wechselordnung nicht vor dem Ablauf von zwei Monaten nach Beseitigung des Hindernisses oder Ablauf der Zahlungsfrist ein;

Was hier von Wechseln gesagt ist, gilt entsprechend auch für Schecks.

§ 2. Dies Gesetz tritt sofort in Kraft.

§ 16 ff. fehlen.

Dies Gesetz tritt in Kraft am 1. Jänner 1899.

[1])

---

[1]) In Schweden existiert eine ähnliche Novelle vom 30. April 1925.

A. Dänemark.	B. Norwegen.	C. Schweden.
gebenen Ausstellungstage ausgibt oder annimmt, oder wer eine solche Anweisung, in welcher der Ausstellungstag nicht angegeben ist, ausgibt oder annimmt, unterliegt, sofern die Urkunde nicht nach der Taxe für langfristige Wechsel gestempelt ist, einer Buße, die das Zehnfache der Taxe beträgt, jedoch nicht unter 10 Kronen. Außerdem wird die Urkunde mit dem für die genannten Wechsel vorgeschriebenen Stempel versehen. § 18. Dies Gesetz tritt am 1. Januar 1898 in Kraft. Mit demselben Tage verlieren die Bestimmungen im 2. und 3. Stück des § 3 des Gesetzes bezüglich Erleichterung im Gebrauche von Stempelpapier vom 11. Februar 1863 ihre Gültigkeit. Hiernach hat sich jedermann zu richten.		

69. Slowakei.

In den ehemals ungarischen Gebietsteilen der Tschecho-slowakei, d. h. in der Slowakei und Karpathenrußland (Podkarpatska Rus) gilt das ungarische Scheckgesetz (vgl. unten XIII 75 Ungarn S. 466), jedoch mit den tschechoslowakischen Novellen (vgl. unten XIII 73 Tschecho-Slowakei S. 461 Anm. 2).

70. Spanien.

Auszug aus dem Código de Comercio vom 22. August 1885.

Von den Zahlungsmandaten, genannt Schecks.

Art. 534. Das Zahlungsmandat, das im Handel unter dem Namen Scheck[1]) bekannt ist, ist eine Urkunde, die dem Aussteller gestattet, zu seinen oder eines Dritten Gunsten, ganz oder zum Teil die Geldsummen zu erheben, die er in Händen des Bezogenen zu seiner Verfügung hat.

Art. 355. Das Zahlungsmandat muß enthalten:

den Namen und die Unterschrift des Ausstellers,

den Namen des Bezogenen und sein Domizil,

den Betrag und das Datum seiner Ausstellung, die in Buchstaben auszudrücken sind, sowie ob es auf den Inhaber, zugunsten einer bestimmten Person oder an Order gestellt ist; in letzterem Falle ist es durch Indossament übertragbar.

Art. 536. Es kann innerhalb des Zahlungsortes oder auf einen anderen Ort gezogen werden; der Aussteller ist jedoch verpflichtet, im voraus die Deckung in Händen des Bezogenen zu gewähren.

Art. 537. Der Inhaber eines Zahlungsmandats muß es binnen 5 Tagen von der Ausstellung an, wenn es auf denselben Platz gezogen ist, oder binnen 8 Tagen, wenn es auf einen andern Platz lautet zur Zahlung vorlegen.

Der Inhaber, der diese Frist verstreichen läßt, verliert sein Klagerecht gegen den Indossanten, und ebenso gegen den Aussteller, wenn die zu Händen des Bezogenen geleistete Deckung nicht mehr vorhanden ist, weil dieser die Zahlungen suspendiert oder falliert hat.

Art. 538. Die achttägige Frist, die im vorhergehenden Artikel für die von Platz zu Platz ausgestellten Zahlungsmandate festgesetzt ist, gilt als bis auf 12 Tage von ihrem Datum an verlängert für die auf das Ausland gezogenen.

Art. 539. Die Zahlung des Mandats ist von dem Bezogenen im Akte der Vorlegung zu fordern.

Die Person, an die gezahlt wird, hat in der Quittung ihren Namen und das Datum der Zahlung anzugeben.

---

[1]) mandato de pago, cheque, im Verkehr auch talón.

Art. 540. Duplikate von Zahlungsmandaten dürfen nicht ausgestellt werden, ohne daß zuvor die Originale nach ihrem Verfall annulliert worden sind und der Bezogene seine Zustimmung erteilt hat.

Art. 541. Der Aussteller und jeder gesetzmäßige Inhaber eines Zahlungsmandats hat das Recht, darauf anzuordnen, daß die Zahlung an einen Bankier oder eine bestimmte Gesellschaft erfolge, was er dadurch ausdrückt, daß er auf die Vorderseite den Namen dieses Bankiers oder der Gesellschaft oder nur die Worte „und Kompagnie" quer darüber schreibt.

Die an eine andere Person, die nicht der Bankier oder die angegebene Gesellschaft ist, geleistete Zahlung befreit den Bezogenen nicht von seiner Haftbarkeit, wenn er unbefugt gezahlt hat.

Gekreuzte Schecks.

Königliches Dekret vom 9. Januar 1923.

Art. 1. Schecks und Zahlungsmandate, auf die sich der Artikel 541 des Handelsgesetzbuchs bezieht, unterliegen nicht der Stempelsteuer, wenn sie folgende Erfordernisse aufweisen: daß sie gekreuzt (crusados) oder in der im ersten Absatz des genannten Artikels vorgeschriebenen Form und auf Banken oder beim Kommissariat der Privatbanken eingetragene Bankiers ausgestellt sind; daß die Zahlung durch Verrechnung und unter Innehaltung der für das Bankenkonsortium vorgeschriebenen Form erfolge.

Art. 2. Diese Ausnahme findet keine Anwendung für das Gebiet der drei durch königliche Verordnung vom 3. Febr. 1922 geschaffenen Bankzonen, in denen das Bankenkonsortium nicht binnen dreier Monate Abrechnungsstellen errichtet.

Art. 3. Abrechnungsstellen, Banken und Bankiers, die gekreuzte Schecks, auf die sich Art. 1 bezieht, bar einlösen, sind verpflichtet, diese während dreier Jahre zur Verfügung der Steuerinspektoren zu halten.

Art. 4. Das Bankenkonsortium hat binnen 20 Tagen vom Datum der Publikation dieses Dekrets dem Finanzministerium einen Entwurf von Bestimmungen für die Errichtung und das Verfahren der drei Abrechnungsstellen in Madrid, Barcelona und Bilbao zur Genehmigung vorzulegen, den der Bankenrat in einer besonders zu diesem Zweck einzuberufenden Sitzung billigen wird.

Art. 542. Auf diese Urkunden sind die in diesem Gesetzbuch enthaltenen Bestimmungen über die solidarische Garantie des Ausstellers und der Indossanten, den Protest und die Ausübung der aus den Wechseln sich ergebenden Klagerechte anwendbar.

Art. 543. Bezüglich der Zahlungsorder im Kontokorrent der Banken oder Handelsgesellschaften, bekannt unter dem Namen talones, sind die vorhergehenden Bestimmungen, soweit sie auf sie anwendbar sind, maßgebend.

71. Tanger.

Ein Scheckgesetz besteht nicht.

72. Transvaal.

In Transvaal gilt die Transvaal Bills of Exchange Act, 1902, die sich bis auf Einzelheiten an die englische Bills of Exchange Act, 1882, anlehnt; vgl. oben XIII 21 S. 370.

73. Tschechoslowakei.

Für das Gebiet der tschechoslowakischen Republik, mit Ausnahme der Slowakei und Karpathenrußland (Podkarpatska Rus)[1]), also für die ehemals österreichischen Gebietsteile, gilt das österreichische Scheckgesetz vom 3. April 1906 (vgl. oben XIII 52 S. 417) mit folgenden Änderungen:[2])

§ 1. Statt „die k. k. Postsparkassa" ist zu lesen „das tschechoslowakische Postscheckamt".

§ 9. Der am Ausstellungsort zahlbare Scheck ist binnen fünf, der an einem anderen inländischen Platze zahlbare Scheck vorbehaltlich der Bestimmung des Abs. 2 binnen acht Tagen nach der Ausstellung dem Bezogenen zur Zahlung vorzulegen.

Ein Scheck, der im Auslande ausgestellt und im Inlande zahlbar ist, ist binnen fünf Tagen nach der Ausstellung nach dem Zahlungsorte zu senden und binnen fünf Tagen nach seinem Einlangen daselbst dem Bezogenen zur Zahlung vorzulegen.

Für die Präsentation von Namensschecks, die auf das Postscheckamt ausgestellt sind, können durch die Geschäftsbestimmungen des Postscheckamts andere Fristen festgesetzt werden. Diese dürfen jedoch in keinem Falle die Frist von vierzehn Tagen nach der Ausstellung überschreiten.

Der Tag, an welchem der Scheck am Zahlungsorte einlangte, kann durch ein Postattest nachgewiesen werden.

Der Ausstellungs- und Auskunftstag sowie Sonn- und allgemeine Feiertage werden bei der Berechnung der Präsentationsfrist nicht mitgezählt.

Über die Präsentationsfrist bei Schecks, die an einem außerhalb des Geltungsgebiets dieses Gesetzes gelegenen Platze zahlbar

---

[1]) Slowakei siehe oben XIII 69 S. 459.

[2]) Für die gesamte Tschechoslowakei gelten die seither ergangenen Novellen vom 11. März 1919 über Postscheckämter, vom 8. Juni 1923 über gerichtliche Verfolgung scheckrechtlicher Regreßansprüche und vom 3. April 1925 über Änderung einiger Gebührenbestimmungen. Vgl. Regensburger in der Gesetzgebung und Rechtspraxis des Auslands 2, 121.

sind, entscheidet das über die Scheckpräsentation dort geltende Recht. In Ermangelung solcher Bestimmungen findet die Vorschrift des gegenwärtigen Gesetzes Anwendung.

Der Ablauf der Präsentationsfrist steht, so lange der Scheck nicht ausdrücklich widerrufen wurde (§ 13), der Einlösung des Schecks durch den Bezogenen nicht entgegen.

§ 10 Abs. 2 fehlt.

§ 23 Abs. 2 Satz 2 fehlt.

Im Abs. 3 ist statt „des Staatsschatzes" „der Staatskasse" zu lesen.

§ 25 Abs. 3 und 6 fehlen.

§§ 26 und 27 fehlen.

74. Türkei.

Provisorisches Scheckgesetz vom 7./20. April 1914.

Die Ausstellung des Schecks und seine Form.

Art. 1. Der Scheck enthält:

1. Die in den Text der Urkunde selbst aufgenommene Bezeichnung als Scheck;
2. den Auftrag, eine bestimmte Summe zu zahlen;
3. den Namen der Person, welche die Zahlung leisten soll;
4. die Bezeichnung des Ortes, wo die Zahlung erfolgen soll;
5. die Angabe des Ortes und Datums der Ausstellung;
6. die Unterschrift des Ausstellers.

Art. 2. Eine Urkunde, in der eines der im vorstehenden Artikel angegebenen Erfordernisse fehlt, gilt nicht als Scheck, mit Ausnahme der in den folgenden Absätzen angegebenen Fälle.

Mangels besonderer Angabe gilt als Zahlungsort sowie gleichzeitig als Wohnort des Bezogenen der neben dem Namen des Bezogenen bezeichnete Ort.

Sofern kein Zahlungsort angegeben ist, gilt der Scheck als an seinem Ausstellungsort zahlbar.

Ein Scheck, in dem kein Ausstellungsort angegeben ist, gilt als an dem Orte ausgestellt, der neben dem Namen des Ausstellers geschrieben ist.

Zahlungsort und Ausstellungsort brauchen nicht von einander verschieden zu sein.

Art. 3. Der Scheck darf nur auf eine Person lauten, die zur Verfügung des Ausstellers stehende Kapitalien besitzt, und zwar gemäß einer dem Bezogenen die Verpflichtung zur Zahlung des Schecks ausdrücklich oder implicite auferlegenden Vereinbarung. Wer einen Scheck ausstellt, ohne die vorerwähnten Bedingungen einzuhalten, oder wer einen nachdatierten Scheck ausgibt, unterliegt den im § 155 des Strafgesetzes festgesetzten Strafen, ohne daß hierdurch die Rechtsgültigkeit der Urkunde als Scheck berührt wird.

Art. 4. Der Scheck kann auf den Namen einer bestimmten Person oder an deren Order lauten.

Er kann auf den Inhaber lauten.

Der Scheck kann an die Order des Ausstellers selbst lauten. Ein auf den Inhaber lautender Scheck, der auf den Aussteller selbst ausgestellt ist, ist ungültig.

Art. 5. Der Scheck wird auf eine Bank gezogen; doch wird die Rechtsgültigkeit des Dokuments als Scheck nicht berührt, wenn er auf eine andere Person gezogen ist.

Art. 6. Der Aussteller haftet für die Zahlung. Jede in den Scheck aufgenommene Klausel, wonach der Aussteller von dieser Haftung befreit ist, gilt als nicht geschrieben.

Art. 7. Jeder Scheck, mit Ausnahme des auf den Inhaber lautenden, kann, selbst wenn er nicht ausdrücklich an Order lautet, durch Indossament übertragen werden. Hat der Aussteller in dem Scheck die Worte „nicht an Order" oder einen ähnlichen Ausdruck vermerkt, kann das Dokument nur in der Form und mit der Wirkung einer gewöhnlichen Abtretung (Havalé) übertragen werden.

Art. 8. Das Indossament muß ohne Vorbehalt sein. Jede Bedingung, der es unterworfen ist, gilt als nicht geschrieben. Ein Indossament auf eine Teilsumme ist nichtig.

Ein Indossament auf den Inhaber und das auf den Bezogenen sind gleichfalls nichtig. Wer außer dem Bezogenen, den auf den Inhaber lautenden Scheck auf seiner Rückseite unterzeichnet hat, haftet als Bürge des Ausstellers. Ein Indossament an den Bezogenen gilt als Quittung, mit Ausnahme des Falles, wo der Bezogene mehrere Handelsniederlassungen hat und das Indossament zugunsten einer Niederlassung erfolgt, die an einem anderen Orte liegt als jene Niederlassung, auf die der Scheck gezogen wurde.

Bürgschaft und Zahlung.

Art. 9. Ein Scheck kann nicht akzeptiert werden. Ein auf den Scheck gesetzter Annahmevermerk gilt als nicht geschrieben.

Art. 10. Die Zahlung eines Schecks kann durch Bürgschaft sichergestellt werden. Diese Bürgschaft wird von einem Dritten außer dem Bezogenen, oder auch von einem Unterzeichner des Schecks geleistet. Die Bestimmungen eines Handelsgesetzes über den Bürgen bei Wechseln finden auch auf den Scheck Anwendung.

Art. 11. Der Scheck ist bei Sicht zahlbar. Enthält ein Dokument eine andere Verfallszeit, so ist es als Scheck ungültig.

Art. 12. Der am Ausstellungsorte zahlbare Scheck ist binnen 10 Tagen, der an einem anderen Orte zahlbare binnen eines Monats zur Zahlung vorzulegen.

Art. 13. Hat der Ausstellungs- und der Zahlungsort eine verschiedene Zeitrechnung, so wird das Ausstellungsdatum auf das entsprechende Datum des Zahlungsortes umgerechnet.

Art. 14. Weder der Tod des Ausstellers noch seine nach erfolgter Ausstellung eintretende Geschäftsunfähigkeit beeinflussen die Gültigkeit des Schecks.

Art. 15. Ein Widerruf der in dem Scheck enthaltenen Vollmacht ist erst nach Ablauf der Vorlegungsfrist wirksam.

Wenn der Aussteller oder der Inhaber den Bezogenen vom Verluste des Schecks oder seiner unrechtmäßigen Erwerbung durch einen Dritten benachrichtigt haben, wird der den Scheck einlösende Bezogene nur dann rechtswirksam frei, wenn der Inhaber des Schecks nachweist, daß er den Scheck rechtmäßig erworben hat.

Der Bezogene kann den Scheck selbst nach Ablauf der Präsentationsfrist einlösen, so lange die Bevollmächtigung nicht widerrufen wurde.

Art. 16. Hat der Bezogene den Scheck eingelöst, so kann er die Aushändigung des durch den Inhaber quittierten Schecks verlangen.

Zur Annahme von Teilzahlungen ist der Inhaber des Schecks nicht verpflichtet.

Hat er eine Teilzahlung akzeptiert, so kann der Bezogene verlangen, daß diese Zahlung auf dem Scheck vermerkt und ihm hierüber eine Quittung ausgestellt wird.

Art. 17. Ein auf der Vorderseite mit zwei parallelen Strichen gekreuzter Scheck kann nur an einen Bankier gezahlt werden.

Die Kreuzung kann vom Aussteller oder von einem Inhaber vollzogen werden.

Die Kreuzung kann generell oder speziell sein.

Eine generelle Kreuzung liegt vor, wenn zwischen die beiden Striche nichts oder das Wort „Bankier" oder ein gleichbedeutendes Wort oder bloß „und Compagnie" („& Cie.") geschrieben ist; findet sich zwischen den zwei Strichen der Name eines Bankiers, dann ist die Kreuzung speziell.

Die generelle Kreuzung kann in die spezielle umgewandelt werden. Die spezielle Kreuzung kann hingegen nicht in die generelle umgewandelt werden. Ein Scheck mit spezieller Kreuzung darf nur an den bezeichneten Bankier ausgezahlt werden. Wenn dieser jedoch die Einkassierung nicht selbst vornimmt, so kann er einen anderen Bankier an seine Stelle setzen. Die Kreuzung und den Namen des bezeichneten Bankiers auszulöschen ist verboten.

Der Bezogene, der bei genereller Kreuzung an einen Nichtbankier oder bei spezieller Kreuzung an eine andere Person als den bezeichneten Bankier zahlt, haftet eintretendenfalls für den verursachten Schaden, ohne daß jedoch der Schadensersatz mit Zinsen den Scheckbetrag übersteigen darf.

Art. 18. Der Aussteller sowie jeder Inhaber eines Schecks kann durch den quer über die Vorderseite gesetzten Vermerk „Zur Verrechnung" oder einen anderen gleichbedeutenden Vermerk verbieten, daß der Scheck bar bezahlt werde. In diesem Falle kann der Scheck nur buchmäßig verrechnet werden (Kredit in laufender Rechnung, Überweisung oder gegenseitige Abrechnung). Die buchmäßige Regulierung kommt der Zahlung gleich. Der Vermerk „Zur Verrechnung" kann nicht zurückgenommen werden.

Die Nichteinhaltung dieses Vermerks macht den Bezogenen für den entstandenen Schaden verantwortlich, ohne daß der Schadensersatz mit Zinsen den Scheckbetrag übersteigen darf.

Regreß mangels Zahlung.

Art. 19. Wurde der rechtzeitig präsentierte Scheck nicht eingelöst, so kann der Inhaber sein Regreßrecht gegenüber den Indossanten, dem Aussteller und den anderen Verpflichteten ausüben.

Die Präsentation und die Nichteinlösung müssen bewiesen werden

1. durch ein Protokoll, d. h. durch einen Protest mangels Zahlung;
2. durch eine auf den Scheck geschriebene und datierte Erklärung des Bezogenen mit Angabe des Tages der Vorlegung.

Art. 20. Der Protest mangels Zahlung muß vor Ablauf der Präsentationsfrist vorgenommen werden.

Art. 21. Die Bestimmungen des Handelsgesetzbuchs über den Regreß des Inhabers im Falle der Nichteinlösung von Wechseln und Solawechseln und über die Bürgschaft der Indossanten finden, mit Ausnahme der das Akzept betreffenden Vorschriften, auch auf den Scheck Anwendung.

Mehrere Scheckexemplare.

Art. 22. Mit Ausnahme des auf den Inhaber lautenden Schecks kann jeder Scheck, der in zwei verschiedenen Staaten ausgestellt und zahlbar ist, oder der in einem überseeischen Teile desselben Staates zahlbar ist, in mehreren gleichlautenden Exemplaren ausgestellt werden. Diese Exemplare müssen in der Urkunde selbst numeriert sein; fehlen die Nummern, so gilt jedes Exemplar als besonderer Scheck.

Art. 23. Selbst wenn nicht ausdrücklich bestimmt wird, daß durch Zahlung eines der Exemplare die übrigen annulliert werden, so befreit die Zahlung von allen Verpflichtungen aus den übrigen Exemplaren. Der Indossant, welcher die Scheckexemplare an verschiedene Personen überträgt, sowie die nachfolgenden Indossanten haften für alle von ihnen unterzeichneten und nicht zurückerstatteten Exemplare.

Die Verjährung.

Art. 24. Das dem Inhaber gegen den Aussteller und die Indossanten zustehende Regreßrecht erlischt nach 6 Monaten, vom Ablauf der Vorlegungsfrist an gerechnet.

Die Regreßansprüche der Indossanten gegeneinander und gegen den Aussteller verjähren nach 6 Monaten vom Tage der Zahlung seitens des Indossanten bzw. von dem Tage an, wo er selbst gerichtlich belangt wurde.

Art. 25. Das vorliegende Gesetz tritt an dem Tage seiner Veröffentlichung in Kraft.

Art. 26. Der Justizminister ist mit der Ausführung des vorliegenden Gesetzes beauftragt.

75. Ungarn.

LVIII. Gesetzesartikel von 1908 über den Scheck.

Sanktioniert am 28. Dez. 1908. Kundgemacht am 31. Dez. 1908. Nach der in der ungarischen Reichsgesetzsammlung für das Jahre 1908 S. 2267 ff. veröffentlichten authentischen Übersetzung.

I. Erfordernisse des Schecks.

§ 1. Der Scheck muß enthalten:

1. Die Bezeichnung als Scheck im Texte der Urkunde selbst.
2. Die Bezeichnung des Angewiesenen, d. h. desjenigen, der die Zahlung leisten soll.
3. Den Auftrag, daß der Angewiesene aus dem Guthaben des Ausstellers (Anweisenden) einen bestimmten Geldbetrag zahlen soll. Dieser Auftrag kann von einer Gegenleistung oder Bedingung nicht abhängig gemacht werden.
4. Die Angabe des Ortes, Jahres, Monats und Tages der Ausstellung.
5. Die Unterschrift des Ausstellers mit seinem Namen oder seiner Firma. Aus Urkunden, die einem der in den Punkten 1—5 des vorhergehenden Absatzes bestimmten Erfordernisse, welchem immer, nicht entsprechen, sowie aus Indossamenten, die auf solche Urkunde gesetzt werden, entspringt im Sinne des gegenwärtigen Gesetzes keine Verpflichtung. Ob und welche anderen Wirkungen eine derartige Urkunde oder ein derartiges Indossament äußere, ist nach den bestehenden sonstigen Rechtsnormen zu beurteilen.

§ 2. Als Angewiesener darf, falls der Scheck im Inlande zahlbar ist, nur eine solche Firma bezeichnet werden, welche nach ihren durch besonderes Gesetz anerkannten Statuten oder nach dem Inhalte des Handelsregisters Bankiergeschäfte betreibt.

Ist der Scheck im Auslande zahlbar, so darf auch ein solcher Angewiesener bezeichnet werden, auf den in Gemäßheit des am Zahlungsorte gültigen Rechtes Schecks zahlbar sind.

§ 3. Der Scheck kann auf einen bestimmten Namen, an Order oder auf den Überbringer lauten.

Der Aussteller kann auch sich selbst als Zahlungsempfänger (Assignatar) bezeichnen.

Sind dem Namen oder der Firma des Assignatars die Worte „oder dem Überbringer" oder ein gleichbedeutender Zusatz beigefügt, so gilt der Scheck als auf den Überbringer lautend. Dasselbe gilt auch dann, wenn im Scheck der Assignatar mit seinem Namen oder seiner Firma nicht angegeben ist.

§ 4. Der neben dem Namen oder der Firma des Angewiesenen benannte Ort und, falls ein solcher Ort nicht angegeben ist, der Ausstellungsort, ist als Zahlungsort des Schecks und zugleich als Wohnort des Angewiesenen anzusehen.

Falls neben dem Namen oder der Firma des Angewiesenen mehrere Orte benannt sind, so ist als Zahlungsort des Schecks, und zugleich als Wohnort des Angewiesenen der neben dessen Namen oder Firma zuerst angegebene Ort anzusehen.

§ 5. Der Scheck ist auch dann bei seiner Präsentation (bei Sicht) zahlbar, wenn der Aussteller eine andere Zahlungszeit bestimmt hat, oder wenn im Scheck die Zahlungszeit nicht angegeben ist.

II. Das Indossament.

§ 6. Ein Scheck, der an Order lautet, ist durch Indossament übertragbar; das auf einen anderen Scheck oder auf die Kopie eines im Inlande ausgestellten und im Inlande zahlbaren Schecks gesetzte Indossament ist im Sinne dieses Gesetzes unwirksam.

Mit dem Indossament übergehen alle, dem Scheck entspringenden Rechte, insbesondere das Recht des Weiterindossierens, auf den Indossatar.

Das auf den Angewiesenen lautende Indossament gilt als Quittung; das Indossament des Angewiesenen ist im Sinne dieses Gesetzes unwirksam und kann auch als ein auf eine kaufmännische Anweisung gesetztes Indossament nicht in Betracht kommen.

Der zweite Satz des zweiten Absatzes des § 1 findet auch auf die nach Maßgabe des vorliegenden Paragraphen unwirksame Indossamente Anwendung.

III. Die Annahme.

§ 7. Eine auf den Scheck gesetzte Annahmeerklärung ist im Sinne dieses Gesetzes unwirksam und kann auch als Annahme einer kaufmännischen oder einer gewöhnlichen Anweisung nicht in Betracht kommen.

Der zweite Satz des zweiten Absatzes des § 1 findet auch auf diese Annahmeerklärung Anwendung.

IV. Die Einlösung des Schecks.

1. Präsentation zur Zahlung.

§ 8. Ein im Inlande zahlbarer Scheck ist behufs Zahlung dem Angewiesenen am zahlbaren Orte zu präsentieren.

1. Wenn der Scheck im Inlande ausgestellt wurde, binnen zehn Tagen von der Ausstellung an gerechnet.
2. Wenn der Scheck in einem anderen europäischen Lande, mit Ausnahme von Island und den Faröer Inseln, ausgestellt wurde, binnen 3 Wochen von der Ausstellung an gerechnet.
3. Wenn der Scheck in den Küstenländern von Asien und Afrika längs des Mittelländischen oder des Schwarzen Meeres oder auf einer der zu jenen Erdteilen gehörigen Inseln dieser Meere ausgestellt wurde, binnen einem Monat von der Ausstellung an gerechnet.
4. Wenn der Scheck in den Vereinigten Staaten von Nord-Amerika, in Kanada, New Fundland, Mexiko, den Azoren, Madeira, den Kanarischen und Kapverdischen Inseln ausgestellt wurde, binnen zwei Monaten von der Ausstellung an gerechnet.
5. Wenn der Scheck anderswo ausgestellt wurde, binnen drei Monaten von der Ausstellung an gerechnet. Der Ausstellungstag wird in die Präsentationsfrist nicht mit eingerechnet. Fällt der letzte Tag der Präsentationsfrist auf einen Sonntag oder auf einen allgemeinen Feiertag des Gregorianischen Kalenders, so läuft die Präsentationsfrist an dem dem Sonntage oder Feiertage nächstfolgenden Werktag ab.

In Ansehung der Präsentationszeit eines im Inlande ausgestellten, jedoch im Auslande zahlbaren Schecks ist das am Zahlungsorte gültige Recht maßgebend; enthält aber dasselbe keine diesbezügliche Bestimmungen, so sind die Vorschriften des gegenwärtigen Gesetzes entsprechend anzuwenden.

§ 9. Die Präsentation behufs Zahlung gilt als am rechten Orte erfolgt, wenn der Scheck behufs Begleichung im Abrechnungsverkehre in eine solche Abrechnungsstelle vorschriftsmäßig eingeliefert wurde, bei welcher der Angewiesene vertreten ist.

2. Die Zahlung.

§ 10. Der Angewiesene kann gegen Bezahlung des Schecks dessen Aushändigung verlangen. Der Scheck, welcher nicht auf den Überbringer lautet, ist bei der Einlösung auf Verlangen des Angewiesenen zu quittieren. Teilzahlung anzunehmen ist der Scheckinhaber nicht verpflichtet.

§ 11. Der Aussteller des Schecks, sowie jeder Indossant desselben kann durch die auf die Vorderseite des Schecks quer über den Text geschriebenen oder gedruckten Worte „nur zur Verrechnung" oder durch gleichbedeutende Ausdrücke verbieten, daß der Scheck bar bezahlt werde. Der Scheck darf in diesem Falle nur zu einer zugunsten des Scheckinhabers stattfindenden Verrechnung mit dem Angewiesenen oder einem Girokunden desselben, oder mit einem Mitgliede der am Zahlungsorte bestehenden Abrechnungsstelle benützt werden. Der Angewiesene hat — insofern er nicht Mitglied der Abrechnungsstelle ist — das Recht, auf den Scheck selbst, bei dessen Präsentation, ein Mitglied der Abrechnungsstelle zu dem Zwecke zu bezeichnen, daß der Scheck in der oben angegebenen Weise zur Verrechnung benutzt werden könne.

Das im vorhergehenden Absatze bezeichnete Verbot kann nicht zurückgenommen werden. Für den durch die Außerachtlassung desselben entstandenen Schaden ist der Angewiesene verantwortlich.

§ 12. Die im Abrechnungsverkehr einer Abrechnungsstelle (§ 9) erfolgte Begleichung des Schecks gilt als Zahlung, die Verweigerung derselben als Verweigerung der Zahlung.

Dasselbe gilt auch in Ansehung eines in § 11 normierten Schecks, insofern derselbe in der daselbst angegebenen Weise zur Verrechnung benützt bzw. diese Verrechnung verweigert worden ist.

V. Rechte und Verpflichtungen der Teilnehmer des Scheckgeschäftes.

§ 13. Der Angewiesene ist verpflichtet, wenn der Aussteller ein entsprechendes Guthaben hat, den Scheck auch nach dem Ablaufe der Präsentationsfrist einzulösen.

Für die Erfüllung dieser Verbindlichkeit haftet der Angewiesene dem Aussteller.

Als Guthaben ist im Sinne dieses Gesetzes derjenige Geldbetrag anzusehen, bis zu welchem der Angewiesene, in Gemäßheit des zwischen ihm und dem Aussteller des Schecks oder einem im Interesse desselben handelnden Dritten zustandegekommenen Übereinkommens, die von dem Aussteller auf ihn gezogenen Schecks einzulösen verpflichtet ist.

§ 14. Der Einlösung des Schecks kann es nicht entgegenstehen, daß der Aussteller nach Ausstellung des Schecks geschäftsunfähig wird oder mit Tod abgeht.

Der Angewiesene ist verpflichtet, die Einlösung des Schecks zu verweigern, wenn er Kenntnis davon hat, daß der Aussteller in Konkurs geraten ist. Nach Ablauf des auf die im inländischen Amtsblatte stattgehabte Veröffentlichung des Konkurseröffnungsbescheides folgenden Tages wird diese Kenntnis des Angewiesenen vermutet.

Ob und unter welcher Voraussetzung die auf Schecks geleisteten Zahlungen im Falle eines gegen den Aussteller dieses Schecks eröffneten Konkurses angefochten werden können, ist nach den entsprechend anzuwendenden Rechtsnormen zu entscheiden, die sich auf die Anfechtung der Rechtshandlungen eines Kridars überhaupt beziehen.

§ 15. Ein Widerruf des Schecks seitens des Ausstellers ist dem Angewiesenen gegenüber nur dann wirksam:

1. wenn der Widerruf nach Versäumung der Präsentationsfrist oder für den Fall erfolgt, daß der Scheck, innerhalb der Präsentationsfrist behufs Zahlung nicht präsentiert werden sollte. In diesem letzteren Falle wird der Widerruf erst nach Ablauf der Präsentationsfrist wirksam.
2. Wenn der Scheck seitens des Ausstellers unmittelbar dem Angewiesenen mit der Anordnung übersandt wird, den Betrag desselben an den im Scheck mit seinem Namen oder seiner Firma angegebenen Assignatar oder Indossanten gelangen zu lassen und der Widerruf früher erfolgt, als diese Anordnung in Erfüllung gegangen ist.

Ein Widerruf, welcher sonst nach Maßgabe des Punktes 1 wirksam wäre, ist im Falle eines Verlustes des Schecks in Betreff der die Amortisation desselben ansuchenden Partei unwirksam, wenn das Gericht die Bezahlung des Schecks dem Angewiesenen innerhalb der Präsentationsfrist oder noch vor erfolgtem Widerrufe des Schecks untersagt hat.

§ 16. Der Aussteller und die Indossanten des Schecks haften für dessen Einlösung dem Scheckinhaber.

Hat jedoch ein Indossant seinem Indossamente die Bemerkung „ohne Gewährleistung", „ohne Obligo" oder einen gleichbedeutenden Vorbehalt hinzufügt, so ist er von der Verbindlichkeit aus seinem Indossamente befreit.

VI. Regreß mangels Zahlung.

§ 17. Zur Wahrung des gegen den Aussteller und gegen die Indossanten auf Grund des § 16 zulässigen Regresses ist erforderlich:

1. daß der Scheck zur rechten Zeit behufs Zahlung präsentiert werde;
2. daß diese Präsentation und die Nichtleistung der Zahlung nachgewiesen werden. Dieser Nachweis kann erfolgen entweder:
   a) durch Protest oder
   b) durch eine auf den Scheck gesetzte, von dem Angewiesenen unterschriebene und das Datum der Präsentation ersichtlich machende Erklärung oder
   c) durch das Attest einer Abrechnungsstelle (§ 9), gemäß dessen ihr der Scheck innerhalb der Präsentationsfrist behufs Begleichung im Abrechnungsverkehr eingeliefert und die Begleichung verweigert worden ist.

Der Protest ist spätestens am ersten Werktage nach Ablauf der Präsentationsfrist aufzunehmen. Das gleiche gilt auch in Ansehung der Erteilung der in dem Punkte b des vorhergehenden Absatzes erwähnten Erklärung und des in dem Punkte c daselbst erwähnten Attestes.

§ 18. Statt das erworbene Regreßrecht auszuüben, kann der Scheckinhaber, in Ermangelung eines anderen Übereinkommens, gegen Rückgabe des Schecks denjenigen Anspruch geltend machen, welcher ihm aus dem der Ausstellung oder Begebung des Schecks zugrundeliegenden Rechtsverhältnisse gegen den Aussteller oder einen anderen Vormann zusteht. Dieser Anspruch bleibt in Ermangelung eines anderen Übereinkommens auch dann zu Recht bestehen, wenn der Scheckinhaber wegen Versäumung der zur Wahrung des Regreßrechtes erforderlichen Handlungen (§ 17) oder wegen Verjährung, dieses Rechtes verlustig geworden ist. Solchen Falles kann ihm jedoch der Verlust in Abrechnung gebracht werden, welchen der Aussteller oder der belangte Vormann infolge der verspäteten oder unterlassenen Präsentation des Schecks erleidet.

Steht dem Scheckinhaber gegen den Aussteller der im vorhergehenden Absatze bezeichnete Anspruch nicht zu, bleibt der Aussteller insoweit verpflichtet, als er sich zu Schaden des Scheckinhabers bereichern würde.

VII. Verjährung.

§ 19. Der Regreßanspruch verjährt:

1. in drei Monaten, wenn der Scheck in Europa, mit Ausnahme von Island und den Faröerinseln zahlbar war.
2. in sechs Monaten, wenn der Scheck in Island oder auf einer der Faröerinseln oder in einem außereuropäischen Lande zahlbar war.

Die Verjährung beginnt gegen den Scheckinhaber mit dem Verstreichen des auf den Ablauf der Präsentationsfrist folgenden ersten Werktages, gegen den Indossanten, wenn derselbe früher gezahlt hat, als gegen ihn die Klage erhoben wurde, mit dem Verstreichen des Tages der Zahlung, in jedem anderen Falle hingegen mit dem Verstreichen des Tages der Behändigung der Klage.

VIII. Verlust des Schecks.

§ 20. Der Eigentümer eines in Verlust geratenen Schecks kann bei dem zuständigen Gerichte des Zahlungsortes um dessen Amortisation ansuchen.

Der Gesuchsteller hat eine Kopie des Schecks vorzulegen oder wenigstens dessen wesentlichen Inhalt anzugeben und den früheren Besitz des Schecks nachzuweisen. Findet das Gericht, daß die unterbreiteten Daten genügen, so untersagt es dem Angewiesenen die Zahlung und erklärt eine Kundmachung, in welcher der Inhaber des Schecks aufgefordert wird, seine Ansprüche unter Vorweisung des Schecks binnen 30 Tagen anzumelden.

Die 30tägige Frist wird von dem Tage an, welcher dem im inländischen Amtsblatte erfolgten erstmaligen Erscheinen der im vorhergehenden Absatze erwähnten Kundmachung folgt, gerechnet.

Das Gericht kann das Zahlungsverbot auch ohne vorherigen Nachweis des früheren Besitzes des Schecks erlassen, wenn der Gesuchsteller eine — vom Gericht nach freiem Ermessen zu bestimmende — Sicherheit leistet. In solchem Falle beraumt das Gericht gleichzeitig mit dem Zahlungsverbot zum Zwecke nachträglichen Nachweises des früheren Besitzes des Schecks eine Frist an, nach deren erfolglosem Ablaufe das Gericht das zugunsten des Gesuchstellers angeordnete Verbot aufhebt.

Die dem Zahlungsverbote zuwider erfolgte Einlösung des Schecks ist dem Gesuchsteller gegenüber unwirksam.

§ 21. Nach Einleitung des Amortisationsverfahrens kann wohl der Eigentümer des Schecks, wenn er die zur rechten Zeit erfolgte Präsentation des Schecks behufs Zahlung, sowie die Nichtleistung der Zahlung in Gemäßheit des § 17 nachweist, seinen Regreßanspruch gegen den Aussteller geltend machen; er kann jedoch diesen seinen Anspruch auf Zahlung nur in dem Falle richten, wenn er bis zur erfolgten Amortisation gehörige Sicherheit leistet. Ohne diese Sicherheitsleistung kann der Scheckeigentümer bloß verlangen, daß der Aussteller den entsprechenden Betrag zu Gerichtshänden hinterlege.

Hat sich infolge der erlassenen Kundmachung als Scheckinhaber niemand gemeldet, so erklärt das Gericht den Scheck für kraftlos. Weist hingegen der Inhaber den Scheck während der festgesetzten Frist vor, so stellt das Gericht das Amortisationsverfahren ein und verweist den Gesuchsteller, unter Aufhebung des zu seinen Gunsten angeordneten Verbotes, zum Zwecke der Geltendmachung seines Eigentumsrechtes gegen den Scheckinhaber, auf den ordentlichen Rechtsweg.

IX. Wechselrechtliche Bestimmungen.

§ 22. Auf den Scheck finden folgende Paragraphen des das Wechselgesetz enthaltende G.-A. XXVII: 1876 entsprechende Anwendung.

1. die auf die Geschäftsfähigkeit der auf dem Wechsel unterschriebenen Personen bezüglichen §§ 1—2;
2. der auf die abweichenden Summenangaben bezügliche § 4;
3. der auf Form und Rechtswirkung des Indossaments bezügliche zweite Satz des § 9, mit Ausnahme der daselbst in Ansehung des Bezogenen und des Akzeptanten getroffenen Bestimmung, sowie die §§ 10—11, 13 und 15;

4. der auf den Nachweis der Eigentümerschaft bezügliche § 36 mit der Maßgabe, daß die Eigentümerschaft bei einem auf den Überbringer lautenden Schecks durch den Besitz desselben für nachgewiesen gilt;
5. der auf die zu zahlende Valuta bezügliche § 37;
6. der auf die Benachrichtigung der Vormänner bezügliche § 45 mit der Maßgabe, daß sofern die Nichtleistung der Zahlung nicht durch Protest nachgewiesen wird, die für die Benachrichtigung des unmittelbaren Vormannes des Scheckinhabers bestimmten zwei Tage vom Verstreichen des auf den Ablauf der Präsentationsfrist folgenden ersten Werktages an gerechnet werden; ferner die §§ 46—47;
7. der auf das Einlösungsrecht bezügliche § 48 mit der Maßgabe, daß der Protest durch eine, auf den Scheck gesetzte Erklärung des Angewiesenen oder durch ein Attest der Abrechnungsstelle (§ 17 des gegenwärtigen Gesetzes) ersetzt wird, ferner der auf das Regreßrecht bezügliche § 49;
8. der erste Absatz des auf die Höhe des Regreßanspruches bezügliche § 50 mit der Maßgabe, daß unter der im Punkte 1 dieses Absatzes erwähnten Verfallszeit der Tag der Präsentation zu verstehen ist, ferner der dritte, vierte und fünfte Absatz des § 50 des gleichen § 51, mit Ausnahme der in Ansehung des Akzeptanten getroffenen Bestimmung sowie § 52;
9. der auf die den Regressanten auszufolgenden Urkunde bezügliche § 54 mit der Maßgabe, daß der Protest durch eine, auf den Scheck gesetzte Erklärung, des Angewiesenen oder durch ein Attest der Abrechnungsstelle (§ 17 des gegenwärtigen Gesetzes) ersetzt wird;
10. der auf das Recht zur Streichung der Indossamente bezügliche § 55;
11. die auf die Wechselduplikate bezüglichen §§ 70—73, mit Ausnahme der in Ansehung des Akzeptanten und der Akzeptation getroffenen Bestimmungen;
12. die auf die Wechselkopien bezüglichen §§ 74—76, mit Ausnahme der in Ansehung der Akzeptation getroffenen Bestimmungen und mit der Beschränkung, daß diese Paragraphen auf die im Inlande ausgestellten und die im Inlande zahlbaren Schecks keine Anwendung finden;
13. der auf die Herausgabe des Wechsels bezügliche § 80;
14. die auf die falschen oder verfälschten Wechsel bezüglichen §§ 81—82;
15. die auf die Verjährung des Regreßanspruches bezüglichen §§ 87—89;
16. der auf die Rechte des Gläubigers bezügliche § 91, mit Übernahme der in Ansehung des Akzeptanten und des Bürgen getroffenen Bestimmungen, ferner die auf die Einreden des

Schuldners bezüglichen §§ 92—93, mit Ausnahme der auf die Akzeptation bezüglichen Bestimmungen;

17. der auf die ausländische Gesetzgebung bezügliche § 95 mit der Maßgabe, daß die Bestimmungen dieses Paragraphen auf die Geschäftsfähigkeit der auf dem Scheck unterschriebenen ausländischen Personen zu beziehen sind, ferner die denselben Gegenstand betreffenden §§ 96—97 und zwar der § 96 mit der Maßgabe, daß die Rechtsgültigkeit eines im Inlande zahlbaren Schecks oder einer auf solchen Scheck gesetzten Erklärung, wenn auch der Ort der Ausstellung oder der Erklärung im Auslande liegt, auf Grund des ausländischen Gesetzes nicht angefochten werden kann, vorausgesetzt, daß ein solcher Scheck oder eine solche Erklärung den Bestimmungen des inländischen Gesetzes entspricht;
18. die auf den Protest bezüglichen §§ 98—99 mit Ausnahme des Punktes 4 des letzteren Paragraphen, ferner die §§ 100—101.
19. der auf Ort und Zeit der Präsentation und sonstigen Handlungen bezügliche § 102, mit Ausnahme der in Ansehung der Akzeptation getroffenen Bestimmungen, ferner der § 103 mit der Maßgabe, daß unter der im ersten Absatze erwähnten Verfallszeit der Tag der Präsentation zu verstehen ist, sowie daß die im zweiten Absatze in Ansehung der Ausstellung von Kopien getroffenen Bestimmungen auf die im Inlande ausgestellten und im Inlande zahlbaren Schecks keine Anwendung findet, die in Ansehung der Annahmererklärung getroffenen Bestimmungen aber auch auf sonstige Schecks nicht anzuwenden sind.
20. die auf die mangelhaften Unterschriften bezüglichen §§ 104 bis 105.

X. Einlösung eines falschen oder verfälschten Schecks.

§ 23. Für den durch Einlösung eines falschen oder verfälschten Schecks ohne Verschulden des Angewiesenen oder eines Angestellten desselben entstandenen Schaden haften der angebliche Aussteller des falschen oder der Aussteller des verfälschten Schecks nur dann, wenn ihm oder seinen mit der Scheckgebarung betrauten Angestellten in Ansehung der Fälschung oder Verfälschung des Schecks ein Verschulden trifft; eine abweichende Vereinbarung hat, wenn sie für den Angewiesenen vorteilhafter ist, keine rechtliche Wirkung.

IX. Schlußbestimmungen.

§ 24. Nach Schecks, welche im Inlande zahlbar sind, dem § 1 sowie dem Absatze 1 des § 2 des gegenwärtigen Gesetzes entsprechen, ist in dem Falle, wenn sie auf einem, seitens des Angewiesenen zu diesem Behufe gegebenen Blankettes ausgestellt werden und entweder auf Sicht lauten oder eine Verfallszeit nicht bestimmt ist, die Stempelgebühr von vier Hellern für jedes Stück zu entrichten, ebenso nach Kopien von im Auslande ausgestellten und mit Original-Indossamenten versehenen Schecks der erwähnten Art; im Inlande ausgestellte, jedoch im Auslande zahlbare Schecks hingegen, welche dem § 1 sowie dem Absatze 2 des § 2 des gegenwärtigen Gesetzes entsprechen, sowie die Kopien solcher, gleichviel ob im Inlande oder im Auslande ausgestellten, aber mit inländischen Original-Indossamenten versehenen Schecks, unterliegen einer Stempelgebühr von 10 Hellern für jedes Stück.

Sämtliche auf die im vorhergehenden Absatze erwähnten Schecks oder Kopien von Schecks gesetzte Indossamente, sowie auf solche Schecks gesetzte Quittungen, desgleichen die im Punkte b des zweiten Absatzes des § 17 des gegenwärtigen Gesetzes erwähnte Erklärung und das im Punkte c daselbst erwähnte Attest sind stempelfrei.

Die in den vorhergehenden zwei Absätzen getroffenen Bestimmungen finden entsprechende Anwendung auch auf solche, seitens des Ausstellers in Gemäßheit der Vorschriften des ersten Absatzes erteilte Aufträge, welche sich darauf beziehen, daß irgendeine Giroanstalt einen bestimmten Betrag vom Konto des Ausstellers auf ein anderes Konto umschreiben oder Wertpapiere für Rechnung des Ausstellers kaufen oder aus dem Deposit desselben ausfolgen oder zugunsten eines anderen Kontos übertragen soll. Im übrigen erstrecken sich die Bestimmungen des gegenwärtigen Gesetzes auf solche Urkunden nicht.

Jeder andere Scheck unterliegt derselben Stempelpflichtigkeit, wie eine auf Geldleistung gerichtete Anweisung.

Im Falle einer Übertretung der Stempelpflichtigkeit nach Absatz 1 und 3 sind die Strafbestimmungen des § 7 des GA. XXVI, 1881 anzuwenden.

Die im zweiten Punkte der 59. Post des auf Grund des GA. XXVI, 1881 ausgegebenen Gebührenverzeichnisses, ferner die im § 8 des GA. VII, 1883 in Bezug auf den Scheck enthaltenen Bestimmungen, desgleichen § 9 des GA. XXXIV, 1889 treten außer Kraft.

§ 25. Mit einer Geldbuße in der Höhe von 2 Prozent des Scheckbetrages, jedoch wenigstens im Betrage von 100 Kronen ist zu bestrafen:

1. wer vorsätzlich einen Scheck den Bestimmungen des Absatzes 1 des § 2 entgegen ausstellt;
2. wer einen von ihm ausgestellten Scheck vorsätzlich nicht datiert oder den Tag der Ausstellung desselben vorsätzlich der Wahrheit nicht entsprechend bezeichnet oder einen von ihm ausgestellten Scheck vorsätzlich mit einem eine längere Präsentationsfrist zur Folge habenden und wahrem Ortsdatum versieht;

3. wer einen von einem anderen, gleichviel ob im Inlande oder im Auslande ausgestellten Scheck, in Kenntnis dessen, daß die Ausstellung desselben gegen den Punkt 1 oder 2 verstößt, übernimmt, weitergibt oder auszahlt.

§ 26. Mit einer Geldstrafe in der Höhe von 3 Prozent des Scheckbetrages, jedoch wenigstens im Betrage von 200 Kronen ist zu bestrafen:

1. wer einen Scheck ausstellt, welchen der Angewiesene zur Zeit der Präsentation behufs Zahlung im Sinne des § 13 einzulösen nicht verpflichtet ist und auch nicht einlöst, sofern der Aussteller nicht bei der Ausstellung des Schecks mit Grund annehmen konnte, daß der Angewiesene denselben zur Zeit der Präsentation behufs Zahlung im Sinne des § 13 einzulösen verpflichtet sein werde;
2. der Aussteller, der in Kenntnis dessen, daß er den Scheck in Gemäßheit der Vorschriften des § 15 wirksam nicht widerrufen könne, über sein Guthaben vorsätzlich eine Verfügung trifft, durch welche die Einlösung des Schecks vereitelt wird.

In dem im vorliegenden Paragraphen normierten Falle hat der Aussteller dem Inhaber des Schecks vollen Schadensersatz zu leisten.

§ 27. Auf die in den §§ 25 und 26 bestimmten Strafen wird unter Anwendung der Bestimmungen, welche sich auf die in § 221 des Handelsgesetzbuches (GA. XXXVII, 1875) vorgeschriebenen Strafen beziehen, von demjenigen Gerichtshofe, in dessen Gebiete der Beschuldigte wohnt, oder sich dauernd aufhält, in Kroatien und Slavonien aber von dem Gerichte, welches in solchem Falle nach den dort zu Recht bestehenden Bestimmungen zuständig ist, erkannt.

Die auf Grund des § 25 erkannte Geldbuße kann nicht in Freiheitsstrafe umgewandelt werden.

Die im Falle der Uneinbringlichkeit der auf Grund des § 26 erkannte Geldstrafe festzustellende Freiheitsstrafe darf den Zeitraum von zwei Monaten nicht überschreiten.

§ 28. Auf Schecks, welche vor dem Inslebentreten des gegenwärtigen Gesetzes ausgestellt wurden, finden die Bestimmungen des letzteren keine Anwendung.

§ 29. Bezüglich der auf Grund eines Schecks erhebbaren Regreßklagen, ferner bezüglich der gerichtlichen Amortisation eines Schecks sind in Ansehung der Kompetenz und des Verfahrens die hinsichtlich des Wechsels diesbezüglichen bestehenden Rechtsnormen entsprechend anzuwenden.

§ 30. Was im Sinne des gegenwärtigen Gesetzes unter Abrechnungsstelle zu verstehen sei, wird durch den Handelsminister im Verordnungswege bestimmt.

§ 31. Bei Anwendung des gegenwärtigen Gesetzes ist in Ermangelung von abweichenden staatsverträglichen Vereinbarungen unter „Inland" das Gebiet der Länder der heiligen ungarischen Krone, unter „Ausland" jedes andere Gebiet zu verstehen.

§ 32. Den Tag, an welchem das gegenwärtige Gesetz ins Leben tritt, bestimmt das Ministerium. Mit dem Vollzuge desselben werden der Handelsminister, der Finanzminister und der Justizminister und in Kroatien und Slavonien in Ansehung der Gerichtsbarkeit der Banus von Kroatien, Slavonien und Dalmatien betraut.

76. Uruguay.

Gesetz vom 24. März 1919.

Art. 1. Der Scheck ist eine Zahlungsanweisung, die auf eine Bank gezogen wird, bei der der Aussteller Beträge zu seiner Verfügung deponiert hat, ein Kontokorrent mit einem Saldo zu seinen Gunsten oder einen offenen Kredit besitzt.

Der Scheck ist bei Sicht zahlbar; jede entgegengesetzte Vereinbarung ist unbedingt nichtig.

Art. 2. Schecks können auf denselben Ort oder auf andere Plätze des Landes gezogen werden. Schecks auf das Ausland oder aus dem Ausland werden als Sichtwechsel behandelt.

Art. 3. Einzelpersonen oder Vertreter von Gesellschaften (Firmen), die Schecks ausstellen, ohne ein Guthaben oder ein hinreichendes Guthaben zu besitzen oder ohne ermächtigt zu sein, auf offenen Kredit zu ziehen, werden mit Gefängnisstrafe von 2 bis 4 Jahren bestraft, wenn sie nicht den Betrag in den in Art. 5 vorgesehenen Fristen einlösen.

Die Schuldvermutung dieses Artikels läßt einen Gegenbeweis zu.

Art. 4. Jeder Scheck muß folgende Angaben enthalten:
1. die auf dem Abschnitt und dem Scheck gedruckte Ordnungsnummer;
2. den Ausstellungsort;
3. das Datum;
4. den Namen der Bank, auf die er gezogen ist;
5. eine Angabe über seinen Charakter als Orderscheck, auf den Inhaber oder auf eine bestimmte Person;
6. die Schecksumme vollständig in Buchstaben geschrieben ohne Verwendung von Schreibmaschinen- oder einer anderen Druckart, ohne Verbesserung oder Streichung, mit Angabe der Münzart; diese Summe ist auch in Zahlen auszudrücken. Ausnahmsweise können besondere Scheckschreibmaschinen verwendet werden, jedoch nur, wenn die Schrift durchaus leserlich ist;
7. die Unterschrift des Ausstellers.

Das Fehlen einer dieser Angaben berechtigt die Bank, den Scheck als unvorschriftsmäßig zurückzuweisen.

Art. 5. Wird ein Scheck nicht eingelöst, weil eine der in Art. 4 erwähnten Angaben fehlt, weil kein dem Art. 3 entsprechendes Guthaben vorhanden war oder aus einem sonstigen Grunde, so hat der Aussteller dem Inhaber die Schecksumme binnen zweier Werktage nach dem Eingang der Nachricht bei ihm zu zahlen, wenn es sich um einen Platzscheck handelt, binnen fünf Tagen, wenn es sich um einen Distanzscheck handelt.

Die gleichen Fristen gelten für den Inhaber zur Bewirkung der im vorigen Absatz erwähnten Benachrichtigung.

Art. 6. Die Vorlegung und die Nichteinlösung des Schecks können durch einen — in diesem Falle notwendigen — Protest oder durch eine Bescheinigung der Bank auf dem Scheck bewiesen werden, die Tag und Stunde der Vorlegung enthalten muß.

Art. 7. Die Banken geben Scheckhefte mit Abschnitten aus, die die Ordnungsnummern gedruckt enthalten; der Kunde hat darüber zu quittieren. Die Quittung hat die Nummer des Scheckheftes oder der Scheckhefte und die Reihennummer der Schecks zu enthalten (Art. 4 Abs. 1).

Art. 8. Bei Verlust oder Diebstahl des Scheckheftes hat dessen Inhaber der Bank unverzüglich schriftliche Mitteilung zu machen.

Honoriert die Bank Schecks, die ihr auf gestohlenen oder verlorenen Formularen vorgelegt werden, so bestimmt sich ihre Verantwortung nach Art. 14 Abs. 3.

Art. 9. Die Aussteller haben die Abschnitte der ausgegebenen Schecks aufzubewahren. Diese Abschnitte haben (im Hinblick auf Art. 15) zu enthalten:

1. die Nummer des Schecks;
2. das Ausstellungsdatum;
3. die Schecksumme mit Angabe der Münzart;
4. den Namen des Ausstellers, wenn der Scheck auf eine bestimmte Person ausgestellt ist;
5. die evtl. Angabe, daß der Scheck vernichtet worden ist.

Art. 10. Der Inhaber eines Platzschecks hat ihn binnen zweier Wochen vom Tage der Unterschrift an vorzulegen, der Inhaber eines Schecks auf einen anderen Platz der Republik binnen 30 Tage.

Nach Ablauf dieser Fristen darf die bezogene Bank Schecks nicht honorieren; der Inhaber verliert jeden Anspruch gegen die Indossanten und behält ihn nur gemäß Art. 817 ff. des Handelsgesetzbuches gegenüber dem Aussteller.

Art. 11. Die Bank ist verpflichtet, formgerechte Schecks unmittelbar bei Vorlegung zu honorieren; die Inhaber können die Zahlung nicht erzwingen. Honoriert die bezogene Bank den Scheck nicht, so verbleiben dem Inhaber je nach Lage des Falles alle Rechte auf Rembours-Regreß, auch wegen der Kosten und Zinsen, gegenüber dem Aussteller und den Indossanten.

Art. 12. Die Übertragung von Namenschecks geschieht mittels Indossaments, ebenso wie die von Orderschecks.

Art. 13. Die Banken haben die Annahme eines vorgelegten Schecks in folgenden Fällen zu verweigern:

1. wenn ihnen formell der Konkurs, der Zwangsvergleich oder die Zahlungsunfähigkeit des Ausstellers bekannt geworden ist, und zwar in allen Fällen; ist der Inhaber in der gleichen Lage, nur dann, wenn er an Order oder auf eine bestimmte Person lautet, es sei denn, daß ein Richterspruch anderes bestimmt;
2. wenn der Aussteller oder der Inhaber die Bank rechtzeitig ersucht haben, nicht zu zahlen;
3. wenn sie Zweifel an der Echtheit der Unterschrift des Ausstellers oder des Inhabers hatten;
4. wenn sie Kenntnis vom Tode oder der gerichtlich erklärten Geschäftsunfähigkeit des Ausstellers hatten;
5. wenn der Scheck Änderungen, Rasuren, Verbesserungen zwischen den Linien oder Streichungen beim Datum, der Ordnungsnummer, der Schecksumme, der Münzart, dem Namen des Inhabers oder der Unterschrift des Ausstellers aufweist oder eine in Art. 4 vorgeschriebene Angabe fehlt.

Art. 14. Bei der Fälschung eines Schecks haftet die Bank:

1. wenn die Unterschrift des Ausstellers offenbar gefälscht ist. Bei Fälschung der Unterschrift der Indossanten haftet die Bank nicht;
2. wenn der Scheck eine Korrektur enthält oder einen der in Art. 13 erwähnten Fehler aufweist;
3. in jedem Falle, wenn der Scheck nicht zu dem dem Aussteller ausgehändigten Scheckheft gehört.

Art. 15. Der Aussteller ist schadensersatzpflichtig im Falle der Fälschung:

1. wenn seine Unterschrift auf einem oder mehreren der von der Bank erhaltenen Formularen gefälscht ist und diese Fälschung nicht offenbar ist;
2. wenn der Scheck von einer Person oder einem Angestellten unterzeichnet ist, der die Unterschrift des Ausstellers benutzt.

Art. 16. Schecks, die gemäß den Bestimmungen dieses Gesetzes ausgegeben worden sind, können als Zahlungsmittel mit der gleichen befreienden Wirkung bei allen Handels- und Zivilakten und Verträgen entgegengenommen werden wie bares Geld.

Art. 17. Die Ansprüche des Inhabers gegen den Aussteller oder die Indossanten verjähren in 6 Monaten vom Ablauf der Vorlegungsfrist an.

Die Ansprüche der Indossanten gegen den Aussteller oder untereinander verjähren in 6 Monaten von demjenigen Tage an, an dem der Indossant den Betrag des Schecks auf einen Regreß hin bezahlt hat oder an dem er auf Zahlung verklagt worden ist.

Art. 18. Bei Prozessen und Streitigkeiten über Schecks werden regelrecht geführte Abschnitte der Scheckhefte und die Angaben der Abrechnungsstellen als Beweismittel zugelassen.

Art. 19. Die Bestimmungen des Handelsgesetzbuches über den Wechsel finden auf den Scheck Anwendung, soweit nicht die Bestimmungen dieses Gesetzes entgegenstehen.

Art. 20. Weist der Scheck Querlinien über seinem Text auf, so gilt er als gekreuzt.

Art. 21. Weist der Scheck parallele Querlinien mit dem Wort „Bank" auf, so ist er generell gekreuzt.

Art. 22. Die Bank, auf die ein generell gekreuzter Scheck gezogen wird, kann ihn nur einer anderen Bank honorieren.

Art. 23. Steht zwischen den Querlinien der Name einer Bank, so ist der Scheck speziell gekreuzt. Die Bank, auf die ein solcher Scheck gezogen ist, kann ihn nur der genannten Bank oder einer von dieser Bank rechtsgültig zum Inkasso ermächtigten Bank honorieren.

Art. 24. Sowohl der Aussteller wie die Indossanten können einen Scheck sowohl generell wie speziell kreuzen.

Art. 25. Der Inhaber eines generell gekreuzten Schecks kann ihn speziell kreuzen.

Art. 26. Der Inhaber eines generell oder speziell gekreuzten Schecks kann das Wort „Unübertragbar" hinzusetzen. Dieses Wort hat die Bedeutung, daß derjenige, der diesen Scheck erhält, mehr Rechte weder besitzt noch übertragen kann als der, von dem er ihn erhalten hat.

Art. 27. Honoriert die Bank einen generell gekreuzten Scheck einem Nichtbankier oder einen speziell gekreuzten Scheck einer Bank, die nicht die namentlich genannte oder die speziell zum Inkasso ermächtigte Bank ist, so ist sie dem Aussteller gegenüber in Höhe des Betrages des Schecks und der Zinsen haftbar.

Art. 28. Wird ein Scheck vorgelegt, der nicht deutlich gekreuzt ist und honoriert ihn die Bank gutgläubig, so trifft sie keine Verantwortung.

Art. 29. Honoriert eine Bank einen auf sie gezogenen generell oder speziell gekreuzten Scheck unter Beobachtung der vorstehenden

Bestimmungen, so haftet sie nicht, selbst wenn der Scheck zur Zahlung von einem Unbefugten vorgelegt wird.

Art. 30. Bringt eine Bank gutgläubig und ohne Fahrlässigkeit ihrem Kunden einen generell oder speziell auf ihren Namen gekreuzten Scheck gut, obwohl der Kunde keinerlei Anspruch auf den Scheck hatte oder obwohl sein Anspruch nicht ordnungsmäßig zu Recht besteht, so haftet sie dem tatsächlich Berechtigten gegenüber nicht.

77. Venezuela.

Auszug aus dem Código de comercio vom 19. April 1904.

Art. 494. Wer bei einem Kreditinstitut oder einem Kaufmann einen verfügbaren Geldbetrag besitzt, kann darüber zu seinen oder eines Dritten Gunsten mittels Schecks verfügen.

Art. 495. Der Scheck muß die zu zahlende Summe angeben und vom Aussteller datiert und unterschrieben sein; er kann auf den Inhaber lauten; er kann bei Sicht oder spätestens sechs Tage nach Sicht zahlbar sein.

Art. 496. Auf den Scheck finden alle Bestimmungen des Wechselrechts über das Indossament, den Aval, die Unterschriften nicht Geschäftsfähiger, falsche oder gefälschte Unterschriften, Verfallzeit und Zahlung, Protest, Klage (oder Regreß) gegen den Aussteller und die Indossanten und über den Verlust des Wechsels Anwendung.

Art. 497. Der Inhaber eines Platzschecks hat ihn dem Bezogenen binnen einer Woche nach dem Ausstellungsdatum, eines Distanzschecks binnen zweier Wochen vorzulegen. Der Tag der Ausstellung rechnet nicht mit.

Die Vorlegung des Schecks zum Termin wird durch den Sichtvermerk des Bezogenen, sonst in den Formen des 7. Abschnitts des IX. Titels (Der Wechsel: Nichtannahme und Nichtzahlung; Regreß) festgestellt.

Art. 498. Der Inhaber eines Schecks, der ihn nicht in den Fristen des Art. 497 vorlegt und bei Fälligkeit Zahlung verlangt, verliert sein Regreßrecht gegen den Indossanten. Er verliert es auch gegenüber dem Aussteller, falls infolge einer Handlung des Bezogenen der Scheckbetrag nicht mehr verfügbar ist.

Art. 499. Wer einen Scheck ohne Datum oder mit falschem Datum oder ohne ein hinreichendes Guthaben bei dem Bezogenen zu besitzen, ausstellt, wird vorbehaltlich strengerer Bestrafung unter allgemeinen Gesichtspunkten mit einer Geldstrafe von einem Zehntel des Scheckbetrages bestraft.

78. Vereinigte Staaten v. Nordamerika: Staat New York.

Weitere 45 Staaten der Union haben das Gesetz eingeführt.

The Negotiable Instruments Law.
Laws of New York 1909, Chapter 43.
Article XVIII. Promissory notes and checks.

Sect. 320 . . . .

Sect. 321. Check defined.

A check is a bill of exchange drawn on a bank, payable on demand. Except as herein otherwise provided, the provisions of this act applicable to a bill of exchange payable on demand apply to a check.

Sect. 322. Within what time a check must be presented.

A check must be presented for payment within a reasonable time after its issue or the drawer will be discharged from liability thereon to the extent of the loss caused by the delay.

Sect. 323. Certification of check; effect of.

Where a check is certified by the bank on which it is drawn the certification is equivalent to an acceptance.

Sect. 324. Effect where the holder of check procures it to be certified.

Where the holder of a check procures it to be accepted or certified the drawer and all indorsers are discharged from liability thereon.

Sect. 325. When check operates as an assignment.

A check of itself does not operate as an assignment of any part of the funds to the credit of the drawer with the bank, and the bank is not liable to the holder, unless and until it accepts or certifies the check.

Sect. 326. Recovery of forged check.

No bank shall be liable to a depositor for the payment by it of a forged or raised check, unless within one year after the return to the depositor of the voucher of such payment, such depositor shall notify the bank that the check so paid was forged or raised.

79. Weltscheckrecht.

Résolutions de la Conférence sur l'Unification du droit relatif au chèque[1]).

[1]) Vgl. Deuxième Conférence de la Haye pour l'unification du droit en matière de lettre de change, de billet à ordre et de chèque. 1912. Actes I p. 259—264.

De la création et de la forme du chèque.

Art. 1. Le chèque contient:

1° le mot „chèque" [1]) inséré dans le texte même du titre;
2° le mandat pur et simple de payer une somme déterminée;
3° le nom de celui qui doit payer (tiré);
4° l'indication du lieu où le paiement doit s'effectuer;
5° celle du lieu et de la date où le chèque est créé;
6° la signature de celui qui émet le chèque (tireur).

Art. 2. Le titre dans lequel une des énonciations indiquées à l'article précédent fait défaut, ne vaut pas comme chèque, sauf dans les cas déterminés par les alinéas suivants.

A défaut d'indication spéciale, le lieu désigné à côté du nom du tiré est réputé être le lieu de paiement et, en même temps, le lieu du domicile du tiré.

Le chèque sans indication du lieu de paiement est considéré comme payable au lieu de sa création.

Le chèque sans indication du lieu de sa création est considéré comme souscrit dans le lieu désigné à côté du nom du tireur.

Art. 3. Le chèque ne doit être tiré que sur une personne ayant des fonds à la disposition du tireur et conformément à une convention, expresse ou tacite, d'après laquelle le tiré est obligé de payer le chèque.

Est reservée aux Etats contractants la faculté de régler les conséquences civiles, pénales et fiscales de l'émission d'un chèque en cas d'inobservation des conditions indiquées à l'alinéa précédent ou de l'émission d'un chèque postdaté, pourvu que la validité du titre comme chèque ne soit pas atteinte.

Art. 4. Le chèque peut être stipulé payable au profit d'une personne dénommée ou à l'ordre de celle-ci.

Il peut être stipulé payable au porteur.

Le chèque au profit d'une personne dénommée avec la mention „ou au porteur" ou un terme équivalent, est réputé payable au porteur.

Le chèque sans indication du bénéficiaire est payable au porteur.

Le chèque peut être à l'ordre du tireur lui-même.

Le chèque au porteur tiré sur le tireur lui-même est nul.

---

[1]) Ce mot pourra être écrit selon l'orthographe de la langue dans laquelle le titre est rédigé.

Art. 5. Le chèque est tiré sur un banquier. Toutefois, la validité du titre comme chèque n'est pas atteinte, s'il est tiré sur une autre personne.

Est reservée aux Etats contractants la faculté, quant aux chèques payables sur leurs territoires:

a) de déterminer quelles personnes sont à considérer comme banquiers;
b) d'admettre qu'un chèque peut être tiré sur d'autres catégories de personnes ou sur une personne quelconque;
c) de régler les conséquences fiscales et pénales de l'émission d'un chèque sur une personne sur laquelle un chèque ne doit pas être tiré.

Art. 6. Le tireur est garant du paiement. Toute clause par laquelle le tireur s'exonère de cette garantie est réputée non écrite.

Art. 7. Sont applicables au chèque les dispositions des articles 6 à 8 du Réglement uniforme sur la lettre de change et le billet à ordre[1]), relatives à la création et la forme du titre.

De l'endossement.

Art. 8. Sauf le chèque au porteur, tout chèque, même non expressément tiré à ordre, est transmissible par la voie de l'endossement.

Lorsque le tireur a inséré dans le chèque les mots „non à ordre" ou une expression équivalente, le titre n'est transmissible que dans la forme et avec les effets d'une cession ordinaire.

---

[1]) Actes I p. 245:

Art. 6. La lettre de change dont le montant est écrit à la fois en toutes lettres et en chiffres vaut, en cas de différence, pour la somme écrite en toutes lettres.

La lettre de change dont le montant est écrit plusieurs fois, soit en toutes lettres, soit en chiffres vaut, en cas de différence, que pour la moindre somme.

Art. 7. Si une lettre de change porte la signature de personnes incapables de s'obliger, les obligations des autres signataires n'en sont pas moins valables.

Art. 8. Quiconque appose sa signature sur une lettre de change, comme représentant d'une personne pour laquelle il n'avait pas le pouvoir d'agir, est obligé lui-même en vertu de la lettre. Il en est ainsi du représentant qui a dépassé ses pouvoirs.

Art. 9. L'endossement doit être pur et simple. Toute condition à laquelle il est subordonné est réputée non écrite.

L'endossement partiel est nul.

Sont également nuls l'endossement „au porteur" et l'endossement du tiré.

Quiconque, sauf le tiré, appose sa signature au dos d'un chèque au porteur est garant comme avaliseur du tireur.

L'endossement au tiré vaut quittance, sauf dans le cas où le tiré a plusieurs établissements et où l'endossement est fait au bénéfice d'un établissement situé dans un autre lieu que celui sur lequel le chèque a été tiré.

Art. 10. Sont applicables au chèque, sauf en ce qui concerne l'acceptation, les dispositions des articles 12 à 17 du Réglement uniforme sur la lettre de change et le billet à ordre relatives à l'endossement.[1])

---

[1]) **Art. 12.** L'endossement doit être écrit sur la lettre de change ou sur une feuille qui y est rattachée (allonge). Il doit être signé par l'endosseur.

L'endossement est valable alors même que le bénéficiaire n'y serait pas désigné ou que l'endosseur se serait borné à apposer sa signature au dos de la lettre de change ou d'une allonge (endossement en blanc).

Art. 13. L'endossement transmet tous les droits résultant de la lettre de change.

Si l'endossement est en blanc, le porteur peut:

1° Remplir le blanc, soit de son nom, soit du nom d'une autre personne;

2° Endosser la lettre de nouveau en blanc ou à une autre personne;

3° Remettre la lettre à un tiers, sans remplir le blanc et sans l'endosser.

Art. 14. L'endosseur est, sauf clause contraire, garant de l'acceptation et du paiement.

Il peut interdire un nouvel endossement; dans ce cas, il n'est pas tenu à la garantie envers les personnes auxquelles la lettre est ultérieurement endossée.

Art. 15. Le détenteur d'une lettre de change est considéré comme porteur légitime s'il justifie de son droit par une suite ininterrompue d'endossements, même si le dernier endossement est en blanc. Quand un endossement en blanc est suivi d'un autre endossement, le signataire de celui-ci est réputé avoir acquis la lettre par l'endossement en blanc.

Les endossement biffés sont réputés non avenus.

mention de ce paiement soit faite sur le chèque et qu'une quittance lui en soit donnée.

Art. 19. Le chèque traversé au recto de deux barres parallèles ne peut être payé qu'à un banquier.

Le barrement pout être effectué par le tireur ou par un porteur.

Le barrement peut être général ou spécial.

Le barrement est général, s'il ne porte entre les deux barres aucune designation ou la mention „banquier", un terme équivalent ou seulement „et Cie"; il est spécial, si le nom d'un banquier est inscrit entre les deux barres.

Le barrement général peut être transformé en barrement spécial. Mais le barrement spécial ne peut être transformé en barrement général.

Le chèque à barrement spécial ne peut être payé qu'au banquier désigné. Toutefois, si celui-ci n'opère pas l'encaissement lui-même, il peut se substituer un autre banquier.

Il est interdit d'effacer le barrement ainsi que le nom du banquier désigné.

Le tiré qui paie le chèque barré à une personne autre qu'un banquier, si le barrement est général, ou à une personne autre que le banquier désigné, si le barrement est spécial, est responsable, s'il y a lieu, du préjudice causé, sans que les dommages-intérêts puissent dépasser le montant du chèque.

Est réservée aux Etats contractants, pour les chèques payables sur leur territoires, la faculté d'exclure le système des chèques barrés.

Art. 20. Le tireur ainsi que tout porteur d'un chèque peuvent défendre qu'on paie le chèque en espèces, en insérant au recto la mention transversale „à porter en compte (nur zur Verrechnung)" ou une expression équivalente.

Dans ce cas, le chèque ne peut donner lieu qu'à un règlement par écritures (crédit en compte, virement ou compensation). Le règlement par écritures vaut paiement. La mention „à porter en compte" ne peut pas être revoquée.

La violation de cette mention rend le tiré responsable du préjudice causé, sans que les dommages-intérêts puissent dépasser le montant du chèque.

Est réservée aux Etats contractants, pour les chèques payables sur leurs territoires, la faculté de régler les effets de cette clause dans le cas d'insolvabilité du tiré, ainsi que d'exclure le système des chèques avec mention „à porter en compte".

Art. 21. La question de savoir si le porteur d'un chèque a le droit d'agir en justice contre le tirè reste en dehors du Règlement de la Convention.

Du recours faute de paiement

Art. 22. Le porteur peut exercer ses recours contre les endosseurs, le tireur et les autres obligés si le chèque, présenté en temps utile, n'est pas payé.

La présentation et le non-paiement doivent être constatés:
1° Soit par un acte authentique (protêt faute de paiement);
2° Soit par une déclaration du tiré datée et écrite sur le chèque avec l'indication du jour de la présentation;
3° Soit par une déclaration datée d'une chambre de compensation, constatant que le chèque a été remis en temps utile, et qu'il n'a pas été payé.

Art. 23. Le protêt faute de paiement doit être fait avant l'expiration du délai de présentation.

Est réservée aux Etats contractants la faculté de prescrire que, dans le délai indiqué à l'alinéa précédent, le protêt doit être dressé au plus tard le premier jour ouvrable qui suit celui de la présentation.

Art. 24. Sont applicables au chèque, sauf en ce qui concerne l'acceptation, les dispositions des articles 44 à 46, 47, alinéa 1, 48 et 49 du Règlement uniforme sur la lettre de change et le billet à ordre, relatives aux recours[1]).

---

[1]) **Art. 44.** Le porteur doit donner avis du défaut d'acceptation ou de paiement à son endosseur et au tireur, dans les quatre jours ouvrables qui suivent le jour du protêt ou celui de la présentation en cas de clause de retour sans frais.

Chaque endosseur doit, dans le délai de deux jours, faire connaître à son endosseur l'avis qu'il a reçu, en indiquant les noms et les adresses de ceux qui ont donné les avis précédents, et ainsi de suite, en remontant jusqu'au tireur. Le délai ci-dessus indiqué court de la réception de l'avis précédent.

Dans le cas où un endosseur n'a pas indiqué son adresse ou l'a indiquée d'une façon illisible, il suffit que l'avis soit donné à l'endosseur qui le précède.

Celui qui a un avis à donner peut le faire sous une forme quelconque, même par un simple renvoi de la lettre de change. Il doit prouver qu'il l'a fait dans le délai prescrit.

Art. 25. Est réservée aux Etats contractants la faculté de décider si le porteur d'un chèque impayé a, contre le tireur et les endosseurs, une action d'enrichissement ou d'autres droits, en dehors de ceux qui résultent du chèque lui-même.

Ce délai sera considéré comme observé, si une lettre missive donnant l'avis a été mise à la poste dans ledit délai.

Celui qui ne donne pas l'avis dans le délai ci-dessus indiqué n'encourt pas de déchéance; il est responsable, s'il y a eu, du préjudice causé par sa négligence, sans que les dommages-intérêts puissent dépasser le montant de la lettre de change.

Art. 45. Le tireur ou un endosseur peut, par la clause de „retour sans frais, sans protêt" ou toute autre clause équivalente, dispenser le porteur de faire dresser, pour exercer ses recours, un protêt faute d'acceptation ou de paiement.

Cette clause ne dispense le porteur, ni de la présentation de la lettre de change dans les délais prescrits, ni des avis à donner à un endosseur précédent et au tireur. La preuve de l'inobservation des délais incombe à celui qui s'en prevaut contre le porteur.

La clause émanant du tireur produit ses effets à l'égard de tous les signataires. Si, malgré cette clause, le porteur fait dresser le portêt, les frais en restent à sa charge. Quand la clause émane d'un endosseur, les frais du protêt, s'il en est dressé un, peuvent être recouvrés contre tous les signataires.

Art. 46. Tous ceux qui ont tiré, accepté, endossé ou avalisé une lettre de change sont tenus à la garantie solidaire envers le porteur.

Le porteur a le droit d'agir contre toutes ces personnes, individuellement ou collectivement, sans être astreint à observer l'ordre dans lequel elles se sont obligées.

Le même droit appartient à tout signataire d'une lettre de change qui a remboursé celle-ci.

L'action intentée contre un des obligés n'empêche pas d'agir contre les autres, même postérieurs à celui qui a été d'abord poursuivi.

Art. 47. alinéa 1 Le porteur peut réclamer à celui contre lequel il exerce son recours:

1º Le montant de la lettre de change non acceptée ou non payée, avec les intérêts, s'il en a été stipulé;

2º Les intéréts au taux de 5% a partir de l'échéance;

De la pluralité d'exemplaires.

Art. 26. Sauf les chèques au porteur, tout chèque émis dans un Etat et payable dans un autre Etat ou dans une partie d'outre-mer du même Etat peut être tiré en plusieurs exemplaires identiques. Ces exemplaires doivent être numerotés dans le texte même du titre; faute de quoi chacun d'eux est considéré comme un chèque distinct.

Art. 27. Le paiement sur un des exemplaires est libératoire, alors même qu'il n'est pas stipulé que ce paiement annule l'effet des autres exemplaires.

L'endosseur qui a transféré les exemplaires à differentes personnes, ainsi que les endosseurs subséquents, sont tenus à raison de tous les exemplaires portant leur signature et qui n'ont pas été réstitués.

Du faux et des altérations.

Art. 28. Sont applicables au chèque les dispositions des articles 68 et 69 du Règlement uniforme sur la lettre de change et le billet à ordre, relatives au faux et aux altérations.[1])

3° Les frais du protêt, ceux des avis donnés par le porteur à l'endosseur précédent et au tireur, ainsi que les autres frais;

4° Un droit de commission qui, à défaut de convention, sera d'un sixième % du principal de la lettre de change et ne pourra, en aucun cas, dépasser ce taux ...

Art. 48. Celui qui a remboursé la lettre de change peut réclamer à ses garants:

1° La somme intégrale qu'il a payée;

2° Les intérêts de ladite somme, calculés au taux de 5%, à partir du jour où il l'a deboursée;

3° Les frais qu'il a faits;

4° Un droit de commission sur le principal de la lettre de change, fixé conformément à l'article 47—4°.

Art. 49. Tout obligé contre lequel un recours est exercé ou qui est exposé à un recours, peut exiger, contre rembourse- un compte acquitté.

Tout endosseur qui a remboursé la lettre de change peut biffer son endossement et ceux des endosseurs subséquents.

[1]) **Art. 68.** La falsification d'une signature, même de celle du tireur ou de l'accepteur, ne porte en rien atteinte à la validité des autres signatures.

Art. 69. En cas d'altération du texte d'une lettre de change, les signatures postérieurs à cette altération sont tenus dans

De la prescription.

Art. 29. Les actions en recours du porteur contre les endosseurs et contre le tireur se prescrivent par six mois à partir de l'expiration du délai de présentation.

Les actions en recours des endosseurs les uns contre les autres et contre le tireur se prescrivent à six mois à partir du jour où l'endosseur a remboursé le chèque ou du jour où il a été lui-même actionné.

Sont applicables au chèque les dispositions de l'article 71 du Règlement uniforme[1]) et de l'article 16 de la Convention sur la lettre de change et le billet à ordre[2]), relatives à l'interruption de la prescription.

Dispositions générales.

Art. 30. Sont applicables au chèque les dispositions générales des articles 72 et 73 du Règlement uniforme sur la lettre de change et le billet à ordre.[3])

---

les termes du texte altéré; les signataires antérieurs le sont dans les termes du texte originaire.

[1]) **Art. 71.** L'interruption de la prescription n'a d'effet que contre celui à l'égard duquel l'acte interruptif a été fait.

[2]) **Art. 16.** C'est à la législation de chaque Etat qu'il appartient de déterminer les causes d'interruption et de suspension de la prescription des actions résultant d'une lettre de change dont ses tribunaux ont à connaître.

Les autres Etats ont la faculté de déterminer les conditions auxquelles ils reconnaîtront de pareilles causes. Il en est de même de l'effet d'une action comme moyen de faire courir le délai de prescription prévu par l'article 70, alinéa 3, du Règlement.

[3]) **Art. 72.** Le paiement d'une lettre de change, dont l'échéance est à un jour férié légal, ne peut être exigé que le premier jour ouvrable qui suit. De même, tous autres actes relatifs à le lettre de change, notamment la présentation à l'acceptation et le protêt, ne peuvent être faits qu'un jour ouvrable.

Lorsqu'un de ces actes doit être accompli dans un certain délai dont le dernier jour est un jour férié légal, ce délai est prorogé jusqu'au premier jour ouvrable qui en suit l'expiration. Les jours fériés intermédiares sont compris dans la computation du délai.

Art. 73. Les délais légaux ou conventionnels ne comprennent pas le jour qui leur sert de point de départ.

Aucun jour de grace, ni legal, ni judiciaire, n'est admis.

De la perte.

Art. 31. Est résérvée aux Etats contractants, en cas de perte de chèques payables sur leurs territoires, la faculté:

1° De déterminer les conditions auxquelles le porteur pourra exiger l'émission d'un nouveau chèque ou le paiement du chèque perdu;

2° D'établir une procédure d'annulation d'un chèque perdu.

Des conflits de lois.

Art. 32. La capacité d'une personne pour s'engager par le chèque est déterminée par sa loi nationale. Si cette loi nationale déclare compétente la loi d'un autre Etat, c'est cette dernière loi qui sera appliquée.

La personne qui serait incapable, d'après la loi indiquée par l'alinéa précédent, est néansmoins valablement tenue, si elle est obligée sur le territoire d'un Etat d'après la législation duquel elle aurait été capable.

Chaque Etat contractant a la faculté de ne pas reconnaître la validité de l'engagement pris en matière de chèque par l'un de ses ressortissants et qui ne serait tenu pour valable dans le territoire des autres Etats contractants que par application de l'alinéa précédent.

Art. 33. La forme d'un engagement pris en matière de chèque est réglée par les lois de l'Etat sur le territoire duquel cet engagement a été souscrit.

Un chèque, valable d'après les lois de l'Etat sur le territoire duquel il est payable, demeure valable encore qu'il ne le soit pas d'après les lois de l'Etat où il a été créé. Il en est de même des signatures apposées sur ce chèque dans d'autres Etats que celui où il est payable.

Art. 34. La forme et les délais du protêt, ainsi que la forme des autres actes nécessaires à l'exercice ou à la conservation des droits en matière de chèque, sont réglés par les lois de l'Etat sur le territoire duquel doit être dressé le protêt ou passé l'acte en question.

XIV. Das Gesetz über Depot- und Depositengeschäfte vom 26. Juni 1925.

1. Gesetz über Depot- und Depositengeschäfte.

Vom 26. Juni 1925 (RGBl. I S. 89).

§ 1. Depotgeschäfte im Sinne dieses Gesetzes sind die Verwahrung und Verwaltung von Wertpapieren, die nach Auffassung des Verkehrs als Effekten angesehen werden, für andere, die Überlassung von Schrankfächern an andere und die Verwahrung von verschlossenen Depots für andere.

Dem Depotgeschäfte wird gleichgestellt die Einräumung eines Anspruchs auf Lieferung von Wertpapieren, die der Gattung und Zahl nach bestimmt sind (Gutschrift auf Stückekonto), wenn der Anspruch nicht binnen zwei Wochen nach Fälligkeit erfüllt wird.

Die Annahme von Wertpapieren gilt nicht als Depotgeschäft, wenn sie nur zum Zwecke der Abwicklung von Wertpapierverkaufs- oder -ankaufsaufträgen erfolgt und die Wertpapiere nicht länger als zehn Tage im Besitze des Auftragnehmers bleiben.

§ 2. Depositengeschäfte im Sinne dieses Gesetzes sind die Verwahrung und Verwaltung von Geldbeträgen für andere, insbesondere die Annahme von Geldbeträgen zur Verzinsung.

Die Annahme von Geldbeträgen gilt nicht als Depositengeschäft, wenn die Geldbeträge bei der Ausführung von Wertpapierankaufs- oder -verkaufsaufträgen oder zum Zwecke der Abwicklung von Wechselgeschäften oder sonstigen Bankgeschäften außer Depot- und Depositengeschäften angenommen und nicht länger als zehn Tage gutgeschrieben werden.

§ 3. Als Depot- und Depositengeschäft gilt nicht die vorübergehende Verwahrung von Wertpapieren oder Geldbeträgen der Gäste in Gastwirtschaften.

Der Reichswirtschaftsminister kann den Depot- und Depositengeschäften Geschäfte gleichstellen, die wirtschaftlich dieselben Zwecke verfolgen. Die Geschäfte sind im einzelnen zu bezeichnen.

§ 4. Depot- und Depositengeschäfte dürfen geschäftsmäßig nur von Depositenbanken betrieben werden.

Depositenbanken im Sinne dieses Gesetzes sind:

1. Bankunternehmungen, soweit sie beim Inkrafttreten dieses Gesetzes Depot- und Depositengeschäfte geschäftsmäßig zu betreiben berechtigt waren und betrieben haben, sowie deren Zweigniederlassungen (§ 10 des Gesetzes gegen die Kapitalflucht in der Fassung der Bekanntmachung vom 26. Januar 1923 — Reichsgesetzbl. I S. 91 —, der Verordnung des

Reichspräsidenten auf Grund des Artikel 48 der Reichsverfassung über die Aufrechterhaltung von Vorschriften des Kapitalfluchtgesetzes und des Weinsteuergesetzes vom 29. Dezember 1924 — Reichsgesetzbl. I S. 967 — und des Gesetzes über die Aufrechterhaltung von Vorschriften des Kapitalfluchtgesetzes vom 16. April 1925 — Reichsgesetzbl. I S. 43 —);

2. als Einzelfirma, offene Handelsgesellschaft oder Kommanditgesellschaft betriebene Bankunternehmungen, zu deren Inhabern oder persönlich haftenden Gesellschaftern ausschließlich Personen gehören, von denen jeder insgesamt mindestens fünf Jahre als Inhaber, Mitinhaber, Vorstandsmitglied oder kaufmännischer Angestellter tätig gewesen ist

   a) vor dem 16. Januar 1920, dem Tage des Inkrafttretens der zweiten Verordnung über Maßnahmen gegen die Kapitalflucht vom 14. Januar 1920 (Reichsgesetzbl. S. 50) in Bankunternehmungen, die während der Dauer der Tätigkeit der Person im Inland einen auf die Anschaffung und Darleihung von Geld gerichteten Gewerbebetrieb unterhalten haben, oder

   b) nach dem 15. Januar 1920 in Bankunternehmungen, die während der Dauer der Tätigkeit der Person nach den jeweils geltenden Vorschriften der Kapitalfluchtgesetzgebung oder den Vorschriften dieses Gesetzes Depot- und Depositengeschäfte geschäftsmäßig betreiben durften und betrieben haben.

   Den in Nr. 2 bezeichneten Personen kann die oberste Landesbehörde im Einvernehmen mit dem Reichswirtschaftsminister Personen gleichstellen, die durch langjährige kaufmännische Tätigkeit die für die Leitung einer Depositenbank erforderlichen Kenntnisse und Fähigkeiten sich angeeignet haben und die erforderliche Zuverlässigkeit besitzen. Die Gleichstellung darf nur erfolgen, wenn der Betrieb des Unternehmens als Depositenbank volkswirtschaftlich gerechtfertigt erscheint, und wenn die Versagung eine unbillige Härte sein würde;

3. Aktiengesellschaften, Kommanditgesellschaften auf Aktien und Gesellschaften mit beschränkter Haftung oder deren Zweigniederlassungen, die von der obersten Landesbehörde nach Benehmen mit der Reichsbank und im Einvernehmen mit dem Reichswirtschaftsminister zum geschäftsmäßigen Betriebe von Depot- und Depositengeschäften zugelassen werden;

4. eingetragene Genossenschaften, die einem Revisionsverbande gemäß §§ 54 ff. des Gesetzes, betreffend die Erwerbs- und Wirtschaftsgenossenschaften in der Fassung vom 20. Mai 1898 (Reichsgesetzbl. S. 810), angeschlossen sind, wenn der Ge-

schäftsbetrieb über den Kreis ihrer Mitglieder nicht hinausgeht;

5. öffentliche Sparkassen, Unternehmungen von Gemeinden und Gemeindeverbänden, Unternehmungen öffentlich-rechtlicher Verbände oder von Kreditanstalten öffentlich-rechtlicher Verbände und öffentliche Kassen, welche die oberste Landesbehörde oder die von ihr bestimmte Stelle zum geschäftsmäßigen Betriebe von Depot- und Depositengeschäften zuläßt.

§ 5. Die Zulassung gemäß § 4 Abs. 2 Nr. 3 darf nur erfolgen, wenn

1. dem Unternehmen die zum ordnungsmäßigen Betrieb erforderlichen Mittel im Inland zur Verfügung stehen;
2. die Vorstandsmitglieder der Bankunternehmung die erforderliche Zuverlässigkeit besitzen und für den Betrieb fachlich genügend vorgebildet sind;
3. die Zulassung volkswirtschaftlich gerechtfertigt erscheint.

§ 6. Wer einen Geschäftsbetrieb beginnt, in dem Depot- und Depositengeschäfte geschäftsmäßig betrieben werden, hat der von der obersten Landesbehörde bestimmten Stelle gleichzeitig hiervon Anzeige zu machen, und dabei

a) in den Fällen des § 4 Abs. 2 Nr. 2, 4 nachzuweisen, daß die Voraussetzungen für die Berechtigung vorliegen;
b) in den Fällen des § 4 Abs. 2 Nr. 3, 5 die Zulassungsurkunde in Urschrift oder öffentlich beglaubigter Abschrift vorzulegen.

Ob in den Fällen des § 4 Abs. 2 Nr. 1, 2, 4 die Voraussetzungen für die Berechtigung vorliegen, wird nach näherer Anordnung der obersten Landesbehörde endgültig entschieden. Dies gilt nicht, soweit in den Fällen des § 4 Abs. 2 Nr. 1 auf Grund der jeweils in Geltung gewesenen Vorschriften der Kapitalfluchtgesetzgebung die zuständige Stelle das Vorliegen der Voraussetzungen für die Berechtigung festgestellt hat.

Depositenbanken haben Änderungen in der Person der Inhaber, persönlich haftenden Gesellschafter oder Vorstandsmitglieder sowie die Einstellung des geschäftsmäßigen Betriebs von Depot- und Depositengeschäften der von der obersten Landesbehörde bestimmten Stelle unverzüglich anzuzeigen.

§ 7. Die Berechtigung zum geschäftsmäßigen Betriebe von Depot- und Depositengeschäften erlischt

1. bei Bankunternehmungen der im § 4 Abs. 2 Nr. 3 bis 5 bezeichneten Art mit der Einstellung des geschäftsmäßigen Betriebs von Depot- und Depositengeschäften;
2. mit der rechtskräftigen Eröffnung des Konkursverfahrens unbeschadet der Befugnis des Konkursverwalters, die laufenden Geschäfte abzuwickeln, oder wenn der Antrag auf Eröffnung des Konkursverfahrens rechtskräftig abgewiesen ist,

weil eine den Kosten des Verfahrens entsprechende Konkursmasse nicht vorhanden ist (§ 107 der Konkursordnung).

Die Berechtigung zum geschäftsmäßigen Betriebe von Depot- und Depositengeschäften kann auf Antrag der obersten Landesbehörde oder der von ihr bestimmten Stelle entzogen werden,

1. wenn Tatsachen vorliegen, aus denen sich ergibt, daß Inhaber, persönlich haftende Gesellschafter oder Vorstandsmitglieder nicht die erforderliche Zuverlässigkeit besitzen;
2. wenn das Unternehmen keine Gewähr für die ordnungsmäßige Führung des Depot- und Depositengeschäfts bietet; mit der ordnungsmäßigen Führung des Depot- und Depositengeschäfts ist insbesondere die Veranstaltung von Prämienverlosungen für Anleger und Sparer nicht vereinbar;
3. wenn die Zulassung auf Grund unrichtiger Angaben oder sonstiger täuschender Handlungen erwirkt war.

Über den Antrag auf Entziehung entscheidet das Reichswirtschaftsgericht, bei Bankanstalten der im § 4 Abs. 2 Nr. 5 bezeichneten Art nach näherer Anordnung der obersten Landesbehörde eine im Verwaltungsstreitverfahren (Verwaltungsrechtsverfahren) des Landes vorgesehene Instanz.

Die Entziehung ist von der entscheidenden Stelle im Reichsanzeiger öffentlich bekanntzumachen. Die oberste Landesbehörde oder die von ihr bestimmte Stelle trifft die für die Abwicklung der laufenden Geschäfte erforderlichen Anordnungen.

Die Kosten des Entziehungsverfahrens hat die Person oder das Unternehmen zu tragen, denen die Berechtigung zum geschäftsmäßigen Betriebe von Depot- und Depositengeschäften rechtskräftig entzogen ist.

Ist die Berechtigung zum geschäftsmäßigen Betriebe von Depot- und Depositengeschäften erloschen oder entzogen, so entscheidet die oberste Landesbehörde oder die von ihr bestimmte Stelle, ob und wann die Person oder das Unternehmen Depot- und Depositengeschäfte von neuem geschäftsmäßig betreiben darf; soweit die Berechtigung nach den Vorschriften des § 4 Abs. 2, Nr. 2 Abs. 2, Nr. 3, 5 erworben wird, bewendet es bei den Vorschriften der §§ 4, 5.

§ 8. Wer Depot- und Depositengeschäfte geschäftsmäßig ohne Berechtigung betreibt, wird, wenn die Tat vorsätzlich begangen ist, mit Geldstrafe oder Gefängnis bis zu einem Jahre, bei Fahrlässigkeit mit Geldstrafe bestraft.

§ 381 der Reichsabgabenordnung vom 13. Dezember 1919 (Reichsgesetzbl. S. 1993)[1]) gilt entsprechend.

§ 9. Wer eine im § 6 Abs. 1, 3 vorgeschriebene Anzeige unterläßt kann von der von der obersten Landesbehörde be-

---

[1]) RAbgO. § 381: ([1]) Wenn Vertreter, Verwalter oder Bevollmächtigte im Sinne der §§ 83 bis 88 bei Ausübung ihrer Obliegenheiten Steuerzuwiderhandlungen begehen, so haften die

stimmten Stelle durch Ordnungsstrafen zur Erfüllung dieser Pflicht angehalten werden. Die Ordnungsstrafe kann wiederholt werden und darf im Einzelfalle nicht mehr als 300 Reichsmark betragen.

Die Festsetzung der Ordnungsstrafe ist endgültig.

Die Vollstreckung erfolgt nach den landesrechtlichen Vorschriften über die Beitreibung öffentlicher Abgaben.

§ 10. Auf den Betrieb von Depot- und Depositengeschäften im Sinne dieses Gesetzes finden die Vorschriften der Gewerbeordnung insoweit Anwendung, als nicht in diesem Gesetze besondere Bestimmungen getroffen sind.

§ 11. Der Reichswirtschaftsminister kann mit Zustimmung des Reichsrats zur Durchführung dieses Gesetzes Rechtsverordnungen und allgemeine Verwaltungsvorschriften erlassen. Soweit der Reichswirtschaftsminister solche Durchführungsvorschriften nicht erläßt, kann die oberste Landesbehörde sie erlassen.

§ 12. Das Gesetz tritt mit dem 1. Juli 1925 in Kraft.

Mit dem Inkrafttreten dieses Gesetzes tritt Artikel I der Verordnung des Reichspräsidenten auf Grund des Artikel 48 der Reichsverfassung über die Aufrechterhaltung von Vorschriften des Kapitalfluchtgesetzes und des Weinsteuergesetzes vom 29. Dezember 1924 (Reichsgesetzbl. I S. 967) in der Fassung des Gesetzes über die Aufrechterhaltung von Vorschriften des Kapitalfluchtgesetzes vom 16. April 1925 (Reichsgesetzbl. I S. 43) außer Kraft.

Dieses Gesetz tritt mit Ablauf des 31. Dezember 1926 außer Kraft.

Vertretenen für die Geldstrafen, die diese Personen verwirken, und für die Kosten des Strafverfahrens und der Strafvollstreckung, die ihnen auferlegt werden. Die Vorschrift gilt nicht für die Fälle der Vormundschaft und Pflegschaft.

(2) Das gleiche gilt für die Haftung des Geschäftsherrn oder Haushaltungsvorstandes, wenn Angestellte oder sonst im Dienste oder Lohne stehende Personen sowie Familien- und Haushaltungsangehörige bei Ausübung von Obliegenheiten, die sie im Interesse des Geschäftsherrn oder Haushaltungsvorstandes wahrnehmen, Steuerzuwiderhandlungen begehen; diese Haftung tritt jedoch nicht ein, wenn festgestellt wird, daß die Zuwiderhandlung ohne Wissen des Geschäftsherrn oder des Haushaltungsvorstandes oder einer zu seiner Vertretung nach außen befugten Person begangen worden ist, und die genannten Personen bei der Auswahl oder Beaufsichtigung der Angestellten oder der Beaufsichtigung der Familien- und Haushaltungsmitglieder die erforderliche Sorgfalt aufgewandt haben.

(3) Die im ersten und zweiten Absatz vorgesehene Haftung fällt weg, wenn der Schuldige oder der Haftende stirbt, bevor das Straferkenntnis, das gegen sie ergeht, rechtskräftig geworden ist.

2. (Preußische) Verordnung zur Durchführung des Reichsgesetzes über Depot- und Depositengeschäfte bei öffentlich-rechtlichen Kreditanstalten.

Vom 24. März 1926 (Preuß. GS. 1926 Nr. 14).

Auf Grund des § 11 in Verbindung mit § 7 des Reichsgesetzes über Depot- und Depositengeschäfte vom 26. Juni 1925 (Reichsgesetzbl. I S. 89) und des Preußischen Gesetzes vom 27. April 1885 (Gesetzsamml. S. 127) zur Ergänzung des § 7 des Gesetzes über die allgemeine Landesverwaltung vom 30. Juni 1883 (Gesetzsamml. S. 195) in Verbindung mit Artikel 82 der Verfassung wird folgendes verordnet:

Einziger Artikel.

(1) Der Antrag auf Entziehung der Berechtigung zum geschäftsmäßigen Betriebe von Depot- und Depositengeschäften erfolgt bei den im § 4 Abs. 2 Nr. 5 des Reichsgesetzes über Depot- und Depositengeschäfte bezeichneten Sparkassen und Unternehmungen des öffentlichen und bürgerlichen Rechtes (einschließlich der landschaftlichen — ritterschaftlichen — Kreditanstalten, der Stadtschaften, Pfandbriefämter und gleichartigen öffentlichrechtlichen Kreditinstitute für den städtischen Grundbesitz sowie deren Bankanstalten) und bei ihren Zweiganstalten durch Erhebung der Klage im Verwaltungsstreitverfahren.

(2) Zuständig zur Klageerhebung ist bei Unternehmungen einer Provinz oder eines Landeskommunalverbandes und bei sonstigen kommunalen Unternehmungen, deren Geschäftskreis den Bereich eines Regierungsbezirkes überschreitet, der Minister des Innern, bei landschaftlichen (ritterschaftlichen) Kreditanstalten und deren Bankanstalten der Minister für Landwirtschaft, Domänen und Forsten, bei Stadtschaften, Pfandbriefämtern und gleichartigen öffentlich-rechtlichen Kreditinstituten für den städtischen Grundbesitz und deren Bankanstalten der Minister für Volkswohlfahrt; im übrigen ist der Regierungspräsident, in Berlin der Oberpräsident, zuständig. Die Zuständigkeit erstreckt sich auch auf die Zweiganstalten und Nebenstellen der genannten Unternehmungen.

(3) Auf die Klage der zuständigen Minister und des Oberpräsidenten von Berlin entscheidet das Oberverwaltungsgericht, auf die Klage des Regierungspräsidenten der Bezirksausschuß endgültig.

Berlin, den 24. März 1926.

(Siegel) Das Preußische Staatsministerium.

Braun. Severing. Hirtsiefer. Steiger.

3. Ausführungsanweisung des preußischen Ministers des Innern zum Reichsgesetz über Depot- und Depositengeschäfte bei kommunalen Kreditanstalten.

Vom 23. April 1926 — IV b 26 III.

Zur Durchführung des Reichsgesetzes über Depot- und Depositengeschäfte vom 26. Juni 1925 (RGBl. I S. 89) und der Verordnung des Staatsministeriums zur Durchführung dieses Reichsgesetzes vom 24. März 1926 (GS. S. 123) wird folgendes bestimmt:

1. Geltungsbereich.

Die Ausführungsanweisung findet Anwendung auf alle im § 4 Abs. 2 Nr. 5 des Reichsgesetzes bezeichneten Sparkassen und Unternehmungen, soweit sie zum Geschäftsbereich des Ministers des Innern gehören (im folgenden kommunale Kreditanstalten genannt).

Als kommunale Kreditanstalten gelten:

A. Unternehmungen, die öffentlichrechtlich als Einrichtungen oder Anstalten einer Gemeinde (eines Gemeindeverbandes) — mit oder ohne eigene Rechtspersönlichkeit — betrieben werden.

Hierzu gehören insbesondere die öffentlichen Sparkassen, die Banken der Giroverbände (Girozentralen), Landes-(Provinzial-)Banken und die ausschließlich kommunalen Stadt-, Kreis- usw. Banken.

B. Unternehmungen, die unter Beteiligung einer Gemeinde (eines Gemeindeverbandes) — in Formen des öffentlichen oder privaten Rechts — betrieben werden, wenn

a) die Firma der Unternehmung die Beteiligung einer Gemeinde (eines Gemeindeverbandes) zum Ausdruck bringt, z. B. durch Verwendung der in Frage kommenden gemeindlichen Gattungsbezeichnung (Stadt-, Kreis-, Kommunal- usw. Bank) mit oder ohne Zusatz des Namens der beteiligten Gemeinden, oder

b) die Haftung einer Gemeinde (eines Gemeindebezirks) oder einer kommunalen Kreditanstalt für die Verbindlichkeit der Unternehmung nicht bestimmt begrenzt ist, z. B. auch durch unbeschränkte Bürgschaftsübernahme, oder

c) die unmittelbare oder mittelbare Beteiligung von Gemeinden (Gemeindeverbänden) mindestens die Hälfte der Anteile erreicht. Als mittelbare Beteiligung gilt eine Beteiligung von Unternehmungen der unter A sowie von Unternehmungen der unter B genannten Art, an denen wiederum die Gemeinde (Gemeindeverband) gemäß B c unmittelbar oder mittelbar beteiligt ist.

Zu den unter B a—e bezeichneten kommunalen Kreditanstalten gehören somit insbesondere die in Formen des privaten Rechts errichteten Stadt-, Kreis-, Amts- usw. Banken, die Privatbanken, an denen Gemeinden (Gemeindeverbände) mit mindestens 50% beteiligt sind, und diejenigen Kreditanstalten des öffentlichen Rechts, an denen neben anderen öffentlichrechtlichen Körperschaften auch Gemeinden (Gemeindeverbände) mit mindestens 50% beteiligt sind.

2. Zu § 4 Abs. 2 Nr. 5.

Da § 4 Abs. 2 Nr. 5 des Reichsgesetzes über Depot- und Depositengeschäfte als besondere Vorschrift den allgemeinen Vorschriften der Nr. 1 bis 4 a. a. O. vorgeht, gibt es bei den in Nr. 5 a. a. O. aufgeführten Kreditanstalten keine kraft Gesetzes zum geschäftsmäßigen Betrieb von Depot- und Depositengeschäften berechtigten Unternehmungen. Die dort aufgeführten Anstalten bedürfen vielmehr ausnahmslos sowohl für ihre Haupt- wie für ihre Zweigniederlassungen einer aufsichtsbehördlichen (g. F. erneuten) Zulassung zu diesem Geschäftsbetrieb.

Diese wird jedoch für eine Reihe von Unternehmungen (unten A) hiermit allgemein ausgesprochen, während alle übrigen Unternehmungen (unten B) einer besonderen Zulassung bedürfen.

A. Allgemeine Zulassung.

Zum geschäftsmäßigen Betrieb von Depot- und Depositengeschäften werden hiermit allgemein zugelassen:

a) alle öffentlichen oder unter Staatsaufsicht stehenden Sparkassen einschließlich ihrer Zweiganstalten, deren Errichtung und Satzung gemäß § 52 des Zuständigkeitsgesetzes durch den Oberpräsidenten genehmigt worden ist,

b) die Hauptniederlassungen aller sonstigen kommunalen Kreditanstalten, die vor dem 16. Januar 1920 errichtet worden sind,

c) die Hauptniederlassungen aller übrigen nach dem 15. Januar 1920 errichteten kommunalen Kreditanstalten, die auf Grund des § 1 Abs. 4 der 2. Verordnung über Maßnahmen gegen die Kapitalflucht vom 14. Januar 1920 (RGBl. S. 50) oder des § 10 Abs. 3 des Gesetzes gegen die Kapitalflucht in der Fassung vom 26. Januar 1923 (RGBl. I S. 91) zum geschäftsmäßigen Betriebe von Depot- und Depositengeschäften durch besonderen Erlaß zugelassen worden sind und die zurzeit Depot- und Depositengeschäfte betreiben,

d) diejenigen Zweigniederlassungen, der zu b und c genannten kommunalen Kreditanstalten, die entweder vor dem 16. Januar 1920 errichtet worden sind oder nach diesem Zeitpunkte auf Grund der vorgenannten Bestimmungen der Kapitalfluchtgesetzgebung oder auf Grund einer Vorschrift ihrer Satzung von der zuständigen Aufsichtsbehörde ausdrücklich zugelassen worden sind.

Soweit auf Grund der vorgenannten gesetzlichen Vorschriften kommunale Kreditanstalten zum geschäftsmäßigen Betriebe von Depot- und Depositengeschäften bei Erfüllung bestimmter Auflagen oder Bedingungen zugelassen waren, bleibt die Zulassung auch weiter von deren Erfüllung abhängig.

B. Besondere Zulassung.

Soweit kommunale Kreditanstalten und ihre Zweigniederlassungen nach Abschnitt A a—d nicht allgemein zum geschäftsmäßigen Betriebe von Depot- und Depositengeschäften zugelassen worden sind (bisher überhaupt nicht zugelassene Kreditanstalten und die nicht unter A d bezeichneten Zweiganstalten), erfolgt ihre Zulassung durch

a) den Minister des Innern bei Unternehmungen einer Provinz (eines Landeskommunalverbandes) und bei sonstigen Unternehmungen deren satzungsmäßiger Geschäftskreis den Bereich eines Regierungsbezirkes überschreitet,

d) den Oberpräsidenten bei öffentlichen oder unter Staatsaufsicht stehenden Sparkassen,

c) den Regierungspräsidenten bei allen übrigen kommunalen Kreditanstalten.

Soweit für die Zulassung der Minister des Innern zuständig ist, ist der Antrag durch die Hand der Kommunal-Aufsichtsbehörden vorzulegen.

Soweit die Zulassung dem Regierungspräsidenten übertragen worden ist, ist sie nur dann zu erteilen, wenn die Satzung der betreffenden kommunalen Kreditanstalt der den Aufsichtsbehörden demnächst zugehenden Mustersatzung für Kommunalbanken entspricht und ferner feststeht, daß die neue Kreditanstalt räumlich, personell und finanziell von einer etwa bestehenden Sparkasse vollständig getrennt verwaltet werden wird (vgl. Ziff. 4 letzter Absatz des Runderlasses vom 13. April 1923, MBliV. S. 421), wobei insbesondere sicher gestellt werden muß, daß die verfügbaren Gelder der Sparkasse — von ganz besonderen vorübergehenden Ausnahmefällen abgesehen — nicht der neu zu errichtenden Kreditanstalt zugeführt werden (vgl. Ziff. 5 des Runderlasses vom 23. Mai 1924, MBliV. S. 579).

Im übrigen sind für die Zulassung zwar die allgemeinen Richtlinien des Runderlasses vom 13. April 1923 (MBliV. S. 421) noch maßgebend. Es ist jedoch zu beachten, daß für die Zulassung kommunaler Banken zum Depot- und Depositengeschäft nach der weiteren Entwicklung der Dinge künftig allein die Frage des volkswirtschaftlichen Bedürfnisses ausschlaggebend sein kann. Insbesondere hat der Gesichtspunkt der Gewinnung einer neuen Einnahmequelle für die Kommunalverbände nunmehr völlig auszuscheiden. In

Ansehung des Kundenkreises der zuzulassenden Kommunalbank ist die Frage eines etwaigen Bedürfnisses nach bankmäßiger Versorgung nicht sowohl auf die Gesamtbevölkerung des Geschäftsbereiches der zuzulassenden Kommunalbank als vielmehr lediglich auf die wirtschaftliche Lage und die Kreditbedürfnisse des im Geschäftsbereich der Kommunalbank vorhandenen Mittelstandes abzustellen. Zur zutreffenden Beurteilung des volkswirtschaftlichen Bedürfnisses wird die Anhörung der Vertretungen der durch die Zulassung einer kommunalen Kreditanstalt zum Depot- und Depositengeschäft berührten Wirtschaftskreise nicht entbehrt werden können. Daher ist in allen Fällen außer der beteiligten Girozentrale und dem Sparkassenverbande auch den Genossenschaftsverbänden, der Industrie- und Handelskammer und der Handwerkskammer Gelegenheit zur Äußerung zu geben. Wird von diesen Stellen gegen die beantragte Zulassung Widerspruch erhoben, so ist vor Erteilung der Zulassung zunächst an mich zu berichten, sofern es nicht im Wege weiterer Verhandlungen gelingt, den erhobenen Widerspruch zu beseitigen.

Von besonderer Bedeutung muß bei der gegenwärtigen Wirtschaftslage auch die Frage sein, ob der zum Depot- und Depositengeschäft zuzulassenden kommunalen Kreditanstalt die zum ordnungsmäßigen Betriebe erforderlichen Mittel zur Verfügung stehen und ob die leitenden Beamten bzw. Angestellten die erforderliche Zuverlässigkeit besitzen und für den Betrieb fachlich genügend vorgebildet sind.

Die Zulassung besonderer Kommunalbanken wird sonach bei den jetzigen Wirtschaftsverhältnissen künftig nur noch in ganz besonderen Ausnahmefällen, regelmäßig wohl nur noch für die größeren Stadt- und Landkreise in Betracht kommen können, während im übrigen die Besorgung der in Frage kommenden bankmäßigen Geschäfte zweckmäßiger durch eine Bankabteilung der Sparkasse zu erfolgen haben wird.

3. Zu § 6 Abs. 1.

Die im § 6 Abs. 1 des Reichsgesetzes vorgeschriebene Anzeige über den Beginn eines Geschäftsbetriebes, in dem Depot- und Depositengeschäfte geschäftsmäßig betrieben werden, ist derjenigen Stelle, welche die Zulassung ausgesprochen hat, und außerdem dem Regierungspräsidenten, in dessen Bezirk das Unternehmen seinen Sitz hat oder in Zweigniederlassung betrieben wird, zu erstatten.

Die Anzeigen sind zu sammeln und auf dem laufenden zu halten.

4. Zu § 6 Abs. 3.

Die im § 6 Abs. 3 des Reichsgesetzes den Kreditanstalten vorgeschriebenen Anzeigen über Änderung der Person der Inhaber, persönlich haftenden Gesellschafter oder der Vorstandsmitglieder sowie die Einstellung des geschäftsmäßigen Betriebes von Depot- und Depositengeschäften sind derjenigen Stelle, welche die Zulassung ausgesprochen hat, und außerdem dem Regierungspräsidenten, in dessen Bezirk die Unternehmung ihren Sitz hat, zu erstatten. Entsprechende Anzeigen hinsichtlich der Zweigniederlassungen sind dem Regierungspräsidenten zu erstatten, in dessen Bezirk die Zweigniederlassung betrieben wird. Diese Anzeigen sind ebenfalls zu sammeln und auf dem laufenden zu halten.

5. Zu § 7 Abs. 2 und 3.

Das Antragsrecht auf Entziehung der Berechtigung zum geschäftsmäßigen Betriebe von Depot- und Depositengeschäften und das Verfahren zur Entscheidung über diese Anträge ergibt sich aus der Verordnung des Staatsministeriums zur Durchführung des Reichsgesetzes über Depot- und Depositengeschäfte vom 24. März 1926 (GS. S. 123). Danach erfolgt bei Vorliegen der im § 7 Abs. 2 des Reichsgesetzes aufgeführten Tatsachen der Antrag auf Entziehung durch Erhebung der Klage im Verwaltungsstreitverfahren, und zwar durch den Minister des Innern, soweit es sich um Unternehmen einer Provinz (eines Landeskommunalverbandes) oder um ein sonstiges Unternehmen handelt, dessen Geschäftskreis den Bereich eines Regierungsbezirks überschreitet, im übrigen durch den Regierungspräsidenten. Über die Klage des Ministers des Innern entscheidet das Oberverwaltungsgericht, über die Klage des Regierungspräsidenten der Bezirksausschuß endgültig.

Hinsichtlich der Schließung von öffentlichen und unter Staatsaufsicht stehenden Sparkassen bleibt die Vorschrift des § 52 Abs. 2 Satz 3 des Zuständigkeitsgesetzes unberührt.

6. Zu § 7 Abs. 4 Satz 2.

Im Falle der Entziehung der Berechtigung zum geschäftsmäßigen Betriebe von Depot- und Depositengeschäften trifft diejenige Behörde die für die Abwicklung erforderlichen Anordnungen, die den Antrag auf Entziehung gestellt hat.

Die Belange der Gläubiger und Schuldner der betreffenden kommunalen Kreditanstalten sind hierbei angemessen zu berücksichtigen.

7. Zu § 9.

Ordnungsstrafen zur Erzwingung der im § 6 Abs. 1, 3 des Reichsgesetzes vorgeschriebenen Anzeigen werden von der Stelle verhängt, an welche die Anzeige zu richten ist.

8. **Besondere Bestimmungen für Berlin.**

Soweit nach den Vorschriften dieser Ausführungsanweisung der Regierungspräsident zuständig ist, tritt an seine Stelle der Oberpräsident. An die Stelle des Bezirksausschusses tritt das Oberverwaltungsgericht.

XV. Gesetzesregister.[1])

A. Reichsgesetze und -verordnungen.

Datum des Gesetzes oder der Verordnung	Inhalt	Seite
1869 Juni 10.	Gesetz betreffend die Wechselstempelsteuer (Bundes-Gesetzblatt S 193 ff.). § 24	XXXI, XXXIV, 7, 37, 38, 289
1877 Januar 27.	Gerichtsverfassungsgesetz (RGBl. S. 77). vgl. Fassung der Bekanntmachung vom 22. März 1924 (RGBl. I S. 299 ff.)	
1877 Januar 30.	Zivilprozeßordnung (RGBl. S. 83 ff.) vgl. Fassung der Bekanntmachung vom 13. Mai 1924 (RGBl. S. 437)	
1877 Februar 10.	Konkursordnung (RGBl. S. 351) vgl. Fassung vom 17. Mai 1898 (RGBl. S. 230, 612)	
1889 Mai 1.	Gesetz, betr. die Erwerbs- und Wirtschaftsgenossenschaften (RGBl. S. 55) vgl. Fassung der Bekanntmachung vom 20. Mai 1898 (RGBl. S. 80)	
1891 April 7.	Patentgesetz (RGBl. S. 79). § 8	83 f.
1891 Juni 1.	Gesetz, betreffend den Schutz von Gebrauchsmustern (RGBl. S. 290). § 8	83 f.

[1]) Die ausländischen Gesetze finden sich im Verzeichnis S. 346.

Datum des Gesetzes oder der Verordnung	Inhalt	Seite
1892 April 20.	Gesetz, betr. die Gesellschaften mit beschränkter Haftung vgl. Fassung der Bekanntmachung vom 20. Mai 1898 (RGBl. S. 846).	
1896 August 18.	Bürgerliches Gesetzbuch für das Deutsche Reich.	
	§ 110	24
	§ 126	25 f.
	§ 187	144 f., 244
	§ 193	145
	§ 242	150
	§ 254	260
	§ 276	259
	§ 278	260
	§ 370	116, 162
	§ 398	115, 129
	§ 421	235
	§§ 783—792	300 f.
	§ 789	148, 228
	§ 791	70
	§ 792	129
	§ 795	91, 92 f.
	§ 1006	97
	§ 1151	117
	§ 1292	129 f.
1896 August 18.	Einführungsgesetz zum Bürgerlichen Gesetzbuch.	
	Art. 7	25, 267 f.
	Art. 11	270 f.
1897 Mai 10.	Handelsgesetzbuch	
	§ 17	28
	§ 51	28
	§ 57	28
	§ 124	25
	§ 181	27
	§ 358	149 f.
	§ 364	24, 162
	§ 367	96
1898 Mai 17.	Reichsgesetz über die Angelegenheiten der freiw. Gerichtsbarkeit	
	§ 6	199

Datum des Gesetzes oder der Verordnung	Inhalt	Seite
1914 August 7.	Bekanntmachung, betreffend die Verlängerung der Fristen für wechsel- u. scheckrechtliche Handlungen (RGBl. S. 361)	223 f.
1916 Juni 26.	Gesetz über Warenumsatzstempel (RGBl. S. 639) Art. I	XXXIV
1916 August 31.	Bekanntmachung über die Bestätigung von Schecks durch die Reichsbank (RGBl. S. 985)	139 Anm. 1
1916 Dezember 14.	Verordnung über die Geschäftsaufsicht zur Abwendung des Konkurses (RGBl. S. 1363), vgl. Fassung der Verordnung zur Aenderung der Geschäftsaufsichtsverord. vom 14. Juni 1924 (RGBl. S 641).	
1917 Januar 3.	Verfügung des Reichspostamts, betr. Entrichtung von Postgebühren durch Schecks (Amtsbl. S. 13)	84
1917 März 8.	Bekanntmachung, betr. die Zahlung patentamtlich. Gebühren (RGBl. S. 222)	82 f.
1917 März 12	Bestimmungen, betr. die Zahlung patentamtlicher Gebühren (Reichsanz. Nr. 61)	83
1917 Mai 24.	Bekanntmachung zur Erleichterung der Einzahlung auf Aktien (RGBl. S. 431)	81 f.
1919 Januar 20.	Verordnung üb. d. Verlängerung der Fristen des Wechsel- und Scheckrechts (RGBl. S. 91)	222 Anm. 2.
1919 April 19.	Verordnung zum Schutz gegen die Folgen der Stillegung von Bankbetrieben (RGBl. S. 397). §§ 3, 4	226
1919 Juni 28. / 1919 Juli 16.	Gesetz über den Friedensschluß zwischen Deutschland und den alliierten u. assoziierten Mächten (Friedensvertrag, RGBl. S. 687, 1251). Art. 300, 301	224

Datum des Gesetzes oder der Verordnung	Inhalt	Seite
1919 August 11.	Verfassung des Deutschen Reichs (RGBl. S. 1383).	
	Art. 139	**145**
	Art. 179	**158**
1919 Dezember 13.	Reichsabgabenordnung (RGBl. S. 1993).	
	§ 1	**294**
	§ 102 Abs. 2	**84**
	§ 165	62 Anm. 1
	§ 181	**333**
	§ 359	329 Anm. 1
	§§ 377, 384	330 Anm. 1, 2
	§ 381	**497** Anm. 1
1920 Januar 14.	Zweite Verordnung über Maßnahmen gegen die Kapitalflucht (RGBl. S. 50)	40, 495
1920 April 3.	Gesetz über den Wiederbeginn und den Ablauf von Fristen (RGBl. S. 445).	
	§§ 1 und 2	225
1921 März 22.	Bekanntmachung des Textes des Postscheckgesetzes (RGBl. S. 247)	XXVIII, 43, **331**
1921 April 7.	Bekanntmachung des Textes der Postscheckordnung (RGBl. 459).	XXVIII, 43, **334**
1921 Dezember 30	Postordnung	217 Anm. 1
1923 August 10.	Wechselsteuergesetz (RGBl. S. 778)	289 ff., **323** ff.,
1923 September 20.	Verordnung über die Umrechnung fremder Währungen bei der Berechnung der Wechselsteuer (RMinBl. S. 948).	325 Anm. 2
1923 Oktober 15.	Rentenbankverordnung	
	§§ 1, 3, 21	43 f.
1923 Oktober 29.	Verfügung des Reichspatentamts Nr. 561	83
1923 November 14.	Vorläufige Durchführungsbestimmungen zur VO. über die Errichtung der Deutschen Rentenbank (RGBl. S. 1092).	
	§ 7	**44** f.
	§§ 51 Abs. 2, 52 Abs. 1	17 Anm. 2

Datum des Gesetzes oder der Verordnung	Inhalt	Seite
1924 Februar 6.	Verordnung über Goldmark- u. Goldmarknoten-Wechsel und -Schecks (RGBl. S. 50).	19
1924 März 18.	Reichspostfinanzgesetz (RGBl. S. 287). § 2	199
1924 März 19.	Gesetz über die deutsche Golddiskontbank (RGBl. II S. 71).	44
1924 März 22.	Bekanntmachung des Textes des Gerichtsverfassungsgesetzes (RGBl. I S. 299 ff.).	
	§ 23	281, 285
	§ 72	281, 285
	§ 101	185
	§ 156	199
	§ 200	287
1924 April 17.	Verordnung zur Durchführung der Verordnung über Goldmark- und Goldmarknoten-Wechsel und Schecks (RGBl. S 414).	20 Anm. 1
1924 Mai 13.	Bekanntmachung des Textes der Zivilprozeßordnung (RGBl. S. 437). § 4	285
	§ 50	25
	§ 511 a	285
	§ 600	287
	§§ 602—605	287 f.
	§ 735	25
	§§ 946—1022	275 ff.
1924 Juni 12.	Gesetz zur Änderung der Bekanntmachung des Bundesrats über die Geschäftsaufsicht zur Abwendung des Konkurses v. 14. Dezember 1916 in der Fassung der Verordnung vom 8. Februar 1924 (RGBl. S. 641). § 2	77
	§ 12	78
1924 August 23.	Zweite Verordnung über benachbarte Orte im Wechsel- und Scheckverkehre (RGBl. S. 687).	149, 209

Datum des Gesetzes oder der Verordnung	Inhalt	Seite
	B. Landesrecht.	
	1. Bayern.	
1908 Juni 16.	Gesetz, die Scheckproteste betr. (GVBl. 1908 S. 311). Art. 1	220
1908 Juni 26.	Verordnung, den Vollzug des Scheckgesetzes betreff. (GVBl. 1908 S. 345).	220
1920 März 24.	Verordnung des Gesamtministeriums des Freistaats Bayern über die Bayerische Staatsbank.	42
1921 Februar 16.	Bayerisch. Stempelgesetz (GVBl. S. 182).	220
1923 Dezember 19.	Bekanntmachung der Fassung d. Notariatsgebührenordnung (JMBl. S. 67).	220 f.
1924 Februar 18.	Landesgebührenordnung für die Gerichtsvollzieher (GVBl. S. 58).	220 f.
	2. Braunschweig.	
1919 Dezember 20.	Staatsbankgesetz (Ges.- u. VO.-Sammlung Nr. 1).	42
	3. Hessen.	
1908 Mai 14.	Ministerialverfügung zur Ausführung des Scheckgesetzes (JMBl. S. 35), in der Neufassung der Verordnung vom 30. Sept. 1908 (JMBl. S. 68).	221
	4. Lippe.	
1925 November 24.	Gesetz über die Lippische Staatsbank (GesSammlung vom 4. Dezember 1925).	43
	5. Mecklenburg-Schwerin.	
1908 Mai 13.	Verordnung zur Ausführung des Scheckgesetzes (Reg. Bl. S. 251).	221

Datum des Gesetzes oder der Verordnung	Inhalt	Seite
	6. Mecklenburg-Strelitz.	
1908 Mai 13.	Verordnung zur Ausführung des Scheckgesetzes (OffAnz. S. 163).	221
	7. Oldenburg.	
1920 April 19.	Gesetz für den Freistaat Oldenburg, betr. die staatliche Kreditanstalt in Oldenburg.	42
	8. Preußen.	
1810 Oktober 27.	Verordnung betreffend die preußische Staatsbank (Seehandlung).	42
1838 Dezember 12.	Preuß. Regl. wegen der Errichtung v. Sparkassen der Stadtgemeinden (GS. 1839 S. 5).	48
1895 Juli 31.	Gesetz über die Errichtung der Preußischen Zentral-Genossenschaftskasse in der Fassung der Bekanntmachung v. 8. März 1924 (Pr. GS. S. 175).	43
1908 März 31.	Allgemeine Verfügung, betr. den Scheckprotest und den Scheckprozeß (JMBl. S. 190).	219 f.
1908 September 16.	Allgemeine Verfügung betr. den Wechsel- und Scheckprotest.	205 f.
1909 April 20.	Verordnung des Ministers des Innern über den Scheckverkehr bei Sparkassen.	47
1914 März 24.	Geschäftsanweisung für Gerichtsvollzieher.	219 Anm. 1.
1926 März 11.	Beschluß des Preußischen Staatsministeriums über die Verfassung d. Preußischen Staatsbank (Seehandlung) [Pr. GS. S. 123].	42
1926 März 24.	Verordnung zur Durchführung des Reichsgesetzes über Depot- u. Depositengeschäfte d. öffentl. rechtlichen Kreditanstalten. (Preuß. GS. Nr. 14).	40, 499

XVI. Sachregister.

Die Zahlen bedeuten die Seiten.

T.

W.

Kolibri 360 GmbH
Ferdinand-Jühlke-Straße 7
99095 Erfurt, Deutschland
produktsicherheit@kolibri360.de